레벨별 교재 확인 및
수강신청은 여기서!
police.Hackers.com

* 커리큘럼은 과목별·선생님별로 상이할 수 있으며, 자세한 내용은 해커스경찰 사이트에서 확인하세요.

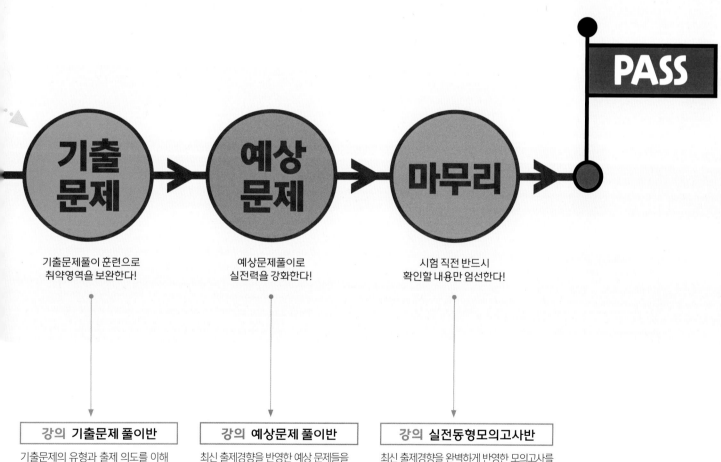

PASS

기출 문제
기출문제풀이 훈련으로
취약영역을 보완한다!

예상 문제
예상문제풀이로
실전력을 강화한다!

마무리
시험 직전 반드시
확인할 내용만 엄선한다!

강의 기출문제 풀이반
기출문제의 유형과 출제 의도를 이해
하고, 본인의 취약영역을 파악 및 보완
하는 강의

강의 예상문제 풀이반
최신 출제경향을 반영한 예상 문제들을
풀어보며 실전력을 강화하는 강의

강의 실전동형모의고사반
최신 출제경향을 완벽하게 반영한 모의고사를
풀어보며 실전 감각을 극대화하는 강의

강의 봉투모의고사반
시험 직전에 실제 시험과 동일한 형태의
모의고사를 풀어보며 실전력을 완성하는 강의

해커스경찰 **단기 합격생**이 말하는
경찰 합격의 비밀!

해커스경찰과 함께라면
다음 합격의 주인공은 바로 여러분입니다.

완전 노베이스로 시작,
8개월 만에 인천청 합격!

강*혁 합격생

형사법 부족한 부분은 모의고사로 채우기!

기본부터 기출문제집과 같이 **병행**해서 좋았던 것 같습니다. 그리고 1차 시험 보기 전까지 심화 강의를 끝냈는데 **개인적으로 심화강의 추천** 드립니다. 안정적인 실력이 아니라 생각해서 기출 후 **전범위 모의고사에서 부족한 부분들을 많이 채워** 나간 것 같습니다.

법 계열 전공,
1년 이내 대구청 합격!

배*성 합격생

외우기 힘든 경찰학, 방법은 회독과 복습!

경찰학의 경우 양이 워낙 방대하고 휘발성이 강한 과목이라고 생각합니다. (중략) 지속적으로 **회독**을 하였으며, **모의고사**를 통해서 **틀린 부분을 복습**하고 그 범위를 **다시 한 번 책**으로 돌아가서 봤습니다.

이과 계열 전공,
6개월 만에 인천청 합격!

서*범 합격생

법 과목 공부법은 기본과 기출 회독!

법 과목만큼은 **인강을 반복**해서 듣고 **기출을 반복**해서 읽고 풀었습니다. 익숙해질 필요가 있다고 생각해서 **회독에 더 집중**했었습니다. 익숙해진 이후로는 **오답도 챙기면서 공부**했습니다.

여러분의 합격을 응원하는
해커스경찰의 특별 혜택!

FREE 경찰 형사법 **동영상강의**

해커스경찰(police.Hackers.com) 접속 후 로그인 ▶ 상단의 [무료강좌 → 경찰 무료강의] 클릭하여 이용

해커스경찰 온라인 단과강의 **20% 할인쿠폰**

6DAFE46AAD294C99

해커스경찰(police.Hackers.com) 접속 후 로그인 ▶ 상단의 [내강의실] 클릭 ▶
[쿠폰/포인트] 클릭 ▶ 쿠폰번호 입력 후 이용

* 쿠폰 등록 가능 기간 : 2023년 12월 31일까지(등록 후 7일간 사용 가능)
* ID당 1회에 한해 등록 가능(단과강의에만 적용 가능)

합격예측 **모의고사 응시권 + 해설강의 수강권**

DD74EDE48823DU3N

해커스경찰(police.Hackers.com) 접속 후 로그인 ▶ 상단의 [내강의실] 클릭 ▶
[쿠폰/포인트] 클릭 ▶ 쿠폰번호 입력 후 이용

* 쿠폰 등록 가능 기간 : 2023년 12월 31일까지(등록 후 7일간 사용 가능)
* ID당 1회에 한해 등록 가능

단기 합격을 위한
해커스 커리큘럼

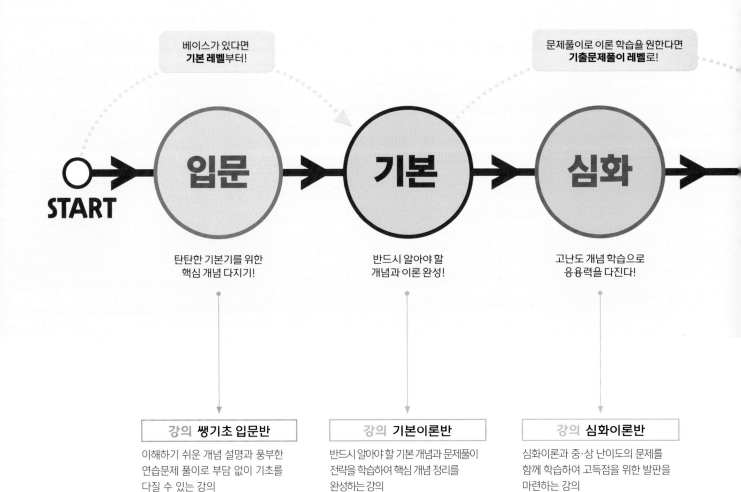

베이스가 있다면 **기본 레벨부터!**

문제풀이로 이론 학습을 원한다면 **기출문제풀이 레벨로!**

입문
START

탄탄한 기본기를 위한
핵심 개념 다지기!

강의 쌩기초 입문반

이해하기 쉬운 개념 설명과 풍부한
연습문제 풀이로 부담 없이 기초를
다질 수 있는 강의

기본

반드시 알아야 할
개념과 이론 완성!

강의 기본이론반

반드시 알아야할 기본 개념과 문제풀이
전략을 학습하여 핵심 개념 정리를
완성하는 강의

심화

고난도 개념 학습으로
응용력을 다진다!

강의 심화이론반

심화이론과 중·상 난이도의 문제를
함께 학습하여 고득점을 위한 발판을
마련하는 강의

해커스경찰

허정
형사법

기본서 | 1권 형법총론

허정

약력

상해푸단대학교 법학과 졸업

현 | 법률사무소 예건 공동대표변호사
현 | 해커스 변호사 형사법 전임
현 | 해커스 경찰간부 형사법 전임
현 | 대법원 국선변호인
현 | 국방부 군법지 및 유족 국선변호인
현 | 서울행정법원 소송 구조 변호사
현 | 서울남부지방법원 논스톱 국선변호인 및 국선변호인
현 | 서울북부지방법원 논스톱 국선변호인 및 국선변호인
현 | 서울시 공익변호사
현 | 대한변호사협회 장애인법률지원변호사단 단원

현 | 대한변호사협회 사회복지시설 무연고 사망자 유류금 신속처리
　　　법률지원단 단원
현 | 서울지방변호사회 중대재해처벌법 대응 TF 자문위원
현 | 서울 강서경찰서 형사당직변호사
현 | 네이버지식iN 전문가 답변 상담변호사
현 | 서울명덕여자중학교 및 서울화곡초등학교 명예교사
현 | 9988병원 고문변호사
현 | 로메디 주식회사 고문변호사
현 | P2P 플랫폼 사건 고소대리인
현 | 가상화폐 브이글로벌 사건 고소대리인
전 | 조선일보 G20 기자

최단기 합격을 !!
최고의 수험적합적 교재로

경찰직 시험
합격을 위한 필수 기본서

경찰직 공부, 어떻게 시작할까?

『2023 해커스경찰 허정 형사법 기본서 1권 형법총론』은 경찰직 시험에 최적화된 교재로 구성하였을 뿐만아니라 법원직, 검찰직 시험 등에도 대비할 수 있도록 만전을 기하였습니다.

『2023 해커스경찰 허정 형사법 기본서 1권 형법총론』은 형사법 이론과 판례 및 사례를 체계적으로 정리한 경찰직 시험 형사법 수험서로, 다음과 같은 특징을 가지고 있습니다.

첫째, 형사법의 핵심을 쉽고 정확하게 이해할 수 있도록 구성하였습니다.

효율적인 학습을 위해 시험과 무관한 지엽적인 이론은 배제하고, 시험에 출제되는 이론만을 엄선하여 수록하였습니다. 또한 주요 이론의 내용을 한눈에 알아볼 수 있도록 도표화하여 일목요연하게 정리하였습니다.

둘째, 최신 판례 및 개정 법령을 전면 반영하였고, 효과적인 학습이 가능하도록 구성하였습니다.

2020년까지의 형사법 개정 내용, 2022년 6월 30일까지의 대법원 공보판례와 공보미게재판례를 모두 반영하였습니다. 판례와 이론을 연결시켜 쉽게 이해할 수 있도록 쟁점별로 배치하였고, 자주 출제되는 중요 쟁점에 관한 판례는 혼동의 우려가 있는 비교판례와 함께 수록하여 효과적으로 판례를 정리할 수 있도록 하였습니다. 또한 효율적인 학습의 마무리를 위해 재출제될 가능성이 높은 판례는 한두 줄로 요약 정리하여 수록하였습니다.

셋째, 다양한 학습장치를 통해 수험생 여러분들의 입체적인 학습을 지원합니다.

사례문제로 출제되어 왔거나 출제 가능성이 높은 판례 및 사례는 사실관계를 중심으로 하여 '판례연습', '사례연습' 문제로 만들어 사례형 통합문제에 대비할 수 있도록 하였고, 중요한 비교판례는 함께 묶어 구성하였습니다. 또한 수험생 여러분들이 스스로 중요도를 파악하고 강약을 조절하여 학습할 수 있도록 지문별, 쟁점별로 완벽하게 '기출표시'를 하였고, 핵심내용에는 밑줄처리를 하였습니다.

더불어, 경찰직 시험 전문 사이트 해커스경찰(police.Hackers.com)에서 교재 학습 중 궁금한 점을 나누고 다양한 무료학습 자료를 함께 이용하여 학습 효과를 극대화할 수 있습니다.

부디 『2023 해커스경찰 허정 형사법 기본서 1권 형법총론』과 함께 경찰직 형사법 시험 고득점을 달성하고 합격을 향해 한걸음 더 나아가길 바라며, 경찰직 합격을 꿈꾸는 수험생 여러분에게 훌륭한 길잡이가 되기를 바랍니다.

2022년 8월

허정

목차

제1편

서론

제1장 형법의 기본개념

제1절 형법의 의의와 성격

🔍 **출제 POINT**

형법을 이해하는 기본도구가 되는 부분이다. 형법의 기능과 관련하여 보충성의 원칙, 보장적 기능의 개념을 정리해 두어야 한다.

Ⅰ 형법의 의의

1. 형법의 개념

형법이란 범죄와 그에 대한 법적 효과인 형사제재(형벌[1] 또는 보안처분[2])를 규정한 법규범의 총체를 말한다.

> **제250조(살인)** ① 사람을 살해한 자는 사형, 무기 또는 5년 이상의 징역에 처한다.

> **제319조(주거침입)** ① 사람의 주거, 관리하는 건조물, 선박이나 항공기 또는 점유하는 방실에 침입한 자는 3년 이하의 징역 또는 500만원 이하의 벌금에 처한다.

> **제329조(절도)** 타인의 재물을 절취한 자는 6년 이하의 징역 또는 1천만원 이하의 벌금에 처한다.

2. 형법의 범위

(1) 형식적 의미의 형법(협의의 형법)
'형법'이라는 명칭이 붙여진 '형법전'을 말한다.

(2) 실질적 의미의 형법(광의의 형법)
① 법령의 명칭과 형식을 불문하고 범죄와 그에 대한 형사제재를 규율하고 있는 모든 법규정을 말한다.
② 실질적 의미의 형법은 형법전 이외에 특별형법(예 국가보안법, 군형법, 폭력행위 등 처벌에 관한 법률), 행정형법(예 도로교통법, 식품위생법), 기타 법률(예 상법상 납입가장죄)에도 포함되어 있다.

---

1) 제41조(형의 종류) 형의 종류는 다음과 같다.
   1. 사형 2. 징역 3. 금고 4. 자격상실 5. 자격정지 6. 벌금 7. 구류 8. 과료 9. 몰수
2) 예 집행유예시의 보호관찰(제62조의2)

Ⅱ 형법의 성격

1. 형법의 법체계적 지위

① 공법: 형법은 국가의 공형벌권에 근거를 둔 공법이다.
② 사법법: 형법은 형사재판에 적용되는 사법법(司法法)이다.
③ 실체법: 형법은 범죄와 형벌을 규정하고 있는 실체법이다. 형법의 목적은 범죄와 형벌의 확정을 위한 절차를 규정한 절차법인 형사소송법에 의하여 실현된다.
④ 형사법: 형법은 형사소송법과 더불어 형사법에 속한다.

2. 형법의 규범적 성격

(1) 행위규범과 재판규범

① 행위규범: 형법은 일반국민에 대하여 일정한 행위를 금지(예 살인죄: 살인하지 말라) 또는 명령(예 퇴거불응죄: 퇴거요구에 응하라)함으로써 행위의 기준을 삼도록 한다.
② 재판규범: 형법은 법관의 사법활동을 규제한다.

(2) 평가규범과 의사결정규범

① 평가규범: 형법은 일정한 행위에 대하여 행위자를 초월하여 그 행위가 가치에 반하고 위법하다는 것을 객관적으로 평가하는 규범이다.
② 의사결정규범: 형법은 일반국민(행위자)에게 형법이 무가치하다고 평가한 불법을 결의하여서는 안 된다는 의무를 부과하는 규범이다.

(3) 형법의 수범자

형법의 수범자는 범죄자뿐만 아니라 검사, 법관 등 모든 국민이다.

Ⅲ 형법의 기능

1. 보호적 기능

(1) 의의

사회질서의 기본가치(법익[3] 및 사회윤리적 행위가치)를 보호하는 기능을 말한다.

(2) 형법의 법익보호적 기능과 보충성의 원칙

형법은 사회생활에 필요불가결한 법익을 보호하는 것이 형법 이외의 다른 수단에 의하여 불가능한 경우에 최후의 수단으로 적용된다(보충성, 최후수단성).

2. 보장적 기능

(1) 의의

형법이 국가의 형벌권의 한계를 명백히 하여 자의적인 형벌로부터 국민의 자유와 권리를 보장하는 기능을 말한다(대헌장 또는 Magna Charta적 기능).

(2) 효과

① 일반국민에 대한 효과: 형법은 일반국민에 대하여 형법에 규정되어 있는 범죄 이외에는 어떤 행위를 하더라도 범죄자로 처벌되지 않는다는 것을 보장한다(일반국민의 대헌장).

---

3) 예 살인죄(생명), 상해죄와 폭행죄(신체), 절도죄(재산)

② 범죄인에 대한 효과: 형법은 범죄자에 대하여도 형법에 정해진 형사제재의 범위를 넘는 부당한 처벌을 받지 않는다는 것을 보장한다(범죄인의 대헌장).

3. 사회보호적 기능

형벌과 보안처분이라는 수단에 의하여 범죄로부터 사회질서를 유지하고 보호하는 형법의 기능을 말한다.

Ⅳ 위험형법

1. 위험형법의 내용(경향)

위험사회의 새로운 위험에 대처하기 위하여 필요하다고 주장되고 있는 형법이론을 위험형법이라고 한다.

2. 평가

위험형법은 인간의 공동생활을 보호하는 사회보호적 기능을 충실히 수행할 수 있으나, 형법의 핵심기능인 보장적 기능을 손상시킬 우려가 있다.

제2절 죄형법정주의

🔍 출제 POINT

죄형법정주의 원칙에 위반되는지의 여부에 관한 판례는 단골 출제메뉴이다. 특히 소급효금지원칙, 유추해석금지원칙이 중요하다.

Ⅰ 죄형법정주의의 의의

1. 개념

① 어떤 행위가 범죄로 되고 그 범죄에 대하여 어떠한 형벌을 과할 것인가는 행위 이전에 미리 성문의 법률에 규정되어 있어야 한다는 원칙을 말한다.
② 「법률 없으면 범죄 없고 형벌 없다(nullum crimen, nulla poena sine lege)」라는 말로 표현되기도 한다.

2. 기능

⚖️ 판례 | 죄형법정주의의 기능(보장적 기능)

죄형법정주의는 국가형벌권의 자의적인 행사로부터 개인의 자유와 권리를 보호하기 위하여 범죄와 형벌을 법률로 정할 것을 요구한다[대판 2018.7.24. 2018도3443]. [18 국가9급]*

3. 죄형법정주의 위반의 효과

(1) 대법원의 판결

대법원에 의하여 죄형법정주의 원칙에 위배된 것으로 판단된 명령 등은 당해 사건에서 무효가 된다.

(2) 헌법재판소의 결정

죄형법정주의에 위반하여 헌법재판소에 의하여 위헌으로 결정된 형벌에 관한 법률 또는 법률의 조항은 소급하여 그 효력을 상실한다. 다만, 해당 법률 또는 법률의 조항에 대하여 종전에 합헌으로 결정한 사건이 있는 경우에는 그 결정이 있는 날의 다음 날로 소급하여 효력을 상실한다(헌법재판소법 제47조 제3항).

Ⅱ 죄형법정주의의 연혁과 사상적 기초

1. 연혁

① 사상적 기원: 1215년 영국의 대헌장에서 사상적 기원을 찾을 수 있다.
② 확립: 죄형법정주의는 18세기에 제정된 미국헌법과 프랑스 인권선언에 의해 확립되었다.
③ 형법전에 도입: 1810년의 나폴레옹 형법전에 처음으로 규정되었다.

2. 사상적 기초

계몽주의, 몽테스키외의 삼권분립론, Feuerbach의 심리강제설, 홉즈의 안전국가사상, 베까리아의 죄형법정론과 죄형균형론, 벤덤의 공리주의는 죄형법정주의 사상적 기초가 되었다.

Ⅲ 죄형법정주의의 내용

1. 성문법률주의(관습형법금지의 원칙)

(1) 의의

① 범죄와 형벌은 '성문'의 '법률'에 규정되어야 한다는 원칙을 말한다.
② 범죄와 형벌은 '성문'의 법률에 의하여 규정되어야 하므로 불문법인 관습형법은 금지된다. 그러나 행위자에게 유리한 관습법을 적용하는 것은 죄형법정주의의 취지에 반하지 않기 때문에 허용된다.

⚖ 판례 | 죄형법정주의의 '법률' = 입법부에서 제정한 '형식적 의미의 법률'

'법률이 없으면 범죄도 없고 형벌도 없다'라는 말로 표현되는 죄형법정주의는 법치주의, 국민주권 및 권력분립의 원리에 입각한 것으로서 일차적으로 무엇이 범죄이며 그에 대한 형벌이 어떠한 것인가는 반드시 국민의 대표로 구성된 입법부가 제정한 성문의 법률로써 정하여야 한다는 원칙이고, 헌법도 제12조 제1항 후단에 '법률과 적법한 절차에 의하지 아니하고는 처벌을 받지 아니한다'라고 규정하여 죄형법정주의를 천명하고 있는바, 여기서 말하는 '법률'이란 입법부에서 제정한 형식적 의미의 법률을 의미한다[헌재 1998.3.26. 96헌가20]. [19 경간부, 16 법원9급]*

---

(2) 위임입법의 불가피성과 허용요건

⚖️ 판례 | 위임입법의 불가피성과 위임입법의 허용요건(포괄위임입법 금지)

사회현상의 복잡다기화와 국회의 전문적·기술적 능력의 한계 및 시간적 적응능력의 한계로 인하여 형사처벌에 관련된 모든 법규를 예외 없이 형식적 의미의 법률에 의하여 규정한다는 것은 사실상 불가능할 뿐만 아니라 실제에 적합하지도 못하다. 따라서 i) 특히 긴급한 필요가 있거나 미리 법률로써 자세히 정할 수 없는 부득이한 사정이 있는 경우에 한하여, ii) 수권법률(위임법률)이 구성요건의 점에서는 처벌대상인 행위가 어떠한 것인지 이를 예측할 수 있을 정도로 구체적으로 정하고, iii) 형벌의 점에서는 형벌의 종류 및 그 상한과 폭을 명확히 규정하는 것을 전제로 위임입법이 허용된다[대판 2002.11.26, 2002도2998]. [20 국가9급, 16 법원9급, 16 국가7급]*

참고판례 일반적으로 법률의 위임에 의하여 효력을 갖는 법규명령의 경우 구법에 위임의 근거가 없어 무효였더라도 사후에 법 개정으로 위임의 근거가 부여되면 그때부터는 유효한 법규명령이 된다[대판 1995.6.30, 93추83].

⚖️ 판례 | 법률주의에 반하지 않는 경우(위임입법의 한계를 벗어나지 않은 경우)

1. 유해화학물질관리법 제35조 제1항에서 금지하는 환각물질을 구체적으로 명확하게 규정하지 아니하고 다만 그 성질에 관하여 '흥분·환각 또는 마취의 작용을 일으키는 유해화학물질로서 대통령령이 정하는 물질'로 그 한계를 설정하여 놓고, 같은법 시행령 제22조에서 이를 구체적으로 규정하게 한 것 … 은 과학 기술의 급격한 발전으로 유해화학물질이 수시로 생겨나기 때문에 이에 신속하게 대처하려는 데에 있다[대판 2000.10.27, 2000도4187].

2. 수질환경보전법 제8조가 오염물질의 배출허용기준을 직접 법률에서 규정하지 아니하고 총리령 등으로 정하도록 위임하고 있는 것 … 은 지역적 사정과 환경의 질적인 향상 및 그 보전을 위한 여러 가지 여건을 감안하여 정하여야 하기 때문이다[대판 1992.12.8, 92도407].

3. 청소년보호법에서 직접 청소년유해매체물의 범위를 확정하지 아니하고 행정기관(청소년보호위원회 등)에 위임하여 그 행정기관으로 하여금 청소년유해매체물을 확정하도록 하는 것 … 청소년에게 유해한 매체물을 적시하여 청소년에 대한 판매·대여 등을 제한하고자 하는 경우에는 각 매체물의 내용을 실제로 확인하여 유해성 여부를 판단할 수밖에 없는데, 그때마다 법 또는 하위법령을 개정하여 직접 개별 매체물을 규정하는 것은 현실적으로 거의 불가능하고 법령의 개정에 소요되는 시일로 인하여 규제의 실효성도 기할 수 없게 될 것이다[헌재 2000.6.29, 99헌가16].

3-1. 식품위생법 제11조 제2항이 과대광고 등의 범위 및 기타 필요한 사항을 보건복지부령에 위임하고 있는 것은 과대광고 등으로 인한 형사처벌에 관련된 법규의 내용을 빠짐없이 형식적 의미의 법률에 의하여 규정한다는 것은 사실상 불가능하다는 고려에서 비롯된 것이므로 위임입법의 한계나 죄형법정주의에 위반된 것이라고 볼 수는 없다[대판 2002.11.26, 2002도2998].

4. 특정범죄 가중처벌 등에 관한 법률 제4조 제1항의 위임을 받은 특정범죄 가중처벌 등에 관한 법률 시행령 제2조 제48호가 농업협동조합중앙회를 '정부관리기업체'의 하나로 규정한 것이 위임입법의 한계를 벗어난 것으로서 위헌·위법이라고 할 수 없다[대판 2007.11.30, 2007도6556].

5. 구 주식회사의 외부감사에 관한 법률 제20조 제1항 제8호가 규정하고 있는 구성요건 중 하나인 '회계처리기준'의 구체적 내용의 정립을 같은법 제13조가 금융감독위원회에게 위임한 것 … 은 입법자의 상세한 규율이 불가능하거나 상황의 변화에 탄력적으로 대응할 필요성이 강하게 요구되는 극히 전문적인 영역에 속한다[대판 2006.1.13, 2005도7474].

6. 게임산업진흥에 관한 법률 제32조 제1항 제7호가 '환전, 환전 알선, 재매입 영업행위를 금지하는 게임머니 및 이와 유사한 것'을 대통령령이 정하도록 위임하고 있는 것은 위임입법의 한계를 일탈한 것으로는 볼 수 없다[대판 2009.4.23, 2008도11017].

7. 공공기관의 운영에 관한 법률 제53조가 공기업의 임직원으로서 공무원이 아닌 사람은 형법 제129조의 적용에서는 이를 공무원으로 본다고 규정하고 있을 뿐 구체적인 공기업의 지정에 관하여는 하위규범인 기획재정부장관의 고시에 의하도록 규정한 것이 죄형법정주의에 위배되거나 위임입법의 한계를 일탈한 것으로 볼 수 없다. … 법의 입법 목적과 경제상황이나 정책상 목적에 따라 공공기관의 사업 내용이나 범위 등이 계속적으로 변동할 수밖에 없는 현실, 그러한 변화에 대응하여 그때마다 법률을 개정하는 것도 용이하지 아니한 점 등을 감안할 때 공무원 의제규정의 적용을 받는 공기업 등의 정의규정을 법률이 아닌 시행령이나 고시 등 그 하위규범에서 정하는 것에 부득이한 측면이 있기 때문이다[대판 2013.6.13, 2013도1685]. [19 경찰승진, 17 국가7급]*

8. 국가공무원법 제65조 제4항은 '제3항 외에 정치적 행위의 금지에 관한 한계'의 내용에 대하여 각 헌법기관에 위임하는 형식을 취하고 있는바 이는 포괄위임금지원칙을 위반하였다고 할 수 없다. … 독자적인 헌법기관인 국회, 법원, 헌법재판소, 선거관리위원회, 행정부의 기능 및 업무의 특성상 소속 공무원에 대하여 금지하여야 할 정치적 행위의 내용을 개별적으로 구체화할 필요성이 긍정되고, 그 정치적 행위의 내용을 일일이 법률로써 규정하는 것은 입법기술상 매우 곤란하다고 판단되므로 그 위임의 필요성이 인정되기 때문이다[대판 2014.5.16, 2013도828].

9. 철도안전법 시행규칙 제80조가 '법 제47조 제6호(공중이나 여객에게 위해를 끼치는 행위)에서 국토교통부령으로 정하는 행위'에 '철도종사자의 허락 없이 여객에게 기부를 부탁하거나 물품을 판매·배부하거나 연설·권유 등을 하여 여객에게 불편을 끼치는 행위'를 규정한 것은 법률조항의 위임범위에서 벗어났다고 볼 수 없다[대판 2015.4.23, 2014도655].

⚖ 판례 | 법률주의에 반하는 경우(위임입법의 한계를 벗어난 경우)

1. "약국을 관리하는 약사 또는 한약사는 보건복지부령으로 정하는 약국관리에 필요한 사항을 준수하여야 한다"는 약사법 제19조 제4항 … 은 '약국관리에 필요한 사항'이라는 처벌법규의 구성요건 부분에 관한 기본사항에 관하여 보다 구체적인 기준이나 범위를 정함이 없이 그 내용을 모두 하위법령인 보건복지부령에 포괄적으로 위임함으로써, 약사로 하여금 광범위한 개념인 '약국관리'와 관련하여 준수하여야 할 사항의 내용이나 범위를 구체적으로 예측할 수 없게 하였다[헌재 2000.7.20, 99헌가15]. [사실관계] (백색위생복과 명찰 사건) 약사 甲은 약국을 경영하면서 백색위생복 및 명찰을 착용하지 아니하고 손님에게 의약품을 판매하였다. 그런데 약사법의 위임을 받은 보건복지부령은 약국을 관리하는 약사는 약국관리에 필요한 사항으로 백색위생복 및 명찰을 착용하도록 규정하고 있었다.

2. 구 전기통신사업법 제53조 제2항에서 "제1항의 규정에 의한 공공의 안녕질서 또는 미풍양속을 해하는 것으로 인정되는 통신의 대상 등은 대통령령으로 정한다"고 규정한 것 … "공공의 안녕질서"나 "미풍양속"의 개념은 대단히 추상적이고 불명확하여, 수범자인 국민으로 하여금 어떤 내용들이 대통령령에 정하여질지 그 기준과 대강을 예측할 수도 없게 되어 있고, 행정입법자에게도 적정한 지침을 제공하지 못함으로써 그로 인한 행정입법을 제대로 통제하는 기능을 수행하지 못하기 때문이다[헌재 2002.6.27, 99헌마480]. [16 국가7급]*

3. 구 근로기준법 제30조 단서에서 임금·퇴직금 청산기일의 연장합의의 한도에 관하여 아무런 제한을 두고 있지 아니함에도 불구하고, 같은법 시행령 제12조에 의하여 같은법 제30조 단서에 따른 기일연장을 3월 이내로 제한한 것 … 은 모법의 위임에 의하지 아니하고 형사처벌의 대상을 확장하는 결과가 된다[대판(전) 1998.10.15, 98도1759].

4. 총포·도검·화약류 등 단속법 제2조 제1항은 총포에 관하여 규정하면서 총에 대하여는 일정 종류의 총을 총포에 해당하는 것으로 규정하면서 그 외의 장약총이나 공기총도 금속성 탄알이나 가스 등을 쏠 수 있는 성능이 있는 것 중에서 대통령령으로 정한다고 규정하고 있음에도 불구하고, 같은법 시행령 제3조 제1항은 같은법 제2조 제1항의 위임에 따라 총포의 범위를 구체적으로 정하면서도 제3호에서 모법의 위임 범위를 벗어나 금속성 탄알 등을 발사할 성능을 가지지 못한 총의 부품까지 총포에 속하는 것으로 규정한 것은 위임입법의 한계를 벗어나고 죄형법정주의 원칙에 위배된 것으로 무효라고 하지 않을 수 없다[대판 1992.2.11, 98도2816].

5. 구 노동조합법 제46조의3이 그 구성요건을 "단체협약에 위반한 자"라고만 규정한 것 … 은 범죄구성요건의 외피(外皮)만 설정하였을 뿐 구성요건의 실질적 내용을 직접 규정하지 아니하고 모두 단체협약에 위임하고 있어 죄형법정주의의 기본적 요청인 법률주의에 위배되고, 또한 그 구성요건도 지나치게 애매하고 광범위하여 명확성의 원칙에도 위배된다[헌재 1998.3.26, 96헌가20].

6. 농업협동조합법 제50조 제4항은 "누구든지 임원선거와 관련하여 다음 각 호의 방법 중 정관이 정하는 행위 외의 선거운동을 할 수 없다."라고 되어 있는바, 위 규정만으로는 '정관이 정하는 행위 외의 선거운동'이 과연 어느 범위의 선거운동을 말하는지에 관하여 구체적으로 알 수 없고, 법원의 해석으로도 이 사건 법률조항의 의미내용을 명확하게 파악할 수가 없다. 또한 '정관이 정하는 행위 외의 선거운동'이 구체적으로 무엇인지에 관한 수범자의 예측가능성을 더욱 인정하기 어렵다. 따라서 이 사건 법률조항은 헌법상 죄형법정주의원칙에 위배된다고 할 것이다[헌재 2010.7.29. 2008헌바106]. [16 법원9급]*

7. [1] 법률의 시행령은 모법인 법률의 위임 없이 법률이 규정한 개인의 권리 · 의무에 관한 내용을 변경 · 보충하거나 법률에서 규정하지 아니한 새로운 내용을 규정할 수 없고, 특히 법률의 시행령이 형사처벌에 관한 사항을 규정하면서 법률의 명시적인 위임 범위를 벗어나 처벌의 대상을 확장하는 것은 죄형법정주의의 원칙에도 어긋나는 것이므로, 그러한 시행령은 위임입법의 한계를 벗어난 것으로서 무효이다. [20 국가9급, 18 국가7급, 18 국가9급]*

[2] 의료법 제41조가 각종 병원에 두어야 하는 당직의료인의 수와 자격에 아무런 제한을 두고 있지 않음에도, '병원에 두어야 하는 당직의료인의 수는 입원환자 200명까지는 의사 등의 경우 1명, 간호사의 경우 2명을 두되, 입원환자 200명을 초과하는 200명마다 의사 등의 경우 1명, 간호사의 경우 2명을 추가한 인원수로 한다'라는 의료법 시행령 제18조 제1항 규정은 위임입법의 한계를 벗어난 것으로서 무효이다[대판(전) 2016.6.23. 2016도3753]. [20 경간부, 19 경찰채용]*

2. 소급효금지의 원칙

(1) 의의

① 개념: 형벌법규는 그 시행 이후에 이루어진 행위에 대해서만 적용되고, 시행 이전의 행위에까지 소급하여 적용될 수 없다는 원칙을 말한다.

② 근거: 법적 안정성과 법의 예측가능성을 담보함으로써 이에 대한 국민의 신뢰를 보호하기 위하여 인정된 것이다.

(2) 적용범위

① 소급효가 금지되는 범위

㉮ 행위자에게 불리한 사후입법에 의한 소급처벌은 금지되나, 유리한 법률의 소급효는 허용된다. 형법은 유리한 소급효를 인정하는 명문의 규정을 두고 있다(제1조 제2항).

㉯ 각칙상의 구성요건을 신설 또는 개정하는 경우뿐만 아니라, 총칙규정을 개정하여 처벌의 범위를 확장하는 경우도 금지된다.

② 보안처분과 소급효금지의 원칙의 적용 여부

⚖ 판례 | 집행유예시에 부가하는 보호관찰 – 소급금지원칙이 적용되지 않음

(요약: 집행유예시에 부가하는 보호관찰은 반드시 행위 이전에 미리 규정되어 있어야 하는 것이 아니고 재판시의 규정이 있으면 보호관찰을 받을 것을 명할 수 있다. 즉, 소급적용할 수 있다.) 개정형법 제62조의2 제1항의 보호관찰은 형벌이 아니라 보안처분의 성격을 갖는 것이어서, 과거의 불법에 대한 책임에 기초하고 있는 제재가 아니라 장래의 위험성으로부터 행위자를 보호하고 사회를 방위하기 위한 합목적적인 조치이므로 반드시 행위 이전에 규정되어 있어야 하는 것은 아니고 재판시의 규정에 의하여 보호관찰을 받을 것을 명할 수 있다고 보아야 할 것이고 이와 같은 해석이 형법불소급의 원칙 내지 죄형법정주의에 위배되는 것은 아니다[대판 1997.6.13. 97도703]. [22 경간부, 20 법원행시, 20 경간부, 16 법원9급, 16 경찰승진]*

🔨 판례 | 소급효금지원칙의 적용 여부(비교판례)

1-0. 소급효금지원칙이 적용되는 경우

ⅰ) (가정폭력범죄처벌법상의 사회봉사명령: 보안처분의 성격 + 실질적으로 형벌의 성격) [1] 가정폭력범죄의 처벌 등에 관한 특례법이 정한 보호처분 중의 하나인 사회봉사명령은 가정폭력범죄를 범한 자에 대하여 환경의 조정과 성행의 교정을 목적으로 하는 것으로서 형벌 그 자체가 아니라 보안처분의 성격을 가지는 것이 사실이다. 그러나 한편으로 이는 가정폭력범죄행위에 대하여 형사처벌 대신 부과되는 것으로서, 가정폭력범죄를 범한 자에게 의무적 노동을 부과하고 여가시간을 박탈하여 실질적으로는 신체적 자유를 제한하게 되므로, 이에 대하여는 원칙적으로 형벌불소급의 원칙에 따라 행위시법을 적용함이 상당하다.

[2] 가정폭력범죄의 처벌 등에 관한 특례법상 사회봉사명령을 부과하면서, 행위시법상 사회봉사명령 부과시간의 상한인 100시간을 초과하여 상한을 200시간으로 올린 신법을 적용한 것은 위법하다고 한 사례[대결 2008.7.24. 2008어4]. [20 법원9급, 20 경찰승진, 19 법원행시, 18 국가9급, 17 변호사, 17 경찰채용, 16 법원9급, 16 경찰채용]*

ⅱ) (노역장유치: 실질적으로 형벌의 성격) [1] 노역장유치는 그 실질이 신체의 자유를 박탈하는 것으로서 징역형과 유사한 형벌적 성격을 가지므로 형벌불소급원칙의 적용대상이 된다. [20 경간부]*

[2] 형법 제70조 제2항4)(노역장유치조항)은 1억원 이상의 벌금형을 선고받는 자에 대하여 유치기간의 하한을 중하게 변경시킨 것이므로, 이 조항 시행 전의 범죄행위에 대해서는 범죄행위 당시에 존재하였던 법률을 적용하여야 한다.

[3] 형법 제70조 제2항을 시행일 이후 최초로 공소 제기되는 경우부터 적용하도록 한 형법 부칙(2014.5.14.) 제2조 제1항은 노역장유치조항의 시행 전에 행해진 범죄행위에 대해서도 공소제기의 시기가 노역장유치조항의 시행 이후이면 이를 적용하도록 하고 있으므로, 이는 범죄행위 당시보다 불이익한 법률을 소급 적용하도록 하는 것으로서 헌법상 형벌불소급원칙에 위반된다[대판 2018.2.13. 2017도17809].

1-1. 소급효금지원칙이 적용되지 않는 경우: 보안처분의 성격을 가지는 경우

ⅰ) (특정범죄자에 대한 위치추적 전자장치 부착에 관한 법률상의 전자감시제도) 특정 범죄자에 대한 위치추적 전자장치 부착에 관한 법률에 의한 전자감시제도는, 성폭력범죄자의 재범방지와 성행교정을 통한 재사회화를 위하여 그의 행적을 추적하여 위치를 확인할 수 있는 전자장치를 신체에 부착하게 하는 부가적인 조치를 취함으로써 성폭력범죄로부터 국민을 보호함을 목적으로 하는 일종의 보안처분이다. 이러한 전자감시제도의 목적과 성격, 그 운영에 관한 위 법률의 규정 내용 및 취지 등을 종합해보면, 전자감시제도는 범죄행위를 한 자에 대한 응보를 주된 목적으로 그 책임을 추궁하는 사후적 처분인 형벌과 구별되어 그 본질을 달리하는 것으로서 형벌에 관한 소급입법금지의 원칙이 그대로 적용되지 않으므로, 위 법률이 개정되어 부착명령 기간을 연장하도록 규정하고 있더라도 그것이 소급입법금지의 원칙에 반한다고 볼 수 없다[대판 2010.12.23. 2010도11996]. [17 국가7급]*

ⅱ) (아동·청소년의 성보호에 관한 법률상의 신상 공개명령제도) 아동·청소년의 성보호에 관한 법률에 정한 공개명령 제도는, 성인인증 및 본인 확인을 거친 사람은 누구든지 인터넷을 통해 공개명령 대상자의 공개정보를 열람할 수 있도록 함으로써 아동·청소년 대상 성범죄를 효과적으로 예방하고 성범죄로부터 아동·청소년을 보호함을 목적으로 하는 일종의 보안처분이다. 이러한 공개명령 제도는 범죄행위를 한 자에 대한 응보 등을 목적으로 그 책임을 추궁하는 사후적 처분인 형벌과 구별되어 그 본질을 달리하는 것으로서 형벌에 관한 소급입법금지의 원칙이 그대로 적용되지 않으므로, 공개명령 제도가 시행되기 이전에 범한 범죄에도 공개명령 제도를 적용하도록 아동·청소년의 성보호에 관한 법률이 개정되었다고 하더라도 그것이 소급입법금지의 원칙에 반한다고 볼 수 없다[대판 2011.3.24. 2010도14393]. [18 경간부, 17 국가9급, 17 경찰채용]*

---

4) 선고하는 벌금이 1억원 이상 5억원 미만인 경우에는 300일 이상, 5억원 이상 50억원 미만인 경우에는 500일 이상, 50억원 이상인 경우에는 1,000일 이상의 유치기간을 정하여야 한다.

③ 소송법규정과 소급효금지의 원칙 적용 여부: 형사소송법에는 원칙적으로 소급효금지원칙이 적용되지 않는다 (다수설). 소급효금지원칙은 범죄와 형벌에 대한 국민의 신뢰를 보호하기 위한 것이기 때문이다.

⚖ 판례 | 진정소급입법과 부진정소급입법의 의미

소급입법은 새로운 입법으로 이미 종료된 사실관계 또는 법률관계에 작용케 하는 진정소급입법과 현재 진행중인 사실관계 또는 법률관계에 작용케 하는 부진정소급입법으로 나눌 수 있다[헌재 1999.7.22. 97헌바76].

⚖ 판례 | 부진정소급효(부진정소급입법) – 정당화될 수 있음, 진정소급효(진정소급입법) – 예외적 허용

[1] 형벌불소급의 원칙은 "행위의 가벌성", 즉 형사소추가 "언제부터 어떠한 조건하에서" 가능한가의 문제에 관한 것이고, "얼마동안" 가능한가의 문제에 관한 것은 아니므로, 과거에 이미 행한 범죄에 대하여 공소시효를 정지시키는 법률이라 하더라도 그 사유만으로 형벌불소급의 원칙에 언제나 위배되는 것으로 단정할 수는 없다. [19 경찰채용]*
[2] 공소시효가 아직 완성되지 않은 경우 위 법률조항은 단지 진행중인 공소시효를 연장하는 법률로서 이른바 부진정소급효를 갖게 되나, 공소시효제도에 근거한 개인의 신뢰와 공소시효의 연장을 통하여 달성하려는 공익을 비교형량하여 공익이 개인의 신뢰보호이익에 우선하는 경우에는 소급효를 갖는 법률도 헌법상 정당화될 수 있다.
[3] 진정소급입법이라 하더라도 기존의 법을 변경하여야 할 공익적 필요는 심히 중대한 반면에 그 법적 지위에 대한 개인의 신뢰를 보호하여야 할 필요가 상대적으로 적어 개인의 신뢰이익을 관철하는 것이 객관적으로 정당화될 수 없는 경우에는 예외적으로 허용될 수 있다[헌재 1999.7.22. 97헌바76]. [17 국가9급]*

⚖ 판례 | 공소시효 정지 등에 관한 조항의 소급적용에 관한 명시적인 규정이 없는 경우의 판단

1. 공소시효를 정지·연장·배제하는 내용의 특례조항을 신설하면서 소급적용에 관한 명시적인 경과규정을 두지 아니한 경우에 그 조항을 소급하여 적용할 수 있다고 볼 것인지에 관하여는 이를 해결할 보편타당한 일반원칙이 존재할 수 없는 터이므로 적법절차원칙과 소급금지원칙을 천명한 헌법 제12조 제1항과 제13조 제1항의 정신을 바탕으로 하여 법적 안정성과 신뢰보호원칙을 포함한 법치주의 이념을 훼손하지 아니하도록 신중히 판단하여야 한다[대판 2015.5.28. 2015도1362]. [16 경찰채용]*

2. 피고인에게 실질적인 불이익을 추가하는 내용(전자장치 부착기간 하한을 2배 가중)의 위치추적전자장치부착법 개정이 있고, 그 규정의 소급적용에 관한 명확한 경과규정이 없는 한 그 규정의 소급적용은 이를 부정하는 것이 입법자의 의사에 부합한다[대판 2013.9.12. 2013도6424]. [20 법원행시]*

④ 판례의 불리한 변경과 소급효금지의 원칙의 적용 여부

⚖ 판례 | 불리하게 변경된 판례를 소급적용하는 경우(형벌불소급의 원칙에 반하지 않음)

형사처벌의 근거가 되는 것은 법률이지 판례가 아니고, 형법 조항에 관한 판례의 변경은 그 법률조항의 내용을 확인하는 것에 지나지 아니하여 이로써 그 법률조항 자체가 변경된 것이라고 볼 수는 없으므로, 행위 당시의 판례에 의하면 처벌대상이 되지 아니하는 것으로 해석되었던 행위를 판례의 변경에 따라 확인된 내용의 형법 조항에 근거하여 처벌한다고 하여 그것이 헌법상 평등의 원칙과 형벌불소급의 원칙에 반한다고 할 수는 없다[대판(전) 1999.9.17. 97도3349]. [20 법원행시, 20 법원9급, 18 국가9급, 18 경찰승진, 18 경찰채용, 16 법원9급, 16 경찰승진]*

⑤ 양형기준과 소급효금지의 원칙의 적용 여부

> **⚖ 판례 | 사후에 발효된 양형기준을 소급적으로 참고한 경우(위법하지 않음)**
>
> [1] 법원조직법 제81조2 이하의 규정에 의하여 마련된 대법원 양형위원회의 양형기준은 법관이 합리적인 양형을 정하는 데 참고할 수 있는 구체적이고 객관적인 기준으로 마련된 것이다(같은 법 제81조의6 제1항 참조). 위 양형기준은 법적 구속력을 가지지 아니하고(같은 법 제81조의7 제1항 단서), 단지 위와 같은 취지로 마련되어 그 내용의 타당성에 의하여 일반적인 설득력을 가지는 것으로 예정되어 있으므로 법관의 양형에 있어서 그 존중이 요구되는 것일 뿐이다.
> [2] 대법원 양형위원회가 설정한 '양형기준'이 발효하기 전에 공소가 제기된 범죄에 대하여 위 '양형기준'을 참고하여 형을 양정한 사안에서, 피고인에게 불리한 법률을 소급하여 적용한 위법이 있다고 할 수 없다고 한 사례[대판 2009.12.10. 2009도11448]. [20 경찰승진, 18 경간부, 17 국가9급, 16 법원9급, 16 경찰채용]*

> **⚖ 판례 | 기타 소급효금지원칙에 반하지 않는 경우**
>
> [1] 도로교통법 제148조의2 제1항 제1호는 도로교통법 제44조 제1항(주취운전금지)을 2회 이상 위반한 사람으로서 다시 같은 조 제1항을 위반하여 술에 취한 상태에서 자동차 등을 운전한 사람에 대해 1년 이상 3년 이하의 징역이나 500만 원 이상 1,000만 원 이하의 벌금에 처하도록 규정하고 있는데, 도로교통법 제148조의2 제1항 제1호에서 정하고 있는 '도로교통법 제44조 제1항을 2회 이상 위반한' 것에 개정된 도로교통법이 시행된 2011.12.9. 이전에 구 도로교통법(2011.6.8. 법률 제10790호로 개정되기 전의 것) 제44조 제1항을 위반한 음주운전 전과까지 포함되는 것으로 해석하는 것이 형벌불소급의 원칙이나 일사부재리의 원칙 또는 비례의 원칙에 위배된다고 할 수 없다.
> [2] 형의 실효 등에 관한 법률 제7조 제1항 각 호에 따라 형이 실효되었거나 사면법 제5조 제1항 제1호에 따라 형 선고의 효력이 상실된 구 도로교통법(2011.6.8. 법률 제10790호로 개정되기 전의 것) 제44조 제1항 위반 음주운전 전과도 도로교통법 제148조의2 제1항 제1호의 '도로교통법 제44조 제1항을 2회 이상 위반한' 것에 해당된다고 보아야 한다[대판 2012.11.29. 2012도10269].

3. 명확성의 원칙

(1) 의의

① 구성요건과 형사제재를 가능한 한 명확하게 규정하여야 한다는 원칙이다.
② 법관의 자의 방지와 국민의 의사결정효력을 담보하기 위한 원칙이다.

(2) 내용

① 구성요건의 명확성

㉮ 구성요건을 순수한 기술적 요소5)만으로 규정하는 것이 가장 이상적이나 입법기술상 불가능하며 구성요건의 탄력적 적용이 불가능하게 된다. 그러므로 어느 정도 가치개념을 포함한 일반적·규범적 개념을 사용하는 것은 불가피하다.

㉯ 만일 형법이 "건전한 국민감정에 반하는 행위는 … 으로 처벌한다"라고 규정한다면 명확성의 원칙에 반하므로 죄형법정주의에 반하게 되어 형법의 보장적 기능이 심각하게 손상당하게 된다.

---

5) 예를 들어 절도죄에서 '재물'을 시계·라디오·반지 … 와 같이 대상적으로 기술하는 것을 말한다.

⚖️ 판례 | 명확성의 판단기준

1. **(일반인)** 사물의 변별능력을 제대로 갖춘 일반인의 이해와 판단으로서도 그 구성요건 요소에 해당하는 행위유형을 정형화하거나 한정할 합리적 해석기준을 찾기 어려운 경우, 죄형법정주의가 요구하는 형벌법규의 명확성의 원칙에 반한다 [대판(전) 1998.6.18. 97도2231].

2. **(법관의 보충적 해석을 필요로 하는 개념 사용: 가능)** 처벌법규의 구성요건이 명확하여야 한다고 하여 모든 구성요건을 단순한 서술적 개념으로 규정하여야 하는 것은 아니고, 다소 광범위하여 법관의 보충적인 해석을 필요로 하는 개념을 사용하였다고 하더라도 통상의 해석방법에 의하여 건전한 상식과 통상적인 법감정을 가진 사람이면 당해 처벌법규의 보호법익과 금지된 행위 및 처벌의 종류와 정도를 알 수 있도록 규정하였다면 헌법이 요구하는 처벌법규의 명확성에 배치되는 것이 아니다 [대판 2006.5.11. 2006도920]. [22 경간부, 20 국가9급]*

3. **(최대한이 아니라 최소한의 명확성을 요구)** 법규범의 문언은 어느 정도 가치개념을 포함한 일반적, 규범적 개념을 사용하지 않을 수 없는 것이기 때문에 명확성의 원칙이란 기본적으로 최대한이 아닌 최소한의 명확성을 요구하는 것으로서, 그 문언이 법관의 보충적인 가치판단을 통해서 그 의미내용을 확인할 수 있고, 그러한 보충적 해석이 해석자의 개인적인 취향에 따라 좌우될 가능성이 없다면 명확성의 원칙에 반한다고 할 수 없다 [대결 2008.10.23. 2008초기264].

4. **(포괄적 위임 – 명확성의 원칙에 위배됨)** 형벌법규를 하위법령에 위임할 때 처벌법규의 기본사항에 관하여 구체적 기준이나 범위를 정함이 없이 포괄적으로 하위법령에 위임하였다면 명확성의 원칙에 위배되어 죄형법정주의에 반한다 [헌재 2000.7.20. 99헌가15]. [17 국가9급]*

⚖️ 판례 | 명확성의 원칙에 반하지 않는 경우

1. 폭력행위 등 처벌에 관한 법률 제4조 제1항에서 규정하고 있는 범죄단체 구성원으로서의 "활동"의 개념 … 죄형법정주의의 명확성의 원칙에 위배된다고 할 수 없다 [대판 2008.5.29. 2008도1857]. [17 경찰채용]*

2. 청소년보호법 제26조의2 제8호 소정의 "청소년에게 이성혼숙을 하게 하는 등 풍기를 문란하게 하는 영업행위를 하거나 그를 목적으로 장소를 제공하는 행위"라는 법률조항 [대판 2003.12.26. 2003도5980]. [19 경찰채용]*

3. 형법 제243조(음화반포죄), 제244조(음화제조죄)에서 규정하는 "음란" [대판 1995.6.16. 94도2413]. [20 법원9급]*
   비교판례 출판사 및 인쇄소의 등록에 관한 법률 소정의 '저속'의 개념은 명확성의 원칙에 반한다 [헌재 1998.4.30. 95헌가6].

4. 건설공사의 수주 및 시공과 관련하여 발주자, 수급인, 하수급인 또는 이해관계인이 부정한 청탁에 의한 금품을 수수하는 것을 금지하고 형사처벌하는 건설산업기본법 제38조의2와 제95조의2의 '이해관계인' 규정 [대판 2009.9.24. 2007도6185].

5. 노동조합 및 노동관계 조정법 제40조 제2항 및 제89조 제1호의 각 규정이 말하는 '간여'라는 개념 [대판 2005.4.15. 2002도3453].

6. 유해화학물질관리법 제35조 제1항의 '섭취' 또는 '흡입'의 개념 [대판 2000.10.27. 2000도4187]. [18 경찰승진]*

7. 도로교통법 제20조의2 제2호의 "도로의 구부러진 곳"이라는 표현 [헌재 2000.2.24. 99헌가4].

8. 형법 제347조 제1항의 '사기죄의 요건으로서의 기망' [대판 2006.5.11. 2006도1715].

9. 향토예비군설치법은 '소집통지서를 수령할 의무가 있는 자'의 의미나 범위에 관한 명문의 규정을 따로 두고 있지 않은 바, (중략) 훈련소집 대상 예비군대원 본인이 소집통지서의 수령의무자가 된다는 점은 일반인의 이해와 판단으로서도 충분히 알 수 있다고 할 것이다 [대판 2005.4.15. 2004도7977].

9-1. 대기환경보전법 제2조 제12호에서 첨가제의 개념을 정의하면서 '소량'이라는 개념을 사용한 것 [대판 2005.12.8. 2004도5529].

10. 정당의 후보자 추천 관련 금품수수에 대한 처벌규정인 공직선거법 제47조의2 제1항, 제230조 제6항의 '누구든지 후보자로 추천하는 일과 관련하여'라는 표현 [대판 2009.5.14. 2008도11040].

11. 형사소송법 제307조, 제308조에 규정된 '증거' 또는 '자유심증'이라는 용어 [대결 2006.5.26. 2006초기92].

12. 형사소송법 조항 중 항소이유 중 재심청구의 사유가 있는 때(제361조의5 제13호), 상고이유 중 재심청구의 사유가 있는 때(제383조 제3호), 원심판결의 파기 또는 이송(제397조)에 관한 규정 [대결 2008.10.23. 2008초기264].

13. 구 식품위생법에 의한 보건복지부장관의 고시인 구 식품공전 소정의 '일반인들의 전래적인 식생활이나 통념상 식용으로 하지 아니하는 것', '식품원료로서 안전성 및 건전성이 입증되지 아니한 것'의 개념[대판 2000.10.27. 2000도1007.].

14. 공직선거법 제251조 본문의 '후보자가 되고자 하는 자'와 같은조 단서의 '공공의 이익에 관한 때'라 표현[대판 2011.3.10. 2011도168.].

15. 압수·수색영장을 집행함에는 원칙적으로 미리 집행의 일시와 장소를 피의자 등에게 통지하여야 하나(형사소송법 제122조 본문), '급속을 요하는 때'에는 위와 같은 통지를 생략할 수 있다(형사소송법 제122조 단서). 여기서 '급속을 요하는 때'라는 규정은 명확성의 원칙 등에 반하여 위헌이라고 볼 수 없다[대판 2012.10.11. 2012도7455.].

16. 국가보안법 제4조 제1항 제2호 (나)목에 규정된 '국가기밀'은 죄형법정주의가 요구하는 명확성의 원칙에 반한다고 할 수 없다[대판 2013.7.26. 2013도2511.].

17. '사업자등록번호·통관고유부호'를 물품 수입시 신고사항으로 정하고 있는 구 관세법 시행령 제246조 제1항 제5호는 형식상의 신고명의인과는 별도로 실제로 물품을 수입한 자, 즉 화주인 납세의무자의 사업자등록번호 등을 신고하도록 정한 것으로 해석된다. 그리고 이러한 해석은 통상의 해석방법에 의하여 그 의미내용을 합리적으로 파악할 수 있는 것으로서, 처벌법규의 명확성의 원칙에 반한다거나 자의적 해석이라고 할 수 없다[대판 2014.1.29. 2013도12939.].

18. 정치자금법 제45조 제1항, 제3조 제1호가 법관의 보충적인 해석이 필요한 '그 밖에 정치활동을 하는 자' 및 '정치자금'이라는 개념을 사용한 것 및 '그 밖에 어떠한 명목으로든 금전이나 물질로 특정 정당 또는 정치단체를 지지하거나 반대하는 행위'라는 국가공무원복무규정 제27조 제2항 제4호 규정은 헌법이 요구하는 죄형법정주의의 명확성의 원칙에 반한다고 할 수 없다[대판 2014.10.30. 2012도12394.], [대판 2014.5.16. 2012도12867.]. [16 경간부]*

19. 형법 제315조(경매입찰방해죄)의 '경매'와 '공정을 해한 자'라는 규정[헌재2015.10.21. 2014헌바59.].

⚖️ 판례 | 명확성의 원칙에 반하는 경우

1. 외국환관리규정 소정의 '도박 기타 범죄 등 선량한 풍속 및 사회질서에 반하는 행위'라는 요건[대판(전) 1998.6.18. 97도2231.].

2. 가정의례에 관한 법률 소정의 "가정의례의 참뜻"이란 개념과 "합리적인 범위 안"이란 개념[헌재 1998.10.15. 98헌마168.].

3. 지방세법 제84조 제1항의 '조세범처벌법령'에 특정범죄 가중처벌 등에 관한 법률도 포함된다고 해석하는 것 … 은 수범자인 일반인의 입장에서 이를 쉽게 예견하기 어려운 점에 비추어 형벌법규의 명확성의 원칙에 위배되는 것이거나 형벌법규를 지나치게 확장·유추해석하는 것으로서 죄형법정주의에 반하여 허용되지 않는다[대판 2008.3.27. 2007도7561.].

4. 미성년자보호법의 '미성년자에게 음란성 또는 잔인성을 조장할 우려가 있거나 기타 미성년자로 하여금 범죄의 충동을 일으킬 수 있게 하는 만화(불량만화)의 반포'라는 규정 중 '잔인성'의 개념과 '범죄의 충동을 일으킬 수 있게'라는 부분 및 구 아동복지법 소정의 '어질고 너그러운 품성'을 뜻하는 '덕성'이라는 개념[헌재 2002.2.28. 99헌가8.].

5. '운전면허를 받은 사람이 자동차등을 이용하여 범죄행위를 한 때'라는 도로교통법 제78조 제1항 제5호의 규정은 명확성 원칙에 위반된다. … 이 사건 규정이 범죄의 중함 정도나 고의성 여부 측면을 전혀 고려하지 않고 자동차 등을 범죄행위에 이용하기만 하면 운전면허를 취소하도록 하고 있는 것은 그 포섭범위가 지나치게 광범위한 것으로서 명확성원칙에 위반된다고 할 것이다[헌재 2005.11.24. 2004헌가28.].

6. 특정범죄 가중처벌 등에 관한 법률 제4조 제1항의 '정부관리기업체'라는 용어 … 는 수뢰죄와 같은 이른바 신분범에 있어서 그 주체에 관한 구성요건의 규정을 지나치게 광범위하고 불명확하게 규정한 것이다[헌재 1995.9.28. 93헌바50.].

7. 직업안정법 제46조 제1항 제2호가 규정하고 있는 "공중도덕상 유해한 업무" 부분은 죄형법정주의에서 파생된 명확성의 원칙을 충족시키고 있다고 할 수 없다[헌재 2005.3.31. 2004헌바29.].

8. 구 대외무역법의 위임에 의하여 산업자원부장관이 공고한 구 전략물자수출입공고(산업자원부 고시 제2002-123호)에서 수출제한지역으로 규정하는 '국제평화와 지역안전을 저해할 우려가 있는 지역' 부분 … 은 사물의 변별능력을 제대로 갖춘 일반인의 이해와 판단으로서도 그 구성요건 요소에 해당하는 지역 유형을 정형화하거나 한정할 합리적 해석기준을 찾기도 어려우므로, 죄형법정주의가 요구하는 형벌법규의 명확성 원칙에 반한다[대판 2010.12.23. 2008도4233.].

9. 「산업안전보건기준에 관한 규칙」 제519조(이하 '이 사건 규칙'이라고 한다)는 "사업주는 근로자가 진동작업에 종사하는 경우에 인체에 미치는 영향과 증상, 보호구의 선정과 착용방법, 진동 기계 · 기구 관리방법, 진동 장해 예방방법을 근로자에게 충분히 알려야 한다."라고 규정하고 있다. 그런데 위 규칙의 문언만으로는 진동작업의 상대방, 횟수와 주기, 주지의 시점, 주지의 정도 · 방법 등을 예측할 수 없고 달리 그 의미내용을 보충할 관련 규정이 없으므로, 위 규칙은 죄형법정주의에서 파생된 명확성 원칙에 위배된다[대판 2021.4.29.
2019도12986].

② 제재의 명확성
⑦ 절대적 형벌: 예를 들어 "타인의 재물을 절취한 자는 징역 3년에 처한다."와 같이 절대적 법정형으로 규정하는 경우에는 형사정책적으로 바람직하지 않으므로 형벌의 종류와 범위를 특정할 것이 요구된다.
④ 부정기형: 형의 기간이 특정되어 있지 않은 경우를 말한다.
ⅰ) 절대적 부정기형: 형의 장기와 단기가 전혀 특정되지 않은 경우(예 … 행위는 징역형에 처한다)로서 법적 안정성을 해할 수 있으므로 법정형이든 선고형이든 허용되지 않는다.

> ## ⚖ 판례 | 예비 · 음모를 처벌한다고만 규정하고 있고 형을 별도로 규정하지 않은 경우(죄형법정주의 위반)
>
> 부정선거관련자처벌법 제5조 제4항에 의하면 '동조 제1항에 예비, 음모와 미수는 처벌한다'고 규정하고 있으나 동 예비, 음모의 형에 관하여 아무런 규정이 없으며, 이를 본범이나 미수범에 준하여 처벌함은 죄형법정주의 원칙상 허용할 수 없으니 결국 위 소위는 처벌할 수 없다[대판 1977.6.28.
77도251]. [22 경간부, 21 법원9급, 17 국가9급]*

ⅱ) 상대적 부정기형: 형의 장기와 단기 또는 장기만 정해진 경우를 말하며 탄력적 형의 적용 및 집행이 가능하다는 점에서 허용된다. 현행법상 법정형은 대부분 상대적 부정기형으로 되어 있고,[6] 선고형은 성인의 경우는 정기형이어야 하지만 소년의 경우는 상대적 부정기형을 인정하고 있다(예 소년법 제60조).
ⅲ) 성인에 대한 상대적 부정기 선고형의 도입 가능성: 상대적 부정기 선고형은 명확성의 원칙에 반하지 않으므로 성인범죄자에 대하여 이를 도입하는 것은 허용된다.

4. 유추해석(적용)금지의 원칙

(1) 의의
① 법률에 규정이 없는 사항에 대하여 그것과 유사한 성질을 가지는 사항에 관한 법률을 적용하는 것(예 전화를 거는 것을 주거침입에 해당한다고 해석하는 것)을 금지하는 원칙을 말한다.
② 유추해석은 법관의 법창조 행위에 해당하는 것이며, 유추해석금지의 원칙은 이러한 법관의 자의를 방지하기 위한 것이다.

> ## ⚖ 판례 | 법률조항의 해석방법
>
> 1. 법원이 어떠한 법률조항을 해석 · 적용함에 있어서 한 가지 해석방법에 의하면 헌법에 위배되는 결과가 되고 다른 해석방법에 의하면 헌법에 합치하는 것으로 볼 수 있을 때에는 위헌적인 해석을 피하고 헌법에 합치하는 해석방법을 택하여야 한다[대판 2015.5.28.
2015도1362].

---

6) 여적죄의 경우 '사형'만을 규정하여 절대적 형벌(법정형)의 형태를 띠고 있다.

관련판례 [1] 군형법 제92조의6의 문언, 개정 연혁, 보호법익과 헌법 규정을 비롯한 전체 법질서의 변화를 종합적으로 고려하면, 위 규정은 동성인 군인 사이의 항문성교나 그 밖에 이와 유사한 행위가 사적 공간에서 자발적 의사 합치에 따라 이루어지는 등 군이라는 공동사회의 건전한 생활과 군기를 직접적, 구체적으로 침해한 것으로 보기 어려운 경우에는 적용되지 않는다고 봄이 타당하다. 이 사건에 적용되는 현행 군형법 제92조의6은 "제1조 제1항부터 제3항까지에 규정된 사람(이하 '군인 등'이라 한다)에 대하여 항문성교나 그 밖의 추행을 한 사람은 2년 이하의 징역에 처한다."라고 정하고 있다. 위 규정은 구 군형법 제92조의5 규정과는 달리 '계간' 대신 '항문성교'라는 표현을 사용하고 행위의 객체를 군형법이 적용되는 군인 등으로 한정하였다. 제정 군형법 제92조와 구 군형법 제92조의5의 대표적 구성요건인 '계간'은 사전적으로 '사내끼리 성교하듯이 하는 짓'으로서 남성 간의 성행위라는 개념요소를 내포하고 있다. 반면, 현행 규정의 대표적 구성요건인 '항문성교'는 '발기한 성기를 항문으로 삽입하는 성행위'라는 성교행위의 한 형태를 가리키는 것으로서, 이성 간에도 가능한 행위이고 남성 간의 행위에 한정하여 사용되는 것이 아니다. 따라서 현행 규정의 문언만으로는 동성 군인 간의 성행위 그 자체를 처벌하는 규정이라는 해석이 당연히 도출될 수 없고, 별도의 규범적인 고려 또는 법적 평가를 더해야만 그러한 해석이 가능하다.

[2] 군인인 피고인 甲은 자신의 독신자 숙소에서 군인 乙과 서로 키스, 구강성교나 항문성교를 하는 방법으로 추행하고, 군인인 피고인 丙은 자신의 독신자 숙소에서 동일한 방법으로 피고인 甲과 추행하였다고 하여 군형법 위반으로 기소된 사안에서, 피고인들과 乙은 모두 남성 군인으로 당시 피고인들의 독신자 숙소에서 휴일 또는 근무시간 이후에 자유로운 의사를 기초로 한 합의에 따라 항문성교나 그 밖의 성행위를 한 점 등에 비추어 피고인들의 행위는 군형법 제92조의6에서 처벌대상으로 규정한 '항문성교나 그 밖의 추행'에 해당하지 않는다[대판(전) 2022.4.21. / 2019도3047].

2. 법률에 사용된 문언의 의미는 해당 법률에 정의규정이 있다면 그에 따를 것이나, 그렇지 않은 경우라도 문언의 통상적인 의미를 살피는 외에 그것이 해당 법률에서 어떠한 의미로 어떻게 사용되고 있는지 체계적, 논리적으로 파악하여야 한다 [대판 2018.6.15. / 2018도2615].

(2) 적용범위

① 유추해석이 허용되지 않는 경우

㉮ 불리한 유추해석: 형법각칙과 총칙규정(예 불법과 책임요소, 처벌조건, 형벌과 보안처분 등)을 불리하게 유추해석하는 것은 허용되지 않는다.

⚖️ 판례 | 불리한 유추해석(죄형법정주의에 반함)

1. (피고인에게 불리한 방향으로 유추 해석하는 것: 죄형법정주의의 원칙에 반함) 형벌법규의 해석은 엄격하여야 하고 명문규정의 의미를 피고인에게 불리한 방향으로 지나치게 확장 해석하거나 유추 해석하는 것은 죄형법정주의의 원칙에 어긋나는 것으로서 허용되지 않으며, 이러한 법해석의 원리는 그 형벌법규의 적용대상이 행정법규가 규정한 사항을 내용으로 하고 있는 경우에 그 행정법규의 규정을 해석하는 데에도 마찬가지로 적용된다[대판 2007.6.29. / 2006도4582]. [20 법원행시, 20 경찰채용, 19 국가9급, 18 국가9급]*

비교판례 (체계적·논리적 해석방법은 죄형법정주의의 원칙에 부합함) 형벌법규의 해석에 있어서도 가능한 문언의 의미 내에서 당해 규정의 입법 취지와 목적 등을 고려한 법률체계적 연관성에 따라 그 문언의 논리적 의미를 분명히 밝히는 체계적·논리적 해석방법은 그 규정의 본질적 내용에 가장 접근한 해석을 위한 것으로서 죄형법정주의의 원칙에 부합한다[대판 2007.6.14. / 2007도2162]. [20 법원행시, 20 경간부]*

관련판례 형벌법규의 해석에서도 문언의 가능한 의미 안에서 입법 취지와 목적 등을 고려한 법률 규정의 체계적 연관성에 따라 문언의 논리적 의미를 분명히 밝히는 체계적·논리적 해석방법은 규정의 본질적 내용에 가장 접근한 해석을 위한 것으로서 죄형법정주의의 원칙에 부합한다[대판 2018.10.25. / 2016도11429]. [20 법원행시, 19 국가9급]*

2. (고소의 주관적 불가분원칙을 규정하고 있는 형사소송법 규정이 고발에도 유추적용된다고 해석하는 경우: 죄형법정주의에 반함) 명문의 근거 규정이 없을 뿐만 아니라 소추요건이라는 성질상의 공통점 외에 그 고소·고발의 주체와 제도적 취지 등이 상이함에도, 친고죄에 관한 고소의 주관적 불가분원칙을 규정하고 있는 형사소송법 제233조가 공정거래위원회의 고발에도 유추적용된다고 해석한다면 이는 공정거래위원회의 고발이 없는 행위자에 대해서까지 형사처벌의 범위를 확장하는 것으로서, 결국 피고인에게 불리하게 형벌법규의 문언을 유추해석한 경우에 해당하므로 죄형법정주의에 반하여 허용될 수 없다[대판 2010.9.30. / 2008도4762]. [20 경찰채용, 19 법원행시, 18 경간부, 17 경간부]*

④ 유리한 사유의 제한적 유추해석

⚖️ 판례 | 유리한 사유의 제한적 유추(유추해석금지의 원칙에 반함)

1. (형면제 사유인 자수를 범행 발각 전에 자수한 경우로 한정하는 해석: 유추해석금지원칙에 반함) 유추해석금지의 원칙은 모든 형벌법규의 구성요건과 가벌성에 관한 규정에 준용되는데, 위법성 및 책임의 조각사유나 소추조건, 또는 처벌조각사유인 형면제 사유에 관하여 그 범위를 제한적으로 유추적용하게 되면 행위자의 가벌성의 범위는 확대되어 행위자에게 불리하게 되는바, 이는 가능한 문언의 의미를 넘어 범죄구성요건을 유추적용하는 것과 같은 결과가 초래되므로 죄형법정주의의 파생원칙인 유추해석금지의 원칙에 위반하여 허용될 수 없다. [20 법원행시, 20 경찰승진, 17 국가9급, 17 경찰채용, 16 경간부, 16 경찰채용]*
   한편 형법 제52조나 국가보안법 제16조 제1호에서도 공직선거법 제262조에서와 같이 모두 '범행발각 전'이라는 제한 문언 없이 "자수"라는 단어를 사용하고 있는데 형법 제52조나 국가보안법 제16조 제1호의 "자수"에는 범행이 발각되고 지명수배된 후의 자진출두도 포함되는 것으로 판례가 해석하고 있으므로 이것이 "자수"라는 단어의 관용적 용례라고 할 것인바, 공직선거법 제262조의 "자수"를 '범행발각 전에 자수한 경우'로 한정하는 풀이는 "자수"라는 단어가 통상 관용적으로 사용되는 용례에서 갖는 개념 외에 '범행발각 전'이라는 또 다른 개념을 추가하는 것으로서 결국은 '언어의 가능한 의미'를 넘어 공직선거법 제262조의 "자수"의 범위를 그 문언보다 제한함으로써 공직선거법 제230조 제1항 등의 처벌범위를 실정법 이상으로 확대한 것이 되고, 따라서 이는 단순한 목적론적 축소해석에 그치는 것이 아니라, 형면제 사유에 대한 제한적 유추를 통하여 처벌범위를 실정법 이상으로 확대한 것으로서 죄형법정주의의 파생원칙인 유추해석금지의 원칙에 위반된다 [대판(전) 1997.3.20. 96도1167]. [19 법원행시, 18 경찰채용, 17 국가7급, 17 경간부]*

2. (반의사불벌죄에서 피해자인 청소년에게 의사능력이 있음에도 반처벌의사표시를 함에 있어 법정대리인의 동의가 있어야 하는 것으로 해석하는 경우: 유추해석금지원칙에 반함) [1] 반의사불벌죄에 있어서 처벌을 희망하지 않는다는 의사표시 또는 처벌희망 의사표시의 철회는 이른바 소극적 소송조건에 해당하고, 소송조건에는 죄형법정주의의 파생원칙인 유추해석금지의 원칙이 적용된다고 할 것인데, 명문의 근거 없이 그 의사표시에 법정대리인의 동의가 필요하다고 보는 것은 유추해석에 의하여 소극적 소송조건의 요건을 제한하고 피고인 또는 피의자에 대한 처벌가능성의 범위를 확대하는 결과가 되어 죄형법정주의 내지 거기에서 파생된 유추해석금지의 원칙에도 반한다. [18 국가9급]*
   [2] 청소년의 성보호에 관한 법률 제16조에 규정된 반의사불벌죄라고 하더라도, 피해자인 청소년에게 의사능력이 있는 이상, 단독으로 피고인 또는 피의자의 처벌을 희망하지 않는다는 의사표시 또는 처벌희망 의사표시의 철회를 할 수 있고, 거기에 법정대리인의 동의가 있어야 하는 것으로 볼 것은 아니다 [대판(전) 2009.11.19. 2009도6058]. [17 변호사]*

⚖️ 판례 | 축소해석으로서 허용되는 경우

국가공무원법 제66조에서의 '공무 이외의 일을 위한 집단적 행위'는 공무가 아닌 어떤 일을 위하여 공무원들이 하는 모든 집단적 행위를 의미하는 것은 아니고 국가공무원법의 취지, 국가공무원법상의 성실의무 및 직무전념의무 등을 종합적으로 고려하여 '공익에 반하는 목적을 위하여 직무전념의무를 해태하는 등의 영향을 가져오는 집단적 행위'라고 축소 해석하여야 한다[대판 2005.4.15. 2003도2960].

---

② 유추해석이 허용되는 경우

㉮ 유리한 유추해석

⚖️ 판례 | 유리한 유추해석의 한계

형벌법규의 해석에 있어서 유추해석이나 확장해석도 피고인에게 유리한 경우에는 가능한 것이나, 문리를 넘어서는 이러한 해석은 그렇게 해석하지 아니하면 그 결과가 현저히 형평과 정의에 반하거나 심각한 불합리가 초래되는 경우에 한하여야 할 것이고, 그렇지 아니하는 한 입법자가 그 나름대로의 근거와 합리성을 가지고 입법한 경우에는 입법자의 재량을 존중하여야 하는 것이다 [대판 2004.11.10. 2004도4049].

---

④ 소송법 규정: 소송법 규정에 대해서는 원칙적으로 유추해석이 허용된다. 그러나 고발과 같은 소송조건에는 유추해석금지의 원칙이 적용된다(판례).

(3) 해석과 유추의 한계

판례 연습

【유추해석금지의 원칙】 ※ 과수원 실화 사건

甲은 A 소유의 사과나무 밭에서 마른 풀을 모아 놓고 성냥불을 켜 담뱃불을 붙인 뒤 그 불이 완전히 소화되었는지 여부를 확인하지 아니한 채 자리를 이탈하였고 그 결과 남은 불씨가 A 소유의 사과나무 200여주를 소훼하였다. 이 경우 甲을 형법 제170조 제2항에 의거하여 처벌할 수 있다. (○, ×)

> **참조조문**
>
> 형법 제166조(일반건조물 등에의 방화) ① 타인소유 일반건조물 방화 ② 자기소유 일반건조물 방화
>
> 제167조(일반물건에의 방화) ① 타인소유 일반물건 방화 ② 자기소유 일반물건 방화
>
> 제170조(실화) ① 과실로 인하여 제164조 또는 제165조에 기재한 물건 또는 타인의 소유에 속하는 제166조에 기재한 물건을 소훼한 자는 1천500만원 이하의 벌금에 처한다.
> ② 과실로 인하여 자기의 소유에 속하는 제166조 또는 제167조에 기재한 물건을 소훼하여 공공의 위험을 발생하게 한 자도 전항의 형과 같다.

판결요지

형법 제170조 제2항에서 말하는 '자기의 소유에 속하는 제166조 또는 제167조에 기재한 물건'이라 함은 '자기의 소유에 속하는 제166조에 기재한 물건 또는 자기의 소유에 속하든, 타인의 소유에 속하든 불문하고 제167조에 기재한 물건'을 의미하는 것이라고 해석하여야 하며, 제170조 제1항과 제2항의 관계로 보아서도 제166조에 기재한 물건(일반건조물 등) 중 타인의 소유에 속하는 것에 관하여는 제1항에서 규정하고 있기 때문에 제2항에서는 그 중 자기의 소유에 속하는 것에 관하여 규정하고, 제167조에 기재한 물건에 관하여는 소유의 귀속을 불문하고 그 대상으로 삼아 규정하고 있는 것이라고 봄이 관련조문을 전체적, 종합적으로 해석하는 방법일 것이고, 이렇게 해석한다고 하더라도 그것이 법규정의 가능한 의미를 벗어나 법형성이나 법창조행위에 이른 것이라고는 할 수 없어 죄형법정주의의 원칙상 금지되는 <u>유추해석이나 확장해석</u>에 해당한다고 볼 수는 없을 것이다[대결(전) 1994.12.20. 94모32]. **정답 (○)**

판례 연습

※ 가짜 백소령 사건

해안초소 상황병 甲은, 乙이 "군단에서 온 백소령이다."라고 하는 거짓말을 만연히 믿고, 乙의 소속이나 직책을 확인하지 아니한 채 乙에게 보관하고 있던 탄약을 건네주었다. 甲에게는 군형법상의 군용물분실죄에 해당한다. (○, ×)

판결요지

[1] 군형법 제74조 소정의 <u>군용물분실죄에서의 분실은 행위자의 의사에 의하지 아니하고 물건의 소지를 상실한 것을 의미한다</u>고 할 것이며, 이 점에서 하자가 있기는 하지만 행위자의 의사에 기해 재산적 처분행위를 하여 재물의 점유를 상실함으로써 편취당한 것과는 구별된다고 할 것이고, 분실의 개념을 군용물의 소지 상실시 행위자의 의사가 개입되었는지의 여부에 관계없이 군용물의 보관책임이 있는 자가 결과적으로 군용물의 소지를 상실하는 모든 경우로 확장해석하거나 유추해석할 수는 없다.

[2] <u>군용물을 편취당한 것을 군용물분실죄에서의 의사에 의하지 않은 소지의 상실이라고 볼 수 없다</u>[대판 1999.7.9. 98도1719]. **정답 (×)**

⚖ 판례 | 허용되는 해석(유추해석금지의 원칙에 반하지 않는 경우)

1. 형법 제62조의2 제1항은 "형의 집행을 유예하는 경우에는 보호관찰을 받을 것을 명하거나 사회봉사 또는 수강을 명할 수 있다."고 규정하고 있는바, 그 문리에 따르면, 보호관찰과 사회봉사는 각각 독립하여 명할 수 있다는 것이지, 반드시 그 양자를 동시에 명할 수 없다는 취지로 해석되지는 아니하므로, <u>형법 제62조에 의하여 집행유예를 선고할 경우에는 같은 법 제62조의2 제1항에 규정된 보호관찰과 사회봉사 또는 수강을 동시에 명할 수 있다고 해석함이 상당하다</u>[대판 1998.4.24. 98도98]. [19 경간부, 18 법원행시, 18 경간부]*

2. <u>미성년자의제강간·강제추행죄를 규정한 형법 제305조가 강간죄와 강제추행죄의 미수범의 처벌에 관한 형법 제300조를 명시적으로 인용하고 있지 아니하나, 동조에서 규정한 형법 제297조와 제298조의 '예에 의한다'는 의미는 미성년자의제강간·강제추행죄의 처벌에 있어 그 법정형뿐만 아니라 미수범에 관하여도 강간죄와 강제추행죄의 예에 따른다는 취지로 해석되고, 이러한 해석이 형벌법규의 명확성의 원칙에 반하는 것이거나 죄형법정주의에 의하여 금지되는 확장해석이나 유추해석에 해당하는 것으로 볼 수 없다</u>[대판 2007.3.15. 2006도9453].

3. 불특정·다수인이 링크를 이용하여 별다른 제한 없이 음란한 부호 등에 바로 접할 수 있는 상태가 실제로 조성되었다면 음란한 부호 등이 전시된 웹페이지에 대한 <u>링크(link)행위도 음란한 부호 등의 전시에 해당한다고 해석하는 경우</u>[대판 2003.7.8. 2001도1335]. [18 법원행시]*

3-1. PC방 운영자가 자신의 PC방 컴퓨터의 바탕화면 중앙에 음란한 영상을 전문적으로 제공하는 웹사이트로 연결되는 <u>바로가기 아이콘을 설치하고 접속에 필요한 성인인증까지 미리 받아둠으로써, PC방을 이용하는 불특정·다수인이 아무런 제한 없이 위 웹사이트의 음란한 영상을 접할 수 있는 상태를 조성한 경우, 음란한 영상을 공연히 전시한다는</u> 구 전기통신망 이용촉진 및 정보보호 등에 관한 법률 제65조 제1항 제2호의 <u>구성요건을 충족한다고</u> 한 사례[대판 2008.2.1. 2007도8286].

4. 비변호사가 법률사건의 대리를 다른 비변호사에게 알선하는 경우는 물론 비변호사인 경찰관, 법원·검찰의 직원 등이 변호사에게 소송사건의 대리를 알선하고 그 대가로 금품을 받은 행위도 구 변호사법 제90조 제2호 후단 소정의 알선에 해당한다고 해석하는 경우[대판(전) 2000.6.15. 98도3697].

5. 특경법 제9조 제1항에 정해진 '저축을 하는 자'에는 사법상 법률효과가 귀속되는 '저축의 주체'가 아니라고 하더라도, '저축과 관련된 행위를 한 자'도 포함되고, 이러한 해석이 "저축을 하는 자"라는 문언의 의미 한계를 넘어선 해석은 아니므로 죄형법정주의에 위반된 해석이라고 할 수도 없다[대판 2006.3.9. 2003도6733].

5-1. 노래방에서 고객들로 하여금 노래방 기기에 녹음 또는 녹화된 음악저작물을 이용하게 하는 것을 저작권법 소정의 '공연'의 개념 중 '일반 공중에게 공개하는 것'에 해당한다고 해석하는 경우[대판 2001.9.28. 2001도4100].

6. 청소년보호법 제26조의2 제8호는 누구든지 "청소년에 대하여 이성혼숙을 하게 하는 등 풍기를 문란하게 하는 영업행위를 하거나 그를 목적으로 장소를 제공하는 행위"를 하여서는 아니 된다고 규정하고 있는바, 위 법문이 규정하는 '이성혼숙'을 남녀 중 일방이 청소년이면 족하고, 반드시 남녀 쌍방이 청소년임을 요하는 것은 아니라고 해석하는 경우[대판 2003.12.26. 2003도5980].

7. 견인료납부를 요구하는 교통관리직원을 승용차 앞범퍼 부분으로 들이받아 폭행한 행위를 '위험한 물건을 휴대한' 행위로 처벌하는 것은 유추해석금지원칙에 반하지 않는다[대판 1997.5.30. 97도597].

7-1. 정보통신망에 의하여 처리·보관 또는 전송되는 타인의 정보를 훼손하거나 타인의 비밀을 침해·도용 또는 누설하는 행위를 금지·처벌하는 규정인 정보통신망 이용촉진 및 정보보호 등에 관한 법률 제49조 및 제62조 제6호의 '타인'에는 <u>생존하는 개인뿐만 아니라 이미 사망한 자도 포함된다고 해석하는 경우</u>[대판 2007.6.14. 2007도2162]. [19 국가9급, 16 국가9급]*

관련판례 형벌법규 해석에 관한 일반적인 법리, 의료법의 입법 취지, 구 의료법 제19조의 문언·내용·체계 목적 등에 비추어 보면, 구 의료법 제19조(정보누설금지)에서 정한 정보의 주체인 '다른 사람'에는 생존하는 개인 이외에 이미 사망한 사람도 포함된다고 보아야 한다[대판 2018.5.11. 2018도2844].

8. <u>면허증 대여의 상대방 즉 차용인이 무자격자인 경우는 물론, 자격 있는 약사인 경우에도</u> 그 대여 이후 면허증 차용인에 의하여 대여인 명의로 개설된 약국 등 업소에서 대여인이 직접 약사로서의 업무를 행하지 아니한 채 차용인에게 약국의 운영을 일임하였다면 <u>약사면허증을 대여한 데 해당한다</u>[대판(전) 2003.6.24. 2002도6829]. [20 경간부]*

9. 당국의 허가 없이 분사기를 피고인의 사무실에 보관한 경우에 총포·도검·화약류 등 단속법상의 '소지'에 해당한다고 해석하는 경우 … 총포·도검·화약류 등 단속법에서 말하는 '소지'란 같은법 소정의 물건의 보관에 관하여 실력지배관계를 갖는 것을 말한다고 할 것이므로, 몸 또는 몸 가까이에 소지하는 것뿐만 아니라 자신의 실력지배관계가 미치는 장소에 보관하는 경우에도 같은법 소정의 '소지'에 해당한다[대판 1998.8.20. 98도1304].

10. 모텔에 동영상 파일 재생장치인 디빅 플레이어(DivX Player)를 설치하고 투숙객에게 그 비밀번호를 가르쳐 주어 저장된 음란 동영상을 관람하게 한 사안에서, 이는 풍속영업의 규제에 관한 법률 제3조 제2호가 금지하고 있는 음란한 비디오물을 풍속영업소에서 관람하게 한 행위에 해당한다고 한 사례[대판(전) 2008.8.21. 2008도3975].

11. 대한민국 국민이던 사람이 대한민국 국적을 상실하기 전 4회에 걸쳐 북한의 초청에 응하여 거주하고 있던 독일에서 출발하여 북한을 방문하였고, 그 후 독일 국적을 취득함에 따라 대한민국 국적을 상실한 후에도 거주지인 독일에서 출발하여 북한을 방문한 경우, 대한민국 국적을 상실하기 전의 방문행위는 국가보안법 제6조 제2항의 탈출에 해당하지만 대한민국 국적을 상실한 후의 방문행위는 국가보안법 제6조 제2항의 탈출 개념에 해당하지 않는다고 해석하는 경우[대판(전) 2008.4.17. 2004도4899].

12. 후보자의 배우자와 선거사무원 사이의 현금 수수를 기부행위를 실행하기 위한 준비 내지 예비 행위에 불과한 것이 아니라 금품을 제공한 것으로 보아 공직선거법 제112조 제1항 소정의 '기부행위'에 해당한다고 해석하는 경우[대판 2002.2.21. 2001도2819].

   [비교판례] 공직선거법 제230조 제1항 제4호, 제5호의 금품 기타 이익의 '제공'이라 함은 반드시 금품 등을 상대방에게 귀속시키는 것만을 뜻하는 것은 아니고, 그 금품 등을 지급받는 상대방이 금품 등의 귀속주체가 아닌 이른바 중간자라 하더라도 그에게 금품 등의 배분대상이나 방법, 배분액수 등에 대한 어느 정도의 판단과 재량의 여지가 있는 한 비록 그에게 귀속될 부분이 지정되어 있지 않은 경우라 하더라도 그에게 금품 등을 주는 것은 위 규정에서 말하는 '제공'에 포함된다고 할 것이나, 그 중간자가 단순한 보관자이거나 특정인에게 특정 금품 등을 전달하기 위하여 심부름을 하는 사자에 불과한 경우에는 그에게 금품 등을 주는 것은 위 규정에서 말하는 '제공'에 포함된다고 볼 수 없다[대판 2004.11.12. 2004도5600].

13. 청소년보호법 제24조 제1항의 규정에 의하면, 청소년유해업소인 노래연습장 또는 유흥주점의 각 업주는 청소년을 접대부로 고용할 수 없는바, 여기의 고용에는 시간제로 보수를 받고 근무하는 것도 포함된다고 해석하는 경우[대판 2005.7.29. 2005도3801].

14. 구 도로교통법(2009.12.29. 법률 제9845호로 개정되기 전의 것) 제2조 제1호에서 '도로'라 함은 도로법에 의한 도로, 유료도로법에 의한 도로, 그 밖의 일반교통에 사용되는 모든 곳을 말한다고 규정하고 있는데, 여기서 '일반교통에 사용되는 모든 곳'은 현실적으로 불특정의 사람이나 차량의 통행을 위하여 공개된 장소로서 교통질서 유지 등을 목적으로 하는 일반 교통경찰권이 미치는 공공성이 있는 곳을 의미하고, 특정인들 또는 그들과 관련된 특정한 용건이 있는 자들만이 사용할 수 있고 자주적으로 관리되는 장소는 이에 포함되지 않는다[대판 2010.9.9. 2010도6579; 동지 대판 2005.12.22. 2005도7293]. 그러나 특정 상가 건물의 업주 및 고객을 위한 것이 아니라 그 지역 일대의 주차난 해소 및 그로 인한 교통체증해소라는 공익적 목적을 가지고 공공기관에서 설치한 것으로서, 상주 관리인이나 출입차단장치가 없고 무료로 운영되고 있어 불특정 다수인이 수시로 이용할 수 있을 뿐 아니라 주차장이 일반도로와 접해 있어 교통체증이 있는 시간대에는 일반 차량통행로로 이용되고 있는 공영주차장의 경우에는 도로에 해당한다[대판 2005.9.15. 2005도3781].

15. 총포·도검·화약류 등 단속법 시행령 제23조 제2항에서 정한 '쏘아 올리는 꽃불류의 사용'에는 쏘아 올리는 꽃불류의 '설치행위'도 포함되는 것으로 해석되고, 이러한 해석이 죄형법정주의에 의하여 금지되는 확장해석이나 유추해석에 해당하는 것으로 볼 수는 없다[대판 2010.5.13. 2009도13332].

16. 국내에 있는 불특정 또는 다수인에게 무상으로 의약품을 양도하는 수여행위도 구 약사법 제44조 제1항의 '판매'에 포함된다고 보는 것이 체계적이고 논리적인 해석이라 할 것이고 그와 같은 해석이 죄형법정주의에 위배된다고 볼 수는 없다
   [대판 2011.10.13. 2011도6287]. [19 경찰승진, 18 법원행시, 18 경찰채용, 17 경찰승진, 17 경찰채용]*

17. '약국 개설자가 아니면 의약품을 판매하거나 판매 목적으로 취득할 수 없다'고 규정한 구 약사법 제44조 제1항의 '판매'에 무상으로 의약품을 양도하는 '수여'를 포함시키는 해석은 죄형법정주의에 위배되지 아니한다[대판 2011.10.13. 2011도6287].

18. 군형법상 상관모욕죄는 군 조직의 질서 및 통수체계 유지 역시 보호법익으로 하는 점, 상관모욕죄의 입법 취지, 군형법 및 헌법, 국군조직법, 군인사법, 군인복무규율의 체계적 구조 등을 종합하면, 상관모욕죄의 '상관'에 대통령이 포함된다고 보아야 한다[대판 2013.12.12. 2013도4555].

19. [1] 정보통신망 이용촉진 및 정보보호 등에 관한 법률 제49조 위반행위의 객체인 '정보통신망에 의해 처리·보관 또는 전송되는 타인의 비밀'에는 정보통신망으로 처리·전송이 완료된 다음 사용자의 개인용 컴퓨터(PC)에 저장·보관되어 있으나 정보통신체제 내에서 저장·보관 중인 것으로 볼 수 있는 비밀도 이에 포함된다.
   [2] '타인의 비밀 침해 또는 누설'에서 요구되는 '정보통신망에 침입하는 등 부정한 수단 또는 방법'에 사용자가 식별부호를 입력하여 정보통신망에 접속된 상태에 있는 것을 기화로 정당한 접근권한 없는 사람이 사용자 몰래 정보통신망의 장치나 기능을 이용하는 등의 방법으로 타인의 비밀을 취득·누설하는 행위를 포함시키는 해석은 죄형법정주의에 위배되지 아니한다[대판 2018.12.27. 2017도15226].

20. 공직선거법 제96조 제1항의 <u>여론조사결과를 왜곡하는 행위</u>'에는 이미 존재하는 여론조사결과를 인위적으로 조작·변경하거나 실시 중인 여론조사에 인위적인 조작을 가하여 그릇된 여론조사결과를 만들어 내는 경우뿐만 아니라 <u>실제 여론조사가 실시되지 않았음에도 마치 실시된 것처럼 결과를 만들어 내는 행위도 포함된다</u>고 보는 것이 타당하다[대판 2018.11.29. 2017도8822].

21. (주의) 법정소동죄 등을 규정한 형법 제138조에서의 '법원의 재판'에 '헌법재판소의 심판'을 포함시키는 해석은 피고인에게 불리한 확장해석이나 유추해석에 해당하지 아니한다[대판 2021.8.26. 2020도12017]. [22 경간부]*

   판결이유 법원의 재판 또는 국회의 심의를 방해 또는 위협할 목적으로 법정이나 국회회의장 또는 그 부근에서 모욕 또는 소동한 자를 처벌하는 형법 제138조의 법원의 재판에 헌법재판소의 심판이 포함된다고 보는 해석론은 문언이 가지는 가능한 의미의 범위 안에서 그 입법 취지와 목적 등을 고려하여 문언의 논리적 의미를 분명히 밝히는 체계적 해석에 해당할 뿐, 피고인에게 불리한 확장해석이나 유추해석이 아니라고 볼 수 있다.

🔍 판례 | 허용되지 않는 해석(유추해석금지의 원칙에 반하는 경우)

1. 지방세의 수납업무를 일부 관장하는 시중은행의 직원이나 은행이 형법 제225조(공문서위조등죄) 소정의 공무원 또는 공무소가 되는 것이라고 해석하거나 세금수납영수증을 공문서에 해당한다고 해석하는 경우 … 형법 또는 기타 특별법에 의하여 공무원 등으로 의제되는 경우를 제외하고는 계약 등에 의하여 공무와 관련되는 업무를 일부 대행하는 경우가 있다 하더라도 공무원 또는 공무소가 될 수는 없다[대판 1996.3.26. 95도3073]. [대판 2020.3.12. 2016도19170]. [16 국가9급]*

2. 컴퓨터 프로그램파일을 형법 제243조(음화반포등죄) 소정의 문서, 도화, 필름 기타 물건에 해당한다고 해석하는 경우 [대판 1999.2.24. 98도3140]. [19 법원행시, 19 경간부]*

3. 형법 제229조의 부실기재공정증서원본행사죄의 '공정증서원본'에 공정증서의 정본이 포함된다고 해석하는 경우[대판 2002.3.26. 2001도6503]. [20 변호사, 20 국가9급]*

3-1. 대통령기록물법 제30조 제2항 제1호, 제14조에 의해 유출이 금지되는 대통령기록물에 원본 문서나 전자파일 이외에 그 사본이나 추가 출력물까지 포함된다고 해석하는 것은 죄형법정주의 원칙상 허용되지 아니한다[대판 2021.1.14. 2016도7104].

4. 전화를 통하여 통화하는 것도 군형법 제64조 제1항의 상관면전모욕죄의 구성요건인 '면전에서'에 해당한다고 해석하는 경우[대판 2002.12.27. 2002도2539]. [18 경찰승진, 16 경찰승진]*

5. 화물자동차로 형식승인을 받고 등록된 밴형 자동차를 구(舊) 자동차관리법시행규칙에서 정한 승용 또는 승합자동차에 해당한다고 보는 경우 [대판 2004.11.18. 2004도1228].

5-1. 형법 제335조, 제342조에서 규정하고 있는 준강도범 내지 준강도미수범을 성폭법 제5조 제2항 소정의 특수강도강제추행죄의 주체가 될 수 있다고 해석하는 경우 … 성폭법 제5조 제2항 소정의 특수강도강제추행죄의 주체는 형법의 제334조 소정의 특수강도범 및 특수강도미수범의 신분을 가진 자에 한정되는 것으로 보아야 한다[대판 2006.8.25. 2006도2621].

6. 형법 제207조 제3항은 "행사할 목적으로 외국에서 통용하는 외국의 화폐, 지폐 또는 은행권을 위조 또는 변조한 자는 10년 이하의 징역에 처한다."고 규정하고 있는 바, 위 형법 제207조 제3항의 외국에서 통용하는 지폐에 일반인의 관점에서 통용할 것이라고 오인할 가능성이 있는 지폐까지 포함시켜 해석하는 경우[대판 2004.5.14. 2003도3487]. [16 경찰채용]*

7. 주민등록법 제21조 제2항 제3호는 같은법 제7조 제4항의 규정에 의한 주민등록번호 부여 방법으로 허위의 주민등록번호를 생성하여 자기 또는 다른 사람의 재물이나 재산상의 이익을 위하여 이를 사용한 자를 처벌한다고 규정하고 있는데, 피고인이 허위의 주민등록번호를 생성하여 사용한 것이 아니라 타인에 의하여 이미 생성된 주민등록번호를 단순히 사용한 것에 불과한 경우를 위 법조 소정의 구성요건을 충족시켰다고 해석하는 경우[대판 2004.2.27. 2003도6535].

8. 연습운전면허를 받은 사람이 도로에서 주행연습을 함에 있어서 운전면허를 받은 날부터 2년이 경과한 사람과 함께 타서 그의 지도를 받는 등 준수사항을 지키지 않은 경우를 무면허운전으로 해석하는 경우[대판 2001.4.10. 2000도5540].

   동지판례 연습운전면허를 받은 사람이 운전을 함에 있어 주행연습 외의 목적으로 운전하여서는 아니된다는 준수사항을 지키지 않았다고 하더라도 준수사항을 지키지 않은 것에 대하여 연습운전면허의 취소 등 제재를 가할 수 있음은 별론으로 하고 그 운전을 무면허운전이라고 보아 처벌할 수는 없다[대판 2015.6.24. 2013도15031].

9. 정보통신망 이용촉진 및 정보보호 등에 관한 법률 제65조 제1항 제3호에서 '정보통신망을 통하여 공포심이나 불안감을 유발하는 음향을 반복적으로 상대방에게 도달하게 한다는 것'에 반복된 전화기의 벨소리로 상대방에게 공포심이나 불안감을 유발케 하는 것도 포함된다고 해석하는 경우[대판 2005.2.25. 2004도7615].

   관련판례 '도달하게 한다'는 것은 '상대방이 공포심이나 불안감을 유발하는 문언 등을 직접 접하는 경우뿐만 아니라 상대방이 객관적으로 이를 인식할 수 있는 상태에 두는 것'을 의미한다. 따라서 피고인이 상대방의 휴대전화로 공포심이나 불안감을 유발하는 문자메시지를 전송함으로써 상대방이 별다른 제한 없이 문자메시지를 바로 접할 수 있는 상태에 이르렀다면, 그러한 행위는 공포심이나 불안감을 유발하는 문언을 상대방에게 도달하게 한다는 구성요건을 충족한다고 보아야 하고, 상대방이 실제로 문자메시지를 확인하였는지 여부와는 상관없다[대판 2018.11.15. 2018도14610].

10. 구 성폭력범죄의 처벌 및 피해자보호 등에 관한 법률 제8조에 규정된 '신체장애'에 정신장애가 포함된다고 해석하는 경우[대판 1998.4.10. 97도3392].

11. 의약품을 다른 나라로 수출하는 행위를 구 약사법 제35조 제1항 소정의 '판매'에 해당한다고 해석하는 경우 … 구 약사법 제35조 제1항 소정의 '판매'는 국내에서 불특정 또는 다수인에게 의약품을 유상으로 양도하는 행위를 말하고, 여기에 의약품을 다른 나라로 수출하는 행위는 포함되지 아니한다[대판 2003.3.28. 2001도2479].

12. 이미 적법하게 발행된 백지수표의 금액이나 발행일을 기입 완성하는 행위를 가리켜 부정수표단속법에서 규정하는 수표의 발행으로 해석하는 경우[대판 2004.2.13. 2002도4464].

13. 피해자와 아무런 혈연관계가 없고 단지 피해자의 어머니와 사실상 부부로서 동거하는 관계에 있는 자(의붓아버지)를 성폭력범죄의 처벌 및 피해자 보호 등에 관한 법률 제7조 제4항에서 규정하는 사실상의 관계에 의한 존속에 포함된다고 해석하는 경우[대판 1996.2.23. 95도2914].

14. 병역법 제2조 제1항 제5호는 산업기능요원 편입 관련 부정행위로 인한 병역법위반죄, 종사의무 위반으로 인한 병역법위반죄 및 신상이동통보불이행으로 인한 병역법위반죄 등의 범행주체인 '고용주'를 "병역의무자를 고용하는 근로기준법의 적용을 받는 공·사기업체나 공·사단체의 장을 말한다"고 규정하고 있는 바, 여기서 <u>'사기업체의 장'이라 함은 일반적으로 그와 같은 사기업체를 대외적으로 대표할 수 있는 대표이사를 의미한다고 봄이 상당하므로, 사기업체의 대표이사가 아닌 실제 경영자를 병역법 제2조 제1항 제5호에서 규정한 '고용주'에 해당하는 것으로 해석하는 것은 죄형법정주의의 원칙에 어긋나 허용될 수 없다</u>[대판 2009.12.10. 2008도1191].

   동지판례 도시정비법에서 정하는 '정비사업전문관리업자'가 주식회사인 경우 같은 법 제84조에 의하여 공무원으로 의제되는 '임원'은 형법 제129조 내지 제132조에 해당하는 수뢰행위 당시 상업등기부에 대표이사, 이사, 감사로 등기된 사람에 한정된다고 보아야 하며, 설령 실질적 경영자라고 하더라도 해당 주식회사의 임원으로 등기되지 아니한 사람까지 '임원'에 해당한다고 해석하는 것은 죄형법정주의의 원칙에 어긋나는 것이어서 허용될 수 없다[대판 2014.1.23. 2013도9690].

15. 구 항만운송사업법 시행령 제2조 제3호에서 규정하는 '선박용 연료유를 공급하는 사업'이라 함은 그 문언에 비추어 볼 때 '선박의 운항을 위한 용도로 사용되는 연료유를 선박에 공급하는 사업'이라고 해석함이 상당하고, 나아가 선박의 운항을 위한 용도와는 무관하게 단지 '선박에 연료유를 공급하는 사업'으로 해석하거나 '단순한 보관 목적에서 육상용 기계의 운행을 위한 용도로 사용되는 연료유를 선박에 공급하는 사업'에까지 확장하여 해석하는 것은 형벌법규를 지나치게 유추해석하는 것으로서 허용될 수 없다[대판 2009.12.10. 2009도3053].

16. <u>다른 사람의 신체 이미지가 담긴 영상도 성폭력범죄의 처벌 등에 관한 특례법위반(카메라등이용촬영)죄의 객체인 '다른 사람의 신체'에 포함된다고 해석하는 것은 법률문언의 통상적인 의미를 벗어나는 것이므로 죄형법정주의 원칙상 허용될 수 없다</u>[대판 2013.6.27. 2013도4279].

17. '대가를 약속받고 접근매체를 대여하는 행위'를 구 전자금융거래법 제49조 제4항 제2호, 제6조 제3항 제2호에서 정한 '대가를 받고 접근매체를 대여'함으로 인한 같은 법 위반죄로 처벌하는 것은 허용되지 아니한다[대판 2015.2.26. 2015도354].

18. 추진위원회 부위원장이나 추진위원이었다가 위원장의 유고 등을 이유로 운영규정에 따라 연장자 순으로 위원장 직무대행자로 된 자가 구 도시 및 주거환경정비법 제86조 제6호, 제81조 제1항, 제84조의3 제5호, 제14조 제2항에서 정한 '추진위원회 위원장'에 포함된다고 해석하는 것은 허용되지 아니한다[대판 2015.3.12. 2014도10612].

19. (땅콩회항 사건)7) 법령에서 쓰인 용어에 관해 정의규정이 없는 경우에는 원칙적으로 사전적인 정의 등 일반적으로 받아들여진 의미에 따라야 한다. 위계 또는 위력으로 변경할 대상인 '항로'는 별개의 구성요건요소로서 그 자체로 죄형법정주의 원칙에 부합하게 해석해야 할 대상이 된다. 지상의 항공기가 이동할 때 '운항중'이 된다는 이유만으로 그때 다니는 지상의 길까지 '항로'로 해석하는 것은 문언의 가능한 의미를 벗어나는 것이므로, 피고인이 푸시백(pushback) 중이던 비행기를 탑승구로 돌아오게 한 행위는 항공기의 '항로를 변경하게 한 것'에 해당하지 않는다[대판(전) 2017.12.21. 2015도8335]. [20 경간부, 18 국가9급, 18 경찰채용]*

20. '자동차관리법 제58조 제3항(자동차매매업자가 인터넷을 통하여 자동차의 광고를 하는 때에는 자동차 이력 및 판매자정보 등 국토교통부령으로 정하는 사항을 게재하여야 한다)을 위반하여 자동차 이력 및 판매자정보를 허위로 제공한 자'를 처벌하는 같은 법 제80조 제7호의2의 '허위 제공'의 의미에 '단순 누락'의 경우를 포함시켜 해석하는 것은 형벌법규의 의미를 피고인에게 불리한 방향으로 지나치게 확장하거나 유추하여 해석하는 것으로 죄형법정주의 원칙에 어긋나서 허용되지 않는다[대판 2017.11.14. 2017도13421]. [20 경찰채용, 18 법원행시]*

⚖️ 판례 | 유추해석금지원칙과 관련한 기타 판례

1. 자신의 뇌물수수 혐의에 대한 결백을 주장하기 위하여 제3자로부터 사건 관련자들이 주고받은 이메일 출력물을 교부받아 징계위원회에 제출한 경우, 이메일 출력물 그 자체는 정보통신망법에서 말하는 '정보통신망에 의하여 처리·보관 또는 전송되는' 타인의 비밀에 해당하지 않지만, 이를 징계위원회에 제출하는 행위는 '정보통신망에 의하여 처리·보관 또는 전송되는 타인의 비밀'인 이메일의 내용을 '누설하는 행위'에 해당한다[대판 2008.4.24. 2006도8644].

2. '북한 인공기'와 '김일성 부자의 인물사진' 및 계간지 '시대평론'에 게재된 남북공동선언실천연대 정책위원장 명의의 '촛불항쟁과 국민 주권시대'라는 제목의 기고문은 국가보안법상 이적표현물에 해당하지 않는다[대판 2011.7.28. 2009도9152].

3. 구 아동·청소년의 성보호에 관한 법률 제2조 제5호에서 말하는 '아동·청소년이용음란물'은 '아동·청소년'이나 '아동·청소년 또는 아동·청소년으로 인식될 수 있는 사람이나 표현물'이 등장하여 그 아동·청소년 등이 제2조 제4호 각 목의 행위나 그 밖의 성적 행위를 하거나 하는 것과 같다고 평가될 수 있는 내용을 표현하는 것이어야 한다[대판 2013.9.12. 2013도502].

4. 의료법 제17조 제1항[개정법 제18조 제1항]은 스스로 진찰을 하지 않고 처방전을 발급하는 행위를 금지하는 규정일 뿐 대면진찰을 하지 않았거나 충분한 진찰을 하지 않은 상태에서 처방전을 발급하는 행위 일반을 금지하는 조항이 아니다. 따라서 전화 진찰(또는 화상을 이용하여 진찰)을 하였다는 사정만으로 구 의료법 제18조 제1항의 '자신이 진찰'하거나 '직접 진찰'을 한 것이 아니라고 볼 수는 없다[대판 2013.4.11. 2010도1388]. [19 경찰승진, 16 경찰채용]*

5. 국내에서 출생한 소가 출생지 외의 지역에서 사육되다가 도축된 경우 해당 소가 어느 정도의 기간 동안 사육되면 비로소 사육지 등을 원산지로 표시할 수 있는지에 관하여 관계 법령에 아무런 규정이 없다면 특정 지역에서 단기간이라도 일정 기간 사육된 소의 경우 쇠고기에 해당 시·도명이나 시·군·구명을 원산지로 표시하여 판매하였다고 하더라도 이를 곧바로 위와 같은 원산지 표시 규정 위반행위에 해당한다고 단정할 수는 없다[대판 2012.10.25. 2012도3575].

6. 통신비밀보호법 제2조 제3호 및 제7호 규정의 문언이 송신하거나 수신하는 전기통신 행위를 감청의 대상으로 규정하고 있을 뿐 송·수신이 완료되어 보관 중인 전기통신 내용은 대상으로 규정하지 않은 점, 일반적으로 감청은 다른 사람의 대화나 통신 내용을 몰래 엿듣는 행위를 의미하는 점 등을 고려하여 보면, 통신비밀보호법상 '감청'이란 대상이 되는 전기통신의 송·수신과 동시에 이루어지는 경우만을 의미하고, 이미 수신이 완료된 전기통신의 내용을 지득하는 등의 행위는 포함되지 않는다[대판 2012.10.25. 2012도4644].

---

7) 항공보안법 제42조(항공기 항로 변경죄) 위계 또는 위력으로써 운항중인 항공기의 항로를 변경하게 하여 정상 운항을 방해한 사람은 1년 이상 10년 이하의 징역에 처한다.

동지판례 '전기통신의 감청'은 '감청'의 개념 규정에 비추어 전기통신이 이루어지고 있는 상황에서 실시간으로 전기통신의 내용을 지득 · 채록하는 경우와 통신의 송 · 수신을 직접적으로 방해하는 경우를 의미하는 것이지, 이미 수신이 완료된 전기통신에 관하여 남아 있는 기록이나 내용을 열어보는 등의 행위는 포함하지 않는다[대판 2016.10.13. 2016도8137].

6-1. '블로그', '미니 홈페이지', '카페' 등의 이름으로 개설된 사적(私的) 인터넷 게시공간의 운영자가 사적 인터넷 게시공간에 게시된 타인의 글을 삭제할 권한이 있는데도 이를 삭제하지 아니하고 그대로 두었다는 사정만으로 사적 인터넷 게시공간의 운영자가 타인의 글을 국가보안법 제7조 제5항8)에서 규정하는 바와 같이 (이적행위를 할 목적으로) '소지'하였다고 볼 수는 없다[대판 2012.1.27. 2010도8336]. [19 경찰승진, 17 변호사, 16 국가7급, 16 국가9급]*

7. 가축분뇨 배출시설을 설치한 자가 설치 당시에 신고대상자가 아니었다면 그 후 법령의 개정에 따라 그 시설이 신고대상에 해당하게 되었더라도, 가축분뇨의관리및이용에관한법률상 신고대상자인 '배출시설을 설치하고자 하는 자'에 해당한다고 볼 수 없다[대판 2011.7.14. 2009도777].

7-1. 화물자동차운수사업법 제48조 제4호, 제39조의 처벌대상이 되는 '자가용화물자동차를 유상으로 화물운송용에 제공하거나 임대하는 행위'라 함은 자가용화물자동차를 '유상으로 화물운송용에 제공하는 행위'와 '임대하는 행위'를 의미한다고 보아야 할 것이다[대판 2011.4.14. 2008도6693].

7-2. 구 전자금융거래법에서 말하는 양도에는 단순히 접근매체를 빌려 주거나 일시적으로 사용하게 하는 행위는 포함되지 아니한다[대판 2013.8.23. 2013도4004].

8. 죄형법정주의의 원칙상 중개사무소 개설등록을 하지 아니하고 부동산 거래를 중개하면서 그에 대한 보수를 약속 · 요구하는 행위를 약칭 공인중개사법 위반죄로 처벌할 수는 없다[대판 2011.5.13. 2010도16970].

8-1. [1] 죄형법정주의의 유추해석금지원칙은 특정 범죄자에 대한 위치추적 전자장치 부착명령의 요건을 해석할 때에도 마찬가지로 적용된다.
[2] '특정 범죄자에 대한 위치추적 전자장치 부착 등에 관한 법률' 제5조 제1항 제3호는 검사가 전자장치 부착명령을 법원에 청구할 수 있는 경우 중의 하나로 '성폭력범죄를 2회 이상 범하여(유죄의 확정판결을 받은 경우를 포함한다) 그 습벽이 인정된 때'라고 규정하고 있는데, 이 규정 전단은 문언상 '유죄의 확정판결을 받은 전과사실을 포함하여 성폭력범죄를 2회 이상 범한 경우'를 의미한다고 해석된다. 따라서 <u>피부착명령청구자가 소년법에 의한 보호처분을 받은 전력이 있다고 하더라도, 이는 유죄의 확정판결을 받은 경우에 해당하지 아니함이 명백하므로,9) 피부착명령청구자가 2회 이상 성폭력범죄를 범하였는지를 판단할 때 소년보호처분을 받은 전력을 고려할 것이 아니다</u>[대판(전) 2012.3.22. 2011도15057]. [19 경간부, 17 변호사, 16 경간부, 16 경찰채용]*

9. '<u>음식류의 조리 · 판매보다는 주로 주류의 조리 · 판매를 목적으로 하는 소주방 · 호프 · 카페 등의 영업형태로 운영되는 영업</u>'은 구 식품위생법상 식품접객업의 종류 중에서는 일반음식점영업 허가를 받은 영업자가 적법하게 할 수 있는 행위의 범주에 속하므로, 일반음식점 영업자가 위와 같은 형태로 영업하였다고 하여 이를 '주류만을 판매하는 행위'를 하여서는 아니 된다고 규정한 일반음식점 영업자의 준수사항을 위반한 것이라고 보는 것은 죄형법정주의의 정신에 어긋나는 것이다[대판 2012.6.28. 2011도15097].

9-1. 구 아동 · 청소년의 성보호에 관한 법률 제2조 제5호의 '아동 · 청소년으로 인식될 수 있는 사람이 등장하는 아동 · 청소년이용음란물'이라고 하기 위해서는 주된 내용이 아동 · 청소년의 성교행위 등을 표현하는 것이어야 할 뿐만 아니라, 등장인물이 사회 평균인의 시각에서 객관적으로 관찰할 때 외관상 의심의 여지없이 명백하게 아동 · 청소년으로 인식되는 경우라야 하고, 등장인물이 다소 어려 보인다는 사정만으로 쉽사리 '아동 · 청소년으로 인식될 수 있는 사람이 등장하는 아동 · 청소년이용음란물'이라고 단정해서는 아니 된다[대판 2014.9.24. 2013도4503].

9-2. 구 식품위생법 제13조 제1항에서 금지하는 '식품에 관하여 의약품과 혼동할 우려가 있는 광고'란 라디오 · 텔레비전 · 신문 · 잡지 · 음악 · 영상 · 인쇄물 · 간판 · 인터넷 그 밖의 방법으로 식품 등의 품질 · 영양가 · 원재료 · 성분 등에 대하여 질병의 치료에 효능이 있다는 정보를 나타내거나 알리는 행위를 의미하므로, 식품 판매자가 식품을 판매하면서 특정 구매자에게 그 식품이 질병의 치료에 효능이 있다고 설명하고 상담하였다고 하더라도 이를 가리켜 법 제13조 제1항에서 금지하는 '광고'를 하였다고 볼 수 없고, 그와 같은 행위를 반복하였다고 하여 달리 볼 것은 아니다[대판 2014.4.30. 2013도15002].

---

8) 이적행위를 할 목적으로 문서 · 도화 기타의 표현물을 소지한 자를 처벌하는 규정이다.
9) 판례는 보호처분은 유죄판결에 해당하지 않는다고 본다.

10. 도로교통법 제43조는 무면허운전 등을 금지하면서 "누구든지 제80조의 규정에 의하여 지방경찰청장으로부터 운전면허를 받지 아니하거나 운전면허의 효력이 정지된 경우에는 자동차 등을 운전하여서는 아니된다"고 정하여, 운전자의 금지사항으로 운전면허를 받지 아니한 경우와 운전면허의 효력이 정지된 경우를 구별하여 대등하게 나열하고 있다. 그렇다면 '운전면허를 받지 아니하고'라는 법률문언의 통상적인 의미에 '운전면허를 받았으나 그 후 운전면허의 효력이 정지된 경우'가 당연히 포함된다고 해석할 수 없다[대판 2011.8.25, 2011도7725]. [20 경찰채용, 17 변호사, 17 경찰승진]*

10-1. 2011.1.1. 이전에 아동 · 청소년 대상 성폭력범죄를 범하고 아직 유죄판결이 확정되지 아니한 자에 대하여는 판결과 동시에 고지명령을 선고할 수 있는 근거를 따로 두고 있지 아니하므로, 2011.1.1. 이후 '아동 · 청소년 대상 성폭력범죄를 저지른 자'에 대하여만 판결과 동시에 고지명령을 선고할 수 있다고 보아야 한다[대판 2014.2.13, 2013도14349]. [17 경찰승진, 16 경간부]*

11. 소매인 지정 후 영업정지처분을 받았으나 아직 적법하게 소매인 지정이 취소되지 않은 자는 구 담배사업법 제27조의3 제1호의 적용대상이 되는 '소매인 지정을 받지 아니한 자'에 해당하지 아니한다[대판 2015.1.15, 2010도15213].

12. 뇌물공여죄와 뇌물수수죄 사이와 같은 이른바 대향범 관계에 있는 자는 강학상으로는 필요적 공범이라고 불리고 있으나, 서로 대향된 행위의 존재를 필요로 할 뿐 각자 자신의 구성요건을 실현하고 별도의 형벌규정에 따라 처벌되는 것이어서, 2인 이상이 가공하여 공동의 구성요건을 실현하는 공범관계에 있는 자와는 본질적으로 다르며, 대향범 관계에 있는 자 사이에서는 각자 상대방의 범행에 대하여 형법 총칙의 공범규정이 적용되지 아니한다.
이러한 점들에 비추어 보면, 형사소송법 제253조 제2항에서 말하는 '공범'에는 뇌물공여죄와 뇌물수수죄 사이와 같은 대향범 관계에 있는 자는 포함되지 않는다[대판 2015.2.12, 2012도4842]. [20 변호사, 20 경찰승진, 20 법원9급, 19 국가9급, 18 경간부, 18 국가9급, 18 법원9급, 18 변호사, 17 변호사, 17 경간부, 16 변호사, 16 법원행시, 16 국가7급, 16 국가9급, 16 경간부]*

13. 국내 특정 지역의 수삼과 다른 지역의 수삼으로 만든 홍삼을 주원료로 하여 특정 지역에서 제조한 홍삼절편의 제품명이나 제조 · 판매자명에 특정 지역의 명칭을 사용하였다고 하더라도 이를 곧바로 '원산지를 혼동하게 할 우려가 있는 표시를 하는 행위'라고 보기는 어렵다[대판 2015.4.9, 2014도14191]. [17 경찰승진]*

14. [1] 폭력행위 등 처벌에 관한 법률(이하 '폭력행위처벌법'이라 한다) 제4조 제1항 제1호에서 말하는 '수괴'란 범죄단체의 우두머리로 단체의 활동을 지휘 · 통솔하는 자를 가리키는 것으로서, '수괴'는 반드시 1인일 필요가 없고 2인 이상의 수괴가 역할을 분담하여 활동할 수도 있는 것이어서, 범죄단체의 배후에서 일체의 조직활동을 지휘하는 자와 전면에서 단체 구성원의 통솔을 담당하는 자로 역할을 분담하고 있는 경우 양인을 모두 범죄단체의 수괴로 인정할 수 있다.
[2] 폭력행위처벌법 제4조 제1항 제2호에서 말하는 '간부'란 수괴의 지휘 등을 받아 말단 조직원을 지휘 · 통솔하는 자를 일컫는다[대판 2015.5.28, 2014도18006].

15. 형사소송법 제253조 제3항은 "범인이 형사처분을 면할 목적으로 국외에 있는 경우 그 기간 동안 공소시효는 정지된다."라고 규정하고 있다. 위 규정의 입법 취지는 범인이 우리나라의 사법권이 실질적으로 미치지 못하는 국외에 체류한 것이 도피의 수단으로 이용된 경우에 그 체류기간 동안은 공소시효가 진행되는 것을 저지하여 범인을 처벌할 수 있도록 하여 형벌권을 적정하게 실현하고자 하는 데 있다. 따라서 위 규정이 정한 '범인이 형사처분을 면할 목적으로 국외에 있는 경우'는 범인이 국내에서 범죄를 저지르고 형사처분을 면할 목적으로 국외로 도피한 경우에 한정되지 아니하고, 범인이 국외에서 범죄를 저지르고 형사처분을 면할 목적으로 국외에서 체류를 계속하는 경우도 포함된다고 볼 것이다 [대판 2015.6.24, 2015도5916].

16. 육군 이병인 피고인이 초등학교 4학년의 피해 아동과 전화로 영상통화를 하던 중 피해 아동에게 바지를 벗고 음부를 보여 달라고 요구하여 피해 아동이 음부를 보여준 경우, 설령 피고인의 요구에 피해 아동이 명시적인 반대 의사를 표시하지 아니하였거나 피고인의 행위로 인해 피해 아동이 현실적으로 육체적 또는 정신적 고통을 느끼지 아니하는 등의 사정이 있다 하더라도, 이러한 사정만으로 피고인의 피해 아동에 대한 성희롱 등의 행위가 구 아동복지법 제29조 제2호의 '성적 학대행위'에 해당하지 아니한다고 단정할 것은 아니다[대판 2015.7.9, 2013도7787].

17. 구 담배사업법 제27조의3 제1호의 적용대상이 되는 '소매인 지정을 받지 아니한 자'는 처음부터 소매인 지정을 받지 않거나 소매인 지정을 받았으나 이후 소매인 지정이 취소되어 소매인 자격을 상실한 자만을 의미하는 것으로 보아야 하고, 영업정지처분을 받았으나 아직 적법하게 소매인 지정이 취소되지 않은 자는 여기에 해당하지 않는다[대판 2015.1.15, 2010도15213].

18. 인터넷 링크(Internet link)는 인터넷에서 링크하고자 하는 웹페이지나, 웹사이트 등의 서버에 저장된 개개의 게시물 등의 웹 위치 정보나 경로를 나타낸 것에 불과하여, 인터넷 이용자가 링크 부분을 클릭함으로써 링크된 웹페이지나 개개의 게시물에 직접 연결된다 하더라도 링크를 하는 행위는 게시물의 전송에 해당하지 아니한다. 이러한 법리는 휴대전화 문자메시지에 링크 글을 기재함으로써 수신자가 링크 부분을 클릭하면 링크된 게시물에 연결되도록 하였다고 하더라도 마찬가지로 적용된다[대판 2015.8.19. 2015도5789].

19. [1] 정보통신망법 제49조에서 말하는 '타인의 비밀'이란 일반적으로 알려져 있지 않은 사실로서 이를 다른 사람에게 알리지 않는 것이 본인에게 이익이 되는 것을 뜻한다. 그리고 위 조항에서 말하는 '정보통신망에 의하여 처리·보관 또는 전송되는 타인의 비밀 침해'란 정보통신망에 의하여 처리·보관 또는 전송되는 타인의 비밀을 정보통신망에 침입하는 등 부정한 수단 또는 방법으로 취득하는 행위를 말하고, '정보통신망에 의하여 처리·보관 또는 전송되는 타인의 비밀 도용'이란 정보통신망에 의하여 처리·보관 또는 전송되는 타인의 비밀을 정보통신망에 침입하는 등 부정한 수단 또는 방법으로 취득한 사람이나 그 비밀이 위와 같은 방법으로 취득된 것을 알고 있는 사람이 그 비밀을 사용하는 행위를 의미한다.

[2] 인터넷 쇼핑몰 회원들의 주문정보가 포함된 구매후기 게시글은 타인의 비밀에 해당하지 않지만, 회원들의 주민등록번호, ID, 비밀번호, 휴대전화번호, 주소 등의 개인정보는 타인의 비밀에 해당한다고 볼 수 있다. 그러나 피고인들은 인터넷 쇼핑몰 홈페이지 서버에 접근할 수 있는 정당한 권한이 있을 당시에 이를 취득한 것이고, 피고인들이 부정한 수단 또는 방법으로 타인의 비밀을 취득하였다고 볼 수 없으므로, 피고인 1이 운영하는 ○○사랑 홈페이지 서버 등에 이를 복사·저장하였다고 하더라도 그러한 행위만으로 타인의 비밀을 침해·도용한 것이라고 볼 수 없다[대판 2015.1.15. 2013도15457].

20. 구 아동복지법 제17조 제3호는 "아동의 신체에 손상을 주는 학대행위"를 금지행위의 하나로 규정하고 있는데, 여기에서 '신체에 손상을 준다'란 아동의 신체에 대한 유형력의 행사로 신체의 완전성을 훼손하거나 생리적 기능에 장애를 초래하는 '상해'의 정도에까지는 이르지 않더라도 그에 준하는 정도로 신체에 부정적인 변화를 가져오는 것을 의미한다[대판 2016.5.12. 2015도6781].

21. 구 통신비밀보호법(2014.1.14. 법률 제12229호로 개정되기 전의 것) 제3조 제1항이 공개되지 아니한 타인간의 대화를 녹음 또는 청취하지 못하도록 한 것은, 대화에 원래부터 참여하지 않는 제3자가 그 대화를 하는 타인간의 발언을 녹음 또는 청취해서는 아니 된다는 취지이다. 따라서 대화에 원래부터 참여하지 않는 제3자가 일반 공중이 알 수 있도록 공개되지 아니한 타인간의 발언을 녹음하거나 전자장치 또는 기계적 수단을 이용하여 청취하는 것은 특별한 사정이 없는 한 같은 법 제3조 제1항에 위반된다[대판 2016.5.12. 2013도15616]. [17 국가7급]*

22. 환자의 안면부인 눈가와 미간에 보톡스를 시술한 피고인의 행위가 치과의사에게 면허된 것 이외의 의료행위라고 볼 수 없고, 시술이 미용 목적이라 하여 달리 볼 것은 아니다[대판(전) 2016.7.21. 2013도850].

23. 정보통신망법 제49조에 규정된 '정보통신망에 의하여 처리·보관 또는 전송되는 타인의 비밀 누설'이란 타인의 비밀에 관한 일체의 누설행위를 의미하는 것이 아니라, 정보통신망에 의하여 처리·보관 또는 전송되는 타인의 비밀을 정보통신망에 침입하는 등의 부정한 수단 또는 방법으로 취득한 사람이나, 그 비밀이 위와 같은 방법으로 취득된 것임을 알고 있는 사람이 그 비밀을 아직 알지 못하는 타인에게 이를 알려주는 행위만을 의미하는 것으로 제한하여 해석함이 타당하다[대판 2017.6.19. 2017도4240].

24. 주식회사의 종업원이 취업활동을 할 수 있는 체류자격을 가지지 아니한 외국인을 고용한 경우, 그 대표이사가 종업원의 그와 같은 행위를 알 수 있는 지위에 있었다는 사정만으로 출입국관리법 제94조 제9호에서 정한 취업활동을 할 수 있는 체류자격을 가지지 아니한 사람을 '고용한 사람'에 해당한다고 볼 수 없다[대판 2017.6.29. 2017도3005].

25. 도로교통법 제32조 제4호는 '버스여객자동차의 정류지임을 표시하는 기둥이나 표지판 또는 선이 설치된 곳으로부터 10m 이내인 곳'에는 차를 정차하거나 주차하여서는 아니 된다고 규정하고 있는 바, 여기의 '버스여객자동차의 정류지'에는 유상으로 운행되는 버스여객자동차뿐만 아니라 무상으로 운행되는 버스여객자동차의 정류지도 포함된다고 보아야 한다[대판 2017.6.29. 2015도12137].

26. 도로교통법 제96조 제1항은 국제운전면허증을 발급받은 사람에 대하여는 별도의 허가 없이 입국한 날부터 1년 동안에 한하여 도로교통법이 정한 절차에 따른 운전면허를 받지 아니하고도 운전을 할 수 있도록 허용하는 예외를 두고 있는바 여기의 '국내에 입국한 날'은 출입국관리법에 따라 적법한 입국심사절차를 거쳐 입국한 날을 의미하고, 그러한 적법한 입국심사절차를 거치지 아니하고 불법으로 입국한 경우에는 국제운전면허증을 소지하고 있는 경우라고 하더라도 도로교통법 제96조 제1항이 예외적으로 허용하는 국제운전면허증에 의한 운전을 한 경우에 해당한다고 볼 수 없다[대판 2017.10.31. 2017도9230].

27. 특정범죄가중법 제14조[10]의 '이 법에 규정된 죄'에 특정범죄가중법 제14조 자체를 위반한 죄는 포함되지 않는다고 해석함이 타당하다[대판 2018.4.12. 2017도20241].

28. [1] 도로교통법 제2조 제26호가 '술이 취한 상태에서의 운전' 등 일정한 경우에 한하여 예외적으로 도로 외의 곳에서 운전한 경우를 운전에 포함한다고 명시하고 있는 반면, 무면허운전에 관해서는 이러한 예외를 정하고 있지 않다. 따라서 도로가 아닌 곳에서 운전면허 없이 운전한 경우에는 무면허운전에 해당하지 않는다. 도로에서 운전하지 않았는데도 무면허운전으로 처벌하는 것은 유추해석이나 확장해석에 해당하여 죄형법정주의에 비추어 허용되지 않는다.
[2] 운전면허 없이 자동차등을 운전한 곳이 위와 같이 일반교통경찰권이 미치는 공공성이 있는 장소가 아니라 특정인이나 그와 관련된 용건이 있는 사람만 사용할 수 있고 자체적으로 관리되는 곳이라면 도로교통법에서 정한 '도로에서 운전'한 것이 아니므로 무면허운전으로 처벌할 수 없다[대판 2017.12.28. 2017도17762]. [20 법원행시, 19 경찰채용, 18 국가7급]"

29. 폭력행위처벌법 제7조는 "정당한 이유 없이 이 법에 규정된 범죄에 공용될 우려가 있는 흉기나 그 밖의 위험한 물건을 휴대하거나 제공 또는 알선한 사람은 3년 이하의 징역 또는 300만 원 이하의 벌금에 처한다."라고 규정하고 있는데, 여기에서 말하는 '이 법에 규정된 범죄'란 '폭력행위처벌법에 규정된 범죄'만을 의미한다고 해석함이 타당하다. 또한 정당한 이유 없이 폭력행위처벌법에 규정된 범죄에 공용될 우려가 있는 흉기를 휴대하고 있었다면 다른 구체적인 범죄행위가 없더라도 그 휴대행위 자체에 의하여 폭력행위처벌법위반(우범자)죄의 구성요건을 충족하는 것이지만, 흉기나 그 밖의 위험한 물건을 소지하고 있다는 사실만으로 폭력행위처벌법에 규정된 범죄에 공용될 우려가 있는 것으로 추정된다고 볼 수는 없다[대판 2017.9.21. 2017도7687].

30. 도로교통법(이하 '법'이라 한다) 제44조 제1항은 술에 취한 상태에서 자동차 등의 운전을 금지하고, 법 제148조의2 제1항 제1호는 '제44조 제1항을 2회 이상 위반한 사람'으로서 다시 같은 조 제1항을 위반하여 술에 취한 상태에서 자동차 등을 운전한 사람을 1년 이상 3년 이하의 징역이나 500만 원 이상 1천만 원 이하의 벌금에 처한다고 정하고 있다.[11] 법 제148조의2 제1항 제1호는 행위주체를 단순히 2회 이상 음주운전 금지규정을 위반한 사람으로 정하고 있고, 이러한 음주운전 금지규정 위반으로 형을 선고받거나 유죄의 확정판결을 받은 경우 등으로 한정하고 있지 않으므로, 위 조항 중 '제44조 제1항을 2회 이상 위반한 사람'은 문언 그대로 2회 이상 음주운전 금지규정을 위반하여 음주운전을 하였던 사실이 인정되는 사람으로 해석해야 하고, 그에 대한 형의 선고나 유죄의 확정판결 등이 있어야만 하는 것은 아니다 [대판 2018.11.15. 2018도11378].

판결이유 위와 같은 사실관계를 위에서 본 법리에 비추어 보면, 비록 피고인의 2017.2.2.자 음주운전 행위에 대한 유죄판결이 선고되거나 확정되기 이전이더라도, 피고인이 이 부분 공소사실 기재 음주운전 행위 당시 이미 음주운전 금지규정을 2회 위반한 사실이 인정되는 이상, 이 부분 공소사실 기재 음주운전 행위에 대하여는 이 사건 조항을 적용하여야 한다.

31. [1] 도로교통법상 차량이 교차로에 진입하기 전에 '황색의 등화'로 바뀐 경우, 차량은 정지선이나 '교차로의 직전'에 정지하여야 한다.
[2] 교차로 진입 전 정지선과 횡단보도가 설치되어 있지 않았더라도 피고인이 황색 등화를 보고서도 교차로 직전에 정지하지 않았다면 신호를 위반한 것이라고 한 사례[대판 2018.12.27. 2018도14262].

32. [사실관계] 서울중앙지검장인 L이 함께 식사한 법무부 검찰국의 과장 2명에게 격려금 명목으로 100만원을 건네고, 특수본 소속 검사 6명에게 수사비 명목의 금일봉을 지급하고 1인당 9만5,000원 상당의 식사를 제공하였다.
[판례] [1] 청탁금지법은 제2조 제2호에서 '공직자등'에 관한 정의 규정을 두고 있을 뿐 '상급 공직자등'의 정의에 관하여는 명문 규정을 두고 있지 않고, '상급'은 사전적으로 '보다 높은 등급이나 계급'을 의미할 뿐 직무상 명령·복종관계에서의 등급이나 계급으로 한정되지 아니한다. 처벌규정의 소극적 구성요건을 문언의 가능한 의미를 벗어나 지나치게 좁게 해석하게 되면 피고인에 대한 가벌성의 범위를 넓히게 되어 죄형법정주의의 파생원칙인 유추해석금지원칙에 어긋날 우려가 있으므로 법률문언의 통상적인 의미를 벗어나지 않는 범위 내에서 합리적으로 해석할 필요가 있다.

---

10) 제14조(무고죄) 이 법에 규정된 죄에 대하여 「형법」 제156조에 규정된 (무고)죄를 범한 사람은 3년 이상의 유기징역에 처한다.
11) [참조조문] 2019.6.25. 시행되는 개정 도로교통법 제148조의2 제1항: 제44조제1항을 2회 이상 위반한 사람(자동차등 또는 노면전차를 운전한 사람으로 한정한다)은 2년 이상 5년 이하의 징역이나 1천만원 이상 2천만원 이하의 벌금에 처한다.

[2] 부정청탁 및 금품등 수수의 금지에 관한 법률은 수수를 금지하는 금품등에 해당하지 않는 경우를 열거하면서 제8조 제3항 제1호에서 "공공기관이 소속 공직자등이나 파견 공직자등에게 지급하거나 상급 공직자등이 위로·격려·포상 등의 목적으로 하급 공직자등에게 제공하는 금품등"을 규정하고 있다. 여기의 '상급 공직자등'이란 금품등 제공의 상대방보다 높은 직급이나 계급의 사람으로서 금품등 제공 상대방과 직무상 상하관계에 있고 그 상하관계에 기초하여 사회통념상 위로·격려·포상 등을 할 수 있는 지위에 있는 사람을 말하고, 금품등 제공자와 그 상대방이 직무상 명령·복종이나 지휘·감독관계에 있어야만 이에 해당하는 것은 아니다[대판 2018.10.25. 2018도7041].

33. 행정청의 자동차 운전면허 취소처분이 직권으로 또는 행정쟁송절차에 의하여 취소되면, 운전면허 취소처분은 그 처분시에 소급하여 효력을 잃고 운전면허 취소처분에 복종할 의무가 원래부터 없었음이 확정되므로, 운전면허 취소처분을 받은 사람이 운전면허 취소처분이 취소되기 전에 자동차를 운전한 행위는 도로교통법에 규정된 무면허운전의 죄에 해당하지 아니한다.

위와 같은 관련 규정 및 법리, 헌법 제12조가 정한 적법절차의 원리, 형벌의 보충성 원칙을 고려하면, 자동차 운전면허 취소처분을 받은 사람이 자동차를 운전하였으나 운전면허 취소처분의 원인이 된 교통사고 또는 법규 위반에 대하여 범죄사실의 증명이 없는 때에 해당한다는 이유로 무죄판결이 확정된 경우에는 그 취소처분이 취소되지 않았더라도 도로교통법에 규정된 무면허운전의 죄로 처벌할 수는 없다고 보아야 한다[대판 2021.9.16. 2019도11826].

34. 약사법 제20조 제1항은 "약사 또는 한약사가 아니면 약국을 개설할 수 없다."라고 정하고 있다. 이 조항에 따라 금지되는 약국 개설행위는 약사 또는 한약사(이하 '약사 등'이라 한다) 자격이 없는 일반인이 약국의 시설 및 인력의 충원·관리, 개설신고, 의약품 제조 및 판매업의 시행, 필요한 자금의 조달, 그 운영성과의 귀속 등을 주도적으로 처리하는 것을 뜻한다. 약사 등이 아닌 사람이 이미 개설된 약국의 시설과 인력을 인수하고 그 운영을 지배·관리하는 등 종전 개설자의 약국 개설·운영행위와 단절되는 새로운 개설·운영행위를 한 것으로 볼 수 있는 경우에도 약사법에서 금지하는 약사 등이 아닌 사람의 약국 개설행위에 해당한다[대판 2021.7.29. 2021도6092].

35. 농업기계인 '농업용 동력운반차'는 무면허운전 처벌규정의 적용대상인 '자동차'에 해당하지 아니한다[대판 2021.9.30. 2017도13182].

5. 적정성의 원칙

범죄와 형벌을 규정하는 법률의 내용은 인간의 존엄과 가치를 실질적으로 보장할 수 있도록 적정하여야 한다는 원칙으로서(실질적 의미의 죄형법정주의), 입법자의 자의를 방지하기 위한 원칙이다.

판례 | 적정성의 원칙에 반하지 않는 경우

1. 절도가 체포를 면탈할 목적으로 폭행·협박한 것을 준강도로 처벌하는 것 및 준강도가 범한 강도상해죄의 법정형(무기 또는 7년 이상의 징역)의 하한을 살인죄(사형, 무기 또는 5년 이상의 징역)의 그것보다 높게 규정한 것 … 살인죄에 있어서는 그 행위의 태양이나 동기가 극히 다양하므로 그 죄질 또는 비난가능성의 정도가 매우 가변적임에 비하여 강도상해죄의 경우 그 행위태양이나 동기가 비교적 단순하여 죄질과 정상의 폭이 넓지 않다 할 것이고 일반적으로 행위자의 비난가능성도 크기 때문이다[헌재 1997.8.21. 96헌바9].

2. 형법 제129조 내지 제132조(뇌물죄)의 적용에 있어서 지방공사와 지방공단의 직원까지 공무원으로 본다고 규정한 지방공기업법 제83조는 헌법 제11조 제1항(평등의 원칙), 제37조 제2항(과잉금지원칙) 등에 위반된다고 볼 수 없고, 또한 지방공기업법 제83조의 명문의 규정에 반하여 지방공사와 지방공단의 직원을 특정범죄가중처벌등에관한법률 제4조 제1항 소정의 간부직원, 즉 과장대리급 이상의 직원으로 한정하여 해석할 수도 없다[대판 2002.7.26. 2001도6721].

3. 청소년의 성보호에 관한 법률 제10조 제4항이 위계 또는 위력을 사용하여 여자 청소년을 간음한 자에 대한 법정형을 여자 청소년을 강간한 자에 대한 법정형과 동일하게 정한 것 … 위계 또는 위력을 사용하여 여자 청소년을 간음한 자에 대한 비난가능성의 정도가 여자 청소년을 강간한 자에 비하여 반드시 가볍다고 단정할 수 없기 때문이다[대판 2007.8.23. 2007도4818].

4. 성폭력범죄의 처벌 및 피해자보호 등에 관한 법률 제5조 제2항이 특수강도죄를 범한 자가 강간죄를 범한 경우와 강제추행죄를 범한 경우를 구별하지 않고 법정형을 동일하게 규정하고 있는 것[대판 2007.2.8. 2006도7882].

5. 주택재건축사업이 공공성을 지니고 있을 뿐만 아니라 주택재건축조합의 임원은 그 조합원들의 재산권에 대하여 중대한 영향을 미칠 수 있기 때문에 공무원에 비금가는 고도의 청렴성과 업무의 불가매수성이 요구되는바, 그 임원이 직무와 관련하여 금품을 수수하는 등의 비리를 저질렀을 경우에는 이를 공무원으로 보아 엄중하게 처벌함으로써 주택재건축사업의 정상적인 운영과 조합 업무의 공정성 보장을 도모할 필요성이 있으므로 (중략) 과잉금지의 원칙에 위반된다고 볼 수도 없다[대판 2007.4.27. 2007도694].

6. 구 군형법이 군용물절도죄의 법정형(사형, 무기, 또는 10년 이상의 징역)의 하한을 살인죄에 비하여 무겁게 규정한 것 [헌재 1995.10.26. 92헌바45].

7. '구 국회에서의 증언·감정 등에 관한 법률 제14조 제1항(위증 등의 죄)이 '형법상 위증죄의 법정형보다 높게 정하고 있다는 사정만으로 바로 위 조항이 지나치게 과중한 형벌을 규정하여 책임원칙에 반한다고 할 수 없다[대판 2012.10.25. 2009도13197].

8. 집시법 제6조 제1항이 옥외집회나 시위를 주최하려는 자로 하여금 일정한 사항을 사전에 관할 경찰서장에게 신고하도록 규정하면서 열거하고 있는 신고사항이나 신고시간 등이 지나치게 과다하거나 신고불가능하다고 볼 수 없으며, 위 법률조항에 의한 사전신고의무로 인하여 집회개최자가 겪어야 하는 불편함이나 번거로움 등이 신고로 인하여 보호되는 공공의 안녕질서 등의 공익보다 중대하다고 할 수 없으므로, 위 법률조항 중 '옥외집회'에 관한 부분은 과잉금지원칙에 반하지 아니한다[대결 2012.6.28. 2010초기877].

9. 폭력처벌법 제3조 제1항, 제2조 제1항 제1호가 흉기 기타 위험한 물건을 휴대하여 폭행죄를 범한 자에 대하여 1년 이상의 징역에 처하도록 정한 것도 그와 같은 입법형성권의 범위에 속하는 것이고, 그 규정이 과잉금지원칙, 비례원칙, 형벌법규 명확성의 원칙 등과 같은 헌법상 이념에 반한다고 쉽사리 말할 수 없다고 할 것이다[대판 2014.6.12. 2014도1894].

10. 반의사불벌죄에서 처벌을 희망하는 의사표시의 철회가 가능한 시기를 '제1심 판결선고 전까지'로 제한한 형사소송법 제232조 제3항이 평등원칙을 규정한 헌법 제11조에 위반한다고 할 수 없다[대판 2014.10.15. 2014도9423].

⚖ 판례 | 적정성의 원칙에 반하는 경우

1. 특정범죄 가중처벌 등에 관한 법률 제5조의3 제2항 제1호의 과실로 사람을 치상하게 한 자가 구호행위를 하지 아니하고 도주하거나 고의로 유기함으로써 치사의 결과에 이르게 한 경우에 살인죄와 비교하여 그 법정형(사형, 무기, 10년 이상의 징역)을 더 무겁게 한 것[헌재 1992.4.28. 90헌바24].

2. 형법 제304조(혼인빙자간음)는 헌법 제37조 제2항의 과잉금지원칙을 위반하여 남성의 성적자기결정권 및 사생활의 비밀과 자유를 침해하는 것으로 헌법에 위반된다[헌재 2009.11.26. 2008헌바58].

3. 반국가행위자의 처벌에 관한 특별조치법 제8조가 피고인의 소환불응에 대하여 전재산 몰수를 규정하고 있는 것[헌재 1996.1.25. 95헌가5].

4. 단지 반국가적 범죄를 반복하여 저질렀다는 이유만으로 다시 범한 죄가 국가보안법 제7조 제5항, 제1항과 같이 비교적 경미한 범죄라도 사형까지 선고할 수 있도록 한 것[헌재 2002.11.28. 2002헌가5].

5. 폭력행위 등 처벌에 관한 법률 제3조 제2항이 그 행위가 야간에 행해지고 흉기 기타 위험한 물건을 휴대하였다는 사정만으로 일률적으로 5년 이상의 유기징역형에 처하도록 규정한 것 … 위 각 형법상의 범죄는 죄질과 행위의 태양 및 그 위험성이 사뭇 다르고, 이에 따라 원래의 법정형은 낮게는 폭행(제260조 제1항)이나 협박(제283조 제1항)과 같이 구류 또는 과료가 가능한 것에서부터 높게는 상해(제257조 제1항) 또는 공갈(제350조)과 같이 10년 이하의 징역에 이르기까지 그 경중에 차이가 많음을 알 수 있다[헌재 2004.12.16. 2003헌가12].

6. 상관을 살해한 경우 사형만을 유일한 법정형으로 규정하고 있는 군형법(1962.1.20. 법률 제1003호로 제정된 것) 제53조 제1항은 형벌과 책임 간의 비례원칙에 위배된다. … 군대 내 명령체계유지 및 국가방위라는 이유만으로 가해자와 상관 사이에 명령복종관계가 있는지 여부를 불문하고 전시와 평시를 구분하지 아니한 채 다양한 동기와 행위태양의 범죄를 동일하게 평가하여 사형만을 유일한 법정형으로 규정하고 있는 이 사건 법률조항은, 형벌체계상 정당성을 상실한 것이다 [헌재 2007.11.29. 2006헌가13].

7. 형법 제241조(간통죄)는 헌법에 위반된다. … 헌법재판소는 간통 및 상간행위의 처벌 자체가 헌법에 위반된다는 의견 5인, 성적 성실 의무를 부담하지 않는 간통행위자 등까지 처벌하도록 규정한 것이 국가형벌권의 과잉행사로서 헌법에 위반된다는 의견 1인, 간통죄의 소극적 소추조건인 간통 종용이나 유서의 개념이 불명확하여 명확성 원칙에 위배되고, 죄질이 서로 다른 간통행위에 일률적으로 징역형만 부과하도록 규정한 것이 책임과 형벌 사이의 비례원칙에 위반된다는 의견 1인으로 위헌 정족수를 충족하여 형법 제241조에 대하여 위헌 결정을 선고하였다[헌재 2015.2.26. 2009헌바17].

8. 특정범죄 가중처벌 등에 관한 법률(2010.3.31. 법률 제10210호로 개정된 것) 제5조의4 제1항의 상습절도죄, 같은 조 제4항의 상습장물취득죄 부분은 … 형법 조항과 똑같은 구성요건을 규정하면서 법정형만 상향 조정하여 형사특별법으로서 갖추어야 할 형벌 체계상의 정당성과 균형을 잃어 헌법에 위반된다[헌재 2015.2.26. 2014헌가16].

9. 흉기 기타 위험한 물건을 휴대하여 형법 제260조 제1항(폭행), 제283조 제1항(협박), 제366조(재물손괴등)의 죄를 범한 자는 1년 이상의 유기징역에 처한다'라는 폭처법 제3조 제1항은 형법 조항과 똑같은 구성요건을 규정하면서 법정형만 상향 조정한 것으로 형사특별법으로서 갖추어야 할 형벌체계상의 정당성과 균형을 잃은 것으로 헌법의 기본원리에 위배되고 평등원칙에 위반된다[헌재 2015.9.24. 2014헌바154].

🔨 판례 | 기타 죄형법정주의 원칙에 위배되지 않는 경우

1. 교육감 선거에 공직선거법의 시·도지사 선거에 관한 규정을 준용한 구 지방교육자치에 관한 법률 제22조 제3항은 죄형법정주의에 위배되지 아니한다[대판 2012.11.29. 2010도9007].

2. 정비사업 시행에 관한 서류와 관련 자료에 대한 열람·등사 요청에 즉시 응할 의무를 규정하고 이를 위반하는 행위를 처벌하는 구 도시 및 주거환경정비법 제86조 제6호, 제81조 제1항은 죄형법정주의에 위배되지 아니한다[대판 2012.2.23. 2010도8981].

제2장 형법의 적용범위와 형법이론

제1절 형법의 적용범위

출제 POINT

형법 제1조의 해석과 관련한 판례를 숙지하여야 한다. 동기설에 입각한 판례의 결론을 반드시 암기해 두어야 한다. 장소적 적용범위에 관한 판례는 개별지문으로 출제될 수 있으므로 정리해 두어야 한다.

I 시간적 적용범위

1. 의의

① 행위시와 재판시 사이에 법률의 변경이 있는 경우 어느 법률을 적용할 것인가의 문제를 말한다.
② 행위시법주의(구법의 추급효를 인정)와 재판시법주의(신법의 소급효를 인정)가 있으며, 우리 형법은 행위시법주의를 원칙으로 하고 있다(제1조 제1항).

2. 행위시법주의의 원칙(소급효금지의 원칙)

제1조(범죄의 성립과 처벌) ① 범죄의 성립과 처벌은 행위 시의 법률에 따른다.

(1) 제1조 제1항의 의의

행위시법주의를 선언하여 사후(행위 후의)입법에 의한 처벌을 금지함으로써 소급효금지의 원칙을 선언한 규정이다.

(2) 행위시의 결정기준

① '행위시'라 함은 범죄의 실행행위의 '종료'시를 의미한다(판례). 따라서 범죄행위의 착수시점 또는 범죄행위 후의 결과 발생시점은 행위시를 결정하는 기준이 될 수 없다.

> #### ✍ 판례 | 형법 제1조 제1항의 행위시의 의미(범죄행위의 종료시를 의미)
>
> 범죄의 성립과 처벌은 행위시의 법률에 의한다고 할 때의 "행위시"라 함은 범죄행위의 종료시를 의미한다[대판 1994.5.10. 94도563]. [20 경찰승진, 18 법원9급, 16 경찰승진]*
> 판례해설 실행의 착수 당시에는 가벌적이지 않았던 행위일지라도 법률개정에 의하여 가벌적 행위로 된 다음에 그 행위가 종료된 경우에는 개정법률을 적용하여 처벌할 수 있다는 취지이다.

② 실행행위가 신·구법에 걸쳐 행하여진 경우의 적용법규

판례 | 실행행위가 신·구법에 걸쳐 행하여진 경우의 적용법규

1. (신법의 적용요건에 변경이 없는 경우) 포괄일죄로 되는 개개의 범죄행위가 법 개정의 전후에 걸쳐서 행하여진 경우에는 신·구법의 법정형에 대한 경중을 비교하여 볼 필요도 없이 범죄실행 종료시의 법이라고 할 수 있는 신법을 적용하여 포괄일죄로 처단하여야 한다[대판 1998.2.24. 97도183]. [대판 2009.9.10. 2009도5075]. [21 법원9급, 20 국가9급, 19 국가9급, 18 법원9급, 18 국가9급, 18 경찰승진, 18 경찰채용, 17 경찰승진]*

   판례해설 사전선거운동을 금지한 국회의원선거법이 개정되어 벌금형의 상한이 150만원에서 300만원으로 중하게 변경되었고 피고인이 동법에 위배되는 행위를 동법 개정 전후에 걸쳐 수차례 반복하여 동법 위반의 포괄일죄로 공소제기된 사건이다. 대법원은 신법을 적용하여 포괄일죄로 처단하여야 한다고 판시하였다.

   비교판례 일반적으로 계속범의 경우 실행행위가 종료되는 시점에서의 법률이 적용되어야 할 것이나, 법률이 개정되면서 그 부칙에서 '개정된 법 시행 전의 행위에 대한 벌칙의 적용에 있어서는 종전의 규정에 의한다'는 경과규정을 두고 있는 경우 개정된 법이 시행되기 전의 행위에 대해서는 개정 전의 법을, 그 이후의 행위에 대해서는 개정된 법을 각각 적용하여야 한다[대판 2001.9.25. 2001도3990].

2. (신법의 적용요건이 강화된 경우) 상습으로 사기의 범죄행위를 되풀이 한 경우에 특정경제범죄 가중처벌 등에 관한 법률 시행 이후의 범행으로 인하여 취득한 재물의 가액이 위 법률 제3조 제1항 제3호의 구성요건을 충족하는 때(편취액이 1억 이상인 경우)는 그중 법정형이 중한 위 특정경제범죄 가중처벌 등에 관한 법률 위반의 죄에 나머지 행위를 포괄시켜 특정경제범죄 가중처벌 등에 관한 법률 위반의 죄로 처단하여야 한다[대판(전) 1986.7.22. 86도1012].

   비교판례 포괄일죄에 관한 기존 처벌법규에 대하여 그 표현이나 형량과 관련한 개정을 하는 경우가 아니라 애초에 죄가 되지 아니하던 행위를 구성요건의 신설로 포괄일죄의 처벌대상으로 삼는 경우에는 신설된 포괄일죄 처벌법규가 시행되기 이전의 행위에 대하여는 신설된 법규를 적용하여 처벌할 수 없다(형법 제1조 제1항). 이는 신설된 처벌법규가 상습범을 처벌하는 구성요건인 경우에도 마찬가지라고 할 것이므로, 구성요건이 신설된 상습강제추행죄가 시행되기 이전의 범행은 상습강제추행죄로는 처벌할 수 없고 행위시법에 기초하여 강제추행죄로 처벌할 수 있을 뿐이며, 이 경우 그 소추요건도 상습강제추행죄에 관한 것이 아니라 강제추행죄에 관한 것이 구비되어야 한다[대판 2016.1.28. 2015도15669].

   판례해설 피고인이 신설된 구성요건인 상습강제추행죄 규정이 시행되기 이전에 ⓐ, ⓑ의 강제추행을 범하고, 시행 이후에 ⓒ, ⓓ, ⓔ의 강제추행을 범하였는데, 검사가 ⓐ, ⓑ, ⓒ, ⓓ, ⓔ를 포괄하여 상습강제추행죄로 기소한 경우, 법원은 ⓒ, ⓓ, ⓔ의 범행만을 상습강제추행죄로 처벌할 수 있고, ⓐ, ⓑ의 범행은 상습강제추행죄로 처벌할 수 없고 강제추행죄로만 처벌할 수 있으며 ⓐ, ⓑ의 범행에 대하여 소추조건의 구비여부를 판단하여야 한다는 취지의 판례이다. (현행법상 강제추행죄는 친고죄가 아니지만 개정 전의 형법상 강제추행죄는 친고죄였음) 더 나아가 만약에 ⓐ, ⓑ의 범행에 대하여 피해자의 고소가 없으면 공소기각판결을 선고하여야 한다는 취지의 판례이다. [20 국가7급, 20 경간부, 19 변호사, 18 국가9급, 18 경간부, 17 경찰채용]*

   비교판례 '구 군형법' 제94조는 '정치관여'라는 표제 아래 "정치단체에 가입하거나 연설, 문서 또는 그 밖의 방법으로 정치적 의견을 공표하거나 그 밖의 정치운동을 한 자는 2년 이하의 금고에 처한다."라고 규정하였다. 개정 군형법은 제94조는 '정치관여'라는 표제 아래 제1항에서는 처벌대상이 되는 정치관여 행위를 제1 내지 제6의 각호로 열거하면서 각호의 어느 하나에 해당하는 행위를 한 사람은 5년 이하의 징역과 5년 이하의 자격정지에 처한다고 규정하고, 제2항에서는 "제1항에 규정된 죄에 대한 공소시효의 기간은 군사법원법 제291조 제1항에도 불구하고 10년으로 한다."라고 규정하고 있다. 위와 같은 법률 개정 전후의 문언에 따르면, 군형법상 정치관여죄는 2014.1.14. 자 법률 개정을 통해 구성요건이 세분화되고 법정형이 높아짐으로써 그 실질이 달라졌다고 평가할 수 있고, 공소시효 기간에 관한 특례 규정인 개정 군형법 제94조 제2항은 개정 군형법상의 정치관여죄에 대하여 규정하고 있음이 분명하다. 따라서 개정 군형법 제94조 제2항에 따른 10년의 공소시효 기간은 개정 군형법 시행 후에 행해진 정치관여 범죄에만 적용된다[대판 2021.9.9. 2019도5371].

판례 | 특가법의 변경과 벌금액의 산정기준

개정·시행된 특정범죄 가중처벌 등에 관한 법률은 제2조 제2항에서 "형법 제129조, 제130조 또는 제132조에 규정된 죄를 범한 자는 그 죄에 대하여 정한 형에 수뢰액의 2배 이상 5배 이하의 벌금을 병과한다."라고 규정하여 뇌물수수죄 등에 대하여 종전에 없던 벌금형을 필요적으로 병과하도록 하고 있는데, 형벌법규 불소급 원칙과 형법 제1조 제1항의 규정에 비추어 보면, 포괄일죄인 뇌물수수 범행이 위 신설 규정의 시행 전후에 걸쳐 행하여진 경우 특가법 제2조 제2항에 규정된 벌금형 산정기준이 되는 수뢰액은 위 규정이 신설된 이후에 수수한 금액으로 한정된다고 보아야 한다[대판 2011.6.10. 2011도4260]. [19 법원행시, 19 경간부]*

3. 행위시법주의의 예외

> **제1조(범죄의 성립과 처벌)** ② 범죄 후 법률이 변경되어 그 행위가 범죄를 구성하지 아니하게 되거나 형이 구법보다 가벼워진 경우에는 신법에 따른다.
> ③ 재판이 확정된 후 법률이 변경되어 그 행위가 범죄를 구성하지 아니하게 된 경우에는 형의 집행을 면제한다. [19 경찰채용, 18 국가7급, 16 법원행시]*
> **형사소송법 제326조(면소의 판결)** 다음 경우에는 판결로써 면소의 선고를 하여야 한다.
> 4. 범죄 후의 법령개폐로 형이 폐지되었을 때

(1) 경한 법 소급의 원칙

유리한 신법을 소급적용하는 것은 죄형법정주의에 반하지 않으며 형법은 유리한 신법의 소급적용을 인정하고 있다(제1조 제2항).

(2) 제1조 제2항의 적용요건과 효과

① 범죄 후 법률의 변경
  ㉮ ⅰ) '범죄 후'는 실행행위 종료 후를 의미한다. ⅱ) '범죄 후'는 제1조 제3항과의 관계상 실행행위의 종료 후 재판확정 전을 의미한다.
  ㉯ '법률'은 총체적 법률상태를 의미하므로 ⅰ) 형식적 의미의 법률뿐만 아니라 명령·규칙 등을 포함하며, ⅱ) 형법뿐만 아니라 형법에 영향을 미칠 수 있는 다른 법률(例 민법12)이나 행정법13) 등)도 포함된다.
  ㉰ '변경'이란 법률의 개정과 폐지 및 대체입법을 말한다.

> **📖판례 | 형법 제1조 제2항의 범죄 후 "법률의 변경"에 해당하지 않는 경우**
>
> 1. 누설한 군사기밀사항이 누설행위 이후 평문으로 저하되었거나 군사기밀이 해제되었다고 하더라도 이를 법률의 변경으로 볼 수 없으므로 재판시법 적용 여부가 문제될 여지는 없다[대판 2000.1.28. 99도4022]. [17 국가9급]*
>   **판례해설** 평문으로의 저하 또는 기밀해제는 기밀연한 경과로 인한 것일 뿐 입법작용으로 법률의 내용이 달라진 경우가 아니므로 법률의 변경이라고 할 수 없다는 취지의 판례이다. 결국 제1조 제1항의 행위시법이 적용된다.
> 2. 주택건설촉진법이 개정되어(시행일은 1993.3.1.) 개정 전의 법률이 처벌대상으로 삼았던 "사위 기타 부정한 방법으로 위법에 의하여 건설, 공급되는 주택을 공급받거나 공급받게 하는" 행위를 처벌대상에서 제외하였으나, 위 개정법률은 시행되기 전인 1993.2.24. 다시 개정되어(시행일은 1993.3.1.) 위 행위를 다시 처벌대상에 포함시켰으므로 피고인이 부정한 방법으로 주택을 공급받았다는 범죄사실은 범죄 후 법령이 변경된 경우에 해당된다고 볼 수 없다[대판 1994.1.14. 93도2579].14)

② 범죄를 구성하지 아니하는 경우
  ㉮ 형법각칙과 특별형법의 구성요건의 폐지는 물론 형법총칙의 변경(例 위법성조각사유·책임조각사유의 확대, 형사미성년자의 범위의 확대 등)에 의한 가벌성의 폐지도 포함된다.
  ㉯ 법적 효과: 신법을 적용하여 면소판결을 하여야 한다.
③ 형이 구법보다 경하게 된 경우
  ㉮ 형의 경중은 형법 제50조15)에 의하여 결정한다.
  ㉯ 비교형은 원칙적으로 법정형이며, 법정형에는 주형뿐만 아니라 부가형도 포함된다.
  ㉰ 법적 효과: 신법의 형이 구법보다 경한 경우 신법을 적용하여야 한다.

---

12) 존속살해죄의 직계존속·비속의 범위에 영향을 미치는 민법의 변경도 '법률'의 변경에 해당한다.
13) 수뢰죄의 주체인 공무원의 범위를 정하는 행정법규의 변경도 '법률'의 변경에 해당한다.
14) 시행되지 않는 법은 비교대상에서 제외된다[대판 1994.1.14. 93도2579 참조].
15) 제50조 (형의 경중) ① 형의 경중은 제41조 각 호의 순서에 따른다.

⚖️ 판례 | 세율의 변경(형의 변경 ×)

무단반출한 물품에 대한 세율이 범행 당시는 100퍼센트였으나 그 후 관세법의 개정으로 40퍼센트로 변경되었다고 하더라도 조세채권의 성립요건이 충족된 후에 조세법이 개정되더라도 그 구 조세법의 규정에 의하여 발생한 조세채권의 내용에는 아무 영향이 없고, 세율의 변경은 형의 변경이라고 할 수도 없어 포탈세액을 종전의 세율에 따라 산정한 것은 적법하다[대판 1984.12.26.
83도1988].

판례해설 세율의 변경은 '형'의 변경이 아니므로 제1조 제2항을 적용할 수 없다는 취지의 판례이다.

⚖️ 판례 | 형의 경중의 비교방법

1. 형의 경중의 비교는 원칙적으로 법정형을 표준으로 할 것이고 처단형이나 선고형에 의할 것이 아니며,[16) 법정형의 경중을 비교함에 있어서 법정형 중 병과형 또는 선택형이 있을 때에는 이 중 가장 중한 형을 기준으로 하여 다른 형과 경중을 정하는 것이 원칙이다[대판 1992.11.13.
92도2194]. [19 국가9급, 18 경찰승진]*

2. ⅰ) 행위시법인 구 변호사법 제54조에 규정된 형은 징역 3년 이하이고 재판시법인 현행 변호사법 제78조에 규정된 형은 5년 이하의 징역 또는 1천만원 이하의 벌금으로서 신법에서는 벌금형의 선택이 가능하다 하더라도 행위시법인 구법의 형이 더 경하다[대판 1983.11.8.
83도2499].

   ⅱ) 사문서위조 및 동행사죄에 관하여 구 형법의 법정형이 '5년 이하의 징역'이었던 것이 개정 형법상 '5년 이하의 징역 또는 1천만원 이하의 벌금'이 되어 벌금형이 추가되었으므로 형이 경하게 변경된 것이다[대판 1996.7.26.
96도1158]. [19 경간부]*

   ⅲ) 개정 전의 '3년 이하의 징역 또는 200만원 이상 1천만원 이하의 벌금'이 '3년 이하의 징역 또는 1천만원 이하의 벌금'으로 변경된 경우에는 형법 제1조 제2항에 따라 개정된 법률에 의하여 처벌하여야 할 것이다[대판 1996.2.13.
95도2843].

3. 동일한 형종·형기인 경우에도 신법에 경한 선택형이 있는 경우에는 신법이 경하다[대판 1954.10.16.
4287형상43].

4. 신구법 소정형의 경중을 비교함에는 각 소정의 가중 또는 감경을 한 후에 비교한다[대판 1961.12.28.
4293형상664].

⚖️ 판례 | 법률의 변경과 적용법규

1. (형이 중하게 변경되거나 형의 변경이 없는 경우: 행위시법 적용) 범죄 후 법률의 변경이 있더라도 형이 중하게 변경되는 경우나 형의 변경이 없는 경우에는 형법 제1조 제1항에 따라 행위시법을 적용하여야 한다[대판 2010.6.10.
2010도4416]. [17 국가9급]*

2. (수차 법령의 변경이 있는 경우: 가장 경한 법 적용) 범죄행위 시와 재판 시 사이에 여러 차례 법령이 개정되어 형의 변경이 있는 경우에는 이 점에 관한 당사자의 주장이 없더라도 형법 제1조 제2항에 의하여 직권으로 그 전부의 법령을 비교하여 그중 가장 형이 가벼운 법령을 적용하여야 한다[대판 2012.9.13.
2012도7760], [대판 1968.12.17.
68도1324]. [22 경간부, 19 법원행시, 19 경찰채용, 18 법원9급, 18 경간부, 16 경찰승진]*

3. (반의사불벌죄로 개정: 개정법 적용) 근로기준법 제112조 제1항, 제36조 위반죄가 반의사불벌죄로 개정되었고, 부칙에는 그 적용과 관련한 경과규정이 없지만 개정법률이 피고인에게 더 유리할 것이므로 형법 제1조 제2항에 의하여 피고인에 대하여는 개정법률이 적용되어야 할 것이다[대판 2005.10.28.
2005도4462]. [19 국가9급]*

4. (양벌규정에서 면책규정 신설: 개정법 적용) 구 정보통신망 이용촉진 및 정보보호 등에 관한 법률의 양벌규정이 개정되어 법인에 대한 면책규정이 추가된 것은 형법 제1조 제2항에서 정한 '범죄 후 법률의 변경에 의하여 그 행위가 범죄를 구성하지 아니하거나 형이 구법보다 경한 경우'에 해당하므로, 형법 제1조 제2항에 따라 개정된 법률의 양벌규정이 적용되어야 할 것이다[대판 2012.5.9.
2011도11264]. [18 국가7급, 17 경찰채용]*

---

16) 따라서 신·구법의 법정형을 기준으로 형의 경중을 비교하여 신법이 경한 경우라면 경합범가중한 형이 구법보다 오히려 신법이 중하게 되는 결과가 된다고 하더라도 신법이 적용된다.

⚖️ 판례 | 면소판결이 아니라 무죄판결을 하여야 하는 경우

1. **(적용법조가 위헌결정된 경우)** 위헌결정으로 인하여 형벌에 관한 법률 또는 법률조항이 소급하여 그 효력을 상실한 경우에는 당해 법조를 적용하여 기소한 피고사건이 <u>범죄로 되지 아니한 때에 해당한다고 할 것</u>이고, 범죄 후의 법령의 개폐로 형이 폐지되었을 때에 해당한다고는 할 수 없다[대판 1992.5.8. 91도2825]. ※ 무죄판결을 하여야 하며 면소판결을 할 수 없다는 취지이다. [20 변호사, 20 법원9급, 19 국가7급, 19 경찰승진, 19 경찰채용, 18 국가9급, 18 경찰채용, 17 변호사, 16 변호사, 16 법원9급]*

   동지판례 특정범죄 가중처벌 등에 관한 법률 제5조의4 제1항(상습절도)이나 제4항(상습장물죄)의 규정이 헌법에 위반된다'는 결정을 선고함으로써 위 법률조항 부분이 소급하여 효력을 상실하였으므로 피고사건은 범죄로 되지 아니한 때에 해당한다고 한 사례[대판 2015.3.12. 2015도921]. [대판 2015.3.12. 2014도12101].

2. **(폐지된 법령이 헌법에 위반되는 경우)** 재심이 개시된 사건에서 형벌에 관한 법령이 재심판결 당시 폐지되었다 하더라도 그 폐지가 당초부터 헌법에 위반되어 효력이 없는 법령에 대한 것이었다면 형사소송법 제325조 전단이 규정하는 '범죄로 되지 아니한 때'의 무죄사유에 해당하는 것이지, 형사소송법 제326조 제4호 소정의 면소사유에 해당한다고 할 수 없다[대판(전) 2013.5.16. 2011도2631]. [16 국가9급]*

3. **(헌법불합치결정된 형벌조항이 개선시한까지 개선입법이 이루어지지 않은 경우)** 헌법재판소의 헌법불합치결정은 헌법과 헌법재판소법이 규정하고 있지 않은 변형된 형태이지만 법률조항에 대한 위헌결정에 해당하므로, … 피고인이 야간옥외집회를 주최하였다는 취지의 공소사실에 대하여 원심이 집회 및 시위에 관한 법률 제23조 제1호, 제10조 본문을 적용하여 유죄를 인정하였는데, 원심판결 선고 후 헌법재판소가 위 법률조항에 대해 헌법불합치결정을 선고하면서 개정시한을 정하여 입법개선을 촉구하였는데도 위 시한까지 법률 개정이 이루어지지 않았다면, <u>위 법률조항은 소급하여 효력을 상실하므로 무죄를 선고하여야 한다</u>[대판(전) 2011.6.23. 2008도7562]. [대판 2011.8.25. 2008도10960]. [20 국가7급, 20 국가9급, 20 경찰승진, 18 법원9급]*

   비교판례 통신비밀보호법 제6조 제7항 단서 중 전기통신에 관한 '통신제한조치기간의 연장' 부분에 대한 헌법재판소 헌법불합치결정의 취지 및 위헌성이 제거된 개선입법이 이루어지지 아니한 채 헌법불합치결정에서 정한 개정시한을 넘겨 위 규정이 효력을 잃은 경우, 그 효과는 장래에 향하여만 미칠 뿐이며 그 이전에 위 법률조항에 따라 이루어진 통신제한조치기간 연장의 적법성이나 효력에는 영향을 미치지 아니한다고 볼 것이다[대판 2012.10.11. 2012도7455].

4. 피고인이 행정청으로부터 자동차 운전면허취소처분을 받았으나 나중에 행정처분 자체가 행정쟁송절차에 의하여 취소되었다면, 위 운전면허취소처분은 그 처분시에 소급하여 효력을 잃게 되고, 피고인은 위 운전면허취소처분에 복종할 의무가 원래부터 없었음이 확정되었다고 봄이 타당할 것이다[대판 1999.2.5. 98도4239].

⚖️ 판례 | 범죄 후 법률의 개정으로 형이 경하게 된 경우의 소송법적 효과

범죄 후 법률개정에 의하여 법정형이 가벼워진 경우에는 형법 제1조에 의하여 당해 범죄사실에 적용될 가벼운 법정형(신법의 법정형)이 공소시효기간의 기준으로 된다[대판 1987.12.12. 87도84]. [20 국가9급, 19 법원9급, 17 국가9급, 16 경찰승진]*

(3) 부칙(경과규정)에 의한 형법 제1조 제2항의 배제가능성(인정)

⚖️ 판례 | 제1조 제2항과 부칙과의 관계(제8조에 의해 부칙이 우선)

<u>형법 제1조 제2항 및 제8조[17]</u>에 의하면 범죄 후 법률의 변경에 의하여 형이 구법보다 경한 때에는 신법에 의한다고 규정하고 있으나 신법에 경과규정을 두어 이러한 신법의 적용을 배제하는 것도 허용되는 것으로서, <u>형을 종전보다 가볍게 형벌법규를 개정하면서 그 부칙으로 개정된 법의 시행 전의 범죄에 대하여 종전의 형벌법규를 적용하도록 규정한다 하여 헌법상의 형벌불소급의 원칙이나 신법우선주의에 반한다고 할 수 없다</u>[대결 1999.4.13. 99초76]. [대판 2011.7.14. 2011도1303]. [22 경간부, 20 법원행시, 20 국가9급, 20 경찰승진, 17 국가9급, 16 경찰승진]*

---

17) 제8조 (총칙의 적용) 본법 총칙은 타법령에 정한 죄에 적용한다. 단, 그 법령에 특별한 규정이 있는 때에는 예외로 한다.

(4) 제1조 제3항의 적용요건과 효과

① 재판확정 후 법률의 변경에 의하여 그 행위가 범죄를 구성하지 아니하는 때에는 형의 집행을 면제한다.

② 재판확정 후 법률의 변경에 의하여 형이 구법보다 경하게 된 경우에 대하여는 제1조 제3항이 규정하고 있지 아니하므로 구법에 따라 확정된 형을 그대로 집행한다.

🔖 참고 형법 제1조 제2항과 제3항의 적용요건과 효과의 비교

구분	범죄 후 재판확정 전의 법률의 변경으로 …	재판확정 후 법률의 변경으로 …
비범죄화된 경우	제1조 제2항 적용: 면소판결(추급효부정설)	제1조 제3항 적용: 형집행 면제
경한 형으로 변경된 경우	제1조 제2항 적용: 경한 신법 적용(추급효부정설)	제1조 제3항 적용 안 됨: 구법에 의하여 확정된 형을 그대로 집행

4. 한시법

(1) 의의[18]

① 협의설(다수설): 형벌법규에 유효기간이 명시되어 있는 경우를 한시법이라고 보는 견해이다. 다만, 유효기간은 형벌법규의 폐지 이전에 정하여지면 족하다고 본다.

② 광의설: 협의의 한시법 이외에 법령의 내용이나 목적이 일시적 사정에 대처하기 위한 것이어서 유효기간이 사실상 제한되지 않을 수 없는 임시법도 한시법에 포함시키는 견해이다.

(2) 한시법의 추급효 인정 여부

① 쟁점 및 논의의 범위

㉮ 한시법이 실효된 뒤 그 유효기간 중의 위반행위에 대하여 한시법을 추급하여 처벌할 수 있는가의 문제이다.

㉯ 형법총칙이나 한시법에 추급효를 인정하는 명문규정이 있으면 그에 따라 해결하면 족하므로 그러한 명문규정이 없는 경우에만 문제된다.

⚖️ 판례 | 한시법의 유효기간 경과 후에도 유효기간 중의 위반행위를 처벌할 수 있는 부칙을 둔 경우

부동산소유권 이전등기 등에 관한 특별조치법이 1985.1.1.부터 실효되었으나 위 법의 부칙 규정에 의하면 위 법이 1984.12.31.까지 효력을 가진다고 규정하는 한편 위 법 시행중에 이 사건과 같은 제13조의 죄를 범한 자에 대하여는 위 법의 유효기간 경과 후에도 위 법을 적용한다고 규정하고 있는 바이므로 원심이 이 사건 부동산소유권이전등기 등에 관한 특별조치법 위반의 점에 관하여 위 법 제13조를 적용하여 피고인을 유죄로 인정한 조치는 정당하고 위법이 있다 할 수 없다 [대판 1988.3.22. 87도2678]. ※ 위 특별조치법은 유효기간이 법정되어 있으므로 협의의 한시법에 해당한다.

② 학설과 판례

학설	논거
추급효인정설 (유죄판결)	한시법의 추급효를 부정하면 유효기간의 종기가 가까워짐에 따라 위반행위가 속출하게 될 가능성이 높아지나 이를 처벌할 수 없게 되어 법의 실효성을 유지할 수 없다.

---

18) 한시법의 범위에 관한 논의는 추급효를 인정할 경우에는 실익이 있으나(가벌성의 범위가 달라진다) 추급효를 인정하지 않을 때에는 한시법의 개념을 어떻게 파악하든 문제가 되지 아니한다(모두 면소판결을 하게 된다)[배종대. 95면].

추급효부정설 (면소판결) (다수설)	유효기간의 경과로 인한 한시법의 폐지도 형법 제1조 제2항의 '법률의 변경'에 해당하므로 제1조 제2항의 법적 효과(면소판결)를 배제할 수 없다.
판례	동기설

⚖ 판례 | 형법 제1조 제2항의 적용범위(동기설)

형법 제1조 제2항의 규정은 형벌법령 제정의 이유가 된 법률이념의 변천에 따라 과거에 범죄로 보던 행위에 대하여 그 평가가 달라져 이를 범죄로 인정하고 처벌한 그 자체가 부당하였다거나 또는 과형이 과중하였다는 반성적 고려에서 법령을 개폐하였을 경우에 적용하여야 할 것이고, 이와 같은 법률이념의 변경에 의한 것이 아닌 다른 사정의 변천에 따라 그때 그때의 특수한 필요에 대처하기 위하여 법령을 개폐하는 경우에는 이미 그 전에 성립한 위법행위를 현재에 관찰하여도 행위 당시의 행위로서는 가벌성이 있는 것이어서 그 법령이 개폐되었다 하더라도 그에 대한 형이 폐지된 것이라고는 할 수 없다[대판 2003.10.10. 2003도2770]. [22 경간부, 20 법원행시, 19 변호사, 18 경찰채용, 16 국가7급, 16 변호사]*

(3) 백지형법

① 의의

㉮ 개념: ⅰ) 백지형법이란 형벌의 전제가 되는 구성요건의 전부 또는 일부를 다른 법률이나 명령 또는 고시에 위임하고 있는 형벌법규를 말한다(예 중립명령위반죄,[19] 각종 경제통제법령 등). ⅱ) 백지형법은 하나의 조문에 구성요건과 형벌을 모두 규정하고 있는 완전형법(예 살인죄)에 대칭되는 개념이다. ⅲ) 백지형법의 공백을 보충하는 규범을 보충규범(충전규범)이라고 한다(예 중립명령, 각종 경제통제법령에서의 고시).

㉯ 한시법과의 관계: 백지형법은 한시법인 경우가 많으나 모두 한시법인 것으로 단정할 수 없다.[20]

⚖ 판례 | 시행령이 제정되지 않은 경우 범죄성립의 가능성(가능)

1. 골재채취법 제22조 제1항이 시행령에 위임한 내용은 허가의 절차·방법 등에 관한 것에 불과하고 범죄구성요건의 일부를 위임한 것이 아니므로, 골재채취법 시행 이후 피고인들이 허가 없이 골재를 채취하였다면 비록 행위 당시 시행령이 제정되지 아니하였다고 하더라도 골재채취법위반죄에 해당한다[대판 1994.11.8. 94도2340].

2. 당해 선거의 시행을 위한 시행령이나 조례가 아직 제정되지 아니한 경우에도 사전선거운동의 범행이 구성될 수 있다[대판 1994.10.28. 93도1166].

② 보충규범의 개폐와 추급효 인정 여부: 판례는 동기설을 적용하여 판단한다.

⚖ 판례 | 법률이념의 변경으로 본 경우(형법 제1조 제2항 적용 – 추급효 부정, 면소판결)

1. 건축법 시행령의 개정으로 소규모 종교집회장에 대하여 용도변경의 허가를 받지 않아도 되는 것으로 변경된 경우 [대판 1992.11.17. 92도2106].

2. 구 청소년보호법의 개정으로 청소년의 숙박업소(여관) 출입허용행위가 처벌대상에서 제외된 경우[대판 2000.12.8. 2000도2626]. [17 경간부, 16 경간부]*

3. 축산물가공처리법 시행규칙 개정으로 판매목적 진열시 사전검사대상에서 '개고기'(견육)를 제외한 경우[대판 1979.2.27. 78도1690].

4. 공직선거법의 개정으로 군의회의원에 출마한 자의 학력허위공포에 대한 처벌이 완화된 경우[대판 1996.2.13. 95도2843].

---

19) 제112조 (중립명령위반) 외국간의 교전에 있어서 중립에 관한 명령에 위반한 자는 3년 이하의 금고 또는 500만원 이하의 벌금에 처한다.
20) 학설에 따라 한시법의 인정범위가 달라질 수 있기 때문이다.

5. 특정외래품 판매금지법의 변경으로 미제 깡통맥주 등이 판매금지대상인 득징외래품지정에서 제외된 경우[대판 1974.2.24. 74도2318].

6. 자동차관리법 시행규칙이 개정되면서 폐차시 원동기를 압축·파쇄 또는 절단하도록 한 규정이 삭제된 경우[대판 2003.10.10. 2003도2770]. [16 경간부]*

7. 구 의료법이 약효에 관한 광고를 허용하고 그에 대한 벌칙조항을 삭제하면서 부칙에 그 시행 전의 약효에 관한 광고행위에 대한 벌칙의 적용에 관하여 아무런 경과규정을 두지 않은 것은 약효에 대한 광고행위까지 처벌대상으로 삼은 종전의 조치가 부당하다는 반성적 고려에 의한 것이어서, 범죄 후 법률의 변경에 의하여 그 행위가 범죄를 구성하지 아니하는 경우에 해당하여 형법 제1조 제2항에 따라 신법을 적용하여야 한다[대판 2009.2.26. 2006도9311]. [17 경간부]*

8. 계량법 시행령의 개정에 의하여 화학용 부피계에 대하여는 검정제도를 폐지한 경우[대판 1983.2.8. 81도165].

9. 재산명시절차에서 정당한 사유 없이 명시기일에 출석하지 아니한 자에 대하여 형벌 대신 감치에 처하도록 관계법령이 개정된 경우[대판 2002.9.24. 2002도4300]. [17 경간부]*

10. 외국환관리법의 개정으로 외화불법밀반출의 처벌이 완화된 경우[대판 1992.11.13. 92도2194].

10-1. 구 증권거래법의 개정으로 협회등록법인(장외등록법인)이 아닌 단순한 등록법인의 미공개 중요정보를 이용한 내부자거래가 처벌대상에서 제외된 경우, 즉 증권거래법 개정으로 범죄주체가 '상장법인 또는 등록법인의 업무 등과 관련하여 중요한 정보를 직무와 관련하여 알게 된 자'에서 '상장법인 또는 협회등록법인의 업무 등과 관련하여 중요한 정보를 직무와 관련하여 알게 된 자'로 변경된 경우[대판 1999.6.11. 98도3097]. [16 경간부]*

11. 형법 제37조 후단의 '판결이 확정된 죄'가 '금고 이상의 형에 처한 판결이 확정된 죄'로 개정된 경우[대판 2004.6.25. 2003도7124]. [17 경간부]*

11-1. 구 군형법(2009.11.2. 법률 제9820호로 개정되기 전의 것) 제79조(근무지 무단이탈등죄)가 개정되면서 벌금형이 법정형으로 추가되었는 바, 그 취지는 무단이탈의 형태와 동기가 다양함에도 불구하고 죄질이 경미한 무단이탈에 대하여도 반드시 징역형 내지 금고형으로 처벌하도록 한 종전의 조치가 과중하다는 데에서 나온 반성적 조치라고 보아야 할 것이어서, 이는 형법 제1조 제2항의 '범죄 후 법률의 변경에 의하여 형이 구법보다 경한 때'에 해당한다[대판 2010.3.11. 2009도12930].

12. 형법(2013.4.5. 법률 제11731호로 개정된 것) 제288조 제1항은 "추행, 간음, 결혼 또는 영리의 목적으로 사람을 약취 또는 유인한 사람은 1년 이상 10년 이하의 징역에 처한다."고 규정하여 추행 목적의 유인죄에 대한 법정형이 경하게 변경된 것[대판 2013.7.11. 2013도4862].

13. 유사기관 설치금지를 규정한 구 공직선거법 제89조 제1항이 개정되어 '후보자 또는 예비후보자의 선거사무소에 설치되는 각 1개의 선거대책기구'가 처벌 대상에서 제외된 것[대판 2013.2.28. 2012도14810].

14. 후원회지정권자가 후원인으로부터 직접 정치자금을 받아 단기간 내에 후원회 회계책임자에게 전달한 경우에도 처벌하도록 하였던 구 정치자금법이 개정되어 이를 처벌하지 않도록 하는 규정이 신설된 것[대판 2012.12.27. 2012도8421].

15. 구 음반·비디오물 및 게임물에 관한 법률 제48조를 대체한 영화 및 비디오물의 진흥에 관한 법률 제91조가 영상물등급위원회 임직원이 공무원으로 의제되는 형법 등의 조문을 뇌물 관련 범죄로 축소한 경우[대판 2009.9.24. 2009도6443].

16. 개정된 정치자금법이 전년도 이월금을 연간 모금한도액에서 제외하는 것으로 규정한 것[대판 2010.7.15. 2007도7523]. [17 경찰채용]*

17. 범죄 후에 '위계간음죄(혼인빙자간음죄)'를 규정한 구 형법 제304조가 삭제된 것은 범죄 후의 법령개폐로 범죄를 구성하지 않게 되어 형이 폐지되었을 때에 해당한다[대판 2014.4.24. 2012도14253]. [20 국가9급]*

18. ⅰ) 구 형법 제324조(강요죄)가 개정되어 벌금형이 법정형으로 추가된 것(대판 2016.3.24. 2016도836), ⅱ) 구 폭력행위 등 처벌에 관한 법률 제2조 제1항(상습폭력범죄)의 삭제한 것(대판 2016.2.18. 2015도18636), ⅲ) 구 폭력행위 등 처벌에 관한 법률 제3조 제1항(흉기등 휴대 상해)(3년 이상의 유기징역)을 삭제하는 대신 같은 구성요건을 형법 제258조의2(특수상해)(년 이상 10년 이하의 징역) 제1항에 신설하면서 법정형을 구 폭력행위 등 처벌에 관한 법률 제3조 제1항보다 낮게 규정한 것[대판 2016.1.28. 2015도18280]* [19 국가9급, 17 경찰채용]* 구 특정범죄 가중처벌 등에 관한 법률 제5조의4 제5항의 개정 및 같은 조 제1항(상습절도)의 삭제한 것[대판 2016.2.18. 2015도17848] [19 국가7급, 17 경찰승진]*은 종전의 형벌규정이 과중하다는 데에서 나온 반성적 조치라고 보아야 할 것이므로, 이는 형법 제1조 제2항의 '범죄 후 법률의 변경에 의하여 형이 구법보다 경한 때'에 해당한다.

19. 구 교원노조법 개정은 법령상 해직 교원의 교원 노동조합 가입을 허용하지 아니한 종전의 조치가 부당하였다는 법률이념의 변천에 따른 것으로서, 형법 제1조 제2항의 '범죄 후 법령의 변경에 의하여 그 행위가 범죄를 구성하지 아니한 때'에 해당하므로 면소판결을 하여야 한다[대판 2021.12.30. 2017도15175].

🔎 판례 | 일시적 사정에 대처하기 위한 변경으로 본 경우(형법 제1조 제1항 적용 – 추급효 인정, 유죄판결)

1. 계엄령이 해제된 경우[대판 1982.10.26. 82도1816].

2. 외국환관리규정의 개정으로 인하여 거주자가 허가 등을 받지 아니하고 휴대 · 출국할 수 있는 해외여행 기본경비가 증액된 경우[대판 1996.2.23. 95도2858]. [17 경간부]*

3. 공산품품질관리법 제6조 제1항에 의한 공업진흥청의 품질검사 지정상품에 관한 고시의 변경으로 공업용밀링머신이 지정상품에서 제외된 경우[대판 1989.4.25. 88도1993].

4. 식품위생법에 근거하여 단란주점의 영업시간을 제한하고 있던 보건복지부 고시가 유효기간 만료로 실효되어 영업시간의 제한이 해제된 경우[대판 2000.6.9. 2000도764]. [18 경찰승진, 17 경간부, 16 변호사]*

    동지판례 보건복지부 고시의 변경으로 일반음식점이 영업시간제한 대상업종에서 제외된 경우[대판 1999.10.12. 99도3870].

5. 부동산중개업법상 부동산중개업자가 둘 수 있는 중개보조원의 인원수 제한규정이 폐지된 경우[대판 2000.8.18. 2000도2943]. [16 경간부]*

6. 도로교통법에 의한 운전자 준수사항 고시를 개정 고시하면서 운전자의 부당요금 징수를 운전자 준수사항의 예에서 삭제한 경우[대판 1987.3.10. 86도42].

7. 도로교통법상 지정차로 제도가 폐지된 경우[대판 1999.11.12. 99도3567].

8. 사용이 금지되었던 식품첨가물이 '건강기능식품에 관한 법률' 및 이에 의하여 고시된 '건강기능식품의 기준 및 규격'등에 의하여 그 제한적 사용이 가능하도록 법률이 변경된 경우[대판 2005.12.23. 2005도747].

9. 부동산소유권이전등기 등에 관한 특별조치법이 유효기간 만료로 실효된 경우[대판 1988.3.22. 87도2678].

10. 외국환거래규정의 개정으로 인하여 거주자가 수출대금의 영수를 위하여 외국통화표시수표를 휴대수입 이외의 방법으로 수입하는 경우에 한국은행총재의 허가를 받을 필요가 없게 된 경우[대판 2005.1.14. 2004도5890].

11. 개정된 개발제한구역의 지정 및 관리에 관한 특별조치법이 종전에 허가를 받거나 신고를 하여야만 할 수 있던 행위의 일부를 허가나 신고 없이 할 수 있도록 법령이 개정되었다 하더라도 이는 법률 이념의 변천으로 과거에 범죄로서 처벌하던 일부 행위에 대한 처벌 자체가 부당하다는 반성적 고려에서 비롯된 것이라기보다는 사정의 변천에 따른 규제 범위의 합리적 조정의 필요에 따른 것이라고 보이므로, 위 신설 조항들이 시행되기 전에 이미 범하여진 개발제한구역 내 비닐하우스 설치행위에 대한 가벌성이 소멸하는 것은 아니다[대판 2007.9.6. 2007도4197]. [19 법원행시, 19 경간부, 17 경찰승진]*

12. 일정한 금원대여결정에 대한 법인의 신고의무를 규정한 유가증권의 발행 및 공시 등에 관한 규정 제69조 제1항 제4호 (나)목의 삭제가 법률이념의 변천으로 종래 위 규정 위반에 따른 처벌 자체가 부당하다는 반성적 고려에서 비롯된 것이라고는 볼 수 없으므로, 위 규정의 폐지 이전에 범한 위반행위에 대한 가벌성이 소멸되는 것은 아니다[대판 2010.6.24. 2007도9051].

13. '납세의무자가 정당한 사유 없이 1회계연도에 3회 이상 체납하는 경우'를 처벌하는 구 조세범 처벌법 제10조의 삭제는 경제 · 사회적 여건 변화를 반영한 정책적 조치에 따른 것으로 보일 뿐이므로, 위 규정 삭제 이전에 범한 위반행위의 가벌성이 소멸되지 않는다[대판 2011.7.14. 2011도1303]. [19 국가7급, 17 경찰채용]*

14. 구 마약류 불법거래 방지에 관한 특례법 제9조 제2항의 처벌대상이 '약물 기타 물품을 마약류로 인식하고 양도 · 양수하거나 이를 소지한 행위'에서 '약물이나 그 밖의 물품을 마약류라는 사실을 알면서도 양도 · 양수하거나 소지한 행위'로 개정되었더라도, 위 법률 개정이 종전에 마약류에 해당하지 않는 약물 기타 물품을 마약류로 인식하고 양도 · 양수하거나 소지한 행위를 형사처벌한 것이 부당하였다는 반성적 고려에서 비롯된 것으로 볼 수 없다[대판 2011.9.8. 2011도7635].

Ⅱ 장소적 적용범위

1. 의의

① 형법의 장소적 적용범위란 어떤 장소에서 발생한 범죄에 대하여 형법이 적용되는가 하는 문제를 말한다.

② 형법은 속지주의(제2조, 제4조)를 원칙으로 하면서 속인주의(제3조)와 보호주의(제5조, 제6조)를 가미하고 있다.

2. 형법의 태도

(1) 속지주의

> **제2조(국내범)** 본법은 대한민국 영역 내에서 죄를 범한 내국인과 외국인에게 적용한다. [17 법원9급]*

① 대한민국 영역: 영역은 영토·영해·영공을 포함한다. 따라서 인천항에 정박 중인 대한민국·외국의 선박이나 인천공항을 막 이륙한 대한민국·외국의 항공기 내에서 죄를 범한 내국인·외국인에 대하여는 속지주의가 적용된다.

⚖ 판례 | 대한민국의 영역인가의 여부

1. (북한: 대한민국의 영역) 헌법 제3조는 대한민국의 영토는 한반도와 그 부속도서로 한다고 규정하고 있어 <u>북한도 대한민국의 영토에 속하는 것이 분명하다</u>[대판(전) 1997.11.20. 97도2021].

2. (중국 북경시에 소재한 대한민국 영사관 내부: 중국의 영역) 중국 북경시에 소재한 대한민국 영사관 내부는 여전히 중국의 영토에 속할 뿐 이를 대한민국의 영토로서 그 영역에 해당한다고 볼 수 없다[대판 2006.9.21. 2006도5010].

3. (베를린 주재 북한이익대표부: 독일영역) 독일인이 독일 내에서 북한의 지령을 받아 베를린 주재 북한이익대표부를 방문하고 그곳에서 북한공작원을 만났다면 위 각 구성요건상 범죄지는 모두 독일이므로 이는 외국인의 국외범에 해당하여, 형법 제5조와 제6조에서 정한 요건에 해당하지 않는 이상 처벌할 수 없다[대판(전) 2008.4.17. 2004도4899].

---

② 죄를 범한(범죄지): 행위 또는 결과의 어느 것이라도 대한민국의 영역 내에서 발생하면 족하다(통설).

⚖ 판례 | 속지주의가 적용되는 경우

1. (공모지가 대한민국 영역 내인 경우 속지주의 적용됨) 형법 제2조를 적용함에 있어서 공모공동정범의 경우 공모지도 범죄지로 보아야 한다[대판 1998.11.27. 98도2734]. [20 법원행시, 18 법원행시, 18 국가9급]*

2. (대한민국 영역 내에서 금품수수행위가 있었다면 알선행위의 장소가 외국일지라도 속지주의 적용됨) 외국인이 대한민국 공무원에게 알선한다는 명목으로 <u>금품을 수수하는 행위가 대한민국 영역 내에서 이루어진 이상, 비록 금품수수의 명목이 된 알선행위를 하는 장소가 대한민국 영역 외라 하더라도 대한민국 영역 내에서 죄를 범한 것이라고 하여야 할 것이므로</u>, 형법 제2조에 의하여 대한민국의 형벌법규인 구 변호사법 제90조 제1호가 적용되어야 한다[대판 2000.4.21. 99도3403]. [20 경찰승진, 19 변호사]*

---

③ 외국인: 외국 국적자는 물론 무국적자도 포함된다.

(2) 속인주의

> **제3조(내국인의 국외범)** 본법은 대한민국 영역 외에서 죄를 범한 내국인에게 적용한다. [18 경간부, 17 법원9급]*

① 내국인: ⅰ) 대한민국 국적자를 말하며 범행당시를 기준으로 판단한다. 따라서 대한민국 국적을 가진 자가 범행 후 국적을 이탈한 경우에도 제3조는 적용되며, 대한민국 국적을 가지지 아니한 자가 범행 후 대한민국 국적을 취득한 경우에도 제3조는 적용될 수 없다. 예컨대 미국인 甲이 미국에서 프랑스인 乙에 대하여 상해죄를 범한 후 우리나라 국적을 취득한 경우라도 甲에 대하여 속인주의가 적용될 수 없으므로 우리 형법이 적용될 수 없다. ⅱ) 북한주민도 내국인에 해당한다.

② 형법은 국외에서 범한 내국인의 모든 범죄에 대하여 적용된다.

⚖️ 판례 | 속인주의가 적용되는 사례

1. **(을지로의 미국 문화원에서 죄를 범한 대한민국 국민에 대하여는 미국 문화원을 치외법권지역으로 인정하더라도 속인주의에 의하여 우리나라에 재판권이 있다)** 국제협정이나 관행에 의하여 대한민국 내에 있는 미국문화원이 치외법권지역이고 그곳을 미국영토의 연장으로 본다 하더라도 그곳에서 죄를 범한 대한민국 국민에 대하여 우리 법원에 먼저 공소가 제기되고 미국이 자국의 재판권을 주장하지 않고 있는 이상 속인주의를 함께 채택하고 있는 우리나라의 재판권은 동인들에게도 당연히 미친다 할 것이며 미국문화원측이 동인들에 대한 처벌을 바라지 않았다고 하여 그 재판권이 배제되는 것도 아니다 [대판 1986.6.24. 86도403]. [19 경간부, 18 경간부, 17 경찰승진, 16 경간부]*

2. **(필리핀국에서 도박을 한 대한민국 국민에 대하여는 속인주의에 의하여 우리 형법이 적용된다)** 형법 제3조는 형법의 적용범위에 관한 속인주의를 규정하고 있는바, 필리핀국에서 카지노의 외국인 출입이 허용되어 있다 하여도 형법 제3조에 따라 필리핀국에서 도박을 한 피고인에게 우리나라 형법이 당연히 적용된다 [대판 2001.9.25. 99도3337]. [20 법원행시]*

⚖️ 판례 | 폐광지원법이 외국 카지노에서의 도박까지 위법성을 조각시키는지 여부(부정)

형법 제3조는 "본법은 대한민국 영역 외에서 죄를 범한 내국인에게 적용한다."고 하여 형법의 적용 범위에 관한 속인주의를 규정하고 있으므로, 폐광지역 개발지원에 관한 특별법 등에 따라 카지노에 출입하는 것은 법령에 의한 행위로 위법성이 조각된다고 하더라도, 도박죄를 처벌하지 않는 외국 카지노에서의 도박이라는 사정만으로 그 위법성이 조각된다고 할 수 없다 [대판 2004.4.23. 2002도2518]. [20 법원행시, 19 경찰승진, 19 경간부, 16 법원행시, 16 경찰승진]*

---

(3) 기국주의

> **제4조(국외에 있는 내국선박 등에서 외국인이 범한 죄)** 본법은 대한민국 영역 외에 있는 대한민국의 선박 또는 항공기 내에서 죄를 범한 외국인에게 적용한다. [18 경간부]*

① **대한민국 영역 외**: 외국과 공해의 영역을 말한다. 따라서 미국의 샌프란시스코항에 정박중인 대한민국의 선박 또는 공해인 남태평양을 항해중인 대한민국의 선박 내에서 죄를 범한 외국인에게도 제4조(기국주의)에 의하여 우리 형법이 적용된다.

② **대한민국의 선박 또는 항공기**: 대한민국이 선적국 또는 등록지국인 선박 또는 항공기를 말한다. 따라서 실질적으로 대한민국의 회사가 보유한 선박일지라도 외국을 선적국으로 한 경우에는 기국주의가 적용될 수 없다.

③ **죄를 범한**: 행위 또는 결과의 어느 것이라도 대한민국의 선박 또는 항공기 내에서 발생하면 족하다(통설).

(4) 보호주의

> **제5조(외국인의 국외범)** 본법은 대한민국 영역 외에서 다음에 기재한 죄를 범한 외국인에게 적용한다. [20 국가7급, 19 경찰승진, 18 법원행시, 18 경간부, 17 법원9급, 16 법원행시, 16 경찰채용]*
> 1. 내란의 죄
> 2. 외환의 죄
> 3. 국기에 관한 죄

4. 통화에 관한 죄
5. 유가증권, 우표와 인지에 관한 죄
6. 문서에 관한 죄 중 제225조 내지 제230조(※ 공문서에 관한 죄)
7. 인장에 관한 죄 중 제238조(※ 공인장에 관한 죄)

중국인이 중국에서 경기도 지방경찰청장 명의의 운전면허증을 위조한 경우 또는 미국인이 미국에서 대한민국의 국립대학교 총장 명의의 졸업증서를 위조하여 한국대사관에 제출한 경우 제5조에 의하여 대한민국의 형법이 적용된다.

사례 연습

【제5조 보호주의】 ※ 외국인이 외국에서 외국통화를 위조한 사건

미국인 甲은 행사할 목적으로 하와이에서 액면 100달러의 미화(美貨) 100장을 위조하여 유통시켰다. 甲에 대하여 우리나라 형법의 적용가능성을 검토하라.

[해설]

甲의 행위는 외국통용외국통화위조죄 및 동행사죄에 해당하며(제207조 제3항, 제4항),[21] 따라서 제5조 제4호에 의하여 우리나라 형법이 적용된다.

> **제6조(대한민국과 대한민국국민에 대한 국외범)** 본법은 대한민국 영역 외에서 대한민국 또는 대한민국국민에 대하여 전조에 기재한 이외의 죄를 범한 외국인에게 적용한다. 단 행위지의 법률에 의하여 범죄를 구성하지 아니하거나 소추 또는 형의 집행을 면제할 경우에는 예외로 한다.

⚖ 판례 | 제6조가 적용될 수 있는 사례

1. 피고인이 뉴질랜드 시민권을 취득함으로써 우리나라 국적을 상실하였다면, 그 후 뉴질랜드에서 대한민국 국민에 대하여 사기행위를 하였더라도 외국인이 대한민국 영역 외에서 대한민국 국민에 대하여 범죄를 저지른 경우에 해당한다[대판 2008.7.24. 2008도4085].

2. 법인 소유의 자금에 대한 사실상 또는 법률상 지배·처분 권한을 가지고 있는 대표자 등은 법인에 대한 관계에서 자금의 보관자 지위에 있으므로, 법인이 특정 사업의 명목상의 주체로 특수목적법인을 설립하여 그 명의로 자금 집행 등 사업진행을 하면서도 자금의 관리·처분에 관하여는 실질적 사업주체인 법인이 의사결정권한을 행사하면서 특수목적법인 명의로 보유한 자금에 대하여 현실적 지배를 하고 있는 경우에는, 사업주체인 법인의 대표자 등이 특수목적법인의 보유 자금을 정해진 목적과 용도 외에 임의로 사용하면 위탁자인 법인에 대하여 횡령죄가 성립할 수 있다.
이는 법인의 대표자 등이 외국인인 경우에도 마찬가지이므로, 내국 법인의 대표자인 외국인이 내국 법인이 외국에 설립한 특수목적법인에 위탁해 둔 자금을 정해진 목적과 용도 외에 임의로 사용한 데 따른 횡령죄의 피해자는 당해 금전을 위탁한 내국 법인이다. 따라서 그 행위가 외국에서 이루어진 경우에도 행위지의 법률에 의하여 범죄를 구성하지 아니하거나 소추 또는 형의 집행을 면제할 경우가 아니라면 그 외국인에 대해서도 우리 형법이 적용되어(형법 제6조), 우리 법원에 재판권이 있다[대판 2017.3.22. 2016도17465]. [20 법원행시, 20 경간부, 19 경찰채용, 18 법원행시, 18 국가7급, 17 국가7급]*

---

21) **제207조(통화의 위조 등)** ③ 행사할 목적으로 외국에서 통용하는 외국의 화폐, 지폐 또는 은행권을 위조 또는 변조한 자는 10년 이하의 징역에 처한다.

(5) 세계주의

형법은 약취, 유인 및 인신매매죄 등에 관한 규정이 대한민국 영역 밖에서 죄를 범한 외국인에게도 적용될 수 있도록 세계주의 규정을 신설하였다. [22 경간부]*

사례 연습

【장소적 적용범위 종합】

미국인 甲은 미국에서 프랑스인 乙을 상해하고 우리나라로 여행을 왔다. 甲은 한국인 丙女와 만나 결혼한 후 우리나라의 국적을 취득하여 우리나라에 거주하고 있다. 甲이 乙에게 범한 상해죄에 대하여 우리 형법의 적용의 가능성을 판단하라.

[해설]

ⅰ) 대한민국 영역 외에서 범한 범죄이므로 속지주의의 적용이 불가능하다. ⅱ) 甲이 우리나라 국적을 취득했다는 점과 관련하여 속인주의의 적용가능성이 문제되나 속인주의가 적용되기 위해서는 행위 당시에 내국인이어야 하므로 사안의 경우에는 속인주의가 적용될 수 없다. ⅲ) 상해죄는 제5조 보호주의의 적용대상이 아니며, 또한 피해자가 대한민국 국민에 해당하지 않으므로 제6조 보호주의가 적용될 수도 없다. ⅳ) 상해죄는 세계주의의 적용대상 범죄가 아니다. 결국 甲의 범죄에 대하여는 우리 형법의 적용이 불가능하다.

(6) 외국에서 받은 형의 집행 효과

> **제7조(외국에서 집행된 형의 산입)** 죄를 지어 외국에서 형의 전부 또는 일부가 집행된 사람에 대해서는 그 집행된 형의 전부 또는 일부를 선고하는 형에 산입한다. [전문개정 2016.12.20]22) [22 경간부, 20 경찰승진, 19 변호사, 19 경찰채용, 18 국가7급, 18 경찰승진, 18 경찰채용, 17 법원행시, 16 경간부]*

① 제7조의 산입대상인 외국에서 집행된 형의 의미

> **⚖ 판례 | 외국에서 집행된 형의 의미**
>
> [1] (가) 형법 제7조는 "죄를 지어 외국에서 형의 전부 또는 일부가 집행된 사람에 대해서는 그 집행된 형의 전부 또는 일부를 선고하는 형에 산입한다."라고 규정하고 있다. 그런데 여기서 '외국에서 형의 전부 또는 일부가 집행된 사람'이란 문언과 취지에 비추어 '외국 법원의 유죄판결에 의하여 자유형이나 벌금형 등 형의 전부 또는 일부가 실제로 집행된 사람'을 말한다고 해석하여야 한다. 따라서 형사사건으로 외국 법원에 기소되었다가 무죄판결을 받은 사람은, 설령 그가 무죄판결을 받기까지 상당 기간 미결구금되었더라도 이를 유죄판결에 의하여 형이 실제로 집행된 것으로 볼 수는 없으므로, '외국에서 형의 전부 또는 일부가 집행된 사람'에 해당한다고 볼 수 없고, 그 미결구금 기간은 형법 제7조에 의한 산입의 대상이 될 수 없다.
> (나) 외국에서 무죄판결을 받고 석방되기까지의 미결구금은, 국내에서의 형벌권 행사가 외국에서의 형사절차와는 별개의 것인 만큼 우리나라 형벌법규에 따른 공소의 목적을 달성하기 위하여 필수불가결하게 이루어진 강제처분으로 볼 수 없고, 유죄판결을 전제로 한 것이 아니어서 해당 국가의 형사보상제도에 따라 구금 기간에 상응하는 금전적 보상을 받음으로써 구제받을 성질의 것에 불과하다. 따라서 위와 같이 외국에서 이루어진 미결구금을 형법 제57조 제1항에서 규정한 '본형에 당연히 산입되는 미결구금'과 같다고 볼 수 없다.
> [2] 甲이 필리핀에서 살인죄를 범하였다가 무죄 취지의 재판을 받고 석방된 후 국내에서 다시 기소되어 제1심에서 징역 10년을 선고받게 된 경우, 甲이 외국에서 미결 상태로 구금된 5년여의 기간에 대하여는 '외국에서 집행된 형의 산입' 규정인 형법 제7조가 적용될 수 없다고 한 사례[대판(전) 2017.8.24. 2017도5977]. [20 국가7급, 20 국가9급, 20 경찰채용, 19 법원행시, 19 경찰승진, 19 경찰채용, 18 변호사, 18 법원행시, 18 국가9급]*

② 효과: 외국에서 집행된 형은 우리 법원에 의한 형의 선고시 반드시 산입되어야 한다.

③ 일사부재리의 원칙과의 관계: 이 원칙은 국내법상의 원칙이므로 제7조가 동원칙에 반하는 것은 아니다.

---

22) 외국에서 형의 전부 또는 일부의 집행을 받은 자에 대하여 형을 감경 또는 면제할 수 있도록 규정한 개정 전의 형법 제7조에 대해 외국에서 실제로 형의 집행을 받았음에도 불구하고 우리 형법에 의한 처벌시 이를 전혀 고려하지 않는다면 신체의 자유에 대한 과도한 제한이 될 수 있으므로 어느 범위에서든 반드시 반영되어야 한다는 헌재의 결정 취지에 따라 위와 같이 개정되었다. 즉, 임의적 감면에서 필요적 산입으로 법적 효과가 변경되었다.

외국에서 형의 집행을 받은 자에 대하여 형을 선고한 것을 위법하다고 할 수 없다[대판 1988.1.19. 87도2287]. 23)

⚖ 판례 | 외국법원의 몰수선고와 추징의 가능성

국내에 밀수입하여 관세포탈을 기도하다가 외국에서 적발되어 압수된 물품이 그 후 몰수되지 아니하고 피고인의 소유 또는 점유로 환원되었으나 몰수할 수 없게 되었다면 관세법 제198조에 의하여 범칙 당시의 국내 도매가격에 상당한 금액을 추징하여야 할 것이나, 동 물품이 외국에서 몰수되어 그 소유가 박탈되어 몰수할 수 없게 된 경우에는 위 법조에 의하여 추징할 수 없다[대판 1979.4.10. 78도831].

비교판례 관세법의 관련규정의 취지에 비추어 범인의 범칙물에 대하여는 범인의 소유 또는 점유로 인정되는 이상 필요적으로 몰수되어야 하고 범인의 소유 또는 점유하였던 것을 범인이 소비, 은닉, 훼손, 분실하는 등의 장애사유나 그 소재장소로 말미암은 장애사유로 인하여 몰수할 수 없는 때에는 이를 추징하여야 하므로 일본국 당국이 본건 범행당시 피고인으로부터 압수한 일본산 백금괴 15개를 일본국내에 있는 피고인의 대리인인 공소외인이 일본국 재판소로부터 환부받아 피고인을 위하여 보관하고 있는 경우에는 위 법 제198조 소정 몰수할 물품을 몰수할 수 없는 때에 해당된다 할 것이므로 그 물품의 범칙당시의 국내 도매가격에 상당한 금액을 피고인으로부터 추징하여야 마땅하다[대판(전) 1976.6.22. 73도2625].

(7) 형법총칙의 적용범위

제8조(총칙의 적용) 본법 총칙은 타법령에 정한 죄에 적용한다. 단, 그 법령에 특별한 규정이 있는 때에는 예외로 한다.

Ⅲ 인적 적용범위

1. 의의

① 형법이 어떤 사람에게 적용되는가에 대한 문제를 말한다.
② 형법은 원칙적으로 형법의 시간적·장소적 적용범위 내에 있는 모든 사람에게 적용된다.

2. 인적 적용범위의 예외

① 치외법권자: 외국의 원수와 외교관(대사, 공사), 그 가족 및 내국인이 아닌 종자에 대하여는 우리 형법이 적용되지 않는다.
② 외국의 군대: 한미간의 군대지위협정(SOFA)에 따라 공무집행 중의 미군범죄에 대하여는 미군 당국이 1차적 재판관할권을 가진다.

⚖ 판례 | 미합중국 군속, 평시상태, 생활근거지가 한국(우리형법 적용 ○)

[1] 미합중국 국적을 가진 미합중국 군대의 군속인 피고인이 범행 당시 10년 넘게 대한민국에 머물면서 한국인 아내와 결혼하여 가정을 마련하고 직장 생활을 하는 등 생활근거지를 대한민국에 두고 있었던 경우, 피고인은 SOFA 협정에서 말하는 '통상적으로 대한민국에 거주하는 자'에 해당하므로, 피고인에게는 위 협정에서 정한 미합중국 군대의 군속에 관한 형사재판권 관련 조항이 적용될 수 없다.
[2] 한반도의 평시상태에서 미합중국 군 당국은 미합중국 군대의 군속에 대하여 형사재판권을 가지지 않으므로, … 미합중국 군대의 군속이 대한민국 영역 안에서 저지른 범죄로서 대한민국 법령에 의하여 처벌할 수 있는 범죄에 대한 형사재판권을 바로 행사할 수 있다[대판 2006.5.11. 2005도798].

---

23) 개정 전의 형법 제7조에 관한 판례이다. 개정형법에 어긋나는 부분을 수정하여 소개하여 두었다.

제I편

2023 해커스경찰 허정 형사법 1권 형법총론

Ⅰ 범죄이론

1. 객관주의

① 객관주의란 형법적 평가의 중점을 범죄의 외부에 나타난 부분, 즉 외부적인 행위와 결과에 두고 형벌의 종류와 경중도 이에 상응하여야 한다는 이론이다(범죄주의, 사실주의, 행위주의).

② 계몽사상을 배경으로, 자유의사는 모든 사람에게 평등하므로 형벌은 범죄사실의 양에 따라 결정되어야 한다고 하여, 형사책임의 기초를 외부적 범죄사실에 둠으로써 국가의 형벌권을 제한하여 개인의 자유와 권리를 보장하려는 이론이다.

2. 주관주의

① 형벌의 종류와 경중은 범죄사실에 따라 정할 것이 아니라 범죄인의 위험성에 의하여 결정되어야 한다는 이론이다(범인주의, 성격주의, 행위자주의, 범죄징표주의).

② 자연과학적 실증주의(결정론)를 배경으로, 인간의 자유의사는 환상에 불과하며 범죄는 범죄인의 소질과 환경에 의하여 결정된 행위자의 반사회적 위험성의 징표에 지나지 않는다고 보며 사회방위를 중요시하는 입장이다.

Ⅱ 형벌이론

1. 응보형주의

의의와 사상적 배경	① 형벌의 본질은 범죄에 대한 정당한 응보이며 형벌 자체가 목적이라고 본다. ② 형벌의 내용은 악에 대한 보복적 반동으로서 고통을 의미 ③ 계몽주의, 개인주의, 자유주의
주요학자와 이론	① Kant(동해적 응보론): 형벌은 범죄에 대한 응보일 뿐이며 다른 목적을 위한 수단이 아니다(절대적 응보론). ② Hegel(등가치 응보론): 형벌은 이성(법)을 회복하기 위한 것이다. ③ Binding(법률적 응보론): 형벌은 법의 권위에 복종하도록 하기 위하여 범죄자에게 가하는 응보이다.

2. 목적형주의(상대설)

구분	일반예방주의	특별예방주의
의의와 사상적 배경	① 형벌위하(겁을 준다는 의미)에 의하여 일반인의 범죄를 예방하려는 사상을 말한다. ② 인도주의, 사회주의, 공리주의, 합리주의	① 형벌위하(겁을 준다는 의미)에 의하여 범죄인의 재범을 예방하려는 사상을 말한다. ② 자연과학적 실증주의

| 주요학자와 이론 | ① Beccaria(고전학파의 선구자)
　• '범죄와 형벌'
　• 사형폐지론
② Feuerbach
　• 권리침해설
　• 심리강제설
③ Jakobs(적극적 일반예방)
　형벌을 통하여 적극적으로 일반인의 규범의식을 강화하고 법규범에의 자발적인 복종을 가능케 함으로써 잠재적 범죄자의 법침해를 방지해야 한다는 이론 | ① Lombroso(근대학파의 선구자)
　생래적 범죄이론(결정론)
② Ferri
　사회적 책임론
③ Garofalo
　범죄를 자연범과 법정범으로 구별
④ Liszt
　• 목적형주의: 형벌은 맹목적인 응보가 아니라 법익보호를 목적으로 한다.
　• 행위자주의
⑤ 교육형론자(Liepmann, Lanza, Saldana)
⑥ 사회방위론자(Ancel, Gramatica) |

Ⅲ 형법학파의 대립

구분	고전학파(구파)	근대학파(신파)
의의	형벌이론에 관한 응보형주의와 일반예방이론이 범죄이론에 있어서 객관주의와 결합하여 형성된 법사상이다.	형벌이론의 특별예방주의가 범죄이론에 있어서 주관주의와 결합하여 이루어진 법사상이다.
특징	① 비결정론: 인간은 자유의사를 가지고 이성에 따라 자신의 행동을 규율할 수 있는 자율적 존재이며, 범죄인도 자유의사를 가지고 있다. ② 도의적 책임론: 책임의 근거는 자유의사의 남용에 대한 도의적 비난이다. ③ 상대적 응보형주의: 형벌의 본질은 응보에 있지만 형벌의 목적은 일반예방에 있다. ④ 이원론: 형벌의 전제는 책임이며 보안처분의 전제는 범죄인의 위험성이므로 양자는 성격을 달리하며 대체가 불가능하다. ⑤ 정기형주의: 범죄와 형벌은 균형을 이루어야 하므로 부정기형은 금지된다.	① 결정론: 자유의사를 부정하면서 인간을 개인적 소질과 사회적 환경에 의하여 숙명적으로 결정되는 존재로 파악한다. ② 사회적 책임론(성격책임): 책임의 근거는 범죄인의 반사회적 성격에 대한 사회적 비난이다. ③ 특별예방주의: 형벌의 목적은 범죄인을 개선·교화시켜 사회에 복귀시킴으로서 범죄를 방지하는 것이 목적이다. ④ 일원론: 형벌과 보안처분은 모두 범죄인의 사회적 위험성을 전제로 부과된다는 점에서 본질이 동일하고(대체가 가능) 다만 범죄인을 개선·교화시키기 위해 어느 것이 더 효과적인가 하는 차이만 있다. ⑤ 부정기형주의: 형벌은 범죄인의 사회적 위험성의 개인차에 상응하여 개별화되어야 하고, 자유형의 기간은 형의 집행단계에서의 성과에 따라 결정될 수 있도록 부정기로 선고함이 타당하다.
비판	인과율에 의하여 지배받는 구체적인 인간을 보지 못했다.	인간의 면은 강조하였으나 인간이 가지고 있는 인격을 보지 못하였다.

police.Hackers.com

제2편

범죄론

제1장 범죄의 기본개념

처벌조건과 성립조건의 차이점, 범죄의 종류에서는 특히 계속범과 상태범의 구별실익을 잘 알아두어야 한다. 또한 추상적 위험범과 구체적 위험범의 규정체계와 그로 인한 법적 효과의 차이를 이해해 두어야 한다.

I 범죄의 의의

1. 형식적 범죄개념[배종대, 4면]

형벌법규에 의하여 형벌이 과해지는 행위, 즉 구성요건에 해당하고 위법하고 책임 있는 행위를 범죄로 본다.

2. 실질적 범죄개념

① 형법의 범죄규정과 무관하게 범죄의 '실질적 요건'을 규명하려는 범죄개념을 말한다.
② 범죄의 실질적 요건으로는 '사회에 유해하거나 법익을 침해하는 반사회적 행위'를 들 수 있다.

II 범죄의 성립요건 · 처벌조건 · 소추조건

1. 범죄의 성립요건

① 형식적 범죄개념에 의하면 범죄가 성립하기 위하여는 구성요건의 해당성 · 위법성 · 책임의 세 가지 요소가 필요하다. 범죄성립요건을 결한 경우에는 무죄판결을 선고한다.
② ⅰ) 구성요건해당성이란 일정한 행위가 범죄의 구성요건에 합치하는 성질을 말한다. ⅱ) 위법성이란 구성요건에 해당하는 행위가 법질서 전체의 입장과 모순 · 배치되기 때문에 허용되지 않는다는 부정적 가치판단을 말한다. ⅲ) 책임이란 구성요건에 해당하고 위법한 행위를 한 행위자 개인에 대한 비난가능성을 말한다.

2. 범죄의 처벌조건

(1) 의의

이미 성립한 범죄의 가벌성만을 좌우하는 실체법적 조건을 말한다. 처벌조건의 존재의의는 범죄성립요건을 갖춘 경우에도 형벌이 예외 없이 필요한 것은 아니므로 처벌조건에 의하여 형벌의 필요성 내지 유용성을 정책적으로 고려할 수 있다는 점에 있다.

(2) 종류

구분	의의	예
객관적 처벌조건	이미 성립한 범죄에 대하여 형벌권의 발생을 좌우하는 외부적·객관적 사유를 말한다.	사전수뢰죄에 있어서 '공무원 또는 중재인이 된 사실'(제129조 제2항)[24]
인적 처벌 조각사유	이미 성립한 범죄에 대하여 행위 당시에 존재하는 행위자의 특별한 신분관계 또는 행위자의 태도로 인하여 형벌권이 배제되는 경우이다.	① 친족상도례에서 형면제 신분(제328조 제1항) ② 형의 면제를 받는 중지미수(제26조)

(3) 처벌조건과 법적 효과[25]

① **착오의 효과**: 인적처벌조각사유는 객관적으로 존재하기만 하면 그 효과를 인정받게 되며 행위자가 이를 인식할 것을 요하지 않는다. 즉, 아들이 아버지가 가지고 있는 시계가 아버지의 소유임에도 불구하고 아버지의 친구의 것으로 오인하고 절취한 경우에도 아들은 친족상도례규정이 적용되어 형을 면제받게 되며, 반대로 아들이 아버지가 가지고 있는 시계가 아버지의 친구의 소유임에도 불구하고 아버지의 것으로 오인하고 절취한 경우에는 형을 면제받지 못한다.

② **정당방위의 가능**: 처벌조건이 결여된 행위일지라도 위법성은 인정되므로 이에 대한 정당방위가 가능하다.

③ **공범성립의 가능**: 처벌조건이 결여된 자의 행위일지라도 구성요건해당성 및 위법성은 인정되므로 처벌조건이 결여된 자에 대하여 교사 또는 방조로 가담한 자는 공범(교사범 또는 종범)의 성립이 가능하다(제한적 종속형식).

④ **처벌조건의 일신전속성**: 인적 처벌조각사유는 이를 구비한 자에 대하여만 효과가 발생한다.

⑤ **판결의 종류**: 객관적 처벌조건이 결여되었거나 인적 처벌조각사유가 존재하는 경우에는 형면제판결을 한다.

3. 범죄의 소추조건

(1) 의의

① 범죄가 성립하고 형벌권이 발생한 경우에 그 범죄를 소추하기 위하여 소송법상 필요한 조건을 말한다.

② 소추조건이 결여된 때에는 공소기각 등의 형식재판을 하게 된다.

(2) 종류 [19 법원9급. 19 경간부. 18 경찰채용. 17 경간부. 17 경찰채용. 16 법원행시. 16 경찰승진. 16 경간부]*

구분	의의	예
친고죄	공소제기를 위하여 피해자 기타 고소권자의 고소가 있을 것을 요하는 범죄를 말한다.	모욕죄, 사자명예훼손죄, 비밀침해죄, 업무상비밀누설죄
반의사 불벌죄	피해자의 의사와 관계없이 공소제기를 할 수 있으나, 피해자가 처벌을 원하지 않는다는 의사를 명시적으로 밝힌 경우에는 공소제기가 부적법하게 되는 범죄를 말한다.	과실치상죄, 폭행죄, 협박죄, 존속폭행죄, 존속협박죄, 명예훼손죄, 출판물에 의한 명예훼손죄, 외국국기·국장모독죄, 외국원수·사절에 대한 폭행·협박·모욕죄

---

24) 공무원 또는 중재인이 될 자가 그 담당할 직무에 관하여 청탁을 받고 뇌물을 수수하면 사전수뢰죄가 성립하고 '공무원 또는 중재인이 된 때' 처벌을 받게 된다.

25) 아래의 법적 효과는 뒤에서 차차 배우게 되는 내용이므로 처음 공부하는 수험생의 경우 가볍게 읽어본 후 넘어가도 무방하다. 2회독을 할 때에 자연스럽게 이해되는 부분이다.

① 강간죄는 형법 개정으로 더 이상 친고죄가 아니다.
② 부녀매매죄, 미성년자약취유인죄, 영리목적 약취 · 유인죄는 친고죄가 아니다.
③ 과실치사죄, 업무상과실(중과실)치사상죄, 특수폭행죄, 특수협박죄, 상습폭행죄, 상습협박죄, 학대죄, 존속학대죄는 반의사불벌죄가 아니다.
④ 외국원수에 대한 모욕죄는 일반모욕죄와 달리 친고죄가 아니라 반의사불벌죄에 해당한다.
⑤ 상해죄는 친고죄도 반의사불벌죄도 아니다.

⚖️ 판례 | 반의사불벌죄에서 의사표시 및 철회에 관한 요건

1. 반의사불벌죄에 있어서 피해자가 처벌을 희망하지 아니하는 의사표시 또는 그 처벌을 희망하는 의사표시의 철회는 피해자의 진실한 의사가 명백하고 믿을 수 있는 방법으로 표명되어야 한다[대판 2010.11.11. 2010도11550].

2. 폭행죄는 피해자의 명시한 의사에 반하여 공소를 제기할 수 없는 반의사불벌죄로서 처벌불원의 의사표시는 의사능력이 있는 피해자가 단독으로 할 수 있는 것이고, 피해자가 사망한 후 그 상속인이 피해자를 대신하여 처벌불원의 의사표시를 할 수는 없다고 보아야 한다[대판 2010.5.27. 2010도2680].

3. 피해자가 의식을 회복하지 못하고 있는 이상 피해자에게 반의사불벌죄에서 처벌희망 여부에 관한 의사표시를 할 수 있는 소송능력이 있다고 할 수 없고, 피해자의 아버지가 피해자를 대리하여 피고인에 대한 처벌을 희망하지 아니한다는 의사를 표시하는 것 역시 허용되지 아니할 뿐만 아니라 피해자가 성년인 이상 의사능력이 없다는 것만으로 피해자의 아버지가 당연히 법정대리인이 된다고 볼 수도 없으므로, 피해자의 아버지가 피고인에 대한 처벌을 희망하지 아니한다는 의사를 표시하였더라도 그것이 반의사불벌죄에서의 처벌희망 여부에 관한 피해자의 의사표시로서 소송법적으로 효력이 발생할 수는 없다[대판 2013.9.26. 2012도568].

📋 참고 성립요건 · 처벌조건 · 소추조건의 흠결시 판결의 종류

구분	성립요건	처벌조건	소추조건
요건의 흠결시 판결	무죄판결	형면제판결	공소기각판결 등

Ⅲ 범죄의 종류

1. 결과범과 거동범

구성요건의 내용상 결과의 발생을 필요로 하는 범죄인가 여부에 따른 분류이다.

구분	결과범(실질범)	거동범(형식범)
의의	구성요건의 내용상 행위뿐만 아니라 행위와는 구별되는 일정한 결과의 발생을 필요로 하는 범죄를 말한다.	구성요건의 내용상 일정한 행위가 있음으로써 충분하고 결과의 발생을 필요로 하지 않는 범죄를 말한다. [18 경찰승진, 17 국가9급]*
예	살인죄, 상해죄, 손괴죄, 결과적 가중범	폭행죄, 명예훼손죄, 신용훼손죄, 업무방해죄, 입찰방해죄, 위증죄, 무고죄
구별 실익	① 인과관계의 요부: 인과관계가 문제되는 것은 결과범의 경우이며 거동범에서는 문제되지 않는다. ② 기수 · 미수의 성립: 결과범의 경우 결과발생이 없거나 인과관계가 부정되면 미수가 되나, 거동범의 경우 일정한 행위만 있으면 그대로 기수가 되며 이론상 미수가 있을 수 없다(다수설).	

2. 침해범과 위험범

(1) 의의
구성요건이 충족되기 위하여 보호법익에 대한 침해 또는 위험이 필요한지 여부에 따른 분류이다.

(2) 종류
① 침해범: 보호법익의 현실적 침해를 요하는 범죄이다(예 살인죄, 상해죄 등).
② 위험범(위태범): 보호법익에 대한 위험의 야기로 족한 범죄이다.

⚖ 판례 | 위험범

도로교통법위반(약물운전)죄는 이른바 위태범으로서 약물 등의 영향으로 인하여 '정상적으로 운전하지 못할 우려가 있는 상태'에서 운전을 하면 바로 성립하고, 현실적으로 '정상적으로 운전하지 못할 상태'에 이르러야만 하는 것은 아니다[대판 2010.12.23, 2010도11272].

📋 참고 위험범의 분류

구분	추상적 위험범	구체적 위험범
의의	법익침해의 현실적 위험성을 요하지 않고 일반적 위험성만으로 구성요건이 충족되는 범죄를 말한다. 일정한 행위가 있으면 당연히 법익에 대한 추상적 위험이 발생한 것으로 간주된다. [18 경간부]*	법익침해의 현실적 위험이 야기된 경우에 구성요건이 충족되는 범죄를 말한다. [18 경찰승진, 17 국가9급]*
위험의 발생	구성요건 요소가 아니다.	구성요건 요소이다.
위험의 인식	고의의 인식대상이 아니다.	고의의 인식대상이다. [17 변호사, 17 경간부]*
범죄의 성질	대부분 거동범	대부분 결과범
위험발생 입증	불요	필요
예	① 현주(공용)건조물방화죄 ② 타인소유일반건조물방화죄 ③ 공무집행방해죄 ④ 위증죄 ⑤ 무고죄 ⑥ 명예훼손죄 ⑦ 신용훼손죄 ⑧ 업무방해죄	① 자기소유일반건조물방화죄 ② 일반물건방화죄 ③ 자기소유일반건조물·일반물건실화죄[26] ④ 자기소유일반건조물일수죄

---

3. 즉시범과 상태범 및 계속범

(1) 의의

즉시범	구성요건적 행위가 법익침해 내지 위태화를 초래하면 곧 기수가 되고 동시에 범죄행위도 종료되는 범죄를 말한다. [18 경찰승진]*	살인죄 상해죄
상태범	구성요건적 행위가 법익침해 내지 위태화를 초래하면 곧 기수가 되고 동시에 범죄행위도 종료되나 기수 이후에도 위법상태가 존속하는 범죄를 말한다.	절도죄
계속범[27]	구성요건적 행위가 법익침해 내지 위태화를 초래한 후 어느 정도 시간적 계속이 있어야 기수가 되고 기수 이후에도 법익침해 내지 위태화가 계속되고 있는 동안에는 범죄행위가 종료되지 않고 계속되는 범죄를 말한다. [18 경찰승진]*	감금죄

---

26) 이와 같이 구체적 위험범은 고의범뿐만 아니라 과실범의 형태로도 존재한다.
27) 부작위범이 모두 계속범인 것은 아니다. 부작위범은 계속범일 수도 있고, 즉시범 내지 상태범일 수도 있다.

(2) 즉시범 · 상태범과 계속범의 구별실익

구분	즉시범 · 상태범	계속범
특징	기수 = 행위종료시	기수 ≠ 행위종료시
공소시효의 기산점[28]	기수시	행위종료시
공동정범 · 공범의 성립 가능시기	기수시까지	행위종료시까지
정당방위의 가능시기	원칙적으로 기수시까지	종료시까지

⚖ 판례 | 즉시범 · 상태범

1. 도주죄는 즉시범으로서 범인이 간수자의 실력적 지배를 이탈한 상태에 이르렀을 때에 기수가 되어 도주행위가 종료하는 것이므로, 도주죄의 범인이 도주행위를 하여 기수에 이른 이후에 범인의 도피를 도와 주는 행위는 범인도피죄에 해당할 수 있을 뿐 도주원조죄에는 해당하지 아니한다[대판 1991.10.11. 91도1656].

2. 내란죄는 상태범으로 봄이 상당하다[대판(전) 1997.4.17. 96도3376].

⚖ 판례 | 계속범

직무유기죄는 그 직무를 수행하여야 하는 작위의무의 존재와 그에 대한 위반을 전제로 하고 있는바, 그 작위의무를 수행하지 아니함으로써 구성요건에 해당하는 사실이 있었고 그 후에도 계속하여 그 작위의무를 수행하지 아니하는 위법한 부작위상태가 계속되는 한 가벌적 위법상태는 계속 존재하고 있다고 할 것이다[대판 1997.8.29. 97도675]. ※ 직무유기죄는 계속범에 해당한다는 판례

---

4. 일반범과 신분범 · 자수범

누가 구성요건적 행위의 주체(정범)가 될 수 있는지와 관련한 범죄의 분류이다.

(1) 일반범

누구나 구성요건적 행위의 주체(정범)가 될 수 있는 범죄를 말한다(예 살인죄, 절도죄).

(2) 신분범

일정한 신분이 있는 자만이 구성요건적 행위의 주체가 될 수 있는 범죄를 말한다.

📋 참고 신분범의 종류

구분	의의	예
진정 신분범	일정한 신분이 있는 자에 의해서만 성립할 수 있는 범죄(구성적 신분)	① 수뢰죄(공무원, 중재인) ② 위증죄(법률에 의하여 선서한 증인) ③ 횡령죄(타인의 재물을 보관하는 자) ④ 배임죄(타인의 사무를 처리하는 자) ⑤ 유기죄(법률상, 계약상 보호의무자) ⑥ 업무상비밀누설죄(의사, 변호사 등) ⑦ 직무유기죄 ⑧ 허위공문서작성죄(공무원)

---

28) 형사소송법 제252조 (시효의 기산점) 시효는 범죄행위의 종료한 때로부터 진행한다.

부진정 신분범	신분이 없어도 기본범죄는 성립할 수 있지만 신분으로 인하여 형이 가중·감경되는 범죄(가감적 신분) [18 경찰] 승진, 17 국가7급, 17 국가9급]*	① 존속살해죄 ② 영아살해죄 ③ 업무상횡령죄·배임죄29) ④ 상습도박죄
(주의)	① 업무상비밀누설죄는 진정신분범에 해당하며 부진정신분범이 아니다. ② 수뢰죄는 진정신분범이나 증뢰죄는 신분범이 아닌 일반범에 해당한다. ③ 위증죄는 진정신분범이나 무고죄는 신분범이 아닌 일반범에 해당한다. ④ 허위공문서작성죄는 진정신분범이나 공문서위조죄는 신분범이 아닌 일반범이다. ⑤ 도박죄는 신분범이 아닌 일반범이나 상습도박죄는 부진정신분범이다.	

(3) 자수범

① **의의**: 자연인인 행위자 자신이 직접 구성요건적 실행행위를 해야 정범이 될 수 있는 범죄를 말한다(예 위증죄, 군무이탈죄).

② **자수범 성립의 한계**

㉮ 자수범의 경우 타인의 행위를 이용하는 형태의 정범인 간접정범이 성립할 수 없다. 따라서 남편 甲이 사기죄로 기소된 처에 대한 재판에서 처에게 유리한 증언을 해주도록 증인 A에게 부탁하여 A가 위증을 한 경우일지라도 위증죄는 자수범이므로 甲에게는 위증죄의 간접정범이 성립할 수 없다.

㉯ 자수범은 정범적격에 관한 것이므로 자수범이라고 할지라도 공범은 성립할 수 있다.

5. 목적범

(1) 의의

구성요건의 주관적 요소로서 고의 이외에 일정한 행위의 목적을 필요로 하는 범죄를 말한다(예 내란죄의 "국헌문란의 목적", 각종 예비죄의 "기본범죄를 범할 목적").

(2) 목적범의 분류

구분	진정목적범	부진정목적범
의의	목적의 존재가 범죄의 성립요건인 범죄	목적이 없어도 범죄가 성립하지만 목적의 존재가 형의 가중·감경사유인 범죄 [17 국가7급]*
예	① 내란죄(국가권력 배제, 국헌문란 목적) ② 범죄단체조직죄(범죄할 목적) ③ 강제집행면탈죄(강제집행을 면할 목적) ④ 다중불해산죄(폭행·협박·손괴할 목적) ⑤ 무고죄(형사처분·징계처분을 받게 할 목적) ⑥ 각종 위조·변조·작성죄(행사할 목적) ⑦ 공전자기록위작·변작죄(사무처리를 그르치게 할 목적) ⑧ 각종 예비·음모죄(기본범죄를 범할 목적) ⑨ 음행매개죄, 도박장소개설죄(영리의 목적) ⑩ 인신매매죄(추업에 사용할 목적) ⑪ 국기·국장모독죄(대한민국을 모욕할 목적) ⑫ 외국국기·국장모독죄(외국을 모욕할 목적) ⑬ 준강도죄, 준점유강취죄(체포면탈 등의 목적)	① 내란목적살인죄(국토참절, 국헌문란 목적) ② 모해위증죄, 모해증거인멸죄(모해목적) ③ 출판물에 의한 명예훼손죄(비방할 목적) ④ 영리목적약취·유인죄(영리목적) ⑤ 국외이송목적약취·유인죄(국외이송 목적)

---

29) 진정신분범과 부진정신분범의 성질을 동시에 갖는 이중적 신분범이다.

⑭ 법정모욕죄(재판을 방해 또는 위협할 목적)
⑮ 국회회의장모욕죄(국회심의를 방해 또는 위협할 목적)
⑯ 아편소지죄, 통화유사물제조죄(판매할 목적)
⑰ 음화제조죄(판매 등의 목적)

(주의)	① 각종 위조 · 변조 · 작성죄는 목적범이나 각종 행사죄와 부정행사죄 및 허위진단서작성죄, 공정증서원본부실기재죄는 목적범이 아니다. ② 도박장소등개설죄는 목적범이나 도박죄는 목적범이 아니다. ③ 다중불해산죄는 목적범이나 소요죄는 목적범이 아니다. ④ 무고죄는 목적범이나 위증죄는 목적범이 아니다. ⑤ 모해위증죄, 모해증거인멸죄, 출판물에 의한 명예훼손죄는 목적범이나 위증죄, 증거인멸죄, 명예훼손죄는 목적범이 아니다. ⑥ 강제집행면탈죄는 목적범이나 부동산강제집행효용침해죄는 목적범이 아니다. ⑦ 국외이송목적약취 · 유인죄는 목적범이나 피약취유인자국외이송죄는 목적범이 아니다. ⑧ 음화제조죄는 목적범이나 음화반포죄는 목적범이 아니다. ⑨ 공무집행방해죄, 선거방해죄는 목적범이 아니다.

(3) 목적범에서 목적에 대한 인식정도

> **⚖ 판례 | 목적범에서 목적에 대한 인식정도(미필적 인식으로 족함)**
>
> 국가보안법 제7조 제5항에서의 '목적'이란 찬양 · 고무 등 행위에 대한 적극적 의욕이나 확정적 인식까지는 필요 없고 미필적 인식으로 족하다[대판 2004.8.30. 2004도3212].

(4) 목적범의 기수요건

목적범에 있어서 목적의 달성 여부는 기수범의 성립에 영향이 없다.

> **⚖ 판례 | 간음목적으로 유인하였으나 목적을 달성하지 못한 경우(간음목적유인죄의 기수)**
>
> 피고인이 11세에 불과한 어린 나이의 피해자를 유혹하여 위 모텔 앞길에서부터 위 모텔 301호실까지 데리고 간 이상, 간음목적유인죄의 기수에 이른 것으로 보아야 할 것이다[대판 2007.5.11. 2007도2318].

6. 경향범

행위의 객관적 측면이 행위자의 일정한 주관적 경향의 발현으로 행해졌을 때 성립하는 범죄를 말한다(예 학대죄의 '학대경향').

7. 자연범과 법정범[임웅 86면]

① **자연범(형사범)**: 법률의 규정을 기다릴 필요 없이 행위 그 자체가 반윤리성 · 반사회성을 띠므로 당연히 범죄로 평가되는 경우의 범죄를 말한다(예 살인죄, 강도죄).
② **법정범(행정범)**: 행위 그 자체가 반윤리성 · 반사회성을 띠는 것은 아니지만 국가가 행정목적을 달성하기 위하여 법률에 처벌규정을 둠으로써 비로소 범죄가 되어 반사회성을 띠게 되는 경우의 범죄를 말한다(예 각종 행정법규상의 인 · 허가 규정에 위반한 범죄).

제2절 행위론

🔍 **출제 POINT**

깊이 파고들면 한없이 어려운 부분이다. 행위개념에 대한 판례의 태도와 행위의 요건을 알아두면 충분할 것이다.

Ⅰ 의의

구성요건적 행위는 범죄마다 다르므로 모든 범죄요소의 기초가 되며 출발점이 되는 행위개념을 어떻게 이해할 것인지의 문제를 말한다.

Ⅱ 행위론의 내용

구분	행위의 개념	특징	장점 및 단점
인과적 행위론	유의적 거동에 의한 외부세계의 인과적 변화(Liszt)	행위의 인과적 원인으로서 의사의 존재를 의미하고 의사의 내용인 고의·과실을 행위에서 분리하여 책임요소로 보았다(행위와 의사의 분리).	거동성이 없는 부작위를 행위개념에 포함시킬 수 없다.
목적적 행위론	목적 활동성의 작용(Welzel)	고의와 과실을 주관적 구성요건요소(불법요소)로 인정한다(행위와 의사의 결합).	목적적 조종이 결여된 과실과 부작위를 행위개념에 포함시킬 수 없다.
사회적 행위론 (판례)	사회적으로 중요한 인간의 행태 (Jescheck)	행위의 요소는 사회적 의미성·중요성(인과성·목적성·법적 행위기대)이다.	부작위를 잘 설명할 수 있는 행위론이다.

Ⅲ 형법상 행위의 최소한의 요건

행위는 의사에 의하여 지배가능한 행태여야 하므로 인간의 무의식상태의 동작(예 의식상실이나 최면상태에서의 동작), 절대적 폭력에 의해 강요된 동작, 신체의 반사적 동작(예 구토, 재채기)은 형법상의 행위가 될 수 없다.

형법을 처음 접하는 독자들이 범죄체계론의 내용을 알지도 못하면서 무턱대고 외우게 되면 형법에 대한 흥미를 잃게 된다. 범죄체계론은 형법 총론의 이론을 공부하는 과정에서 자연스럽게 알게 되는 부분이므로 2회독 이후의 과정에서 공부하여도 충분한 부분이다.

구분	고전적 범죄체계	신고전적 범죄체계	목적적 범죄체계	합일태적 범죄체계
특징	객관적 요소(불법으로)와 주관적 요소(책임으로)를 철저히 구별	특별한 주관적 구성요건요소를 인정	고의를 포함한 모든 주관적 요소를 구성요건요소로 파악	신고전적 범죄체계와 목적적 범죄체계 절충
행위	인과적 행위론	규범적·인과적 행위론	목적적 행위론	사회적 행위론
구성요건	• 객관적·기술적 요소만으로 구성 • 주관적 요소는 책임요소	구성요건에도 규범적 요소(예 위증죄의 허위진술)와 주관적 요소(예 불법영득의사)가 있음을 발견	고의·과실을 일반적인 주관적 구성요건요소로 인정	고의와 과실의 이중적 지위 인정
위법성	결과반가치론	결과반가치론	인적 불법론 (행위반가치 중시)	이원적 인적 불법론
책임내용	• 고의·과실	• 고의·과실 • 책임능력 • 기대가능성	• 책임능력 • 위법성인식 • 기대가능성	• 고의·과실(고의와 과실의 이중적 지위 인정) • 책임능력 • 위법성인식 • 기대가능성

I 행위의 주체

1. 자연인

자연인은 연령·책임능력의 유무에 관계없이 행위의 주체가 된다. 따라서 형사미성년자나 정신병자도 행위의 주체가 될 수 있다.

2. 법인의 범죄능력

(1) 비교법적 고찰 및 법인의 본질과의 관계

구분	(사법상) 법인이론	(형법상) 범죄능력	양자의 관계
대륙법계	법인실재설	부정: 범죄의 주체를 윤리적 인격자로 파악	법인의 범죄능력의 인정 여부는 사법상의 법인이론과 논리필연적인 연관이 있는 것이 아니라 형법이론과 형사정책적 고려의 결과에 지나지 않는다[이재상, 93면].
영미법계	법인부인론 법인의제설	긍정: 법인 단속의 사회적 필요성을 중시(실용주의적 형법관)	

(2) 법인의 범죄능력의 인정 여부

판례는 일관하여 법인의 범죄능력을 부정하고 있으며, 학설은 견해가 나뉘어져 있다.

참고 법인의 범죄능력 인정 여부

부정설(통설)	긍정설	절충설
① 의사와 육체가 없는 법인은 행위의 주체가 될 수 없다.	① 법인도 기관을 통해서 의사를 형성하고 행위를 할 수 있다.	① **제1설(형사범·행정범 구별설)**: 형사범에 대해서는 법인의 범죄능력을 부정하고, 행정범에 대해서는 법인의 범죄능력을 긍정하는 견해이다.
② 법인에게는 사회윤리적 비난이라는 의미에서의 책임비난을 귀속시킬 수 없다.	② 법인에게도 사회적 위험성을 근거로 사회적 책임을 묻는 것도 가능하다.	② **제2설(양벌규정설)**: 원칙적으로 법인의 범죄능력은 인정할 수 없으나 처벌규정(양벌규정)이 존재하는 경우에 한하여 법인의 범죄능력을 인정하는 견해이다.
③ 법인에게 사형과 자유형을 집행할 수 없다는 점에서 현행 형법의 체계와 일치하지 아니한다.	③ 재산형과 자격형은 법인에게도 효과적인 형벌이 될 수 있다.	
④ 법인은 기관인 자연인을 통하여 행위를 하므로 그 자연인의 형사책임만 인정하면 족하며, 법인까지 처벌하면 개인책임과 자기책임의 원칙에 반한다.	④ 법인의 기관의 행위는 기관의 구성원인 개인의 행위임과 동시에 법인의 행위라는 양면성을 가지므로 법인을 처벌한다고 하여 개인책임·자기책임의 원칙에 반하는 것은 아니다.	
⑤ 법인이 기관의 범죄로 얻은 이익의 박탈은 형벌 이외의 수단(예 범칙금)에 의하여도 달성할 수 있다(형법의 보충성의 원칙).	⑤ 법인의 반사회적 활동이 증가하는 현실에서 사회방위를 위해서도 법인의 범죄능력을 인정할 필요가 있다.	

판례 연습

【법인의 범죄능력】 ※ 상가 이중분양 사건

아래의 사안과 관련한 각각의 사실관계를 배임죄의 주체가 되는 자는 누구인가?

〈사안〉

1. X회사의 대표이사 甲은 전임 대표이사 Y가 회사소유의 상가를 A1에게 매도한 후 대금전액을 완납받았다는 사실을 알면서도 아직 A1에게 소유권이전등기가 경료되어 있지 않은 점을 이용하여, 위 상가를 다시 A2에게 분양하고 대금을 수령한 후 소유권이전등기를 경료하여 주었다.
2. 타인의 사무처리자가 A1과 A2에 대하여 사실관계1과 동일한 행위(부동산의 이중매매)를 하였다면 형법상 배임죄에 해당한다.

【판결요지】

형법 제355조 제2항의 배임죄에 있어서 타인의 사무를 처리할 의무의 주체는 법인이 되는 경우라도 법인은 다만 사법상의 의무주체가 될 뿐 범죄능력이 없는 것이며 그 타인의 사무는 법인을 대표하는 자연인인 대표기관의 의사결정에 따른 대표행위에 의하여 실현될 수밖에 없어 그 대표기관은 마땅히 법인이 타인에게 부담하고 있는 의무내용대로 사무를 처리할 임무가 있다할 것이므로 자연인인 대표기관이 바로 타인의 사무를 처리하는 자, 즉 배임죄의 주체가 된다[대판(전) 1984.10.10. 82도2595].
[20 법원행시, 19 경찰승진, 18 국가9급]*

【참고판례】 회사의 대표이사는 법인의 기관으로서 현실적으로 납세 등의 행위를 하는 자이고, 회사가 세금을 체납한 경우에는 법인의 대표자로서 현실적으로 체납행위를 한 자라 할 것이어서 조세범처벌법 제3조에 의하여 자연인인 그 대표자는 행위자로서의 같은법 제10조의 책임을 면할 수 없다[대판 2004.9.24. 2004도4066].

정답 (甲)

🔥 판례 | 법인격 없는 사단(범죄능력 없음), 법인격 없는 사단의 대표기관인 자연인이 범죄의 주체에 해당

법인격 없는 사단과 같은 단체는 법인과 마찬가지로 사법상의 권리의무의 주체가 될 수 있음은 별론으로 하더라도 법률에 명문의 규정이 없는 한 그 범죄능력은 없고 그 단체의 업무는 단체를 대표하는 자연인인 대표기관의 의사결정에 따른 대표행위에 의하여 실현될 수밖에 없는바, 구 건축법 제26조 제1항의 규정에 의하여 건축물의 유지·관리의무를 지는 '소유자 또는 관리자'가 법인격 없는 사단인 경우에는 자연인인 대표기관이 그 업무를 수행하는 것이므로, 건축법 제79조 제4호에서 같은 법 제26조 제1항의 규정에 위반한 자라 함은 법인격 없는 사단의 대표기관인 자연인을 의미한다[대판 1997.1.24. 96도524]. [19 국가9급, 18 경찰채용]*

【관련판례】 구 건축법(2015.7.24. 법률 제13433호로 개정되기 전의 것) 제108조 제1항은 같은 법 제11조 제1항에 의한 허가를 받지 아니하고 건축물을 건축한 건축주를 처벌한다고 규정하고, 같은 법 제112조 제4항은 양벌규정으로서 "개인의 대리인, 사용인, 그 밖의 종업원이 그 개인의 업무에 관하여 제107조부터 제111조까지의 규정에 따른 위반행위를 하면 행위자를 벌할 뿐만 아니라 그 개인에게도 해당 조문의 벌금형을 과한다."라고 규정하고 있다. 그러나 법인격 없는 사단(교회)에 고용된 사람(교회의 총회 건설부장)이 위반행위를 하였더라도 법인격 없는 사단의 구성원 개개인(교회의 대표자)이 위 법 제112조에서 정한 '개인'의 지위에 있다 하여 그를 처벌할 수는 없다[대판 2017.12.28. 2017도13982]. [20 법원행시]*

---

3. 법인의 처벌

(1) 범죄능력과 형벌능력

① 각종의 행정형법에서는 행위자인 자연인 이외에 업무주인 법인을 함께 처벌하는 양벌규정을 두고 있는데, 이 경우 법인에게 형벌능력을 인정할 수 있는지가 문제된다.

> **건설기계관리법 제43조(양벌규정)** 법인의 대표자나 법인 또는 개인의 대리인, 사용인, 그 밖의 종업원이 그 법인 또는 개인의 업무에 관하여 제40조 또는 제41조의 어느 하나에 해당하는 행위를 하면 그 행위자를 벌하는 외에 그 법인 또는 개인에게도 해당 조문의 벌금형을 과한다.

② 판례는 법인의 범죄능력을 부정하면서도 법인에 대한 처벌규정(양벌규정)이 있는 경우 법인을 행위자와 함께 처벌하여 형벌(수형)능력을 인정하고 있다.

⚖ 판례 |

(요약: 자연인이 법인의 기관으로서 범죄행위를 한 경우 자연인이 범죄행위에 대한 형사책임을 지는 것이 원칙이나 특별규정이 있는 경우 법인도 처벌이 가능함) 법인은 기관인 자연인을 통하여 행위를 하게 되는 것이기 때문에, 자연인이 법인의 기관으로서 범죄행위를 한 경우에도 행위자인 자연인이 범죄행위에 대한 형사책임을 지는 것이고, 다만 법률이 목적을 달성하기 위하여 특별히 규정하고 있는 경우에만 행위자를 벌하는 외에 법률효과가 귀속되는 법인에 대하여도 벌금형을 과할 수 있을 뿐이다[대판 1994.2.8., 93도1483].

> **판례해설** 본 판례는 법인의 범죄능력은 인정되지 않는다는 것이며, 다만 법인의 처벌에 대하여 특별규정(양벌규정)이 있는 경우에만 법인을 예외적으로 처벌할 수 있다는 것이다.

(2) 양벌규정에 의한 법인 처벌의 근거(법적 성질)

⚖ 판례 | 헌법재판소: 과실책임설의 입장[30)]

행정형벌법규에서 양벌규정으로 사업주인 법인 또는 개인을 처벌하는 것은 위반행위를 한 피용자에 대한 선임 감독의 책임을 물음으로써 행정목적을 달성하려는 것이다[헌재 2000.6.1., 99헌바73]. [20 법원행시, 19 경찰승진, 17 경찰승진, 16 경찰채용]*

⚖ 판례 | 법인의 과실이 없음에도 처벌이 가능하도록 한 양벌규정(위헌)

법인이 종업원 등의 위반행위와 관련하여 선임·감독상의 주의의무를 다하여 아무런 잘못이 없는 경우까지도 법인에게 형벌을 부과될 수 밖에 없게 되므로 책임주의 원칙에 반하여 헌법에 위반된다[헌재 2009.7.30., 2008헌가16]. [20 법원행시]*

(3) 양벌규정에 의한 법인(영업주)의 처벌요건

> **건설기계관리법 제43조(양벌규정)** 법인의 대표자나 법인 또는 개인의 대리인, 사용인, 그 밖의 종업원이 그 법인 또는 개인의 업무에 관하여 제40조 또는 제41조의 어느 하나에 해당하는 행위를 하면 그 행위자를 벌하는 외에 그 법인 또는 개인에게도 해당 조문의 벌금형을 과한다.

① 법인의 대표자 등 법인의 종업원의 법 위반행위가 있을 것
② 위반행위의 업무관련성
③ 법인의 고의 또는 과실

---

30) 대법원 판례는 무과실책임설과 과실책임설의 입장이 분기하고 있다.

📜 판례 | 양벌규정에 의한 영업주의 처벌요건

1. 객관적 외형상으로 영업주의 업무에 관한 행위이고 종업원이 그 영업주의 업무를 수행함에 있어서 위법행위를 한 것이라면 그 위법행위의 동기가 종업원 기타 제3자의 이익을 위한 것에 불과하고 영업주의 영업에 이로운 행위가 아니라 하여도 영업주는 그 감독해태에 대한 책임을 면할 수 없다[대판 1987.11.10. 87도1213].

   동지판례 양벌규정에서 말하는 법인의 업무란 객관적, 외형상으로 보아 법인의 업무에 해당하는 행위이면 족하고 그 행위가 법인 내부의 결재를 밟지 아니하였거나 그 행위의 동기가 직원 기타 제3자의 이익을 위한 것이라고 하여도 무방하다[대판 2010.12.9. 2010도12069].

2. (저작권법상의)양벌규정에 의한 영업주의 처벌은 금지위반행위자인 종업원의 처벌에 종속하는 것이 아니라 독립하여 그 자신의 종업원에 대한 선임감독상의 과실로 인하여 처벌되는 것이므로 종업원의 범죄성립이나 처벌이 영업주 처벌의 전제조건이 될 필요는 없다[대판 2006.2.24. 2005도7673]. [20 국가7급, 20 경찰승진, 18 국가7급, 18 경찰채용]*

3. 양벌규정에 의한 영업주의 처벌은 금지위반행위자인 종업원의 처벌에 종속하는 것이 아니라 독립하여 그 자신의 종업원에 대한 선임감독상의 과실로 인하여 처벌되는 것이므로 영업주의 위 과실책임을 묻는 경우 금지위반행위자인 종업원에게 구성요건상의 자격이 없다고 하더라도 영업주의 범죄 성립에는 아무런 지장이 없다[대판 1987.11.10. 87도1213].

📜 판례 | 양벌규정에 의한 처벌의 범위

1. 구 건축법 제54조 내지 제56조의 벌칙규정에서 그 적용대상자를 건축주, 공사감리자, 공사시공자 등 일정한 업무주로 한정한 경우에 있어서, 같은 법 제57조의 양벌규정은 업무주가 아니면서 당해 업무를 실제로 집행하는 자가 있는 때에 위 벌칙규정의 실효성을 확보하기 위하여 그 적용대상자를 당해 업무를 실제로 집행하는 자에게까지 확장함으로써 그러한 자가 당해 업무집행과 관련하여 위 벌칙규정의 위반행위를 한 경우 위 양벌규정에 의하여 처벌할 수 있도록 한 행위자의 처벌규정임과 동시에 그 위반행위의 이익귀속주체인 업무주에 대한 처벌규정이라고 할 것이다[대판 1999.7.15. 95도2870].

2. 회사 소유 중기의 관리를 사원이 담당하고 있다면 그 관리에 직접 관여하지 아니한 대표이사는 중기관리법상의 양벌규정의 위반행위의 행위자라 할 수 없다[대판 1992.11.10. 92도2324].

(4) 양벌규정의 적용대상

📜 판례 | 양벌규정의 적용대상이 아닌 경우

1. (법인격 없는 사단) 법인격 없는 사단에 대하여서도 위 양벌규정을 적용할 것인가에 관하여는 아무런 명문의 규정을 두고 있지 아니하므로, 죄형법정주의의 원칙상 법인격 없는 사단에 대하여는 자동차운수사업법 제74조(양벌규정)에 의하여 처벌할 수 없다[대판 1995.7.28. 94도3325]. [20 법원행시, 19 경찰승진, 18 국가9급, 17 경찰승진]*

   관련판례 구 개인정보 보호법은 제2조 제5호, 제6호에서 공공기관 중 법인격이 없는 '중앙행정기관 및 그 소속 기관' 등을 개인정보처리자 중 하나로 규정하고 있으면서도, 양벌규정에 의하여 처벌되는 개인정보처리자로는 같은 법 제74조 제2항에서 '법인 또는 개인'만을 규정하고 있을 뿐이고, 법인격 없는 공공기관에 대하여도 위 양벌규정을 적용할 것인지 여부에 대하여는 명문의 규정을 두고 있지 않으므로, 죄형법정주의의 원칙상 '법인격 없는 공공기관'을 위 양벌규정에 의하여 처벌할 수 없고, 그 경우 행위자 역시 위 양벌규정으로 처벌할 수 없다고 봄이 타당하다[대판 2021.10.28. 2020도1942].

2. (법인이 설립되기 이전에 자연인이 한 행위) 법인이 설립되기 이전에 어떤 자연인이 한 행위의 효과가 설립 후의 법인에게 당연히 귀속된다고 보기 어려울 뿐만 아니라, 양벌규정에 의하여 사용자인 법인을 처벌하는 것은 형벌의 자기책임원칙에 비추어 위반행위가 발생한 그 업무와 관련하여 사용자인 법인이 상당한 주의 또는 관리감독 의무를 게을리한 선임감독상의 과실을 이유로 하는 것인데, 법인이 설립되기 이전의 행위에 대하여는 법인에게 어떠한 선임감독상의 과실이 있다고 할 수 없으므로, 특별한 근거규정이 없는 한 법인이 설립되기 이전에 자연인이 한 행위에 대하여 양벌규정을 적용하여 법인을 처벌할 수는 없다고 봄이 타당하다[대판 2018.8.1. 2015도10388]. [20 국가7급, 20 경간부, 19 법원행시, 19 국가9급]*

3. (1인회사의 1인주주) 주식회사의 주식이 사실상 1인의 주주에 귀속하는 1인회사의 경우에도 회사와 주주는 별개의 인격체로서, 1인회사의 재산이 곧바로 1인주주의 소유라고 할 수 없기 때문에, 양벌규정에 따른 책임에 관하여 달리 볼 수 없다[대판 2018.4.12. 2013도6962].

   판례해설 주식회사가 1인주주인 1인회사의 경우라도 양벌규정성의 처벌대상인 업무주는 법인이며 그 1인주주라고 할 수 없다는 취지의 판례이다.

📖 판례 | 형식적 경영자와 실질적 경영자가 다른 경우 양벌규정의 적용대상(실질적 경영자)

약국을 실질적으로 경영하는 약사가 다른 약사를 고용하여 그 고용된 약사를 명의상의 개설약사로 등록하게 해두고 실질적인 영업약사가 약사 아닌 종업원을 직접 고용하여 영업하던 중 그 종업원이 약사법위반 행위를 하였다면 약사법 제78조의 양벌규정상의 형사책임은 그 실질적 경영자가 지게 된다[대판 2000.1.27. 2000도3570]. [17 경찰승진]*

📖 판례 | 양벌규정의 적용대상인 경우

1. (지방자치단체 소속 공무원이 지방자치단체의 고유의 사무인 청소차를 운행하던 중 위반행위를 한 경우: 지방자치단체는 업무주인 공법인에 해당) 지방자치단체 소속 공무원이 압축트럭 청소차를 운전31)하여 고속도로를 운행하던 중 제한축중을 초과 적재 운행함으로써 도로관리청의 차량운행제한을 위반한 경우, 해당 지방자치단체가 도로법 제86조의 양벌규정에 따른 처벌대상인 공법인에 해당된다고 한 사례[대판 2005.11.10. 2004도2657]. [19 국가9급, 19 경찰승진, 18 경찰채용, 18 국가9급, 16 변호사]*

   비교판례 (지방자치단체 소속 공무원이 국가의 기관위임사무인 지정항만 순찰업무를 수행하던 중 위반행위를 한 경우: 지방자치단체는 업무주인 공법인에 해당하지 않음) 지방자치단체 소속 공무원이 지정항만순찰 등의 업무를 위해 관할관청의 승인 없이 개조한 승합차를 운행함으로써 구 자동차관리법을 위반한 경우라도 항만순찰 등의 업무가 지방자치단체의 장이 국가로부터 위임받은 기관위임사무에 해당하여, 해당 지방자치단체가 구 자동차관리법 제83조의 양벌규정에 따른 처벌대상이 될 수 없다고 한 사례[대판 2009.6.11. 2008도6530]. [18 국가7급]*

2. (다단계판매원 = 사용인) 다단계판매원이 하위판매원의 모집 및 후원활동을 하는 것은 실질적으로 다단계판매업자의 관리 아래 그 업무를 위탁받아 행하는 것으로 볼 수 있어, 다단계판매업자가 상품의 판매 또는 용역의 제공에 의한 이익의 귀속주체가 된다고 할 것이므로, 다단계판매원은 다단계판매업자의 통제·감독을 받으면서 다단계판매업자의 업무를 직접 또는 간접으로 수행하는 자로서, 적어도 구 방문판매 등에 관한 법률의 양벌규정의 적용에 있어서는 다단계판매업자의 사용인의 지위에 있다고 봄이 상당하다[대판 2006.2.24. 2003도4966].

3. (지입차주 = 종업원) 지입차주가 세무관서에 독립된 사업자등록을 하고, 지입된 차량을 직접 운행·관리하면서 그 명의로 화물운송계약을 체결하였다고 하더라도, 그 자동차가 지입회사의 소유로 등록되어 있고, 지입회사만이 화물자동차운송사업면허를 가지고 있는 이상, 지입차주는 객관적 외형상으로 보아 그 차량의 소유자인 지입회사와의 위탁계약에 의하여 그 위임을 받아 운행·관리를 대행하는 지위에 있는 자로서 도로법 제86조에서 정한 "대리인·사용인 기타의 종업원"에 해당한다[대판 2003.9.2. 2003도3073; 동지 대판 2010.4.15. 2009도9624].

📖 판례 | 지입차주가 고용한 운전자가 과적운행으로 구 도로법을 위반한 경우 사용자(지입회사)

지입차주가 고용한 운전자가 과적운행으로 구 도로법을 위반한 경우, 지입차주는 구 도로법(2008.3.21. 법률 제8976호로 전부 개정되기 전의 것) 제86조에 정한 '대리인·사용인 기타의 종업원'의 지위에 있을 뿐이고 지입차량의 소유자이자 대외적인 경영 주체는 지입회사이므로, 지입회사가 구 도로법상 사용자로서의 형사책임을 부담한다고 한 사례[대판 2009.9.24. 2009도5302].

(5) 양벌규정과 관련한 기타 판례 정리

📖 판례 | 합병으로 소멸한 법인이 부담하던 형사책임의 존속 법인에의 승계 여부(승계되지 않음)

합병으로 인하여 소멸한 법인이 그 종업원 등의 위법행위에 대해 양벌규정에 따라 부담하던 형사책임은 그 성질상 이전을 허용하지 않는 것으로서 합병으로 인하여 존속하는 법인에 승계되지 않는다[대판 2015.12.24. 2015두13946], [대판 2007.8.23. 2005도4471]. [20 경찰승진, 19 법원행시, 19 국가9급, 18 국가9급, 18 경찰채용, 17 경찰승진, 16 경찰채용]*

---

31) 지방자치단체 고유의 자치사무에 해당한다.

⚖ 판례 | 양벌규정에 의하여 법인이 처벌받는 경우 법인에 대한 자수감경의 요건(대표자가 자수해야 함)

법인에게 자수감경에 관한 형법 제52조 제1항의 규정을 적용하기 위하여는 법인의 이사 기타 대표자가 수사책임이 있는 관서에 자수한 경우에 한하고, 그 위반행위를 한 직원 또는 사용인이 자수한 것만으로는 위 규정에 의하여 형을 감경할 수 없다[대판 1995.7.25. 95도391]. [20 국가7급, 16 법원9급, 16 경찰채용]*

⚖ 판례 | 양벌규정의 적용대상자에 대한 선고유예의 가능성

회사 대표자의 위반행위에 대하여 징역형의 형량을 작량감경하고 병과하는 벌금형에 대하여 선고유예를 한 이상 양벌규정에 따라 그 회사를 처단함에 있어서도 같은 조치를 취하여야 한다는 논지는 독자적인 견해에 지나지 아니하여 받아들일 수 없다[대판 1995.12.12. 95도1893]. [20 경찰승진, 19 법원행시, 18 국가7급, 16 경찰채용]*

판례해설 양벌규정의 경우 위반행위를 한 대표자에 대하여 선고를 유예하고 법인에 대하여 선고를 유예하지 않아도 무방하다는 취지이다.

⚖ 판례 | 양벌규정과 친고죄의 고소

고소는 범죄의 피해자 또는 그와 일정한 관계가 있는 고소권자가 수사기관에 대하여 범죄사실을 신고하여 범인의 처벌을 구하는 의사표시이므로, 고소인은 범죄사실을 특정하여 신고하면 족하고 범인이 누구인지 나아가 범인 중 처벌을 구하는 자가 누구인지를 적시할 필요도 없는바, 저작권법 제103조의 양벌규정은 직접 위법행위를 한 자 이외에 아무런 조건이나 면책조항 없이 그 업무의 주체 등을 당연하게 처벌하도록 되어 있는 규정으로서 당해 위법행위와 별개의 범죄를 규정한 것이라고는 할 수 없으므로, 친고죄의 경우에 있어서도 행위자의 범죄에 대한 고소가 있으면 족하고, 나아가 양벌규정에 의하여 처벌받는 자에 대하여 별도의 고소를 요한다고 할 수는 없다[대판 1996.3.12. 94도2423].

비교판례 조세범처벌법 제6조는 조세에 관한 범칙행위에 대하여는 원칙적으로 국세청장 등의 고발을 기다려 논하도록 규정하고 있는바, 같은 법에 의하여 하는 고발에 있어서는 이른바 고소·고발 불가분의 원칙이 적용되지 아니하므로, 고발의 구비 여부는 양벌규정에 의하여 처벌받는 자연인인 행위자와 법인에 대하여 개별적으로 논하여야 한다[대판 2004.9.24. 2004도4066].

⚖ 판례 | 양벌규정과 공동정범의 성립범위

양벌규정에 의하여 법인이 처벌받는 경우에 법인의 사용인들이 범죄행위를 공모한 후 일방법인의 사용인이 그 실행행위에 직접 가담하지 아니하고 다른 공모자인 타법인의 사용인만이 분담실행한 경우에도 그 법인은 공동정범의 죄책을 면할 수 없다[대판 1983.3.22. 81도2545].

Ⅱ 행위의 객체와 보호의 객체

구분	행위의 객체	보호의 객체
의의	공격의 대상(객체)	보호대상(법익)
예	살인죄의 '사람', 절도죄의 '타인의 재물'	살인죄의 '생명', 절도죄의 '소유권'
성질	물질적, 외형적, 감각적으로 지각이 가능	가치적, 관념적

제1절 구성요건이론

🔍 출제 POINT

소극적 구성요건표지이론은 다소 어렵더라도 반드시 이해해 두어야 한다. 각종 구성요건요소의 개념은 그 자체로서는 출제가 되지 않지만 형법 공부를 위한 기본적 요소에 해당한다.

Ⅰ 구성요건의 의의

구성요건이란 형벌법규에 과형의 근거인 금지 또는 요구되는 행위가 무엇인가를 추상적으로 기술해 놓은 것을 말한다(예 사람을 살해한 자, 타인의 재물을 절취한 자).

Ⅱ 구성요건과 위법성과의 관계

1. 통설의 입장

① 구성요건을 위법성의 인식근거 내지 징표로 본다.
② 위법성에 대한 징표는 위법성조각사유의 존재에 의하여 제거될 수 있기 때문에 구성요건해당성은 위법성(불법)에 대한 잠정적 판단에 지나지 않는다. 따라서 불법은 구성요건해당성과 위법성조각사유의 부존재라는 두 가지 요건에 의하여 이루어진다.

2. 소극적 구성요건표지(요소)이론(총체적 불법구성요건이론)

(1) 의의

협의의 불법구성요건은 적극적 구성요건표지, 위법성조각사유는 소극적 구성요건표지로 이해하여 양자가 구성요건에 통합되어 총체적 불법구성요건이 된다는 이론이다. [16 경간부]*

(2) 내용

① 불법과 책임의 이단계로 범죄체계를 구성한다.
② 위법성조각사유가 존재하는 경우 행위의 구성요건해당성이 부정된다. 따라서 처음부터 구성요건에 해당하지 않는 행위(예 모기를 죽이는 행위)와 구성요건에 해당하지만 위법성이 조각되어 허용되는 행위(예 사람을 살해하였으나 정당방위인 경우) 사이의 차이가 명확히 드러나지 아니한다.[32]
③ 구성요건해당성은 단지 위법성을 징표하는 것에 그치지 않고 위법성의 존재근거가 된다.
④ 위법성조각사유의 전제사실에 대한 착오(허용상황의 착오, 예 오상방위)의 경우 구성요건적 착오로서 (불법)고의가 조각되어 과실범의 성립 여부가 문제되게 된다.

---

32) 소극적 구성요건표지이론에 의하여 위 두가지 예 모두 구성요건해당성이 없다는 결론을 내리게 된다.

(3) 비판

① 위법성의 독자성을 무시했다.

② 처음부터 구성요건에도 해당하지 않는 행위와 구성요건에는 해당하지만 위법성이 조각되는 행위 사이의 가치 차이를 무시하게 된다.

Ⅲ 구성요건의 유형

1. (협의의) 불법구성요건

(1) 개념

3단계 범죄체계에서의 구성요건을 의미하며, 개별 범죄의 고유한 불법을 구성하는 요소를 기술하여 놓은 것을 말한다(협의의 구성요건).

(2) 기능

① 선별기능: 불법의 전체영역에서 가벌적 행위유형의 한계를 구획하는 기능을 말한다.

② 지시기능: 국민들에게 가벌적 행위를 알려주는 기능을 말한다.

③ 징표기능: 구성요건에 해당하는 행위는 위법하다는 것을 추정하는 기능을 말한다.

2. 총체적 불법구성요건

① 소극적 구성요건표지이론(2단계 범죄체계)에서 사용하는 개념이다.

② 협의의 불법구성요건과 위법성조각사유가 포함된다.

3. 보장구성요건

① 법적으로 규율된 가벌성의 전제조건(범죄의 성립요건과 처벌조건)을 말한다.

② 법적으로 규율되지 아니한 것(예 유추나 관습법에 의한 가벌성 인정)은 구성요건에서 제외하며 죄형법정주의를 통한 형법의 보장적 기능을 강조하는 개념이다.

4. 허용구성요건

성문 · 불문의 위법성조각사유(정당화사유)를 말한다.

5. 기본적 구성요건과 변형된 구성요건[배종대, 185면 이하]

(1) 기본적 구성요건

형법이 규정하는 불법유형의 가장 기초가 되는 구성요건을 말한다. 해당 범죄집단의 필수요소를 내포한다(예 살인의 죄 가운데 보통살인죄, 절도의 죄 가운데 단순절도죄).

(2) 변형된 구성요건

① 가중적 구성요건: 기본적 구성요건에 추가된 표지가 형벌가중사유인 경우이다(예 존속살해죄, 특수절도죄).

② 감경적 구성요건: 기본적 구성요건에 추가된 표지가 형벌감경사유인 경우이다(예 영아살해죄, 촉탁 · 승낙살인죄).

Ⅳ 구성요건의 요소

1. 기술적 구성요건요소와 규범적 구성요건요소

(1) 기술적 구성요건요소

① 사실세계에 속하는 사항을 사실적 · 대상적으로 기술해 놓은 구성요건요소를 말한다(예 살인죄의 사람, 절도죄의 재물).

② 원칙적으로 사실확정에 의하여 그 의미를 인식할 수 있으며 가치판단을 요하지 않는다.

(2) 규범적 구성요건요소

① 사실의 확정 이외에 법률적 · 사회적 · 경제적 가치판단을 거쳐야 그 의미를 인식할 수 있는 구성요건요소를 말한다.

② 법률적 평가를 받는 요소(예 배우자, 직계존속, 재물의 '타인성', 공무원)와 사회적 · 경제적 평가를 받는 요소(예 음란, 명예, 신용, 업무)가 있다.

(3) 구별실익

기술적 구성요건요소에 대한 착오는 구성요건적 착오에 해당하나, 규범적 구성요건요소에 대한 착오는 구성요건적 착오 이외에 금지착오에 해당할 수도 있다.[33]

2. 객관적 구성요건요소와 주관적 구성요건요소

(1) 객관적 구성요건요소

행위의 외부적 현상을 기술해 놓은 것을 말한다(예 행위의 주체 · 객체 · 태양 · 상황, 결과, 인과관계).

(2) 주관적 구성요건요소

① 행위자의 관념세계에 속하는 심리적 · 정신적 현상을 기술해 놓은 것을 말한다.

② ⅰ) 일반적 주관적 구성요건요소로서 고의 및 과실이 있다. ⅱ) 특별한 주관적 구성요건요소로서 영득(이득)죄의 불법영득(이득)의사(예 절도죄의 불법영득의사), 목적범의 목적(예 각종 문서죄의 행사할 목적, 출판물에 의한 명예훼손죄의 비방할 목적 등)

3. 기술된 구성요건요소와 기술되지 않은 구성요건요소

(1) 기술된 구성요건요소

구성요건에 명시적으로 규정되어 있는 구성요건요소를 말한다.

(2) 기술되지 않은 구성요건요소

구성요건에 명시적으로 규정되어 있지 않지만 해석상 인정되는 구성요건요소를 말한다(예 불법영득의사, 보증인지위, 객관적 귀속, 사기죄의 처분행위).

---

33) 예 사복경찰관이어서 공무원인 줄 모르고 폭행한 경우 구성요건적 착오에 해당하나, 전경인 줄 알았으나 전경은 공무집행방해죄의 공무원에 해당하지 않는다고 착각한 경우 포섭의 착오로서 금지착오에 해당한다.

결과반가치론과 행위반가치론은 독립적인 출제영역은 아니지만 뒤에서 배우게 되는 주관적정당화요소의 흠결(매우 중요한 부분임) 등을 이해하는 기초가 되므로 개념을 숙지해 두어야 한다.

I 결과반가치론과 행위반가치론

1. 결과반가치론

불법의 본질은 법익의 침해 또는 그 위험에 있다는 견해이다.

2. 행위반가치론

(1) 인적 불법론
① 불법의 실질은 야기된 결과(결과반가치)에만 있는 것이 아니라, 이보다도 이를 야기한 인간의 행위(행위반가치)에 있다는 견해이다(Welzel).
② 행위반가치가 불법의 제1차적 요소이고, 결과반가치는 부차적인 요소에 불과하다고 본다.

(2) 일원적 · 주관적 인적 불법론(행위반가치일원론)
① 의의: 불법을 오직 행위반가치만으로 이해하는 견해이다.
② 이론적 근거: 형법적 금지의 대상은 행위이지 결과(법익침해 등)가 아니므로, 금지 밖에 놓여있는 결과는 불법의 영역에 들어올 수 없다(형법의 의사결정규범성).
③ 비판: 기수와 미수간의 법정형의 차이는 행위반가치만으로는 설명할 수 없고 결과반가치를 함께 고려할 때 가능하다.

3. 이원적 · 인적 불법론

결과반가치와 행위반가치를 동등한 불법요소로 이해하는 견해이다(통설).

II 결과반가치와 행위반가치의 내용

1. 결과반가치의 내용
① 법익의 침해: 침해범의 경우 기수범의 결과반가치에 해당한다.
② 법익침해의 위험: 침해범의 경우 미수범의 결과반가치에 해당하며, 위험범의 경우 기수범의 결과반가치에 해당한다.

2. 행위반가치의 내용

고의, 과실 및 목적 등과 같은 특별한 주관적 불법요소와 범죄 실행의 종류와 방법(예 특수폭행죄의 위험한 물건의 휴대, 사기죄의 기망), 신분범의 신분

제3절 부작위범

부작위범론은 매우 중요한 부분이다. 보증인지위·의무의 체계적 지위에 관한 논의, 보증인지위의 발생근거에 관한 판례는 단골 출제메뉴이며 기타 관련판례 및 부진정부작위범에 대한 관련 이론을 숙지해 두어야 할 것이다.

제18조(부작위범) 위험의 발생을 방지할 의무가 있거나 자기의 행위로 인하여 위험발생의 원인을 야기한 자가 그 위험발생을 방지하지 아니한 때에는 그 발생된 결과에 의하여 처벌한다.

Ⅰ 부작위의 본질

1. 작위와 부작위의 의의

① 작위란 규범적으로 금지된 행위를 적극적으로 하는 경우를 의미한다(예 甲이 A를 칼로 찔러 죽인 경우 − 작위에 의한 살인죄).

② 부작위란 규범적으로 요구되는 특정한 행위를 하지 않는 것을 의미한다(예 아버지인 甲이 물에 빠진 어린 아들 A를 구조하지 아니하여 익사하게 한 경우 − 부작위에 의한 살인죄). 따라서 단순히 아무 것도 하지 않는 '무위(無爲)'는 형법상 부작위가 될 수 없다.

2. 작위와 부작위의 구별

(1) 쟁점과 구별실익

① 쟁점: 하나의 행위가 작위적 요소와 부작위적 요소를 동시에 포함하고 있는 경우 어느 것을 형법적 평가의 대상으로 삼아야 할 것인지가 문제된다(예 법정 제한속도를 지키지 않고 과속으로 운전하다 사고를 낸 경우, '제한속도를 지키지 않은 것'은 부작위에 해당하고 '과속으로 운전한 것'은 작위에 해당한다).

② 구별실익: 일정한 행위가 부작위로 평가되는 경우에는 행위자가 작위의무자가 아니라면 구성요건해당성이 조각되어 범죄가 성립하지 않게 된다.

(2) 작위와 부작위의 구별기준

> **판례 | 작위와 부작위의 구별(보라매병원 사건: 퇴원조치를 한 의사들에게 작위에 의한 살인죄의 종범 성립 인정)**
>
> [1] 보호자가 의학적 권고에도 불구하고 치료를 요하는 환자의 퇴원을 강청하여 담당 전문의와 주치의가 치료중단 및 퇴원을 허용하는 조치를 취함으로써 환자를 사망에 이르게 한 경우, 담당 전문의와 주치의에게 환자의 사망이라는 결과 발생에 대한 정범의 고의는 인정되나 환자의 사망이라는 결과나 그에 이르는 사태의 핵심적 경과를 계획적으로 조종하거나 저지·촉진하는 등으로 지배하고 있었다고 보기는 어려워 공동정범의 객관적 요건인 이른바 기능적 행위지배가 흠결되어 있으므로 작위에 의한 살인방조죄만 성립한다. [18 경찰채용, 16 법원행시, 16 국가9급]*

[2] 어떠한 범죄가 적극적 작위에 의하여 이루어질 수 있음은 물론 결과의 발생을 방지하지 아니하는 소극적 부작위에 의하여도 실현될 수 있는 경우에, 행위자가 자신의 신체적 활동이나 물리적·화학적 작용을 통하여 적극적으로 타인의 법익 상황을 악화시킴으로써 결국 그 타인의 법익을 침해하기에 이르렀다면, 이는 작위에 의한 범죄로 봄이 원칙이고, 작위에 의하여 악화된 법익 상황을 다시 되돌이키지 아니한 점에 주목하여 이를 부작위범으로 볼 것은 아니며, 나아가 악화되기 이전의 법익 상황이, 그 행위자가 과거에 행한 또 다른 작위의 결과에 의하여 유지되고 있었다 하여 이와 달리 볼 이유가 없다. 따라서 이 사건의 경우 피고인들(甲과 乙)은 피고인 3(丙)에게 피해자를 집으로 후송하고 호흡보조장치를 제거할 것을 지시하는 등의 적극적 행위를 통하여 원심공동피고인(丁女)의 부작위에 의한 살인행위를 도운 것이므로, 이를 작위에 의한 방조범으로 본 원심의 판단은 정당한 것으로 수긍할 수 있고, 거기에 피고인들이 상고이유로 주장하는 바처럼 형법상 작위와 부작위의 구별 및 방조행위의 성립에 관한 법리오해 등의 위법이 없다. [19 국가7급, 18 법원행시, 17 국가9급]*
[3] 종범은 정범의 실행행위 중에 이를 방조하는 경우뿐만 아니라, 실행 착수 전에 장래의 실행행위를 예상하고 이를 용이하게 하는 행위를 하여 방조한 경우에도 성립한다[대판 2004.6.24, 2002도995].

⚖ 판례 | 작위범인 범인도피죄만 성립하고 부작위범인 직무유기죄는 성립하지 않는다는 사례

피고인이 검사로부터 범인을 검거하라는 지시를 받고서도 그 직무상의 의무에 따른 적절한 조치를 취하지 아니하고 오히려 범인에게 전화로 도피하라고 권유하여 그를 도피케 하였다는 범죄사실만으로는 직무위배의 위법상태가 범인 도피행위 속에 포함되어 있는 것으로 보아야 할 것이므로, 이와 같은 경우에는 작위범인 범인도피죄만이 성립하고 부작위범인 직무유기죄는 따로 성립하지 아니한다[대판 1996.5.10, 96도51].

Ⅱ 부작위범의 구조

1. 진정부작위범과 부진정부작위범의 구별

(1) 진정부작위범
① 진정부작위범이란 구성요건의 규정형식이 부작위범이고 이를 부작위에 의하여 실현하는 경우를 말한다(예 퇴거불응죄, 다중불해산죄, 집합명령위반죄, 전시공수계약불이행죄).
② 진정부작위범은 '부작위에 의한 부작위범'을 의미하게 된다.

(2) 부진정부작위범
① 부진정부작위범이란 구성요건의 규정형식은 작위범이지만 이를 부작위에 의하여 실현한 경우를 말한다(예 작위범의 형식인 살인죄를 부작위에 의하여 범하는 경우, 예컨대 아버지인 甲이 어린 아들 A를 익사하도록 방치한 경우).
② 부진정부작위범은 '부작위에 의한 작위범'을 의미하게 된다.

⚖ 판례 | 진정부작위범에 해당하는 경우

1. 일정한 기간 내에 잘못된 상태를 바로잡으라는 행정청의 지시를 이행하지 않았다는 것을 구성요건으로 하는 범죄는 이른바 진정부작위범에 해당한다[대판 1994.4.26, 93도1731].

2. 신고의무 위반으로 인한 공중위생관리법 제20조 제1항 제1호 위반죄는 구성요건이 부작위에 의하여서만 실현될 수 있는 진정부작위범에 해당한다[대판 2009.2.12, 2008도9476]. [20 경간부, 16 국가9급]*

2. 부작위범의 성립요건

(1) 행위성이 인정될 것 – 부작위(일반적 행위가능성)

일반적 행위가능성이 없는 상황에서의 부작위는 형법적으로 의미있는 행위라고 할 수 없다(예 섬진강에 빠진 어린 아들을 서울에 있는 부모가 구하지 못한 경우).

(2) 구성요건해당성

① 객관적 구성요건

㉮ 구성요건적 상황: 진정부작위범은 개별 구성요건에 규정되어 있으며(예 퇴거불응죄의 경우 '퇴거요구를 받고'), 부진정부작위범은 구성요건적 결과발생의 위험이 이에 해당한다(예 아들이 익사의 상황인 경우).

㉯ 부작위: 법이 요구하는 작위의무를 이행하지 않았다는 부작위가 있어야 한다.

㉰ 개별적 행위(작위)가능성: 구체적인 행위자가 법이 요구하는 작위의무를 이행 할 수 있는 가능성이 있어야 한다(예 신체장애로 인하여 수영능력 없는 아버지가 물에 빠진 어린 아들을 구조하지 못하여 익사한 경우 원칙적으로 개별적 행위가능성은 부정됨).

⚖ 판례 | 부작위범이 성립하지 않는 경우

1. 근로기준법 제109조, 제36조에서 정하는 임금 및 퇴직금 등의 기일 내 지급의무 위반죄는 사용자가 그 지급을 위하여 최선의 노력을 다하였으나 경영부진으로 인한 자금사정 등으로 지급기일 내에 지급할 수 없었던 불가피한 사정이 사회통념에 비추어 인정되는 경우에만 면책(책임조각사유유가)되는 것이고, 단순히 사용자가 경영부진 등으로 자금압박을 받아 이를 지급할 수 없었다는 것만으로는 그 책임을 면할 수 없다. [20 변호사, 20 국가7급, 20 경찰채용, 19 변호사, 19 법원행시]* 그리고 임금이나 퇴직금을 지급기일 내에 지급할 수 없었던 불가피한 사정이 있었는지 여부를 판단함에 있어서는, 사용자가 퇴직 근로자 등의 생활안정을 도모하기 위하여 임금이나 퇴직금 등을 조기에 청산하기 위하여 최대한 변제노력을 기울이거나 장래의 변제계획을 분명하게 제시하고 이에 관하여 근로자 측과 성실한 협의를 하는 등, 퇴직 근로자 등의 처지에서 상당한 정도 수긍할 만한 수준이라고 객관적으로 평가받을 수 있는 조치들이 행하여졌는지 여부도 하나의 구체적인 징표가 될 수 있다[대판 2015.1.15. 2014도9691].

   동지판례 관리인이 채무자회생법 등에 따라 이해관계인의 법률관계를 조정하여 채무자 또는 그 사업의 효율적인 회생을 도모하는 업무를 수행하는 과정에서 자금 사정의 악화나 관리인의 업무수행에 대한 법률상의 제한 등에 따라 불가피하게 근로자의 임금 또는 퇴직금을 지급기일 안에 지급하지 못한 것이라면 임금 및 퇴직금 등의 기일 내 지급의무 위반죄의 책임조각사유로 되는 하나의 구체적인 징표가 될 수 있다[대판 2015.2.12. 2014도12753].

2. 은행장인 피고인이 은행보증회사채의 상환금을 발행회사로 하여금 자체자금으로 상환하게 하는 조치를 취하지 아니하였다 하여도 위 회사가 그 당시 은행보증회사채의 채무를 자체자금으로 상환할 수 있는 능력이 있었다는 사실이 전제되지 않는 이상 그러한 조치는 불가능하거나 실효성이 없는 것으로 피고인의 이러한 소위가 은행에 대한 업무상배임죄가 된다고 볼 수 없다[대판 1983.3.8. 82도2873].

3. 경찰공무원이 운전자의 신체 이상에도 불구하고 호흡측정기에 의한 음주측정을 요구하여 운전자가 음주측정수치가 나타날 정도로 숨을 불어넣지 못한 결과 호흡측정기에 의한 음주측정이 제대로 되지 아니하였다고 하더라도 음주측정에 불응한 것으로 볼 수는 없다[대판 2006.1.13. 2005도7125].

   동지판례 신체 이상 등의 사유로 인하여 호흡조사에 의한 측정에 응할 수 없는 운전자가 혈액채취에 의한 측정을 거부하거나 이를 불가능하게 하였다고 하더라도 음주측정에 불응한 것으로 볼 수는 없다[대판 2010.7.15. 2010도2935].

4. 운전자가 경찰공무원의 1차 측정에만 불응하였을 뿐 곧이어 이어진 2차 측정에 응한 경우와 같이 측정거부가 일시적인 것에 불과한 경우까지 측정불응행위가 있었다고 보아 처벌조항의 음주측정불응죄가 성립한다고 볼 것은 아니다[대판 2015.12.24. 2013도8481].

㉱ 결과발생·인과관계: 진정부작위범은 거동범에 해당하므로 인과관계가 문제되지 않으나, 부진정부작위범이 결과범에 해당하는 경우 결과발생과 인과관계가 인정되어야 한다.

㉲ 보증인지위와 행위정형의 동가치성: 부진정부작위범의 경우에만 요구되는 구성요건요소이다(후에 상술함).

② 주관적 구성요건: 고의, 과실 및 목적과 같은 요소가 이에 해당한다.

Ⅲ 부진정부작위범의 특유한 구성요건

1. 부작위의 작위와의 동가치성

① 부진정부작위범은 작위범의 구성요건을 부작위에 의하여 실현하는 것이므로 부작위에 의한 범행이 작위에 의한 구성요건의 실현과 같이 평가될 수 있어야 한다.

② 부작위의 작위에 대한 동가치성이 인정되기 위하여는 '보증인지위'와 '행위정형의 동가치성'이 요구된다.

2. 보증인지위

(1) 의의

위험발생을 방지해야 할 법적 의무를 '보증인의무'라고 하고 보증인의무를 발생시키는 지위를 '보증인지위'라고 한다. 보증인지위는 부진정부작위범의 기술되지 아니한 구성요건요소에 해당하며 진정신분범의 요소이기도 하다[배종대. 745면].

(2) 체계적 지위

위법성 요소설	① 보증인지위와 보증인의무를 구별하지 않고 모두 위법성요소로 보는 견해이다. ② 보증인지위와 보증인의무에 대한 착오는 모두 위법성의 착오에 해당한다. ③ 비판: 보증인지위에 있지 않는 자의 부작위도 부진정부작위범의 구성요건에 해당하게 되어 부진정부작위범의 구성요건해당성이 부당하게 확대된다.
구성요건 요소설	① 보증인지위와 보증인의무를 구별하지 않고 모두 구성요건요소로 보는 견해이다. ② 보증인지위와 보증인의무에 대한 착오는 모두 구성요건적 착오에 해당한다.
이분설 (통설)	① 보증인지위는 구성요건요소, 보증인의무는 위법성요소로 보는 견해이다. ② 보증인지위에 대한 착오는 구성요건적 착오(과실범의 성립이 문제됨), 보증인의무에 대한 착오는 위법성의 착오(착오에 대한 정당한 이유 유무에 따라 고의범의 성부가 문제됨)에 해당한다.

사례 연습

【보증인지위의 체계적 지위】 ※ 아들인 줄 몰라 익사를 방치한 사건

> **〈사안〉**
> 어느 날 甲은 귀가하다가 멀리서 저수지에 빠진 A를 보았으나 자기의 아들이 아니라고 생각하고 구조해주지 아니하여 A가 익사하고 말았다. 그런데 실은 A는 甲의 아들이었다. 이분설에 의할 때 甲의 죄책은? (단, 甲에게 과실이 있음을 전제함)

[해설]

이분설에 따르면 보증인지위에 관한 착오는 구성요건적 착오에 해당하고(과실범의 성립문제가 됨), 보증인의무에 관한 착오는 위법성의 착오에 해당한다(책임설에 의하면 착오에 정당한 이유가 있는가 여부에 따라 고의범의 성립 여부가 문제 됨). 사안의 경우 甲은 보증인지위에 관하여 착오를 한 것이며 이분설에 따르면 구성요건적 착오가 되어 과실치사죄가 성립한다.

사례 연습

【보증인지위의 체계적 지위】 ※ 개망나니 같은 자식 살해 사건

〈사안〉

어느 날 甲은 귀가하다가 만취한 A가 저수지에 빠져 헤어나오지 못하고 있는 것을 보았으나 '저런 개망나니 같은 입양아는 구조해 줄 의무가 없다'고 생각하고 구조해주지 아니하여 A는 익사하고 말았다. 甲의 죄책은? (이분설과 책임설에 의함)

해설

이분설에 따르면 보증인지위에 관한 착오는 구성요건적 착오에 해당하고(과실범의 성립문제가 됨), 보증인의무에 관한 착오는 위법성의 착오에 해당한다(책임설에 의하면 착오에 정당한 이유가 있는가 여부에 따라 고의범의 성립 여부가 문제 됨). 사안의 경우 甲은 보증인지위는 인식하였으나 보증인의무를 착오한 경우로서 그 착오에 정당한 이유가 인정된다고 볼 수 없다. 따라서 甲에게는 부작위에 의한 살인죄가 성립한다.

(3) 보증인지위(의무)의 발생근거와 내용

⚖ 판례 | 작위의무의 성질 및 발생근거

형법상 부작위범이 인정되기 위해서 작위의무는 법적인 의무이어야 하므로 단순한 도덕상 또는 종교상의 의무는 포함되지 않으나 작위의무가 법적인 의무인 한 성문법이건 불문법이건 상관이 없고 또 공법이건 사법이건 불문하므로, 법령, 법률행위, 선행행위로 인한 경우는 물론이고 기타 신의성실의 원칙이나 사회상규 혹은 조리상 작위의무가 기대되는 경우에도 법적인 작위의무는 있다[대판 1996.9.6, 95도2551]. [18 경찰채용, 16 국가9급]*

① 보증인지위(의무)의 발생근거(형식설)

법령에 의한 작위의무	① 법령은 성문법이건 불문법이건 상관이 없고 또 공법이건 사법이건 불문한다. 　예 (사법) 친권자의 보호의무(민법 제913조), 부부간의 부양의무(민법 제826조) 　예 (공법) 운전자의 구호의무(도로교통법 제54조), 경찰관의 보호조치의무(경찰관 직무집행법 제4조) ② 보증인지위(의무)는 법적 의무로서 행위자에게 그 신분상의 지위로 인해 특별히 주어진 것이라야 한다. 따라서 일반인 누구에게나 과하여 질 수 있는 의무는 그것이 법령상의 의무일지라도 보증인지위(의무)의 근거가 될 수 없다(예 경범죄 처벌법상 관리장소에서의 요부조자에 대한 신고불이행, 화재 등의 발생시에 공무원에 대한 원조불응).
계약에 의한 작위의무	계약에 의하여 보호의무를 인수한 경우를 말한다. 계약의 유효·무효를 불문한다. 　예 진료계약에 의한 의사의 환자 보호·치료의무, 유아원 보모의 아동보호의무
선행행위에 의한 작위의무	자기의 행위로 인하여 위험발생의 원인을 야기한 자는 위험발생을 방지할 의무가 있다(제18조). 　예 탈진상태에 있는 피감금자에 대한 감금자의 구호의무(판례)
조리 등에 의한 작위의무	신의성실의 원칙이나 사회상규 혹은 조리상 작위의무가 기대되는 경우에도 법적인 작위의무는 인정된다(판례·통설). 　예 목적물의 하자에 대한 신의칙상 고지의무, 동거하는 피용자에 대한 고용주의 보호의무, 관리자의 위험발생 방지의무

⚖ 판례 | 보증인지위(의무)의 발생근거

(1) 법령에 의한 작위의무

1. 도로교통법 제50조 제1항, 제2항이 규정한 교통사고발생시의 구호조치의무 및 신고의무는 사상자를 구호하고, 교통질서의 회복 등에 관하여 적절한 조치를 취하게 하기 위한 방법으로 부과된 것이므로 그 의무는 교통사고를 발생시킨 당해 차량의 운전자에게 그 사고발생에 있어서 고의·과실 혹은 유책·위법의 유무에 관계없이 부과된 의무라고 해석함이 상당할 것이므로, 당해 사고에 있어 귀책사유가 없는 경우에도 위 의무가 없다 할 수 없고, 또 위 의무는 신고의무에만 한정되는 것이 아니므로 타인에게 신고를 부탁하고 현장을 이탈하였다고 하여 위 의무를 다한 것이라고 말할 수는 없다[대판 2002.5.24. 2000도1731]. [19 변호사, 19 법원행시, 16 법원행시, 16 국가7급, 16 경찰승진]*

2. 구 정신보건법 제23조 제2항은 '정신의료기관의 장은 자의로 입원 등을 한 환자로부터 퇴원 신청이 있는 경우에는 지체 없이 퇴원을 시켜야 한다'고 정하고 있다. 환자로부터 퇴원 요구가 있는데도 구 정신보건법에 정해진 절차를 밟지 않은 채 방치한 경우에는 위법한 감금행위에 해당한다[대판 2017.8.18. 2017도7134].

(2) 계약에 의한 작위의무

1. (인정) 백화점에서 바이어를 보조하여 특정매장에 관한 상품관리 및 고객들의 불만사항 확인 등의 업무를 담당하는 직원은 자신이 관리하는 특정매장의 점포에 가짜 상표가 새겨진 상품이 진열·판매되고 있는 사실을 발견하였다면 고객들이 이를 구매하도록 방치하여서는 아니되고 점주나 그 종업원에게 즉시 그 시정을 요구하고 바이어 등 상급자에게 보고하여 이를 시정하도록 할 근로계약상·조리상의 의무가 있으므로 이를 보고하지 아니함으로써 점주로 하여금 가짜 상표가 새겨진 상품들을 고객들에게 계속 판매하도록 방치한 것은 작위에 의하여 점주의 상표법위반 및 부정경쟁방지법위반 행위의 실행을 용이하게 하는 경우와 동등한 형법적 가치가 있는 것으로 볼 수 있으므로, 백화점 직원인 피고인은 부작위에 의하여 공동피고인인 점주의 상표법위반 및 부정경쟁방지법위반 행위를 방조하였다고 인정할 수 있다[대판 1997.3.14. 96도1639]. ※ 부작위에 의한 종범 성립

2. (부정) 중고 자동차 매매에 있어서 매도인의 할부금융회사에 대한 할부금 채무가 매수인에게 당연히 승계되는 것은 아니므로 그 할부금 채무의 존재를 매수인에게 고지하지 아니한 것은 부작위에 의한 기망에 해당하지 아니한다[대판 1998.4.14. 98도231]. [20 경간부, 18 변호사, 16 법원행시, 16 국가9급, 16 경찰채용]*

(3) 선행행위로 인한 작위의무

1. (이윤상군 유인 살해 사건) 피고인이 미성년자를 유인하여 포박 감금한 후 단지 그 상태를 유지하였을 뿐인데도 피감금자가 사망에 이르게 된 것이라면 피고인의 죄책은 감금치사죄에 해당한다 하겠으나, 나아가서 그 감금상태가 계속된 어느 시점에서 피고인에게 살해의 범의가 생겨 피감금자에 대한 위험발생을 방지함이 없이 포박감금상태에 있던 피감금자를 그대로 방치함으로써 사망케 하였다면 피고인의 부작위는 살인죄의 구성요건적 행위를 충족하는 것이라고 평가하기에 충분하므로 부작위에 의한 살인죄를 구성한다[대판 1982.11.23. 82도2024].

2. (조카 저수지 유인 살해 사건) 피고인이 조카인 피해자 1(10세)과 2(8세) 살해할 것을 마음먹고 저수지로 데리고 가서 미끄러지기 쉬운 제방 쪽으로 유인하여 함께 걷다가 피해자 1이 물에 빠지자 그를 구호하지 아니하여 피해자 1을 익사하게 한 것이라면 피해자 1이 스스로 미끄러져서 물에 빠진 것이고, 그 당시는 피고인이 살인죄의 예비 단계에 있었을 뿐 아직 실행의 착수에는 이르지 아니하였다고 하더라도, 피해자 1의 숙부로서 익사의 위험에 대처할 보호능력이 없는 나이 어린 피해자 1을 익사의 위험이 있는 저수지로 데리고 갔던 피고인으로서는 피해자 1이 물에 빠져 익사할 위험을 방지하고 피해자 1이 물에 빠지는 경우 그를 구호하여 주어야 할 법적인 작위의무가 있다고 보아야 할 것이고, 피해자 1이 물에 빠진 후에 피고인이 살해의 범의를 가지고 그를 구호하지 아니한 채 그가 익사하는 것을 용인하고 방관한 행위(부작위)는 피고인이 그를 직접 물에 빠뜨려 익사시키는 행위와 다름없다고 형법상 평가될 만한 살인의 실행행위라고 보는 것이 상당하다[대판 1992.2.11. 91도2951]. [19 법원9급]*

판례해설 위 사건에서 피고인은 피해자 1을 구호하지 아니하였을뿐만 아니라 피해자 2의 소매를 잡아당겨 저수지에 빠뜨림으로써 익사하게 하였다. 피고인은 피해자 1에 대한 부작위에 의한 살인죄, 피해자 2에 대한 작위에 의한 살인죄가 각각 성립하고 양죄는 실체적 경합에 해당한다.

3. (이리 화약열차 폭발 사건) 피고인이 화약호송책무자로서 더구나 위험발생의 원인을 야기한 자(화차 내에서 금지된 촛불을 켜 놓았음)로서의 진화 및 위험발생원인제거에 관한 의무에 위반하여 이를 그대로 방치(화차 밖으로 도주)하여 화약류가 한꺼번에 폭발하였다면 부작위에 의한 폭발물파열죄(현행법상으로는 폭발물사용죄 - 저자 주)가 성립한다[대판 1978.9.26. 78도1996].

(4) 조리상 작위의무

1. 인터넷 포털 사이트 내 오락채널 총괄팀장과 위 오락채널 내 만화사업의 운영 직원으로서 수익사업으로 성인만화방을 개설하고 성인대상 채널을 중점 관리한 피고인들에게 콘텐츠제공업체들이 게재하는 음란만화의 삭제를 요구할 조리상의 의무가 있다고 하여, 구 전기통신기본법 제48조의2 위반 방조죄의 성립을 긍정한 사례[대판 2006.4.28. 2003도4128]. [16 국가9급]*

2. [1] 소극적 행위로서의 부작위에 의한 기망은 법률상 고지의무 있는 자가 일정한 사실에 관하여 상대방이 착오에 빠져 있음을 알면서도 이를 고지하지 아니함을 말하는 것으로서, 일반거래의 경험칙상 상대방이 그 사실을 알았더라면 당해 법률행위를 하지 않았을 것이 명백한 경우에는 신의칙에 비추어 그 사실을 고지할 법률상 의무가 인정되는 것이다. [21 법원9급, 19 경찰승진]*

   [2] 특정 시술을 받으면 아들을 낳을 수 있을 것이라는 착오에 빠져있는 피해자들에게 그 시술의 효과와 원리에 관하여 사실대로 고지하지 아니한 채 아들을 낳을 수 있는 시술인 것처럼 가장하여 일련의 시술과 처방을 행한 의사에 대하여 사기죄의 성립을 인정한 사례[대판 2000.1.28. 99도2884]. [20 경찰승진]*

3. 임대인이 임대차계약을 체결하면서 임차인에게 임대목적물이 경매진행중인 사실을 알리지 아니한 경우, 임차인이 등기부를 확인 또는 열람하는 것이 가능하더라도 부작위에 의한 사기죄가 성립한다[대판 1998.12.8. 98도3263]. [20 법원9급, 18 변호사, 17 법원행시]*

4. 법무사가 아닌 사람이 법무사로 소개되거나 호칭되는 데에도 자신이 법무사가 아니라는 사실을 밝히지 않은 채 법무사 행세를 계속하면서 근저당권설정계약서를 작성한 경우, 자신이 법무사 아님을 밝혀야 할 계약상 또는 조리상의 작위의무가 있다고 할 것이므로 부작위에 의한 법무사법위반죄에 해당한다[대판 2008.2.28. 2007도9354].

② 보증인지위의 내용과 한계(실질적 분류)

㉮ 보호의무에 의한 보증인지위

자연적 결합관계	① 가족은 상호간에 생명·신체의 위험을 방지해 주어야 할 보증인지위가 인정된다(예 자(子)를 독살하려는 것을 알고서도 방치한 부(父): 부작위에 의한 살인죄의 종범). ② 상호간의 신뢰관계가 현실적으로 존재하지 않는 별거중인 부부 사이에는 보증인지위가 발생하지 않는다[이재상 128면].
긴밀한 공동관계	① 자의에 의하여 형성된 위험공동체에 속하는 사람 상호간에도 특수한 신뢰관계가 존재하는 한 보증인지위가 인정된다(예 산악등반대). ② 단순집합체나 비자의적으로 공동위험에 빠진 자 상호간에는 보증인지위가 발생하지 않는다(예 단순한 숙식공동체, 우연히 동승한 난파선 승객).
보호기능 (의무)의 인수	① 보호기능을 계약에 의해서 인수한 경우에는 계약의 유효 여부, 계약기간의 종료 여부와 관계없이 사실상 보호기능을 맡고 있는 한 보증인지위가 인정된다(예 수영교사와 수영을 배우는 아이 사이, 의사가 환자의 치료를 맡은 때). ② 계약에 의하지 않더라도 보호기능을 사실상·자발적으로 인수한 경우에도 피해자에 대한 다른 구조의 가능성이 배제되었거나 새로운 위험이 발생한 경우에 한하여 보증인지위가 인정된다.

ⓓ 안전의무로 인한 보증인지위

선행행위로 인한 경우	① 자기의 행위로 인하여 위험발생의 원인을 야기한 자는 그 위험발생을 방지할 보증인지위가 인정된다(제18조). ② 선행행위로 인한 보증인 지위의 인정요건 　• 선행행위는 결과발생에 대해 직접적이고 상당한 위험을 야기할 수 있는 것이어야 한다. 　• 선행행위는 유책할 것은 요하지 않으나 객관적으로 의무에 위반했거나 위법한 것이어야 한다(통설). 따라서 정당방위(적법한 선행행위)로 강도에게 상해를 입힌 경우에는 보증인지위가 인정되지 않는다. 한편 다수설은 명문의 특별규정이 있는 경우에는 예외적으로 적법한 선행행위에 의해서도 작위의무를 인정할 수 있다고 본다(예 구 도로교통법 제50조 제1항의 사고운전자의 피해자 구호조치 의무)[정성근·박광민, 464면; 오영근, 261면 이하].
위험원에 대한 감독책임이 있는 경우	자기의 지배영역 내에 위험원을 소유·점유한 자는 이 위험원이 타인의 법익을 침해하지 않도록 해야 할 보증인지위가 인정된다(예 맹견의 소유자).
타인을 감독할 책임이 있는 경우	타인을 통솔할 책임 있는 자는 그 타인이 다른 사람의 법익을 침해하지 않도록 감독해야 할 보증인지위가 인정된다(예 부하직원에 대한 은행지점장).

3. 행위정형의 동가치성(상응성)

(1) 의의

행위정형의 동가치성은 보증인지위에 있는 자의 부작위가 작위에 의한 구성요건 실현과 동등한 것으로 평가될 수 있어야 한다는 것을 의미한다.

> **⚖ 판례 | 행위정형의 동가치성을 인정한 판례(부작위범의 성립을 긍정)**
>
> 1. [1] 형법이 금지하고 있는 법익침해의 결과발생을 방지할 법적인 작위의무를 지고 있는 자가 그 의무를 이행함으로써 결과발생을 쉽게 방지할 수 있었음에도 불구하고 그 결과의 발생을 용인하고 이를 방관한 채 그 의무를 이행하지 아니한 경우에, 그 부작위가 작위에 의한 법익침해와 동등한 형법적 가치가 있는 것이어서 그 범죄의 실행행위로 평가될 만한 것이라면, 작위에 의한 실행행위와 동일하게 부작위범으로 처벌할 수 있다고 할 것이다.
>   [2] (조카 저수지 유인 살해 사건) 피고인이 조카인 피해자(10세)를 살해할 것을 마음먹고 저수지로 데리고 가서 미끄러지기 쉬운 제방 쪽으로 유인하여 함께 걷다가 피해자가 물에 빠지자 그를 구조하지 아니하여 피해자를 익사하게 한 것이라면 … 이는 피고인이 그를 직접 물에 빠뜨려 익사시키는 행위와 다름없다고 형법상 평가될 만한 살인의 실행행위라고 보는 것이 상당하다[대판 1992.2.11. 91도2951].
>
> 2. 세월호가 침몰해 가는 상태에서 선장인 피고인이 선내 대기 중인 승객 등에 대한 퇴선조치 없이 갑판부 선원들과 함께 해경 경비정으로 퇴선하였을 뿐 아니라 퇴선 이후에도 아무런 조치를 취하지 아니하여 승객 등이 스스로 세월호에서 탈출하는 것이 불가능하게 되는 결과가 초래되어 많은 승객 등이 사망한 경우, 피고인의 이러한 퇴선조치의 불이행은 승객 등을 적극적으로 물에 빠뜨려 익사시키는 행위와 다름이 없어 작위에 의한 살인의 실행행위와 동일하게 평가할 수 있고, 승객 등의 사망 또는 상해의 결과는 작위행위에 의해 결과가 발생한 것과 규범적으로 동일한 가치가 있다고 할 것이다[대판 2015.11.12. 2015도6809]. [16 국가9급]*

🔨 판례 | 행위정형의 동가치성을 부정한 판례(부작위범의 성립을 부정)

[1] 작위에 의한 실행행위와 동일하게 부작위범으로 처벌하기 위하여는, 그 의무를 이행함으로써 결과발생을 쉽게 방지할 수 있었음에도 불구하고 그 결과의 발생을 용인하고 이를 방관한 채 그 의무를 이행하지 아니한 결과, 그 부작위가 작위에 의한 법익침해와 동등한 형법적 가치를 가진다고 볼 수 있어 그 범죄의 실행행위로 평가될 만한 것이라야 한다.

[2] 모텔 방에 투숙하여 담배를 피운 후 재떨이에 담배를 끄게 되었으나 담뱃불이 완전히 꺼졌는지 여부를 확인하지 않은 채 불이 붙기 쉬운 휴지를 재떨이에 버리고 잠을 잔 과실로 담뱃불이 휴지와 침대시트에 옮겨 붙게 함으로써 화재가 발생한 사안에서, 위 화재가 중대한 과실 있는 선행행위로 발생한 이상 화재를 소화할 법률상 의무는 있다 할 것이나, 화재 발생 사실을 안 상태에서 모텔을 빠져나오면서도 모텔 주인이나 다른 투숙객들에게 이를 알리지 아니하였다는 사정만으로는 화재를 용이하게 소화할 수 있었다고 보기 어렵다는 이유로, 부작위에 의한 현주건조물방화치사상죄의 공소사실에 대해 무죄를 선고한 원심의 판단을 수긍한 사례[대판 2010.1.14. 2009도12109]. [19 법원행시, 19 국가7급, 17 변호사, 17 국가7급]*

판결이유 부작위에 의한 현주건조물방화치사 및 현주건조물방화치상죄가 성립하기 위하여는, 피고인에게 법률상의 소화의무가 인정되는 외에 소화의 가능성 및 용이성이 있었음에도 피고인이 그 소화의무에 위배하여 이미 발생한 화력을 방치함으로써 소훼의 결과를 발생시켜야 하는 것이다.

동지판례 [1] 업무방해죄와 같이 작위를 내용으로 하는 범죄를 부작위에 의하여 범하는 부진정 부작위범이 성립하기 위해서는 부작위를 실행행위로서의 작위와 동일시할 수 있어야 한다. [19 국가9급]*

[2] 피고인이 갑과 토지 지상에 창고를 신축하는 데 필요한 형틀공사 계약을 체결한 후 그 공사를 완료하였는데, 갑이 공사대금을 주지 않는다는 이유로 위 토지에 쌓아 둔 건축자재를 치우지 않고 공사현장을 막는 방법으로 위력으로써 갑의 창고 신축 공사 업무를 방해하였다는 내용으로 기소된 사안에서, 피고인이 일부러 건축자재를 갑의 토지 위에 쌓아 두어 공사현장을 막은 것이 아니라 당초 자신의 공사를 위해 쌓아 두었던 건축자재를 공사 완료 후 치우지 않은 것에 불과하므로, 비록 공사대금을 받을 목적으로 건축자재를 치우지 않았더라도, 피고인이 자신의 공사를 위하여 쌓아 두었던 건축자재를 공사 완료 후에 단순히 치우지 않은 행위가 위력으로써 갑의 추가 공사 업무를 방해하는 업무방해죄의 실행행위로서 갑의 업무에 대하여 하는 적극적인 방해행위와 동등한 형법적 가치를 가진다고 볼 수 없다고 한 사례[대판 2017.12.22. 2017도13211].

(2) 적용대상

① 순수결과야기범

㉮ 구성요건이 행위의 수단·방법을 특정하지 않고 있어 단지 행위에 의하여 구성요건적 결과만 발생하면 실현될 수 있는 범죄를 말한다(예 살인죄, 상해죄, 손괴죄).

㉯ 부작위에 의하여 구성요건적 결과가 발생하면 구성요건이 실현될 수 있으므로 순수결과야기범의 경우 행위정형의 동가치성은 특별한 의미를 가지지 않는다.[34]

② 행위의존적 결과범

㉮ 구성요건이 행위의 수단·방법을 특정하고 있어 이러한 수단·방법에 의해서 구성요건적 결과가 발생하여야만 실현될 수 있는 범죄를 말한다(예 사기죄의 '기망', 공갈죄의 '공갈', 특수폭행죄의 '위험한 물건의 휴대').

㉯ 부작위에 의하여 구성요건적 결과가 발생한 것만으로는 구성요건이 실현될 수 없으며 그 결과가 작위범에 상응하는 정도의 행위태양으로 발생한 경우에 구성요건이 실현될 수 있다. 따라서 행위의존적 결과범의 경우 행위정형의 동가치성이 구성요건실현(해당성)의 중요한 기준이 된다.

---

34) 그러나 판례는 순수결과야기범인 살인죄에서도 행위정형의 동가치성을 검토하고 있다.

⚖️ 판례 | 부작위에 의한 살인죄의 성립 여부 등 - 세월호 사건

[1] 범죄는 보통 적극적인 행위에 의하여 실행되지만 때로는 결과의 발생을 방지하지 아니한 부작위에 의하여도 실현될 수 있다.

자연적 의미에서의 부작위는 거동성이 있는 작위와 본질적으로 구별되는 무(無)에 지나지 아니하지만, 위 규정에서 말하는 부작위는 법적 기대라는 규범적 가치판단 요소에 의하여 사회적 중요성을 가지는 사람의 행태가 되어 법적 의미에서 작위와 함께 행위의 기본 형태를 이루게 되므로, 특정한 행위를 하지 아니하는 부작위가 형법적으로 부작위로서의 의미를 가지기 위해서는, 보호법익의 주체에게 해당 구성요건적 결과발생의 위험이 있는 상황에서 행위자가 구성요건의 실현을 회피하기 위하여 요구되는 행위를 현실적·물리적으로 행할 수 있었음에도 하지 아니하였다고 평가될 수 있어야 한다. [22 경간부]*

나아가 살인죄와 같이 일반적으로 작위를 내용으로 하는 범죄를 부작위에 의하여 범하는 이른바 부진정 부작위범의 경우에는 보호법익의 주체가 법익에 대한 침해위협에 대처할 보호능력이 없고, 부작위행위자에게 침해위협으로부터 법익을 보호해 주어야 할 법적 작위의무가 있을 뿐 아니라, 부작위행위자가 그러한 보호적 지위에서 법익침해를 일으키는 사태를 지배하고 있어 작위의무의 이행으로 결과발생을 쉽게 방지할 수 있어야 부작위로 인한 법익침해가 작위에 의한 법익침해와 동등한 형법적 가치가 있는 것으로서 범죄의 실행행위로 평가될 수 있다. 다만 여기서의 작위의무는 법령, 법률행위, 선행행위로 인한 경우는 물론, 신의성실의 원칙이나 사회상규 혹은 조리상 작위의무가 기대되는 경우에도 인정된다.

또한 부진정 부작위범의 고의는 반드시 구성요건적 결과발생에 대한 목적이나 계획적인 범행 의도가 있어야 하는 것은 아니고 법익침해의 결과발생을 방지할 법적 작위의무를 가지고 있는 사람이 의무를 이행함으로써 결과발생을 쉽게 방지할 수 있었음을 예견하고도 결과발생을 용인하고 이를 방관한 채 의무를 이행하지 아니한다는 인식을 하면 족하며, 이러한 작위의무자의 예견 또는 인식 등은 확정적인 경우는 물론 불확정적인 경우이더라도 미필적 고의로 인정될 수 있다. [20 경간부, 19 경찰승진, 19 경찰채용, 19 국가9급, 18 법원행시, 18 국가9급, 17 국가7급, 17 국가9급, 17 법원9급, 16 법원행시, 16 국가7급, 16 경찰승진, 16 경찰채용]*

[2] 해사안전법 및 구 선원법에 의하면, 선장은 승객 등 선박공동체의 안전에 대한 총책임자로서 선박공동체가 위험에 직면할 경우 그 사실을 당국에 신고하거나 구조세력의 도움을 요청하는 등의 기본적인 조치뿐만 아니라 위기상황의 태양, 구조세력의 지원 가능성과 규모, 시기 등을 종합적으로 고려하여 실현가능한 구체적인 구조계획을 신속히 수립하고 선장의 포괄적이고 절대적인 권한을 적절히 행사하여 선박공동체 전원의 안전이 종국적으로 확보될 때까지 적극적·지속적으로 구조조치를 취할 법률상 의무가 있다.

또한 선장이나 승무원은 수난구호법 제18조 제1항 단서에 의하여 조난된 사람에 대한 구조조치의무를 부담하고, 선박의 해상여객운송사업자와 승객 사이의 여객운송계약에 따라 승객의 안전에 대하여 계약상 보호의무를 부담하므로, 모든 승무원은 선박 위험 시 서로 협력하여 조난된 승객이나 다른 승무원을 적극적으로 구조할 의무가 있다.

또한 법익침해의 태양과 정도 등에 따라 요구되는 개별적·구체적인 구호의무를 이행함으로써 사망의 결과를 쉽게 방지할 수 있음에도 그에 이르는 사태의 핵심적 경과를 그대로 방관하여 사망의 결과를 초래하였다면, 부작위는 작위에 의한 살인행위와 동등한 형법적 가치를 가지고, 작위의무를 이행하였다면 결과가 발생하지 않았을 것이라는 관계가 인정될 경우에는 작위를 하지 않은 부작위와 사망의 결과 사이에 인과관계가 있다. [22 경간부, 18 변호사, 18 국가7급]*

[3] 항해 중이던 선박의 선장 피고인 갑, 1등 항해사 피고인 을, 2등 항해사 피고인 병이 간부 선원들로서 선장을 보좌하여 승객 등을 구조하여야 할 지위에 있음에도 별다른 구조조치를 취하지 아니한 채 사태를 방관하여 결과적으로 선내 대기 중이던 승객 등이 탈출에 실패하여 사망에 이르게 한 잘못은 있으나, 그러한 부작위를 작위에 의한 살인의 실행행위와 동일하게 평가하기 어렵고, 또한 살인의 미필적 고의로 피고인 갑의 부작위에 의한 살인행위에 공모 가담하였다고 단정하기도 어려우므로, 피고인 을, 병에 대해 부작위에 의한 살인의 고의를 인정하기 어렵다고 한 원심의 조치는 정당하다고 한 사례.

[4] 수난구호법 제18조 제1항 단서의 '조난사고의 원인을 제공한 선박의 선장 및 승무원'에는 조난사고의 원인을 스스로 제공하여 '조난된 선박의 선장 및 승무원'도 포함된다.

[5] 특정범죄 가중처벌 등에 관한 법률(이하 '특정범죄가중법'이라 한다), 해사안전법 및 수난구호법 등을 고려하면, 특정범죄가중법 제5조의12 위반죄는 형법 제268조의 업무상과실치사상죄 및 중과실치사상죄를 기본범죄로 하여 수난구호법 제18조 제1항 단서 위반행위 및 도주행위를 결합하여 가중 처벌하는 일종의 결합범으로서 선박의 교통으로 형법 제268조의 죄를 범한 선박의 선장 또는 승무원이 수난구호법 제18조 제1항 단서에 규정된 의무를 이행하기 이전에 사고현장을 이탈한 때에 성립하고, '선박 간의 충돌사고'나 '조타상의 과실'로 형법 제268조의 죄를 범한 경우에 한하여 성립하는 것으로 볼 수 없다 [대판 2015.11.12. 2015도6809].

Ⅳ 관련문제

1. 부진정부작위범의 처벌

부진정부작위범은 발생된 결과에 의하여 처벌한다(제18조). 즉, 작위범과 동일한 법정형으로 처벌한다.

2. 부작위범의 미수

① 진정부작위범의 미수: 진정부작위범은 거동범적 성격을 가지므로 미수를 인정할 수 없다는 것이 다수설이다. 그러나 형법은 진정부작위범의 미수를 처벌하는 규정을 두고 있다(예 퇴거불응죄). [22 경간부, 19 경찰승진]*

② 부진정부작위범의 미수: 결과범의 성질을 가지는 부진정부작위범의 경우에 미수규정이 있다면 미수가 성립할 수 있다(예 부작위에 의한 살인죄의 미수). [22 경간부]*

3. 부작위범과 공범

(1) 부작위범에 대한 공범

① 부작위범의 공동정범: 부작위범 사이의 공동정범도 성립할 수 있다(판례). 작위범과 부작위범 사이에도 공동정범의 성립이 가능하다[배종대, 758면;
이재상, 134면].

⚖ **판례 | 부작위범 사이의 공동정범의 성립가능성(긍정)**

부작위범 사이의 공동정범은 다수의 부작위범에게 공통된 의무가 부여되어 있고 그 의무를 공통으로 이행할 수 있을 때에만 성립한다[대판 2008.3.27,
2008도89]. [20 국가9급, 20 경찰승진, 20 경간부, 19 법원행시, 19 법원9급, 19 국가7급, 19 국가9급, 19 경찰승진, 19 경찰채용, 18 경간부, 18 경찰채용, 17 변호사, 16 법원행시, 16 국가9급]*

---

② 부작위범을 도구로 이용한 간접정범: 보증인에게 작위의무를 이행하지 못하도록 강요한 자에 대하여 간접정범이 성립할 수 있다[배종대,
758면].

③ 부작위범에 대한 교사범·종범 [19 변호사, 17 경찰승진, 16 국가9급, 16 경간부]*

㉮ 부작위범에 대하여도 적극적인 작위에 의한 교사·방조가 가능하다(예 피교사자에게 부작위로 나아갈 것을 결의케 하거나, 부작위로 나아갈 결의를 한 피방조자의 결의를 강화하는 경우).

㉯ 이 경우 교사·방조는 작위에 의한 것이므로 교사자·방조자(공범)에게 보증인지위는 요구되지 않는다.

(2) 부작위에 의한 공범

① 부작위에 의한 교사: 부작위에 의해서는 피교사자에게 심리적 영향을 미쳐 범죄를 결의케 할 수 없으므로 부작위에 의한 교사는 불가능하다. [19 경찰채용, 17 경찰승진, 16 국가9급, 16 경간부]*

② 부작위에 의한 방조: 부작위자에게 보증인지위가 인정된다면 가능하다. [19 경찰채용]*

⚖ **판례 | 부작위에 의한 방조범의 성립가능성(긍정)**

형법상 방조는 작위에 의하여 정범의 실행을 용이하게 하는 경우는 물론, 직무상의 의무가 있는 자가 정범의 범죄행위를 인식하면서도 그것을 방지하여야 할 제반 조치를 취하지 아니하는 부작위로 인하여 정범의 실행행위를 용이하게 하는 경우에도 성립된다[대판 1996.9.6,
95도2551]. [대판 2006.4.28,
2003도4128]. [20 국가9급, 18 법원행시, 18 국가9급, 17 국가9급, 17 경찰승진, 16 국가9급]*

구분	공범유형	인정 여부
부작위범에 대한 …	부작위범 사이의 공동정범	○
	간접정범	○
	교사범	○
	방조범	○
부작위에 의한 …	간접정범	×
	교사범	×
	방조범	○

4. 부작위범에 있어서 정범과 공범의 구별

판례 | 부작위에 의한 방조범의 성립을 인정한 경우

1. 은행지점장이 정범인 부하직원들의 범행을 인식하면서도 그들의 은행에 대한 배임행위를 방치하였다면 업무상배임죄의 방조범이 성립한다[대판 1984.11.27. 84도1906]. [16 경찰승진]*

2. 법원의 입찰사건에 관한 제반 업무를 주된 업무로 하는 공무원이 자신이 맡고 있는 입찰사건의 보증금이 계속적으로 횡령되고 있는 사실을 알면서도 묵인하였다면, 배당불능이라는 최악의 사태를 막기 위한 동기에서 비롯된 것이라고 하더라도, 자신의 작위의무를 이행함으로써 결과발생을 쉽게 방지할 수 있는 공무원이 그 사무의 새로운 횡령범죄를 방조, 용인한 것으로서 작위에 의한 법익침해와 동등한 형법적 가치가 있는 것이 아니라고 볼 수 없다[대판 1996.9.6. 95도2551]. ※ 부작위에 의한 업무상횡령죄의 종범 성립

3. 아파트 지하실의 소유자가 임차인의 지하실에 대한 용도변경행위를 알면서도 방임한 경우, 종범의 방조행위는 작위에 의한 경우뿐만 아니라 부작위에 의한 경우도 포함하는 것으로서 법률상 정범의 범행을 방지할 의무가 있는 자가 그 범행을 알면서도 방지하지 아니하여 범행을 용이하게 한 때에는 부작위에 의한 종범이 성립한다[대판 1985.11.26. 85도1906].

5. 과실의 부작위범

① 신성부작위범, 부진정부작위범을 불문하고 이론상 과실에 의한 부작위범(또는 부작위에 의한 과실범 또는 망각범)이 성립할 수 있다.

② 형법은 과실에 의한 진정부작위범을 처벌하는 규정을 두고 있지 아니하다.

③ 과실의 부진정부작위범이 성립하기 위해서는 구성요건에 해당하는 결과를 방지해야 할 보증인지위가 있을 것을 요한다.

제4절 인과관계와 객관적 귀속

출제 POINT

인과관계에 판단에 관한 판례 입장인 상당인과관계설의 의미를 알아두어야 하며, 각종 사안에서 판례가 인과관계를 인정 또는 부정했는지 여부를 정리해 두어야 한다.

제17조(인과관계) 어떤 행위라도 죄의 요소되는 위험발생에 연결되지 아니한 때에는 그 결과로 인하여 벌하지 아니한다. [17 경찰승진, 17 경찰채용]*

Ⅰ 서론

1. 인과관계의 의의

① 인과관계란 발생된 결과를 행위자의 행위에 의한 것으로 귀속시키는 데에 필요한 행위와 결과 사이의 연관관계를 말한다.

② 구성요건의 내용으로서 결과(행위객체에 대한 결과 또는 법익침해의 결과)의 발생을 요하는 결과범 또는 침해범에서만 문제되며 거동범에서는 문제되지 않는다.

2. 인과관계의 논의의 실익

인과관계가 인정되지 않으면 기수범이 성립할 수 없게 되어 고의범의 경우 미수범의 가벌성을 검토해야 하나, 과실범의 경우 미수를 처벌하는 규정이 없으므로 가벌성 심사는 종료되며 처벌되지 않는다.

Ⅱ 인과관계의 유형

1. 기본적 인과관계

다른 원인의 개입 없이 오직 행위자의 행위로 인하여 구성요건적 결과가 야기된 경우를 말한다(예 甲이 A를 살해한 경우에 A의 사망이 甲의 행위로 인한 것임이 분명한 경우).

2. 이중적 인과관계(택일적 인과관계)

단독으로도 동일한 결과를 발생시키기에 충분한 수개의 조건들이 결합하여 결과를 발생시킨 경우를 말한다(예 甲과 乙이 독립하여 A가 마실 물잔에 각각 치사량의 독약을 넣어 A가 이를 마시고 사망한 경우).

3. 누적적 인과관계(중첩적 인과관계)

단독으로는 결과를 발생시킬 수 없는 수개의 조건들이 공동으로 작용함으로써 결과가 발생한 경우를 말한다(예 甲과 乙이 독립하여 치사량에 미달하는 독약을 A의 물잔에 넣었으나 전체량이 치사량에 달하여 A가 사망한 경우).

4. 가설적 인과관계

(1) 의의

① 발생한 결과에 대한 원인행위(현실적 조건)가 없었더라도 가설적 원인(가정적 조건)에 의해 동일한 결과가 발생하였을 고도의 개연성이 있는 경우를 말한다(예 甲이 A를 비행기 탑승직전에 사살했으나 비행기가 이륙 후 추락하여 승객 전원이 사망했을 경우와 같이 A가 甲에 의해 사살되지 않았더라도 비행기 추락사고로 사망하였을 개연성이 높은 경우).

② 항상 현실적 조건만이 인과관계가 인정되고 가정적 조건은 인과관계가 부정된다.

(2) 유형

① 추월적 인과관계: 후행조건(현실적 조건)이 선행조건(가정적 조건)을 추월하여 결과발생을 앞당긴 경우에 후행조건(현실적 조건)과 발생된 결과 사이의 인과관계를 말한다(다수설, 예 甲이 A에게 독약을 먹였으나 약효가 발생하기 전에 乙이 A를 사살한 경우에 乙의 총격과 A의 사망사이의 인과관계, 사형집행 직전에 사형수를 피해자의 가족이 사살한 경우).[35]

② 경합적 인과관계: 원인행위(현실적 조건)가 없었더라도 다른 조건(가정적 조건)에 의해서 동일한 시기에 동일한 결과가 발생하였을 경우에 현실적 조건과 발생한 결과 사이의 인과관계를 말한다(예 甲이 사무실에 있는 A를 밖으로 불러내어 사살했으나 그렇지 않았더라도 A는 乙이 사무실에 설치해 놓은 시한폭탄에 의해 같은 시간에 사망했을 경우에 甲의 사살행위와 A의 사망 사이의 인과관계).

5. 단절적 인과관계

선행행위가 목표한 결과가 발생하였으나 그 결과가 독립된 후행행위가 선행행위의 효과를 제거하고 독립적으로 발생시킨 것인 경우에 선행행위와 발생한 결과간의 인과관계를 말한다(예 甲이 A에게 독약을 먹였으나 약효가 발생하기 전에 乙이 A를 사살한 경우에 甲의 독살행위와 A의 사망 사이의 인과관계).

6. 비유형적 인과관계

일정한 행위가 결과에 대하여 원인이 되지만 그 결과에 이르는 과정에 비유형적인 다른 조건이 개입하여 최초의 원인행위와 결합하여 결과가 발생한 경우를 말한다(예 甲이 살인의 의사로 A에게 총격을 가하여 경상을 입은 A가, 병원으로 후송되는 과정에서 교통사고, 피해자의 고의·과실, 제3자인 의사의 고의·과실, 혈우병과 같은 특이체질이 개입되어 사망한 경우).

Ⅲ 인과관계 판단에 관한 학설

1. 조건설(등가설)

(1) 의의

절대적 제약공식(conditio sine qua non Formel)을 사용하여, 행위와 결과 사이에 그 "행위(조건)가 없었다면 결과가 발생하지 않았을 것이다."라는 논리적 조건관계에 있는 모든 조건은 결과발생에 대해 등가적이기 때문에 모두 원인이 된다는 견해이다.

(2) 비판

논리적 조건관계에 있는 모든 조건이 등가치이므로 인과관계의 인정범위가 지나치게 확대되는 불합리가 있다(예 살인자의 출산이나 살인자에게 흉기를 판매한 자에게도 인과관계를 인정). [22 경간부]*

---

35) 선행조건과 발생된 결과 사이의 인과관계를 추월적 인과관계라고 하는 학자도 있다(소수설).

2. 원인설(개별화설)

조건설에 의하여 인과관계가 인정되는 조건 중에서 결과발생에 중요한 영향을 준 조건과 단순한 조건을 구별하여 중요한 조건만을 원인이라 하고 이에 대해서만 인과관계를 인정하려는 견해이다.

3. 상당인과관계설

사회생활의 일반 경험칙상 그러한 행위로부터 그러한 결과가 발생하는 것이 상당하다고(개연성이) 인정될 때 그 행위와 결과 사이에는 인과관계가 있다고 보는 견해이다(판례). 그러나, 상당인과관계설이 제시하는 '경험칙' 또는 '상당성'이 명백한 기준이 되지 못한다. [22 경간부]*

4. 합법칙적 조건설

(1) 의의

행위가 시간적으로 뒤따르는 외계의 변화에 연결되고 이 외계의 변화가 행위와 합법칙적으로 결합되어 구성요건적 결과로 실현되었을 때에 인과관계가 인정된다는 견해이다[이재상, 144면].

(2) 합법칙적 조건설에 의한 인과관계의 판단

인과관계의 유형		인과관계 인정 여부
이중적(택일적) 인과관계		인정
누적적(중첩적) 인과관계		인정. 객관적 귀속이 인정되지 않아 미수 성립
가설적 인과관계	추월적 인과관계	현실적 조건에 대하여 인과관계 인정
	경합적 인과관계	현실적 조건에 대하여 인과관계 인정
단절적 인과관계		선행조건은 부정, 후행의 현실적 조건은 인정
비유형적 인과관계		인정. 객관적 귀속여부는 예견가능성에 따라 결정
부작위범의 인과관계		인정

5. 인과관계중단론(소급금지이론)

인과관계가 진행되는 중에 타인의 고의행위나 예기치 못한 우연한 사정이 개입된 경우에는 이에 선행했던 행위와 결과 사이의 인과관계가 중단된다는 이론이다. 이 이론은 조건설에 의한 인과관계의 무한한 확대를 제한하기 위하여 고안된 것이다.

> ⚖ **판례 | 특이체질이 개입된 경우 인과관계의 인정 여부에 관한 비교판례**
>
> **1-0. (인정)** 甲이 평소에 A의 건강상태가 좋지 않았다는 것을 알고 있었음에도 A에게 외상이 생길 정도로 심하게 폭행을 가함으로써 평소에 심장질환을 앓고 있던 A가 관상동맥부전과 허혈성심근경색 등으로 사망한 경우[대판 1989.10.13. 89도556]. [18 경찰승진]*
>
> **동지판례** 피해자를 2회에 걸쳐 두 손으로 힘껏 밀어 땅바닥에 넘어뜨리는 폭행을 가함으로써 그 충격으로 인한 쇼크성 심장마비로 사망케 하였다면 비록 위 피해자에게 그 당시 심관성동맥경화 및 심근섬유화 증세 등의 심장질환의 지병이 있었고 음주로 만취된 상태였으며 그것이 피해자가 사망함에 있어 영향을 주었다고 해서 피고인의 폭행과 피해자의 사망간에 상당인과관계가 없다고 할 수 없다[대판 1986.9.9. 85도2433].
>
> **1-1. (부정)** 고등학교 교사인 甲이 학생 A의 뺨을 때리자 평소의 허약상태에서 온 급격한 뇌압상승으로 A가 뒤로 넘어져 사망하였는데, 사인이 A의 두개골이 비정상적으로 얇고 뇌수종을 앓고 있었던 데 연유하였고, 甲은 피해자가 허약함을 알고 있었으나 두뇌에 특별이상이 있음은 미처 알지 못하였던 경우[대판 1978.11.18. 78도1691].
>
> **비교판례** 뺨을 강타하여 뇌출혈로 사망케 한 경우 인과관계가 인정된다[대판 1957.9.20. 4290형상249].

⚖️ 판례 | 자동차에 의한 역과 사건에서 인과관계가 인정된 경우

1. **(인정)** 피고인이 운행하던 자동차로 도로를 횡단하던 피해자를 충격하여 피해자로 하여금 반대 차선의 1차선상에 넘어지게 하여 피해자가 반대차선을 운행하던 자동차에 역과되어 사망하게 된 경우 … 피고인은 업무상과실치사죄의 죄책을 면할 수 없다[대판 1988.11.8. 88도928].

2. **(인정)** 피고인이 야간에 오토바이를 운전하다가 도로를 무단횡단하던 피해자를 충격하여 피해자로 하여금 위 도로상에 전도케 하고, 그로부터 약 40초 내지 60초 후에 다른 사람이 운전하던 타이탄트럭이 도로 위에 전도되어 있던 피해자를 역과하여 사망케 한 경우, 피고인의 과실행위는 피해자의 사망에 대한 직접적 원인을 이루는 것이어서 양자간에는 상당인과관계가 있다[대판 1990.5.22. 90도580]. [16 국가7급]*

⚖️ 판례 | 인과관계의 인정 여부에 관한 비교판례

1-0. (인정) 자상을 입은 피해자가 콜라와 김밥 등을 함부로 먹은 탓으로 합병증이 유발됨으로써 사망하게 된 경우 … 살인의 실행행위가 피해자의 사망이라는 결과를 발생하게 한 유일한 원인이거나 직접적인 원인이어야만 되는 것은 아니므로 살인의 실행행위와 피해자의 사망과의 사이에 다른 사실이 개재되어 그 사실이 치사의 직접적인 원인이 되었다고 하더라도, 그와 같은 사실이 통상 예견할 수 있는 것에 지나지 않는다면 살인의 실행행위와 피해자의 사망과의 사이에 인과관계가 있는 것으로 보아야 할 것이다[대판 1994.3.22. 93도3612]. [20 경찰승진, 18 변호사, 18 경찰채용, 17 국가9급]*

1-1. (부정) 강간을 당한 피해자가 집에 돌아가 음독자살하기에 이르른 원인이 강간을 당함으로 인하여 생긴 수치심과 장래에 대한 절망감 등에 있었던 경우 … 그 자살행위가 바로 강간행위로 인하여 생긴 당연한 결과라고 볼 수는 없으므로 강간행위와 피해자의 자살행위 사이에 인과관계를 인정할 수는 없다[대판 1982.11.23. 82도1446]. [18 경찰채용, 16 국가9급]*

2-0. (인정) 甲이 화약류를 취급하는데 필요한 소정의 면허를 받지 못한 乙을 화약류 취급책임자로 선임하여 발파작업에 종사케 하여 그 발파작업 중 乙의 과실로 인하여 사상의 사고가 발생한 경우[대판 1966.6.28. 66도758].

> **동지판례** 건설업자가 건설기술자 현장배치의무를 위반한 과실과 공사현장 인접 소방도로의 지반침하 방지를 위한 그라우팅공사 과정에서 발생한 가스폭발사고 사이에는 상당인과관계가 있다[대판 1997.1.24. 96도776].

2-1. (부정) 탄광덕대인 甲이 화약류취급책임자 면허가 없는 乙에게 화약고 열쇠를 맡기었던 바 乙이 경찰관의 화약고검열에 대비하여 임의로 화약고에서 폭약 등을 꺼내어 이를 근로자 숙소 아궁이에 감추었고, 이 사실을 모르는 丙이 위 아궁이에 불을 때다 위 폭발물에 인화되어 폭발위력으로 사람을 사상에 이르게 한 경우 … 피고인으로서는 위와 같은 사고를 예견할 수 있었다고 보기 어려울 뿐 아니라 피고인이 乙에게 위 열쇠를 보관시키고 화약류를 취급하도록 한 행위와 위 사고발생 간에는 인과관계가 있다고 할 수 없다[대판 1981.9.8. 81도53].

3-0. (인정) 운전수 甲이 시동을 끄고 1단 기어가 들어가 있는 상태에서 시동열쇠를 끼워놓은 채 11세인 어린이를 조수석에 남겨두고 하차하자 어린이가 시동열쇠를 돌리며 악셀레이터 페달을 밟아 차량이 진행하여 사고가 발생한 경우[대판 1986.7.8. 86도1048].

3-1. (부정) 운전사 甲이 발동을 끄고 시동열쇠는 꽂아 둔 채로 하차한 동안에 조수가 이를 운전하다가 사고를 낸 경우 [대판 1971.9.28. 71도1082].

4-0. (인정) 공사를 발주한 구청 소속의 현장감독 공무원인 甲이 건축공사가 불법 하도급 되어 무자격자에 의하여 시공되고 있는 점을 알고도 공사를 계속하게 함으로써 붕괴사고 등의 재해가 발생한 경우[대판 1995.9.15. 95도906].

4-1. (부정) 초지조성공사를 도급받은 수급인 甲이 불경운작업(산불작업)을 하도급을 준 이후에 계속하여 그 작업을 감독하지 아니한 잘못이 있었고 하수급인이 과실로 산림실화를 발생케 한 경우 … 도급자에 대한 도급계약상의 책임이지 위 하수급인의 과실로 인하여 발생한 산림실화에 상당인과관계가 있는 과실이라고는 할 수 없다[대판 1987.4.28. 87도297]. [18 경찰채용, 17 경찰채용, 16 국가7급]*

📖 판례 | 강도·강간·감금·상해행위 등을 피하려다가 발생한 결과와 인과관계 인정 여부(인정)

1. (인정) 폭행 또는 협박으로 타인의 재물을 강취하려는 <u>행위와</u> 이에 극도의 흥분을 느끼고 공포심에 사로잡혀 <u>이를 피하려다 상해에 이르게 된 사실과는 상당인과관계가 있다</u>[대판 1996.7.12. 96도1142].

2. (인정) 피고인이 자신이 경영하는 속셈학원의 강사로 피해자를 채용하고 학습교재를 설명하겠다는 구실로 유인하여 <u>호텔 객실에 감금</u>한 후 강간하려 하자, 피해자가 완강히 반항하던 중 피고인이 대실시간 연장을 위해 전화하는 사이에 <u>객실 창문을 통해 탈출하려다가 지상에 추락하여 사망한 경우 … 강간치사죄가 성립한다</u>[대판 1995.5.12. 95도425]. [16 국가9급]*

3. (인정) 승용차로 피해자를 가로막아 승차하게 한 후 피해자의 하차 요구를 무시한 채 당초 목적지가 아닌 다른 장소를 향하여 시속 60km 내지 70km의 속도로 진행하자(감금에 해당함), 피해자가 그와 같은 <u>감금상태를 벗어날 목적으로 차량을 빠져 나오려다가</u> 길바닥에 떨어져 상해를 입고 그 결과 사망에 이른 경우 … 감금치사죄에 해당한다[대판 2000.2.11. 99도5286].

4. (인정) <u>피고인이 아파트 안방에서 안방문에 못질을 하여 동거하던 피해자가 술집에 나갈 수 없게 감금하고, 피해자를 때리고 옷을 벗기는 등 가혹한 행위를 하여</u> 피해자가 이를 피하기 위하여 창문을 통해 밖으로 뛰어 내리려 하자 피고인이 이를 제지한 후, 피고인이 거실로 나오는 사이에 갑자기 안방 창문을 통하여 알몸으로 아파트 아래 잔디밭에 <u>뛰어 내리다가</u> 장기파열상 등을 입고 사망한 경우 … 중감금치사죄의 죄책을 진다[대판 1991.10.25. 91도2085]. [16 국가9급]*

5. (인정) <u>상해행위를 피하려고 하다가 차량에 치어 사망한 경우</u> 상해행위와 피해자의 사망 사이에 상당인과관계가 있다 [대판 1996.5.10. 96도529]. [20 변호사, 20 경찰승진, 19 법원행시, 18 국가9급]*

📖 판례 | 인과관계를 인정한 경우

1. <u>피고인이 주먹으로 피해자의 복부를 1회 강타하여 장파열로 인한 복막염으로 사망케 하였다면,</u> 비록 의사의 수술지연 등 과실이 피해자의 사망의 공동원인이 되었다 하더라도 피고인의 행위가 사망의 결과에 대한 유력한 원인이 된 이상 그 폭력행위와 치사의 결과간에는 인과관계가 있다 할 것이어서 피고인은 피해자의 사망의 결과에 대해 <u>폭행치사의 죄책을 면할 수 없다</u>[대판 1984.6.26. 84도831]. [19 국가9급, 17 경찰채용, 16 국가9급]*

2. 피고인의 자상행위가 피해자를 사망하게 한 직접적 원인은 아니었다 하더라도 이로부터 발생된 다른 간접적 원인이 결합되어 사망의 결과를 발생하게 한 경우라도 그 행위와 사망간에는 인과관계가 있다. 따라서 피해자가 부상한 후 1개월이 지난 후에 위 패혈증 등으로 사망하였다 하더라도 그 패혈증이 위 자창으로 인한 과다한 출혈과 상처의 감염 등에 연유한 것인 이상 자상행위와 사망과의 사이에 인과관계의 존재를 부정할 수 없다[대판 1982.12.28. 82도2525]. [18 변호사, 18 국가9급, 16 국가7급]*

   동지판례 경찰봉으로 때린 구타행위와 피해자가 외상성 뇌경막하 출혈로 사망할 때까지 사이 약 20여시간이 경과하였다 하더라도 그 밖에 달리 사망의 중간요인을 발견할 자료가 없다면 시간적 간격이 있었더라도 피고인의 구타와 피해자의 사망 사이에 인과관계가 없다고 할 수 없다[대판 1984.12.11. 84도2347].

2-1. 피고인이 甲의 뺨을 1회 때리고 오른손으로 목을 쳐 甲으로 하여금 뒤로 넘어지면서 머리를 땅바닥에 부딪치게 하여 <u>甲이 두부 손상을 입은 후 병원에서 입원치료를 받다가 합병증으로 사망에 이르게 되었다면 피고인의 범행과 甲의 사망 사이에 인과관계를 부정할 수 없고</u>, 사망 결과에 대한 예견가능성이 있었다면, 상해치사죄가 성립한다[대판 2012.3.15. 2011도17648]. [20 경찰승진, 17 국가9급]*

3. 피고인의 강타로 인하여 임신 7개월의 피해자가 지상에 넘어져서 4일 후에 낙태하고 위 낙태로 유발된 심근경색증으로 죽음에 이르게 된 경우 피고인의 구타행위와 피해자의 사망 간에는 인과관계가 있다[대판 1972.3.28. 72도296]. [16 경찰승진]*

3-1. 연탄가스 중독환자가 퇴원시 자신의 병명을 물었으나 치료한 의사가 아무런 요양방법을 지도하여 주지 아니하여 병명을 알지 못한 환자가 퇴원하여 처음 사고가 난 방에서 다시 자다가 재차 연탄가스에 중독된 경우, 의사의 지도 미이행의 과실과 연탄가스 사고 사이[대판 1991.2.12. 90도2547]. [18 경간부]*

4. 임차인이 자신의 비용으로 설치·사용하던 가스설비의 휴즈콕크를 아무런 조치 없이 제거하고 이사를 간 후 가스공급을 개별적으로 차단할 수 있는 주밸브가 열려져 가스가 유입되어 폭발사고가 발생한 경우 임차인의 과실과 가스폭발사고 사이[대판 2001.6.1. 99도5086]. [18 경간부, 16 법원행시, 16 경찰승진]*

5. 4일 가량 물조차 제대로 마시지 못하고 잠도 자지 아니하여 거의 탈진 상태에 이른 피해자의 손과 발을 17시간 이상 묶어 두고 좁은 차량 속에서 움직이지 못하게 감금한 행위와 묶인 부위의 혈액 순환에 장애가 발생하여 혈전이 형성되고 그 혈전이 폐동맥을 막아 사망에 이르게 된 결과 사이[대판 2002.10.11. 2002도4315]. [18 국가9급, 17 경간부]*

6. 경찰관이 운전자의 혈중알콜농도가 0.09%의 주취상태에 있다는 사실을 확인하였으나 차량열쇠를 운전자에게 교부하여 운전자가 감시소홀을 틈타 운전을 하고 도망가다가 사고가 난 경우, 경찰관의 행위와 사고 사이[대판 1998.5.8. 97도5482].

7. 야간에 2차선의 굽은 도로 상에 미등과 차폭등을 켜지 않은 채 화물차를 주차시켜 놓음으로써 오토바이가 추돌하여 그 운전자가 사망한 경우[대판 1996.12.20. 96도2030].

8. 무게가 무겁거나, 날카로운 형상을 가지고 있는 등 상·하차 과정이나 운반 과정에 위험을 초래할 우려가 있는 물품을 출고하여 운반을 의뢰함에 있어서는 그 물품의 특성에 맞게 적절한 단위로 서로 단단히 묶거나 포장하여 운반 과정 등에 장애를 발생시키지 않도록 할 주의의무가 있다 할 것이고, 그러한 주의의무를 게을리 함으로써 물품의 묶음이나 포장이 쉽게 풀어지거나 파손되게 하여 물품의 상·하차 과정에서 당해 물품이 추락하는 사고가 발생하였다면, 그 사고와 위 주의의무 위반과 사이에는 상당인과관계가 있다 할 것이다[대판 2009.7.23. 2009도3219].

9. 도선사인 피고인 甲이 현대 하모니호가 부산항 제3호 등부표를 지날 무렵 정당한 사유 없이 하모니호에서 하선함으로써 도선사에 비하여 상대적으로 항만사정이나 한국인과의 교신에 익숙하지 못한 데다 선박운용기술이 떨어지는 중국인 선장 乙로 하여금 부산항 강제도선구 내에서 조선하도록 한 업무상 과실이 있고, 나아가 피고인이 강제도선구역 내에서 조기 하선함으로 인하여 그 후 하모니호의 선장 乙은 부산항 항만교통정보센터로부터 입항선인 씨에스씨엘 칭다오호의 행동이 의심스러우니 주의하라는 경고를 받았음에도 적기에 충돌회피동작을 취하지 못하여 결국 선박충돌사고가 발생하게 하였으므로 피고인 甲의 위와 같은 업무상 과실과 사고발생 사이의 상당인과관계도 인정된다[대판 2007.9.21. 2006도6949]. ※ 업무상과실선박파괴죄 성립 [18 경찰승진]*

9-1. 피고인이 제왕절개수술 후 대량출혈이 있었던 피해자를 전원 조치하였으나 전원받는 병원 의료진의 조치가 다소 미흡하여 도착 후 약 1시간 20분이 지나 수혈이 시작된 사안에서, 피고인의 전원지체 등의 과실로 신속한 수혈 등의 조치가 지연된 이상 피해자의 사망과 피고인의 과실 사이에 인과관계가 인정된다고 한 사례[대판 2010.4.29. 2009도7070]. [19 경찰승진, 16 국가7급]*

10. 피고인이 자동차를 운전하다 횡단보도에서의 보행자에 대한 보호의무를 위반하여 횡단보도를 걷던 보행자 갑을 들이받아 그 충격으로 횡단보도 밖에서 갑과 동행하던 피해자 을이 밀려 넘어져 상해를 입었다면 을의 상해는 피고인의 행위를 직접적인 원인으로 하여 발생한 것이라고 한 사례[대판 2011.4.28. 2009도12671]. [19 경찰승진]*

11. 피고인이 고속도로 2차로를 따라 시속 110~120km 정도로 자동차를 운전하다가 1차로를 진행하던 甲의 차량 앞에 급하게 끼어든 후 약 6초 만에 정차하여, 甲의 차량 및 이를 뒤따르던 차량 두 대는 급정차하였으나, 그 뒤를 따라오던 乙의 차량이 앞의 차량들을 연쇄적으로 추돌하여 乙이 사망하고 나머지 차량 운전자가 상해를 입었다면, 피고인의 정차 행위와 사상의 결과 발생 사이에 상당인과관계가 있고, 사상의 결과 발생에 대한 예견가능성도 인정되므로 피고인에게 일반교통방해치사상죄가 성립한다[대판 2014.7.24. 2014도6206]. [22 경간부, 20 국가7급, 20 경간부, 19 법원행시, 18 국가7급, 17 변호사, 16 법원9급]*

12. 피고인의 수술 후 복막염에 대한 진단과 처치 지연 등의 과실로 피해자가 제때 필요한 조치를 받지 못하였다면 피해자의 사망과 피고인의 과실 사이에는 인과관계가 인정된다. 비록 피해자가 피고인의 지시를 일부 따르지 않거나 퇴원한 적이 있더라도, 그러한 사정만으로는 의사인 피고인의 과실과 피해자의 사망 사이에 인과관계가 단절된다고 볼 수 없다[대판 2018.5.11. 2018도2844].

⚖ 판례 | 인과관계를 부정한 경우

1. 야간에 고속도로를 무단횡단하는 보행자를 충격하여 사망에 이르게 한 경우, 피고인에게 고속버스와의 안전거리를 확보하지 아니한 채 진행하다가 과속으로 고속버스의 우측으로 제한최고속도를 시속 20km 초과하여 추월한 잘못이 있더라도, 피고인의 위와 같은 잘못과 피해자의 사망 사이에 상당인과관계가 있다고 할 수 없다[대판 2000.9.5. 2000도2671].

2. 피고인이 선단의 책임선인 제1봉림호의 선장으로 조업중이었다 하더라도 피고인으로서는 종선의 선장에게 조업상의 지시만 할 수 있을 뿐 선박의 안전관리는 각 선박의 선장이 책임지도록 되어 있었다면 그 같은 상황하에서 피고인이 풍랑 중에 종선에 조업지시를 하였다는 것만으로는 종선의 풍랑으로 인한 매몰사고와의 사이에 인과관계가 성립할 수 없다고 한 원심의 판단은 타당하다[대판 1989.9.12, 89도1084]. [18 경간부, 18 경찰채용]*

3. 파도수영장에서 물놀이하던 초등학교 6학년생이 수영장 안에 엎어져 있는 것을 수영장 안전요원이 발견하여 인공호흡을 실시한 뒤 의료기관에 후송하였으나 후송 도중 사망한 사고에 있어서 그 사망원인이 구체적으로 밝혀지지 아니한 상태에서 수영장 안전요원과 수영장 관리책임자에게 업무상 주의의무를 게을리 한 과실이 있고 그 주의의무 위반으로 인하여 피해자가 사망하였다고 인정한 원심판결을 업무상과실치사죄에 있어서의 과실 및 인과관계에 관한 법리오해 및 심리미진 등의 위법을 이유로 파기한 사례[대판 2002.4.9, 2001도6601].

4. 부엌에서 출입문과 환기창을 모두 닫아놓고 연탄아궁이에 연탄불을 피워 놓은 채 목욕을 하다가 그 연탄아궁이에서 새어나온 연탄가스의 일산화탄소에 중독되어 사망한 것이라면 비록 임대인이 위 외부 굴뚝 보수공사를 함에 있어 연통이음새로 시멘트가 내부로 흘러 들어가게 하여 연통내부의 하단 부분을 메우게 한 과실이 있었다 하더라도 임차인의 사망이 위와 같은 임대인의 과실에 기인된 것이라고 보기 어렵다[대판 1985.3.26, 84도3085].

5. 한의사인 피고인이 피해자에게 문진하여 과거 봉침을 맞고도 별다른 이상반응이 없었다는 답변을 듣고 부작용에 대한 충분한 사전 설명 없이 환부인 목 부위에 봉침시술을 하였는데, 피해자가 위 시술 직후 쇼크반응을 나타내는 등 상해를 입은 경우, 제반 사정에 비추어 피고인이 봉침시술에 앞서 설명의무를 다하였더라도 피해자가 반드시 봉침시술을 거부하였을 것이라고 볼 수 없어, 피고인의 설명의무 위반과 피해자의 상해 사이에 상당인과관계를 인정하기 어렵다[대판 2011.4.14, 2010도10104]. [20 법원행시, 19 경찰승진, 17 국가9급, 17 경찰승진]*

6. [1] 의사가 설명의무를 위반한 채 의료행위를 하였다가 환자에게 상해 또는 사망의 결과가 발생한 경우 의사에게 업무상 과실로 인한 형사책임을 지우기 위해서는 의사의 설명의무 위반과 환자의 상해 또는 사망 사이에 상당인과관계가 존재하여야 한다. [20 경찰채용, 19 법원행시, 18 국가7급, 17 경찰채용]*
[2] 피해자와 공소외 2(남편)는 피고인이 수술의 위험성에 관하여 설명하였는지 여부에 관계없이 간경변증을 앓고 있는 피해자에게 이 사건 수술이 위험할 수 있다는 점을 이미 충분히 인식하고 있었던 것으로 보인다. 그렇다면 피고인이 피해자나 공소외 2에게 공소사실 기재와 같은 내용으로 수술의 위험성에 관하여 설명하였다고 하더라도 피해자나 공소외 2가 수술을 거부하였을 것이라고 단정하기 어렵다. 따라서 피고인의 설명의무 위반과 피해자의 사망 사이에 상당인과관계가 있다고 단정할 수 없다[대판 2015.6.24, 2014도11315]. [17 변호사]*

Ⅳ 객관적 귀속이론

1. 의의

객관적 귀속이론이란 인과관계가 인정되는 결과를 행위자의 행위에 객관적으로 귀속시킬 수 있는가(또는 행위자의 행위 탓으로 돌릴 수 있는가)를 확정하는 이론을 말한다.

2. 객관적 귀속의 구체적 판단기준

(1) 지배가능성이론

인과관계가 인정되는 결과를 행위자에게 그의 작품으로 귀속시키기 위해서는 그 인과과정과 결과가 행위자에게 지배가능한 것이어야 한다는 이론이다.

(2) 위험창출이론

객관적 귀속이 인정되기 위해서는 행위자의 행위가 법적으로 허용되지 않는 위험을 창출하거나 증대시켜야 한다는 이론이다.

(3) 위험실현이론

① 객관적 귀속이 인정되기 위해서는 행위자가 창출·증가시킨 법적으로 허용되지 않는 위험이 구체적인 결과로 실현되어야 한다는 이론이다.

② 과실범의 경우 행위자가 주의의무에 위반하여 구성요건적 결과를 야기한 경우, ⅰ) 적법한 대체행위를 하였다면 결과가 발생하지 않았을 것이 확실한 경우에는 객관적 귀속이 인정되나, ⅱ) 적법한 대체행위를 하였더라도 동일한 결과의 발생이 확실한 경우에는 객관적 귀속은 부정된다.

> ### ☝ 판례 | 적법한 대체행위이론을 적용하여 인과관계를 부정한 판례
>
> 1. **(트럭바퀴 중앙선 침범 사건: 인과관계 부정)** 피고인이 트럭을 도로의 중앙선 위에 왼쪽 바깥바퀴가 걸친 상태로 운행하던 중 피해자가 승용차를 운전하여 피고인이 진행하던 차선으로 달려오다가 급히 자기 차선으로 들어가면서 피고인이 운전하던 트럭과 교행할 무렵 다시 피고인의 차선으로 들어와 그 차량의 왼쪽 앞 부분으로 트럭의 왼쪽 뒷바퀴 부분을 스치듯이 충돌하고 이어서 트럭을 바짝 뒤따라 가던 차량을 들이받았다면, <u>설사 피고인이 중앙선 위를 달리지 아니하고 정상차선으로 달렸다 하더라도 사고는 피할 수 없다 할 것이므로 피고인이 트럭의 왼쪽 바퀴를 중앙선 위에 올려놓은 상태에서 운전한 것만으로는 위 사고의 직접적인 원인이 되었다고 할 수 없다</u>[대판 1991.2.26. 90도2856].
>
> 2. **(할로테인 마취 사건: 인과관계 부정)** 혈청에 의한 간기능검사를 시행하지 않거나 이를 확인하지 않은 피고인들의 과실과 피해자의 사망 간에 인과관계가 있다고 하려면 피고인들이 수술 전에 피해자에 대한 간기능검사를 하였더라면 피해자가 사망하지 않았을 것임이 입증되어야 할 것인데도(수술 전에 피해자에 대하여 혈청에 의한 간기능검사를 하였더라면 피해자의 간기능에 이상이 있었다는 검사결과가 나왔으리라는 점이 증명되어야 할 것이다) 원심은 피해자가 수술당시에 이미 간손상이 있었다는 사실을 증거 없이 인정함으로써 채증법칙위반 및 인과관계에 관한 법리오해의 위법을 저지른 것이다 [대판 1990.12.11. 90도694]. [16 국가9급]*
>
> **동지판례** 선행 교통사고와 후행 교통사고 중 어느 쪽이 원인이 되어 피해자가 사망에 이르게 되었는지 밝혀지지 않은 경우 후행 교통사고를 일으킨 사람의 과실과 피해자의 사망 사이에 인과관계가 인정되기 위하여는 후행 교통사고를 일으킨 사람이 주의의무를 게을리하지 않았다면 피해자가 사망에 이르지 않았을 것이라는 사실이 증명되어야 하고, 그 증명책임은 검사에게 있다[대판 2007.10.26. 2005도8822].

(4) 규범의 보호목적이론

행위자의 행위에 의하여 창출·증가된 허용되지 않는 위험이 실현되어 결과가 발생한 경우라도, ⅰ) 그 결과회피가 행위자가 위반한 규범의 보호목적 범위 내에 있어야 귀속이 인정되며, ⅱ) 그 결과회피가 행위자가 위반한 규범의 반사적 이익에 불과하다면 귀속이 부정된다는 이론이다.

> ### ☝ 판례 | 인과관계의 인정 여부
>
> 1. **(안전거리 미준수 정차 사건: 인과관계 부정)** 피고인 운전의 차가 이미 정차하였음에도 뒤쫓아오던 차의 충돌로 인하여 앞 차를 충격하여 사고가 발생한 경우, 설사 피고인에게 안전거리를 준수치 않은 위법이 있었다 할지라도 그것이 이 사건 피해 결과에 대하여 인과관계가 있다고 단정할 수 없다[대판 1983.8.23. 82도3222].
>
> 2. **(피해자의 고의에 의한 자기위태화: 인과관계 부정)** 피해자의 화상이 피고인의 방화로 인하여 피동적으로 입은 화상이 아니라 적극적으로 진화작업에 열중한 나머지 입게 된 화상이라면 화상을 입어가면서 진화작업에 열중할 것이라는 것은 피고인이 전혀 인식할 수 없고 일반인의 입장에서도 이례적인 일에 속하는 일로서 방화를 하면 반드시 그와 같은 결과가 발생하는 것도 아니므로 이는 형법상의 인과관계의 범위 외에 속하는 것이어서 방화치상죄의 성립은 부정된다[대판 1966.6.28. 66도1].
>
> 3. **(열차 건널목 사건: 인과관계 인정)** 자동차의 운전자가 그 운전상의 주의의무를 게을리 하여 열차건널목을 그대로 건너는 바람에 그 자동차가 열차좌측 모서리와 충돌하여 20여m쯤 열차 진행방향으로 끌려가면서 튕겨나갔고 피해자는 타고 가던 자전거에서 내려 위 자동차 왼쪽에서 열차가 지나가기를 기다리고 있다가 위 충돌사고로 놀라 넘어져 상해를 입었다면 비록 위 자동차와 피해자가 직접 충돌하지는 아니하였더라도 자동차운전자의 위 과실과 피해자가 입은 상해 사이에는 상당한 인과관계가 있다[대판 1989.9.12. 89도866].

	객관적 귀속의 인정 여부	예
지배가능성이론	객관적으로 지배가능성이 없는 인과과정(부정)	① 벼락을 맞아 죽게 할 목적으로 들일을 내보내어 실제로 벼락을 맞아 죽은 경우 ② 상속의 목적으로 부모를 추락시키기 위해 안전도가 낮은 비행기에 태워 보낸 결과 실제로 추락사한 경우
	조건이 결과와 시간적으로 멀리 떨어진 경우(부정)	① 후에 살인자가 된 아이의 출산 ② 후에 살인에 사용된 총기의 제조
	예견하기 어려운 비유형적인 인과진행의 경우(부정)	甲이 살인의 의사로 A에게 총격을 가하여 경상을 입은 A가 병원으로 후송되는 과정에서 교통사고나 혈우병과 같은 특이체질이 개입되어 사망한 경우
	제3자의 고의행위가 개입된 경우(부정)	의사가 보관한 독약이나 경찰이 방치한 총으로 제3자가 살인을 한 경우
위험창출이론	위험감소(부정)	벽돌이 피해자의 머리 위에 떨어지려는 순간 그를 밀어 어깨에 맞게 하여 경상에 그치게 한 경우
	허용된 위험(부정)	고속도로에서 정상적으로 운전하던 중 갑자기 뛰어든 사람을 치어 사망케 한 경우
	사회적으로 상당하고 경미한 위험(부정)	① 피해자를 살해하기 위하여 범죄다발 국가로 여행을 권유하여 실제로 피해자가 살해된 경우 ② 피해자를 추락사 시킬 목적으로 등산을 권유하여 실제로 피해자가 추락사한 경우
	위험의 지연(부정)	타인에 의하여 치명상을 입은 환자에 대하여 의사가 의술을 동원하여 사망의 시기를 늦춘 경우
위험의실현이론	창출된 위험의 상당한 실현(여부)	① 위험실현(귀속 인정): 피해자를 익사시키려고 다리 밑으로 밀었던 바 피해자가 교각에 부딪혀 뇌진탕으로 사망한 경우 ② 다른 위험 실현(귀속 부정): 살해하기 위하여 총격을 가하여 중상을 입었으나 피해자가 병원으로 후송 도중에 제3자의 과실에 의한 교통사고로 사망한 경우
	허용되지 않는 위험의 실현(여부)	과속으로 운전하다가 사고장소에 이르러서는 적정속도를 유지하였으나 갑자기 차도로 뛰어든 사람을 치어 사망케 한 경우에는 허용된 위험의 실현으로 결과가 발생하였으므로 객관적 귀속 부정
	적법한 대체행위(를 가정했을 때)	① 동일한 결과의 불발생이 확실한 경우에는 객관적 귀속 인정 ② 동일한 결과의 발생이 확실한 경우에는 객관적 귀속 부정
	가설적 인과관계의 현실적 조건(인정)	甲이 A를 비행기 탑승직전에 사살했으나 비행기가 이륙 후 추락하여 승객 전원이 사망한 경우라도 A의 사망이라는 결과는 甲의 행위에 귀속
규범의보호목적이론	고의범과 규범의 보호목적	甲이 살인의 의사로 A에게 총격을 가하여 경상에 가까운 출혈상을 입혔는데 A가 종교적 이유로 수혈을 거부하여 사망한 경우, A의 사망의 결과는 살인죄의 규정이 회피하고자 한 결과가 아니므로 甲에게 귀속될 수 없다. 따라서 甲의 행위는 살인죄의 미수의 구성요건에 해당한다.
	과실범과 규범의 보호목적	甲이 속도제한 규정을 위반하여 과속으로 A의 차량을 추월하자 이에 놀란 A가 심장마비로 사망한 경우, A의 사망의 결과는 속도제한 규정이 회피하고자 한 결과가 아니므로 甲에게 귀속될 수 없다.
	피해자의 고의에 의한 자기위태화(부정)	ⅰ) 甲이 살인의 의사로 A에게 총격을 가하여 경상에 가까운 출혈상을 입혔는데 A가 종교적 이유로 수혈을 거부하여 사망한 경우, ⅱ) 甲과 乙이 자동차경주에서 시합하던 중 乙이 자기의 과실로 사망한 경우, ⅲ) 甲이 乙의 집에 방화하자 乙이 가재도구를 꺼내려고 들어갔다가 소사한 경우에는 결과의 귀속이 부정된다.

제5절 구성요건적 고의

출제 POINT

고의 특히 미필적 고의의 개념을 명확히 이해해 두어야 한다. 고의의 인정 여부에 관한 판례도 자주 출제된다.

> **제13조(고의)** 죄의 성립요소인 사실을 인식하지 못한 행위는 벌하지 아니한다. 다만, 법률에 특별한 규정이 있는 경우에는 예외로 한다. [19 경찰채용]*

I 서론

1. 의의

① 구성요건적 고의란 객관적 구성요건적 사실을 인식(지적 요소)하고 구성요건을 실현하려는 의사(의지적 요소)를 말한다.

② 형법은 원칙적으로 고의행위만을 처벌하고, 고의 없는 과실행위는 법률에 특별한 규정이 있는 경우에만 예외적으로 처벌한다(제13조).

2. 구별개념

(1) 불법고의

행위자가 객관적 구성요건실현의 인식과 의사를 가지고 동시에 위법성조각사유에 해당하지 않는다는 사실을 인식하면서도 행위를 하는 경우의 고의를 말한다(소극적 구성요건표지이론의 고의, 총체적 불법구성요건적 고의).

(2) 책임고의

구성요건실현의 인식과 의사를 가지고 행위를 하는 행위자의 의사결정이 법적으로 비난받을 수 있는 심정에 기인하는 경우를 말한다(심정반가치로서의 고의).

3. 고의의 체계적 지위

① 책임요소설(인과적 행위론, 고전적·신고전적 범죄체계), 구성요건요소설(목적적 행위론, 목적적 범죄체계)이 있으나 이중적 지위를 인정하는 견해(사회적 행위론, 합일태적 범죄체계)가 다수설이다.

② 이중적 지위설에 의하면 고의는 구성요건요소인 동시에 책임요소가 된다. ⅰ) 구성요건적 고의는 객관적 행위상황에 대한 지적·의지적 실현을 의미하며(행위반가치로서의 고의), ⅱ) 책임고의는 고의의 불법행위를 통하여 드러나는 행위자의 법 적대적 태도에 대한 부정적 가치판단을 의미한다(심정반가치로서의 고의).

4. 고의의 존재시기

① 구성요건적 고의는 행위시, 즉 구성요건을 실행할 때에 있음을 요한다.

② **사전고의**: 행위자가 행위 이전에는 구성요건의 실현의사를 가지고 있었으나 정작 구성요건실현시에는 그것이 없었던 경우이다(예 甲이 사냥을 하는 기회에 사고를 가장하여 그의 처를 살해하기로 결의하였으나 사냥 전날밤 총을 닦다가 오발로 처를 사망케 한 경우).

③ 사후고의: 행위자가 고의 없이 구성요건적 결과를 실현 한 후에 비로소 그 결과를 인식·용인하는 경우를 말한다(예 과속운전을 하다가 사람을 치사케 한 후 피해자가 원수임을 알고 차라리 잘되었다고 생각한 경우, 실수로 청자항아리를 깼으나 주인이 욕설을 퍼붓자 차라리 잘 깼다고 생각한 경우).

④ 사전고의·사후고의의 본질: 고의는 행위시에 존재해야 하므로 사전고의나 사후고의는 고의가 아니며 과실범의 문제가 된다.

Ⅱ 고의의 내용

1. 고의의 지적 요소

고의의 **인식대상인 것** [20 경찰승진, 18 국가9급]*	고의의 **인식대상이 아닌 것** [20 경찰승진, 18 국가9급]*
① **객관적 구성요건요소**: 고의가 성립하기 위하여 인식하여야 할 대상은 객관적 구성요건요소에 해당하는 사실이다. ⅰ) 행위의 주체 – 배임죄의 타인의 사무처리자, 위증죄의 법률에 의하여 선서한 증인, 따라서 진정신분범에서의 신분도 행위의 주체요소이므로 고의의 인식대상에 포함된다. ⅱ) 행위객체 – 살인죄의 사람·절도죄의 타인의 재물 ⅲ) 행위 – 위조문서행사죄에서 위조문서의 행사 ⅳ) 결과 – 방화죄에서 소훼의 결과 ⅴ) 인과관계 – 인과관계도 고의의 인식대상이다(통설). ⅵ) 행위수단, 행위태양 – 사기죄의 기망 ⅶ) 행위상황 – 야간주거침입절도죄의 야간 ⅷ) 구체적 위험범에서 위험의 발생 – 자기소유일반건조물방화죄의 위험발생 ② **가중적·감경적 구성요건**: 불법을 형성하는 가중적 구성요건요소(예 존속살해죄의 객체인 존속)와 감경적 구성요건요소(예 승낙살인죄에서 승낙이 있다는 점)에 대한 인식이 필요하다.	① **결과적 가중범에 있어서 중한 결과**: 고의의 인식대상이 아니며, 예견가능성(과실)이 있으면 족하다. ② **구성요건의 주관적 요소(예 고의, 목적 등)와 처벌조건(예 친족상도례에서 친족인 신분, 사전수뢰죄에서 공무원 또는 중재인이 된 사실) 및 소추조건(예 친고죄의 고소, 반의사불벌죄의 피해자의 의사)**: 인식대상이 아니다. ③ **추상적 위험범에서 위험발생**: 구성요건 요소가 아니므로 고의의 인식대상이 아니다. ④ **상습범의 상습성 및 영아살해죄에서 치욕을 은폐하려는 동기**: 책임관련 요소이므로 인식의 대상이 아니다. ⑤ **책임능력과 기대가능성**: 책임요소에 해당하므로 고의의 인식대상이 아니다. ⑥ **형벌법규 및 행위의 가벌성**

> **⚖ 판례 | 고의의 인식대상이 아닌 것**
>
> 범죄수익은닉의 규제 및 처벌 등에 관한 법률상의 범죄수익은닉죄의 고의가 성립하기 위해서는 행위자가 자신이 은닉하려고 한 재산이 범죄수익 등에 해당한다는 사실을 인식하는 정도로 충분하고 반드시 그 범죄의 종류나 구체적 내용까지 알아야 하는 것은 아니다[대판 2007.1.11. 2006도5288].

2. 고의의 의지적 요소

고의가 성립하기 위하여는 행위자가 인식한 내용을 실현하려는 의사, 즉 구성요건의 실현의사가 있어야 한다.

> **⚖ 판례 |**
>
> (요약: 고의가 인정되기 위해서 결과발생을 희망할 필요는 없다) 범의가 있다 함은 자기가 의도한 행위에 의해 범죄사실이 발생할 것을 인식하면서 그 행위를 감행하거나 하려고 하면 충분하고, 결과발생을 희망할 필요는 없다[대판 1987.10.13. 87도1240].

[1] 전자금융거래법 제6조 제3항 제2호에서 정한 '접근매체의 대여'란 대가를 수수·요구 또는 약속하면서 일시적으로 다른 사람으로 하여금 접근매체 이용자의 관리·감독 없이 접근매체를 사용해서 전자금융거래를 할 수 있도록 접근매체를 빌려주는 행위를 말하고, 여기에서 '대가'란 접근매체의 대여에 대응하는 관계에 있는 경제적 이익을 말한다. 이때 접근매체를 대여하는 자는 접근매체 대여에 대응하는 경제적 이익을 수수·요구 또는 약속하면서 접근매체를 대여한다는 인식을 가져야 한다.
[2] 피고인은 대출금 및 이자를 지급하기 위해 필요하다는 성명불상자의 기망으로 체크카드를 교부한 사람으로서 대출의 대가로 접근매체를 대여했다거나 체크카드를 교부할 당시 그러한 인식을 하였다고 단정하기 어렵다[대판 2021.4.15. 2020도16468].

⚖ 판례 | 고의가 인정되지 않는 경우

1. (절도죄의 고의가 부정된 경우) 실제로는 A소유의 고양이인데 甲이 자신이 친구 B로부터 빌렸다가 잃어버린 고양이로 잘못 알고 A의 집에서 고양이를 가져간 경우라면 … 재물의 타인성을 오신하여 그 재물이 자기에게 취득(빌린 것)할 것이 허용된 동일한 물건으로 오인하고 가져온 경우에 해당하여 범죄사실에 대한 인식이 있다고 할 수 없으므로 <u>범의가 조각되어 절도죄가 성립하지 아니한다</u>[대판 1983.9.13. 83도1762]. [20 경간부, 19 변호사, 18 법원행시]*

2. (존속살해의 고의가 부정된 경우) 제 분에 이기지 못하여 식도를 휘두르는 피고인을 말리거나 그 식도를 뺏으려고 한 그 밖의 피해자들을 닥치는 대로 찌르는 무차별 횡포를 부리던 중에 그의 父까지 찌르게 된 결과를 빚은 경우 피고인이 칼에 찔려 쓰러진 父를 부축해 데리고 나가지 못하도록 한 일이 있다고 하여 <u>그의 父를 살해할 의사로 식도로 찔러 살해하였다는 사실을 인정하기는 어렵다</u>고 봄이 상당하다[대판 1977.1.11. 76도3871].

Ⅲ 고의의 종류

1. 확정적 고의

확정적 고의란 구성요건적 결과의 실현을 행위자가 인식하였거나 확실히 예견한 경우를 말한다(예 사람을 살해할 의사로 심장을 향해 총격을 가한 경우).

2. 불확정적 고의

(1) 미필적 고의

⚖ 판례 | 미필적 고의의 의의와 성립요건(용인설)36)

미필적 고의라 함은 결과의 발생이 불확실한 경우 즉 행위자에 있어서 그 결과발생에 대한 확실한 예견은 없으나 그 가능성은 인정하는 것으로, 이러한 <u>미필적 고의가 있었다고 하려면 결과발생의 가능성에 대한 인식이 있음은 물론 나아가 결과발생을 용인하는 내심의 의사가 있음을 요한다</u>[대판 1987.1.10. 86도2338]. [19 경간부, 18 변호사, 18 경간부, 17 법원행시]*

⚖ 판례 | 고의의 성립을 인정한 경우

1. (살인죄의 고의 인정) ⅰ) 인체의 급소를 잘 알고 있는 무술교관 출신의 피고인이 무술의 방법으로 피해자의 울대(聲帶)를 가격하여 사망케 한 경우[대판 2000.8.18. 2000도2231]. [16 경찰승진]*

   ⅱ) 쇠파이프와 각목으로 피해자들의 머리와 몸을 마구 때리고 낫으로 팔과 다리를 난자한 경우[대판 1994.3.22. 93도3612].

   ⅲ) 포박·감금된 피해자가 이미 탈진상태에 빠져 박카스를 넘기지도 못하는 상태인 점을 확인하고서도 얼굴에 모포를 덮어 씌워놓고 가버린 경우[대판1982.11.23. 82도2024].

---

36) 행위자가 결과발생의 가능성을 인식하면서도 구성요건실현의 위험을 감수할 의사가 있는 경우 미필적 고의가 인정된다는 견해도 있다(김수설, 다수설).

2. (강도살인죄의 고의 인정) 강도가 베개로 피해자의 머리부분을 약 3분간 누르던 중 피해자가 저항을 멈추고 사지가 늘어졌음에도 계속하여 누른 결과 피해자가 사망한 경우[대판 2002.2.8, 2001도6425]. [16 경찰승진, 16 경찰채용]*

3. (재물손괴죄의 고의 인정) 선장 甲이 피조개양식장에 피해를 주지 아니하도록 피조개양식장까지의 거리를 약 30m로 유지할 수 있도록 닻줄을 5샤클(125m)로 감아 놓았으나 태풍에 대비하여 닻줄을 50m 더 늘어서 7샤클로 묘박한 경우[대판 1987.1.20, 85도221].

4. (선박매몰죄의 고의 인정) 선박매몰죄의 고의가 성립하기 위하여는 행위시에 사람이 현존하는 것이라는 점에 대한 인식과 함께 이를 매몰한다는 결과발생에 대한 인식이 필요하며, 현존하는 사람을 사상에 이르게 한다는 등 공공의 위험에 대한 인식까지는 필요하지 아니하다[대판 2000.6.23, 99도4688].

5. (사기죄의 고의 인정) 재무구조 악화로 특별한 금융혜택을 받지 않는 한 도산이 불가피한 상황임을 숨기고, 대금지급이 불가능하게 될 가능성을 충분히 인식하면서 생산자재용 물품을 납품받은 경우[대판 1983.5.10, 83도340].

6. (청소년 이성혼숙에 관한 고의 인정) 신분증을 소지하지 않았다는 말을 듣고 단지 구두로만 연령을 확인하여 이성혼숙을 허용한 경우[대판 2001.8.21, 2001도3295].

7. (적성검사기간 내에 적성검사를 받지 아니한 점에 대한 인정) 피고인이 적성검사기간 도래 여부에 관한 확인을 게을리하여 기간이 도래하였음을 알지 못한 경우 적성검사기간 내에 적성검사를 받지 않는 데 대한 미필적 고의는 있었다고 보아야 한다[대판 2014.4.10, 2012도8374].

8. 공직선거법상 허위사실공표죄에서는 공표되어진 사실이 허위라는 것이 구성요건의 내용을 이루는 것이기 때문에, 행위자의 고의의 내용으로서 그 사항이 허위라는 것의 인식이 필요하나 어떠한 소문을 듣고 그 진실성에 강한 의문을 품고서도 감히 공표한 경우에는 적어도 미필적 고의가 인정될 수 있고, "어떠한 소문이 있다."라고 공표한 경우 그 소문의 내용이 허위이면 소문이 있다는 사실 자체는 진실이라 하더라도 허위사실공표죄가 성립된다[대결 2002.4.10, 2001모193]. [20 법원행시]*

9. 성을 사는 행위를 알선하는 행위를 업으로 하는 자가 성매매알선을 위한 종업원을 고용하면서 고용대상자에 대하여 연령확인의무의 이행을 다하지 아니한 채 아동 · 청소년을 고용하였다면, 특별한 사정이 없는 한 적어도 아동 · 청소년의 성을 사는 행위의 알선에 관한 미필적 고의는 인정된다[대판 2014.7.10, 2014도5173]. [18 경찰승진]*

9-1. 청소년보호법의 입법 취지에 비추어 볼 때, 업주 및 종사자는 청소년일 개연성이 있는 연령대의 출입자에 대하여 주민등록증 등 연령에 관한 공적 증명력이 있는 증거에 의하여 연령을 확인할 의무가 있으므로 이에 위배하여 연령확인을 위한 아무런 조치를 취하지 아니함으로써 청소년이 당해 업소에 출입한 것이라면, 특별한 사정이 없는 한 업주 및 종사자에게 최소한 위 법률 조항 위반으로 인한 청소년보호법위반죄의 미필적 고의는 인정된다고 할 것이다[대판 2007.11.16, 2007도7770].

9-2. 피고인은, A 등이 제시한 주민등록증상의 사진과 실물이 다르다는 의심이 들었음에도 사진과 실물을 자세히 대조해 보는 등 좀 더 적극적인 방법으로 연령확인조치를 취하지 않았으므로 청소년인 A 등을 고용하여 유흥주점에서 접객행위를 하게 한다는 점에 관하여 적어도 미필적 고의가 있다고 볼 여지가 있다[대판 2013.9.27, 2013도8385]. [18 법원행시]*

9-3. 피고인이 A가 제시하는 성년인 B 명의의 건강진단결과서만을 확인한 채 고용대상자인 A 및 소개인들의 거짓말에 터잡아 그녀를 성인이라고 가볍게 믿고 당일로 A와 고용계약을 체결한 후 일을 시킨 경우, 피고인에게는 A가 청소년임에도 그녀를 고용한다는 점에 관하여 적어도 미필적 고의가 있었다고 볼 것이다[대판 2002.6.28, 2002도2425]. [17 법원행시, 17 국가9급, 16 경찰승진]*

⚖ 판례 | 고의의 성립을 부정한 경우

1. (명예훼손죄의 고의 부정) 새로 부임한 목사인 甲이 진위확인을 위하여 교회 집사들에게 전임목사의 불미스런 소문에 관하여 물은 경우[대판 1985.5.28, 85도588]. [19 법원9급, 17 국가9급, 17 경찰채용]*

2. (현주건조물방화죄의 고의 부정) 甲은 A女와 동거하고 있었으나, A女의 남자관계를 의심하고 다툰 끝에 헤어지기로 작정하고, 홧김에 죽은 동생의 유품을 보관하던 상자 등을 뒷마당에서 불태웠다. 이때 유품 위에 뿌린 휘발유가 튀어서 방안으로 불이 번져 A女의 집이 소실된 경우[대판 1984.7.24, 84도1245]. [17 경간부]*

3. **(무면허운전죄의 고의 부정)** 운전면허취소처분의 적법한 공고가 있었지만 운전면허취소 사실을 알지 못하는 경우[대판 1993.3.23, 92도3045].

   관련판례 도로교통법 제152조 제1호, 제43조 위반의 죄는 유효한 운전면허가 없음을 알면서도 자동차를 운전하는 경우에만 성립하는 이른바 고의범이다. 기존의 운전면허가 취소된 상태에서 자동차를 운전하였더라도 운전자가 면허취소 사실을 인식하지 못하였다면 도로교통법 위반(무면허운전)죄에 해당한다고 볼 수 없으나, 운전자가 운전면허취소처분 통지를 받았다면 그 후 그 운전면허취소처분이 취소되거나 철회되었다는 등의 특별한 사정이 없는 한 운전면허취소 사실을 인식하였다고 볼 수 있다[대판 2017.12.13, 2017도14160].

4. **(무면허운전죄의 고의 부정)** 운전면허증 앞면에 적성검사기간이 기재되어 있고, 뒷면 하단에 경고 문구가 있다는 점만으로 피고인이 정기적성검사 미필로 면허가 취소된 사실을 미필적으로나마 인식하였다고 추단하기 어렵다[대판 2004.12.10, 2004도6480].

   비교판례 면허증에 그 유효기간과 적성검사를 받지 아니하면 면허가 취소된다는 사실이 기재되어 있고, 이미 적성검사 미필로 면허가 취소된 전력이 있는데도 면허증에 기재된 유효기간이 5년 이상 지나도록 적성검사를 받지 아니한 채 자동차를 운전하였다면 비록 적성검사 미필로 인한 운전면허 취소사실이 통지되지 아니하고 공고되었다 하더라도 면허취소사실을 알고 있었다고 보아야 하므로 무면허운전죄가 성립한다[대판 2002.10.22, 2002도4203].

5. **(절도죄의 고의 부정)** 절도의 범의는 타인의 점유하에 있는 타인소유물을 그 의사에 반하여 자기 또는 제3자의 점유하에 이전하는 데에 대한 인식을 말하므로, 타인이 그 소유권을 포기하고 버린 물건으로 오인하여 이를 취득하였다면 이와 같이 인정하는 데에 정당한 이유가 인정되는 한 절도의 범의를 인정할 수 없다[대판 1989.1.17, 88도971].

⚖️ **판례 | 고의의 입증방법**

고의는 내심적 사실이므로 피고인이 이를 부정하는 경우에는 사물의 성질상 고의와 상당한 관련성이 있는 간접사실을 증명하는 방법에 의하여 입증할 수밖에 없다[대판 2005.4.29, 2003도6056].

---

(2) **택일적 고의**

행위객체가 택일적이어서 어느 객체에 결과가 발생해도 좋다고 생각하고 행위하는 경우의 고의를 말한다(예) 甲이 원수인 A와 B 둘 가운데 어느 누가 맞아 죽어도 좋다고 생각하며 총격을 가한 경우). [19 국가9급]*

제6절 구성요건적 착오(사실의 착오)

🔍 **출제 POINT**

구성요건적 착오와 구별되는 착오개념을 정리해 두어야 한다. 착오의 한계 문제를 해결하는 학설(부합설)의 내용과 비판 및 착오가 발생한 경우에 행위자의 죄책(법적 효과)을 묻는 문제가 출제된다. 웅덩이 질식사 사건에 대한 각종 학설과 판례는 항시 출제가능성이 있는 부분이다.

제13조(고의) 죄의 성립요소인 사실을 인식하지 못한 행위는 벌하지 아니한다. 다만, 법률에 특별한 규정이 있는 경우에는 예외로 한다.

제15조(사실의 착오) ① 특별히 무거운 죄가 되는 사실을 인식하지 못한 행위는 무거운 죄로 벌하지 아니한다.

Ⅰ 서론

1. 착오의 의의

착오란 주관적 인식과 객관적 실재가 일치하지 않는 것을 말한다.

2. 착오의 유형

구분	인식 vs 실재	법적 성격(적용법조), 법적 효과
구성 요건 관련 착오	(A1) 범죄사실 × ≠ 범죄사실 ○	① 예 노루인 줄 알고 사살하였으나 사람이었던 경우 ② 과실범 문제(다수설)(제14조) ③ 고의 탈락, 과실범의 성부가 문제
	(A2) 범죄사실 ○ ≠ 범죄사실 ×	① 예 사람인 줄 알고 쏘았으나 바위에 명중한 경우 ② 반전된 구성요건적 착오 ③ 미수범의 성부 문제, 미수론의 과제
	(A3) 범죄사실 ○ ≠ 범죄사실 ○	① 예 A를 향해 쏘았으나 B가 맞아 사망한 경우 ② 구성요건적 착오(제15조 제1항) ③ 고의의 인정 여부 문제, 구성요건적 착오론의 과제

Ⅱ 구성요건적 착오의 의의와 해결

1. 의의

구성요건적 착오란 행위자가 인식한 사실과 실제로 발생한 사실이 모두 범죄사실에 해당하나 양자가 불일치하는 경우를 말한다(다수설).

2. 형법 제15조 제1항에 의한 착오 사례의 해결

(1) 형법 제15조 제1항의 적용범위

형법 제15조 제1항은 "특별히 무거운 죄가 되는 사실을 인식하지 못한 행위는 무거운 죄로 벌하지 아니한다."고 규정하고 있다. 여기서 '무거운 죄가 되는 사실을 인식하지 못한 행위'라 함은 행위자가 가벼운 죄를 인식하고 행위를 하였으나 무거운 죄가 되는 사실이 발생한 경우를 의미한다.

(2) 제15조 제1항의 법적 효과

"무거운 죄로 벌하지 아니한다"의 의미를 반대로 해석하여 "가벼운 죄로 벌한다"는 의미로 이해한다(다수설).

> **🔥 판례 | 제15조 제1항이 적용되는 사례(보통살인의 고의로 존속을 살해하였다면 보통살인죄로 처벌됨)**
>
> 甲이 A를 살해하려고 하였으나, 범행당일이 깜깜한 밤이었고 또한 여러 사람이 모여 혼잡하여, 처조모 B와 장모 C를 A로 오인하여 이들을 사망케 하였다면 … 이는 직계존속임을 인식치 못하고 살인을 한 경우로서 형법 제15조 소정의 특히 중한 죄가 되는 사실을 인식하지 못한 행위에 해당하며 결국에는 보통살인죄의 형으로 처단하여야 한다[대판 1960.10.31. 4293형상494].

Ⅲ 제15조 제1항의 규율 밖에 있는 착오사례의 해결

1. 구성요건적 착오의 유형(착오문제의 해결을 위한 도구)

(1) 구체적 사실의 착오와 추상적 사실의 착오

① 구체적 사실의 착오: 행위자가 인식한 범죄사실과 실제로 발생한 범죄사실이 동일한 구성요건에 속하지만 구체적으로 일치하지 않는 경우를 말한다(동가치적 객체 사이의 착오)(예 A를 살해하려 했으나 B를 살해한 경우).

② 추상적 사실의 착오: 일반적으로 행위자가 인식한 범죄사실과 실제로 발생한 범죄사실이 서로 다른 구성요건에 속하는 경우를 말한다(이가치적 객체 사이의 착오)(예 A를 살해하려 했으나 개가 살해된 경우).

(2) 객체의 착오와 방법의 착오

① 객체의 착오

㉮ 행위객체의 동일성을 착오(잘못 알아본 경우)한 경우이다.

㉯ ⅰ) A라고 믿고 사살하였으나 사실은 B였던 경우(구체적 사실의 착오 중 객체의 착오), ⅱ) 甲의 개인 줄 알고 돌을 던졌으나 사실은 乙이었기 때문에 乙이 부상을 입은 경우(추상적 사실의 착오 중 객체의 착오)

② 방법의 착오

㉮ 행위의 수단·방법이 잘못되어 행위자가 의도한 객체 이외의 객체에서 결과가 발생한 경우(빗나간 경우 또는 잘못 우송한 경우)이다. 또한 병발사건, 즉 의도한 객체에 일정한 결과를 발생시키고 연이어 의도하지 않았던 다른 객체에도 결과를 발생시킨 경우도 방법의 착오에 해당한다(예 A를 향하여 총을 쏘아 A에게 상처를 입히고 그 뒤에 있던 B에게 맞아 B가 사망한 경우).

㉯ ⅰ) A를 향하여 총을 쏘았으나 빗나가 옆에 있던 B에게 명중한 경우(구체적 사실의 착오 중 방법의 착오), ⅱ) A의 개를 향하여 발포하였으나 빗나가 옆에 있던 A에게 부상을 입힌 경우(추상적 사실의 착오 중 방법의 착오)

2. 학설

(1) 구체적 부합설

① 의의: 행위자가 인식한 범죄사실과 실제로 발생한 범죄사실이 "구체적으로 부합(일치)하는 경우"에만 착오가 중요하지 않다고 보아 발생한 범죄사실에 대한 고의의 성립을 인정하고, 그렇지 않은 경우에는 착오가 중요하다고 보아 발생한 범죄사실에 대한 고의를 부정하여 인식한 범죄사실에 대한 고의범(미수)과 발생한 범죄사실에 대한 과실범으로 처리하자는 견해이다.

② 구체적 부합설에 의한 착오사례의 해결

㉮ 구체적 사실의 착오 중 객체의 착오: 甲이 B를 A로 잘못 알고 B를 살해한 경우 → B에 대한 살인기수죄

㉯ 구체적 사실의 착오 중 방법의 착오: 甲이 A를 살해하려고 총을 쏘았으나 빗나가 B가 사망한 경우 → A에 대한 살인미수와 B에 대한 과실치사죄의 상상적 경합

㉰ 추상적 사실의 착오 중 객체의 착오: 甲이 사람을 개로 오인하고 사살한 경우 → 손괴미수죄와 과실치사죄의 상상적 경합

㉱ 추상적 사실의 착오 중 방법의 착오: 甲이 A를 살해하려고 총을 쏘았으나 빗나가 개가 죽은 경우 → 살인미수죄(과실손괴는 불가벌)

③ 비판: 고의의 기수책임을 인정하는 범위가 지나치게 좁다.

(2) 법정적 부합설

① **의의**: 행위자가 인식한 범죄사실과 실제로 발생한 범죄사실이 '법정적으로 부합(일치)'하는 경우에는 착오가 중요하지 않다고 보아 발생사실에 대한 고의의 성립을 인정하고, 그렇지 않은 경우에는 착오가 중요하다고 보아 발생한 범죄사실의 대한 고의를 부정하여 인식한 범죄사실에 대한 고의범(미수)과 발생한 범죄사실에 대한 과실범으로 처리하자는 견해이다.

② **법정적 부합설에 의한 착오사례의 해결**
- ㉮ 구체적 사실의 착오 중 객체의 착오: 甲이 B를 A로 잘못 알고 B를 살해한 경우 → B에 대한 살인기수죄
- ㉯ 구체적 사실의 착오 중 방법의 착오: 甲이 A를 살해하려고 총을 쏘았으나 빗나가 B가 사망한 경우 → B에 대한 살인기수죄
- ㉰ 추상적 사실의 착오 중 객체의 착오: 甲이 사람을 개로 오인하고 사살한 경우 → 손괴미수죄와 과실치사죄의 상상적 경합
- ㉱ 추상적 사실의 착오 중 방법의 착오: 甲이 A를 살해하려고 총을 쏘았으나 빗나가 개가 죽은 경우 → 살인미수죄(과실손괴는 불가벌)

③ **비판**: 고의의 사실적 기초(고의의 특정성)를 무시하여 '일반적 고의'를 인정한 잘못이 있다.[37] 즉, 법정적 부합설에 의하면 甲이 원수인 A를 살해하려다가 총알이 빗나가 절친한 친구인 B가 살해된 경우에도 고의의 특정성을 무시한 결과 전혀 살인의 대상으로 삼지 않았던 사람에 대한 결과까지도 고의를 인정하게 되는 문제점이 있다는 것을 지적한 것이다.

(3) 추상적 부합설

① **의의**: 인식사실과 발생사실이 '추상적으로 부합(일치)'하면 착오가 중요하지 않다고 보아 발생한 범죄사실에 대한 고의기수를 인정하는 견해이다.

② **추상적 부합설에 의한 착오사례의 해결**
- ㉮ 구체적 사실의 착오 중 객체의 착오: 甲이 B를 A로 잘못 알고 B를 살해한 경우 → B에 대한 살인기수죄
- ㉯ 구체적 사실의 착오 중 방법의 착오: 甲이 A를 살해하려고 총을 쏘았으나 빗나가 B가 사망한 경우 → B에 대한 살인기수죄
- ㉰ 추상적 사실의 착오 중 객체의 착오: 甲이 사람을 개로 오인하고 사살한 경우 → 손괴기수죄와 과실치사죄의 상상적 경합
- ㉱ 추상적 사실의 착오 중 방법의 착오: 甲이 A를 살해하려고 총을 쏘았으나 빗나가 개가 죽은 경우 → 살인미수죄와 손괴기수죄의 상상적 경합을 인정하는 견해와 중죄의 고의는 경죄의 고의를 흡수하므로 양죄의 상상적 경합이 아니라 중죄의 미수 즉 살인미수죄만 인정하는 견해가 나뉘어져 있다.

③ **비판**: 행위자의 의사와 부합하지 않는 사실에 대하여까지 고의를 인정하는 것은 죄형법정주의에 반한다.

(4) 판례

법정적 부합설에 입각하여 착오사례를 해결하고 있다.

⚖ 판례 | 구체적 사실의 착오 중 방법의 착오 사례(발생한 사실에 대한 고의기수 인정)

1. 성명미상자 3명과 싸우다가 힘이 달리자 옆 포장마차로 달려가 길이 30cm의 식칼을 가지고 나와 이들 3명을 상대로 휘두르다가 이를 말리면서 식칼을 뺏으려던 피해자의 귀를 찔러 상해를 입힌 피고인에게 상해의 범의가 인정되며 상해를 입은 사람이 목적한 사람이 아닌 다른 사람이라 하여 과실치상죄에 해당한다고 할 수 없다[대판 1987.10.26. 87도1745]. [19 경찰채용, 18 경찰채용, 16 국가9급]*

---

37) 예를 들어 살인죄의 고의는 A라고 '특정(지정)된' 사람을 살해하겠다는 의사라고 보아야 함에도 불구하고 법정적 부합설은 특정(지정) 여부를 떠나 그저 '사람'을 살해하겠다는 의사로 보고 있다는 점을 지적한 것이다.

2. 사람을 살해할 목적으로 총을 발사한 이상 그것이 목적하지 아니한 다른 사람에게 명중되어 사망의 결과가 발생하였다 하더라도 살의를 조각하지 않는 것이라 할 것이니, 피고인이 하사 甲을 살해할 목적으로 발사한 총탄이 이를 제지하려고 피고인 앞으로 뛰어들던 병장 乙에게 명중되어 동 乙이 사망한 본건의 경우에 있어서 동 乙에 대한 살인죄가 성립한다 할 것이다[대판 1975.4.22. 75도727].

3. 피고인이 먼저 위 피해자 甲을 향하여 살의를 갖고 소나무 몽둥이를 양손에 집어들고 힘껏 후려친 가격으로 피를 흘리며 마당에 고꾸라진 동녀와 동녀의 등에 업힌 피해자 乙의 머리부분을 위 몽둥이로 내리쳐 위 乙을 현장에서 두개골절 및 뇌좌상으로 사망케 한 소위를 살인죄로 의율한 원심조처는 정당하게 긍인되며 소위 타격의 착오가 있는 경우라 할지라도 행위자의 살인의 범의 성립에 방해가 되지 아니한다[대판 1984.1.24. 83도2813]. [19 국가7급, 19 경찰채용, 18 경찰채용]*

4. 피고인이 공소외인과 동인의 처를 살해할 의사로서 농약 1포를 숭늉그릇에 투입하여 공소외인 집의 식당에 놓아둠으로써 그 정을 알지 못한 공소외인의 장녀가 이를 마시게 되어 동인을 사망케 하였다면 피고인이 공소외인의 장녀를 살해할 의사는 없었다 하더라도 피고인은 사람을 살해할 의사로서 이와 같은 행위를 하였고 그 행위에 의하여 살해라는 결과가 발생한 이상 피고인의 행위와 살해하는 결과와의 사이에는 인과관계가 있다 할 것이므로 공소외인의 장녀에 대하여 살인죄가 성립한다[대판 1968.8.23. 68도884]. [18 경찰채용, 16 국가9급]*

📋 **참고 부합설에 따른 착오사례의 법적 효과** [22 경간부, 20 변호사, 20 국가7급, 20 경찰승진, 20 경찰채용, 19 변호사, 19 경찰승진, 19 경찰채용, 18 국가9급, 18 경찰채용, 17 변호사, 17 경간부, 16 국가9급, 16 경찰채용]*

구분	종류	구체적 부합설	법정적 부합설	추상적 부합설
구체적 사실의 착오	객체의 착오		※ 제1영역 발생사실에 대한 고의(기수) 인정	
	방법의 착오			
추상적 사실의 착오	객체의 착오	※ 제2영역 인식사실에 대한 (고의)미수와 발생사실에 대한 과실범의 상상적 경합		※ 제3영역 ① 경죄 고의로 중한 결과발생: 경죄기수와 중과실범의 상상적 경합 ② 중죄 고의로 경한 결과발생: 중죄미수와 경죄기수범의 상상적 경합
	방법의 착오			

📋 **참고 부합설에 따른 착오사례의 법적 효과의 비교**

① 구체적 사실의 착오 중 객체의 착오의 경우, 모든 견해의 결론이 동일하다(※ 제1영역).
② 구체적 사실의 착오 중 방법의 착오의 경우, 법정적 부합설과 추상적 부합설은 결론이 동일하나(※ 제1영역) 구체적 부합설은 이들과 결론을 달리한다(※ 제2영역).
③ 추상적 사실의 착오의 경우, 구체적 부합설과 법정적 부합설은 결론이 동일하나(※ 제2영역) 추상적 부합설은 이들과 결론을 달리한다(※ 제3영역).

사례 연습

【구성요건적 착오 사례 1】

아래의 〈사례〉에 대하여 구체적 부합설과 법정적 부합설에 의할 때 甲의 죄책은?

〈사례〉

가) 甲은 A를 살해하기 위해 총을 발사하였으나 총알이 빗나가 가로수에 가려 있었던 행인 B가 맞아 사망하였다.

나) 甲은 C를 살해하기 위해 총을 발사하였으나 총알이 빗나가 C의 도자기가 파손되었다.

다) 甲은 평소 자신을 괴롭혀온 D를 살해하기로 결심하고 골목에서 기다리던 중 외모가 비슷한 D의 쌍둥이 형 E가 나타나자 E를 D로 잘못 알고 총격을 가하여 살해하였다.

사례

가) 구체적 사실의 착오 중 방법의 착오의 사례에 해당한다. 법정적 부합설에 의하면 발생사실에 대한 고의를 인정하므로 甲의 죄책은 B에 대한 살인기수이다. 구체적 부합설에 의하면 인식사실의 미수와 발생사실의 과실범의 상상적 경합이 인정되므로 甲의 죄책은 A에 대한 살인미수와 B에 대한 과실치사의 상상적 경합이다.

나) 추상적 사실의 착오 중 방법의 착오의 사례에 해당한다. 법정적 부합설 및 구체적 부합설 모두 인식사실의 미수와 발생사실의 과실범의 상상적 경합을 인정하므로 C에 대한 살인미수와 도자기에 대한 과실손괴의 상상적 경합의 성립이 문제되나 과실손괴를 처벌하는 규정이 없으므로 甲의 죄책은 C에 대한 살인미수만 인정된다.

다) 구체적 사실의 착오 중 객체의 착오의 사례에 해당한다. 구체적 부합설 및 법정적 부합설 모두 발생한 사실에 대하여 고의를 인정하므로, 甲의 죄책은 E에 대한 살인기수이다.

참고로 추상적 부합설의 경우도 동일한 결론이다.

사례 연습

【구성요건적 착오 사례 2】

甲은 상해의 고의로 사람에게 돌을 던졌으나 빗나가서 그 옆에 있던 마을 주민이 세운 장승에 맞았고, 장승의 일부가 손괴되었다 甲의 죄책은?

해설

상해의 고의로 손괴의 결과가 발생하였으므로 추상적 사실의 착오에 해당한다. 추상적 사실의 착오의 경우 ⅰ) 구체적 부합설과 법정적 부합설은 인식한 범죄에 대하여 고의범의 미수를 인정하고 발생한 결과에 대하여는 과실범을 인정한다. 따라서 상해미수와 과실재물손괴가 문제되나 과실재물손괴의 경우 처벌규정이 없으므로 상해미수죄만 성립한다. 한편 ⅱ) 추상적 부합설의 경우 상해미수죄와 손괴기수죄(작은 범죄는 언제나 고의기수를 인정한다)의 상상적 경합을 인정한다.

3. 가중적 구성요건의 착오

(1) 쟁점

행위자가 가중적 구성요건의 실현의사로 기본적 구성요건을 실현한 경우 어떠한 법적 효과를 인정할 것인가의 문제이다(예 존속살해의 고의로 단순살인의 결과가 발생한 경우).

(2) 학설[38]

구체적 부합설 및 법정적 부합설 내부에서도 결론이 서로 다를 정도로 학설 다툼이 심하다. 다만, 위 예의 경우 법정적 부합설 중에서 보통살인죄를 인정하는 견해가 있다.

---

38) 이 부분에 관한 논의는 각양각색이다. 어느 한 학자의 입장을 구체적으로 전제하지 않고서는 답을 결정할 수 없으므로 출제가능성이 거의 없다고 본다. 실제로도 출제된 적은 없다.

4. 감경적 구성요건의 착오

(1) 쟁점

행위자에게 형의 (불법)감경사유에 대한 착오가 존해하는 경우 이를 어떻게 처리할 것인가의 문제이다(예 피해자의 승낙이 있음을 모르고 보통살인의 고의로 살인한 경우).

(2) 학설

① 피해자의 촉탁·승낙이 있는 것으로 인식하고 살해하였으나 실재로는 없었던 경우: 제15조 제1항에 의하여 촉탁·승낙살인죄가 성립한다(다수설).

② 피해자의 촉탁·승낙이 없는 것으로 인식하고 살해하였으나 실재로는 있었던 경우: 보통살인죄가 성립한다(다수설).

5. 예상외의 사실이 병발한 경우의 법적 효과

병발사례의 유형 (살인의 고의로 A를 향하여 총을 쏘아…)	학설별 결론	
	구체적 부합설	법정적 부합설
1. A 이외에 B까지 모두 사망케 한 경우	A에 대한 살인기수죄와 B에 대한 과실치사죄의 상상적 경합	구체적 부합설과 동일
2. A를 사망케 하고 B에게 상해를 입힌 경우	A에 대한 살인기수죄와 B에 대한 과실치상죄의 상상적 경합	구체적 부합설과 동일
3. A에게 상해를 입히고 B를 사망케 한 경우	A에 대한 살인미수죄와 B에 대한 과실치사죄의 상상적 경합	(학설 다툼 있음) 다수설은 B에 대한 살인기수죄만 인정
4. A에게 상해를 입히고 B에게도 상해를 입힌 경우	A에 대한 살인미수죄와 B에 대한 과실치상죄의 상상적 경합	구체적 부합설과 동일

Ⅳ 인과관계(과정)의 착오

1. 의의

인과관계(과정)의 착오란 행위자가 인식한 범죄사실과 실제로 발생한 범죄사실이 법적으로 일치하지만, 그 결과가 행위자의 인식과는 다른 경로를 거쳐 발생한 경우를 말한다.

2. 착오의 처리기준

행위자가 예견한 인과의 진행과 현실로 진행된 인과의 진행의 차이가 ⅰ) 일반적인 생활경험에 의하여 예견할 수 있는 범위 안에 있어 그 착오가 비본질적인 경우에는 발생한 결과에 대하여 고의기수범이 인정되나, ⅱ) 일반적인 생활경험에 의하여 예견할 수 있는 범위 밖에 있어 그 착오가 본질적인 경우에는 인식한 사실에 대한 미수범과 발생한 결과에 대한 과실범이 인정된다.

3. 협의의 인과관계 착오 사례

(1) 쟁점

ⅰ) 도끼로 찍어 죽이려고 하였으나 도끼에 묻은 병균에 감염되어 사망한 경우, ⅱ) 익사를 기도하였으나 교각에 충돌사한 경우, 행위자에게 발생한 결과에 대하여 고의기수 책임을 인정할 수 있는지가 문제된다.

(2) 법적 효과

위 사례의 경우 인과의 경과에 대한 착오가 비본질적인 것이어서(결과가 예견할 수 있는 범위내의 것이어서) 살인기수죄가 인정된다.

4. 결과발생이 뒤로 미루어진 사례(소위 웅덩이 질식사 사건의 해결 방법)

(1) 사안

甲은 정신지체자인 자신의 처에게 A가 젖을 달라고 하면서 희롱하자 A를 구타하면서 순간적으로 살인의 고의를 가지고 A의 머리를 돌멩이로 후려쳤다. A가 정신을 잃고 축 늘어지자 甲은 A가 죽은 것으로 오인하고 시체를 파묻어 증거를 인멸할 목적으로 개울가로 끌고 가 웅덩이를 파고 매장하였다. 그 결과 A는 질식사하였다. 甲의 죄책은?

(2) 학설

개괄적 고의설	제2행위 부분에 대해서도 제1행위의 고의가 개괄적으로 미치는 단일행위사건으로 보아, 사안에서 甲에게 살인죄의 기수를 인정한다. [20 경찰채용, 18 국가7급, 16 변호사]*
객관적 귀속설	일반적인 생활경험의 범위 내에서 죄적인멸을 위한 전형적인 행위로 평가할 수 있으므로 객관적 귀속이 인정된다고 보아, 사안에서 甲에게 살인죄의 기수를 인정한다.
계획실현설	행위자의 범행계획실현으로 평가될 수 있다고 보아, 사안에서 甲에게 살인죄의 기수를 인정한다.
인과관계 착오설 (다수설)	인과의 진행의 차이가 일반적인 생활경험에 의하여 예견할 수 있는 범위 내에 있다고 보아, 사안에서 甲에게 살인죄의 기수를 인정한다. [18 국가7급, 16 변호사]*
미수와 과실의 경합설	제1행위와 제2행위는 고의를 달리하는 별개의 행위이기 때문에 각각 독자적으로 판단해야 된다고 보아, 사안에서 甲에게 살인(장애)미수죄와 과실치사죄의 실체적 경합을 인정한다.

(3) 판례

> ⚖️ **판례** |
>
> (요약: 구타하여 살해하려 하였으나 매장과정에서 사망한 경우 – 살인기수죄 인정) 피해자가 피고인들의 살해의 의도로 행한 구타행위에 의하여 직접 사망한 것이 아니라 죄적을 인멸할 목적으로 행한 매장행위에 의하여 사망하게 되었다 하더라도 전 과정을 개괄적으로 보면 피해자의 살해라는 처음에 예견된 사실이 결국은 실현된 것으로서 피고인들은 살인죄의 죄책을 면할 수 없다[대판 1988.6.28, 88도650]. [22 경간부, 19 법원행시, 18 국가7급, 18 국가9급, 18 경찰채용, 17 변호사, 16 변호사]*

5. 결과발생이 앞으로 당겨진 사례

(1) 쟁점

행위자가 제2의 행위에 의하여 결과를 발생시킬 의사를 가지고 준비행위인 제1행위를 하다가 제1행위시에 결과가 발생된 경우(예 甲이 A를 기절시킨 후 절벽에서 추락사 시키려고 하였으나 기절시키는 과정에서 A가 사망한 경우)에 고의기수책임을 인정할 수 있는지가 문제된다.

(2) 학설

다수설은 甲에게 살인기수죄를 인정한다[정성근·박광민, 186면].

출제 POINT

주의의무의 판단기준에 관한 학설 및 판례를 정리해 두어야 하며, 특정 사안에서 과실의 인정 여부에 관한 판례는 단골 출제메뉴이다. 그 밖에 과실의 제한 원리인 신뢰원칙에 대하여도 정리해 두어야 한다.

제14조(과실) 정상적으로 기울여야 할 주의를 게을리하여 죄의 성립요소인 사실을 인식하지 못한 행위는 법률에 특별한 규정이 있는 경우에만 처벌한다.

I 서론

1. 과실의 의의와 종류

(1) 과실의 의의

① 과실이란 정상적으로 기울여야 할 주의를 게을리하여 죄의 성립요소인 사실을 인식하지 못한 것을 말한다 (제14조).

② 과실범은 법질서의 명령을 의사에 의한 것이 아니라 부주의에 의하여 위반하는 것이므로, 과실은 고의의 감경된 형태가 아니라 고의와는 전혀 그 성질을 달리하며, 과실범의 불법과 책임이 고의범보다 가볍다. 따라서 법률에 특별규정이 있는 경우에 한하여 예외적으로 처벌된다.

참고 현행법상 과실범의 처벌규정

일반과실범	업무상과실범	중과실범
과실일수죄(제181조)	×[39]	×
실화죄(제170조)	업무상실화죄(제171조)	중실화죄(제171조)
과실폭발성물건파열죄 (제173조의2 제1항)	업무상과실폭발성물건파열죄 (제173조의2 제2항)	중과실폭발성물건파열죄 (제173조의2 제2항)
과실가스·전기 등 방류죄 (제173조의2 제1항)	업무상과실가스·전기 등 방류죄 (제173조의2 제2항)	중과실가스·전기 등 방류죄 (제173조의2 제2항)
과실가스·전기 등 공급방해죄 (제173조의2 제1항)	업무상과실가스·전기 등 공급방해죄(제173조의2 제2항)	중과실가스·전기 등 공급방해죄 (제173조의2 제2항)
과실교통방해죄 (제189조 제1항)	업무상과실교통방해죄 (제189조 제2항)	중과실교통방해죄 (제189조 제2항)
과실치사죄(제267조)	업무상과실치사죄(제268조)	중과실치사죄(제268조)
과실치상죄(제266조)	업무상과실치상죄(제268조)	중과실치상죄(제268조)
×	업무상과실장물죄(제364조)[40]	중과실장물죄(제364조)

---

[39] 업무상과실일수나 중과실일수의 경우 불가벌이 아니라 단순과실일수에 비하여 가중처벌되지 않을 뿐이다. 즉, 당연히 단순과실일수죄로 처벌된다.

[40] 업무상과실장물취득죄는 기본적 구성요건이 존재하지 않으므로 가중적 구성요건에 해당하지 않는다.

과실범은 법률에 특별한 규정이 있는 경우에 한하여 처벌되며 형벌법규의 성질상 과실범을 처벌하는 특별규정은 그 명문에 의하여 명백·명료하여야 한다. 전기통신법 제110조 제1항은 고의범에 관한 규정이고 동조항의 '기타의 방법으로 공중통신설비의 기능에 장애를 주어'라는 기재부분을 들어 과실로 인하여 통신설비를 손괴하는 행위유형을 포함하는 것이라고 풀이할 수는 없다[대판 1983.12.13. 83도2467].

동지판례 행정상의 단속을 주안으로 하는 법규라 하더라도 '명문규정이 있거나 해석상 과실범도 벌할 뜻이 명확한 경우'를 제외하고는 형법의 원칙에 따라 '고의'가 있어야 벌할 수 있다[대판 2010.2.11. 2009도9807]. [20 경간부, 17 변호사, 17 국가9급, 17 경찰승진, 16 법원행시]*

(2) 과실의 종류

① 인식 없는 과실과 인식 있는 과실

㉮ 인식 없는 과실: 행위자가 주의(예견)의무를 위반하여 구성요건의 실현가능성을 인식하지 못한 경우를 말한다(예 숲 속에 물체가 노루라고 생각하고 총을 쏘았으나 등산 중이던 사람이 맞아 죽은 경우).

㉯ 인식 있는 과실: 행위자가 구성요건의 실현가능성을 인식(예견)하고서도 구성요건이 실현되지 않을 것으로 신뢰하고 주의(회피)의무를 위반한 경우를 말한다 (예 토끼 옆에 있는 나물 캐는 처녀가 맞을 수 있다는 것을 인식하였으나 토끼를 맞힐 수 있다는 자신감에서 토끼를 향해 총을 쏘아 결국 나물 캐는 처녀가 맞아 죽은 경우).

㉰ 구별실익: 인식 있는 과실과 인식 없는 과실은 형법상 같은 과실로 평가되며 불법과 책임의 경중에는 차이가 없다. 다만, 인식 있는 과실의 개념은 미필적 고의와의 구별을 통하여 고의에 대한 과실의 한계를 명확히 할 수 있다는 점에 논의의 실익이 있다.

② 보통과실과 업무상과실 및 중과실

㉮ 보통과실: 일반인에게 통상적으로 요구되는 주의의무를 위반하는 것을 말한다.

> 제266조(과실치상) ① 과실로 인하여 사람의 신체를 상해에 이르게 한 자는 500만원 이하의 벌금, 구류 또는 과료에 처한다.

㉯ 업무상과실: 일정한 업무에 종사하는 자가 당해 업무수행상 요구되는 주의의무를 위반하는 것을 말한다.

> 제268조(업무상과실·중과실 치사상) 업무상과실 또는 중대한 과실로 사람을 사망이나 상해에 이르게 한 자는 5년 이하의 금고 또는 2천만원 이하의 벌금에 처한다.

의사는 진료를 행함에 있어 환자의 상황과 당시의 의료수준 그리고 자기의 지식경험에 따라 적절하다고 판단되는 진료방법을 선택할 상당한 범위의 재량을 가진다고 할 것이고, 그것이 합리적인 범위를 벗어난 것이 아닌 한 진료의 결과를 놓고 그 중 어느 하나만이 정당하고 이와 다른 조치를 취한 것은 과실이 있다고 말할 수는 없다[대판 2015.6.24. 2014도11315]. [20 국가9급, 18 변호사]*

㉰ 중과실

중과실은 행위자가 극히 근소한 주의를 함으로써 결과발생을 예견할 수 있었음에도 불구하고 부주의로 이를 예견하지 못한 경우를 말한다[대판 1980.10.14. 79도305].

판례 | 중과실을 인정한 경우

1. (성냥불 휴지통 사건) 피고인이 성냥불로 담배를 붙인 다음 그 성냥불이 꺼진 것을 확인하지 아니한 채 휴지가 들어 있는 휴지통에 던진 것은 중대한 과실이 있는 경우에 해당한다[대판 1993.7.27, 93도135].

2. (노약자 안수기도 사건) 고령의 여자 노인이나 나이 어린 연약한 여자아이에게 안수기도를 하다가 사망하였다면 피고인에게는 중과실치사죄가 성립한다[대판 1997.4.22, 97도538]. [19 국가9급, 17 국가7급]*

3. (중조 사건) 농약을 평소에 신문지에 포장하여 판매하여 온 "중조(* 저자 주 - 소다)"와 같은 모양으로 포장하여 점포선반에 방치하고 가족에게 알리지 아니하여 사고가 발생하였다면 중과실치사의 죄책을 면할 수 없다[대판 1961.11.16, 4294형상312].

4. (보수만 요구한 사건) 피고인이 관리하던 주차장 출입구 문주의 하단부분에 금이 가 있어 도괴될 위험성이 있었다면 피고인으로서는 소유자에게 그 보수를 요청하는 외에 그 보수가 있을 때까지 임시적으로라도 받침대를 세우는 등 도괴를 방지하거나 그 근처에 사람이나 자동차 등의 근접을 막는 등 도괴로 인한 인명의 피해를 막도록 조치를 하여야 할 주의의무가 있다 할 것이며 동 주차장에는 사람이나 자동차의 출입이 빈번하고 근처 거주의 어린아이들이 문주 근방에서 놀이를 하는 사례가 많은데도 불구하고 소유자에게 그 보수를 요구하는데 그쳤다면 그 주의의무를 심히 게을리한 중대한 과실이 있다고 할 것이다[대판 1982.11.23, 82도2346].

5. (가연물질 사건) 보일러로부터 약 10cm의 거리에 가연물질이 있음을 알면서도 보일러에 연탄을 갈아넣고 보일러의 공기조절구를 신문지를 구겨 살짝 막아놓은 채 그 자리를 떠나버렸기 때문에 화재가 발생한 경우 중대한 과실이 있다고 할 것이다[대판 1988.8.23, 88도855].

판례 | 추가적 요건이 있어야 중과실이 인정되는 사건

연탄아궁이로부터 80cm 떨어진 곳에 쌓아둔 스폰지요, 솜 등이 연탄아궁이 쪽으로 넘어지면서 화재가 발생한 경우라고 하더라도 그 스폰지요, 솜 등을 쌓아두는 방법이나 상태 등에 관하여 아주 작은 주의만 기울였더라면 스폰지요나 솜 등이 넘어지고 또 그로 인하여 화재가 발생할 것을 예견하여 회피할 수 있었음에도 불구하고 부주의로 이를 예견하지 못하고 스폰지와 솜 등을 쉽게 넘어질 수 있는 상태로 쌓아둔 채 방치하였기 때문에 화재가 발생한 것으로 판단되어야만, "중대한 과실"로 인하여 화재가 발생한 것으로 볼 수 있다[대판 1989.1.17, 88도643].

판례 | 중과실을 부정한 경우

1. (호텔오락실의 경영자 사건) 호텔오락실의 경영자가 그 오락실 천정에 형광등을 설치하는 공사를 하면서 그 호텔의 전기보안담당자에게 아무런 통고를 하지 아니한 채 무자격 전기기술자로 하여금 전기공사를 하게 하였더라도, 전기에 관한 전문지식이 없는 오락실경영자로서는, 시공자가 조인터박스를 설치하지 아니하고 형광등을 천정에 바짝 붙여 부착시키는 등 부실하게 공사를 하였거나 또는 전기보안담당자가 전기공사사실을 통고받지 못하여 전기설비에 이상이 있는지 여부를 점검하지 못함으로써 위와 같은 부실공사가 그대로 방치되고 그로 인하여 전선의 합선에 의한 방화가 발생할 것 등을 쉽게 예견할 수 있었다고 보기는 어려우므로 위 오락실경영자에게 위와 같은 과실이 있었더라도 사회통념상 이를 화재발생에 관한 중대한 과실이라고 평가하기는 어렵다[대판 1989.10.13, 89도204]. [19 국가9급]*

2. (러시안 룰렛 게임 사건) 보통사람의 상식으로서는 함께 수차에 걸쳐서 흥겹게 술을 마시고 놀았던 일행이 갑자기 자살행위와 다름없는 위 게임을 하리라고는 쉽게 예상할 수 없는 것이고(신뢰의 원칙), 게다가 이 사건 사고는 피고인들이 "장난치지 말라"며 말로 위 甲을 만류하던 중에 순식간에 일어난 사고여서 음주만취하여 주의능력이 상당히 저하된 상태에 있던 피고인들로서는 미처 물리력으로 이를 제지할 여유도 없었던 것이므로, 경찰관이라는 신분상의 조건을 고려하더라도 위와 같은 상황에서 피고인들이 이 사건 "러시안 룰렛"게임을 즉시 물리력으로 제지하지 못하였다 한들 그것만으로는 위 甲의 과실과 더불어 중과실치사죄의 형사상 책임을 지을 만한 위법한 주의의무위반이 있었다고 평가할 수 없다[대판 1992.3.10, 91도3172]. [17 국가7급]*

3. **(약간의 문틈 사건)** 임차인이 사용하던 방문에 약간의 틈이 있다거나 연통 등 가스배출시설에 결함이 있는 정도의 하자는 임대차 목적물인 위 방을 사용할 수 없을 정도의 파손상태라고 볼 수 없고 이는 임차인의 통상의 수선 및 관리의무에 속하는 것이므로 임차인이 그 방에서 연탄가스에 중독되어 사망하였더라도 위 사고는 임차인이 그 의무를 게을리 함으로써 발생한 것으로서 임대인에게 중과실치사의 죄책을 물을 수 없다[대판 1986.6.24.]. [19 국가9급]*

4. **(피고인이 최선의 조치를 취한 사건)** 피고인이 며느리가 안방에서 음독한 후 신음하고 있음을 발견하여 비눗물 등을 마시게 하여 여러 차례 토하게 하였으며, 10km 이상 거리에 있는 의사에게 가는 것보다 부락에서 의사로 통하는 매약상을 불러 치료하는 것이 낫다는 생각에서 그를 초빙하여 환자를 처치케 한 다음 계속 간호하였으나 결국 사망한 경우 피고인에게는 중대한 과실이 없다[대판 1969.7.22.].

5. **(3시간동안 지속되는 양초 사건)** 피고인이 사용한 양촉은 신품으로 약 3시간 지속할 수 있고 창고 내에는 상자 위에 녹여서 붙여 놓은 촛불 부근에 헌가마니 쓰레기 등이 있을 뿐 휘발유 등 인화물질은 없었으며 양곡이 입고되어 있었고 약 30분 후에는 고사를 끝내고 고사에 사용한 쌀가마니를 입고할 예정으로 촛불을 끄지 아니하고 그대로 세워 놓고 창고문을 닫고 나온 것이니 위 경우에 인정되는 피고인이 촛불을 들고 나오든가 소화하고 나오지 아니한 과실은 어디까지나 경과실에 불과하다 할 것이다[대판 1960.3.9. 4292형상761.].

      ㉣ **업무자의 중과실:** 형법상 업무상 과실과 중과실은 동일 조문에서 동일한 법정형으로 처벌한다(예 제268조).41) 따라서 업무상과실과 중과실이 경합하는 경우에는 수죄가 성립하는 것이 아니라 일죄가 성립할 뿐이다.

2. 과실의 체계적 지위

    ① **학설:** 책임요소설(인과적 행위론, 고전적·신고전적 범죄체계), 위법성요소설(신과실이론), 구성요건요소설(목적적 행위론, 목적적 범죄체계)이 있으나 이중적 지위를 인정하는 견해(사회적 행위론, 합일태적 범죄체계)가 다수설이다.

    ② **이중적 지위설:** 이중적 지위설에 의하면 과실은 구성요건요소인 동시에 책임요소로 인정된다. 구성요건요소로서의 과실은 객관적 주의의무위반을 의미하며, 책임요소로서의 과실은 주관적 주의의무위반을 의미한다(다수설).

Ⅱ 과실범의 구성요건

1. 객관적 주의의무위반

(1) 객관적 주의의무의 내용

과실범의 주의의무는 구체적인 행위로부터 발생할 수 있는 보호법익에 대한 위험을 인식(예견)하고 구성요건적 결과의 발생을 방지하기 위하여 적절한 방어조치를 취하는 것, 즉 결과예견의무와 결과회피의무를 그 내용으로 한다.

---

41) **제268조(업무상과실·중과실 치사상)** 업무상 과실 또는 중대한 과실로 인하여 사람을 사상에 이르게 한 자는 5년 이하의 금고 또는 2천만원 이하의 벌금에 처한다.

【주의의무의 내용: 예견가능성】 ※ 촛불 실화 사건

甲은 술을 마시고 만취되어 의식이 없는 친구 A를 데려다가 학교 선배의 자취방에 눕히고 이불을 덮어준 후 그의 발로부터 불과 약 70 내지 80cm 떨어진 곳에 다른 사람이 가져온 촛불을 그대로 두고 나왔는데, A가 몸부림을 치다가 이불자락으로 촛불을 건드리는 바람에 그것이 넘어져 화재가 발생하여 A가 사망하였다. 甲의 죄책은? (실화죄는 제외함)

판결요지

당시 촛불을 켜놓아야 할 별다른 사정이 엿보이지 아니하고 더욱이 피고인들 외에는 달리 피해자를 돌보아 줄 사람도 없었던 터이므로 술에 취한 피해자가 정신없이 몸부림을 치다가 발이나 이불자락으로 촛불을 건드리는 경우 그것이 넘어져 불이 이불이나 비닐장판 또는 벽지 등에 옮겨 붙어 화재가 발생할 가능성이 있고, 또한 화재가 발생하는 경우 화재에 대처할 능력이 없는 피해자가 사망할 가능성이 있음을 예견할 수 있으므로 이러한 경우 피해자를 혼자 방에 두고 나오는 피고인들로서는 촛불을 끄거나 양초가 쉽게 넘어지지 않도록 적절하고 안전한 조치를 취하여야 할 주의의무가 있다 할 것인바, 비록 피고인들이 직접 촛불을 켜지 않았다 할지라도 위와 같은 주의의무를 다하지 않은 이상 피고인들로서는 이 사건 화재발생과 그로 인한 피해자의 사망에 대하여 과실책임을 면할 수는 없다 할 것이다[대판 1994.8.16. 94도1291]. [20 경찰채용]*

정답 (과실치사죄)

(2) 객관적 주의의무의 판단기준

① 주의의무위반의 판단기준에 대하여는 ⅰ) 행위자 본인의 지식과 능력을 표준으로 판단해야 한다는 견해(주관설), ⅱ) 일반인의 주의능력을 표준으로 판단해야 한다는 견해(객관설: 판례, 통설)가 있다.

② 주관설은 행위자 본인이 주의할 수 있는 능력 이상의 것을 기대할 수 없다는 점을 주요 논거로 한다. 주관설에 의하면 행위자의 주의능력이 평균인에 미달하여 자신의 능력을 모두 발휘하더라도 결과발생의 예견이 불가능하였다면 과실범의 불법이 배제된다.

③ 객관설에 의할 경우에도 행위자가 일반인을 초과하는 특수지식 · 경험과 특수능력을 가지고 있었던 경우 특수지식 · 경험은 고려하며, 특수능력은 고려하지 아니한다(예 어느 건물 앞에서 일시에 많은 아동이 뛰어나온다는 것을 알고 있는 운전자가 이러한 점을 고려하지 않고 운전하다가 사고를 낸 경우에는 과실이 인정된다. 그러나 자동차 경주 선수가 일반인의 솜씨로 운전하다가 사고를 낸 경우라도 과실은 인정되지 않는다).

판례 | 업무상과실의 판단기준인 일반인의 의미 = 행위자와 같은 업무와 직무에 종사하는 자

의료사고에서 의료종사자의 과실을 인정하기 위해서는 의료종사자가 결과발생을 예견할 수 있고 또 회피할 수 있었는데도 이를 예견하거나 회피하지 못한 과실이 인정되어야 하고, 그러한 과실 유무를 판단할 때에는 같은 업무와 직무에 종사하는 보통인의 주의 정도를 표준으로 하여야 하며, 이에는 사고 당시의 일반적인 의학 수준과 의료 환경 및 조건, 의료행위의 특수성 등이 고려되어야 하고, 이러한 법리는 한의사의 경우에도 마찬가지이다[대판 2011.9.8. 2009도13959]. [20 법원행시, 20 국가9급, 20 경찰채용, 19 경찰승진, 20 경간부, 18 경간부, 17 경찰채용, 16 법원행시, 16 국가9급]*

(3) 객관적 주의의무의 근거

주의의무를 모두 법규에 유형화하는 것은 입법기술상 불가능하기 때문에 주의의무는 법령뿐만 아니라 조리 · 판례 · 경험칙 등에 의하여 요구되기도 한다. 따라서 관계법령을 모두 준수하였다는 것만으로 과실이 부정되는 것은 아니다(판례).

📜 판례 | 도로가 비정상인 경우 법령상의 제한최고속도 이하로 감속서행할 주의의무가 있다는 사례

<u>야간에 고속도로에서 차량을 운전하는 자는 주간에 정상적인 날씨 아래에서 고속도로를 운행하는 것과는 달리 노면상태 및 가시거리상태 등에 따라 고속도로상의 제한최고속도 이하의 속도로 감속 · 서행할 주의의무가 있으므로</u>, 야간에 선행사고로 인하여 전방에 정차해 있던 승용차와 그 옆에 서 있던 피해자를 충돌한 경우 운전자에게는 고속도로상의 제한최고속도 이하의 속도로 감속운전하지 아니한 과실이 있다[대판 1999.1.15. 98도2605].

📜 판례 | 제왕절개수술과 의사의 수혈준비의무의 인정 여부

1-0. (인정) (태반조기박리 상황의 제왕절개 수술 사건) <u>산부인과 의사가 산모의 태반조기박리에 대한 대응조치로서 응급 제왕절개 수술을 시행하기로 결정하였다면 이러한 경우에는 적어도 제왕절개 수술 시행 결정과 아울러 산모에게 수혈을 할 필요가 있을 것이라고 예상되는 특별한 사정이 있어 <u>미리 혈액을 준비하여야 할 업무상 주의의무가 있다고 보아야 한다</u> [대판 2000.1.14. 99도3621].

1-1. (부정) (일반적인 제왕절개 수술 사건) 헌혈 부족으로 충분한 혈액을 확보하지 못하고 있는 당시 우리나라의 실정상, 제왕절개분만을 함에 있어서 산모에게 수혈을 할 필요가 있을 것이라고 예상할 수 있었다는 사정이 보이지 않는 한, 산후과다출혈에 대비하여 제왕절개수술을 시행하기 전에 미리 혈액을 준비할 업무상 주의의무가 있다고 보기 어렵다[대판 1997.4.8. 96도3082].

📜 판례 | 의료행위와 업무상과실의 인정 여부

(1) 업무상과실을 인정한 경우
(주치의는 야간당직의사의 과실이 일부개입된 경우에도 책임을 져야 한다는 사건) 치료 과정에서 야간 당직의사의 과실이 일부 개입하였다고 하더라도 그의 주치의사 및 환자와의 관계에 비추어 볼 때 환자의 주치의사는 업무상과실치사죄의 책임을 면할 수는 없다[대판 1994.12.9. 93도2524].

(2) 업무상과실을 부정한 경우
(수술부위를 그대로 봉합하는 것이 의술법칙에 적합하여 의사의 과실을 인정할 수 없다는 사건) <u>수술도중에 수술용 메스가 부러지자 담당의사가 부러진 메스조각(3×5mm)을 찾아 제거하기 위한 최선의 노력을 다하였으나 찾지 못하여 부러진 메스조각을 그대로 둔 채 수술부위를 봉합한 경우</u>, 같은 수술과정에서 메스 끝이 부러지는 일이 흔히 있고, 부러진 메스가 쉽게 발견되지 않을 경우 수술과정에서 무리하게 제거하려고 하면 부가적인 손상을 줄 우려가 있어 일단 봉합한 후에 재수술을 통하여 제거하거나 그대로 두는 경우가 있는 점에 비추어 담당의사의 과실을 인정할 수 없다[대판 1999.12.10. 99도3711]. [16 경간부]*

📜 판례 | 환자의 생명과 자기결정권을 비교형량하기 어려운 경우 의사의 과실 인정 여부(부정)

환자의 생명과 자기결정권을 비교형량하기 어려운 특별한 사정이 있다고 인정되는 경우에 의사가 자신의 직업적 양심에 따라 환자의 양립할 수 없는 두 개의 가치 중 어느 하나를 존중하는 방향으로 행위하였다면, 이러한 행위는 처벌할 수 없다 [대판 2014.6.26. 2009도14407].

판례해설 '여호와 증인' 신도인 A(62세)는 수술을 하면서 종교적 신념에 따라 무수혈 수술로 인한 피해에 대한 책임면제각서를 제출하는 등 타가수혈을 거부하겠다는 명확한 의사를 표시하였다. 이에 의사 甲은 A의 요구에 따라 무수혈 방식으로 수술하던 도중 과다출혈로 인하여 타가수혈이 필요한 상황이 발생하였으나 A의 가족들의 수혈여부에 대한 확실한 대답을 얻지 못하자 타가수혈을 하지 아니하였고 A는 결국 사망하고 말았다. 이 경우 타가수혈하지 아니한 사정만을 가지고 甲이 의사로서 진료상의 주의의무를 다하지 아니하였다고 할 수 없다는 것이 판례의 취지이다. [20 경찰채용, 16 법원행시]*

⚖️ 판례 | 기타 주의의무의 인정 여부

(1) 주의의무를 인정한 경우(위반시 업무상과실 인정)

1. 자동차운전사에게는 그 운전하는 차량의 진로의 반대방향으로부터 오는 차량의 후방에서 불시에 도로를 횡단하고자 하는 자가 출현할지라도 이에 적응하여 급정차를 하든지 또는 이를 회피할 수 있도록 필요한 만전의 조치를 강구하여야 할 업무상의 주의의무가 있다[대판 1960.4.27. 4292형상968].

2. 빗물로 노면이 미끄러운 고속도로에서 진행전방의 차량이 빗길에 미끄러져 비정상적으로 움직이고 있다면 앞으로의 진로를 예상할 수 없는 것이므로 그 차가 일시 중앙선을 넘어 반대차선으로 진입되었더라도 노면의 상태나 다른 차량 등 장애물과의 충돌에 의하여 원래의 차선으로 다시 미끄러져 들어올 수 있으므로 그 후방에서 진행하고 있던 차량의 운전자로서는 이러한 사태에 대비하여 속도를 줄이고 안전거리를 확보해야 할 주의의무가 있다[대판 1990.2.27. 89도777]. [18 법원행시]*

3. 자동차의 대향운전시 상호충돌을 피하기 위하여 교통법규를 준수하여 운전할 것이라고 신뢰할 수 있으므로 통상의 경우 상대방이 도로의 중앙선을 침범하여 운전할 경우까지 예상하여 이에 대비할 업무상 주의의무는 없으나, 상대방이 도로중앙선을 넘어 자기의 진로에 따라 자동차를 운행하고 있거나 이와 같은 사정이 예상되는 객관적 사정이 있는 때에는 그와 같은 신뢰는 기대할 수 없기 때문에 그 대향운전자로서도 경적을 울린다거나 감속서행, 일단정지, 또는 가능한 한 도로의 우측으로 피하여 자동차를 운행하는 등의 적절한 조치를 취함으로써 상호간의 충돌을 방지할 업무상 주의의무가 있다[대판 1984.3.13. 83도1859]. [17 경간부]*

(2) 주의의무를 부정한 경우(위반시 업무상과실 부정)

1. (대학병원 과장이라는 이유만으로 외래담당의사나 수련의들의 의료행위에 대하여 지시·감독할 의무는 없다는 사건) 일반적으로 대학병원의 진료체계상 과장은 병원행정상의 직급으로서 다른 교수나 전문의가 진료하고 있는 환자의 진료까지 책임지는 것은 아니므로 구강악안면외과 과장이라는 이유만으로 외래담당의사 및 담당 수련의들의 처치와 치료 결과를 주시하고 적절한 수술방법을 지시하거나 담당의사 대신 직접 수술을 하고, 농배양을 지시·감독할 주의의무가 있다고 단정할 수 없다[대판 1996.11.8. 95도2710]. [16 경간부]*

2. (도급인이 전문업자에게 주택수리를 완전히 일임한 경우 도급인에게는 사고방지에 대한 주의의무가 인정되지 않는다는 사건) 주택수리공사에 관하여 전문적인 지식이 없는 도급인이 주택수리공사 전문업자에게 주택수리를 의뢰하면서 공사에 관한 관리 감독 업무 또는 공사의 시공에 있어서 분야별 공사업자나 인부들에 대한 구체적인 작업지시 및 감독 업무를 주택수리업자에게 일임한 경우, 도급인에게 공사상 필요한 안전조치를 취할 업무상 주의의무가 있다고 할 수 없다[대판 2002.4.12. 2000도3295].

   동지판례 특별한 사정이 없는 한, 도급인에게는 수급인의 업무와 관련하여 사고방지에 필요한 안전조치를 할 주의의무가 없다[대판 2015.10.29. 2015도5545].

3. (무모한 추월 차량이 선행할 수 있도록 조치를 취할 의무는 없다는 사건) 무모한 추월을 시도하는 차량에 대하여 선행차량이 속도를 낮추어 그 차량을 선행하도록 하여 줄 업무상 주의의무가 있다고 할 수 없다[대판 1984.5.29. 84도483]. [17 경간부]*

4. (상급자로부터 지시받은 사항을 초과하여 주의할 의무는 없다는 사건) 병원 인턴인 피고인이, 응급실로 이송되어 온 익수환자 甲을 담당의사 乙의 지시에 따라 구급차에 태워 다른 병원으로 이송하던 중 산소통의 산소잔량을 체크하지 않아 산소 공급이 중단된 결과 甲을 폐부종 등으로 사망에 이르게 하였다고 하더라도, 乙에게서 이송 도중 甲에 대한 앰부 배깅(ambu bagging)과 진정제 투여 업무만을 지시받은 피고인에게 일반적으로 구급차 탑승 전 또는 이송 도중 구급차에 비치되어 있는 산소통의 산소잔량을 확인할 주의의무가 있다고 보기는 어려우므로 업무상과실치사죄가 성립하지 아니한다[대판 2011.9.8. 2009도13959]. [20 법원행시, 16 국가7급]*

(3) 주의의무의 인정 여부가 다른 사례

야간 당직간호사인 피고인 甲이 피해자가 심근경색을 의심할 수 있는 증상을 계속 보이고 있었고 피해자 가족으로부터도 의사를 불러달라는 요청을 수차 받았는데도 당직 의사인 피고인 乙에게 제대로 알리지 않음으로써 즉시 필요한 조치를 취하지 못하게 한 업무상 과실로 피해자가 사망한 경우, 자신이 적절한 조치를 취하지 아니할 경우 피해자 사망이라는 결과가 발생할 수 있으리라는 점도 예견할 수 있었으며, 적절한 시기에 乙에게 피해자의 상태를 보고하였다면 그 결과 발생을 방지할 수 있었다고 보이므로 甲의 업무상 주의의무 위반행위와 피해자의 사망 사이에 인과관계가 인정되지만, 乙에 대하여는 통상의 능력을 갖춘 의사로서 심근경색 또는 패혈증의 결과발생을 예견하고 이를 회피할 수 있었음에도 그러한 주의의무를 게을리하였다고 단정하기 어렵다[대판 2007.9.20. 2006도294]. [18 경찰승진, 16 경간부]*

⚖ 판례 | 과실 또는 업무상과실의 인정 여부

(1) 과실 또는 업무상과실을 인정한 경우

1. (술취한 자로 하여금 도로를 횡단하게 한 자는 안전을 위한 주의의무가 있다는 사건) 중앙선에 서서 도로횡단을 중단한 (술취한)피해자의 팔을 갑자기 잡아끌고 피해자로 하여금 도로를 횡단하게 만든 피고인으로서는 위와 같이 무단횡단을 하는 도중에 지나가는 차량에 충격당하여 피해자가 사망하는 교통사고가 발생할 가능성이 있으므로, 이러한 경우에는 피고인이 피해자의 안전을 위하여 차량의 통행 여부 및 횡단 가능 여부를 확인하여야 할 주의의무가 있다 할 것이므로, 피고인으로서는 위와 같은 주의의무를 다하지 않은 이상 <u>교통사고와 그로 인한 피해자의 사망에 대하여 과실책임을 면할 수 없다</u>[대판 2002.8.23. 2002도2800]. [18 변호사]*

2. (상당한 거리에서 중앙선 근접 차량을 이미 발견한 경우 충돌방지를 위한 조치를 취할 의무가 있다는 사건) 피해자가 운전하는 승용차가 중앙선에 근접하여 운전하여 오는 것을 상당한 거리에서 발견하고도 두 차가 충돌하는 것을 피하기 위하여 할 수 있는 적절한 조치를 취하지 아니하고 그대로 진행하다가 두 차가 매우 가까와진 시점에서야 급제동 조치를 취하며 조향장치를 왼쪽으로 조작하여 중앙선을 넘어가며 피해자의 승용차를 들이받은 경우 피고인에게 과실이 있다[대판 1996.6.11. 96도1049].

3. (익사사고의 예견이 가능했던 헹가래 사건) 바다에 면한 수직경사가 암반 위로 이끼가 많이 끼어 매우 미끄러운 곳에서 당시 폭풍주의보가 발효 중이어서 평소보다 높은 파도가 치고있던 상황하에 피해자와 같은 내무반원인 피고인 등 여러 사람이 곧 전역할 병사 X를 붙잡아 헹가래를 쳐서 장난삼아 바다에 빠뜨리려고 하다가 그가 발버둥치자 동인의 발을 붙잡고 있던 피해자가 몸의 중심을 잃고 미끄러지면서 바다에 빠져 사망한 경우 X를 헹가래쳐서 바다에 빠뜨리려고 한 행위와 피해자가 바다에 빠져 사망한 결과와의 사이에는 인과관계가 있다고 할 것이고, 또 위와 같은 경우 결과발생에 관한 예견가능성도 있다고 할 것이므로 X를 붙들고 헹가래치려고 한 피고인들로서는 비록 피해자가 위와 같이 헹가래치려고 한 일행중의 한 사람이었다고 하여도 동인의 사망에 대하여 과실책임을 면할수 없다[대판 1990.11.13. 90도2106].

4. 종합병원 간호사인 피고인이 베쿠로니움의 약효 등을 확인하지 않음으로 인해 그 투약의 위험성을 인식하지 못함으로써 처방내용을 재확인할 기회를 놓친 채 그대로 이를 주사 투약한 점에서 (의사의 처방을 기계적으로 실행하기에 앞서 당해 처방의 경위와 내용을 관련자에게 재확인함으로써 그 실행으로 인한 위험을 방지할) 주의의무를 위반한 과실이 인정되고, 이를 투약함으로써 그 약효 내지 부작용으로 인하여 피해자에게 상해가 발생한 이상 그와 같은 결과는 피고인의 주의의무 위반과 상당인과관계가 있다고 할 것이며, 피해자의 상해 발생에 피고인 외에도 다른 사람들의 과실이 주로 작용하였다는 사정이 있다 하여 피고인의 책임을 면제할 사유가 된다고 할 수 없다[대판 2009.12.24. 2005도8980]. [16 국가7급]*

5. 택시 운전자인 피고인이 심야에 밀집된 주택 사이의 좁은 골목길이자 직각으로 구부러져 가파른 비탈길의 내리막에 누워 있던 피해자의 몸통 부위를 택시 바퀴로 역과하여 그 자리에서 사망에 이르게 하고 도주한 사안에서, 위 사고 당시 시각과 사고 당시 도로상황 등에 비추어 자동차 운전업무에 종사하는 피고인으로서는 평소보다 더욱 속도를 줄이고 전방 좌우를 면밀히 주시하여 안전하게 운전함으로써 사고를 미연에 방지할 주의의무가 있었는데도, 이를 게을리한 채 그다지 속도를 줄이지 아니한 상태로 만연히 진행하던 중 전방 도로에 누워 있던 피해자를 발견하지 못하여 위 사고를 일으켰으므로, 사고 당시 피고인에게는 이러한 업무상 주의의무를 위반한 잘못이 있었는데도, 이와 달리 판단하여 피고인에게 무죄를 선고한 원심판결에 업무상과실치사죄의 구성요건에 관한 법리오해의 위법이 있다고 한 사례[대판 2011.5.26. 2010도17506]. [20 경찰채용, 17 경찰승진]*

(2) 과실 또는 업무상과실을 부정한 경우

1. (현장소장이 작업 중단을 지시한 이상 작업반장이 그 지시를 무시하고 작업을 하다가 사고가 발생한 경우 현장소장에게는 과실을 인정할 수 없다는 사건) 현장소장인 피고인이 구덩이의 흙벽이 마사이고 전날밤의 비로 붕괴의 위험이 있음을 엿보고 현장기사를 시켜 작업반장에게 구덩이 안의 작업을 중단할 것을 지시까지 하였으나 작업반장이 피고인의 지시를 무시하고 피해자 등에게 작업을 지시한 결과, 작업하던 피해자가 흙벽이 붕괴되어 흙에 묻히는 사고가 발생하였다면 일반인부는 위 작업반장이 지시, 감독하게 되어 있으므로 피고인으로서는 현장소장으로서 사고발생을 방지하기 위해 필요한 지시를 다하였다 할 것이므로 위 붕괴사고는 피고인의 과실에 의한 것이라고 볼 수 없다[대판 1984.4.10. 83도3365].

2. (1차로에 근접하여 운전한 것만으로는 과실을 인정할 수 없다는 사건) 단순히 갑자기 진행차로의 정중앙에서 벗어나 다른 차로와 근접한 위치에서 운전하였다는 것만으로는 다른 차로에서 뒤따라오는 차량과의 관계에서 운전자로서의 업무상의 주의의무를 위반한 과실이 있다고 할 수 없다[대판 1998.4.10. 98도297].

3. (매질 구경 사건 – 예견가능성이 없었던 경우) 교사가 징계목적으로 학생의 손바닥을 때리기 위해 회초리를 들어올리다가 옆에서 구경하려는 다른 학생의 눈을 찔러 상해를 입힌 경우 업무상과실치상죄가 성립한다고 할 수 없다[대판 1985.7.9. 84도822]. [16 경간부]*

4. 술을 마시고 찜질방에 들어온 갑이 찜질방 직원 몰래 후문으로 나가 술을 더 마신 다음 후문으로 다시 들어와 발한실(발한실)에서 잠을 자다가 사망한 사안에서, 갑이 처음 찜질방에 들어갈 당시 술에 만취하여 목욕장의 정상적 이용이 곤란한 상태였다고 단정하기 어렵고, 찜질방 직원 및 영업주에게 손님이 몰래 후문으로 나가 술을 더 마시고 들어올 경우까지 예상하여 직원을 추가로 배치하거나 후문으로 출입하는 모든 자를 통제·관리하여야 할 업무상 주의의무가 있다고 보기 어렵다는 이유로, 위 찜질방 직원 및 영업주가 공중위생영업자로서의 업무상 주의의무를 위반하였다고 본 원심판단에 법리오해 및 심리미진의 위법이 있다고 한 사례[대판 2010.2.11. 2009도9807]. [16 경찰승진, 16 경간부]*

5. 택시 운전수가 횡단보도가 아닌 차도를 무단횡단하는 피해자를 뒤늦게 발견하고 급정차 조치를 취하여 위 피해자와의 충돌을 사전에 예방하였다면 비록 피해자가 갑자기 급정차하는 위 택시를 보고 당황한 끝에 도로위에 넘어져 상해를 입었다고 하더라도 다른 특별한 사정이 없는 한 위 택시 운전수에게 형사상의 책임을 귀속시킬 업무상 과실이 있다고 단정할 수 없다[대판 1987.5.26. 86도2707].

6. 내리막길에서 버스의 브레이크가 작동되지 아니하여 대형사고를 피하기 위하여 인도 턱에 버스를 부딪혀 정차시키려고 하였으나 버스가 인도 턱을 넘어 돌진하여 보행자를 사망에 이르게 한 경우 피고인에게 과실이 인정되지 아니한다[대판 1996.7.9. 96도1198].

7. 피고인이 피해자가 화장실에 가는 시간을 기록하여 두고 10여 분 후에 간호보조사로부터 피해자가 병실 침대에 없다는 보고를 받은 즉시 그를 찾아 나섰다면 그것을 가리켜 환자동태관찰의무를 게을리 한 것이라고 단정할 수도 없다[대판 1992.4.28. 91도1346].

2. 결과발생

과실범은 결과범이므로 구성요건적 결과가 발생해야 한다.

3. 인과관계 및 객관적 귀속

> **⚖ 판례 | 적법한 대체행위를 하였다면 결과가 발생하지 않았을 사건 = 상당인과관계 인정**
>
> 1. (중앙선에 서 있는 피해자를 상당거리에서 이미 발견한 사건) 피해자는 횡단 도중에 여의치 못하여 잠시 중앙선 부근에 머무르고 있는 자이었던 만큼 틈만 나면 그곳을 벗어나기 위하여 피고인의 진로 앞으로 횡단하려고 시도하리라는 것은 충분히 예상할 수 있다 할 것이므로, 이러한 경우에 평균적인 운전자라면 피해자가 스스로이든 아니면 위험지역에 있는 관계상 다른 차량에 의한 외력으로 인한 것이든 간에 자신의 진로 상에 들어올 수도 있다는 것을 감안하여 피해자의 행동을 주시하면서 그러한 돌발적인 경우에 대비하여 긴급하게 조치를 취할 수 있도록 제한속도 아래로 감속하여(제한속도의 상한까지만 감속하는 것만으로는 충분하지 아니할 것이다) 서행하거나 중앙선쪽으로부터 충분한 거리를 유지하면서 진행하여야 하는 것은 당연하다 할 것이니, 피고인이 이러한 주의의무를 다하면서 진행하였더라면 비록 피해자가 다른 차에 충격당하여 피고인의 진로 상으로 들어왔다 하더라도 피고인이 그것을 발견한 것이 15m 전방이었던 점을 고려할 때 이 사건 결과의 발생은 충분히 피할 수도 있었을 것으로 보여진다[대판 1995.12.26. 95도715].
>
> 2. 피고인의 택시가 차량 신호등이 적색 등화임에도 횡단보도 앞 정지선 직전에 정지하지 않고 상당한 속도로 정지선을 넘어 횡단보도에 진입하였고, 횡단보도에 들어선 이후 차량 신호등이 녹색 등화로 바뀌자 교차로로 계속 직진하여 교차로에 진입하자마자 교차로를 거의 통과하였던 甲의 승용차 오른쪽 뒤 문짝 부분을 피고인 택시 앞 범퍼 부분으로 충돌한 점 등을 종합할 때, 피고인이 적색 등화에 따라 정지선 직전에 정지하였더라면 교통사고는 발생하지 않았을 것임이 분명하여 피고인의 신호위반행위가 교통사고 발생의 직접적인 원인이 되었다고 보아야 한다[대판 2012.3.15. 2011도17117].

⚖ 판례 | 적법한 대체행위를 하였더라도 동일한 결과가 발생하였을 사건 = 상당인과관계 부정

(농배양을 하지 않고 항생제를 투약하였으나 농배양을 했더라도 동일한 항생제를 투약할 수 밖에 없었던 사건) 피고인이 농배양을 하지 않은 과실이 피해자의 사망에 기여한 인과관계 있는 과실이 된다고 하려면, 농배양을 하였더라면 피고인이 투약해온 항생제와 다른 어떤 항생제를 사용하게 되었을 것이라거나 어떤 다른 조치를 취할 수 있었을 것이고, 따라서 피해자가 사망하지 않았을 것이라는 점을 심리·판단하여야 한다[대판 1996.11.8. 95도2710].

판결이유 기록상 그러한 점을 밝힐 수 있는 자료는 없고, 오히려 후에 밝혀진 바에 의하면, 피고인이 투약해 온 항생제는 원인균에 적절한 것으로 판명되었다는 것이므로 피고인의 과실이 피해자의 사망과 인과관계가 있다고 보기 어렵다.

판례 연습

【규범의 보호목적관련성】※ ㅏ자형 삼거리 사건

甲은 신호등에 의하여 교통정리가 행하여지고 있는 ㅏ자형 삼거리의 교차로를 녹색등화에 따라 제한속도를 위반하여 과속으로 직진하던 중, 신호를 위반하여 甲의 차량을 가로질러 좌회전을 하던 A의 오토바이와 충돌하여 A가 부상을 당하였다. 甲의 죄책은?

판결요지

신호등에 의하여 교통정리가 행하여지고 있는 ㅏ자형 삼거리의 교차로를 녹색등화에 따라 직진하는 차량의 운전자는 특별한 사정이 없는 한 다른 차량들도 교통법규를 준수하고 충돌을 피하기 위하여 적절한 조치를 취할 것으로 믿고 운전하면 족하고, 대향차선 위의 다른 차량이 신호를 위반하고 직진하는 자기 차량의 앞을 가로질러 좌회전할 경우까지 예상하여 그에 따른 사고발생을 미리 방지하기 위한 특별한 조치까지 강구하여야 할 업무상의 주의의무는 없고, 위 직진차량 운전자가 사고지점을 통과할 무렵 제한속도를 위반하여 과속운전한 잘못이 있었다 하더라도 그러한 잘못과 교통사고의 발생과의 사이에 상당인과관계가 있다고 볼 수 없다[대판 1993.1.15. 92도2579]. [18 경찰승진, 16 국가7급]*

동지판례 (접속도로 사건: 인과관계 부정) 녹색등화에 따라 왕복 8차선의 간선도로를 직진하는 차량의 운전자는 특별한 사정이 없는 한 왕복 2차선의 접속도로에서 진행하여 오는 다른 차량들도 교통법규를 준수하여 함부로 금지된 좌회전을 시도하지는 아니할 것으로 믿고 운전하면 족하고, 접속도로에서 진행하여 오던 차량이 아예 허용되지 아니하는 좌회전을 감행하여 직진하는 자기 차량의 앞을 가로질러 진행하여 올 경우까지 예상하여 그에 따른 사고발생을 미리 방지하기 위하여 특별한 조치까지 강구할 주의의무는 없다 할 것이고, 또한 운전자가 제한속도를 지키며 진행하였더라면 피해자가 좌회전하여 진입하는 것을 발견한 후에 충돌을 피할 수 있었다는 등의 사정이 없는 한 운전자가 제한속도를 초과하여 과속으로 진행한 잘못이 있다 하더라도 그러한 잘못과 교통사고의 발생 사이에 상당인과관계가 있다고 볼 수는 없다[대판 1998.9.22. 98도1854]. [16 경간부]*

정답 (무죄)

⚖ 판례 |

(탄광덕대인 사건: 인과관계 부정) 탄광덕대인 피고인이 화약류취급책임자 면허가 없는 甲에게 화약고 열쇠를 맡기었던 바 甲이 경찰관의 화약 검열에 대비하여 임의로 화약고에서 뇌관, 폭약 등을 꺼내어 이를 노무자 숙소 아궁이에 감추었고, 이 사실을 모르는 자가 위 아궁이에 불을 때다 위 폭발물에 인화되어 폭발위력으로 사람을 사상에 이르게 한 경우에는 피고인으로서는 위와 같은 사고를 예견할 수 있었다고 보기 어려울 뿐 아니라 피고인이 甲에게 위 열쇠를 보관시키고 화약고를 취급하도록 한 행위와 위 사고발생 간에는 인과관계가 있다고 할 수 없다[대판 1981.9.8. 81도53].

Ⅲ 객관적 주의의무의 제한원리

1. 허용된 위험의 이론

(1) 의의

현대산업사회에서는 사회적 유용성과 필요성으로 말미암아 위험을 수반하는 일정한 행위(예 교통, 원자력의 이용)일지라도 필요한 안전조치를 강구한 이상 불가피하게 허용할 수밖에 없다. 이 경우 그 행위와 결부된 전형적인 위험을 허용된 위험이라고 하며 허용된 위험의 범위 내의 행위에 의하여 법익침해의 결과가 야기된 경우 과실이 인정되지 않아 구성요건해당성이 배제된다.

(2) 인정근거

허용된 위험의 이론은 사회적 유용성과 필요성을 이유로 한 '사회적 위험의 적정한 분배'라는 사고에 기초하고 있다.

2. 신뢰의 원칙

(1) 의의

① 신뢰의 원칙이란 교통규칙을 준수한 운전자는 다른 교통관여자가 교통규칙을 준수할 것이라고 신뢰하면 족하며, 그가 교통규칙을 위반하는 경우까지 예견하고 이에 대한 방어조치를 취할 의무는 없다는 원칙을 말한다.
② 신뢰의 원칙은 과실범의 객관적 주의의무의 제한을 통하여 과실범의 성립범위를 축소시키는 이론이다.

(2) 적용범위

> ⚖ **판례 | 신뢰의 원칙이 적용되어 주의의무가 인정되지 않는 경우(업무상과실책임의 탈락)**
>
> 1. **(중앙선 불침범에 대한 신뢰)** 고속도로에서 자동차를 운전하는 자는 반대방향에서 운행하여 오는 차량이 앞지르기를 하거나 도로의 상황 기타 사정으로 부득이 중앙선을 침범하게 되는 경우를 제외하고는 그 차량이 도로의 중앙선을 침범하는 일은 없을 것이라고 믿고 운전하면 족한 것이므로, … 자동차를 운전하는 피고인은 위 甲이 운전하던 차량과 같이 교통법규를 위반하고 중앙선을 침범하여 자기가 운전하는 차량 전방에 진입할 것까지를 예견하고 감속하는 등 충돌을 사전에 방지할 조치를 강구하지 않으면 안될 주의의무는 없다 할 것이다[대판 1982.4.13. 81도2720].
>
> 2. **(교차로 선진입자의 신뢰)** 교차로에 먼저 진입한 운전자는 교차하는 도로를 통행하는 피해자가 교통법규에 따라 적절한 행동을 취하리라고 신뢰하고 운전한다고 할 것이므로 특별한 사정이 없는 한 피해자가 자신의 진행속도보다 빠른 속도로 무모하게 교차로에 진입하여 자신의 차량과 충격할지 모른다는 것까지 예상하고 대비하여 운전하여야 할 주의의무는 없다[대판 1992.8.18. 92도934].
>
> 3. **(신호등 준수자의 신뢰)** ⅰ) 신호등에 의하여 교통정리가 행하여지고 있는 교차로를 녹색등화에 따라 직진하는 차량의 운전자는 다른 차량이 신호를 위반하고 직진하는 차량의 앞을 가로질러 좌회전할 경우까지를 예상하여 그에 따른 사고발생을 미연에 방지할 특별한 조치까지 강구할 업무상의 주의의무는 없다고 할 것이다[대판 1985.1.22. 84도1493].
> ⅱ) 편도 5차선 도로의 1차로를 신호에 따라 진행하던 자동차 운전자에게 도로의 오른쪽에 연결된 소방도로에서 오토바이가 나와 맞은편 쪽으로 가기 위해서 편도 5차선 도로를 대각선 방향으로 가로 질러 진행하는 경우까지 예상하여 진행할 주의의무는 없다[대판 2007.4.26. 2006도9216].

판례 | 신뢰의 원칙이 적용되어 주의의무가 인정되지 않는 경우(업무상과실책임의 탈락)

1. (차높이 제한표지를 신뢰하고 운행하면 족하다는 사건) 차높이 제한표지를 설치하고 관리할 책임이 있는 행정관청은 차량의 통행에 장애가 없을 정도로 충분한 여유고를 두고 그 높이 표시를 하여야 할 의무가 있으므로, 차높이 제한표지가 설치되어 있는 지점을 통과하는 운전자들은 그 표지판이 차량의 통행에 장애가 없을 정도의 여유고를 계산하여 설치된 것이라고 믿고 운행하면 되는 것이고, 구조물의 실제 높이와 제한표지상의 높이와의 차이가 전혀 없어졌을 가능성을 예견하여 차량을 일시 정차시키고 그 충돌 위험성이 있는지 여부까지 확인한 후 운행하여야 할 주의의무가 있다고 보기 어렵다[대판 1997.1.24. 95도2125].

2. (피해자가 무등화인채로 자전거를 타고 무단횡단하는 경우까지 예상할 주의의무는 없다는 사건) 운전자에게 야간에 무등화인 자전거를 타고 차도를 무단횡단하는 경우까지를 예상하여 제한속력을 감속하고 잘 보이지 않는 반대차선상의 동태까지 살피면서 서행운행할 주의의무가 있다고 할 수 없다[대판 1984.9.25. 84도1695].

판례 | 신뢰의 원칙이 적용되는 경우(주의의무 불인정)

1. (고속국도) 고속국도에서는 보행으로 통행, 횡단하거나 출입하는 것이 금지되어 있으므로 고속국도를 주행하는 차량의 운전자는 도로양측에 휴게소가 있는 경우에도 동 도로상에 보행자가 있음을 예상하여 감속 등 조치를 할 주의의무가 있다 할 수 없다[대판 1977.6.28. 77도403]. [17 경찰채용]*

2. (자동차전용도로) 자동차전용도로를 운행중인 자동차 운전사들에게 반대차선에서 진행차량 사이를 뚫고 횡단하는 보행자들이 있을 것까지 예상하여 전방주시를 할 의무가 있다고 보기는 어려운 것이므로, 만연히 피해자들이 반대차선을 횡단해온 거리가 14.9m가 된다는 것만으로 피고인의 과실을 인정할 수는 없다[대판 1990.1.23. 89도1395].

3. (육교 밑) 피고인으로서는 일반보행자들이 교통관계법규를 지켜 차도를 횡단하지 아니하고 육교를 이용하여 횡단할 것을 신뢰하여 운행하면 족하다 할 것이고 불의에 뛰어드는 보행자를 예상하여 이를 사전에 방지해야 할 조치를 취할 업무상 주의의무는 없다 할 것이다[대판 1985.9.10. 84도1572]. [20 경찰채용, 16 국가9급]*

4. (적색신호 상태인 횡단보도) 차량의 운전자로서는 횡단보도의 신호가 적색인 상태에서 반대차선상에 정지하여 있는 차량의 뒤로 보행자가 건너오지 않을 것이라고 신뢰하는 것이 당연하고 그렇지 아니할 사태까지 예상하여 그에 대한 주의의무를 다하여야 한다고는 할 수 없다[대판 1993.2.23. 92도2077]. [19 경찰승진, 18 법원행시, 17 국가9급 16 경찰승진]*

   동지판례 제한속도를 준수하며 진행하는 피고인으로서는 신호기의 차량진행신호에 따라 그대로 진행하면 족하고 위 피해자 운전의 오토바이가 신호를 무시하고 갑자기 위 횡단보도를 무단횡단할 경우까지를 예상하여 사고예방을 위한 필요한 조치를 취하여야 할 업무상 주의의무는 없다[대판 1994.4.26. 94도548].

5. (기타) ⅰ) 중앙선이 표시되어 있지 아니한 비포장도로라고 하더라도 승용차가 넉넉히 서로 마주보고 진행할 수 있는 정도의 너비가 되는 도로를 정상적으로 진행하고 있는 자동차의 운전자로서는, 특별한 사정이 없는 한 마주 오는 차도 교통법규(도로교통법 제12조 제3항 등)를 지켜 도로의 중앙으로부터 우측부분을 통행할 것으로 신뢰하는 것이 보통이므로 마주 오는 차가 도로의 중앙이나 좌측부분으로 진행하여 올 것까지 예상하여 특별한 조치를 강구하여야 할 업무상 주의의무는 없는 것이 원칙이다[대판 1992.7.28. 92도1137]. [16 법원행시]*

   ⅱ) 중앙선 표시가 있는 직선도로에 있어서 특별한 사정이 없는 한 그 대향차선상의 차량은 그 차선을 유지운행하고 도로중앙선을 넘어 반대차선에 진입하지 않으리라고 믿는 것이 우리의 경험칙에 합당하다고 할 것이므로 대향차선상을 달려오는 차량을 발견하였다 하여 자기가 운전하는 차를 정지 또는 서행하거나 일일이 그 차량의 동태를 예의주시할 의무가 있다고 할 수 없다[대판 1984.2.14. 83도3086]. [17 국가9급]*

(3) 적용범위의 확대

신뢰의 원칙은 교통사고 이외에도 분업적 공동작업이 필요한 모든 경우에 그 적용범위가 확대되고 있다(예 외과수술).

① 수평적 분업관계: 공동으로 수술을 행한 의사들 상호간이나 한 병원의 독립된 각 과 사이, 의사와 약사 사이, 약사와 제약회사 사이에는 신뢰의 원칙이 적용된다.

⚖️ 판례 | 약사와 제약회사 사이 = 신뢰의 원칙 적용

약사가 의약품을 판매하거나 조제함에 있어서 약사로서는 그 의약품이 그 표시된 포장상에 있어서 약사법 소정의 검인 합격품이고 또한 부패·변질·변색되지 아니하고 유효기간이 경과되지 아니함을 확인하고 조제판매한 경우에는 우연히 그 내용물에 불순물 또는 다른 약품이 포함된 것을 간단한 주의를 하면 인식할 수 있고, 또는 이미 제품에 의한 사고가 발생된 것이 널리 알려져 그 약품의 사용을 피할 수 있었던 특별한 사정이 없는 한 관능시험 및 기기시험까지 할 주의의무가 있다 할 수 없고, 따라서 그 표시를 신뢰하고 그 약을 사용한 점에 과실이 있다고 볼 수 없다[대판 1976.2.10. 74도2046]. [19 법원행시, 17 국가9급]*

② 수직적 분업관계: 전공의인 주치의와 수련의 사이, 의사와 간호사 등 보조자 사이와 같이 지휘·감독관계가 있는 경우에는 원칙적으로 신뢰의 원칙이 적용되지 않는다.

⚖️ 판례 | 주치의의 감독 소홀로 수련의가 의료사고를 발생케 한 경우 = 주치의의 업무상 과실 인정

환자의 주치의 겸 정형외과 전공의가 같은 과 수련의의 처방에 대한 감독의무를 소홀히 한 나머지 환자가 수련의의 잘못된 처방으로 인하여 상해를 입게 된 경우, 의사가 다른 의사와 의료행위를 분담하는 경우에도 자신이 환자에 대하여 주된 의사의 지위에 있거나 다른 의사를 사실상 지휘 감독하는 지위에 있다면, 그 의료행위의 영역이 자신의 전공과목이 아니라 다른 의사의 전공과목에 전적으로 속하거나 다른 의사에게 전적으로 위임된 것이 아닌 이상, 의사는 자신이 주로 담당하는 환자에 대하여 다른 의사가 하는 의료행위의 내용이 적절한 것인지의 여부를 확인하고 감독하여야 할 업무상 주의의무가 있고, 만약 의사가 이와 같은 업무상 주의의무를 소홀히 하여 환자에게 위해가 발생하였다면, 의사는 그에 대한 과실 책임을 면할 수 없다[대판 2007.2.21. 2005도9229]. [20 국가9급, 17 국가9급, 16 국가9급]*

판례 연습

【분업관계와 신뢰의 원칙의 적용 여부 1】

아래의 각 사안에 의할 때 甲과 乙의 죄책은?

〈사안 1〉

1. 종합병원의 내과의사 甲은 입원환자 A를 진료하면서 신경과 전문의에 대한 협의진료 결과 A의 증세와 관련하여 신경과 영역에서 이상이 없다는 회신을 받았고, 그 회신 전후의 진료 경과에 비추어 그 회신 내용에 의문을 품을 만한 사정이 있다고 보이지 않자 그 회신을 신뢰하여 뇌혈관계통 질환의 가능성을 염두에 두지 않고 내과 영역의 진료 행위를 계속하다가 A의 증세가 호전되기에 이르자 퇴원하도록 조치하였다.
2. A는 퇴원 후 입원 전부터 있었던 지주막하출혈로 인하여 다른 병원에서 수술을 받았으나 식물인간의 상태가 되고 말았다.

〈사안 2〉

1. 대학병원 인턴인 乙은 간호사인 丙으로 하여금 환자 B에게 단독으로 수혈을 하도록 내버려 둠으로써, 丙이 혈액봉지의 라벨을 확인하지 아니하여 다른 환자에게 수혈할 혈액봉지를 B에 대한 혈액봉지로 오인하고서 B에게 수혈하여 혈액형이 달랐던 B를 수혈부작용 등으로 사망에 이르게 하였다.
2. 위 병원에서는 인턴의 수가 부족하여 수혈의 경우 두 번째 이후의 혈액봉지는 인턴 대신 간호사가 교체하는 관행이 있었다.

판결요지

〈사안 1〉 내과의사와 신경과 전문의 = 신뢰의 원칙 적용, 내과의사의 업무상과실 부정
내과의사가 신경과 전문의에 대한 협의진료 결과 피해자의 증세와 관련하여 신경과 영역에서 이상이 없다는 회신을 받았고, 그 회신 전후의 진료 경과에 비추어 그 회신 내용에 의문을 품을 만한 사정이 보이지 않자 그 회신을 신뢰하여 뇌혈관계통 질환의 가능성을 염두에 두지 않고 내과 영역의 진료 행위를 계속하다가 피해자의 증세가 호전되기에 이르자 퇴원하도록 조치한 경우, 피해자의 지주막하출혈을 발견하지 못한 데 대하여 내과의사의 업무상 과실을 부정한 사례[대판 2003.1.10. 2001도3292]. [20 국가9급, 16 경간부]*

〈사안 2〉 의사의 간호사에 대한 수혈 위임사건 = 신뢰의 원칙 적용 불가, 의사의 업무상 과실 인정

[1] 수혈은 종종 그 과정에서 부작용을 수반하는 의료행위이므로, 수혈을 담당하는 의사는 혈액형의 일치 여부는 물론 수혈의 완성 여부를 확인하고, 수혈 도중에도 세심하게 환자의 반응을 주시하여 부작용이 있을 경우 필요한 조치를 취할 준비를 갖추는 등의 주의의무가 있다. 그리고 의사는 전문적 지식과 기능을 가지고 환자의 전적인 신뢰하에서 환자의 생명과 건강을 보호하는 것을 업으로 하는 자로서, 그 의료행위를 시술하는 기회에 환자에게 위해가 미치는 것을 방지하기 위하여 최선의 조치를 취할 의무를 지고 있고, <u>간호사로 하여금 의료행위에 관여하게 하는 경우에도 그 의료행위는 의사의 책임하에 이루어지는 것이고 간호사는 그 보조자에 불과하므로,</u> 의사는 당해 의료행위가 환자에게 위해가 미칠 위험이 있는 이상 간호사가 과오를 범하지 않도록 충분히 지도 · 감독을 하여 사고의 발생을 미연에 방지하여야 할 주의의무가 있고, 이를 소홀히 한 채 만연히 간호사를 신뢰하여 간호사에게 당해 의료행위를 일임함으로써 간호사의 과오로 환자에게 위해가 발생하였다면 의사는 그에 대한 과실책임을 면할 수 없다. [19 법원행시, 17 경간부, 16 경찰승진]*

[2] 피고인이 근무하는 병원에서는 인턴의 수가 부족하여 수혈의 경우 두 번째 이후의 혈액봉지는 인턴 대신 간호사가 교체하는 관행이 있었다고 하더라도, 위와 같이 혈액봉지가 바뀔 위험이 있는 상황에서 피고인이 그에 대한 아무런 조치도 취함이 없이 간호사에게 <u>혈액봉지의 교체를 일임한 것이 관행에 따른 것이라는 이유만으로 정당화될 수는 없다</u>[대판 1998.2.27. 97도2812].

정답 (甲: 무죄, 乙: 업무상과실치사죄)

판례 연습

【분업관계와 신뢰의 원칙의 적용 여부 2】

아래의 각 〈사안 1〉과 〈사안 2〉에 의할 때 甲과 乙의 죄책은?

〈사안 1〉

마취회복담당 의사 甲은 회복실로 이송된 환자 A에게 자발호흡만 있는 것을 확인하고는 의식이 회복되었는지 확인하지 않고 회복실을 떠나버렸다. 그런데 누구의 소행인지는 알 수는 없으나 甲이 A에게 부착시킨 심전도기를 떼어 버리는 사고가 발생하여 A는 결국 무산소증으로 인한 뇌손상으로 2개월 후에 사망하였다. 사고당시 회복실에는 원래 회복실 담당은 아니지만 자기 환자의 회복처치에 임하고 있었던 간호사가 1명 있었으나 위 사고사실을 알아차리지 못했다.

〈사안 2〉

주치의 乙은 자신이 처방을 한 다음 뇌수술을 받은 환자 B에 대한 정맥주사를 당직간호사에게 지시하였다. 위 병원의 책임간호사인 丙(경력7년)은 간호실습을 하고 있던 丁(간호학과 3학년)에게 주사기를 주면서 환자의 정맥에 주사하라고 지시하고 자신은 그 병실의 다른 환자에게 주사를 하는 사이에, 丁이 주사액을 주입하여야 할 튜브관을 오인하여 다른 튜브관에 주입하여 B가 당일에 사망하고 말았다.

판결요지

〈사안 1〉 마취과 의사의 환자 방치 사건 = 의사의 업무상과실 인정

[1] <u>마취환자의 마취회복업무를 담당한 의사로서는</u> 마취환자가 수술 도중 특별한 이상이 있었는지를 확인하여 특별한 이상이 있었던 경우에는 보통 환자보다 더욱 감시를 철저히 하고, 또한 마취환자가 의식이 회복되기 전에는 호흡이 정지될 가능성이 적지 않으므로 피해자의 의식이 완전히 회복될 때까지 주위에서 관찰하거나 적어도 환자를 떠날 때는 피해자를 <u>담당하는 간호사를 특정하여 그로 하여금 환자의 상태를 계속 주시하도록 하여 만일 이상이 발견한 경우에는 즉시 응급조치가 가능하도록 할 의무가 있다.</u>

[2] (업무를 인계받지 않은 간호사에게 주의의무가 인정되지 않음) 피해자를 감시하도록 업무를 인계받지 않은 간호사가 자기 환자의 회복처치에 전념하고 있었다면 회복실에 다른 간호사가 남아 있지 않은 경우에도 다른 환자의 이상증세가 인식될 수 있는 상황에서라야 이에 대한 조치를 할 의무가 있다고 보일 뿐 회복실 내의 모든 환자에 대하여 적극적 · 계속적으로 주시 · 점검을 할 의무가 있다고 할 수 없다[대판 1994.4.26. 92도3283]. [18 경찰승진]*

〈사안 2〉 의사가 간호사에게 쉬운 정맥주사를 위임한 사건 = 의사의 업무상과실 부정

[1] 간호사가 '진료의 보조'를 함에 있어서는 모든 행위 하나하나마다 항상 의사가 현장에 입회하여 일일이 지도·감독하여야 한다고 할 수는 없고, 경우에 따라서는 의사가 진료의 보조행위 현장에 입회할 필요 없이 일반적인 지도·감독을 하는 것으로 족한 경우도 있을 수 있다 할 것인데, 여기에 해당하는 보조행위인지 여부는 간호사의 자질과 숙련도는 어느 정도인지 등의 여러 사정을 참작하여 개별적으로 결정하여야 한다.

[2] 간호사가 의사의 처방에 의한 정맥주사(Side Injection 방식)를 의사의 입회 없이 간호실습생(간호학과 대학생)에게 실시하도록 하여 발생한 의료사고에 대한 의사의 과실을 부정한 사례[대판 2003.8.19, 2001도3667]. [18 법원행시, 16 국가9급]*

정답 (甲: 업무상과실치사죄, 乙: 무죄)

(4) 신뢰의 원칙의 적용한계

① 상대방의 규칙 위반을 이미 인식한 경우

> **판례 | 고속도로 무단횡단자를 제동거리 밖에서 발견한 경우(사고방지 조치의무 인정: 위반시 과실 인정)**
>
> 고속도로를 운행하는 자동차의 운전자로서는 일반적인 경우에 고속도로를 횡단하는 보행자가 있을 것까지 예견하여 보행자와의 충돌사고를 예방하기 위하여 급정차 등의 조치를 취할 수 있도록 대비하면서 운전할 주의의무가 없고, 다만 고속도로를 무단횡단하는 보행자를 충격하여 사고를 발생시킨 경우라도 운전자가 상당한 거리에서 보행자의 무단횡단을 미리 예상할 수 있는 사정이 있었고, 그에 따라 즉시 감속하거나 급제동하는 등의 조치를 취하였다면 보행자와의 충돌을 피할 수 있었다는 등의 특별한 사정이 인정되는 경우에만 자동차 운전자의 과실이 인정될 수 있다[대판 2000.9.5, 2000도2671; 동지 대판 1981.3.24, 80도3305]. [17 경간부, 16 경찰승진]*

> **판례 | 중앙선 침범을 이미 목격한 경우(사고방지 조치의무 인정: 위반시 과실 인정)**
>
> 반대방향에서 오는 차량이 이미 중앙선을 침범하여 비정상적인 운행을 하고 있음을 목격한 경우에는 자기의 진행전방에 돌입할 가능성을 예견하여 그 차량의 동태를 주의깊게 살피면서 속도를 줄여 피행하는 등 적절한 조치를 취함으로써 사고발생을 미연에 방지할 업무상 주의의무가 있다[대판 1986.2.25, 85도2651].

② 상대방의 개인적 특성 또는 상대방이 처한 상황으로 인하여 규칙 준수를 신뢰할 수 없는 경우(예 유아, 노인, 불구자, 통행금지시간에 임박한 보행자)

> **판례 | 어린아이가 우측로변으로 걸어가고 있는 경우(사고방지 조치의무 인정: 위반시 과실 인정)**
>
> 버스 운전자가 40m 전방 우측로변에 어린아이가 같은 방향으로 걸어가고 있음을 목격한 경우에 자동차 운전자는 그 아이가 진행하는 버스 앞으로 느닷없이 튀어나올 수 있음을 예견하고 이에 대비할 주의의무가 있다[대판 1970.8.18, 70도1336].

> **판례 | 통행금지시간에 임박한 경우(무단횡단의 예견가능성이 있으므로 사고방지 조치의무 인정)**
>
> 사고당시의 시간이 통행금지시간이 임박한 23:45경이라면 일반적으로 차량의 통행이 적어 통금에 쫓긴 통행인들이 도로를 횡단하는 것이 예사이고, 이 사건 사고 당시와 같이 사고지점의 3차선 상에 버스들이 정차하고 있었다면 버스에서 내려 버스사이로 튀어나와 도로를 횡단하려고 하는 사람이 있으리라는 것은 우리의 경험상 능히 예측할 수 있는 일이다[대판 1980.5.27, 80도842].

③ 사고다발지역의 경우: 신뢰의 원칙이 배제될 수 있다(예 초등학교·유치원 앞). 다만, 운전자가 이를 예상할 수 있는 특수한 사정이 있어야 한다.

④ 운전자가 스스로 교통규칙을 위반한 경우: 타인에 대하여 적법한 행위를 기대할 수 없으므로 신뢰의 원칙이 적용되지 않는다. 다만, 운전자의 규칙위반이 사고발생에 직접적인 관련이 있는 경우에 한한다.

> **✍ 판례 | 금지된 좌회전보다는 중앙선을 넘어 돌진한 자가 더 잘못이라는 사건**
>
> 피고인이 좌회전 금지구역에서 좌회전한 것은 잘못이나 이러한 경우에도 피고인으로서는 50여 m 후방에서 따라오던 후행 차량이 중앙선을 넘어 피고인 운전차량의 좌측으로 돌진하는 등 극히 비정상적인 방법으로 진행할 것까지를 예상하여 사고 발생 방지조치를 취하여야 할 업무상 주의의무가 있다고 할 수는 없고, 따라서 좌회전 금지구역에서 좌회전한 행위와 사고 발생 사이에 상당인과관계가 인정되지 아니한다[대판 1996.5.28. 95도1200].

Ⅳ 관련문제

1. 과실범의 미수

형법상 과실범의 미수를 처벌하는 규정은 없다. 따라서 과실범의 중지미수도 성립할 수 없다. [17 경찰승진]*

2. 과실범의 공범

① 과실범의 공동정범: 판례는 '성수대교 붕괴 사건'과 '삼풍백화점 붕괴 사건' 등에서 과실범의 공동정범을 일관되게 인정하고 있다(후술함).
② 과실에 의한 교사 · 방조: 교사범과 종범은 고의범이므로 과실에 의한 교사 · 방조는 인정되지 않는다. [16 경간부]*
③ 과실범에 대한 교사 · 방조: 교사범 · 종범은 고의범인 정범을 전제로 하므로 과실범에 대한 교사 · 방조의 경우 교사범 · 종범은 성립할 수 없으나 간접정범은 성립할 수 있다42)(제34조 제1항).43) [16 경간부]*

3. 과실의 부작위범(망각범)

① 이론상 과실에 의한 진정부작위범, 부진정부작위범의 성립이 가능하다.
② 형법상 진정부작위범의 경우 과실범의 처벌규정이 없다.

제8절 결과적 가중범

> **🔍 출제 POINT**
>
> 부진정결과적 가중범의 개념, 인정 여부에 관한 논의, 부진정결과적 가중범이 성립하는 경우 죄수판단은 단골 출제 메뉴이다. 결과적 가중범의 성립요건과 관련한 판례, 결과적 가중범의 미수의 인정 여부에 관한 논의도 중요하다. 관련문제 부분도 빈출 영역에 해당한다.

---

42) 따라서 과실범에 대한 교사 · 방조를 불가벌이라고 단정해서는 안 된다.
43) 제34조(간접정범) ① 어느 행위로 인하여 처벌되지 아니하는 자 또는 과실범으로 처벌되는 자를 교사 또는 방조하여 범죄행위의 결과를 발생하게 한 자는 교사 또는 방조의 예에 의하여 처벌한다.

> 제15조(결과적 가중범) ② 결과 때문에 형이 무거워지는 죄의 경우에 그 결과의 발생을 예견할 수 없었을 때에는 무거운 죄로 벌하지 아니한다.[44]

I 서론

1. 의의

① 개념: 결과적 가중범이란 고의에 기한 기본범죄에 의하여 행위자가 예견하지 못한(그러나 예견가능성이 있었던) 중한 결과가 발생한 때에 그 형이 가중되는 범죄를 말한다(제15조 제2항).

② 가중처벌의 근거: 같은 결과를 과실로 실현한 과실범보다 결과적 가중범을 가중처벌하는 이유는 그 결과가 고의적인 기본범죄에 전형적으로 내포된 잠재적인 위험의 실현이라는 점에서 단순한 과실범보다 행위반가치가 크기 때문이다.

2. 결과적 가중범과 책임주의

① 기본범죄와 중한 결과 사이의 인과관계 및 중한 결과에 대한 과실(예견가능성)이 있을 때에만 가중처벌할 수 있다.

② 중한 결과에 대하여 과실을 요구하여 책임주의와 조화를 이룰 수 있으며 형법 제15조 제2항의 태도와 일치한다.

II 결과적 가중범의 종류

1. 진정결과적 가중범

중한 결과가 과실에 의하여 발생한 경우에만 결과적 가중범이 성립하는 경우를 말한다. 대부분의 결과적 가중범은 여기에 속한다(예 폭행치사죄, 강간치사죄 등 대부분의 결과적 가중범).

> 제259조(상해치사) ① 사람의 신체를 상해하여 사망에 이르게 한 자는 3년 이상의 유기징역에 처한다.

> 제338조(강도살인·치사) 강도가 사람을 살해한 때에는 사형 또는 무기징역에 처한다. 사망에 이르게 한 때에는 무기 또는 10년 이상의 징역에 처한다.

2. 부진정결과적 가중범

(1) 의의

중한 결과를 과실로 발생케 한 경우뿐만 아니라 고의로 발생케 한 경우도 결과적 가중범이 성립할 수 있는 경우를 말한다(예 현주건조물방화치사죄). [19 경찰채용, 17 변호사]*

> 제164조(현주건조물방화치사) ② 제1항의 죄(현주건조물방화죄)를 지어 사람을 사망에 이르게 한 경우에는 사형, 무기 또는 7년 이상의 징역에 처한다. ※ 현주건조물방화살인죄 규정은 없음

---

44) 형법 제15조 제2항은 예견가능성에 대하여만 규정하고 있을 뿐이며 기본범죄와 중한 결과 사이의 인과관계를 명시적으로 규정하고 있지는 않다.

(2) 인정여부

⚖ 판례 | 부진정결과적 가중범을 인정한 판례

1. (현주건조물방화치사상죄) 형법 제164조 제2항이 규정하는 현주건조물방화치사상죄는 그 제1항이 규정하는 죄(현주건조물방화죄)에 대한 일종의 가중처벌규정으로서 과실이 있는 경우뿐만 아니라 고의가 있는 경우도 포함된다고 볼 것이다 [대판 1996.4.26. 96도485].

2. (특수공무방해치상죄) 특수공무집행방해치상죄는 원래 결과적 가중범이기는 하지만, 이는 중한 결과에 대하여 예견가능성이 있었음에 불구하고 예견하지 못한 경우에 벌하는 진정결과적 가중범이 아니라, 그 결과에 대한 예견가능성이 있었음에도 불구하고 예견하지 못한 경우뿐만 아니라 고의가 있는 경우까지도 포함하는 부진정결과적 가중범이다 [대판 1995.1.20. 94도2842].

▤ 참고 결과적 가중범의 종류와 예

부진정결과적 가중범	① 현주건조물방화치사상죄 ② 특수공무방해치상죄, 교통방해치상죄, 현주건조물일수치상죄 ③ 중××죄(예 중상해죄), 단 중체포 · 감금죄는 제외
진정결과적 가중범	① 고의범 + 치(致) + ××죄(예 강간치사죄, 강도치사죄) ② 연(延)소죄
주의	① 과실범 + 치(致) + ××죄(단순과실범에 해당할 뿐임) ② 중체포 · 감금죄45)는 진정결과적 가중범도 부진정결과적 가중범도 아니다.

(3) 부진정결과적 가중범과 죄수문제

⚖ 판례 | 부진정결과적 가중범의 죄수판단의 기준

[1] 부진정결과적 가중범에서, 고의로 중한 결과를 발생하게 한 행위가 별도의 구성요건에 해당하고 그 고의범에 대하여 결과적 가중범에 정한 형보다 더 무겁게 처벌하는 규정이 있는 경우에는 그 고의범과 결과적 가중범이 상상적 경합관계에 있지만, 고의범에 대하여 더 무겁게 처벌하는 규정이 없는 경우에는 결과적 가중범이 고의범에 대하여 특별관계에 있으므로 결과적 가중범만 성립하고 이와 법조경합의 관계에 있는 고의범에 대하여는 별도로 죄를 구성하지 않는다.

[2] 직무를 집행하는 공무원에 대하여 위험한 물건을 휴대하여 고의로 상해를 가한 경우에는 특수공무집행방해치상죄46)만 성립할 뿐, 이와는 별도로 폭력행위 등 처벌에 관한 법률 위반(집단 · 흉기 등 상해)죄47)를 구성하지 않는다 [대판 2008.11.27. 2008도7311]. [22 경간부, 20 국가7급, 20 경찰승진, 20 경간부, 20 법원9급, 19 법원행시, 19 경간부, 18 경찰승진, 18 경간부, 18 경찰채용, 17 국가7급, 17 국가9급, 17 경찰채용, 16 변호사, 16 법원9급, 16 경찰채용]*

---

45) 사람을 체포 또는 감금하여 가혹한 행위를 가한 자는 7년 이하의 징역에 처한다(제277조).

46) 특수공무방해치상죄는 3년 이상의 유기징역에 처한다(형법 제144조).

47) 위 판결 당시 동죄는 폭처법 제3조 제1항이 적용되었으며 동죄는 3년 이상의 유기징역의 형벌이 규정되어 있었다. 위 폭처법 제3조 제1항은 2016.1.6. 개정으로 삭제되었지만 부진정결과적 가중범의 죄수에 관한 법리를 이해할 수 있도록 판례를 그대로 남겨두었다. 현행법상으로는 개정형법상의 특수상해죄가 성립하며 법정형은 1년 이상 10년 이하의 징역이므로 여전히 특수상해죄가 부진정결과적 가중범인 특수공무방해치상죄보다 형이 더 무겁지 않다. 따라서 특수공무방해치상죄만 성립한다는 판례의 결론은 현행법하에서도 동일하다.

판례 연습

【부진정결과적 가중범의 죄수판단】 ※ 은봉암 사건

甲은 X를 살해하려고 X의 집에 침입하여 방에 들어가자 X는 없고 그의 처 A와 딸 B가 있었다. 이때 B가 甲을 알아보자 甲은 마당에 있던 절구방망이를 가져와 A와 B의 머리를 강타하여 실신시킨 후 이불로 뒤집어씌우고 석유를 뿌리고 방화하여 집을 전소케 하고 옆방에서 잠을 자다가 탈출하려는 딸 C와 D를 방문 앞에서 저지하여 결과적으로 모두 사망케 하였다. 甲의 죄책은? (주거침입죄는 논외로 함)

[1] 현주건조물 내에 있는 사람을 강타하여 실신케 한 후 동건조물에 불을 놓아 그 속에 현존하던 사람을 소사케 한 경우에는 형법 제164조 제1항의 죄(현주건조물방화죄)와 살인죄의 상상적 경합범으로 의율할 것이 아니라 단순히 형법 제164조 제2항의 죄(현주건조물방화치사죄)로 처단하여야 한다.
[2] 현주건조물에 방화하여 기수에 이른 후 동건조물로부터 탈출하려는 피해자들을 가로막아 소사케 한 피고인의 행위는 형법 제164조 제1항의 죄(현주건조물방화죄)와 살인죄의 경합범으로 처단되어야 한다[대판 1983.1.18, 82도2341]. [20 변호사, 19 국가7급, 18 경찰채용]*

판례해설 甲의 행위는 A와 B에 대해서는 현주건조물방화치사죄, C와 D에 대해서는 현주건조물방화죄와 살인죄의 실체적 경합에 해당한다.

Ⅲ 결과적 가중범의 성립요건

1. 구성요건해당성

(1) 기본범죄

① 형법은 결과적 가중범의 경우 기본범죄는 언제나 고의범일 것을 요하며, 기본범죄가 과실범인 경우 결과적 가중범을 인정하지 아니한다.
② 기본범죄가 고의범인 한 작위범인가 부작위범인가는 불문한다.

③ 기본범죄가 미수인 경우

> **⚖ 판례 | 기본범죄가 미수이나 중한 결과 발생 = 결과적 가중범의 기수범이 성립함**
>
> 강간이 미수에 그친 경우라도 그 수단이 된 폭행에 의하여 피해자가 상해를 입었으면 강간치상죄가 성립하는 것이며, 미수에 그친 것이 피고인이 자의로 실행에 착수한 행위를 중지한 경우이든 실행에 착수하여 행위를 종료하지 못한 경우이든 가리지 않는다[대판 1988.11.8. 88도1628; 동지 대판 1988.8.23. 88도1212]. [22 경간부. 19 경간부. 18 법원행시]*

(2) 중한 결과의 발생

중한 결과는 기본범죄에 내포된 전형적인 위험의 실현으로서 사망·상해와 같이 법익침해가 대부분이지만, 생명에 대한 위험발생과 같이 구체적 위험에 해당하는 경우도 있다(예 중상해죄).

(3) 인과관계 및 객관적 귀속

① 인과관계: 결과적 가중범도 중한 결과의 발생을 필요로 하는 결과범이므로 기본범죄행위와 중한 결과 사이에 인과관계가 있어야 한다.

② 객관적 귀속의 의의와 판단기준(직접성의 원칙): 결과적 가중범에 있어서는 기본범죄에 내포된 전형적인 위험이 실현되어 중한 결과가 발생하여야 하므로, 중한 결과가 기본범죄로부터 직접 야기된 경우에만 객관적 귀속이 인정된다(직접성의 원칙).[48]

> **⚖ 판례 | 강간치상죄에서 상해의 발생원인의 범위(인과관계 또는 직접성이 인정되는 범위)**
>
> 강간치상죄에 있어 상해의 결과는 강간의 수단으로 사용한 폭행으로부터 발생한 경우뿐 아니라 간음행위 그 자체로부터 발생한 경우나 강간에 수반하는 행위에서 발생한 경우도 포함하는 것이다[대판 1999.4.9. 99도519]. [18 경찰채용. 16 경찰승진]*

③ 중간행위의 개입과 객관적 귀속의 인정 여부

> **⚖ 판례 | 피해자의 과실이 개입되어 중한 결과 발생 = 상당인과관계 인정**
>
> 피고인들이 공동하여 피해자를 폭행하여 당구장 3층에 있는 화장실에 숨어 있던 피해자를 다시 폭행하려고 피고인 甲은 화장실을 지키고, 피고인 乙은 당구치는 기구로 문을 내려쳐 부수자 위험을 느낀 피해자가 화장실 창문 밖으로 숨으려다가 실족하여 떨어짐으로써 사망한 경우에는 피고인들의 위 폭행행위와 피해자의 사망 사이에는 인과관계가 있다고 할 것이므로 폭행치사죄의 공동정범이 성립된다[대판 1990.10.16. 90도1786]. [17 경찰채용. 16 경찰승진]*

> **⚖ 판례 | 소위 개괄적 과실에 관한 사례**
>
> 내연관계에 있는 甲男과 A女가 호텔에 투숙 중 말다툼을 하다가 甲이 A女의 머리를 벽에 부딪치게 하고 가슴부위를 밟는 등의 상해를 가하여 A女는 바닥에 쓰러진 채 정신을 잃고 빈사상태에 빠지자 甲이 A女가 죽은 줄 알고 자살로 가장하기 위해서 A女를 베란다 아래로 떨어뜨려 A女가 추락의 충격으로 인해 사망하였다면 甲의 행위는 포괄하여 단일의 상해치사죄에 해당한다[대판 1994.11.4. 94도2361]. [22 경간부. 19 변호사. 19 국가9급. 18 법원행시. 16 경찰채용]*

---

48) 다만 상당인과관계설을 취하는 판례는 '직접성'을 인과관계의 내용으로 본다.

(4) 중한 결과에 대한 예견가능성(과실)

⚖ 판례 |

(요약: 기본범죄 행위시에 중한 결과발생에 대한 예견가능성이 있어야 결과적 가중범 성립) 형법 제15조 제2항이 규정하고 있는 이른바 결과적 가중범은 행위자가 행위시 그 (중한)결과의 발생을 예견할 수 없을 때에는 비록 그 행위와 결과 사이에 인과관계가 있다 하더라도 중한 죄로 벌할 수 없다[대판 1988.4.12. 88도178]. [20 경간부, 19 경찰채용, 16 국가9급]*

동지판례 폭행치사죄는 결과적 가중범으로서 폭행과 사망의 결과 사이에 인과관계가 있는 외에 사망의 결과에 대한 예견가능성, 즉 과실이 있어야 하고, 이러한 예견가능성의 유무는 폭행의 정도와 피해자의 대응상태 등 구체적 상황을 살펴서 엄격하게 가려야 한다[대판 2010.5.27. 2010도2680].

⚖ 판례 | 결과적 가중범과 예견가능성 인정 여부(비교판례)

1-0. (인정) 피고인이 평소 고혈압과 혈관계질환의 증세가 있었던 피해자의 뺨을 2회 때리고 두 손으로 어깨를 잡아 땅바닥에 넘어뜨리고 머리를 시멘트벽에 부딪치게 하여 피해자가 그 후 병세가 계속 악화되어 결국 뇌손상으로 사망한 경우[대판 1983.1.18. 82도697].

동지판례 피고인이 피해자에게 다시 동거할 것을 요구하며 주먹으로 얼굴과 가슴을 때리고 머리를 방벽에 부딪히게 하는 등의 행위를 하여 두개골 결손으로 피해자를 사망케 한 경우[대판 1984.12.11. 84도2183].

1-1. (부정) 피고인이 삿대질을 하면서 다그치자 이를 피하려고 뒷걸음치던 피해자가 회전중이던 십자형 철받침대에 걸려 넘어져 두개골절로 사망한 경우[대판 1990.9.25. 90도1596]. [19 법원행시, 19 경찰채용, 18 법원행시, 16 경찰승진]*

동지판례 ⅰ) 피고인의 피해자를 떠밀어 땅에 엉덩방아를 찧고 주저앉게 한 정도에 지나지 않았으나 사실은 관상동맥경화 및 협착증세를 가진 특수체질자였기 때문에 심장마비를 일으켜 사망하게 된 것이라면, 피고인에게 사망의 결과에 대한 예견가능성이 없으므로 폭행치사로 의율할 수는 없다[대판 1985.4.23. 85도303].
ⅱ) 피고인이 피해자에게 욕설을 하고 어깨쭉지를 잡고 약 7m 정도 걸어가다가 놓아 주었으나 피해자가 평소에 고혈압증세가 있는 특이체질이어서 뇌실질내 혈종의 상해를 입은 경우, 피고인에게는 상해의 결과를 예견할 수 있었다고 볼 수 없다[대판 1982.1.12. 81도1811].

2-0. (인정) 피고인은 피해자를 속셈학원의 강사로 채용하고 학습교재를 설명하겠다는 구실로 유인하여 호텔 객실에 감금한 후 강간하려 하였다. 이에 피해자가 완강히 반항하던 중 피고인이 대실시간 연장을 위해 전화하는 사이에 피해자가 객실 창문을 통해 탈출하려다가 28m 아래의 지상에 추락하여 사망한 경우[대판 1995.5.12. 95도425].

2-1. (부정) 피고인이 캬바레에서 함께 춤을 추고 여관까지 따라온 피해자에게 강간을 시도하다가 피해자가 도망을 가지 못하도록 그녀의 핸드백을 가져가 소변을 보는 사이에 피해자가 위 4층 여관방의 창문 밖으로 뛰어내림으로써 상해를 입은 경우[대판 1993.4.27. 92도3229].

동지판례 피고인과 피해자가 여관에 투숙하여 별다른 저항이나 마찰없이 성행위를 한 후, 피고인이 잠시 방밖으로 나간 사이에 피해자가 방문을 안에서 잠그고 구내전화를 통하여 여관종업원에게 구조요청까지 한 후라면, 일반경험칙상 이러한 상황아래에서 피해자가 피고인의 방문 흔드는 소리에 겁을 먹고 강간을 모면하기 위하여 3층에서 창문을 넘어 탈출하다가 상해를 입을 것이라고 예견할 수는 없다고 볼 것이므로 이를 강간치상죄로 처단할 수 없다[대판 1985.10.8. 85도1537]. [16 국가9급]*

3-0. (인정) 피고인이 승용차로 피해자를 가로막아 승차하게 한 후 피해자의 하차요구를 무시한 채 시속 약 60km 내지 70km의 속도로 진행하여 피해자를 차량에서 내리지 못하게 하자 피해자가 차량을 빠져 나오려다가 길바닥에 떨어져 상해를 입고 그 결과 사망한 경우[대판 2000.2.11. 99도5286]. [18 국가7급]*

3-1. (부정) 피고인 등이 술집작부들과 어울려 술을 마시고 각자의 상대방과 성교까지 하였는데 술값이 부족하여 친구 집에 돈을 빌리려고 봉고차를 타고 갈 때 술집작부인 피해자도 동승하자 피고인이 피해자의 유방을 만지고 치마를 위로 걷어 올리고 허벅지를 문지르는 등 강제로 추행하자 그녀가 욕설을 하면서 갑자기 차의 문을 열고 뛰어 내림으로써 부상을 입고 사망한 경우[대판 1988.4.12. 88도178].

🔨 판례 | 강도행위를 피하려고 하다가 상해를 입은 경우(인과관계 및 예견가능성 인정)

甲이 강도의사로 영업용 자동차를 타고 과도로 운전자를 위협하자 이에 놀란 운전자가 급히 좌회전하다가 그 충격으로 甲이 들이대던 과도에 찔려 상해를 입은 경우 甲에게는 상해결과에 대한 예견가능성이 있으므로 甲은 강도치상죄로 처벌된다 [대판 1985.1.15. 84도2397].

🔨 판례 | 화염병 투척(화재로 인한 사상의 예견가능성 인정)

가연물질이 많은 대학도서관 옥내에서 공무집행을 방해할 목적으로 화염병을 투척하여 사상의 결과가 발생한 경우, 불이 날 경우 많은 사람이 다치거나 사망할 수 있다는 것은 일반경험칙상 넉넉히 예상할 수 있는 것이므로 피고인들에게 위와 같은 화재로 인한 사망 등의 결과발생에 관하여 예견가능성이 없었다고는 할 수 없다[대판 1990.6.22. 90도767]. ※ 특수공무방해치사상죄 성립

🔨 판례 | 중한결과에 대하여 고의가 인정 = (진정)결과적 가중범 불성립

피해자를 강간한 후 피해자가 울면서 자신의 장래를 책임지라고 이를 추궁하자 피고인이 피해자를 타이르던 중 피해자가 계속 반항하므로 순간적으로 그녀를 살해할 것을 결의하고 양손으로 피해자의 목을 졸라 그 자리에서 질식 사망케 한 것이라면 피고인에게는 당시 살인의 확정적 범의가 있었음이 분명하여 결과적 가중범의 범의를 논할 여지가 없다[대판 1986.11.11. 86도1989].

Ⅳ 관련문제

1. 결과적 가중범의 공동정범

🔨 판례 | 결과적 가중범의 공동정범의 인정 여부(인정) 및 성립요건

(기본범죄를 공동으로 할 의사가 있으면 족하고 중한 결과를 공동으로 할 의사를 요하지 않으며, 중한 결과에 대하여 예견가능성을 요함) 결과적 가중범인 상해치사죄의 공동정범은 폭행 기타의 신체침해행위를 공동으로 할 의사가 있으면 성립되고 결과를 공동으로 할 의사는 필요 없으므로, 패싸움 중 한 사람이 칼로 찔러 상대방을 죽게 한 경우에 다른 공범자가 그 결과인식이 없다 하여 상해치사죄의 책임이 없다고 할 수 없다[대판 1978.1.17. 77도2193; 동지 대판 1993.8.24. 93도1674]. [22 경간부, 20 국가9급, 18 국가7급, 18 경찰승진, 17 경찰채용, 17 국가9급, 16 법원9급, 16 국가9급, 16 경찰채용]* 또한 상해의 범의로 범행 중 한 사람이 중한 상해를 가하여 피해자가 사망한 경우 나머지 사람들은 사망의 결과를 예견할 수 없는 때가 아닌 한 상해치사의 죄책을 면할 수 없다[대판 2000.5.12. 2000도745]. [20 경찰승진, 19 법원행시, 19 국가9급, 18 국가7급, 18 경찰승진, 17 경찰채용, 16 법원9급, 16 국가9급, 16 경찰채용]*

동지판례 ⅰ) 현존건조물방화치상죄와 같은 부진정결과적 가중범은 예견가능한 결과를 예견하지 못한 경우뿐만 아니라 그 결과를 예견하거나 고의가 있는 경우까지도 포함하는 것이므로 이 사건에서와 같이 사람이 현존하는 건조물을 방화하는 집단행위의 과정에서 일부 집단원이 고의행위로 살상을 가한 경우에도 다른 집단원에게 그 사상의 결과가 예견 가능한 것이었다면 다른 집단원도 그 결과에 대하여 현존건조물방화치사상의 책임을 면할 수 없는 것인바, 피고인을 비롯한 집단원들이 당초 공모시 쇠파이프를 소지한 방어조를 운용하기로 한 점에 비추어 보면 피고인으로서는 이 사건 건물을 방화하는 집단행위의 과정에서 상해의 결과가 발생하는 것도 예견할 수 있었다고 보이므로, 이 점에서도 피고인을 현존건조물방화치상죄로 의율할 수 있다[대판 1996.4.12. 96도215].

ⅱ) 특수공무방해치상죄는 단체 또는 다중의 위력을 보이거나 위험한 물건을 휴대하고 직무를 집행하는 공무원에 대하여 폭행·협박을 하여 공무원을 사상에 이르게 한 경우에 성립하는 결과적 가중범으로서 행위자가 그 결과를 의도할 필요는 없고 그 결과의 발생을 예견할 수 있으면 족하다[대판 2002.4.12. 2000도3485].

2. 결과적 가중범의 교사범 · 방조범

> **⚖️ 판례 | 정범이 고의로 중한 결과 초래(예견가능성 있으면 결과적 가중범의 교사범 성립 가능)**
>
> [1] 교사자가 피교사자에게 피해자를 "정신차릴 정도로 때려주라"고 교사하였다면 이는 상해에 대한 교사로 봄이 상당하다. [21 법원9급, 17 경찰채용, 16 경찰승진]*
> [2] 교사자가 피교사자에 대하여 상해 또는 중상해를 교사하였는데 피교사자가 이를 넘어 살인을 실행한 경우 일반적으로 교사자는 상해죄 또는 중상해죄의 교사범이 되지만 이 경우 교사자에게 피해자의 사망이라는 결과에 대하여 과실 내지 예견가능성이 있는 때에는 상해치사죄의 교사범으로서의 죄책을 지울 수 있다[대판 1997.6.24. 97도1075]. [대판 1993.10.8. 93도1873]. [22 경간부, 20 법원행시, 20 국가9급, 20 경간부, 18 법원행시 18 국가9급, 18 경찰승진, 18 경찰채용, 16 변호사, 16 경간부]*
> **동지판례** 조직폭력배들에 의한 보복폭행의 경우 그로 인한 상해의 결과 피해자가 사망에 이르게 될 수 있음은 교사자인 피고인 甲으로서도 이를 예견할 수 있었다고 보여지므로, 위 피고인 甲에게 소론과 같이 상해치사죄의 범의가 없었다고는 볼 수 없다[대판 1992.2.25. 91도3192].

> **⚖️ 판례 | 특수폭행치사죄의 종범이 아니라 특수폭행죄의 종범이 성립하는 경우**
>
> 원심은, 피고인2(甲)가 처음에 피고인 1(乙)이 피해자를 폭행하려는 것을 제지하였고, 피고인 1(乙)이 취중에 남의 자동차를 손괴하고도 상급자에게 무례한 행동을 하는 피해자를 교육시킨다는 정도로 가볍게 생각하고, 각목을 피고인 1(乙)에게 건네주었던 것이고, 그 후에도 양인 사이에서 폭행을 제지하려고 애쓴 사실을 인정한 다음, 피고인(甲)으로서는 피해자가 피고인 1(乙)의 폭행으로 사망할 것으로 예견할 수 있었다고 볼 수 없다는 이유로 피고인에 대하여 특수폭행치사방조의 점은 무죄로 판단하고, 특수폭행의 방조로 인정하였는바, 관계 증거를 기록에 비추어 살펴보면 이러한 원심의 조치는 정당하고, 거기에 상고이유에서 주장하는 바와 같이 결과적 가중범의 예견가능성에 관한 법리오해의 위법이 있다고 할 수 없다. 또한 앞서 본 원심의 판단이 정당한 이상, 가정적 판단에 관한 상고이유의 주장은 더 나아가 판단할 필요 없이 받아들일 수 없다[대판 1998.9.4. 98도2061].

3. 결과적 가중범의 미수

(1) 쟁점

① 형법은 진정결과적 가중범에 해당하는 강도치사상죄(제337조,[49] 제338조), 해상강도치사상죄(제340조 제2항, 제3항), 인질치사상죄(제324조의3, 4)와 부진정결과적 가중범에 해당하는 현주건조물일수치사상죄(제177조 제2항)에 대하여 미수범 처벌규정을 두고 있으며(제342조,[50] 제324조의5, 제182조), 또한 성폭력범죄의 처벌 등에 관한 특례법도 특수강간치상죄 등에 대하여 미수범 처벌규정을 두고 있다(제15조).

② 이와 같이 결과적 가중범에 대하여 미수규정을 두고 있는 경우에 결과적 가중범의 미수를 인정할 수 있는가에 대하여 견해가 대립되고 있다.

(2) 결과적 가중범의 미수 인정 여부

> **⚖️ 판례 | 강도미수 + 치상 = 강도치상죄 성립**
>
> 형법 제337조의 강도상해, 치상죄는 재물강취의 기수와 미수를 불문하고 범인이 강도범행의 기회에 사람을 상해하거나 치상하게 되면 성립하는 것이다[대판 1986.9.23. 86도1526].
> **동지판례** [1] 성폭법 제9조 제1항(개정법 제8조)에 의하면 특수강간의 죄를 범한 자뿐만 아니라 특수강간이 미수에 그쳤다고 하더라도 그로 인하여 피해자가 상해를 입었으면 특수강간치상죄가 성립하는 것이고, 같은 법 제12조(개정법 제15조)에서 규정한 위 제9조 제1항[개정법 제8조]에 대한 미수범 처벌규정은 특수강간치상죄와 함께 규정된 특수강간상해죄의 미수에 그친 경우, 즉 특수강간의 죄를 범하거나 미수에 그친 자가 피해자에 대하여 상해의 고의를 가지고 피해자에게 상해를 입히려다가 미수에 그친 경우 등에 적용된다. [2] 피고인이 전자충격기를 피해자의 허리에 대고 폭행하여 강간하려다가 미수에 그치고 피해자에게 약 2주간의 치료를 요하는 안면부 좌상 등의 상해를 입게 한 경우, 성폭법 소정의 특수강간치상죄의 기수에 해당한다[대판 2008.4.24. 2007도10058]. [22 경간부, 19 경간부, 18 법원행시, 21변시, 18변시, 14변시]*

---

49) 제337조(강도상해, 치상) 강도가 사람을 상해하거나 상해에 이르게 한 때에는 무기 또는 7년 이상의 징역에 처한다.
50) 제342조(미수범) 제329조 내지 제341조의 미수범은 처벌한다.

제3장 위법성

제1절 위법성의 이론

 출제 POINT

> 객관적 위법성론, 주관적 위법성론의 어느 입장을 취할 때 그에 따른 법적 효과를 알아두어야 하며, 주관적 정당화 요소 특히 그 흠결의 효과는 매우 어려운 부분이나 자주 출제되는 부분이므로 잘 정리해 두어야 한다.

Ⅰ 위법성의 의의 및 불법과의 구별

구분	위법성	불법
개념	구성요건에 해당하는 행위가 전체 법질서에 객관적으로 모순·충돌하는 성질을 말한다.	구성요건에 해당하고 위법하다고 평가된 행위 자체를 말한다.
판단	법질서 전체정신에 비추어 결정한다. 따라서 개개의 법영역에 따른 개별적 위법성은 인정되지 아니한다. 예를 들면 형법적 위법과 민법적 위법이 따로 있는 것이 아니다.	개개의 법률에 비추어 결정한다. 따라서 개개의 법영역에 따라 불법의 개별화가 가능하다. 예를 들면 형법상의 불법과 민법상의 불법이 따로 있을 수 있으며, 같은 형법상의 불법의 경우에도 경중이 있을 수 있다.
정도	질적·양적 차이를 인정하지 아니한다. 따라서 위법하다·아니하다의 단일하고 동일한 판단만 가능할 뿐이다.	질적·양적 차이를 인정할 수 있다. 불법의 크고 작음에 대한 판단이 가능하다.

Ⅱ 위법성의 본질

1. 형식적 위법성론

형식적 위법성론이란 법규범의 형식은 명령과 금지로 되어 있으므로 이러한 법규범을 위반하는 것에 위법성의 본질이 있다는 입장을 말한다.

2. 실질적 위법성론(통설)

① 실질적 위법성론은 규범의 근저에 놓여 있는 실질적 기준에 따라 위법성의 의미를 파악하려는 입장이다.
② 위법성의 실질적 기준(본질)이 무엇인가에 대하여는 권리침해설(Feuerbach), 법익침해설(Liszt), 문화규범위반설(M.E. Mayer) 등이 있다. 국내학자들의 경우 형법 제20조를 근거로 위법성의 본질은 사회상규에 반하는 것이라고 본다.

Ⅲ 위법성 판단 기준

구분	객관적 위법성론(통설)	주관적 위법성론
법의 규범적 성격	객관적 평가규범: 법규범은 인간의 행위에 대한 사회질서의 관점에서의 평가를 가능케 하는 것이며 개인에 대한 명령은 포함하고 있지 않다.	주관적 의사결정규범: 법규범이란 개인의 의사에 직접 영향을 미치기 위한 규범
규범의 수명자	모든 사람(책임무능력자 포함)	의사결정능력이 있는 자(책임능력자)
책임무능력자 (정신병자)의 침해	위법성 인정	위법성 부정
책임무능력자의 침해에 대한 정당방위의 가능성	가능(예를 들면 정신병자의 충격행위도 위법하다고 보므로 정신병자의 행위에 대한 정당방위가 인정된다)	불가능(예를 들면 정신병자의 충격행위는 위법하지 않다고 보므로 정신병자의 행위에 대하여 정당방위를 할 수 없다. 다만, 긴급피난은 가능하다)

Ⅳ 위법성조각사유(정당화사유)

1. 의의와 종류

(1) 의의

① 구성요건에 해당하는 행위의 위법성을 배제하는 특별한 사유를 말한다.

② 위법성이 조각되는 행위는 처음부터 적법한 행위로 평가된다. 그러나 구성요건해당성 자체가 부정되는 것은 아니다.

(2) 종류

형법상의 위법성조각사유	① 형법 총칙: 정당행위(제20조), 정당방위(제21조), 긴급피난(제22조), 자구행위(제23조), 피해자의 승낙에 의한 행위(제24조) ② 형법 각칙: 진실성과 공익성을 갖춘 명예훼손(제310조), 일시오락 정도의 도박(제246조 제1항)
기타 법률상의 위법성조각사유	모자보건법상 인공임신중절(제14조), 형사소송법상 현행범체포(제212조), 민법상 점유권자의 자력구제(제209조) 등

2. 위법성조각사유의 구성요소

(1) 객관적 요소(객관적 정당화상황)

위법성이 조각되기 위해서는 구성요건에 해당하는 행위의 결과반가치를 상쇄시키는 객관적 정당화상황(예 정당방위의 성립요건인 '현재의 부당한 침해')이 존재해야 한다.

(2) 주관적 정당화요소(정당화의사)

위법성이 조각되기 위해서는 구성요건에 해당하는 행위의 행위반가치를 상쇄시키는 주관적 정당화요소(예 방위의사, 피난의사)가 존재해야 한다.

V 주관적 정당화요소

1. 의의와 기능

① 주관적 정당화요소란 객관적 정당화상황을 인식하고 이에 기하여 행위한다는 의사를 말한다(예 방위의사, 피난의사).

② 주관적 정당화요소는 구성요건에 해당하는 행위의 행위반가치를 상쇄하는 기능을 수행한다.

2. 주관적 정당화요소의 요부

① 고의범의 경우

불요설	위법성이 조각되기 위해서는 객관적 정당화상황만 있으면 족하고 주관적 정당화요소는 필요하지 않다는 견해이다.
필요설 (통설)	위법성이 조각되기 위해서는 객관적 정당화상황 이외에 주관적 정당화요소가 필요하다는 견해이다.
판례	필요설의 입장에서 판시하고 있다.

> **⚖ 판례 | 주관적 정당화요소의 요부(필요)**
>
> 현재의 위난이 존재하는 상태이었다고 가정하더라도 소위 피난의사가 있었다고 인정할 수 없는 이상 긴급피난의 성립을 인정할 수 없다[대판 1980.5.20. 80도306].

② 과실범의 경우

불필요설 (다수설)	고의범과는 달리 과실범의 경우 위법성이 조각되기 위하여 주관적 정당화요소는 필요하지 않다는 견해이다.
필요설	과실범에 있어서도 위법성이 조각되기 위하여 주관적 정당화요소는 필요하다는 견해이다.
논쟁의 실익	과실범에 있어서 객관적 정당화상황이 존재하지만 주관적 정당화요소가 결여될 경우, 불요설에 따르면 위법성이 조각되어 무죄가 되고, 필요설에 따르면 과실범의 행위반가치는 여전히 남게 되지만 과실범의 미수를 처벌하는 규정이 없으므로 결국 불가벌이 되어 결론에 있어서는 양견해의 차이가 없다.

3. 주관적 정당화요소의 내용

주관적 정당화요소는 정당화상황의 인식 이외에 정당화 의사까지도 갖추어야 한다(인식·의사요구설, 다수설).

4. 주관적 정당화요소를 결한 경우의 효과(고의범의 경우) [22 경간부, 20 국가7급, 20 경찰채용, 19 국가7급, 19 국가9급, 18 국가7급, 17 국가9급, 17 경간부, 16 변호사]*

(1) 쟁점

주관적 정당화요소의 흠결이란 객관적 정당화상황은 존재하지만 행위자가 이를 인식하지 못하고 행위를 한 경우를 말한다[예 우연방위: 甲이 A를 (그저) 살해할 의사로 총을 쏘아 A가 사망했으나 실은 甲이 총을 쏘기 전에 A 역시 甲을 살해하려고 했음이 판명된 경우].

(2) **학설**

① **주관적 정당화요소 불요설(결과반가치일원론)**

㉮ 주관적 정당화요소 불요설(결과반가치일원론)의 입장에서는 객관적 정당화 상황이 존재하면 주관적 정당화요소가 결여된 경우에도 위법성이 조각된다고 본다.

㉯ 위의 예에서 甲의 행위는 위법성이 조각되어 무죄가 된다.

② **주관적 정당화요소 필요설(행위반가치일원론)**

㉮ 주관적 정당화요소 필요설 중 행위반가치일원론의 입장에서는 객관적 정당화 상황이 존재하더라도 주관적 정당화요소가 결여된 경우 위법성이 조각될 수 없고 기수범에 해당한다고 본다.

㉯ 위의 예에서 甲의 행위에 대하여 살인죄의 기수를 인정한다.

③ **주관적 정당화요소 필요설(이원적 인적 불법론)**: 주관적 정당화요소 필요설 중 이원적 인적 불법론의 입장에서는 객관적 정당화 상황이 존재하더라도 주관적 정당화요소가 결여된 경우 위법성이 조각될 수 없다고 본다. 다만, 그 구체적 법적 효과는 이론 구성에 따라 아래의 두가지 입장이 있다.

㉮ **불능미수범설(다수설)**

ⅰ) 주관적 정당화요소 흠결의 경우에 행위반가치는 그대로 존재하나, 존재하는 객관적 정당화상황에 의하여 결과불법이 불능미수의 수준으로 낮아진다고 보아 불능미수의 규정을 유추적용하여 처벌해야 한다는 견해이다.

ⅱ) 위의 예에서 甲의 행위에 대하여 살인죄의 불능미수를 인정한다.

㉯ **기수범설**

ⅰ) 위법성조각사유는 모든 객관적 요건과 주관적 요건이 충족된 때에만 성립하는 것이므로 주관적 정당화요소의 흠결의 경우에는 위법성이 조각될 수 없으며, 구성요건적 결과까지도 발생했다면 기수범의 불법을 인정해야 한다는 견해이다.

ⅱ) 위의 예에서 甲의 행위에 대하여 살인죄의 기수를 인정한다.

제2절 | 정당방위

 출제 POINT

정당방위의 성립요건(인정 여부)에 관한 이론 및 판례와 정당방위의 사회윤리적 제한의 유형이 학습의 핵심대상이다. 오상방위는 뒤에서 배우게 되는 법률의 착오 부분의 위법성조각사유의 전제사실의 착오와 관련한 논점이므로 위법성론에서는 일단 판례의 결론 정도를 알아두면 족하다.

제21조(정당방위) ① 현재의 부당한 침해로부터 자기 또는 타인의 법익을 방위하기 위하여 한 행위는 상당한 이유가 있는 경우에는 벌하지 아니한다. [19 법원행시, 18 법원행시, 18 경찰채용, 16 경간부, 16 법원행시]*

Ⅰ 정당방위의 의의

1. 개념

① 정당방위란 자기 또는 타인의 법익에 대한 현재의 부당한 침해를 방위하기 위한 상당한 이유가 있는 행위를 말한다(제21조 제1항).

② 정당방위는 '不正 대 正'의 관계로서 '사전적' 긴급행위에 해당하며, '법은 불법에 양보할 필요가 없다'는 사상에 기초하고 있다.

2. 위법성조각의 근거

(1) 자기보호의 원리

타인의 부당한 침해로부터 사인(私人)이 스스로 법익을 보호하는 것은 허용된다는 원리이다.

(2) 법질서수호의 원리

피침해자의 자기방위는 동시에 법질서를 수호하는 것이므로 허용된다는 원리이다.

Ⅱ 정당방위의 성립요건

1. 현재의 부당한 침해

(1) 침해

① 의의와 성질

㉮ 침해란 사람에 의한 행위로서의 성질을 가져야 한다. 따라서 동물·자연현상에 의한 공격에 대하여는 정당방위를 할 수 없다.

㉯ 동물에 의한 공격이 사람에 의하여 사주된 경우에는 사람의 공격으로서의 성질을 가지므로 정당방위가 가능하다[이재상, 221면].[51]

② 침해의 유형

㉮ 침해행위는 고의행위·과실행위를 불문한다.

㉯ 작위에 의한 침해는 물론 부작위에 의한 침해에 대하여도 정당방위가 가능하다. 다만, 단순채무불이행에 대한 정당방위는 허용되지 않는다[예 임대차기간 만료 후에 임차인이 차가(借家)를 명도하지 않자 임대인이 집기와 비품을 들어내기 위하여 주거에 침입하는 것은 정당방위가 될 수 없다].

(2) 침해의 현재성

① 의의: 현재의 침해란 법익에 대한 침해가 급박한 상태에 있거나, 바로 발생하였거나, 아직도 계속되고 있는 것을 말한다. 따라서 과거의 침해 또는 장래에 나타날 침해에 대해서는 정당방위를 할 수 없다.

② 범위

㉮ 침해행위가 실행의 착수 이전일지라도 방어를 지체함으로써 방어가 어려워지는 때에는 침해의 현재성이 인정된다(예 살해하려고 권총을 집어 드는 때).

㉯ 침해행위가 기수에 달한 이후에도 법익침해가 현장에서 계속되고 있는 경우에는 침해의 현재성이 인정된다(예 재물을 절취한 후 도주하는 절도범을 추격하여 폭행을 통해 도품을 탈환하는 행위는 정당방위에 해당).

---

51) 동물의 공격이 사육주의 관리소홀과 같이 과실에 의한 경우 정당방위 허용 여부에 대하여는 학설의 다툼이 있다.

⚖ 판례 | 위법성조각사유인 정당방위 등의 판단방법

어떠한 행위가 위법성조각사유로서 정당행위나 정당방위가 되는지 여부는 구체적인 경우에 따라 합목적적·합리적으로 가려야 하고 또 행위의 적법 여부는 국가질서를 벗어나서 이를 가릴 수 없다[대판 2018.12.27.]. [20 법원행시, 19 국가7급]*

⚖ 판례 | 정당방위에 해당하는 경우(침해의 현재성이 인정되는 경우)

1. 술취한 A가 甲이 운전하는 차량 앞에 뛰어들어 함부로 타려고 하고 이에 항의하는 甲의 바지춤을 잡아 당겨 찢고 甲을 끌고 가려다가 넘어지자, 甲이 A의 양 손목을 경찰관이 도착할 때까지 약 3분간 잡아 눌렀다면 … 甲의 범행은 자기의 신체에 대한 현재의 부당한 침해에서 벗어나려고 한 행위로서 위법성이 결여된 행위이다[대판 1999.6.11.]. [20 변호사]*

2. 국유토지가 공개입찰에 의하여 매매되고 그 인도집행이 완료되었다 하더라도 그 토지의 종전경작자인 피고인이 파종한 보리가 30cm 이상 성장하였다면 그 보리는 피고인의 소유로서 그가 수확할 권한이 있으므로 토지매수자가 토지를 경작하기 위하여 소를 이용하여 쟁기질을 하고 성장한 보리를 갈아뭉개는 행위는 피고인의 재산에 대한 현재의 부당한 침해라 할 것이므로 이를 막기 위하여 그 경작을 못하도록 소 앞을 가로막고 쟁기를 잡아당기는 등의 피고인의 행위는 정당방위에 해당된다[대판 1977.5.24.].

3. A회사가 甲이 점유하던 공사현장에 실력을 행사하여 들어와 현수막 및 간판을 설치하고 담장에 글씨를 쓴 행위는 甲의 시공 및 공사현장의 점유를 방해하는 것으로서 甲의 법익에 대한 현재의 부당한 침해라고 할 수 있으므로 乙이 그 현수막을 찢고 간판 및 담장에 씌어진 글씨를 지운 것은 그 침해를 방어하기 위한 행위로서 상당한 이유가 있다[대판 1989.3.14.].

⚖ 판례 | 정당방위에 해당하지 않는 경우(침해의 현재성이 부정되는 경우)

1. 피고인은 집주인으로부터 계약기간이 지났으니 방을 비워 달라는 요구를 수회 받고서도 이를 회피하기 위하여 억지를 쓰며 폭언을 하였다. 이에 집주인의 며느리가 화가 나 피고인 방의 창문을 쇠스랑으로 부수자, 격분한 피고인이 배척(속칭 빠루)을 들고 나와 마당에서 이 장면을 구경하다 미처 피하여 도망가지 못한 마을 주민을 때려 상해를 가한 경우 … 이는 피해자의 침해행위에 대하여 자기의 권리를 방위하기 위한 부득이한 행위가 아니고, 그 침해행위에서 벗어난 후 분을 풀려는 목적에서 나온 공격행위로 정당방위에 해당한다고 할 수 없다[대판 1996.4.9.].

2. 노상에서 종놈, 개새끼 같은 놈이라는 욕설을 하는 것만으로는 현재의 급박 부당한 침해라 할 수 없으므로 그 욕설을 한 자에 대하여 가래로 흉부를 1회 구타하여 상해를 입힌 본건에 있어서 이를 정당방위로 논할 수는 없는 것이다[대판 1957.5.10.].

3. 쟁투하다가 패주하는 피해자가 소지하였던 식도를 탈취하여 급박한 상태를 면하였음에도 불구하고 다만 반항한다 하여 그를 자살(刺殺)한 행위는 형법 제21조 소정의 정당방위, 초과방위 또는 불안상태의 행위라 할 수 없다[대판 1959.7.24.].

동지판례 피해자가 칼을 들고 피고인을 찌르자 그 칼을 뺏어 그 칼로 반격을 가한 결과 피해자에게 상해를 입게 하였다 하더라도 그와 같은 사실만으로는 피고인에 대한 현재의 부당한 침해를 방위하기 위한 행위로서 상당한 이유가 있는 경우에 해당한다고 할 수 없다[대판 1984.1.24.].

ⓒ 반복될 위험(지속적 위험)에 대한 침해의 현재성 인정 여부

⚖ 판례 | 지속적 위난을 모면하기 위한 행위와 침해의 현재성 인정 여부(김보은양 사건)

[1] 정당방위의 성립요건으로서의 방어행위에는 순수한 수비적 방어뿐 아니라 적극적 반격을 포함하는 반격방어의 형태도 포함되나, 그 방어행위는 자기 또는 타인의 법익침해를 방위하기 위한 행위로서 상당한 이유가 있어야 한다.
[2] 의붓아버지의 강간행위에 의하여 정조를 유린당한 후 계속적으로 성관계를 강요받아 온 피고인이 상피고인과 사전에 공모하여 범행을 준비하고 의붓아버지가 제대로 반항할 수 없는 상태에서 식칼로 심장을 찔러 살해한 행위는 사회통념상 상당성을 결여하여 정당방위가 성립하지 아니한다.

[3] 피고인 김○은이 약 12살때부터 의붓아버지인 피해자의 강간행위에 의하여 정조를 유린당한 후 계속적으로 이 사건 범행 무렵까지 피해자와의 성관계를 강요 받아왔고, 그 밖에 피해자로부터 행동의 자유를 간섭받아 왔으며, 또한 그러한 <u>침해행위가 그 후에도 반복하여 계속될 염려가 있었다면</u>, 피고인들의 이 사건 범행당시 피고인 김○은의 신체나 자유 등에 대한 <u>현재의 부당한 침해상태가 있었다고 볼 여지가 없는 것은 아니나</u>, 그렇다고 하여도 판시와 같은 경위로 이루어진 피고인들의 이 사건 살인행위가 형법 제21조 소정의 정당방위나 과잉방위에 해당한다고 하기는 어렵다[대판 1992.12.22.
92도2540]. [20 법원9급, 19 법원행시, 19 경간부, 18 경찰채용, 17 경찰승진, 16 경간부]*

🔨 판례 | 정당방위에 해당하지 않는 경우(침해의 현재성이 인정되나 상당성이 부정되는 경우)

<u>피고인이 피해자로부터 갑작스럽게 뺨을 맞는 등 폭행을 당하여 서로 멱살을 잡고 다투자 주위 사람들이 싸움을 제지하였으나 피해자에게 대항하기 위하여 깨어진 병으로 피해자를 찌를 듯이 거누어 협박한 경우</u>, 피고인의 행위는 자기의 법익에 대한 현재의 부당한 침해를 방어하기 위한 것이라고 볼 수 있으나, 맨손으로 공격하는 상대방에 대하여 위험한 물건인 깨어진 병을 가지고 대항한다는 것은 <u>사회통념상 그 정도를 초과한 방어행위로서 상당성이 결여된 것이고</u>, 또 주위사람들이 싸움을 제지하였다는 상황에 비추어 야간의 공포나 당황으로 인한 것이었다고 보기도 어렵다[대판 1991.5.28.
91도80].

---

③ 판단기준: 침해의 현재성은 방어행위시가 아니라 침해행위시(방어효과의 발생시)를 기준으로 판단한다(예 도둑의 침입에 대비하여 자동보안장치를 미리 설치한 경우에도 이러한 장치는 침해와 동시에 작동되므로 침해의 현재성이 인정된다).

(3) 침해의 부당성

① 침해행위가 부당하다고 함은 객관적으로 법질서와 모순되는 위법한 것을 의미한다.

🔨 판례 | 경찰관의 불법한 체포에 대항하여 상해를 가한 경우 = 정당방위 ○

경찰관의 행위가 적법한 공무집행을 벗어나 불법하게 체포한 것으로 볼 수밖에 없다면, 그 체포를 면하려고 반항하는 과정에서 경찰관에게 상해를 가한 것은 불법 체포로 인한 신체에 대한 현재의 부당한 침해에서 벗어나기 위한 행위로서 정당방위에 해당하여 위법성이 조각된다[대판 2000.7.4.
99도4341]. [21 법원9급, 19 국가7급, 19 경찰승진, 18 법원행시, 18 국가7급, 18 국가9급, 18 경찰승진, 18 경찰채용, 16 경찰채용]*

🔨 판례 | 적법한 침해에 대한 정당방위(성립불가)

1. 어떠한 행위가 정당방위로 인정되려면 그 행위가 자기 또는 타인의 법익에 대한 현재의 부당한 침해를 방어하기 위한 것으로서 상당성이 있어야 하므로, <u>위법하지 않은 정당한 침해에 대한 정당방위는 인정되지 아니하고</u>, 방위행위가 사회적으로 상당한 것인지 여부는 침해행위에 의해 침해되는 법익의 종류, 정도, 침해의 방법, 침해행위의 완급과 방위행위에 의해 침해될 법익의 종류, 정도 등 일체의 구체적 사정들을 참작하여 판단하여야 한다[대판 2017.3.15.
2013도2168]. [19 국가9급, 17 법원행시]*

2. 피고인이 피해자를 살해하려고 먼저 가격한 이상 피해자의 반격이 있었더라도 피해자를 살해한 행위가 정당방위에 해당한다고 볼 수 없다[대판 1983.9.13.
83도1467].

3. 공직선거 후보자 합동연설회장에서 후보자 甲이 적시한 연설 내용이 다른 후보자 乙에 대한 명예훼손 또는 후보자비방의 요건에 해당되나 그 위법성이 조각되는 경우,52) 甲의 연설 도중에 乙이 마이크를 빼앗고 욕설을 하는 등 물리적으로 甲의 연설을 방해한 행위는 甲의 '위법하지 않은 정당한 침해'에 대하여 이루어진 것일 뿐만 아니라 '상당성'을 결여하여 정당방위의 요건을 갖추지 못하였다[대판 2003.11.13.
2003도3606]. [19 경찰승진, 16 국가9급]*

---

52) 형법 제310조와 공직선거법 제251조 단서에 의하여 위법성이 조각된다.

② 침해는 위법하면 족하고 유책한 것일 필요는 없으므로 정신병자·형사미성년자의 공격에 대하여도 정당방위가 가능하다. 다만, 이 경우 정당방위가 제한될 수 있다(후술함).

③ 싸움과 정당방위의 성립 여부

⚖️ 판례 | 싸움의 경우 가해행위의 성질과 정당방위 및 과잉방위의 성립 여부(불성립)

1. 피해자 일행 중 1명의 뺨을 때린 데에서 비롯된 가해자 등의 행위는 피해자 일행의 부당한 공격을 방위하기 위한 것이라기보다는 서로 공격할 의사로 싸우다가 먼저 공격을 받고 이에 대항하여 가해하게 된 것이라고 봄이 상당하고 이와 같은 싸움의 경우 가해행위는 방어행위인 동시에 공격행위의 성격을 가지므로 정당방위 또는 과잉방위행위라고 볼 수 없다[대판 1993.8.24. 92도1329]. [20 법원9급, 19 법원9급, 18 경찰채용, 16 경찰승진, 16 국가9급]*

2. 싸움이 벌어졌다가 일단 끝이 난 후 그 일방의 동생이 상대방의 잘못을 따지기 위해 형과 함께 상대방이 있는 술집으로 갔다가 재차 싸움이 벌어져 그 와중에서 상대방의 1인이 쥐고 있던 칼을 빼앗아 동인(同人)과 다른 사람들을 찔러 살상을 입힌 경우 그 행위와 흉기의 성질상 피고인의 위와 같은 행위에는 적어도 살인에 관한 미필적인 고의가 있었던 것이라고 하지 않을 수 없고 또 그것이 정당방위나 과잉방위에 해당한다고 할 수도 없다 할 것이다[대판 1968.11.12. 68도912].

3. 언쟁 중 흥분 끝에 싸우다가 상해를 입힌 행위는 서로 상대방의 상해행위를 유발한 것이어서 정당방위는 성립하지 아니한다[대판 1984.6.26. 83도3090].

판례 연습

【싸움과 정당방위의 인정 여부】 ※ 몸무게가 더 나가는 처남 사건

술에 만취된 A가 누나인 X女와 말다툼을 하다가 X女의 머리채를 잡고 때리자, X女의 남편 甲은 A와 싸우게 되었는데, 그 과정에서 몸무게가 85kg 이상이나 되는 A가 62kg의 甲을 침대 위에 넘어뜨리고 甲의 가슴 위에 올라타 목부분을 누르자 호흡이 곤란하게 된 甲이 안간힘을 쓰면서 허둥대다가 그 곳 침대 위에 놓여있던 과도로 A의 다리를 찔러 상해를 가하였다. 甲에게 정당방위 또는 과잉방위가 인정되는가?

> **판결요지**
>
> 가해자의 행위가 피해자의 부당한 공격을 방위하기 위한 것이라기보다는 서로 공격할 의사로 싸우다가 먼저 공격을 받고 이에 대항하여 가해하게 된 것이라고 봄이 상당한 경우, 그 가해행위는 방어행위인 동시에 공격행위의 성격을 가지므로 정당방위 또는 과잉방위행위라고 볼 수 없다[대판 2000.3.28. 2000도228].
>
> 정답 (불인정)

⚖️ 판례 | 싸움과 관련이 있으나 정당방위가 인정된 경우

1. (예상을 초과한 공격) 싸움을 함에 있어서 격투자의 행위는 서로 상대방에 대하여 공격을 함과 동시에 방어를 하는 것이므로 그 중 일방 당사자의 행위만을 부당한 침해라고 하고 다른 당사자의 행위만을 정당방위에 해당하는 행위라고 할 수는 없을 것이나, 격투를 하는 자 중의 한 사람의 공격이 그 격투에서 당연히 예상할 수 있는 정도를 초과하여 살인의 흉기 등을 사용하여 온 경우에는 이는 역시 부당한 침해라고 아니할 수 없으므로 이에 대하여도 정당방위를 허용하여야 한다[대판 1968.5.7. 68도370]. [19 경간부]*

2. (외관상 싸움) A는 식당에서 甲과 함께 술을 마시던 중 甲이 자신에게 욕설을 하였다는 이유로 주먹으로 甲의 얼굴을 수회 때리고 발로 甲의 가슴을 걷어 찬 후 甲이 식당 밖으로 피신하자 따라나가 의자로 甲의 팔부위를 수회 내리치는 바람에 甲이 전치 4주의 상처를 입었고, 그 과정에서 甲은 A의 손과 멱살 등을 잡고 밀쳤다. … 甲의 행위는 상대방의 부당한 공격에서 벗어나거나 이를 방어하려고 한 행위였다고 봄이 상당하다[대판 1996.12.23. 96도2745].

동지판례 피고인이 방안에서 피해자로부터 깨진 병으로 찔리고 이유 없이 폭행을 당하여 이를 피하여 방밖 홀로 도망쳐 나오자 피해자가 피고인을 쫓아 나와서까지 폭행을 하였다면 이때 피고인이 방안에서 피해자를 껴안거나 두 손으로 멱살부분을 잡아 흔든 일이 있고 홀 밖에서 서로 붙잡고 밀고 당긴 일이 있다고 하여도 특별한 사정이 없는 한 이는 피해자에 대항하여 폭행을 가한 것이라기보다는 피해자의 부당한 공격에서 벗어나거나 이를 방어하려고 한 행위였다고 보는 것이 상당하다[대판 1989.10.10. 89도623].

3. **(중지 후 재침)** 싸움이 중지된 후 다시 피해자들이 새로이 도발한 별개의 가해행위를 방어하기 위하여 단도로써 상대방의 복부에 자상을 입힌 행위는 정당방위에 해당한다[대판 1957.3.8. 4290형상18].

판례 연습

【싸움과 위법성조각의 가능성 】 ※ 외관상 싸움(정당방위 인정 가능)

甲(女)과 자신의 남편과의 관계를 의심하게 된 A가 자신의 아들 등과 함께 甲의 아파트에 찾아가 현관문을 발로 차는 등 소란을 피우다가, 출입문을 열어주자 곧바로 甲을 밀치고 신발을 신은 채로 거실로 들어가 A 일행이 서로 합세하여 甲을 구타하기 시작하였다. 이에 甲은 이를 벗어나기 위하여 손을 휘저으며 발버둥치는 과정에서 A 등에게 상해를 가하였다. 이 경우 甲의 행위는 위법성이 조각이 인정되는가?

판결요지

[1] 맞붙어 싸움을 하는 사람 사이에서는 공격행위와 방어행위가 연달아 행하여지고 방어행위가 동시에 공격행위인 양면적 성격을 띠어서 어느 한쪽 당사자의 행위만을 가려내어 방어를 위한 '정당행위'라거나 '정당방위'에 해당한다고 보기 어려운 것이 보통이다. 그러나 겉으로는 서로 싸움을 하는 것처럼 보이더라도 실제로는 한쪽 당사자가 일방적으로 위법한 공격을 가하고 상대방은 이러한 공격으로부터 자신을 보호하고 이를 벗어나기 위한 저항수단으로서 유형력을 행사한 경우에는, 그 행위가 새로운 적극적 공격이라고 평가되지 아니하는 한, 이는 사회관념상 허용될 수 있는 상당성이 있는 것으로서 위법성이 조각된다. [20 법원9급, 19 법원9급]*

[2] 자신의 남편과 甲이 불륜을 저지른 것으로 생각하고 이를 따지기 위하여 甲의 집을 찾아가 甲을 폭행하기에 이른 것이라는 것만으로 A 등의 위 공격행위가 적법하다고 할 수 없고, 甲은 그러한 위법한 공격으로부터 자신을 보호하고 이를 벗어나기 위한 사회관념상 상당성 있는 방어행위로서 유형력의 행사에 이르렀다고 할 것이어서 위 행위의 위법성이 조각된다고 판단한 원심판결에 법리오해의 위법이 없다고 한 사례[대판 2010.2.11. 2009도12958]. [18 경간부, 17 변호사]*

동지판례 (변태남편 상해치사 사건: 정당방위 및 과잉방위 부정) 이혼소송 중인 남편이 찾아와 가위로 폭행하고 변태적 성행위를 강요하는 데에 격분하여 처가 칼로 남편의 복부를 찔러 사망에 이르게 한 경우, 그 행위는 방위행위로서의 한도를 넘어선 것으로 사회통념상 용인될 수 없다는 이유로 정당방위나 과잉방위에 해당하지 않는다고 본 사례[대판 2001.5.15. 2001도1089]. [20 법원행시, 19 변호사, 19 경간부, 18 경찰승진, 18 경찰채용, 16 국가9급, 16 경간부, 16 경찰채용]*

판례해설 처에게 상해치사죄가 인정되었다.

A女(54세)는 甲女(66세)가 자신이 첩의 자식이라는 헛소문을 퍼뜨렸다며 먼저 甲女를 폭행하였고, A女의 남편(59세)도 이에 가세하여 甲女를 폭행하자, 甲女는 이에 대항하여 A女의 팔을 잡아 비틀고 다리를 무는 등으로 하여 A女에게 전치 2주의 상해를 가하였다. … 甲女의 행위는 사회통념상 허용될 만한 상당성이 있는 행위로서 위법성이 조각된다고 보아야 할 것이다[대판 1999.10.12. 99도3377].

정답 (인정)

---

2. 자기 또는 타인의 법익을 방위하기 위한 행위

(1) 자기 또는 타인의 법익

① 법익의 범위

㉮ 법익에는 법에 의하여 보호되는 모든 개인적 법익이 포함된다(예 생명, 신체, 자유, 명예, 재산).

㉯ 법익은 형법에 의하여 보호되는 것임을 요하지 아니한다(예 가족관계, 애정관계).

⚖ 판례 |

(요약: 아버지의 신체와 신분도 정당방위로 보호할 수 있는 법익에 해당한다) 타인이 보는 자리에서 자식으로부터 인륜상 용납할 수 없는 폭언과 함께 폭행을 가하려는 피해자를 1회 구타한 것이 지면에 넘어져서 머리부분에 상처를 입은 결과로 사망에 이르렀다 하여도 이는 <u>아버지의 신체와 신분에 대한 현재의 부당한 침해를 방위하기 위한 행위로서</u> 아버지로서는 아들에게 일격을 가하지 아니할 수 없는 <u>상당한 이유가 있는 경우에 해당한다</u>[대판 1974.5.14. 73도2401].

판례해설 아버지의 신분과 같이 형법상의 구성요건에 의하여 보호되지 않는 법익에 대한 정당방위도 가능하다는 것을 보여주는 판례이다.

② **법익의 주체**: 자기 이외에 타인의 법익을 방어하기 위한 정당방위(긴급구조)도 인정된다.

⚖ 판례 | 부(父), 즉 타인을 위한 정당방위도 가능하다는 판례

차량통행문제를 둘러싸고 피고인의 부(父)와 다툼이 있던 피해자가 그 소유의 차량에 올라타 문 안으로 운전해 들어가려 하자 피고인의 부(父)가 양팔을 벌리고 이를 제지하였으나 위 피해자가 이에 불응하고 그대로 차를 피고인의 부(父) 앞쪽으로 약 3m 가량 전진시키자 위 차의 운전석 부근 옆에 서 있던 <u>피고인이 부(父)가 위 차에 다치겠으므로 이에 당황하여 위 차를 정지시키기 위하여 운전석 옆 창문을 통하여 피해자의 머리털을 잡아당겨 그의 흉부가 위 차의 창문틀에 부딪혀 약간의 상처를 입게 한 행위는</u> 부(父)의 생명, 신체에 대한 현재의 부당한 침해를 방위하기 위한 행위로서 정당방위에 해당한다[대판 1986.10.14. 86도1091].
[16 경찰승진]*

③ **국가적 · 사회적 법익**

㉮ 국가의 개인적 법익이 문제되는 경우(예 국가소유의 건물이나 물건에 대한 절도 · 손괴 · 방화)에는 정당방위가 가능하다.

㉯ 국가적 · 사회적 법익의 보호는 국가의 임무이며 개인이 정당방위로 보호할 대상이 아니므로 이러한 법익에 대해서는 원칙적으로 정당방위가 허용되지 아니한다(통설). 따라서 무면허운전자를 저지하기 위한 폭행이나 음란영화의 상영을 저지하기 위하여 영화관의 전선을 절단하는 행위는 정당방위가 성립할 수 없다.

⚖ 판례 | 국가적 · 사회적 법익에 대한 정당방위 = 성립 불가능

국군보안사령부의 민간인에 대한 정치사찰을 폭로한다는 명목으로 군무를 이탈한 행위는 정당방위나 정당행위에 해당하지 아니한다[대판 1993.6.8. 93도766]. [17 변호사]*

(2) 방위하기 위한 행위

① 방위행위라고 하기 위하여는 정당방위상황에 대한 인식과 방어행위를 실현한다는 의사(방위의사)가 있어야 하며 이는 정당방위의 주관적 정당화요소에 해당한다.

② 방위의사는 방위행위의 유일한 동기가 될 것을 요하지 아니하며 복수심 · 증오심과 같은 다른 동기가 함께 작용한 경우에도 방위의사가 주된 기능을 하는 경우라면 정당방위가 성립할 수 있다.

③ 방위행위에는 보호방위(예 공격을 막는 것)뿐만 아니라 공격방위(예 공격하는 자에 대하여 반격하는 것)를 포함한다.

④ 방위행위의 상대방은 침해자에 제한되며 침해와 무관한 제3자에 대한 반격은 정당방위가 성립할 수 없다.

3. 상당한 이유

(1) 의의

① 정당방위가 성립하기 위해서는 방위행위가 상당한 이유가 있어야 한다.

⚖ 판례 | 상당성의 결여로 정당방위가 인정되지 않은 경우

1. 전투경찰대원이 상관의 다소 심한 기합에 격분하여 상관을 사살한 행위는 자신의 신체에 대한 침해를 방위하기 위한 상당한 방법이었다고 볼 수 없다[대판 1984.6.12. 84도683].

2. 과수원의 과일이 자주 도난당하는 것을 참다못한 신체 장애인인 과수원 주인이 멀리서 과일을 훔쳐 달아나는 피해자를 뒤쫓아 갈 수 없는 상황에서 피해자의 다리를 향해 엽총을 쏘아 상해를 입힌 경우, 긴박성과 상당성을 결하여 정당방위라고 할 수 없다[대판 1957.5.10. 4290형상73].

3. 시위참가자들이 경찰관들의 위법한 제지 행위에 대항하는 과정에서 공동하여 경찰관들에게 PVC파이프를 휘두르거나 진압방패와 채증장비를 빼앗는 등의 폭행행위를 한 것이 정당행위나 정당방위에 해당하지 아니한다고 한 사례[대판 2009.6.11. 2009도2114].

   判決이유 위 폭행행위는 소극적인 방어행위를 넘어서 공격의 의사를 포함하여 이루어진 것으로서 그 수단과 방법에 있어서 상당성이 인정된다고 보기 어려우며 긴급하고 불가피한 수단이었다고 볼 수도 없으므로, 이를 사회상규에 위배되지 아니하는 정당행위나 현재의 부당한 침해를 방어하기 위한 정당방위에 해당한다고 볼 수 없다.

---

② 상당한 이유는 정당방위의 필요성과 요구성(정당방위의 사회윤리적 제한)을 그 내용으로 한다(다수설).

(2) 방위의 필요성

① 보충성의 원칙: 정당방위는 '不正 대 正'의 관계이므로 보충성의 원칙이 적용되지 않는다.

⚖ 판례 |

(요약: 보충의 원칙은 정당방위의 요건이 아님) 정당방위에 있어서는 반드시 방위행위에 보충의 원칙은 적용되지 않으나 방위에 필요한 한도 내의 행위로서 사회윤리에 위배되지 않는 상당성 있는 행위임을 요한다[대판 1991.9.10. 91다19913].

---

② 균형성의 원칙: 정당방위는 이익교량의 사상에 근거하고 있지 아니하므로 균형성의 원칙이 적용되지 아니한다.

⚖ 판례 | 강제추행에 혀 절단상으로 대항 = 정당방위 ○

甲과 乙이 인적이 드문 심야에 혼자 귀가중인 丙女에게 뒤에서 느닷없이 달려들어 양팔을 붙잡고 어두운 골목길로 끌고 들어가 담벽에 쓰러뜨린 후 甲이 음부를 만지며 반항하는 丙女의 옆구리를 무릎으로 차고 억지로 키스를 함으로써 丙女가 정조와 신체를 지키려는 일념에서 엉겁결에 甲의 혀를 깨물어 설절단상을 입혔다면 丙女의 범행은 자기의 신체에 대한 현재의 부당한 침해에서 벗어나려고 한 행위로서 위법성이 결여된 행위이다[대판 1989.8.8. 89도358].

---

③ 적합성의 원칙: 방위자는 침해의 즉각적 배제가 확실한 수단을 사용할 수 있으나 여러 수단 중에서 공격자에게 피해가 가장 적은 수단을 선택하여야 한다(최소침해의 원칙).

⚖ 판례 | 적합성의 원칙(최소침해의 원칙)에 위반된 행위 = 정당방위 X

난동을 부린 피해자가 출동한 2명의 경찰관들에게 칼을 들고 항거하였다고 하여도 위 경찰관 등이, 칼빈소총을 1회 발사하여 피해자의 왼쪽 가슴 아래 부위를 관통하여 사망케 한 경찰관의 총기사용행위는 경찰관직무집행법 제11조 소정의 총기사용 한계를 벗어난 것이다[대판 1991.9.10. 91다19913].

---

(3) 정당방위의 제한

① **정당방위의 제한의 의의:** 정당방위는 법질서 전체의 입장에서 요구된 행위여야 하므로, 요구되지 않은 방위행위는 사회윤리적 관점에서 제한을 받는다.

② **유형**

㉠ **책임 없는 자의 침해에 대한 방위:** 유아·정신병자·명정자의 공격에 대하여는 정당방위가 전면적으로 금지되거나 공격을 회피할 수 없는 때에만 정당방위가 허용된다(보충성의 발현).

㉡ **보증관계에 있는 자의 침해에 대한 방위:** 부부나 부자관계와 같은 긴밀한 인적 관계에 있는 사람 사이에서의 정당방위는 제한된다. 따라서 술에 취한 남편의 폭행을 막기 위하여 우산으로 남편을 찔러 살해한 처의 행위는 정당방위가 성립할 수 없다.

㉢ **극히 경미한 침해에 대한 방위**

> ⚖️ **판례 │ 침해법익과 보전법익 간의 현저한 불균형 = 정당방위 X**
>
> 1. (밤 18개를 주워간다고 상해한 사건) 피고인이 그 소유의 밤나무 단지에서 피해자가 밤 18개를 푸대에 주워 담는 것을 보고 푸대를 빼앗으려다 반항하는 피해자의 뺨·팔목을 때려 상처를 입혔다면 위 행위가 비록 피해자의 절취행위를 방지하기 위한 것이었다 하여도 긴박성과 상당성을 결여하여 정당방위라고 볼 수 없다[대판 1984.9.25. 84도1611].
>
> 2. (작은 상처를 입자 큰 칼로 복부를 찌른 사건) 피고인은 피고인으로부터 뺨을 한차례 얻어맞은 피해자로부터 손톱깎이 칼에 찔려 파열상을 입게 되자 이에 격분하여 길이 약 20cm의 과도를 가지고 피해자의 복부를 찌른 것이므로 피고인의 위 행위는 피해자를 공격하기 위한 것이지 피고인의 주장과 같이 상대방의 부당한 침해로부터 자기의 법익을 보호하기 위한 방위행위라고는 인정할 수 없으므로 정당방위는 물론 과잉방위도 성립되지 아니한다[대판 1968.12.24. 68도1229].

㉣ **도발된 침해에 대한 방위**

> ⚖️ **판례 │ 도발된 침해에 대한 정당방위(성립불가)**
>
> 1. (목적에 의한 도발) 피고인이 피해자를 살해하려고 먼저 가격한 이상 피해자의 반격이 있었더라도 피해자를 살해한 행위가 정당방위에 해당한다고 볼 수 없다[대판 1983.9.13. 83도1467].
>
> 2. (책임 있는 도발) 피고인이 나보고 그러느냐고 하면서 자동차에서 내리자 부락민들이 계속하여 투석을 하고, 피해자가 피고인의 안면과 복부 등을 구타하므로 피고인이 순간적으로 분개한 나머지 마침 소지하고 있던 칼로 피해자의 유방 하부에 자상을 입힌 경우, 당시 그 차에 탔던 사람들은 그대로 통과하여 모두 무사히 위험을 모면하였던 점이 기록상 명백하므로, 피고인 역시 그의 행동여하에 따라서는 침해를 용이하게 피할 수 있었음에도 불구하고 그 소란스런 분위기 속에서 일련의 연속적 공격방위의 투쟁행위를 예견하면서 이를 피하지 않고 수많은 부락민에게 마치 대항이라도 할 듯이 차에서 내린 끝에 봉변을 당하고 일시 분개하여 칼을 휘둘렀다 함은, 결국 침해를 방위하기 위한 상당한 행위라 할 수 없다 [대판 1966.3.5. 66도63].
>
> **동지판례** 당일 피고인의 형인 甲과 戊 사이에 싸움이 벌어졌다가 그것이 일단 제지된 후 피고인은 피해자들의 비행을 따지기 위하여 그들이 술을 마시고 있던 술집으로 甲과 함께 찾아가서 그 집 문전에서 먼저 甲과 戊 사이에 싸움이 시작되자 피해자들이 뛰어나오는 것을 보고 피고인도 甲에게 가세하여 그들과 싸우게 되었던 것이고 그 싸움 중에 피해자 乙이 쥐고 있던 칼을 빼앗아 동인을 찌르고 다른 피해자들이 달려들므로 그들에 대하여도 그 칼을 휘두르며 공격하여 피해자들에게 판시와 같은 살상을 입히게 된 것이라면 그 행위와 흉기의 성질상 피고인의 위와 같은 행위에는 적어도 살인에 관한 미필적 고의가 있었던 것이라고 하지 않을 수 없고 또 그것이 정당방위나 과잉방위에 해당한다고 할 수도 없다 할 것이다[대판 1968.11.12. 68도912].

⚖️ 판례 | 정당방위가 인정된 경우

1. 절도범으로 오인받은 자가 야간에 군중들로부터 무차별 구타를 당하자 이를 방어하기 위하여 소지하고 있던 손톱깎이 칼을 휘둘러 상해를 입힌 행위는 정당방위에 해당한다[대판 1970.9.17. 70도1473]. [16 경찰승진]*

2. 현행범인으로서의 요건을 갖추고 있었다고 인정되지 않는 상황에서 경찰관들이 동행을 거부하는 자를 체포하거나 강제로 연행하려고 하였다면, 이는 적법한 공무집행이라고 볼 수 없고,53) 그 체포를 면하려고 반항하는 과정에서 경찰관에게 상해를 가한 것은 불법 체포로 인한 신체에 대한 현재의 부당한 침해에서 벗어나기 위한 행위로서 정당방위에 해당한다 [대판 2002.5.10. 2001도300].

   동지판례 ⅰ) 경찰관의 행위가 적법한 공무집행을 벗어나 불법하게 체포한 것으로 볼 수밖에 없다면, 그 체포를 면하려고 반항하는 과정에서 경찰관에게 상해를 가한 것은 불법 체포로 인한 신체에 대한 현재의 부당한 침해에서 벗어나기 위한 행위로서 정당방위에 해당하여 위법성이 조각된다[대판 1999.12.28. 98도138].
   ⅱ) 경찰관이 임의동행을 요구하며 손목을 잡고 뒤로 꺾어 올리는 등으로 제압하자 거기에서 벗어나려고 몸싸움을 하는 과정에서 경찰관에게 경미한 상해를 입힌 경우, 위법성이 결여된 행위이다[대판 1999.12.28. 98도138].

3. 검사가 참고인 조사를 받는 줄 알고 검찰청에 자진출석한 변호사사무실 사무장을 합리적 근거 없이 긴급체포하자 그 변호사가 이를 제지하는 과정에서 위 검사에게 상해를 가한 것은 정당방위에 해당한다[대판 2006.9.8. 2006도148]. [20 법원행시, 19 경찰승진, 18 경간부, 18 경찰채용, 17 변호사, 16 경찰승진]*

4. 경찰관들이 체포를 위한 실력행사에 나아가기 전에 체포영장을 제시하고 미란다 원칙을 고지할 여유가 있었음에도 애초부터 미란다 원칙을 체포 후에 고지할 생각으로 먼저 체포행위에 나서려고 하자, 피고인이 이에 거세게 저항하는 과정에서 경찰관들에게 상해를 가한 경우 정당방위에 해당한다[대판 2017.9.21. 2017도10866]. [20 경찰승진, 18 경찰채용]*

5. 변호사인 甲이 쌍용자동차 공장을 점거·농성 중이던 조합원들이 불법적으로 체포되는 것을 목격하고 이에 항의하면서 전투경찰대원들의 불법 체포 행위를 제지하였으며, 전투경찰대원들은 방패로 피고인을 강하게 밀어내었는데, 이 과정에서 甲이 전투경찰대원인 A, B가 들고 있던 방패를 당기고 밀어 A, B에게 상해를 입힌 경우 정당방위에 해당한다[대판 2017.3.15. 2013도2168]. [18 법원행시]*

6. 피고인 甲이 경찰관 A, B로부터 불심검문을 받게 되자 A에게 자신의 운전면허증을 교부하였고, 불심검문에 항의하면서 B에게 큰 소리로 욕설을 하자 (운전면허증을 교부하여 甲이 도망하거나 욕설을 현장에서 지켜본 사람들이 있어 증거를 인멸할 염려가 있다고 보기 어려움에도) B가 "모욕죄의 현행범으로 체포하겠다"고 고지한 후 甲의 오른쪽 어깨를 붙잡았고, 甲은 이에 강하게 반항하면서 B에게 상해를 가한 경우 정당방위에 해당한다[대판 2011.5.26. 2011도3682]. [18 변호사, 18 국가9급, 16 변호사, 16 경간부, 16 경찰채용]*

⚖️ 판례 | 정당방위가 인정되지 않은 경우

인근에서 자전거를 이용한 날치기 사건이 발생한 직후 검문을 하던 경찰관 A, B, C가 날치기 사건의 범인과 흡사한 인상착의인 피고인 甲을 발견하고 앞을 가로막으며 진행을 제지하였는데(이는 적법한 불심검문에 해당한다), 甲이 경찰관들이 자신을 범인 취급한다고 느껴 A의 멱살을 잡아 밀치고 B, C에게 욕설을 하는 등 거세게 항의한 경우 정당방위에 해당하지 아니한다[대판 2012.9.13. 2010도6203]. [16 국가7급, 16 경찰채용]*

---

53) 임의동행 요구를 받은 당해인은 경찰관의 동행요구를 거절할 수 있다(경찰관직무집행법 제3조 제2항).

Ⅲ 과잉방위와 오상방위

1. 과잉방위

> 제21조(정당방위) ② 방위행위가 그 정도를 초과한 경우에는 정황에 따라 그 형을 감경하거나 면제할 수 있다.
> ③ 제2항의 경우에 야간이나 그 밖의 불안한 상태에서 공포를 느끼거나 경악하거나 흥분하거나 당황하였기 때문에 그 행위를 하였을 때에는 벌하지 아니한다.

(1) 의의

과잉방위란 현재의 부당한 침해를 방위하기 위한 행위를 하였으나, 그 방위행위가 상당성의 정도를 넘은 경우를 말한다.

(2) 성립요건

① 현재의 부당한 침해와 방어의사가 존재하여야 한다.
② 방위행위가 상당성을 초과하여야 한다.
③ 과잉행위는 공포·경악·흥분·당황과 같은 심리적 열약감(심약적 충동)에서 비롯된 것이어야 한다. 그러므로 적개심·호전성·복수심과 같은 공격성향적 충동에서 비롯된 경우에는 과잉방위가 성립하지 않는다.

> **⚖ 판례 | 상당성 초과 + 공격성향적 충동 = 정당방위 X, 과잉방위 X**
>
> 1. (작은 상처에 큰 칼 사건) 피고인은 피고인으로부터 뺨을 한차례 얻어맞은 피해자로부터 손톱깎이 칼에 찔려 약 1cm의 파열상을 입게 되자 이에 격분하여 길이 약 20cm의 과도를 가지고 피해자의 복부를 찌른 것이므로 피고인의 위 행위는 피해자를 공격하기 위한 것이지 피고인의 주장과 같이 상대방의 부당한 침해로부터 자기의 법익을 보호하기 위한 방위행위라고는 인정할 수 없으므로 정당방위는 물론 과잉방위도 성립되지 아니한다[대판 1968.12.24. 68도1229].
> 2. (구타에 난자 사건) 피고인이 피해자를 7군데나 식칼로 찔러 사망케 한 행위가 피해자의 구타행위로 말미암아 유발된 범행이었다 하더라도 그와 같은 사정만으로는 위 행위가 정당방위 또는 과잉방위에 해당된다고 볼 수 없다[대판 1983.9.27. 83도1906].
>   **동지판례** 피고인이 길이 26cm의 과도로 피해자의 복부와 같이 인체의 중요한 부분을 3, 4회 찔러 상해를 입힌 행위는 비록 그와 같은 행위가 피해자의 구타행위에 기인한 것이라 하여도 정당방위나 과잉방위에 해당한다고 볼 수 없다[대판 1989.12.12. 89도2049].

(3) 효과

① 형벌감면적 과잉방위(제21조 제2항): 형을 감경 또는 면제할 수 있다(임의적 감면).

> **⚖ 판례 | 상당성 초과 + 심약적 충동 = 과잉방위 ○**
>
> 이유 없이 집단구타를 당하게 된 피고인이 더 이상 도피하기 어려운 상황에서 이를 방어하기 위하여 곡괭이자루를 마구 휘두른 결과 그 중 1명을 사망케 하고 다른 사람에게 상해를 입힌 것은 반격적인 행위를 하려던 것이 그 정도가 지나친 행위를 한 것이 명백하므로 과잉방위에 해당한다[대판 1985.9.10. 85도1370].

② 면책적 과잉방위(제21조 제3항): 과잉방위가 야간 기타 불안스러운 상태하에서 공포, 경악, 흥분 또는 당황으로 인한 때에는 적법행위의 기대가능성이 없기 때문에 책임이 조각되어 벌하지 아니한다.

🏛 판례 | 제21조 제3항의 과잉방위(면책적 과잉방위)가 성립하는 경우

1. **(오빠 살해 사건)** 당시 평소 흉포한 성격인데다가 술까지 몹시 취한 피해자가 심하게 행패를 부리던 끝에 피고인들을 모두 죽여버리겠다면서 식칼을 들고 어머니에게 달려들어 찌를듯이 면전에 칼을 들이대다가 남동생으로부터 제지를 받자, 다시 남동생의 목을 손으로 졸라 숨쉬기를 어렵게 한 위급한 상황에서 피고인이 순간적으로 남동생을 구하기 위하여 <u>피해자에게 달려들어 그의 목을 조르면서 뒤로 넘어뜨린 행위는 어머니, 남동생의 생명, 신체에 대한 현재의 부당한 침해를 방위하기 위한 상당한 행위라 할 것이고</u>, 나아가 위 사건 당시 피해자가 피고인의 위와 같은 방위행위로 말미암아 <u>뒤로 넘어져 피고인의 몸 아래 깔려 더 이상 침해행위를 계속하는 것이 불가능하거나 또는 적어도 현저히 곤란한 상태에 빠졌음에도 피고인이 피해자의 몸위에 타고 앉아 그의 목을 계속하여 졸라 누름으로써 결국 피해자로 하여금 질식하여 사망에 이르게 한 행위는 정당방위의 요건인 상당성을 결여한 행위라고 보아야 할 것이나</u>, 극히 짧은 시간내에 계속하여 행하여진 피고인의 위와 같은 일련의 행위는 이를 전체로서 하나의 행위로 보아야 할 것이므로, 방위의사에서 비롯된 피고인의 위와 같이 연속된 전후행위는 하나로서 형법 제21조 제2항 소정의 과잉방위에 해당한다 할 것이고, 당시 야간에 흉포한 성격에 술까지 취한 피해자가 식칼을 들고 피고인을 포함한 가족들의 생명, 신체를 위협하는 불의의 행패와 폭행을 하여 온 불안스러운 상태하에서 공포, 경악, 흥분 또는 당황 등으로 말미암아 저질러진 것이라고 보아야 할 것이다. <u>과잉방위가 야간 기타 불안스러운 상태하에서 공포, 경악, 흥분 또는 당황으로 인한 것이어서 벌할 수 없다</u>[대판 1986.11.11. 86도1862]. [18 경찰채용]*

   > **판례해설** 이론적으로 침해의 현재성이 종료되었음에도 방어행위로 나아간 외연적 과잉방위의 사례에 해당한다. 대법원은 침해의 현재성이 존재하던 시점에서의 행위와 그 종료 후의 연이어 계속된 행위를 전체적으로 하나의 행위로 보아 제21조 제3항의 과잉방위를 인정하였다.

2. **(극장구경 사건)** 甲은 22:40경 처(妻)와 함께 극장구경을 마치고 귀가 중이었는데, 술에 취한 A가 甲의 질녀들에게 음경을 내놓고 소변을 보면서 키스를 하려고 하였다. 이에 甲이 달려들어 말리자 A가 甲의 뺨을 때리고 돌을 들어 구타하려고 하므로 甲이 피하였다. 그러자 이번에는 A가 甲의 처(妻)를 땅에 넘어뜨리고 깔고 앉아서 돌로 때리려 하였다. 그 순간 甲은 발로 A의 복부를 걷어차 A가 사망하고 말았다면, 甲의 행위는 형법 제21조 제3항이 적용되어 무죄이다[대판 1974.2.26. 73도2380].

3. **(별다른 이유없이 수인으로부터 폭행을 당한 사건)** 甲이 일행인 A 등 6명으로부터 별다른 이유없이 폭행을 당하고 처(妻)까지 위협을 당하자 A 등으로 하여금 더 이상 가해행위를 하지 못하도록 겁을 주려는 목적에서 빈 맥주병을 집어들었음에도 불구하고 물러서지 않고 甲을 뒤에서 끌어안은 A와 함께 넘어져 뒹굴며 옥신각신 하는 과정에서 깨어진 맥주병에 A가 상해를 입은 경우, 甲의 행위는 형법 제21조 제3항에 의하여 벌할 수 없다[대판 2005.7.8. 2005도2807].

🏛 판례 | 과잉방위 또는 면책적 과잉방위의 인정 여부

1-0. **(과잉방위 인정, 면책적 과잉방위 부정)** <u>피고인이 피해자로부터 갑작스럽게 뺨을 맞는 등 폭행을 당하여 서로 멱살을 잡고 다투자 주위 사람들이 싸움을 제지하였으나 피해자에게 대항하기 위하여 깨어진 병으로 피해자를 찌를 듯이 겨누어 협박한 경우</u>, 피고인의 행위는 자기의 법익에 대한 현재의 부당한 침해를 방어하기 위한 것이라고 볼 수 있으나, 맨손으로 공격하는 상대방에 대하여 위험한 물건인 깨어진 병을 가지고 대항한다는 것은 <u>사회통념상 그 정도를 초과한 방어행위로서 상당성이 결여된 것이고, 또 주위사람들이 싸움을 제지하였다는 상황에 비추어 야간의 공포나 당황으로 인한 것이었다고 보기도 어렵다</u>[대판 1991.5.28. 91도80].

1-1. **(과잉방위 부정, 면책적 과잉방위 부정)** 피고인이 피해자와 말다툼을 하다가 건초더미에 있던 낫을 들고 반항하는 피해자로부터 낫을 빼앗아 그 낫으로 피해자의 가슴, 배, 등, 뒤통수, 목, 왼쪽 허벅지 부위 등을 10여 차례 찔러 피해자로 하여금 다발성 자상에 의한 기흉 등으로 사망하게 한 경우, 정당방위나 과잉방위 또는 면책적 과잉방위가 성립할 수 없다[대판 2007.4.26. 2007도1794]. [17 변호사]*

2. 오상방위

(1) 의의

현재의 부당한 침해가 존재하지 않음에도 불구하고 그것이 존재하는 것으로 오인하고 방위행위를 한 경우이다.

(2) 법적 성질

오상방위는 위법성조각사유의 전제사실에 대한 착오에 해당한다(상세한 것은 후술함).

판례 연습

【오상방위】 ※ 배희칠랑 사건

상병 甲이 동료 A(배희칠랑)가 초소근무 교대시간이 늦었다는 이유로 A를 구타하여 코피를 흘리게 하자, 흥분한 A는 "월남에서는 사람 하나를 죽인 것은 파리를 죽인 것이나 같았다. 너 하나 못 죽일 줄 아느냐"라고 하면서 소지하고 있던 소총을 甲의 등 뒤에 겨누며 실탄을 장전하는 등 발사할 듯이 위협을 하였다. 이에 甲은 위험하다고 느낀 나머지 뒤로 돌아서면서 소지하고 있던 소총을 발사하여 A를 사망케 하였다. 판례의 입장에서 甲의 죄책은?

판결요지

싸움을 함에 있어서 격투를 하는 자 중의 한 사람의 공격이 그 <u>격투에서 당연히 예상할 수 있는 정도를 초과하여 살인의 흉기 등을 사용하여온 경우에는 이를 '부당한 침해'라고 아니할 수 없으므로 이에 대하여는 정당방위를 허용하여야 한다</u>고 해석하여야 할 것이다[대판 1968.5.7. 68도370].

판결이유 가사 피해자인 배희칠랑에게 피고인을 살해할 의사가 없고 객관적으로 급박하고 부당한 침해가 없었다고 가정하더라도 원심이 인정한 사실 자체로 보아도 피고인으로서는 현재의 급박하고도 부당한 침해가 있는 것으로 오인하는 데 대한 정당한 사유가 있는 경우에 해당된다고 아니할 수 없다.

판례해설 위 판결요지는 A가 甲을 살해할 의사가 있었다는 가정하에 싸움에서 초과된 공격으로 보아 정당방위가 인정된다는 취지이다. 한편 판결이유는 A가 甲을 살해할 의사가 없었으나 甲은 A가 살해할 의사가 있었다고 착오한 경우(오상방위)를 가정하여 내린 결론이다. 판례는 오상방위(위법성조각사유의 전제사실에 관한 착오)의 경우 착오에 정당한 이유가 있으면 위법성을 조각을 인정하는데, 甲의 착오에 대하여 정당한 이유를 인정할 수 있다고 본 것이다. 결국 판례는 어느 경우라도 위법성이 조각된다고 판시한 것이다.

해설

만약 A가 甲을 살해할 의사가 없었던 경우였다면 오상방위(위법성조각사유의 전제사실에 관한 착오)의 문제가 된다. 법효과제한적 책임설(다수설)에 의하면 과실범을 검토하게 된다. 그런데 위 사례의 경우 사건의 경과를 보면, 甲이 A가 자신을 살해할 의사가 있었다고 오인한 것은 과실이 없다(정당한 이유가 있다)고 평가되어야 하므로 법효과제한적 책임설에 의할 때 甲에게 무죄를 인정하여야 할 것이다. **정답 (무죄)**

---

3. 오상과잉방위

(1) 의의

현재의 부당한 침해가 존재하지 않음에도 불구하고 존재한다고 오인하고 상당성을 초과하는 방위행위를 한 경우이다.

(2) 법적 성질 및 효과

오상방위와 동일하게 취급하여 법효과제한적 책임설에 따라 과실범의 문제로 해결해야 한다(다수설).

(3) 제21조 제2항·제3항의 적용 여부

동규정은 과잉방위에 대해서만 적용되므로 오상과잉방위에는 적용할 수 없다(다수설).

구분	정당방위	과잉방위	오상방위	우연방위
정당방위상황	○	○	×	○
방위의사	○	○	○	×
상당성	○	×	○	○
법적 효과	위법성 조각 (제21조 제1항)	임의적 감면(제21조 제2항), 불가벌(제21조 제3항)	과실범(다수설)	불능미수(다수설)

제3절 긴급피난

 출제 POINT

긴급피난의 성립요건과 관련하여 정당방위와의 차이점, 특히 상당한 이유에 관한 부분을 숙지하여야 한다.

제22조(긴급피난) ① 자기 또는 타인의 법익에 대한 현재의 위난을 피하기 위한 행위는 상당한 이유가 있는 때에는 벌하지 아니한다.

Ⅰ 긴급피난의 의의와 본질

1. 긴급피난의 의의

① 자기 또는 타인의 법익에 대한 현재의 위난을 피하기 위한 상당한 이유가 있는 행위를 말한다(제22조 제1항)(예 甲이 맹견에게 물릴 위험에 처하자 A의 집으로 들어가 피신한 경우).

② 긴급피난은 위난을 야기한 자 뿐만 아니라[54] 이와 무관한 제3자[55]에게도 가능하기 때문에 正 대 正의 관계로 표현된다.

2. 긴급피난의 본질

① 긴급피난의 본질에 관하여는 위법성조각사유라고 보는 견해가 다수설이다.

② 긴급피난을 위법성조각사유로 보면 긴급피난 행위는 위법성이 조각되는 행위이므로 긴급피난 행위에 대한 정당방위는 허용되지 아니한다.

3. 위법성조각의 근거

긴급피난이 위법성을 조각하는 근거는 '이익교량의 원칙'과 '목적설'에서 찾을 수 있다.

---

54) 위난을 야기한 자에 대한 긴급피난을 방어적 긴급피난이라고 한다.
55) 위난과 무관한 제3자에 대한 긴급피난을 공격적 긴급피난이라고 한다. 따라서 긴급피난을 '정 대 정(正 對 正)'의 관계라고 말하는 것은 '공격적 긴급피난'의 경우 피난자의 정당화된 행위와 위난과 관계없이 침해되는 제3자의 법익과의 관계를 염두에 둔 것이다.

Ⅱ 긴급피난의 성립요건

1. 자기 또는 타인의 법익에 대한 현재의 위난

(1) 자기 또는 타인의 법익

① 자기 또는 타인의 모든 개인적 법익이 긴급피난에 의하여 보호될 수 있다(예 진료환자가 에이즈 환자임을 알고 의사가 그의 처에게 이 사실을 알려준 경우).

② 형법상 보호되는 법익에 한정되지 않는다. 다만, 긴급피난에 의하여 보호되는 법익은 보호의 필요성과 보호의 가치가 인정되어야 한다[이재상 241면].

③ 정당방위와 달리 긴급피난으로 보호할 수 있는 법익에는 개인적 법익뿐만 아니라 국가적 법익과 사회적 법익도 포함된다(다수설).

(2) 현재의 위난

① 의의: 현재의 위난이란 그 침해가 즉시 또는 곧 발생할 것으로 예견되는 경우를 말한다. 따라서 예방적 긴급피난이나 지속적 위난에 대한 긴급피난도 위난의 현재성이 인정된다.

② 위난의 원인: 위난의 원인은 불문하므로 ⅰ) 위난이 사람의 행위에 의한 것이든 동물·자연현상에 의한 것이든 긴급피난이 가능하다(행위성 불요). 따라서 甲이 산행을 하다가 야생 멧돼지에게 쫓겨 급히 도망치며 달리던 중 마침 乙의 전원주택을 발견하고 그 집으로 뛰어들어가 몸을 숨겨 위기를 모면하였다면 甲의 주거침입행위는 긴급피난에 해당하여 위법성이 조각된다(무죄). ⅱ) 위난의 원인은 적법·위법을 불문한다(위법성 불요). 따라서 현재의 위법한 침해가 있는 상황에서 이를 방어하기 위하여 정당한 제3자의 법익에 대한 침해를 가한 경우 긴급피난이 성립할 수 있다. 예를 들면 강도범의 공격에 대하여 친구의 우산으로 강도범을 때려 강도범이 상해를 입고 친구의 우산이 부러진 경우, 강도범에 대한 상해행위에 대해서는 정당방위가 성립하고 친구의 우산의 손괴행위에 대하여는 긴급피난이 성립한다. ⅲ) 위난의 원인은 불문하므로 긴급피난에 대하여도 긴급피난이 가능하다.

③ 자초위난

⚖ 판례 |

(강간을 기도한 자는 손가락이 깨물려도 긴급피난이 허용되지 않는다는 사건) 스스로 야기한 강간범행의 와중에서 피해자가 피고인의 손가락을 깨물며 반항하자 물린 손가락을 비틀며 잡아 뽑다가 피해자에게 치아결손의 상해를 입힌 경우를 가리켜 법에 의하여 용인되는 피난행위라 할 수 없다[대판 1995.1.12. 94도2781]. ※ 피고인에게는 강간치상죄가 성립한다. [18 국가9급, 18 경찰채용]*

---

④ 지속적 위난이 현재의 위난에 포함되는지의 여부: 긴급피난에서의 위난의 현재성은 정당방위에서의 침해의 현재성 보다 넓은 개념이므로 지속적 위난도 현재의 위난에 포함된다.

2. 위난을 피하기 위한 행위

(1) 피난의사

피난의사는 긴급피난의 주관적 정당화요소에 해당한다. 다만, 피난의사가 피난행위의 유일한 동기일 것은 요하지 않는다.

(2) 피난행위의 종류

① 방어적 긴급피난: 위난의 원인을 유발한 당사자에 대하여 직접 반격하여 법익을 보전하는 경우이다.
② 공격적 긴급피난: 위난과 관계없는 제3자의 법익을 희생시키고 법익을 보전하는 경우이다.

(3) 피난행위의 상대방

위난의 원인은 물론 위난과 관계없는 제3자에 대해서도 긴급피난이 가능하다.

3. 상당한 이유

(1) 해석의 원리

긴급피난은 正 대 正의 관계이므로 정당방위보다 엄격한 요건이 요구된다.

(2) 보충성의 원칙

긴급피난은 피난행위에 의하지 않고는 달리 위난을 피할 수 없을 것을 요한다. 즉, 피난행위가 최후의 수단이어야 한다.

(3) 균형성의 원리

긴급피난에 의하여 보호되는 이익이 침해되는 이익보다 본질적으로 우월한 것이어야 한다.

⚖ 판례 | 선박과 선원들의 안전 > 피조개 양식장 침해

선박의 이동에도 새로운 공유수면점용허가가 있어야 하고 휴지선을 이동하는 데는 예인선이 따로 필요한 관계로 비용이 많이 들어 다른 해상으로 이동을 하지 못하고 있는 사이에 <u>태풍을 만나게 된 위급한 상황에서 선박과 선원들의 안전을 위하여</u> 사회통념상 가장 적절하고 필요불가결하다고 인정되는 조치(피조개 양식장에 피해를 입혔음)를 취하였다면 형법상 긴급피난으로서 위법성이 없어서 범죄가 성립되지 아니한다고 보아야 하고 <u>미리 선박을 이동시켜 놓아야 할 책임을 다하지 아니함으로써 위와 같은 긴급한 위난을 당하였다는 점만으로는 긴급피난을 인정하는데 아무런 방해가 되지 아니한다</u>[대판 1987.1.20. 85도221]. [20 국가9급, 18 변호사, 17 경간부, 16 경찰승진]*

(4) 적합성의 원리

① **사회윤리적 적합성**: 다른 사람을 구하기 위하여 강제로 채혈을 하거나 장기를 적출하는 것은 긴급피난이 성립할 수 없다.

② **법적 절차 적합성**: 위난을 피하기 위한 법적 절차가 존재한다면 이에 따르지 않은 피난행위는 적합성이 없다. 따라서 진범인이 아님에도 구속기소된 피고인이 도주하거나 위증을 교사하는 것은 긴급피난이 성립할 수 없다.

사례 연습

【다급한 출산으로 인한 중앙선 침범】

甲은 만삭인 자기 부인이 거듭되는 진통으로 출산하려고 하자 병원으로 데려가기 위해 차를 몰다가 급한 마음에 병원에 빨리 도착하기 위하여 앞이 잘 보이지 않는 커브길의 중앙선을 넘어 진행하는 바람에 마침 마주 오던 차량과 충돌하여 그 차량의 운전자에게 중상을 입혔다. 이 경우 甲에게 긴급피난이 성립하는지의 여부를 검토하시오.

> **사례해설** 위의 사례는 상당성의 요건을 충족시키기 어려우므로 위법성이 조각되지 않는다.
>
> **비교사례** "甲은 고열로 혼수상태에 빠진 자기 아들을 병원으로 데려가기 위해 교통신호를 무시하고 과속으로 차를 몰았다." 이 사례의 경우는 환자의 생명을 구조하기 위한 경미한 도로교통법위반에 해당하여 상당성(특히 균형성)을 인정할 수 있으므로 긴급피난에 해당한다.
>
> **정답 (긴급피난이 성립하지 않음)**

⚖ 판례 | 긴급피난이 성립하지 않는 경우

1. 군인이 갑자기 기절한 모친의 치료를 위하여 군무를 이탈한 경우, 군무이탈행위는 범행의 동기에 불과하므로 이를 법률상 긴급피난에 해당한다고 할 수 없다[대판 1969.6.10. 69도690]. [17 경간부]*

2. 서로 싸우다가 상해를 입힌 경우에는 정당방위 또는 긴급피난에 해당될 수 없다[대판 1966.11.22. 66도1150].

3. 아파트 입주자대표회의 회장이 다수 입주민들의 민원에 따라 위성방송 수신을 방해하는 케이블TV방송의 시험방송 송출을 중단시키기 위하여 위 케이블TV방송의 방송안테나를 절단하도록 지시한 행위를 긴급피난 내지는 정당행위에 해당한다고 볼 수 없다[대판 2006.4.12. 2005도9396]. [19 변호사, 18 변호사, 17 경간부, 16 국가7급, 16 경간부]*

4. 타인의 집 대문 앞에 은신하고 있다가 경찰관의 명령에 따라 순순히 손을 들고 나오면서 그대로 도주하는 범인을 경찰관이 뒤따라 추격하면서 등부위에 권총을 발사하여 사망케 한 경우 이와 같은 총기사용은 현재의 부당한 침해를 방지하거나 현재의 위난을 피하기 위한 상당성 있는 행위라고 볼 수 없다[대판 1991.5.28. 91다10084].

5. 피고인이 상관인 피해자로부터 뺨을 한대 얻어맞고 홧김에 그 뒤통수를 대검 뒷자루로 한번 치자 그도 야전삽으로 대항하던 중 위 대검으로 다시 쇄골부분을 찔러 사망케 한 경우 … 피해자의 행위는 급박한 경우에 해당한다 할 수 없어 긴급피난이 성립되지 아니한다[대판 1970.8.18. 70도1364].

6. 갑 정당 당직자인 피고인들 등이 국회 외교통상 상임위원회 회의장 앞 복도에서 출입이 봉쇄된 회의장 출입구를 뚫을 목적으로 회의장 출입문 및 그 안쪽에 쌓여있던 책상, 탁자 등 집기를 손상하거나, 국회의 심의를 방해할 목적으로 소방호스를 이용하여 회의장 내에 물을 분사한 사안에서, 피고인들의 위와 같은 행위는 공용물건손상죄 및 국회회의장소동죄의 구성요건에 해당하고, 국민의 대의기관인 국회에서 서로의 의견을 경청하고 진지한 토론과 양보를 통하여 더욱 바람직한 결론을 도출하는 합법적 절차를 외면한 채 곧바로 폭력적 행동으로 나아가 방법이나 수단에 있어서도 상당성의 요건을 갖추지 못하여 이를 위법성이 조각되는 정당행위나 긴급피난의 요건을 갖춘 행위로 평가하기 어렵다고 한 사례[대판 2013.6.13, 2010도13609]. [18 변호사, 17 경간부, 16 경찰채용]*

7. [1] 형법 제22조 제1항의 긴급피난에서 '상당한 이유 있는 행위'에 해당하려면, 첫째 피난행위는 위난에 처한 법익을 보호하기 위한 유일한 수단이어야 하고, 둘째 피해자에게 가장 경미한 손해를 주는 방법을 택하여야 하며, 셋째 피난행위에 의하여 보전되는 이익은 이로 인하여 침해되는 이익보다 우월해야 하고, 넷째 피난행위는 그 자체가 사회윤리나 법질서 전체의 정신에 비추어 적합한 수단일 것을 요하는 등의 요건을 갖추어야 한다.
[2] 피고인이 피해자의 개가 자신의 애완견을 물어뜯는 공격을 하자 소지하고 있던 기계톱으로 피해자의 개를 절개하여 죽인 경우, 피고인으로서는 자신의 진돗개를 보호하기 위하여 몽둥이나 기계톱 등을 휘둘러 피해자의 개들을 쫓아버리는 방법으로 자신의 재물을 보호할 수 있었을 것이므로 피해견을 기계톱으로 내리쳐 등 부분을 절개한 것은 피난행위의 상당성을 넘은 행위로서 형법 제22조 제1항에서 정한 긴급피난의 요건을 갖춘 행위로 보기 어려울 뿐 아니라, 그 당시 피해견이 피고인을 공격하지도 않았고 피해견이 평소 공격적인 성향을 가지고 있었다고 볼 자료도 없는 이상 형법 제22조 제3항에서 정한 책임조각적 과잉피난에도 해당하지 아니한다[대판 2016.1.28, 2014도2477]. [18 변호사, 18 경간부, 17 변호사]*

Ⅲ 긴급피난의 특칙

> **제22조(긴급피난)** ② 위난을 피하지 못할 책임이 있는 자에 대하여는 전항의 규정을 적용하지 아니한다.

① 직무를 수행함에 있어서 마땅히 일정한 위난을 감수해야 할 의무가 있는 자(예 군인, 소방관, 경찰관)에게는 긴급피난이 원칙적으로 허용되지 않는다.
② 위난을 피하지 못할 책임 있는 자에 대한 긴급피난의 제한은 절대적인 것이 아니라 직무수행상 의무적으로 감수해야 할 범위 내에서 긴급피난을 인정하지 않는 것이다. 따라서 타인을 위한 긴급피난이나 감수할 범위를 넘는 자기의 위난에 대해서는 긴급피난이 허용된다(예 소방대원이 진화작업을 하고 있다가 질식될 위험에 빠지자 옆집 창문을 부수고 탈출한 경우).

Ⅳ 과잉피난과 오상피난

> **제22조(긴급피난)** ③ 전조 제2항과 제3항의 규정은 본조에 준용한다.

1. 과잉피난(면책적 과잉피난)

피난행위가 상당성을 결한 경우로 그 효과는 과잉방위(면책적 과잉방위)와 동일하다. [18 경찰승진]*

2. 오상피난

현재의 위난이 존재하지 않음에도 불구하고 그것이 존재하는 것으로 오인하고 피난행위를 한 경우이다. 그 효과는 오상방위와 동일하다.

Ⅴ 의무의 충돌

1. 의무의 충돌의 의의와 종류

(1) 의무의 충돌의 의의

동시에 이행하여야 할 수 개의 의무 중 행위자가 일부의 의무는 이행하였으나, 이행하지 못하고 방치한 부분이 구성요건에 해당하더라도 의무의 충돌로서 위법성이 조각된다.

(2) 적용범위

① 작위의무와 작위의무의 충돌: 의무의 충돌에 해당한다(예 父가 익사 직전의 두 아이를 모두 구조해야 하는 경우).

② 작위의무와 부작위의무의 충돌: 긴급피난의 일종으로 보는 견해와 의무의 충돌에 해당한다는 견해가 있다 (예 위급한 상태에 빠진 아들을 생명을 구해야하는 의무와 도로교통법상 제한최고속도를 위반하지 않아야 하는 의무).

③ 부작위의무와 부작위의무의 충돌: 수 개의 부작위의무일지라도 동시에 이행할 수 있으므로 의무의 충돌이 아니다.

2. 의무의 충돌의 법적 성질

긴급피난의 특수한 경우에 해당한다(다수설).

3. 의무의 충돌의 성립요건

① 두 개 이상의 법적 의무가 충돌하여야 한다.

② 의무의 불이행이 구성요건에 해당해야 한다.

③ 높은 가치의 의무 또는 최소한 동가치 의무를 이행하여야 한다.

④ 행위자에게 의무의 충돌에 대한 인식이 있어야 할 뿐만 아니라 높은 가치 또는 적어도 같은 가치의 의무를 이행한다는 인식이 있어야 한다.

제4절 자구행위

출제 POINT

위법성론에서 출제가능성이 높지 않은 부분에 속한다. 자구행위가 인정되지 않는 경우 및 관련판례를 잘 정리해 두면 족하다. 면책적 과잉자구행위에 관한 규정 또는 준용규정이 존재하지 않는다는 점이 자주 출제된다.

제23조(자구행위) ① 법률에서 정한 절차에 따라서는 청구권을 보전할 수 없는 경우에 그 청구권의 실행이 불가능해지거나 현저히 곤란해지는 상황을 피하기 위하여 한 행위는 상당한 이유가 있는 때에는 벌하지 아니한다.

Ⅰ 자구행위의 의의

1. 자구행위의 개념

자구행위란 권리자가 권리를 침해당한 때에 공권력의 발동에 의하지 않고 자력에 의하여 그 권리를 보전하는 행위를 말한다(예 채무를 변제하지 않고 외국으로 도주하는 채무자를 채권자가 체포하는 경우).

2. 자구행위의 법적 성질

자구행위는 사후적 긴급행위로서 국가권력의 대행이라는 점에서 위법성이 조각된다.

Ⅱ 자구행위의 성립요건

1. 법률에서 정한 절차에 따라서는 청구권을 보전할 수 없는 경우일 것

(1) 청구권

① 청구권의 범위: 원상회복이 불가능한 청구권은 포함되지 않는다. 따라서 생명, 신체, 자유, 명예, 정조 등은 자구행위의 대상이 되지 않는다.

> **⚖ 판례 | 원상회복이 불가능한 권리인 명예훼손에 대한 자구행위는 인정될 수 없다는 사례**
>
> 피해자가 다른 친구들 앞에서 피고인의 전과사실을 폭로함으로써 명예를 훼손하기 때문에 동인을 구타하였다 하더라도 그 소행은 자구행위에 해당한다고 할 수 없다[대판 1969.12.30. 69도2138].

② 자기의 청구권: 청구권은 원칙적으로 자기의 청구권임을 요하나 다만 예외적으로 청구권자로부터 자구행위의 실행을 위임받은 자는 자구행위를 할 수 있다(예 여관주인이 종업원에게 숙박비를 지불하지 않고 도주한 손님을 붙들어 오게 한 경우).

(2) 청구권에 대한 불법한 침해

① 불법한 침해

㉮ 자구행위는 침해된 권리를 보전하기 위한 행위이므로 청구권에 대한 불법한 침해가 있어야 한다.

> **⚖ 판례 | 적법한 강제집행에 대한 자구행위는 인정되지 않는다는 사례**
>
> 채권자가 가옥명도강제집행에 의하여 적법하게 점유를 이전받아 점유하고 있는 방실에 채무자가 무단히 침입한 때에는 주거침입죄가 성립하고 적법한 강제집행에 대한 정당방위나 자구행위는 인정될 수 없다[대판 1962.8.23. 62도93].

㉯ 자구행위는 사후적 긴급행위이므로 과거의 침해에 대해서만 가능하다.

② 정당방위와의 한계

㉮ 절취재물의 탈환과정에서의 폭행ㆍ협박: ⅰ) 절도범인을 현장에서부터 추적하여 재물을 탈환하는 경우 범죄가 형식적으로 기수에 달한 때에도 법익침해가 현장에서 계속되는 상태에 있으면 현재의 침해라고 할 수 있으므로 정당방위에 해당한다. ⅱ) 상당한 시일이 경과한 후 도품을 탈환하는 경우는 과거의 침해에 대한 것이므로 자구행위에 해당한다.[56]

---

56) 재물을 절취하고자 물색하던 중에 발각된 자가 빈손으로 도망가는 것을 알면서도 추적하여 그의 멱살을 잡고 붙잡은 행위는 보전해야 할 청구권이 존재하지 아니하므로 자구행위가 성립할 수 없으며 현행범체포로서 정당행위에 해당한다.

ⓒ 퇴거불응자에 대한 강제퇴거행위: 퇴거불응도 현재의 부당한 침해에 해당하므로 정당방위가 성립한다.

(3) 법정절차에 의한 청구권 보전의 불가능(제1보충성)

① 법정절차: 민사소송법상의 가압류·가처분 등의 보전절차뿐만 아니라 경찰 기타 국가 공권력에 의한 구제절차가 마련되어 있는 경우에는 자구행위를 할 수 없다.

② 청구권 보전의 불가능: 청구권 보전이 가능한 가옥명도청구, 토지반환청구 또는 점유사용권을 회복하기 위한 자구행위는 허용되지 않는다.

⚖️ 판례 | 법정절차에 의하여 청구권 보전이 가능 = 자구행위 X

1. 소유권의 귀속에 관한 분쟁이 있어 민사소송이 계속중인 건조물에 관하여 현실적으로 관리인이 있음에도 위 건조물의 자물쇠를 쇠톱으로 절단하고 침입한 행위 … 는 법정절차에 의하여 그 권리를 보전하기가 곤란하고 그 권리의 실행불능이나 현저한 실행곤란을 피하기 위해 상당한 이유가 있는 행위라고 할 수 없다[대판 1985.7.9, 85도707]. [18 법원행시]*

2. 절의 출입구와 마당으로 약 10년 전부터 사용하고 또 그곳을 통하여서만 출입할 수 있는 대지를 전 주지의 가족으로부터 매수하여 등기를 마쳤다는 구실로 불법침입하여 담장을 쌓기 위한 호를 파놓았기 때문에 그 절의 주지가 신도들과 더불어 그 호를 메워버린 행위 … 는 피고인의 점유배제청구권을 보존할 수 있는 법정절차가 없다거나 그와 같은 방법이 있다고 하더라도 그 방법에 의하여 그 청구권을 보존할 수 없는 경우에 해당한다고는 볼 수 없으므로 자구행위라고는 할 수 없다[대판 1970.7.21, 70도996].

3. 피고인이 甲에게 채무 없이 단순히 잠시 빌려준 피고인 발행의 약속어음을 甲이 乙에게 배서양도하여 乙이 소지하고 있던 중 피고인이 이를 찢어버린 것 … 은 피고인이 이 어음으로부터 오는 재산상의 손실을 방지하고자 한 행위였다 하더라도, 피고인은 이러한 경우 적법한 절차에 의하여 이를 다툴 성질의 것이라 할 것이므로, 이에 의하지 아니한 피고인의 행위는 문서손괴죄에 해당하고 이를 자구행위 또는 긴급피난이라고 볼 수 없다[대판 1975.5.27, 74도3559].

4. 암장된 분묘라 하더라도 당국의 허가 없이 자구행위로 이를 발굴하여 개장할 수는 없는 것이다[대판 1976.10.29, 76도2828].

---

2. 청구권의 실행 불가능 또는 현저한 실행 곤란을 피하기 위한 행위(제2보충성)

(1) 청구권의 실행불능 또는 현저한 실행곤란

법정절차에 의하여 청구권의 보전이 불가능하여도 충분한 물적 담보나 인적 담보가 확보되어 있는 때에는 청구권의 실행이 가능하므로 자구행위가 허용되지 않는다.

(2) 피하기 위한 행위

자구행위는 청구권을 직접 실현하는 수단이 아니라 채권자로서의 지위를 확보하는 청구권의 보전수단이다. 따라서 청구권 보전의 범위를 벗어나 재산을 임의로 처분하거나 이행을 받아 스스로 변제에 충당하는 행위는 자구행위가 될 수 없다. 그러나 행위자가 자기의 소유물을 탈환하는 경우는 자구행위에 해당한다.

⚖️ 판례 | 청구권 보전의 범위를 초과한 '강제적 채권 추심'의 경우 = 자구행위 X

피고인이 피해자에게 석고를 납품한 대금을 받지 못하고 있던 중 피해자가 화랑을 폐쇄하고 도주하자, 피고인이 야간에 폐쇄된 화랑의 베니아판 문을 미리 준비한 드라이버로 뜯어내고 피해자의 물건을 몰래 가지고 나왔다면, 위와 같은 피고인의 강제적 채권추심 내지 이를 목적으로 하는 물품의 취거행위를 형법 제23조 소정의 자구행위라고 볼 수 없다[대판 1984.12.26, 84도2582].

동지판례 甲이 유일한 재산인 가옥을 방매하고 그 대금을 받은 즉시 부산방면으로 떠나려는 급박한 순간에 있어서 각 채권자가 자기들의 채권을 그 때에 추심하지 아니하면 앞으로 영구히 추심할 기회를 얻기 어려우므로 부득이 甲이 가옥대금을 받은 현장에서 피고인 등이 각자의 채권을 추심한 것은 자구행위라고 할 수 없다[대판 1966.7.26, 66도469].

---

(3) 자구의사가 있을 것

자구의사는 주관적 정당화요소에 해당한다.

3. 상당한 이유

> 🔨 **판례 | 상당성이 없는 행위 = 자구행위 X**
>
> 1. 주민들이 농기계 등으로 그 주변의 농경지나 임야에 통행하기 위해 이용하는 자신 소유의 도로에 깊이 1m 정도의 구덩이를 판 행위는 일반교통방해죄에 해당하고 자구행위나 정당행위에 해당하지 않는다[대판 2007.3.15.]. [18 국가9급]*
>
>   **동지판례** 토지소유권자가 피해자가 운영하는 회사에 대하여 그 토지의 인도 등을 구할 권리가 있다는 이유만으로 위 회사로 들어가는 진입로를 폐쇄한 것은 정당한 행위 또는 자력구제에 해당하지 않는다[대판 2007.5.10. 2006도4328].
>
> 2. 인근 상가의 통행로로 이용되고 있는 토지의 사실상 지배권자가 위 토지에 철주와 철망을 설치하고 포장된 아스팔트를 걷어냄으로써 통행로로 이용하지 못하게 한 경우, 이는 일반교통방해죄를 구성하고 자구행위에 해당하지 않는다고 한 사례[대판 2007.12.28. 2007도7717]. [20 경찰채용, 18 법원행시, 17 국가7급]*

III 과잉자구행위와 오상자구행위

> 제23조(자구행위) ② 제1항의 행위가 그 정도를 초과한 경우에는 정황에 따라 그 형을 감경하거나 면제할 수 있다.

1. 과잉자구행위 [20 국가9급]*

① 자구행위가 상당성의 정도를 초과한 경우이다.
② 과잉자구행위는 정황에 의하여 형을 감경 또는 면제할 수 있다(임의적 감면). 그러나 긴급피난의 경우와는 달리 형법 제21조 제3항(면책적 과잉방위)은 준용되지 않는다.

2. 오상자구행위

오상방위나 오상긴급피난과 동일하게 취급된다.

제5절 피해자의 승낙

> 🔍 **출제 POINT**
>
> 각 범죄에서 피해자의 동의가 어떠한 법적 의미를 갖는지가 출제될 수 있다. 그리고 자궁적출사건에 대한 판례와 동의하에 보험사기 목적의 상해를 가한 경우 위법성이 조각될 수 없다는 판례는 언제라도 출제될 수 있는 부분이다.

> 제24조(피해자의 승낙) 처분할 수 있는 자의 승낙에 의하여 그 법익을 훼손한 행위는 법률에 특별한 규정이 없는 한 벌하지 아니한다. [19 경찰채용, 17 경찰승진, 16 경찰채용]*

I 서론

1. 피해자의 승낙의 의의

피해자의 승낙이란 법익의 주체가 상대방에게 자기의 법익에 대한 침해를 허용하는 것을 말하며, 승낙을 받은 법익 침해행위는 원칙적으로 위법성이 조각된다.

2. 피해자의 승낙과 양해의 구별

피해자가 침해에 대하여 동의한 법익의 가치가 ⅰ) 개인의 의사와 독립해서는 존재의의가 약한 경우 그 동의는 양해로서 구성요건해당성조각사유가 되며, ⅱ) 개인의 의사를 초월해서 공동체를 위해서도 중요한 비중을 가지고 있는 경우 그 동의는 승낙으로서 위법성조각사유가 된다(다수설).

3. 피해자의 동의의 형법상 취급

구분	형법규정
구성요건해당성을 조각하는 경우[57]	① 절도죄 ② 주거침입죄 ③ 강간죄 ④ 강제추행죄 ⑤ 비밀침해죄 · 업무상비밀누설죄
위법성을 조각하는 경우	① 상해죄 ② 폭행죄
감경적 구성요건에 해당하는 경우	① 보통살인죄에 대한 승낙살인죄 ② 부동의낙태죄에 대한 동의낙태죄 ③ 타인소유일반건조물(일반물건)방화죄에 대한 자기소유일반건조물(일반물건)방화죄
범죄 성립에 영향이 없는 경우	① 13세 미만자에 대한 간음 · 추행죄 ② 아동혹사죄 ③ 미성년자 약취유인죄 ④ 피구금자에 대한 간음죄 ⑤ 유기죄[58] ⑥ 무고죄

> **⚖ 판례 | 작성권자의 지시 또는 승낙에 의한 기안문서 작성 = 구성요건해당성 조각**
>
> 사문서를 작성 · 수정함에 있어 그 명의자의 명시적이거나 묵시적인 승낙이 있었다면 사문서의 위 · 변조죄에 해당하지 않고, 한편 행위 당시 명의자의 현실적인 승낙은 없었지만 행위 당시의 모든 객관적 사정을 종합하여 명의자가 행위 당시 그 사실을 알았다면 당연히 승낙했을 것이라고 추정되는 경우 역시 사문서의 위 · 변조죄가 성립하지 않는다[대판 2011.9.29. 2010도14587]. [19 변호사, 19 경찰승진, 18 경간부, 16 국가9급]*
>
> **동지판례** 공문서의 위조라 함은 행사할 목적으로 공무원 또는 공무소의 문서를 정당한 작성권한 없는 자가 작성권한 있는 자의 명의로 작성하는 것을 말하므로, 공문서인 기안문서의 작성권한자가 직접 이에 서명하지 않고 피고인에게 지시하여 자기의 서명을 흉내내어 기안문서의 결재란에 대신 서명케 한 경우라면 피고인의 기안문서 작성행위는 작성권자의 지시 또는 승낙에 의한 것으로서 공문서위조죄의 구성요건해당성이 조각된다[대판 1983.5.24. 82도1426]. [18 법원행시, 18 경찰승진]*

---

57) 주로 각칙상 개인의 자유 · 재산 · 사생활의 평온을 해하는 죄가 여기에 포함되나, 개인적 법익을 침해하는 범죄가 아닌 경우에도 구성요건해당성이 조각되는 경우가 있다(⑩ 문서위조죄).

58) 유기죄의 유기에 대한 피해자의 동의는 유기죄의 성립에 영향이 없으나, 유기하여 살해하는 것에 대한 동의는 살인에 대한 동의이므로 감경적 구성요건에 해당하는 사유가 된다.

⚖ 판례 | 피무고자의 승낙에 의한 무고 = 무고죄 성립

무고죄는 국가의 형사사법권 또는 징계권의 적정한 행사를 주된 보호법익으로 하고, 개인의 부당하게 처벌 또는 징계받지 아니할 이익을 부수적으로 보호하는 죄이므로, 무고에 있어서 피무고자의 승낙이 있었다고 하더라도 무고죄의 성립에는 영향을 미치지 못한다[대판 2005.9.30. 2005도2712]. [20 국가9급, 20 경간부, 19 경찰승진, 16 법원행시, 16 국가7급]*

Ⅱ 양해

양해란 구성요건이 피해자의 의사에 반하는 때에만 실현될 수 있는 범죄에 있어서 피해자가 그 법익의 침해에 동의한 경우를 말한다.

⚖ 판례 | 양해가 성립하지 않는 경우(양해가 될 일이 따로 있다는 사건)

피해자에게 소를 함부로 끌고 가게 되어 미안하다고 양해를 구하는 취지의 편지를 써 놓고 가지고 나왔다 하여 범죄가 안된다고는 볼 수 없고, 피고인이 이렇게 오인한 데 대하여 정당한 이유가 있는 것으로 보기 어렵다[대판 1970.7.24. 70도1149].

⚖ 판례 |

(요약: 동거녀의 지갑에서 동거남이 돈을 꺼내가는 것을 묵시적으로 동의한 경우 '절취'에 해당하지 아니하여 절도죄가 성립하지 않는다) 절도죄는 타인이 점유하는 재물을 절취하는 행위 즉 점유자의 의사에 의하지 아니하고 그 점유를 취득함으로 성립하는 범죄인 바, 피해자는 당시 피고인과 동거 중에 있었고 피고인이 돈 60,000원을 지갑에서 꺼내가는 것을 피해자가 현장에서 이를 목격하고도 만류하지 아니한 사정 등에 비추어 볼 때 피해자가 이를 허용하는 묵시적 의사가 있었다고 봄이 상당하고 달리 소론이 지적하는 증거들만으로는 피고인이 위 돈 60,000원을 절취하였다고 인정하기에는 부족하다 할 것이다
[대판 1985.11.28. 85도1487]. [20 경찰승진, 20 경찰채용, 16 국가9급]*

⚖ 판례 | 밍크사건: 가져갈 권리가 있다고 속여 밍크를 가져감 – 절도죄 불성립

피고인이 피해자에게 이 사건 밍크 45마리에 관하여 자기에게 그 권리가 있다고 주장하면서 이를 가져간 데 대하여 피해자의 묵시적인 동의가 있었다면 피고인의 주장이 후에 허위임이 밝혀졌더라도 피고인의 행위는 절도죄의 절취행위에는 해당하지 않는다[대판 1990.8.10. 90도1211]. [19 경간부]*

⚖ 판례 | 손님을 가장하여 녹음·녹화장치를 설치하러 음식점에 들어감 – 주거침입죄 불성립

[1] 주거침입죄는 사실상 주거의 평온을 보호법익으로 한다. 주거침입죄의 구성요건적 행위인 침입은 주거침입죄의 보호법익과의 관계에서 해석하여야 하므로, 침입이란 주거의 사실상 평온상태를 해치는 행위 태양으로 주거에 들어가는 것을 의미하고, 침입에 해당하는지는 출입 당시 객관적·외형적으로 드러난 행위 태양을 기준으로 판단함이 원칙이다. 사실상의 평온상태를 해치는 행위 태양으로 주거에 들어가는 것이라면 대체로 거주자의 의사에 반하겠지만, 단순히 주거에 들어가는 행위 자체가 거주자의 의사에 반한다는 주관적 사정만으로는 바로 침입에 해당한다고 볼 수 없다. 거주자의 의사에 반하는지는 사실상의 평온상태를 해치는 행위 태양인지를 평가할 때 고려할 요소 중 하나이지만 주된 평가 요소가 될 수는 없다. 따라서 침입행위에 해당하는지는 거주자의 의사에 반하는지가 아니라 사실상의 평온상태를 해치는 행위 태양인지에 따라 판단되어야 한다.

[2] 행위자가 거주자의 승낙을 받아 주거에 들어갔으나 범죄나 불법행위 등(이하 '범죄 등'이라 한다)을 목적으로 한 출입이거나 거주자가 행위자의 실제 출입 목적을 알았더라면 출입을 승낙하지 않았을 것이라는 사정이 인정되는 경우 행위자의 출입행위가 주거침입죄에서 규정하는 침입행위에 해당하려면, 출입하려는 주거 등의 형태와 용도ㆍ성질, 외부인에 대한 출입의 통제ㆍ관리 방식과 상태, 행위자의 출입 경위와 방법 등을 종합적으로 고려하여 행위자의 출입 당시 객관적ㆍ외형적으로 드러난 행위 태양에 비추어 주거의 사실상 평온상태가 침해되었다고 평가되어야 한다. 이때 거주자의 의사도 고려되지만 주거 등의 형태와 용도ㆍ성질, 외부인에 대한 출입의 통제ㆍ관리 방식과 상태 등 출입 당시 상황에 따라 그 정도는 달리 평가될 수 있다. 일반인의 출입이 허용된 음식점에 영업주의 승낙을 받아 통상적인 출입방법으로 들어갔다면 특별한 사정이 없는 한 주거침입죄에서 규정하는 침입행위에 해당하지 않는다. 설령 행위자가 범죄 등을 목적으로 음식점에 출입하였거나 영업주가 행위자의 실제 출입 목적을 알았더라면 출입을 승낙하지 않았을 것이라는 사정이 인정되더라도 그러한 사정만으로는 출입 당시 객관적ㆍ외형적으로 드러난 행위 태양에 비추어 사실상의 평온상태를 해치는 방법으로 음식점에 들어갔다고 평가할 수 없으므로 침입행위에 해당하지 않는다.

[사실관계] 피고인들이 공모하여, 甲, 乙이 운영하는 각 음식점에서 인터넷 언론사 기자 丙을 만나 식사를 대접하면서 丙이 부적절한 요구를 하는 장면 등을 확보할 목적으로 녹음ㆍ녹화장치를 설치하거나 장치의 작동 여부 확인 및 이를 제거하기 위하여 각 음식점의 방실에 들어감으로써 甲, 乙의 주거에 침입하였다는 내용으로 기소된 사안[대판(전) 2022.3.24. 2017도18272]. [20 경찰승진, 19 법원행시]*

Ⅲ 피해자의 승낙

1. 승낙의 의의

피해자의 승낙이란 법익의 주체가 상대방에게 자기의 법익에 대한 침해를 허용하는 것을 말하며, 승낙을 받은 법익 침해행위는 원칙적으로 위법성이 조각된다.

2. 피해자의 승낙의 요건

(1) 법익을 처분할 수 있는 자의 유효한 승낙의 존재
   ① 승낙의 주체: 승낙자는 법익의 소지자여야 하나 법익에 대하여 처분권이 인정된 자(예 법정대리인)도 승낙자가 될 수 있다.
   ② 승낙능력: 민법상의 행위능력과 구별되며, 형법의 독자적인 기준에 의하여 결정된다.59)
   ③ 승낙의 대상법익: 국가적 법익 또는 사회적 법익은 개인이 처분할 수 있는 법익이 아니므로 승낙대상이 아니다(예 무고죄, 위증죄).
   ④ 유효한 승낙

🔑 판례 | 부정확 또는 불충분한 설명에 의한 승낙 = 승낙이 무효(위법성조각 X)

(자궁적출 사건) [1] 산부인과 전문의 수련과정 2년차인 의사가 자신의 시진, 촉진결과 등을 과신한 나머지 초음파검사 등 피해자의 병증이 자궁외 임신인지, 자궁근종인지를 판별하기 위한 정밀한 진단방법을 실시하지 아니한 채 피해자의 병명을 자궁근종으로 오진하고 이에 근거하여 의학에 대한 전문지식이 없는 피해자에게 자궁적출술의 불가피성만을 강조하였을 뿐 위와 같은 진단상의 과오가 없었으면 당연히 설명받았을 자궁외 임신에 관한 내용을 설명받지 못한 피해자로부터 수술승낙을 받았다면 위 승낙은 부정확 또는 불충분한 설명을 근거로 이루어진 것으로서 수술의 위법성을 조각할 유효한 승낙이라고 볼 수 없다. [2] 난소의 제거로 이미 임신불능 상태에 있는 피해자의 자궁을 적출했다 하더라도 그 경우 자궁을 제거한 것이 신체의 완전성을 해한 것이 아니라거나 생활기능에 아무런 장애를 주는 것이 아니라거나 건강상태를 불량하게 변경한 것이 아니라고 할 수 없고 이는 업무상과실치상죄에 있어서의 상해에 해당한다[대판 1993.7.27. 92도2345]. [20 국가9급, 19 경찰승진, 18 법원행시, 18 경간부, 16 변호사]*

---

59) 형법은 간음ㆍ추행의 경우 13세 이상, 아동혹사의 경우 16세 이상으로 승낙연령을 규정하고 있다.

📚 판례 | 상황상 묵시적 승낙이 인정된 경우(계주업무 대행 사건)

피고인이 계원들로 하여금 공소외 甲 대신 피고인을 계주로 믿게 하여 계금을 지급하고 불입금을 지급받아 위계를 사용하여 공소외 甲의 계운영업무를 방해하였다고 하여도 피고인에 대하여 다액의 채무를 부담하고 있던 공소외 甲으로서는 채권확보를 위한 피고인의 요구를 거절할 수 없었기 때문에 피고인이 계주의 업무를 대행하는데 대하여 이를 승인 내지 묵인한 사실이 인정된다면 피고인의 행위는 이른바 위 공소외 甲의 승낙이 있었던 것으로서 위법성이 조각되어 업무방해죄가 성립되지 않는다[대판 1983.2.8, 82도2486].

⑤ 승낙의 시기와 철회의 효과: ⅰ) 승낙은 법익침해 이전에 표시되어야 하며 법익침해시까지 계속되어야 한다. 사후승낙은 위법성을 조각할 수 없다. ⅱ) 승낙은 자유롭게 철회할 수 있으나, 철회 이전의 행위에 대해서는 영향을 미치지 못한다.

📚 판례 | 피해자의 승낙의 철회시기와 철회방법

[1] 위법성조각사유로서의 피해자의 승낙은 언제든지 자유롭게 철회할 수 있다고 할 것이고, 그 철회의 방법에는 아무런 제한이 없다. [20 국가9급, 20 경간부, 20 경찰채용, 18 경간부, 16 변호사]*
[2] 피고인이 甲의 상가건물에 대한 임대차계약 당시 甲의 모(母) 乙에게서 인테리어 공사 승낙을 받았는데, 이후 乙이 임대차보증금 잔금 미지급을 이유로 즉시 공사를 중단하고 퇴거할 것을 요구하자 도끼를 집어 던져 상가 유리창을 손괴한 경우, 乙이 위 의사표시로써 시설물 철거에 대한 동의를 철회하였다고 보아야 하므로 피고인의 행위는 무죄라고 할 수 없다[대판 2011.5.13, 2010도9962].

판례해설 손괴에 대한 동의의 법적효과에 대하여는 구성요건해당성이 조각되는 양해에 해당한다는 견해가 다수설이다. 본 판례는 다수설과 달리 손괴에 대한 동의가 위법성이 조각되는 피해자 승낙에 해당한다는 취지로 판시하고 있다.

(2) 승낙에 의한 법익침해행위

① 법익침해행위는 고의행위뿐만 아니라 과실행위에 의할 수도 있다(예 음주운전에 의한 사고를 승인하고 동승하였다가 운전자의 과실로 상해를 입은 경우). 즉, 고의범은 물론 과실범의 경우도 피해자 승낙에 의하여 위법성이 조각될 수 있다.
② 행위자는 피해자의 승낙이 있었다는 사실을 인식하고 행위를 하였어야 한다(주관적 정당화요소).

(3) 상당성(사회상규 적합성)

📚 판례 | 피해자의 승낙이 위법성을 조각하기 위한 추가적 요건 = 사회상규 적합성

형법 제24조의 규정에 의하여 위법성이 조각되는 피해자의 승낙은 개인적 법익을 훼손하는 경우에 법률상 이를 처분할 수 있는 사람의 승낙을 말할 뿐만 아니라 그 승낙이 윤리적, 도덕적으로 사회상규에 반하는 것이 아니어야 한다[대판 1985.12.10, 85도1892; 동지 대판 2008.12.11, 2008도9606].
[사실관계] (사망을 초래한 안수기도: 사회상규 적합성이 없어 위법성이 조각되지 않음) 甲은 A로부터 자신의 몸속에 있는 잡귀를 물리쳐 달라는 부탁을 받고 A의 집에서 안수기도를 시행하던 중 연락을 받고 나중에 참석한 乙과 함께 A의 몸에서 잡귀를 물리친다면서 뺨 등을 때리고 팔과 다리를 붙잡고 배와 가슴을 손과 무릎으로 힘껏 누르고 밟는 등의 행위를 하여 A를 사망케 하였다. 대법원은 甲과 乙에게 폭행치사죄의 공동정범의 성립을 인정하였다.

📚 판례 | 사회상규 적합성을 일탈한 경우의 피해자의 승낙 = 위법성조각 X

1. (보험사기 목적의 승낙 상해사건 – 상해죄 성립) 甲이 乙과 공모하여 보험사기를 목적으로 乙의 승낙을 받고 상해를 가한 사안에서, 피해자의 승낙으로 위법성이 조각되지 아니한다고 한 사례[대판 2008.12.11, 2008도9606]. [20 국가9급, 20 경찰승진, 18 국가9급, 18 경간부, 18 경찰채용, 16 국가7급, 16 경간부]*

2. **(사망을 초래한 장난권투 사건)** 피할만한 여유도 없는 좁은 장소와 상급자인 피고인이 하급자인 피해자로부터 아프게 반격을 받을 정도의 상황에서 신체가 보다 더 건강한 피고인이 피해자에게 약 1분 이상 가슴과 배를 때렸다면 사망의 결과에 대한 예견가능성을 부정할 수도 없을 것이며 위와 같은 상황에서 이루어진 폭행이 장난권투로서 피해자의 승낙에 의한 사회상규에 어긋나지 않는 것이라고도 볼 수 없다[대판 1989.11.28.
89도201].

(4) 법률에 특별한 규정이 없을 것

승낙살인죄나 동의낙태죄와 같이 승낙(동의)에도 불구하고 처벌하는 규정이 있는 경우에는 위법성이 조각되지 않는다(제24조).

Ⅳ 추정적 승낙

1. 추정적 승낙의 의의와 법적 성질

추정적 승낙이란 피해자의 현실적인 승낙이 없었다고 하더라도 행위 당시의 모든 객관적 사정에 비추어 볼 때 만일 피해자가 행위의 내용을 알았더라면 당연히 승낙하였을 것으로 예견되는 경우를 말한다(예 비어 있는 이웃집에 고장난 수도를 고쳐주기 위하여 침입하는 경우).[60]

2. 추정적 승낙의 유형

(1) 피해자의 이익을 위한 경우

행위자가 높은 가치의 이익을 구조하기 위하여 낮은 가치의 이익을 침해하는 경우이다(예 주인의 장기간 여행으로 비어있는 옆집에 수도관이 파열된 것을 발견하고서 이웃 주민이 이를 고치기 위해 옆집의 문을 열고 들어간 경우).

(2) 행위자나 제3자의 이익을 위한 경우

친지의 집을 방문하여 응접실에서 기다리던 중 마침 탁자 위에 놓인 담배를 허락 없이 피운 경우와 가정부가 주인의 헌옷을 걸인에게 주는 경우가 그 예이다.

3. 추정적 승낙의 요건

(1) 법익주체의 처분할 수 있는 법익

① 추정적 승낙의 경우도 피해자는 처분능력이 있어야 하며, 처분가능한 법익에 대하여만 추정적 승낙이 가능하다. 따라서 개인적 법익에 대하여만 추정적 승낙이 가능하다.
② 승낙의 추정은 행위시에 있어야 한다.

> ⚖ **판례 | 추정적 승낙을 인정하지 않은 경우**
>
> 1. **(상황이 비정상적인 경우)** 개별적·집단적 협의과정을 통하여 해고의 효력을 다투는 해고근로자가 평소 정문 경비실에서 출입명패를 발급받아 이를 패용하고 회사 구내로 출입하였다 하더라도, 이는 어디까지나 회사의 업무가 정상적으로 수행되고 있는 경우에 복직협의 등에 관련하여 필요한 범위내의 출입에 한정된 것이라고 봄이 상당하므로, 이와 달리 노조원들에 의해 회사가 점거되어 회사의 업무가 정상적으로 수행되지 아니할 때에 당시 노조간부들이 무단으로 점거하여 노조임시사무실로 사용하고 있던 사무실에 출입한 행위는 특별한 사정이 없는 한 관리자인 회사측의 의사 내지 추정적 의사에 반하는 것이라고 보아야 한다[대판 1994.2.8.
93도120].

---

60) 묵시적 승낙이란 현실적 승낙의 일종에 해당하므로 추정적 승낙과 구별하여야 한다.

2. **(분쟁자 상호간의 경우)** 피고인과 피해자 사이에 건물의 소유권에 대한 분쟁이 계속되고 있는 상황이라면 피고인이 그 건물에 침입하는 것에 대한 피해자의 추정적 승낙이 있었다거나 피고인의 이 사건 범행이 사회상규에 위배되지 않는다고 볼 수 없다[대판 1989.9.12. 89도889]. [18 경찰채용, 16 경간부]*

3. **(강폭한 권리행사의 경우)** 채권자들이 채무자인 피해자에 대한 채권을 우선적으로 확보할 목적으로 시정장치를 쇠톱으로 절단한 후 가구점에 침입하여 피해자의 물건을 무단으로 절취한 경우 <u>자구행위의 성립과 추정적 승낙의 존재를 인정할 수 없다</u>[대판 2006.3.24. 2005도8081]. [16 국가9급]*

(2) 승낙의 불가능(보충성)

행위시의 일정한 장애사유(예 피해자의 부재, 의식불명)로 인하여 피해자의 현실적 승낙을 얻을 수 없는 경우를 말한다. 따라서 피해자의 현실적 승낙이 가능하면 추정적 승낙은 인정되지 않는다.

(3) 승낙의 추정의 정도

① 객관적으로 승낙이 추정되어야 한다. 따라서 행위자가 승낙을 기대하거나 예측한 것만으로는 승낙이 추정된다고 단정 할 수 없다.

② 명시적으로 피해자가 반대의사를 표시한 경우에는 그것이 명백히 불합리한 경우라도 추정적 승낙이 인정되지 않는다(예 식물인간 상태의 환자가 의식불명이 되기 전에 결코 자신을 안락사시켜서는 안 된다는 의사를 명시한 적이 있다면 안락사의 시술은 추정적 승낙에 의하여 위법성이 조각될 수 없다).

(4) 양심에 따른 심사

① 행위자는 모든 사정을 양심에 따라 심사한 후 승낙을 추정하여야 한다(다수설).

② 추정적 승낙의 주관적 정당화요소에 해당한다.

제6절 정당행위

🔍 **출제 POINT**

관련 판례가 아주 많은 부분이지만 어렵지 않은 부분이다. 특히 노동쟁의와 관련한 판례가 중요하다.

제20조(정당행위) 법령에 의한 행위 또는 업무로 인한 행위 기타 사회상규에 위배되지 아니하는 행위는 벌하지 아니한다.

Ⅰ 의의

정당행위란 사회상규에 위배되지 아니하여 국가적·사회적으로 정당시되는 행위를 말한다.

Ⅱ 법령에 의한 행위

1. 의의

법령에 근거하여 권리 또는 의무로서 행하여지는 행위를 말한다.

> **⚖ 판례 | 법령에 근거하여 위법성이 조각되는 경우**
>
> 민사소송법 제335조에 따른 법원의 감정인 지정결정 또는 같은 법 제341조 제1항에 따른 법원의 감정촉탁을 받은 경우에는 감정평가업자가 아닌 사람이더라도 그 감정사항에 포함된 토지 등의 감정평가를 할 수 있고, 이러한 행위는 법령에 근거한 법원의 적법한 결정이나 촉탁에 따른 것으로 형법 제20조의 정당행위에 해당하여 위법성이 조각된다고 보아야 한다[대판 2021.10.14. 2017도10634].
> [22 경간부]*

> **⚖ 판례 | 구성요건해당성을 조각하는 사유인 경우 = 위조사유×(정당행위×), 책조사유×**
>
> 1. 병역법 제88조 제1항은 국방의 의무를 실현하기 위하여 현역입영 또는 소집통지서를 받고도 정당한 사유 없이 이에 응하지 않은 사람을 처벌함으로써 입영기피를 억제하고 병력구성을 확보하기 위한 규정이다. 위 조항에 따르면 정당한 사유가 있는 경우에는 피고인을 벌할 수 없는데, 여기에서 정당한 사유는 구성요건해당성을 조각하는 사유이다. 이는 형법상 위법성조각사유인 정당행위나 책임조각사유인 기대불가능성과는 구별된다[대판 2018.11.1. 2016도10912; 대판 2020.9.3. 2020도8055; 대판 2020.7.9. 2019도17322; 대판(전) 2020.7.23. 2018도14415].
> 2. 성충동약물치료법 제10조 제1항 제1호는 성충동 약물치료 명령을 받은 사람은 치료기간 동안 보호관찰관의 지시에 따라 성실히 약물치료에 응하여야 한다고 규정하고, 제35조 제2항은 "이 법에 따른 약물치료를 받아야 하는 사람이 정당한 사유 없이 제10조 제1항 각호의 준수사항을 위반한 때에는 3년 이하의 징역 또는 1천만 원 이하의 벌금에 처한다."라고 규정한다. 정당한 사유는 구성요건해당성을 조각하는 사유로, 정당한 사유가 없다는 사실을 검사가 증명하여야 하고, 이는 형법상 위법성조각사유인 정당행위나 책임조각사유인 기대불가능성과는 구별된다[대판 2021.8.19. 2020도16111].

2. 종류

(1) 공무원의 직무집행행위

① 공무원의 직무집행이 법적 요건과 절차에 따라 적법하게 행해진 경우 및 상관의 직무상 적법한 명령에 의한 행위는 정당행위로서 위법성이 조각된다.

> **⚖ 판례 |**
>
> (정당행위로 인정되지 않는 경우) 법정의 절차 없이 피해자를 경찰서보호실에 감금한 행위는 수사목적달성을 위하여 적절한 행위라고 믿고 한 정당행위라 할 수 없고 직무상의 권능을 행사함에 있어서 법정의 조건을 구비하지 아니하고 이를 행사한 것은 곧 직권을 남용하여 불법감금한 것에 해당한다[대판 1971.3.9. 70도2406].

② 상관의 위법한 명령에 의한 행위

🔨 판례 | 명백히 위법한 명령에 따른 공무원의 행위 = 정당행위 X

1. (상관의 명령에 따라 물고문을 한 경우) 설령 대공수사단 직원은 상관의 명령에 절대 복종하여야 한다는 것이 불문률로 되어 있다 할지라도, 국민의 기본권인 신체의 자유를 침해하는 고문행위 등이 금지되어 있는 우리의 국법질서에 비추어 볼 때 그와 같은 불문률이 있다는 것만으로는 고문행위와 같은 중대하고도 명백한 위법명령에 따른 행위가 정당한 행위에 해당하거나 강요된 행위로서 적법행위에 대한 기대가능성이 없는 경우에 해당하게 되는 것이라고는 볼 수 없다 [대판 1988.2.23. 87도2358]. [19 국가9급]*

2. (대통령 선거를 앞두고 상관의 명령에 따라 허위사실을 유포한 경우) 공무원이 그 직무를 수행함에 즈음하여 상관은 하관에 대하여 범죄행위 등 위법한 행위를 하도록 명령할 직권이 없는 것이며, 또한 하관은 소속상관의 적법한 명령에 복종할 의무는 있으나 그 명령이 대통령 선거를 앞두고 특정후보에 대하여 반대하는 여론을 조성할 목적으로 확인되지도 않은 허위의 사실을 담은 책자를 발간·배포하거나 기사를 게재하도록 하라는 것과 같이 명백히 위법 내지 불법한 명령인 때에는 이는 벌써 직무상의 지시명령이라 할 수 없으므로 이에 따라야 할 의무가 없다. 따라서 이러한 위법 내지 불법한 명령에 따른 행위는 정당한 직무집행행위라고 볼 수 없다 [대판 1999.4.23. 99도636]. [대판 2015.10.29. 2015도9010].

---

(2) 징계행위

① 법령상 허용된 징계권의 적법한 행사는 정당행위로서 위법성이 조각된다[예] 학교장의 징계·처벌(교육법 제76조)].

② 징계권자의 징계행위가 위법성이 조각되기 위하여는 ⅰ) 징계사유가 존재하고, ⅱ) 교육목적이 있어야 하며, ⅲ) 상당한 정도의 징계여야 한다.

🔨 판례 | 교육목적이 없고 상당한 정도의 징계에 해당하지 않는 경우 = 위법성조각 X

스스로의 감정을 이기지 못하고 야구방망이로 때릴 듯이 피해자에게 "죽여 버린다."고 말하여 협박하는 것은 그 자체로 피해자의 인격 성장에 장해를 가져올 우려가 커서 이를 교양권의 행사라고 보기도 어렵다 [대판 2002.2.8. 2001도6468].

동지판례 4세인 아들이 대소변을 가리지 못한다고 닭장에 가두고 전신을 구타한 것은 친권자의 징계권행사에 해당한다고 볼 수 없다 [대판 1969.2.4. 68도1793].

🔨 판례 | 체벌의 허용 여부 = 헌재는 불가피한 경우 허용

비록 체벌이 교육적으로 효과가 있는지에 관하여는 별론으로 하더라도 교사가 학교장이 정하는 학칙에 따라 불가피한 경우 체벌을 가하는 것이 금지되어 있지는 않다고 보여진다 [헌재 2000.1.27. 99헌마481].

🔨 판례 | 학교장의 교육목적의 적정한 체벌 = 정당행위 ○

중학교 교장직무대리자가 훈계의 목적으로 교칙위반학생의 뺨을 몇 차례 때린 정도는 감호교육상의 견지에서 볼 때 징계의 방법으로서 사회 관념상 비난의 대상이 될만큼 사회상규를 벗어난 것으로는 볼 수 없어 처벌의 대상이 되지 아니한다 [대판 1976.4.27. 75도115].

⚖ 판례 | 교사의 감정에서 비롯된 지나친 징계행위 = 정당행위 X

[1] 초·중등교육법령에 따르면 교사는 학교장의 위임을 받아 교육상 필요하다고 인정할 때에는 징계를 할 수 있고 징계를 하지 않는 경우에는 그 밖의 방법으로 지도를 할 수 있는데 그 지도에 있어서는 교육상 불가피한 경우에만 신체적 고통을 가하는 방법인 이른바 체벌로 할 수 있고 그 외의 경우에는 훈육, 훈계의 방법만이 허용되어 있는바, 교사가 학생을 징계 아닌 방법으로 지도하는 경우에도 징계하는 경우와 마찬가지로 교육상의 필요가 있어야 될 뿐만 아니라 특히 학생에게 신체적, 정신적 고통을 가하는 체벌, 비하(卑下)하는 말 등의 언행은 교육상 불가피한 때에만 허용되는 것이어서, 학생에 대한 폭행, 욕설에 해당되는 지도행위는 학생의 잘못된 언행을 교정하려는 목적에서 나온 것이었으며 다른 교육적 수단으로는 교정이 불가능하였던 경우로서 그 방법과 정도에서 사회통념상 용인될 수 있을 만한 객관적 타당성을 갖추었던 경우에만 법령에 의한 정당행위로 볼 수 있을 것이고, 교정의 목적에서 나온 지도행위가 아니어서 학생에게 체벌, 훈계 등의 교육적 의미를 알리지도 않은 채 지도교사의 성격 또는 감정에서 비롯된 지도행위라든가, 다른 사람이 없는 곳에서 개별적으로 훈계, 훈육의 방법으로 지도·교정될 수 있는 상황이었음에도 낯모르는 사람들이 있는 데서 공개적으로 학생에게 체벌·모욕을 가하는 지도행위라든가, 학생의 신체나 정신건강에 위험한 물건 또는 지도교사의 신체를 이용하여 학생의 신체 중 부상의 위험성이 있는 부위를 때리거나 학생의 성별, 연령, 개인적 사정에서 견디기 어려운 모욕감을 주어 방법·정도가 지나치게 된 지도행위 등은 특별한 사정이 없는 한 사회통념상 객관적 타당성을 갖추었다고 보기 어렵다.
[2] 여자중학교 교사의 학생에 대한 지도행위가 당시의 상황, 동기, 그 수단, 방법 등에 비추어 사회통념상 객관적 타당성을 갖추지 못하여 정당행위로 볼 수 없다고 한 사례[대판 2004.6.10. 2001도5380].

⚖ 판례 | 징계권의 범위를 일탈한 교사의 징계행위 = 정당행위 X

1. (징계사유가 없었던 경우) 교사가 피해자인 학생이 욕설을 하였는지도 확인하지 못할 정도로 침착성과 냉정성을 잃은 상태에서 욕설을 하지도 아니한 학생을 오인하여 구타하였다면 그 교사가 비록 교육상 학생을 훈계하기 위하여 한 것이라 하더라도 이는 징계권의 범위를 일탈한 위법한 폭력행위이다[대판 1980.9.9. 80도762].

2. (상해의 결과를 초래한 경우) 교사가 국민학교 5학년생을 징계하기 위하여 나무 지휘봉으로 때려 6주간의 치료를 받아야 할 상해를 입힌 경우, 위 징계행위는 그 방법 및 정도가 교사의 징계권행사의 허용한도를 넘어선 것으로서 정당한 행위로 볼 수 없다[대판 1990.10.30. 90도1456].

   동지판례 교사가 학생을 엎드리게 한 후 몽둥이와 당구 큐대로 그의 둔부를 때려 3주간의 치료를 요하는 상처를 입혔다면 비록 학생주임을 맡고 있는 교사로서 제자를 훈계하기 위한 것이었다 하더라도 이는 징계의 범위를 넘는 것으로서 형법 제20조의 정당행위에는 해당하지 아니한다[대판 1991.5.14. 91도513].

(3) 현행범인의 체포

현행범인을 체포하는 행위는 법령(형사소송법 제212조)⁶¹⁾에 의한 행위로서 위법성이 조각된다.

⚖ 판례 | 현행범인 체포행위의 적정한 한계의 기준 및 정당행위로 인정된 사례

[1] (적정한 현행범 체포행위의 범위) 적정한 한계를 벗어나는 현행범 체포행위는 그 부분에 관한 한 법령에 의한 행위로 될 수 없다고 할 것이나, 적정한 한계를 벗어나는 행위인가 여부는 결국 정당행위의 일반적 요건을 갖추었는지 여부에 따라 결정되어야 할 것이지 그 행위가 소극적인 방어행위인가 적극적인 공격행위인가에 따라 결정되어야 하는 것은 아니다. [16 경찰승진]*
[2] (차량손괴의 현행범 체포 사건) 피고인의 차를 손괴하고 도망하려는 피해자를 도망하지 못하게 멱살을 잡고 흔들어 피해자에게 전치 14일의 흉부좌상을 가한 경우, (행위 자체로서는 다소 공격적인 행위로 보이더라도 사회통념상 허용될 수 있는 행위로서) 정당행위에 해당한다고 본 사례[대판 1999.1.26. 98도3029]. [16 국가9급, 16 경찰승진]*

---

61) 형사소송법 제212조(현행범인의 체포) 현행범인은 누구든지 영장 없이 체포할 수 있다.

📜 판례 | 사인의 현행범 체포(주거침입까지는 허용되지 않음)

현행범인을 추적하여 그 범인의 부(父)의 집에 들어가서 동인과 시비 끝에 상해를 입힌 경우에 주거침입죄가 성립한다 [대판 1965.12.21. 65도899]. [18 법원행시]*

(4) 노동쟁의 행위

① 근로자의 노동쟁의 행위는 법령상의 요건을 구비한 경우 위법성이 조각된다.

② 요건(판례)

📜 판례 | 쟁의행위가 형법상 정당행위가 되기 위한 요건

근로자의 쟁의행위가 형법상 정당행위가 되기 위하여는 <u>첫째, 그 주체가 단체교섭의 주체로 될 수 있는 자이어야 하고, 둘째, 그 목적이 근로조건의 향상을 위한 노사간의 자치적 교섭을 조성하는 데에 있어야 하며, 셋째, 사용자가 근로자의 근로조건 개선에 관한 구체적인 요구에 대하여 단체교섭을 거부하였을 때 개시하되 특별한 사정이 없는 한 조합원의 찬성결정 등 법령이 규정한 절차를 거쳐야 하고, 넷째, 그 수단과 방법이 사용자의 재산권과 조화를 이루어야 함은 물론 폭력의 행사에 해당되지 아니하여야 한다</u>는 여러 조건을 모두 구비하여야 한다[대판(전) 2001.10.25. 99도4837].

관련판례 노동조합의 조합활동이 정당성을 갖추어 형법 제20조의 정당행위에 해당하기 위해서는, 첫째 주체의 측면에서 행위의 성질상 노동조합의 활동으로 볼 수 있거나 노동조합의 묵시적인 수권 혹은 승인을 받았다고 볼 수 있는 것이어야 하고, 둘째 목적의 측면에서 근로조건의 유지·개선과 근로자의 경제적 지위의 향상을 도모하기 위하여 필요하고 근로자들의 단결 강화에 도움이 되는 행위이어야 하며, 셋째 시기의 측면에서 취업규칙이나 단체협약에 별도의 허용규정이 있거나 관행이나 사용자의 승낙이 있는 경우 외에는 원칙적으로 근무시간 외에 행하여져야 하고, 넷째 수단·방법의 측면에서 사업장 내 조합활동에서는 사용자의 시설관리권에 바탕을 둔 합리적인 규율이나 제약에 따라야 하며 폭력과 파괴행위 등의 방법에 의하지 않는 것이어야 한다[대판 2020.7.29. 2017도2478].

📜 판례 | 소수근로자의 위법행위의 경우 전체 쟁의행위의 위법성 인정여부(소극)

노동조합이 주도한 쟁의행위 자체의 정당성과 이를 구성하거나 여기에 부수되는 개개 행위의 정당성은 구별하여야 하므로, 일부 소수의 근로자가 폭력행위 등의 위법행위를 하였더라도, 전체로서의 쟁의행위마저 당연히 위법하게 되는 것은 아니다 [대판 2017.7.11. 2013도7896].

㉮ 주체

📜 판례 | 주체 요건의 흠결로 위법성이 조각되지 않는 경우

(노동조합이 아닌 일부조합원 집단의 쟁의행위) 현행법상 적어도 노동조합이 결성된 사업장에 있어서의 쟁의행위가 노동조합법 제2조 소정의 형사상 책임이 면제되는 정당행위가 되기 위하여는 반드시 그 쟁의행위의 주체가 단체교섭이나 단체협약을 체결할 능력이 있는 노동조합일 것이 요구되고, 일부 조합원 집단이 노동조합의 승인 없이 또는 그 지시에 반하여 쟁의행위를 하는 경우에는 형사상 책임이 면제될 수 없다[대판 1995.10.12. 95도1016].

㉯ 목적

📜 판례 | 목적의 정당성의 판단방법

쟁의행위에서 추구되는 목적이 여러 가지이고 그 중 일부가 정당하지 못한 경우에는 주된 목적 내지 진정한 목적의 당부에 의하여 그 쟁의행위 목적의 당부를 판단하여야 하므로 <u>부당한 요구사항을 뺐더라면 쟁의행위를 하지 않았을 것이라고 인정되는 경우에만 그 쟁의행위 전체가 정당성을 가지지 못한다</u>[대판 2002.2.26. 99도5380]. [20 국가9급]*

🔨 판례 | 목적의 정당성이 인정되지 않는 경우

1. (경영자의 전권사항에 관여할 목적) 정리해고나 사업조직의 통폐합 등 기업의 구조조정의 실시 여부는 경영주체의 고도의 경영상 결단에 속하는 사항으로서 이는 원칙적으로 단체교섭의 대상이 될 수 없고, 그것이 긴박한 경영상의 필요나 합리적 이유 없이 불순한 의도로 추진되는 등의 특별한 사정이 없는 한, 노동조합이 실질적으로 그 실시 자체를 반대하기 위하여 쟁의행위에 나아간다면, 비록 그 실시로 인하여 근로자들의 지위나 근로조건의 변경이 필연적으로 수반된다고 하더라도 그 쟁의행위는 목적의 정당성을 인정할 수 없다[대판 2001.4.24, 99도4893], [대판 2011.1.27, 2010도11030]. [20 국가9급, 19 경간부, 17 법원9급]*

   동지판례 ⅰ) 구조조정이나 합병 등 기업의 경쟁력을 강화하기 위한 경영주체의 경영상의 조치 또는 경영권의 본질에 속하는 공장의 이전 조치 반대 목적[대판 2003.11.13, 2003도687].
   ⅱ) 공기업의 구조조정의 일환으로 추진되는 조폐창의 통폐합 조치 반대 목적[대판 2003.12.11, 2001도3429].
   ⅲ) 과학기술원의 시설부문 민영화계획 반대 목적[대판 2003.12.26, 2001도3380].
   ⅳ) 한국철도공사의 신규사업 외주화 계획을 철회시킬 목적[대판 2007.5.10, 2006도9478].

2. (공권력 개입에 대한 항의 목적) 공권력 개입에 대한 항의를 주목적으로 공권력 격퇴를 위한 노동자 출정식을 개최한 경우 그 쟁의행위는 그 목적의 정당성을 인정할 수 없다[대판 1993.1.29, 90도450].

3. (형사재판에 관여할 목적) 피고인이 노동조합의 위원장으로서 조합원들과 함께 한 집단조퇴, 월차휴가신청에 의한 결근 및 집회 등 쟁의행위가 주로 구속 근로자에 대한 항소심 구형량이 1심보다 무거워진 것에 대한 항의와 석방 촉구를 목적으로 이루어진 것이라면 피고인의 행위는 근로조건의 유지 또는 향상을 주된 목적으로 한 쟁의행위라고 볼 수 없어 노동쟁의조정법의 적용대상인 쟁의행위에 해당하지 않는다[대판 1991.1.29, 90도2852].

4. (대표성이 없는 대표자인 경우) 노동조합의 대표자 또는 수임자가 단체교섭의 결과에 따라 사용자와 단체협약의 내용을 합의한 후 다시 협약안의 가부에 관하여 조합원 총회의 의결을 거친 후에만 단체협약을 체결할 것임을 명백히 하였다면 노사 쌍방간의 타협과 양보의 결과로 임금이나 그 밖의 근로조건 등에 대하여 합의를 도출하더라도 노동조합의 조합원 총회에서 그 단체협약안을 받아들이기를 거부하여 단체교섭의 성과를 무로 돌릴 위험성이 있으므로 사용자측으로서는 최종적인 결정 권한이 없는 교섭대표와의 교섭 내지 협상을 회피하거나 설령 교섭에 임한다 하더라도 성실한 자세로 최후의 양보안을 제출하는 것을 꺼리게 될 것이고, 그와 같은 사용자측의 단체교섭 회피 또는 해태를 정당한 이유가 없는 것이라고 비난하기도 어렵다 할 것이므로, 사용자측의 단체교섭 회피가 같은법 제39조 제3호가 정하는 부당노동행위에 해당한다고 보기도 어렵고, 그에 대항하여 단행된 쟁의행위는 그 목적에 있어서 정당한 쟁의행위라고 볼 수 없다[대판 1998.1.20, 97도588].

   ㉰ 절차(판례)

🔨 판례 | 절차위반의 경우 정당성이 결여되었다고 판단하기 위한 기준

쟁의행위가 냉각기간이나 사전신고의 규정이 정한 시기와 절차에 따르지 아니하였다고 하여 무조건 정당성이 결여된 쟁의행위라고 볼 것이 아니라 그 위반행위로 말미암아 사회, 경제적 안정이나 사용자의 사업운영에 예기치 않은 혼란이나 손해를 끼치는 등 부당한 결과를 초래할 우려가 있는지의 여부 등 구체적 사정을 살펴서 그 정당성 유무를 가려 형사상 죄책유무를 판단하여야 한다[대판 1992.9.22, 92도1855].

⚖️ 판례 | 쟁의행위의 찬반을 결정하는 투표절차의 위반 = 특단의 사정이 없는 한 정당성 X

쟁의행위를 함에 있어 조합원의 직접·비밀·무기명투표에 의한 찬성결정이라는 절차를 거쳐야 한다는 노동조합 및 노동관계조정법 제41조 제1항의 규정은 노동조합의 자주적이고 민주적인 운영을 도모함과 아울러 쟁의행위에 참가한 근로자들이 사후에 그 쟁의행위의 정당성 유무와 관련하여 어떠한 불이익을 당하지 않도록 그 개시에 관한 조합의사의 결정에 보다 신중을 기하기 위하여 마련된 규정이므로 위의 절차를 위반한 쟁의행위는 그 절차를 따를 수 없는 객관적인 사정이 인정되지 아니하는 한 정당성이 상실된다[대판(전) 2001.10.25. 99도4837]. [20 국가9급, 19 법원행시]*

관련판례 근로조건에 관한 노동관계 당사자 간 주장의 불일치로 인하여 근로자들이 조정전치절차 및 찬반투표절차를 거쳐 정당한 쟁의행위를 개시한 후 쟁의사항과 밀접하게 관련된 새로운 쟁의사항이 부가된 경우에는, 근로자들이 새로이 부가된 사항에 대하여 쟁의행위를 위한 별도의 조정절차 및 찬반투표절차를 거쳐야 할 의무가 있다고 할 수 없다[대판 2012.1.27. 2009도8917].

⚖️ 판례 | 노노법 시행령 제17조의 서면신고절차를 준수하지 않은 쟁의행위 = 정당행위 인정 가능

노동조합 및 노동관계조정법 시행령 제17조에서 규정하고 있는 쟁의행위의 일시·장소·참가인원 및 그 방법에 관한 서면신고의무는 쟁의행위를 함에 있어 그 세부적·형식적 절차를 규정한 것으로서 쟁의행위에 적법성을 부여하기 위하여 필요한 본질적인 요소는 아니므로, 신고절차의 미준수만을 이유로 쟁의행위의 정당성을 부정할 수는 없다[대판 2007.12.28. 2007도5204].

⚖️ 판례 | 조정이 종료되지 아니한 채 조정기간이 도과한 후의 쟁의행위 = 정당성 ○

노동쟁의는 특별한 사정이 없는 한 그 절차에 있어 조정절차를 거쳐야 하는 것이지만, 이는 반드시 노동위원회가 조정결정을 한 뒤에 쟁의행위를 하여야만 그 절차가 정당한 것은 아니라고 할 것이고, 노동조합이 노동위원회에 노동쟁의 조정신청을 하여 조정절차가 마쳐지거나 조정이 종료되지 아니한 채 조정기간이 끝나면 조정절차를 거친 것으로서 쟁의행위를 할 수 있다[대판 2003.12.26. 2001도1863]. [16 경간부]*

⚖️ 판례 | 기타 절차위반을 이유로 쟁의행위의 정당성을 부정한 경우

1. (적법한 절차를 거치지 않고 단체협약을 위반한 경우: 정시출근투쟁 사건) 단체협약에 따른 공사 사장의 지시로 09:00 이전에 출근하여 업무준비를 한 후 09:00부터 근무를 하도록 되어 있음에도 피고인이 쟁의행위의 적법한 절차를 거치지도 아니한 채 조합원들로 하여금 집단으로 09:00 정각에 출근하도록 지시를 하여 이에 따라 수백, 수천 명의 조합원들이 집단적으로 09:00 정각에 출근함으로써 전화고장수리가 지연되는 등으로 위 공사의 업무수행에 지장을 초래하였다면 … 형법 제20조 소정의 정당행위에 해당한다고 볼 수 없다[대판 1996.5.10. 96도419].

2. (통상적인 연장근로를 정당한 절차에 위배하여 집단 거부한 경우) 근로자들을 선동하여 근로자들이 통상적으로 해 오던 연장근로를 정당한 절차에 위배하여 집단적으로 거부하도록 함으로써 회사업무의 정상운영을 방해한 경우, 업무방해죄의 형사책임을 면할 수 없다[대판 1996.2.27. 95도2970].

관련판례 노동조합법 및 헌법 제33조 제1항이 노동3권을 기본권으로 보장한 취지 등을 고려하면, 연장근로의 집단적 거부와 같이 사용자의 업무를 저해함과 동시에 근로자들의 권리행사로서의 성격을 아울러 가지는 행위가 노동조합법상 쟁의행위에 해당하는지는 해당 사업장의 단체협약이나 취업규칙의 내용, 연장근로를 할 것인지에 대한 근로자들의 동의 방식 등 근로관계를 둘러싼 여러 관행과 사정을 종합적으로 고려하여 엄격하게 제한적으로 판단하여야 한다. 이는 휴일근로 거부의 경우도 마찬가지이다[대판 2022.6.9. 2016도11744].

ⓐ 수단 · 방법(판례)

⚖️ 판례 | 쟁의행위의 수단으로서 직장점거의 한계(병존적 점거 = 허용 ○, 배타적 점거 = 허용 X)

직장 또는 사업장 시설의 점거는 적극적인 쟁의행위의 한 형태로서 그 점거의 범위가 직장 또는 사업장 시설의 일부분이고 사용자 측의 출입이나 관리지배를 배제하지 않는 병존적인 점거에 지나지 않을 때에는 정당한 쟁의행위로 볼 수 있으나, 이와 달리 직장 또는 사업장 시설을 전면적, 배타적으로 점거하여 조합원 이외의 자의 출입을 저지하거나 사용자 측의 관리지배를 배제하여 업무의 중단 또는 혼란을 야기케 하는 것과 같은 행위는 이미 정당성의 한계를 벗어난 것이라고 볼 수밖에 없다[대판 2007.12.28. 2007도5204 ; 동지 대판 1991.6.11. 91도383].

⚖️ 판례 | 수단 · 방법의 상당성이 인정되지 않아 정당행위로 인정되지 않은 경우

1. 정문 점거 후 차량의 전면통제 [대판 1991.7.9. 91도1051]

2. 협박과 손괴의 경우 [대판 1992.5.8. 91도3051]

3. 북과 꽹과리로 업무를 방해한 경우 [대판 1991.7.12. 91도897]

⚖️ 판례 | 수급인 소속 근로자의 쟁의행위가 도급인의 사업장에서 일어난 경우 위법성조각 여부

[1] 쟁의행위가 정당행위로 위법성이 조각되는 것은 사용자에 대한 관계에서 인정되는 것이므로, 제3자의 법익을 침해한 경우에는 원칙적으로 정당성이 인정되지 않는다. 그런데 도급인은 원칙적으로 수급인 소속 근로자의 사용자가 아니므로, 수급인 소속 근로자의 쟁의행위가 도급인의 사업장에서 일어나 도급인의 형법상 보호되는 법익을 침해한 경우에는 사용자인 수급인에 대한 관계에서 쟁의행위의 정당성을 갖추었다는 사정만으로 사용자가 아닌 도급인에 대한 관계에서까지 법령에 의한 정당한 행위로서 법익 침해의 위법성이 조각된다고 볼 수는 없다.
그러나 사용자인 수급인에 대한 정당성을 갖춘 쟁의행위가 도급인의 사업장에서 이루어져 형법상 보호되는 도급인의 법익을 침해한 경우, 그것이 항상 위법하다고 볼 것은 아니고, 법질서 전체의 정신이나 그 배후에 놓여있는 사회윤리 내지 사회통념에 비추어 용인될 수 있는 행위에 해당하는 경우에는 형법 제20조의 '사회상규에 위배되지 아니하는 행위'로서 위법성이 조각된다. [21 법원9급]*
[2] 사용자는 쟁의행위 기간 중 그 쟁의행위로 중단된 업무의 수행을 위하여 당해 사업과 관계없는 자를 채용 또는 대체할 수 없다(노동조합 및 노동관계조정법 제43조 제1항). 사용자가 당해 사업과 관계없는 자를 쟁의행위로 중단된 업무의 수행을 위하여 채용 또는 대체하는 경우, 쟁의행위에 참가한 근로자들이 위법한 대체근로를 저지하기 위하여 상당한 정도의 실력을 행사하는 것은 쟁의행위가 실효를 거둘 수 있도록 하기 위하여 마련된 위 규정의 취지에 비추어 정당행위로서 위법성이 조각된다[대판 2020.9.3. 2015도1927].

⚖️ 판례 | 기타 쟁의행위가 정당행위로 인정된 경우

1. (업무시간 외에 구호 및 노래를 부르는 방법에 의한 시위) 쟁의행위의 목적이 위법하지 아니하고 시위행위가 병원의 업무개시 전이거나 점심시간을 이용하여 현관로비에서 이루어졌고 쟁의행위의 방법이 단지 구호를 외치거나 노래를 부르는 것에 그쳤고 폭력행위를 수반하지 아니한 경우[대판 1992.12.8. 92도1645].

2. (근무시간 중 투표 후 여흥을 즐긴 사건) 쟁의행위에 대한 찬반투표 실시를 위하여 전체 조합원이 참석할 수 있도록 근무시간 중에 노동조합 임시총회를 개최하고 3시간에 걸친 투표 후 1시간의 여흥시간을 가졌더라도 그 임시총회 개최행위는 전체적으로 노동조합의 정당한 행위에 해당한다[대판 1994.2.22. 93도613]. [16 경찰승진, 16 경찰채용]*

(5) 기타 법령에 의한 행위

Ⅲ 업무로 인한 행위

1. 의의

법령에 규정이 없는 경우에도 업무의 내용이 사회윤리상 정당하다고 인정되는 때에는 위법성이 조각된다.

3. (신문기자의 일상적인 업무 범위에 속하는 행위) 신문기자인 피고인이 고소인에게 2회에 걸쳐 증여세 포탈에 대한 취재를 요구하면서 이에 응하지 않으면 자신이 취재한 내용대로 보도하겠다고 말하여 협박하였다는 취지로 기소된 사안에서, 피고인이 취재와 보도를 빙자하여 고소인에게 부당한 요구를 하기 위한 취지는 아니었던 점, 당시 피고인이 고소인에게 취재를 요구하였다가 거절당하자 인터뷰 협조요청서와 서면질의 내용을 그 자리에 두고 나왔을 뿐 폭언을 하거나 보도하지 않는 데 대한 대가를 요구하지 않은 점, 관할 세무서가 피고인의 제보에 따라 탈세 여부를 조사한 후 증여세를 추징하였다고 피고인에게 통지한 점, 고소인에게 불리한 사실을 보도하는 경우 기자로서 보도에 앞서 정확한 사실 확인과 보도 여부 등을 결정하기 위해 취재 요청이 필요했으리라고 보이는 점 등에 비추어, 위 행위가 설령 협박죄에서 말하는 해악의 고지에 해당하더라도 특별한 사정이 없는 한 기사 작성을 위한 자료를 수집하고 보도하기 위한 것으로서 신문기자의 일상적 업무 범위에 속하여 사회상규에 반하지 아니하는 행위라고 보는 것이 타당하다고 한 사례[대판 2011.7.14. 2011도639]. [20 법원행시, 19 경찰승진, 19 경찰채용, 18 경찰채용, 17 법원9급, 17 경찰승진, 16 경찰승진]*

⚖ 판례 | 업무로 인한 정당행위로 인정되지 않은 경우

회사의 관리사원으로 근무하는 자들이 해고에 항의하는 농성을 제지하기 위하여 그 주동자라고 생각되는 해고근로자들을 다른 근로자와 분산시켜 귀가시키거나 불응시에는 경찰에 고발, 인계할 목적으로 간부사원회의의 지시에 따라 위 근로자들을 봉고차에 강제로 태운 다음 그곳에서 내리지 못하게 하여 감금행위를 한 경우 … 이는 정당한 업무행위라거나 사회상규에 위배되지 않는 정당한 행위라고 보기는 어렵고 또 현재의 부당한 침해를 방위하기 위하여 상당성이 인정되는 정당방위 행위라고 볼 수도 없다[대판 1989.12.12. 89도875].

---

2. 종류

(1) 의사의 치료행위

⚖ 판례 | 의사의 행위가 업무로 인한 행위로서 정당행위로 인정된 경우

의사가 인공분만기인 '샥숀'을 사용하면 통상 약간의 상해정도가 있을 수 있으므로 그 상해가 있다하여 '샥숀'을 거칠고 험하게 사용한 결과라고는 보기 어려워 의사의 정당업무의 범위를 넘은 위법행위라고 할 수 없다[대판 1978.11.14. 78도2388].

(2) 안락사

① 진정 안락사: 생명단축을 수반하지 않고, 임종시의 고통을 제거하기 위하여 적당량의 마취제나 진정제를 사용하여 안락하게 자연사하도록 하는 경우이다.

② 부진정 안락사(생명을 단축시키는 안락사)

  ㉮ 소극적 안락사: 생명연장을 위한 적극적인 수단을 취하지 않음으로써 환자로 하여금 빨리 죽음에 이르도록 하는 경우이다(예 산소호흡기의 제거와 같은 치료의 중단).

  ㉯ 간접적 안락사: 고통을 완화시키기 위한 처치가 필수적으로 생명단축의 부수효과를 가져오는 경우이다(예 말기 암환자에 대한 모르핀 주사).

  ㉰ 적극적 안락사: 처음부터 생명단축을 목적으로 적극적 수단을 사용하여 생명을 단절시키는 경우이다(예 독극물의 주사).

③ 법적 취급

  ㉮ 진정안락사: 살해라고 할 수 없어 살인죄의 구성요건해당성이 없다.

  ㉯ 소극적 안락사와 간접적 안락사: 일정한 요건(사기임박, 육체적 고통 극심, 고통완화 목적, 피해자의 촉탁 또는 승낙, 의사가 윤리적 방법으로 시행할 것)을 구비한 경우에 사회상규에 위배되지 않는 행위로서 위법성이 조각될 수 있다(다수설).

  ㉰ 적극적 안락사: 위법성이 조각될 수 없으며 살인죄에 해당한다(다수설).

(3) 변호사의 업무행위

변호사의 법정에서의 변론은 정당한 업무행위에 속하므로 명예훼손죄가 성립하지 않는다.

(4) 성직자의 업무행위

> **⚖ 판례 | 사제가 범인을 적극적으로 은닉·도피케 한 경우 = 정당한 직무 X**
>
> 성직자라 하여 초법규적인 존재일 수는 없으며 성직자의 직무상 행위가 사회상규에 반하지 아니한다 하여 그에 적법성이 부여되는 것은 그것이 성직자의 행위이기 때문이 아니라 그 직무로 인한 행위에 정당·적법성을 인정하기 때문인 바, 사제가 죄 지은 자를 능동적으로 고발하지 않는 것에 그치지 아니하고 은신처 마련, 도피자금 제공 등 범인을 적극적으로 은닉·도피케 하는 행위는 사제의 정당한 직무에 속하는 것이라고 할 수 없다[대판 1983.3.8, 82도3248].

Ⅳ 사회상규에 위배되지 않는 행위

1. 사회상규의 판단기준과 적용례(판례)

> **⚖ 판례 |**
>
> **(1) 사회상규의 판단기준**
>
> 1. 형법 제20조 소정의 '사회상규에 위배되지 아니하는 행위'라 함은 법질서 전체의 정신이나 그 배후에 놓여 있는 사회윤리 내지 사회통념에 비추어 용인될 수 있는 행위를 말하고, 이와 같은 정당행위를 인정하려면 첫째, 그 행위의 동기나 목적의 정당성, 둘째, 행위의 수단이나 방법의 상당성, 셋째, 보호이익과 침해이익과의 법익균형성, 넷째, 긴급성, 다섯째, 그 행위 외에 다른 수단이나 방법이 없다는 보충성 등의 요건을 갖추어야 한다[대판 2001.2.23, 2000도4415]. [22 경간부, 20 법원행시, 19 국가9급, 18 국가7급]*
>
> 2. '사회상규에 반하지 않는 행위'라 함은 국가질서의 존중이라는 인식을 바탕으로 한 국민일반의 건전한 도의적 감정에 반하지 아니한 행위로서 초법규적인 기준에 의하여 이를 평가할 것이다[대판 1983.11.22, 83도2224]. [22 경간부, 20 경찰채용, 19 변호사]*
>
> **(2) 요건 일반을 적용한 사례 – 중국 민항기 납치 사건(사회상규에 위배)**
>
> 중공(중국)의 정치, 사회현실에 불만을 품고 자유중국(대만)으로 탈출하고자 민항기를 납치한 이 사건에서 그 수단이나 방법에 있어 민간항공기를 납치한 행위는 상당하다 할 수 없고 피고인들이 보호하려는 이익은 피고인들의 자유임에 반하여 피고인들의 행위로 침해되는 법익은 승객 등 불특정다수인의 생명, 신체의 위험과 항공여행의 수단인 항공기의 안전에 대한 세계인의 신뢰에 대한 침해인 점에 비추어 현저히 균형을 잃었다 할 것이며, 그 당시의 상황에 비추어 항공기 납치행위가 긴급, 부득이한 것이라고 인정하기 어려우므로 피고인들의 행위를 사회상규에 위배되지 아니한 행위로서 위법성이 조각되는 행위라고 할 수 없다 할 것이다[대판 1984.5.22, 84도39].
>
> **(3) 수단의 상당성이 인정되지 않아 정당행위로 인정되지 않은 경우**
>
> 1. (초원복집 사건) 타인의 주거에 침입한 행위가 비록 불법선거운동을 적발하려는 목적으로 이루어진 것이라고 하더라도, 타인의 주거에 도청장치를 설치하는 행위는 그 수단과 방법의 상당성을 결하는 것으로서 정당행위에 해당하지 않는다[대판 1997.3.28, 95도2674]. [20 경찰승진, 19 법원행시]*
>
>   **동지판례** 甲 주식회사 감사인 피고인이 회사 경영진과의 불화로 한 달 가까이 결근하다가 자신의 출입카드가 정지되어 있는데도 이른 아침에 경비원에게서 출입증을 받아 컴퓨터 하드디스크를 절취하기 위해 회사 감사실에 들어간 경우, 위 방실침입 행위는 수단, 방법의 상당성을 결하는 것으로서 정당행위에 해당하지 않는다[대판 2011.8.18, 2010도9570]. [16 변호사]*
>
> 2. (김구선생의 암살범을 살해한 사건) 우리나라의 현재 상황이 위 안두희를 살해하여야 할 만큼 긴박한 상황이라고 볼 수 없을 뿐만 아니라 민족정기를 세우기 위하여서는 위 안두희를 살해하지 아니하면 안 된다는 필연성이 있다고 받아들이기도 어려우므로 결국 피고인의 각 범행은 정당행위에 해당한다고 볼 수 없는 것이다[대판 1997.11.14, 97도2118].

제2편 2023 해커스경찰 하정 형사법 1권 형법총론

3. (종교적 신념에 반한다고 단군상을 제거하거나 손괴한 사건) 자신의 종교적 신념에 반하는 상징물(단군상)이 공공의 시설 내에 설치된 경우에 적법한 절차나 방법으로써 이를 비판하거나 그 시정을 촉구하는 것은 각자의 종교적 자유의 영역에 속하는 것이지만 폭력적인 방법으로 타인의 재산인 상징물을 제거하거나 손괴하는 것은 결코 허용될 수 없다[대판 2001.9.4.
2001도3167].

2. 사회상규에 위배되지 않는 행위

(1) 소극적인 저항행위

상대방의 불법적인 공격으로부터 벗어나기 위한 본능적인 소극적 방어행위에 지나지 않는 행위는 사회상규에 위배되지 않는다.

⚖ 판례 | 소극적 저항행위로서 정당행위에 해당되는 경우

1. (소극적 저항의 결과 피해자가 사망한 경우) 피고인이 자기의 앞가슴을 잡고 있는 피해자의 손을 떼어 내기 위하여 피해자의 손을 뿌리쳤는데 그 결과로 피해자가 사망한 경우, 피고인의 행위는 <u>피해자의 불법적인 공격으로부터 벗어나기 위한 본능적인 소극적 방어행위에 지나지 아니하여 사회통념상 허용될 상당성이 있는 위법성이 결여된 행위라고 볼 여지가 있다</u>[대판 1987.10.26.
87도464].

   동지판례 ⅰ) 피고인이 술이 취해서 시비하려는 피해자를 피해서 문밖으로 나오려는 순간 피해자가 뒤따라 나오며 피고인의 오른팔을 잡자 피고인이 잡힌 팔을 빼기 위하여 뿌리쳐 피해자가 사망한 경우[대판 1980.9.24.
80도1898].
   ⅱ) 피해자가 술에 취한 상태에서 별다른 이유 없이 함께 술을 마시던 피고인의 뒤통수를 때리므로 피고인도 순간적으로 이에 대항하여 손으로 피해자의 얼굴을 1회 때리고 피해자가 주먹으로 피고인의 눈을 강하게 때리므로 더 이상 때리는 것을 제지하려고 피해자를 붙잡자 피해자가 원발성 쇼크로 사망한 경우[대판 1991.1.15.
89도2239].
   ⅲ) 피해자가 술에 만취하여 아무런 연고도 없는 가정주부인 피고인의 집에 들어가 유리창을 깨고 아무데나 소변을 보는 등 행패를 부리고 나가자, 피고인이 유리창 값을 받으러 피해자를 뒤따라 가며 그 어깨를 붙잡았으나, 상스러운 욕설을 계속하므로 더 이상 참지 못하고 잡고 있던 손으로 피해자의 어깨부분을 밀치자 술에 취하여 비틀거리던 피해자가 몸을 제대로 가누지 못하고 앞으로 넘어져 시멘트 바닥에 이마를 부딪쳐 1차성 쇼크로 사망한 경우[대판 1992.3.10.
92도37].

2. (소극적 저항의 결과 피해자가 상해를 입은 경우) 분쟁이 있던 옆집 사람이 야간에 술에 만취된 채 시비를 하며 거실로 들어오려 하므로 이를 제지하며 밀어내는 과정에서 2주 상해를 입힌 피고인의 행위는 정당행위로서 무죄이다[대판 1995.2.28.
94도2746]. [17 경찰승진, 16 법원9급]*

   동지판례 ⅰ) 피해자가 술에 취하여 피고인에게 아무런 이유 없이 시비를 걸면서 얼굴을 때리다가 피고인이 이를 뿌리치고 현장에서 도망가는 바람에 그가 땅에 넘어져 상처를 입은 사실이 인정되는 경우[대판 1990.5.22.
90도748].
   ⅱ) 피고인은 위 피해자로부터 며칠 간에 걸쳐 집요한 괴롭힘을 당해 온 데다가 피해자가 피고인이 교수로 재직하고 있는 대학교의 강의실 출입구에서 피고인의 진로를 막아서면서 피고인을 물리적으로 저지하려 하자, 극도로 흥분된 상태에서 그 행패에서 벗어나기 위하여 위 피해자의 팔을 뿌리쳐서 피해자가 상해를 입게 된 경우[대판 1995.8.22.
95도936].
   ⅲ) 피해자가 피고인의 고소로 조사받는 것을 따지기 위하여 야간에 피고인의 집에 침입한 상태에서 문을 닫으려는 피고인과 열려는 피해자 사이의 실랑이가 계속되는 과정에서 문짝이 떨어져 그 앞에 있던 피해자가 넘어져 2주간의 치료를 요하는 상해를 입게 된 경우[대판 2000.3.10.
99도4273].

3. (저항을 위하여 뿌리치거나 가벼운 폭행을 한 경우) 공소외인들이 합세하여 피고인을 강제로 영등포경찰서에 연행하려 하므로 이를 모면하려고 피고인이 팔꿈치로 그들 중 1인을 뿌리치면서 그의 가슴을 잡고 벽에 밀어붙인 행위는 소극적인 저항으로 사회상규에 위반되지 아니한다[대판 1982.2.23.
81도2958]. [19 법원9급]*

   동지판례 ⅰ) 택시운전사가 승객의 요구로 택시를 출발시키려 할 때 피해자가 부부싸움 끝에 도망 나온 위 승객을 택시로부터 강제로 끌어내리려고 운전사에게 폭언과 함께 택시 안으로 몸을 들이밀면서 양손으로 운전사의 멱살을 세게 잡아 상의단추가 떨어질 정도로 심하게 흔들어 대었고, 이에 운전사가 위 피해자의 손을 뿌리치면서 택시를 출발시켜 운행하였을 뿐인 경우[대판 1989.11.14.
89도1426].
   ⅱ) 피해자가 갑자기 달려 나와 정당한 이유 없이 피고인의 멱살을 잡고 파출소로 가자면서 계속하여 끌어당기므로 피고인이 그와 같은 피해자의 행위를 제지하기 위하여 그의 양팔부분의 옷자락을 잡고 밀친 경우[대판 1990.1.23.
89도1328].
   ⅲ) 남자인 피해자가 비좁은 여자 화장실 내에 주저앉아 있는 피고인의 물건을 빼앗으려고 다가오는 것을 저지하기 위하여 피해자의 어깨를 순간적으로 밀친 경우[대판 1992.3.27.
91도2831]. [18 국가9급]*

iv) 피해자가 양손으로 피고인의 넥타이를 잡고 늘어져 후경부피하출혈상을 입을 정도로 목이 졸리게 된 피고인이 피해자를 떼어놓기 위하여 왼손으로 자신의 목 부근 넥타이를 잡은 상태에서 오른손으로 피해자의 손을 잡아 비틀면서 서로 밀고 당기고 한 경우[대판 1996.5.28, 96도979]. [16 법원9급]*

v) 피해자가 채권변제를 요구하면서 고함치고 욕설하며 안방에까지 뛰어 들어와 피고인이 가만히 있는데도 피고인의 런닝샤쓰를 잡아당기며 찢기까지 하는 등의 상황 하에서 그를 뿌리치기 위하여 방밖으로 밀어낸 경우[대판 1985.11.12, 85도1978].

vi) 술에 취해 행패를 부리는 자의 뺨을 2회 때린 행위는 사회상규에 위반되지 아니하는 행위로서 위법성이 없다[대판 1989.5.23, 88도1376].

4. (경우에 따라 소극적 방어행위 또는 적극적 반격행위로 판단될 수 있는 경우) 피해자가 주전자로 피고인의 얼굴을 때린 다음 또 다시 때리려고 하여 이를 피하고자 피해자를 밀어 넘어뜨린 것이라면 이러한 행위는 피해자의 불법적인 공격으로부터 벗어나기 위한 부득이한 저항의 수단으로서 소극적인 방어행위에 지나지 않는다고 볼 여지가 있을 것이나, 이와 달리 술에 취한 피해자가 피고인을 때렸다가 피고인의 반항하는 기세에 겁을 먹고 주춤주춤 피하는 것을 피고인이 밀어서 넘어뜨렸다면 이러한 피고인의 행위는 피해자의 공격으로부터 벗어나기 위한 부득이한 소극적 저항의 수단이라기보다는 보복을 위한 적극적 반격행위라고 보지 않을 수 없다[대판 1985.3.12, 84도2929].

5. (소극적 방어행위에 해당하는 경우) 당시 피고인(34세)은 실내 어린이 놀이터 벽에 기대어 앉아 자신의 딸(4세)이 노는 모습을 보고 있었는데, 피해자(2세)가 다가와 딸이 가지고 놀고 있는 블록을 발로 차고 손으로 집어 들면서 쌓아놓은 블록을 무너뜨리고, 이에 딸이 울자 피고인이 피해자에게 '하지 마, 그러면 안 되는 거야'라고 말하면서 몇 차례 피해자를 제지한 사실, 그러자 피해자는 피고인의 딸을 한참 쳐다보고 있다가 갑자기 딸의 눈 쪽을 향해 오른손을 뻗었고 이를 본 피고인이 왼손을 내밀어 피해자의 행동을 제지하였는데, 이로 인해 피해자가 바닥에 넘어져 엉덩방아를 찧은 사실, 그 어린이 놀이터는 실내에 설치되어 있는 것으로서, 바닥에는 충격방지용 고무매트가 깔려 있었던 사실, 한편 피고인의 딸은 그 전에도 또래 아이들과 놀다가 다쳐서 당시에는 얼굴에 손톱 자국의 흉터가 몇 군데 남아 있는 상태였던 사실 등을 알 수 있다. 이러한 사실관계에서 알 수 있는 피고인의 이 사건 행위의 동기와 수단 및 그로 인한 피해의 정도 등의 사정을 앞서 본 법리에 비추어 살펴보면, 피고인의 이러한 행위는 피해자의 갑작스런 행동에 놀라서 자신의 어린 딸이 다시 얼굴에 상처를 입지 않도록 보호하기 위한 것으로 딸에 대한 피해자의 돌발적인 공격을 막기 위한 본능적이고 소극적인 방어행위라고 평가할 수 있고, 따라서 이를 사회상규에 위배되는 행위라고 보기는 어렵다고 할 것이다[대판 2014.3.27, 2012도11204]. [19 경찰채용]*

(2) 징계권 없는 자의 징계행위

> **⚖ 판례 | 맞을 짓을 했고 알맞게 혼내준 사건**
>
> 피고인이 연소자가 동네 어른들이 모여 있는 추석주연의 좌석에서 60세가 넘은 어른에게 담배를 청하는 등 불손한 행동을 하고, 타인을 넘어뜨리고 그 배 위에 올라타고 목을 조르자 이를 제지하기 위하여 방빗자루로 엉덩이를 2회 때린 경우 … 피해자의 행위에 의해 침해당한 피고인 등의 법익과 피고인 등의 폭력행위로 인해 피해자가 입은 피해자의 신체상 침해된 법익을 교량하여 피고인 등의 행위가 그 목적이나 수단이 상당하다고 인정될 때에는 이는 사회상규에 위배되지 않는 정당행위에 해당한다고 한 사례[대판 1978.12.13, 78도2617].
>
> **비교판례** (너무 심하게 혼내준 사건) 채무변제 추궁에 대해서 자신은 잘못한 것이 없다고 나이가 더 많은 채권자에게 대드는 채무자를 폭행하여 그에게 우안면부찰과상 등을 입혀 피가 흐르게 한 경우, 피해자에게 신체의 완전성을 훼손하는 상해를 입힌 경우에 해당한다고 봄이 상당하며, 범행의 동기, 범행수단과 방법, 상해의 정도 등 제반 사정에 비추어 사회상규에 어긋나지 않는다고 볼 수는 없다[대판 2000.2.25, 99도4305].

> **⚖ 판례 | 군 상관의 체벌이 정당행위에 해당하지 않는 경우**
>
> 1. (상해행위) 군대의 기합의 정도가 상해행위에 이르면 이미 정당행위라고는 볼 수 없다[대판 1967.4.25, 67도418].
>
>   **비교판례** 군대 내의 질서를 지키려는 목적에서 지휘관이 야간에 술에 취해 소란을 피우는 부하에게 가한 경미한 폭행은 … 위법성을 결여한다[대판 1978.4.11, 77도3149].

2. **(감금과 구타)** 상관인 피고인이 군 내부에서 부하인 방위병들의 훈련 중에 그들에게 군인정신을 환기시키기 위하여 한 일이라 하더라도 감금과 구타행위는 징계권 내지 훈계권의 범위를 넘어선 것으로 위법하다[대판 1984.6.12, 84도799].

3. **(송판으로 어깨를 구타)** 소속대 대장에게 폭언으로 반항하는 등의 행패를 상관으로서 제지하기 위하여 길이 50cm 되는 송판으로 그 부하의 좌측 어깨를 3회 구타하였다 하더라도 이와 같은 구타행위는 훈계권의 범위를 넘는 위법한 폭행행위로서 정당행위라 할 수 없다[대판 1971.4.6, 71도179].

4. **(부대지침상 허용되지 않는 얼차려 - 원산폭격)** [1] 상사 계급의 피고인이 그의 잦은 폭력으로 신체에 위해를 느끼고 겁을 먹은 상태에 있던 부대원들에게 청소 불량 등을 이유로 40분 내지 50분간 머리박아(속칭 '원산폭격')를 시키거나 양손을 깍지 낀 상태에서 약 2시간 동안 팔굽혀펴기를 50~60회 정도 하게 한 행위는 형법 제324조에서 정한 강요죄에 해당한다. [2] 상사 계급의 피고인이 부대원들에게 얼차려를 지시할 당시 얼차려의 결정권자도 아니었고 소속 부대의 얼차려 지침상 허용되는 얼차려도 아니라는 등의 이유로, 피고인의 얼차려 지시 행위를 형법 제20조의 정당행위로 볼 수 없다고 한 사례[대판 2006.4.27, 2003도4151].

(3) 권리의 실행행위

⚖ 판례 | 권리를 실행하기 위한 행위가 정당행위에 해당하는 경우

1. **(고소 또는 진정하겠다고 한 경우)** 피해자가 공소외 X를 대리하여 동인 소유의 여관을 피고인에게 매도하고 피고인으로부터 계약금과 잔대금 일부를 수령하였는데 그 후 위 X가 많은 부채로 도피해 버리고 동인의 채권자들이 채무변제를 요구하면서 위 여관을 점거하여 피고인에게 여관을 명도하기가 어렵게 되자 피고인이 피해자에게 여관을 명도 해주든 명도소송비용을 내놓지 않으면 고소하여 구속시키겠다고 말한 경우[대판 1994.6.26, 84도648].

   [동지판례] i) 피해자로부터 범인으로 오인되어 경찰에 끌려가 구타당하여 입원한 피고인이 피해자에게 그 치료비를 요구하고 이를 변상하지 않으면 무고죄로 고소하겠다고 언명한 경우[대판 1971.11.9, 71도1629].
   ii) 피고인이 공사한 건물의 대장상 평수 보다 실제상의 평수가 많아 실제상의 평수에 따른 공사금의 지급을 요구하면서 그렇지 않으면 구청장에게 진정하여서라도 대장상의 건물평수가 부족함을 밝히겠다고 한 경우[대판 1979.10.30, 79도1660].

2. **(합의금을 받은 경우)** 피고인이 그 소유건물에 인접한 대지 위에 건축허가조건에 위반되게 건물을 신축, 사용하는 소유자로부터 일조권 침해 등으로 인한 손해배상에 관한 합의금을 받은 경우[대판 1990.8.14, 90도114].

3. **(손해배상을 요구하면서 경미한 욕설 등을 한 경우 공갈죄 불성립)** 피고인 등이 비료를 매수하여 시비한 결과 딸기묘목 또는 사과나무묘목이 고사하자 그 비료를 생산한 회사에게 손해배상을 요구하면서 사장 이하 간부들에게 욕설을 하거나 응접탁자 등을 들었다 놓았다 하거나 현수막을 만들어 보이면서 시위를 할 듯한 태도를 보인 경우[대판 1980.11.25, 79도2565].

4. **(입주자대표회의 소집공고문을 뜯어낸 행위)** 甲 아파트 입주자대표회의 회장인 피고인이 자신의 승인 없이 동대표들이 관리소장과 함께 게시한 입주자대표회의의 소집공고문을 뜯어내 제거함으로써 그 효용을 해하였다고 하여 재물손괴로 기소된 사안에서, 피고인이 위 공고문을 손괴한 조치는, 그에 선행하는 위법한 공고문 작성 및 게시에 따른 위법상태의 구체적 실현이 임박한 상황하에서 그 위법성을 바로잡기 위한 것으로 사회통념상 허용되는 범위를 크게 넘어서지 않는 행위로 볼 수 있다[대판 2021.12.30, 2021도9680].

⚖ 판례 | 권리실행행위가 수단의 상당성이 결여되어 정당행위에 해당하지 않는 경우

1. **(기망에 의한 권리 행사: 사기죄 성립)** 자기앞수표를 갈취당한 자가 이를 분실하였다고 허위로 공시최고신청을 하여 제권판결을 선고받은 경우, 그 수표를 갈취하여 소지하고 있는 자에 대한 사기죄가 성립된다[대판 2003.12.26, 2003도4914].

   [동지판례] i) 채권자가 피해자에 대한 채권을 변제받기 위하여 피해자에게 환전하여 주겠다고 기망하여 약속어음을 교부받은 경우[대판 1982.9.14, 82도1679].
   ii) 甲이 피해자의 처에 대한 채권을 회수하기 위하여 피해자의 처와 공모하여 제3자를 매수인으로 내세워 피해자와의 사이에 피해자 소유의 부동산에 관한 매매계약을 체결하고, 그 매매대금을 위 채권에 충당한 경우[대판 1991.9.10, 91도376].
   iii) 토지매도인이 매수인에게 소유권이전등기에 필요한 서류 등을 넘겨주지 않겠다는 태도를 취하자 매매계약중개인이 매수인 앞으로 소유권이전등기를 하기 위하여 기망수단에 의하여 등기에 필요한 인감증명서를 교부받은 경우[대판 1992.11.24, 92도391].

2. (남편명의의 임의의 항소장 작성: 사문서위조죄 성립) 행방불명된 남편에 대하여 불리한 민사판결이 선고되자 적법한 다른 방법을 강구하지 아니하고 남편 명의의 항소장을 임의로 작성하여 법원에 제출한 경우[대판 1994.11.8., 94도1657]. [16 법원9급]*

3. (피해보상을 받기 위하여 경찰관에게 상해 등 강폭한 행위를 한 경우: 특수공무집행방해치상죄 성립) 고추값 폭락으로 인한 생존대책의 요구를 관철한다는 명목으로 경운기를 동원, 철도 건널목을 점거하여 열차의 운행을 막고, 철길에서 물러날 것을 요구하는 경찰관들에게 돌을 던져 상해를 입히는 등의 시위행위를 한 경우[대판 1989.12.26., 89도1512].

   동지판례 피해어민들이 그들의 피해보상 주장을 관철하기 위하여 집단적인 시위를 하고, 선박의 입·출항 업무를 방해하며 이를 진압하려는 경찰관들을 대나무 사앗대 등을 들고 구타하여 상해를 입히는 등의 행위를 한 경우[대판 1991.5.10., 91도346].

4. (적법한 구제절차를 밟지 않은 방실수색: 방실수색죄 성립) 회사측이 회사 운영을 부실하게 하여 소수주주들에게 손해를 입게 하였다고 하더라도 위와 같은 사정만으로 주주총회에 참석한 주주가 강제로 사무실을 뒤져 회계장부를 찾아내는 것이 사회통념상 용인되는 정당행위로 되는 것은 아니다. … 회사의 정기주주총회에 적법하게 참석한 주주라고 할지라도 회사의 구체적인 회계장부나 서류철 등을 열람하기 위하여는 별도로 상법 제466조 등에 정해진 바에 따라 회사에 대하여 그 열람을 청구하여야 하고, 만일 회사에서 정당한 이유 없이 이를 거부하는 경우에는 법원에 그 이행을 청구하여 그 결과에 따라 회계장부 등을 열람할 수 있을 뿐 주주총회 장소라고 하여 회사측의 의사에 반하여 회사의 회계장부를 강제로 찾아 열람할 수는 없다고 할 것이다[대판 2001.9.7., 2001도2917].

   동지판례 피고인이 피해자가 운영하는 병원 곳곳을 돌아다니며 자신의 모친이 위 병원에서 주사를 맞다가 죽었으니 살인병원이라고 소리를 지르고, 그러한 내용이 적힌 베니어판을 목에 걸고 상복을 입은 채 여러 날에 걸쳐 위 병원 앞에서 1인 시위를 벌인 행위 … 는 피해자를 고소하여 형사처벌을 요구하거나 민사상의 손해배상청구의 소를 제기하는 등 적법한 구체절차가 있음에도 이를 밟지 아니한 경우이므로 … 사회상규에 위배되지 아니하는 행위로서 정당행위에 해당한다고 할 수 없다[대판 2004.11.25., 2004도6408].

5. (권리행사를 빙자하여 비리를 관계기관에 고발 하겠다고 협박한 경우) 수급인이 권리행사에 빙자하여 도급인측에 대하여 비리를 관계기관에 고발하겠다는 내용의 협박 내지 사무실의 장시간 무단점거 및 직원들에 대한 폭행 등의 위법수단을 써서 기성고 공사대금 명목으로 금 80,000,000원을 교부받은 행위는 사회통념상 허용되는 범위를 넘는 것으로서 이는 공갈죄에 해당한다[대판 1991.12.13., 91도2127].

6. (권리행사의 수단으로 협박한 경우: 공갈죄 성립) 피해자의 기망에 의하여 부동산을 비싸게 매수한 피고인이라도 그 계약을 취소함이 없이 등기를 피고인 앞으로 둔 채 피해자의 전매차익을 받아낼 셈으로 피해자를 협박하여 재산상의 이득을 얻거나 돈을 받은 경우[대판 1991.9.24., 91도1824].

   동지판례 피고인이 피해자를 상대로 목재대금청구소송 계속중 피해자에게 피해자의 양도소득세포탈사실을 관계기관에 진정하여 일을 벌이려 한다고 말하여 겁을 먹은 피해자로부터 목재대금을 지급하겠다는 약속을 받아낸 행위는 사회상규에 어긋나지 않는다고 할 수 없다[대판 1990.11.23., 90도1864].

(4) 관례화된 행위

⚖️ 판례 |

(요약: 관례에 따라 허위공문서를 작성한 경우 위법성이 조각될 수 없다) 광주전매지청 관하 광주전매서장인 피고인이 홍삼판매할당량을 충실히 이행함으로써 국고수입을 늘린다는 일념하에서 법령에 위반하여 지정판매인 이외의 자에게 판매하고 이를 법령상 허용된 절차와 부합시키기 위하여 허위의 공문서인 매도신청서와 영수증을 작성케 하였다면, 설사 그것이 광주전매지청 관하에 일반화된 관례였고, 상급관청이 이를 묵인하였다는 사정이 있다 하더라도 이를 전혀 정상적인 행위라고 하거나 그 목적과 수단의 관계에서 보아 사회적 상당성이 있다고 단정할 수는 없고, 그 법익침해정도가 경미하여 가벌적 위법성이 없다고 할 수도 없다[대판 1983.2.8., 82도357].

(5) 무면허자의 의료행위

⚖ 판례 | 무면허의료행위의 위법성조각의 기준

구체적인 경우에 있어서 개별적으로 보아 법질서 전체의 정신이나 그 배후에 놓여 있는 사회윤리 내지 사회통념에 비추어 용인될 수 있는 행위에 해당한다고 인정되는 경우에는 형법 제20조 소정의 사회상규에 위배되지 아니하는 행위로서 위법성이 조각된다고 할 것이다[대판 2000.4.25. 98도2389].

⚖ 판례 | 무면허자의 일반적 의료행위가 정당행위에 해당하지 않는 경우

1. 외국에서 침구사자격을 취득하였으나 국내에서 침술행위를 할 수 있는 면허나 자격을 취득하지 못한 자가 단순한 수지침 정도의 수준을 넘어 체침을 시술한 경우, 사회상규에 위배되지 아니하는 무면허의료행위로 인정될 수 없다[대판 2002.12.26. 2002도5077]. [18 법원행시]*

2. 자격기본법에 의한 민간자격관리자로부터 대체의학자격증을 수여받은 자가 사업자등록을 한 후 침술원을 개설하여 면허 또는 자격 없이 침술행위를 하는 것은 의료법 제25조의 무면허 의료행위(한방의료행위)에 해당되어 같은 법 제66조에 의하여 처벌되어야 하는 것이며, 그 침술행위가 광범위하고 보편화된 민간요법이고 그 시술로 인한 위험성이 적다는 사정만으로 그것이 바로 사회상규에 위배되지 아니하는 행위에 해당한다고 보기는 어렵다[대판 2003.5.13. 2003도939]. [16 경간부]*

3. 의사가 모발이식시술을 하면서 이에 관하여 어느 정도 지식을 가지고 있는 간호조무사로 하여금 모발이식시술행위 중 일정 부분을 직접 하도록 맡겨둔 채 별반 관여하지 않은 것은 정당행위에 해당하지 않는다[대판 2007.6.28. 2005도8317]. [19 경찰채용, 16 경찰승진]*

4. 진찰 및 처방행위를 할 수 있는 면허나 자격을 취득하지 못한 피고인이, 질병의 치료를 목적으로 피고인을 찾아온 환자들로부터 가입비를 받은 후 진찰을 하고 한약재로 구성된 소위 '달인 물'을 처방하여 준 경우 정당행위에 해당하지 않는다[대판 2009.10.15. 2006도6870]. [18 국가9급]*

⚖ 판례 | 무면허자가 민간요법으로 행해져 온 의료행위를 한 경우 정당행위의 인정 여부(비교)

1-0. (인정: 무료로 1회적인 수지침을 시술한 사건) 공소외인이 스스로 수지침 한 봉지를 사 가지고 피고인을 찾아와서 수지침 시술을 부탁하므로, 피고인은 아무런 대가를 받지 아니하고 이 사건 시술행위를 한 경우 사회통념상 허용될 만한 정도의 상당성이 있는 것으로서 형법 제20조 소정의 정당행위에 해당한다[대판 2000.4.25. 98도2389]. [17 법원9급]*

1-1. (부정: 영리목적으로 반복하여 부항뜸 시술을 한 사건) 피고인이 행한 부항 시술행위가 보건위생상 위해가 발생할 우려가 전혀 없다고 볼 수 없는 데다가, 피고인이 한의사 자격이나 이에 관한 어떠한 면허도 없이 영리를 목적으로 위와 같은 치료행위를 한 것이고, 단순히 수지침 정도의 수준에 그치지 아니하고 부항침과 부항을 이용하여 체내의 혈액을 밖으로 배출되도록 한 것이므로, 이러한 피고인의 시술행위는 의료법을 포함한 법질서 전체의 정신이나 사회통념에 비추어 용인될 수 있는 행위에 해당한다고 볼 수는 없다[대판 2004.10.28. 2004도3405]. [19 변호사, 16 국가7급]*

⚖ 판례 | 기타 정당행위로 인정된 경우

(1) 명예훼손 또는 모욕행위가 정당행위에 해당하는 경우

피고인이 소속한 교단협의회에서 조사위원회를 구성하여 피고인이 목사로 있는 교회의 이단성 여부에 대한 조사활동을 하고 보고서를 그 교회 사무국장에게 작성토록 하자, 피고인이 조사보고서의 관련 자료에 피해자를 명예훼손죄로 고소했던 고소장의 사본을 첨부한 경우, 이는 자신의 주장의 정당성을 입증하기 위한 자료의 제출행위로서 정당한 행위로 볼 것이지, 고소장의 내용에 다소 피해자의 명예를 훼손하는 내용이 들어 있다 하더라도 이를 이유로 고소장을 첨부한 행위가 위법하다고까지는 할 수 없다[대판 1995.3.17. 93도923].

(2) 단전조치가 정당행위에 해당하는 경우

1. 시장번영회 회장이 이사회의 결의와 시장번영회의 관리규정에 따라서 관리비 체납자의 점포에 대하여 실시한 단전조치는 정당행위로서 업무방해죄를 구성하지 아니한다[대판 2004.8.20. 2003도4732]. [17 경간부, 16 국가9급]*

2. 시장번영회의 회장으로서 시장번영회에서 제정하여 시행중인 관리규정을 위반하여 칸막이를 천장에까지 설치한 일부 점포주들에 대하여 단전조치를 한 피고인의 행위는 법익권형성, 긴급성, 보충성을 갖춘 행위로서 사회통념상 허용될 만한 정도의 상당성이 있는 것이므로 형법 제20조 소정의 정당행위에 해당한다[대판 1994.4.15. 93도2899].

(3) 선거관련 행위가 정당행위에 해당하는 경우

후보자의 회계책임자가 자원봉사자인 후보자의 배우자, 직계혈족 등에게 식사를 제공한 행위는 지극히 정상적인 생활형태의 하나로서 역사적으로 생성된 사회질서의 범위 안에 있는 것이어서 사회상규에 위배되지 아니하여 위법성이 조각된다[대판 1999.10.22. 99도2971].

(4) 집행관의 정당한 직무범위 내의 행위로서 정당행위에 해당하는 경우

채무자의 아들인 A가 집행력 있는 판결정본과 신분증을 확인하고도 주거에 들어오지 못하게 하고 피고인 甲들을 문밖으로까지 밀쳐 내고 문을 닫으려고 하면서 적법한 집행을 방해하는 등 저항하므로 이를 배제하고 채무자의 주거에 들어가기 위하여 A를 떠민 것은 정당한 직무범위 내에 속하는 위력의 행사라고 할 것이고, 이로 인하여 상해를 가하였다 하더라도 사회통념상 허용될 수 있는 상당성이 있는 행위로서 위법성이 조각된다[대판 1993.10.12. 93도875]. [19 경간부]*

(5) 기타의 경우

1. (삼보일배 행진 사건) 삼보일배 행진은 통상적인 행진에 비해 다소 진행속도가 느려져 다른 사람들의 통행의 불편이 오래 지속된다는 점은 있을 것이나, 삼보일배 행진 자체가 타인에게 혐오감을 주거나 폭력성을 내포한 행위라고 볼 수도 없으므로 위와 같은 사정은 삼보일배 없이 천천히 진행하는 경우와 달리 볼 것이 아니고, 시위시간이 다소 늘어나는 점은 구 집시법의 다른 규정에 의해서 충분히 제한될 수 있는 부분이므로, 특별한 사정이 없는 한 <u>시위주최자나 참가자들이 시위방법의 하나로서 삼보일배의 방식으로 행진하는 것은 표현의 자유의 영역을 벗어나지 않는다고 볼 것인바</u>, … 신고내용에 포함되지 않은 삼보일배 행진을 한 것은 사회상규에 반하지 아니하는 행위로서 위법성이 조각된다고 볼 것이다[대판 2009.7.23. 2009도840; 동지 대판 2010.4.8. 2009도11395]. [19 경찰채용]*

2. 사용자가, 적법한 직장폐쇄 기간 중 일방적으로 업무에 복귀하겠다고 하면서 자신의 퇴거요구에 불응한 채 계속하여 사업장 내로 진입을 시도하는 해고 근로자를 폭행·협박한 것은 사업장 내의 평온과 노동조합의 업무방해행위를 방지하기 위한 정당방위 내지 정당행위에 해당한다[대판 2005.6.9. 2004도7218]. [19 경찰승진, 16 경간부]*

   비교판례 근로자의 쟁의행위 등 구체적인 사정에 비추어 직장폐쇄의 개시 자체는 정당하다고 할 수 있지만, 어느 시점 이후에 근로자가 쟁의행위를 중단하고 진정으로 업무에 복귀할 의사를 표시하였음에도 사용자가 직장폐쇄를 계속 유지하면서 근로자의 쟁의행위에 대한 방어적인 목적에서 벗어나 적극적으로 노동조합의 조직력을 약화시키기 위한 목적 등을 갖는 공격적 직장폐쇄의 성격으로 변질되었다고 볼 수 있는 경우에는, 그 이후의 직장폐쇄는 정당성을 상실한 것으로 보아야 한다 [대판 2017.7.11. 2013도7896].

3. 골프클럽 경기보조원들의 구직편의를 위해 제작된 인터넷 사이트 내 회원 게시판에 특정 골프클럽의 운영상 불합리성을 비난하는 글을 게시하면서 위 클럽담당자에 대하여 한심하고 불쌍한 인간이라는 등 경멸적 표현을 한 사안에서, 게시의 동기와 경위, 모욕적 표현의 정도와 비중 등에 비추어 사회상규에 위배되지 않는다고 보아 모욕죄의 성립을 부정한 사례[대판 2008.7.10. 2008도1433]. [20 경찰채용, 16 법원행시, 16 국가7급]*

4. '회사의 직원이 회사의 이익을 빼돌린다'는 소문을 확인할 목적으로, 비밀번호를 설정함으로써 비밀장치를 한 전자기록인 피해자가 사용하던 '개인용 컴퓨터의 하드디스크'를 떼어내어 다른 컴퓨터에 연결한 다음 의심이 드는 단어로 파일을 검색하여 메신저 대화 내용, 이메일 등을 출력한 사안에서, 피해자의 범죄 혐의를 구체적이고 합리적으로 의심할 수 있는 상황에서 피고인이 긴급히 확인하고 대처할 필요가 있었고, 그 열람의 범위를 범죄 혐의와 관련된 범위로 제한하였으며, 피해자가 입사시 회사 소유의 컴퓨터를 무단 사용하지 않고 업무 관련 결과물을 모두 회사에 귀속시키겠다고 약정하였고, 검색 결과 범죄행위를 확인할 수 있는 여러 자료가 발견된 사정 등에 비추어, 피고인의 그러한 행위는 사회통념상 허용될 수 있는 상당성이 있는 행위로서 형법 제20조의 '정당행위'라고 본 원심의 판단을 수긍한 사례[대판 2009.12.24. 2007도6243]. [19 경찰승진, 18 법원행시, 18 경찰승진, 18 경찰채용, 17 법원9급, 17 경간부]*

⚖️ 판례 | 경우에 따라 정당행위 여부가 달라지는 사건

아파트 입주자대표회의의 임원 또는 아파트관리회사의 직원들인 피고인들이 기존 관리회사의 직원들로부터 계속 업무집행을 제지받던 중 저수조 청소를 위하여 출입문에 설치된 자물쇠를 손괴하고 중앙공급실에 침입한 행위는 정당행위에 해당하나, 관리비 고지서를 빼앗거나 사무실의 집기 등을 들어낸 행위는 정당행위에 해당하지 않는다[대판 2006.4.13. 2003도3902].

⚖️ 판례 | 기타 정당행위로 인정되지 않은 경우

(1) 선거관련 사건

1. (안타깝지만 그래도 법은 지켜야한다는 사건) 후보자가 선거구 내 거주자에 대한 결혼축의금으로서 중앙선거관리위원회규칙이 정한 금액인 금 30,000원을 초과하여 금 50,000원을 지급한 사유가 후보자가 모친상시 그로부터 받은 같은 금액의 부의금에 대한 답례취지였던 경우[대판 1999.5.25. 99도983].

2. (특정인 지지 목적의 술값 대납) 제3자가 정당추천 후보자 선출을 위한 당내 경선에서 특정인을 지지하도록 부탁할 목적하에 타인의 술값 40,000원을 지불한 행위[대판 1996.6.14. 96도405].

3. (시민단체 낙선운동 사건) 피고인들이 확성장치 사용, 연설회 개최, 불법행렬, 서명날인운동, 선거운동기간 전 집회 개최 등의 방법으로 특정 후보자에 대한 낙선운동을 한 경우[대판 2004.4.27. 2002도315].

4. 지방자치단체장이 특정한 시책을 홍보함과 아울러 관광 일정이 상당 부분 포함된 '버스 투어'를 주도적으로 기획한 후 선거구민 중 여론형성층을 선별하여 그 행사에 참가하도록 한 경우[대판 2009.12.10. 2009도9925].

(2) 기타

1. 간통 현장을 직접 목격하고 그 사진을 촬영하기 위하여 상간자의 주거에 침입한 행위[대판 2003.9.26. 2003도3000]. [16 경찰승진]*

2. 기도원 운영자가 정신분열증 환자의 치료 목적으로 안수기도를 하면서 장시간 환자의 신체를 강제로 제압하는 등 과도한 유형력을 행사한 경우 '정당행위'에 해당하지 않는다[대판 2008.8.21. 2008도2695].

3. 사무실 임차인이 임대차계약 종료 후 갱신계약 여부에 관한 의사표시나 명도의무를 지체하고 있다는 이유로 임대인이 단전조치를 취한 경우[대판 2006.4.26. 2005도8074].

4. 사단법인 진주민속예술보존회의 이사장이 이사회 또는 임시총회의 의장으로서 의안에 관하여 발언하다가 타인의 명예를 훼손하는 내용의 허위사실을 말하였다면 사회상규에 반하지 아니한다고 할 수 없으므로 위법성이 조각되지 아니한다[대판 1990.12.26. 90도2473].

5. 피해자가 불특정·다수인의 통행로로 이용되어 오던 기존 통로의 일부 소유자인 피고인으로부터 사용승낙을 받지 아니한 채 통로를 활용하여 공사차량을 통행하게 함으로써 피고인의 영업에 다소 피해가 발생하자 피고인이 공사차량을 통행하지 못하도록 자신 소유의 승용차를 통로에 주차시켜 놓은 행위[대판 2005.9.29. 2005도4688].

6. 택시 운전사인 피고인이 고객인 가정주부들에게 입에 담지 못할 욕설을 퍼부은 데서 발단이 되어 가정주부인 피해자 등으로부터 핸드백과 하이힐 등으로 얻어맞게 되자 그 때문에 입은 상처를 고발하기 위해 파출소로 끌고 감을 빙자하여 피해자의 손목을 잡아 틀어 상해를 가한 경우[대판 1991.12.27. 91도1169].

7. 채권자가 채권관리를 위하여 근저당권이 설정된 회사의 공장건물에 무단침입하고 건물에 부착되어 있던 자물쇠를 손괴한 행위[대판 2005.4.28. 2005도381].

8. 남북정상회담의 개최과정에서 법정절차를 준수하지 아니하고 대북송금을 한 행위[대판 2004.3.26. 2003도7878].

9. 조산사가 산모의 분만과정 중 별다른 응급상황이 없음에도 독자적 판단으로 포도당 또는 옥시토신을 투여한 행위는, 조산원에서 산모의 분만을 돕거나 분만 후의 처치를 위하여 옥시토신과 포도당이 일반적으로 사용되고 있고, 위 약물들을 산모의 건강을 위해 투여하였다고 하더라도, 지도의사로부터 지시를 받지 못할 정도의 긴급상황이 아닌 이상 정당한 응급의료행위라거나 사회상규에 반하지 않는 행위라고 볼 수 없다[대판 1991.12.27. 91도1169].

10. 국회의원인 피고인이, 구 국가안전기획부 내 정보수집팀이 삼성그룹 고위관계자와 중앙일간지 사주 간의 사적 대화를 불법 녹음한 자료를 입수한 후 그 대화내용과 삼성그룹으로부터 이른바 떡값 명목의 금품을 수수하였다는 검사들의 실명이 게재된 보도자료를 작성하여 자신의 인터넷 홈페이지에 게재한 경우[대판 2011.5.13, 2009도14442]. [18 경찰채용, 17 경찰승진]*

10-1. 특정 인터넷 홈페이지에 甲이 게시한 글을 乙이 운영하는 인터넷 카페 게시판에 퍼온 뒤, 甲을 지칭하면서 모욕적인 표현을 사용하여 댓글을 달거나 허위사실을 적시한 행위는, 사회상규에 위배되지 않는 정당행위로 볼 수 없다고 한 사례[대판 2009.10.29, 2009도4783].

11. 방송사 기자인 피고인이, 구 국가안전기획부 정보수집팀이 타인 간의 사적 대화를 불법 녹음하여 생성한 도청자료인 녹음테이프와 녹취보고서를 입수한 후 이를 자사의 방송프로그램을 통하여 공개한 경우 사회상규에 위배되지 않는 정당행위로 볼 수 없다[대판 2011.3.17, 2006도8839]. [16 국가9급]*

11-1. 옥외집회 또는 시위가 개최될 것이라는 것을 관할경찰서장이 알고 있었다거나 그 옥외집회 또는 시위가 평화롭게 이루어진다고 하여 그 신고의무가 면제되는 것이라고는 할 수 없다. 따라서 위와 같은 신고서를 제출함이 없이 이루어진 옥외집회 또는 시위를 가리켜 사회상규에 반하지 아니하는 정당한 행위라고 할 수는 없다[대판 2012.6.28, 2010도15181].

12. 감정평가업자가 아닌 공인회계사가 타인의 의뢰에 의하여 일정한 보수를 받고 부동산공시법이 정한 토지에 대한 감정평가를 업으로 행하는 것은 부동산공시법 제43조 제2호에 의하여 처벌되는 행위에 해당하고, 특별한 사정이 없는 한 형법 제20조가 정한 '법령에 의한 행위'로서 정당행위에 해당한다고 볼 수는 없다[대판 2015.11.27, 2014도191].

13. 음란물이 그 자체로는 하등의 문학적·예술적·사상적·과학적·의학적·교육적 가치를 지니지 아니하더라도, 그에 관한 논의의 형성·발전을 위해 문학적·예술적·사상적·과학적·의학적·교육적 표현 등과 결합되는 경우가 있다. 이러한 경우 음란 표현의 해악이 이와 결합된 위와 같은 표현 등을 통해 상당한 방법으로 해소되거나 다양한 의견과 사상의 경쟁 메커니즘에 의해 해소될 수 있는 정도라는 등의 특별한 사정이 있다면, 이러한 결합 표현물에 의한 표현행위는 공중도덕이나 사회윤리를 훼손하는 것이 아니어서, 법질서 전체의 정신이나 그 배후에 놓여 있는 사회윤리 내지 사회통념에 비추어 용인될 수 있는 행위로서, 형법 제20조에 정하여진 사회상규에 위배되지 아니하는 행위에 해당된다[대판 2017.10.26, 2012도13352]. [19 법원행시, 18 국가7급]*

14. 피고인이 대표이사로서 회사의 계산으로 사전투표와 직접투표를 한 주주들에게 무상으로 20만원 상당의 상품교환권 등을 각 제공한 경우 정당행위에 해당하지 아니한다[대판 2018.2.8, 2015도7397]. [20 경찰채용]*

⚖️ 판례 | 민법상 자력구제에 해당하지 않는 경우

[1] 민법 제209조 제2항 전단은 '점유물이 침탈되었을 경우에 부동산일 때에는 점유자는 침탈 후 직시 가해자를 배제하여 이를 탈환할 수 있다'고 하여 자력구제권 중 부동산에 관한 자력탈환권에 관하여 규정하고 있다. 여기에서 '직시'란 '객관적으로 가능한 한 신속히' 또는 '사회관념상 가해자를 배제하여 점유를 회복하는 데 필요하다고 인정되는 범위 안에서 되도록 속히'라는 뜻으로, 자력탈환권의 행사가 '직시'에 이루어졌는지는 물리적 시간의 장단은 물론 침탈자가 확립된 점유를 취득하여 자력탈환권의 행사를 허용하는 것이 오히려 법적 안정 내지 평화를 해하거나 자력탈환권의 남용에 이르는 것은 아닌지 함께 살펴 판단하여야 한다.

[2] 집행관이 집행채권자 갑 조합 소유 아파트에서 유치권을 주장하는 피고인을 상대로 부동산인도집행을 실시하자, 피고인이 이에 불만을 갖고 아파트 출입문과 잠금 장치를 훼손하며 강제로 개방하고 아파트에 들어갔다고 하여 재물손괴 및 건조물침입으로 기소된 사안에서, 피고인이 아파트에 들어갈 당시에는 이미 갑 조합이 집행관으로부터 아파트를 인도받은 후 출입문의 잠금 장치를 교체하는 등으로 그 점유가 확립된 상태여서 점유권 침해의 현장성 내지 추적가능성이 있다고 보기 어려워 점유를 실력에 의하여 탈환한 피고인의 행위가 민법상 자력구제에 해당하지 않는다고 본 사례[대판 2017.9.7, 2017도9999]. [22 경간부]*

⚖ 판례 | 오상정당행위(판례는 오인에 정당한 이유가 인정되면 위법성조각을 인정함)

소속 중대장의 당번병이 근무시간 중은 물론 근무시간 후에도 밤늦게까지 수시로 영외에 있는 중대장의 관사에 머물면서 집 안일을 도와주고 그 자녀들을 보살피며 중대장 또는 그 처의 심부름으로 관사를 떠나서까지 시키는 일을 해오고 있었다면, 중대장과 함께 외출나간 그 처로부터 비가 오고 밤이 늦어 혼자 귀가할 수 없으니 우산을 들고 마중을 나오라는 연락을 받 고 당번병으로서 당연히 해야 할 일로 생각하고 동인을 마중하여 한 시간 후 귀가하였다면, 당번병의 관사이탈행위는 중대 장의 직접적인 허가가 없었다 하더라도 <u>당번병으로서의 그 임무범위 내에 속하는 일로 오인하고 한 행위로서 그 오인에 정 당한 이유가 있어 위법성이 없다고 볼 것이다</u>[대판 1986.10.28. 86도1406].

제4장 책임론

제1절 책임이론

 출제 POINT

> 책임의 근거에 관한 양 입장의 차이점을 알아두어야 한다. 책임의 본질론은 범죄체계와 관련된 것으로서 범죄체계론 전체에 영향을 미치는 것이므로 숙지해 두어야 한다.

I 책임의 의의

1. 책임의 개념

① 책임이란 법규범의 요구에 따라 적법하게 행위할 수 있었음에도 불구하고 불법을 결의하고 위법한 행위를 하였다는 것에 대하여 행위자에게 가해지는 비난가능성을 말한다(통설).

② 형법에 있어서 행위자의 책임문제는 행위의 위법성이 확정된 후에 비로소 문제된다. 따라서 책임 없는 불법은 존재할 수 있지만 불법 없는 형사책임은 생각할 여지가 없다.

2. 구별개념

① 형사책임은 어디까지나 법적 책임이며 따라서 도덕적·윤리적 책임과는 구별된다.

② 형사책임은 민사책임과도 구별된다. 형사책임은 민사책임과 달리 정책적 목적에 의해 그 내용이 기능적으로 결정될 수 없다.

3. 책임주의

① 의의: 책임주의란 "책임 없으면 범죄는 성립할 수 없고 형벌의 양도 책임에 상응하여 결정하여야 한다."는 원칙을 말한다. 책임주의는 국가의 자의적인 형벌권 행사로부터 개인의 자유와 권리를 보장하는 기능을 담당한다[정성근·박광민, 289면].

② 내용: ⅰ) 책임은 형벌의 전제와 근거가 되므로 책임이 없으면 형벌을 과할 수 없다(책임의 형벌근거적 기능). ⅱ) 책임은 양형의 기초가 되므로 형벌 부과 여부와 정도에 관한 기준이 된다. 따라서 책임의 정도를 넘는 형벌은 과해질 수 없다(책임의 형벌제한적 기능). ⅲ) 책임원칙은 불법과 책임의 일치를 요구한다. 따라서 불법이 인정되더라도 책임이 없는 행위자는 처벌할 수 없으며, 불법의 정도에 못 미치는 책임에 대해서는 책임의 한도 내에서 처벌해야 한다(불법과 책임의 일치). ⅳ) 행위와 책임능력은 동시에 존재하여야 한다(행위와 책임의 동시존재원칙). 책임능력이 있는 자만이 규범합치적으로 행위할 수 있기 때문이다.

Ⅱ 책임의 근거 [22 경간부]*

1. 도의적 책임론

2. 사회적 책임론

구분	도의적 책임론[62]	사회적 책임론
의의	책임이란 자유의사를 가진 자가 자유로운 의사에 의하여 적법한 행위를 할 수 있었음에도 불구하고 위법행위를 한 데 대한 윤리적 비난이라고 보는 견해이다.	책임의 근거를 소질과 환경에 의해서 결정된 행위자의 반사회적 성격에 두고 책임이란 인간의 반사회적 성격에 대하여 가하여지는 사회적 비난이라고 보는 견해이다.
인간관	비결정론(자유의사 긍정)	결정론(자유의사 부정)
책임의 근거	의사책임론(자유의사 있는 자의 위법한 의사형성)	성격책임론(소질과 환경에 의하여 결정된 행위자의 반사회적 성격)
책임비난의 대상	행위 책임론(행위자의 개인적 특성은 불고려)	행위자 책임론(사회적으로 위험한 성격을 가진 행위자)
형벌과 보안처분의 관계 및 대체가능성	① 이원론(자유의사를 가진 자에게 과하는 형벌과 책임무능력자에게 과하는 보안처분은 질적으로 구별된다) ② 양자는 질적 차이가 있으므로 대체불가	① 일원론(사회방위처분이라는 점에서 양자는 질적인 차이가 없고 다만 양적 차이가 있을 뿐이다) ② 양자는 질적 차이가 없으므로 대체가능
책임능력의 본질	범죄능력	형벌(적응)능력[63]

Ⅲ 책임의 본질

구분	책임의 본질	책임의 구성요소	비판
심리적 책임론 (고전적 범죄체계론)	① 행위·결과에 대한 행위자의 심리적 관계로서의 고의·과실을 책임의 본질이라고 본다. ② 범죄 성립의 모든 객관적·외적 요소는 구성요건과 위법성단계에, 주관적·내적 요소는 책임단계에 배치한다.	고의, 과실	① 고의나 과실이 있는 경우이지만 책임능력이 부정되거나 기대불가능성 때문에 책임이 조각되는 경우를 설명할 수 없다.[64] ② 행위나 결과에 대하여 행위자의 심리관계가 있을 수 없는 인식 없는 과실에 대하여 책임을 인정할 수 없게 된다.

---

62) 형법 제10조는 책임의 근거를 인간의 의사자유에서 구하는 도의적 책임론에 입각한 규정으로 해석된다.
63) 이와 같이 책임능력을 형벌능력으로 이해하게 되면 상습범인은 형벌적응능력이 없으므로 오히려 책임무능력자가 된다는 문제가 있다.
64) 심리적 책임론은 악벽마 사건의 마차 운행자가 과실로 사람을 사상케 한 경우나 형사미성년자가 추리소설을 읽고 고의로 살인을 한 경우 형사처벌할 수 없는 이유를 설명하기 곤란하다는 비판을 받고 있다.

규범적 책임론	복합적 책임개념 (신고전적 범죄체계론)	일반인의 관점에서 적법한 다른 행위가 가능했음에도 위법한 행위로 나온 행위자에 대한 비난가능성을 책임의 본질로 본다.	① 고의(범죄사실의 인식 + 위법성의 인식), 과실 ※ 위법성의 인식은 고의의 요소(고의설) ② 책임능력 ③ 기대가능성	규범적 평가를 의미하는 책임개념에 평가의 대상인 심리적 사실인 고의·과실을 포함시킴으로써 '평가의 객체'와 '객체의 평가'를 혼동했다.
	순수한 규범적 책임개념 (목적적 범죄체계론)		① 책임능력 ② 위법성의 인식 ※ 고의(사실의 인식)와 위법성의 인식의 분리(책임설) ③ 기대가능성	'평가의 객체'와 '객체의 평가'를 구분하여 책임의 고유한 평가객체인 행위의사를 책임에서 제외함으로써 책임은 고유한 판단대상을 상실하게 되어 책임개념의 공허화를 초래하였다.
	신복합적 책임개념 (합일태적 범죄체계론)		① 책임형식으로서의 고의(심정반가치)·과실 ② 책임능력 ③ 위법성의 인식 ④ 기대가능성	
기능적 책임론 (예방적 책임론)		① 책임의 내용으로서 형벌의 예방목적을 강조한다. ② 책임의 내용을 형벌의 예방목적에 의하여 보충하거나 대체해야 한다는 이론을 말한다.	Roxin(벌책성론, 답책성론): 책임은 예방의 필요성을 한계로 하고 예방의 필요성도 책임에 의하여 제한되어야 한다는 견해(책임과 예방의 상호 제한적 기능 인정) Jakobs(사회적 기능이론): 책임의 내용은 일반인의 법충실훈련 및 규범신뢰유지라는 적극적 일반예방의 목적에 의하여 결정되어야 한다는 견해(책임개념을 일반예방목적으로 대체)	① 기능적 책임론은 형법과 형사정책의 과제를 혼동함으로써 일반예방에 대한 관계에서 책임주의가 가지고 있는 제한적 기능을 무력화 시켰다. ② 형벌목적의 고려는 형벌론에서 충분히 이루어 질 수 있으므로 이를 책임판단에서 검토할 특별한 이유가 없다.

제2절 책임능력

🔍 **출제 POINT**

심신장애 판단과 관련된 판례를 잘 정리해 두어야 하며, 원인에 있어서 자유로운 행위와 관련된 학설의 내용, 비판점 및 판례내용은 매년 출제될 수 있으므로 숙지하여야 할 것이다.

Ⅰ 책임능력의 의의

1. 책임능력의 개념

① 책임능력이란 행위자가 법규범의 명령과 금지를 인식하고 법규범에 따라 행동할 수 있는 능력을 말한다.
② 책임능력은 법과 불법을 분별·통찰할 수 있는 지적 능력(사물변별능력)과 이에 따라 의사를 결정하고 행동을 제어할 수 있는 의지적 능력(의사결정능력)으로 구성된다.

2. 책임능력의 규정방법

(1) 생물학적 방법

① 형법이 행위자의 비정상적 상태를 기술하고 이에 일치하는지 여부에 따라 책임무능력 또는 한정책임능력을 인정하는 방법을 말한다.
② 형법 제9조(형사미성년자), 형법 제11조(청각 및 언어 장애인)의 규정은 생물학적 방법에 의한 규정에 해당한다.

(2) 심리적 또는 규범적 방법

행위자의 사물변별능력 또는 의사결정능력의 유무나 정도에 따라 책임능력 유무나 정도를 결정하는 방법을 말한다.

(3) 혼합적 또는 결합적 방법

① 행위자의 비정상적인 상태를 책임무능력의 생물학적 기초로 규정하고, 이러한 생물학적 요소가 행위자의 변별능력과 의사결정능력에 영향을 미쳤느냐라는 심리학적 문제를 검토하는 방법을 말한다.
② 형법 제10조 제1항(심신상실)과 제2항(심신미약)은 혼합적 방법에 의한 규정에 해당한다.

Ⅱ 책임무능력자

1. 형사미성년자

> **제9조(형사미성년자)** 14세 되지 아니한 자의 행위는 벌하지 아니한다.

① 14세 되지 아니한 자는 개인의 정신적·도덕적 발육상태와 관계없이 절대적 책임무능력자이다(제9조). 따라서 만 14세 미만의 행위자는 의사를 결정할 능력이 있더라도 책임능력이 부정된다.
② 형사미성년자의 행위는 책임이 조각되므로 형벌을 과할 수 없다. [21 법원9급, 20 국가9급, 19 경찰승진, 19 경찰채용, 18 경찰채용, 17 법원9급, 17 경간부]* 다만, 소년법의 규정에 따른 보호처분은 가능하다. [20 국가9급, 19 경찰채용]*

📋 참고 소년법상의 특별규정

보호처분	형벌법령에 저촉되는 행위를 한 10세 이상 14세 미만의 소년과 형벌법령에 저촉되는 행위를 할 우려가 있는 10세 이상의 소년에 대하여는 보호처분이 가능하다(제4조 제1항 제2호·제3호, 제32조 제1항).
사형·무기형의 금지	죄를 범할 당시(범행 당시) 18세 미만인 소년에 대하여 사형 또는 무기형으로 처할 경우에는 15년의 유기징역으로 한다(제59조).
상대적 부정기형의 선고	소년이 법정형으로 장기 2년 이상의 유기형에 해당하는 죄를 범한 경우에는 그 형의 범위에서 장기와 단기를 정하여 선고한다. 다만, 장기는 10년, 단기는 5년을 초과하지 못한다(제60조 제1항). 그러나 형의 집행유예나 선고유예를 선고할 때에는 그러하지 아니한다(제60조 제3항).

⚖️ 판례 | 소년법 제60조 제2항의 소년인지의 여부의 판단시기 = 사실심 판결 선고시

소년법이 적용되는 '소년'이란 심판시에 19세 미만인 사람을 말하므로, 소년법의 적용을 받으려면 심판시에 19세 미만이어야 한다. 따라서 소년법 제60조 제2항의 적용대상인 '소년'인지의 여부도 심판시, 즉 사실심판결 선고시를 기준으로 판단되어야 한다[대판 2009.5.28, 2009도2682,2009전도7].

⚖️ 판례 | 상대적 부정기형의 선고대상인 소년인가의 판단시기 = 항소심 판결 선고시 ○, 상고심 판결시 X

피고인이 항소심 판결선고 당시 소년법 제2조 소정의 소년이어서 부정기형이 선고되었다면 그 후 상고심에서 와서 성년이 되었다고 하더라도 부정기형을 선고한 항소심판결을 파기할 사유가 되지 않는다[대판 1990.9.28, 90도1772]. [22 경간부]*

⚖️ 판례 | 법정형 중 무기징역을 선택한 경우 = 상대적 부정기형 선고 불가

법정형 중에서 무기징역을 선택한 후 작량감경한 결과 유기징역을 선고하게 되었을 경우에는 피고인이 미성년자라 하더라도 부정기형을 선고할 수 없는 것이다[대판 1991.4.9, 91도357].

⚖️ 판례 | 기타 소년법과 관련한 판례정리

(소년법에 의한 보호처분 = 상습성 인정 자료 ○) 상습성을 인정하는 자료에는 아무런 제한이 없으므로 과거에 소년법에 의한 보호처분을 받은 사실도 상습성 인정의 자료로 삼을 수 있다[대판 1990.6.26, 90도887]. [20 경간부]*

2. 심신상실자

제10조(심신장애인) ① 심신장애로 인하여 사물을 변별할 능력이 없거나 의사를 결정할 능력이 없는 자의 행위는 벌하지 아니한다.

(1) 의의

심신상실자란 심신장애로 인하여 사물을 변별할 능력이 없거나 (사물을 변별할 능력이 있더라도) 의사를 결정할 능력이 없는 자를 말한다.

⚖️ 판례 | 형법 제10조 = 혼합적 방법

형법 제10조에 규정된 심신장애는 생물학적 요소로서 정신병 또는 비정상적 정신상태와 같은 정신적 장애가 있는 외에 심리학적 요소로서 이와 같은 정신적 장애로 말미암아 사물에 대한 변별능력과 그에 따른 행위통제능력이 결여되거나 감소되었음을 요하므로, 정신적 장애가 있는 자라고 하여도 범행 당시 정상적인 사물변별능력이나 행위통제능력이 있었다면 심신장애로 볼 수 없다[대판 2007.2.8, 2006도7900]. [21 법원9급, 20 변호사, 20 법원행시, 20 국가9급, 20 경찰승진, 19 국가7급, 19 국가9급, 19 경찰승진, 19 경간부, 19 경찰채용, 18 국가9급, 17 법원9급, 17 경간부, 16 경찰채용]*

(2) 요건

① 생물학적 요소(심신장애): 심신장애란 정신장애 또는 정신기능의 장애를 의미하며(예 정신병, 정신박약 등), 반드시 신체기관의 손상이나 신체적인 질병에 의한 장애만 뜻하는 것은 아니다.

⚖ 판례 | 충동조절장애(원칙적으로 심신장애 X, 다만 정신병과 동등한 경우는 심신장애 ○)

(정신병정도에 이른 생리도벽 사건: 심신장애로 인정받음) 자신의 충동을 억제하지 못하여 범죄를 저지르게 되는 현상은 정상인에게서도 얼마든지 찾아볼 수 있는 일로서, 특단의 사정이 없는 한 위와 같은 성격적 결함을 가진 자에 대하여 자신의 충동을 억제하고 법을 준수하도록 요구하는 것이 기대할 수 없는 행위를 요구하는 것이라고는 할 수 없으므로, 원칙적으로 충동조절장애와 같은 성격적 결함은 형의 감면사유인 심신장애에 해당하지 아니한다고 봄이 상당하지만, 그 이상으로 사물을 변별할 수 있는 능력에 장애를 가져오는 원래의 의미의 정신병이 도벽의 원인이라거나 혹은 도벽의 원인이 충동조절장애와 같은 성격적 결함이라 할지라도 그것이 매우 심각하여 원래의 의미의 정신병을 가진 사람과 동등하다고 평가할 수 있는 경우에는 그로 인한 절도 범행은 심신장애로 인한 범행으로 보아야 한다[대판 1999.4.27, 99도693; 동지 대판 2009.2.26, 2008도9867]. [21 법원9급, 20 법원행시, 20 경간부, 19 변호사, 19 법원9급, 19 국가7급, 19 경찰승진, 17 변호사, 17 법원9급, 17 경간부, 16 국가9급]*

[동지판례] ⅰ) 소아기호증과 같은 질환이 있다는 사정만으로는 형의 감면사유인 심신장애에 해당하지 아니한다고 봄이 상당하고, 다만 그 증상이 매우 심각하여 원래의 의미의 정신병이 있는 사람과 동등하다고 평가할 수 있거나, 다른 심신장애사유와 경합된 경우 등에는 심신장애를 인정할 여지가 있다[대판 2007.2.8, 2006도7900]. [20 법원행시, 18 법원행시, 17 법원행시]*

ⅱ) 무생물인 옷 등을 성적 각성과 희열의 자극제로 믿고 이를 성적 흥분을 고취시키는 데 쓰는 성주물성애증이라는 정신질환이 있는 경우에도 그러한 사정만으로는 절도 범행에 대한 형의 감면사유인 심신장애에 해당한다고 볼 수 없고, 다만 그 증상이 매우 심각하여 원래의 의미의 정신병이 있는 사람과 동등하다고 평가할 수 있거나, 다른 심신장애사유와 경합된 경우에는 심신장애를 인정할 여지가 있다[대판 2013.1.24, 2012도12689]. [22 경간부, 20 변호사, 19 경간부]*

⚖ 판례 | 심신장애의 판단방법

1. (법률적 판단 ○, 전문감정인의 의견에 기속 X, 법원의 독자적 판단 ○) 형법 제10조 제1항, 제2항에 규정된 심신장애의 유무 및 정도의 판단은 법률적 판단으로서 반드시 전문감정인의 의견에 기속되어야 하는 것은 아니고, 정신분열증의 종류와 정도, 범행의 동기, 경위, 수단과 태양, 범행 전후의 피고인의 행동, 반성의 정도 등 여러 사정을 종합하여 법원이 독자적으로 판단할 수 있다[대판 1999.1.26, 98도3812; 동지 대판 2007.2.8, 2006도7900]. [20 법원9급, 20 국가9급, 20 경간부, 19 법원9급, 17 변호사, 17 경간부]*

   [동지판례] 형법 제10조에서 말하는 사물을 변별할 능력 또는 의사를 결정할 능력은 자유의사를 전제로 한 의사결정의 능력에 관한 것으로서, 그 능력의 유무와 정도는 감정사항에 속하는 사실문제라 할지라도 그 능력에 관한 확정된 사실이 심신상실 또는 심신미약에 해당하는 여부는 법률문제에 속한다[대판 1968.4.30, 68도400].

2. (정신장애의 정도는 전문가에의 감정이 바람직 그러나 필수 X) 피고인의 정신장애의 정도는 전문가의 감정에 의하여 가리는 것이 원칙적으로 바람직한 것이지만 기록에 나타난 제반자료와 공판정에서의 피고인의 태도 등을 종합하여 그 정도가 판단되는 경우에는 전문가의 감정에 의하지 않고 이를 인정하였다 하여 위법이라 할 수 없다[대판 1987.7.21, 87도1141; 동지 대판 1984.5.22, 84도545].

   [관련판례] ⅰ) (심신장애의 의심이 드는 경우는 전문가에게 감정시켜야 함) 피고인에게 우울증 기타 정신병이 있고 특히 생리도벽이 발동하여 절도 범행을 저지른 의심이 드는 경우 전문가에게 피고인의 정신상태를 감정시키는 등의 방법으로 심신장애 여부를 심리하여야 한다[대판 1999.4.27, 99도693].

   ⅱ) (심신장애의 의심이 드는 경우에도 감정 X = 위법) 피고인이 생리기간 중에 심각한 충동조절장애에 빠져 절도 범행을 저지른 것으로 의심이 되는데도 전문가에게 피고인의 정신상태를 감정시키는 등의 방법으로 심신장애 여부를 심리하지 아니한 채 선고한 원심판결을 심리미진과 심신장애에 관한 법리오해의 위법이 있다는 이유로 파기한 사례[대판 2002.5.24, 2002도1541].

   ⅲ) (전문가에게 감정시킨 경우에도 그 결과는 참고자료에 불과) 피고인이 범행 당시 그 심신장애의 정도가 단순히 사물을 변별할 능력이나 의사를 결정할 능력이 미약한 상태에 그쳤는지 아니면 그러한 능력이 상실된 상태이었는지 여부가 불분명하므로 원심으로서는 먼저 피고인의 정신상태에 관하여 충실한 정보획득 및 관계 상황의 포괄적인 조사·분석을 위하여 피고인의 정신장애의 내용 및 그 정도 등에 관하여 정신의로 하여금 감정을 하게 한 다음, 그 감정결과를 중요한 참고자료로 삼아 범행의 경위, 수단, 범행 전후의 행동 등 제반 사정을 종합하여 범행 당시의 심신상실 여부를 경험칙에 비추어 규범적으로 판단하여 그 당시 심신상실의 상태에 있었던 것으로 인정되는 경우에는 무죄를 선고하여야 한다[대판 1998.4.10, 98도549]. [20 변호사, 20 경간부, 19 경찰승진, 17 법원행시]*

   ⅳ) (심신상실이라는 전문가의 의견 배척하고 심신미약만 인정 가능) 형법 제10조에 규정된 심신장애의 유무 및 정도의 판단은 법률적 판단으로서 반드시 전문감정인의 의견에 기속되어야 하는 것은 아니고, 정신질환의 종류와 정도, 범행의 동기, 경위, 수단과 태양, 범행 전후의 피고인의 행동, 반성의 정도 등 여러 사정을 종합하여 법원이 독자적으로 판단할 수 있다[대판 1999.8.24, 99도1194]. 따라서 피고인이 편집형 정신분열증환자로서 심신상실의 상태에 있었다는 감정인의 의견을 배척하고 제반 사정을 종합하여 심신미약으로만 인정할 수 있다[대판 1994.5.13, 94도581].

📖 판례 | 심신장애의 존부의 판단시 = 범죄행위시

피고인이 평소 간질병 증세가 있었더라도 <u>범행 당시에는 간질병이 발작하지 아니하였다면 이는 책임감면 사유인 심신장애</u> 내지는 심신미약의 경우에 해당하지 아니한다[대판 1983.10.11. 83도1897]. [16 경찰채용]*

② 심리적 요소(사물변별능력 또는 의사결정능력의 흠결)

📖 판례 | 기억능력과 책임능력과의 관계

1. 범행을 기억하고 있지 않다는 사실만으로 바로 범행당시 심신상실상태에 있었다고 단정할 수는 없다[대판 1985.5.2. 85도361]. [20 경찰승진]*

   관련판례 ⅰ) 행위자가 범행 전후 사정을 비교적 사리에 맞도록 기억하고 있다하여 반드시 범행당시 사물변별능력을 갖추고 있었다고 할 수도 없다[대판 1969.10.14. 69도1265].
   ⅱ) 사물변별능력과 기억능력은 일치하는 것은 아니며, 다만 범행 당시의 사정을 자세히 기억하고 있다는 것은 사물변별능력 판단에 중요한 자료가 될 수 있다[대판 1978.1.31. 77도3428].

2. <u>범행당시 정신분열증으로 심신장애의 상태에 있었던 피고인이 피해자를 살해한다는 명확한 의식이 있었고 범행의 경위를 소상하게 기억하고 있다고 하여 범행당시 사물의 변별능력이나 의사결정능력이 결여된 정도가 아니라 미약한 상태에 있었다고 단정할 수는 없는 것인바,</u> 피고인이 피해자를 살해할 만한 다른 동기가 전혀 없고, 오직 피해자를 '사탄'이라고 생각하고 피해자를 죽여야만 피고인 자신이 천당에 갈 수 있다고 믿어 살해하기에 이른 것이라면, <u>피고인은 범행당시 정신분열증에 의한 망상에 지배되어 사물의 선악과 시비를 구별할 만한 판단능력이 결여된 상태에 있었던 것으로 볼 여지가 없지 않다</u>[대판 1990.8.14. 90도1328].

📖 판례 | 심신상실을 인정한 경우(편집형 정신분열증, 만성형 정신분열증)

1. <u>편집형 정신분열증 환자는</u> 자기의 행동을 알 때도 있고 모를 때도 있으나 사물에 대한 판단력이 없는 것이 특징이고 또 사물을 변별하고 그에 따라서 자신의 의사결정을 하거나 자기의 의지를 제어할 능력이 없으므로 <u>심신상실의 상태에 있는 자라고 봄이 상당하다</u>[대판 1980.5.27. 80도656].

2. 피고인이 심한 만성형 정신분열증에 따른 망상의 지배로 말미암아 아무런 관계도 없는 생면부지의 행인들의 머리를 이유 없이 도끼로 내리쳐 상해를 가한 경우, 피고인은 범행 당시 심신상실상태에 있었다고 볼 수 있다[대판 1991.5.28. 91도636].

3. 편집성정신병을 앓는 자가 그의 아들이 단순히 자신의 말을 잘 듣지 않는다는 이유만으로 그를 가문의 역적이니 죽여야 된다는 심한 망상에 빠져 아들을 살해한 경우에는 피고인의 행위는 심신상실자의 행위에 해당한다[대판 1984.8.24. 84도1510].

(3) 심신상실의 효과

① 심신상실자는 책임능력이 없기 때문에 책임이 조각되어 처벌되지 아니한다. [17 경간부]* 다만, 행위시에 사물변별능력과 의사결정능력이 없었던 경우일지라도 그 행위가 원인에 있어서 자유로운 행위에 해당하는 경우는 가벌성이 인정된다.

② 심신상실자가 금고 이상의 형에 해당하는 죄를 범하고 치료감호시설에서의 치료가 필요하고 재범의 위험이 있다고 인정되는 때에는 치료감호에 처한다(치료감호법 제2조 제1항 제1호).

Ⅲ 한정책임능력자[65]

1. 심신미약자

제10조(심신장애인) ② 심신장애로 인하여 전항의 능력이 미약한 자의 행위는 <u>형을 감경할 수 있다.</u>

(1) 의의

심신미약자란 심신장애로 인하여 사물의 변별이나 의사를 결정할 능력이 미약한 자를 말한다.

> **⚖ 판례 | 고정적 정신질환자의 행위에 대한 평가**
>
> 정신적 장애가 있는 자라고 하여도 범행 당시 정상적인 사물판별능력이나 행위통제능력이 있었다면 심신장애로 볼 수 없음은 물론이나, 정신적 장애가 정신분열증과 같은 고정적 정신질환의 경우에는 범행의 충동을 느끼고 범행에 이르게 된 과정에 있어서의 범인의 의식상태가 정상인과 같아 보이는 경우에도 범행의 충동을 억제하지 못한 것이 흔히 정신질환과 연관이 <u>있을 수 있고, 이러한 경우에는 정신질환으로 말미암아 행위통제능력이 저하된 것이어서 심신미약이라고 볼 여지가 있다</u>[대판 1992.8.18. 92도1425].

> **⚖ 판례 | 심신미약과 상습성과의 관계**
>
> 행위자가 범죄행위 당시 심신미약 등 정신적 장애상태에 있었다는 이유만으로 그 범죄행위가 상습성이 발현된 것이 아니라고 단정할 수 없다[대판 2009.2.12. 2008도11550].

(2) 효과

① 심신미약자는 형을 감경할 수 있다(임의적 감경). [20 법원9급, 20 경찰승진, 19 법원9급, 19 국가9급, 19 경간부, 19 경찰채용, 17 경간부, 16 경찰채용]* 다만, 제10조 제3항(원자행위)의 요건이 구비된 경우에는 형의 감경이 인정되지 않는다.

② 심신미약자가 금고 이상의 형에 해당하는 죄를 범하고 치료감호시설에서의 치료가 필요하고 재범의 위험이 있다고 인정되는 때에는 치료감호에 처한다(치료감호법 제2조 제1항 제1호).

2. 청각 및 언어 장애인(농아자)

제11조(청각 및 언어 장애인) 듣거나 말하는 데 모두 장애가 있는 사람의 행위에 대해서는 형을 감경한다.

① 청각기능과 발음기능 모두에 선천적 또는 후천적으로 장애가 있는 자를 말한다.

② 청각 및 언어 장애인의 행위는 형을 감경한다(필요적 감경). [20 법원9급, 20 국가9급, 19 경찰승진, 17 법원9급, 17 경간부]*

Ⅳ 원인에 있어서 자유로운 행위

제10조(심신장애자) ③ 위험의 발생을 예견하고 자의로 심신장애를 야기한 자의 행위에는 전 2항의 규정을 적용하지 아니한다.

---

65) 한정책임능력자는 책임능력자와 책임무능력자의 중간형태가 아니라 책임능력자의 일종이다.

1. 의의

① 원인에 있어서 자유로운 행위란 책임능력이 있는 자가 고의 또는 과실로 자신을 심신장애상태(심신상실 또는 심신미약)에 빠지게 한 후, 이 상태에서 범죄를 실현하는 것을 말한다.

② 원인에 있어서 자유로운 행위의 예로는 ⅰ) 살인을 할 목적으로 용기를 얻기 위하여 음주하여 명정상태에서 살인을 저지른 경우(고의범), ⅱ) 자동차를 운전해야 한다는 것을 생각하지 않고 음주하여 명정상태에서 운전하다가 사고를 낸 경우(과실범)를 들 수 있다.

2. 가벌성의 이론구성 [19 경찰승진, 19 경찰채용, 18 국가7급, 18 경간부, 17 국가9급, 17 경찰승진, 16 국가7급, 16 경간부]*

📄 참고 가벌성의 이론구성

구분	이론구성	특징	비판
일치설	원인에 있어서 자유로운 행위는 자신을 도구로 이용하는 간접정범과 유사하므로, 원인설정행위가 실행행위(실행의 착수)이고 원인설정행위시에 완전한 책임능력 상태에 있었던 이상 완전한 책임능력자로 처벌이 가능하다.	① 원인설정행위를 실행행위로 본다. ② 원인설정행위에서 책임의 근거를 찾는다. ③ 책임능력과 행위의 동시존재의 원칙에 충실하다.	구성요건적 행위정형성 무시(예비와 미수의 구별이 곤란해지며, 예비를 미수로 보아 가벌성을 확장할 위험 있음)
예외설	심신장애상태하에서의 행위가 실행행위이고, 완전한 책임능력은 원인설정행위시에 갖추어져 있지만 양 행위는 불가분의 연관을 갖는 것이므로 전체적으로 보아 완전한 책임능력자로 처벌이 가능하다.	① 심신장애상태하에서의 행위를 실행행위로 본다. ② 원인설정행위와 실행행위의 불가분적 관련에서 책임의 근거를 찾는다. ③ 원인에 있어서 자유로운 행위를 책임능력과 행위의 동시존재의 원칙에 대한 예외로 본다.	책임주의의 예외를 쉽게 인정
반무의식 상태설	원인설정행위는 단순한 예비행위에 불과하고 심신장애상태하에서의 행위가 실행행위이며, 실행행위는 반무의식적 상태에서 이루어지므로 행위의 주관적 요소를 인정할 수 있다.	① 책임능력결함상태에서의 실행행위에 책임의 근거를 찾는다. ② 책임능력과 행위의 동시존재의 원칙이 유지될 수 있다.	'반무의식적 상태에서의 행위'라는 개념을 인정하면 대부분의 경우 책임능력이 인정되어 법적 안정을 해할 위험이 있다.

사례 연습

【원인에 있어서 자유로운 행위】 ※ 학설의 근거와 비판

다음은 원인에 있어서 자유로운 행위에 관한 견해 〈보기1〉과 연결되는 내용 또는 그 비판 〈보기2〉이다. 양자를 올바르게 연결하라.

〈보기1〉

ㄱ. 가벌성의 근거를 자신을 도구로 이용하는 간접정범으로 이해하는 견해
ㄴ. 가벌성의 근거를 원인설정행위와 실행행위의 불가분적 관련에서 찾는 견해
ㄷ. 가벌성의 근거를 책임능력결함상태에서의 실행행위로 이해하는 견해

〈보기2〉

a. 甲이 주취상태로 乙을 살해하려는 계획을 가지고 음주하다가 명정상태에 빠져 그대로 잠이 들어버린 경우에도 살인미수죄를 인정해야 한다는 비판을 받는다.
b. 원인행위가 책임비난의 근거이고 곧 실행행위다. 따라서 행위와 책임의 동시존재원칙이 그대로 유지될 수 있다.
c. 책임능력결함상태에서의 실행행위에 실행의 착수가 있고 책임비난의 근거는 원인행위에 있다.
d. 반무의식상태에서의 행위라는 개념을 인정하면 사실상 모든 행위에 책임능력이 인정된다는 비판을 받는다.

3. 원인에 있어서 자유로운 행위의 유형과 법적 효과

📋 **참고 원인에 있어서 자유로운 행위의 유형(4유형설)[66]**

구분	심신장애 상태하의 행위	원인설정행위
고의에 의한 원인에 있어서 자유로운 행위	고의	고의
과실에 의한 원인에 있어서 자유로운 행위	고의	과실
	과실	고의
	과실	과실

(1) 고의에 의한 원인에 있어서 자유로운 행위[67]

고의와 고의의 조합(예 특정인을 살해할 고의를 가지고 고의로 음주대취한 상태에서 그를 살해한 경우)

> ⚖️ **판례 | 고의 원자행위 + 심신미약의 상태에서 살인 = 살인죄, 형의 감경 X**
>
> 피고인들은 상습적으로 대마초를 흡연하는 자들로서 이 사건 각 살인범행 당시에도 대마초를 흡연하여 그로 인하여 심신이 다소 미약한 상태에 있었음은 인정되나, 이는 위 피고인들이 피해자들을 살해할 의사를 가지고 범행을 공모한 후에 대마초를 흡연하고 범행에 이른 것으로 대마초 흡연시에 이미 범행을 예견하고도 자의로 위와 같은 심신장애를 야기한 경우에 해당하므로 형법 제10조 제3항에 의하여 심신장애로 인한 감경 등을 할 수 없다[대판 1996.6.11. 96도857]. [18 국가7급]*

(2) 과실에 의한 원인에 있어서 자유로운 행위

① 고의와 과실의 조합(예 특정인을 살해할 고의를 가졌으나 과실로 음주대취한 상태에서 그를 살해한 경우)
② 과실과 고의의 조합(예 취중에 폭행의 습벽이 있는 자가 폭행의 고의 없이 고의로 음주대취한 상태에서 폭행한 경우)
③ 과실과 과실의 조합(예 자동차를 운전해야할 자가 과실로 음주대취한 상태에서 교통사고를 발생케 한 경우)

> ⚖️ **판례 | 과실 원자행위 = 심신장애로 인한 형의 감경 등 X**
>
> 형법 제10조 제3항은 "위험의 발생을 예견하고 자의로 심신장애를 야기한 자의 행위에는 전 2항의 규정을 적용하지 아니한다"고 규정하고 있는 바, 이 규정은 고의에 의한 원인에 있어서의 자유로운 행위만이 아니라 과실에 의한 원인에 있어서의 자유로운 행위까지도 포함하는 것으로서 위험의 발생을 예견할 수 있었는데도 자의로 심신장애를 야기한 경우도 그 적용대상이 된다고 할 것이어서, 피고인이 음주운전을 할 의사를 가지고 음주만취한 후 운전을 결행하여 교통사고를 일으켰다면 피고인은 음주시에 교통사고를 일으킬 위험성을 예견하였는데도 자의로 심신장애를 야기한 경우에 해당하므로 위 법조항에 의하여 심신장애로 인한 감경 등을 할 수 없다[대판 1992.7.28. 92도999]. [22 경간부, 20 경간부, 19 변호사, 19 경찰승진, 19 경찰채용, 18 국가7급, 18 국가9급, 18 경간부, 18 경찰채용, 17 법원행시, 17 경찰승진, 16 경간부, 16 경찰채용]*

---

66) 그 밖에 범행결의 여부, 심신장애상태 야기의사 여부, 심신장애상태행위시의 구성요건적 고의 여부에 따라 원인에 있어서 자유로운 행위의 유형을 8가지로 나누는 견해도 있다(8유형설).
67) 원인에 있어서 자유로운 행위는 고의범이든 과실범이든 다시 작위범과 부작위범이 모두 가능하다.

4. 형법의 규정

(1) 제10조 제3항의 적용요건

① 위험발생의 예견: '예견'에는 구성요건에 해당하는 범죄사실을 인식한 경우(고의)뿐만 아니라 그 예견가능성이 있었던 경우(과실)도 포함된다(판례). 그러므로 위험의 발생에 대한 예견가능성마저 인정되지 않는 경우는 원인에 있어서 자유로운 행위라고 할 수 없다(囫 강간할 의사로 일부러 만취하여 심신상실 상태에서 강간을 한 후 피해자의 재물을 절취한 경우, 절취행위는 원인에 있어서 자유로운 행위가 아니므로 심신상실이 그대로 인정되어 절도죄가 성립하지 아니한다).

② 자의에 의한 심신장애상태의 야기: ⅰ) '자의'에는 고의 이외에 과실도 포함된다(다수설). ⅱ) '심신장애'에는 심신상실과 심신미약이 모두 포함된다.

(2) 제10조 제3항의 효과

원인에 있어서 자유로운 행위에 대하여는 형법 제10조 제1항과 제2항의 적용이 배제되어 심신상실상태에서의 행위일지라도 책임이 조각되지 아니하며, 심신미약상태에서의 행위일지라도 형을 감경할 수 없다. [19 경찰승진, 19 경찰채용, 17 경찰승진, 16 경간부]*

제3절 위법성의 인식

출제 POINT

위법성의 인식에 관한 판례의 입장을 알아두어야 한다.

I 위법성의 인식의 의의

1. 위법성의 인식의 개념

① 위법성의 인식이란 행위자가 자신의 행위가 공동사회의 질서에 반하고 법적으로 금지되어 있다는 것을 인식하는 것을 말한다(통설). 따라서 위법성의 인식은 책임비난의 핵심이 된다.

② 위법성의 인식은 사회윤리적 가치위반 또는 반도덕성의 인식을 의미하는 것이 아니다. 따라서 확신범 또는 양심범도 그가 침해한 규범이 일반적 구속력을 가진다는 것을 인식한 이상 위법성의 인식이 인정된다.

2. 위법성의 인식의 내용

> **⚖ 판례 | 위법성의 인식(사회정의와 조리에 반한다는 인식으로 족함, 법조문 인식 불요)**
>
> 범죄의 성립에 있어서 위법의 인식은 그 범죄사실이 사회정의와 조리에 어긋난다는 것을 인식하는 것으로서 족하고 구체적인 해당 법조문까지 인식할 것을 요하는 것은 아니므로 설사 형법상의 허위공문서작성죄에 해당되는 줄 몰랐다고 가정하더라도 그와 같은 사유만으로서는 위법성의 인식이 없었다고 할 수 없다[대판 1987.3.24. 86도2673]. [19 법원9급, 18 국가9급, 16 경찰승진]*

Ⅱ 위법성의 인식의 체계적 지위

구분		내용	비판
고의설		① 고의를 책임요소로 이해하고(인과적 행위론), 고의의 내용으로서 구성요건에 해당하는 객관적 사실의 인식 이외에 다시 위법성의 인식이 필요하다는 견해이다. ② 위법성의 인식의 정도와 관련하여 엄격고의설과 제한적 고의설로 나누어진다.	
	엄격고의설	① 고의가 성립하기 위하여는 현실적인 위법성의 인식이 필요하다는 견해이다. ② 위법성의 현실적 인식이 결여되면 고의범은 성립할 수 없고 과실범의 성부만 문제된다.	확신범·상습범·격정범 등은 현실적인 위법성의 인식이 없는 경우가 대부분이므로 고의범으로 처벌할 수 없고, 과실범 처벌규정이 없으면 처벌하지 못한다는 중대한 형사정책적 결함이 있다.
	제한적고의설	① 고의가 성립하기 위하여는 현실적인 위법성의 인식까지 필요한 것은 아니며 위법성의 인식가능성이 있으면 족하다는 견해이다(위법성인식가능성설). ② 엄격고의설의 형사정책적 결함을 시정하기 위한 견해이다.	위법성의 인식가능성 즉 착오의 회피가능성이라는 과실적 요소를 고의의 내용에 포함시키는 잘못이 있다.
책임설		① 고의는 구성요건의 주관적 요소에 속하며 위법성의 인식은 고의와 분리된 독자적 책임요소로 보는 견해이다. ② 위법성의 인식이 결여되면 금지착오문제로서 착오가 회피불가능했던 경우는 책임을 조각하지만 회피가능성이 있었던 경우는 책임을 감경할 수 있을 뿐이라고 한다. ③ 책임설은 위법성조각사유의 전제사실의 착오를 어떻게 처리할 것인가와 관련하여 엄격책임설과 제한적 책임설로 나누어진다.	
	엄격책임설	위조전사착오를 포함한 모든 위법성조각사유에 관한 착오를 금지착오로 본다. 따라서 위조전사착오의 경우 착오에 정당한 이유를 인정할 수 있는지 여부에 따라 고의범의 성립여부를 결정한다.	① 행위정황에 관한 착오인 위조전사착오를 규범평가에 관한 착오인 금지착오와 동일시할 수 없다. ② 위전착의 경우에 착오에 정당한 이유가 없다고 하여 고의범을 인정하는 것은 일반인의 법감정에 반한다.
	제한적책임설 (다수설)	위법성 조각사유의 존재와 한계에 관한 착오는 금지착오로 보나, 위조전사착오는 구성요건적 착오는 아니지만 구성요건적 착오와 동일한 법적 효과를 인정하여 과실범의 문제로 처리한다.	

제4절 법률의 착오

🔍 **출제 POINT**

법률의 착오의 경우 착오에 정당한 이유가 있는지 여부에 관한 판례가 출제되어 왔다. 특히 위법성조각사유의 전제사실에 관한 착오는 형법에서 가장 어려운 논점으로서 형법의 핵심이라고 해도 과언이 아닌 부분이며 매년 출제가 가능한 매우 중요한 부분이므로 완벽하게 이해하여 두어야 한다.

> **제16조(법률의 착오)** 자기의 행위가 법령에 의하여 죄가 되지 아니하는 것으로 오인한 행위는 그 오인에 정당한 이유가 있는 때에 한하여 벌하지 아니한다.[68] [18 경찰승진, 17 경찰승진, 16 경찰승진]*

I 법률의 착오의 의의와 태양

1. 법률의 착오의 의의

법률의 착오란 행위자가 행위시에 구성요건적 사실은 인식하였으나 책임비난에 필요한 위법성의 인식이 없는 경우를 말한다.

2. 구별개념

구분	인식 vs 실재	법적 성격(적용법조), 법적 효과
위법성 관련착오 (범죄사실의인식 ○)	(B1) 위법 × ≠ 위법 ○	① 예 친구의 돈을 절취하면서 위법하지 않다고 생각한 경우 ② 위법성의 착오(책임설을 전제함)(제16조) ③ 고의범의 책임인정 문제, 책임론의 과제
	(B2) 위법 ○ ≠ 위법 ×	① 예 동성애를 하면서 위법하다고 생각한 경우 ② 반전된 위법성의 착오 [20 경찰채용, 19 국가9급]* ③ 환각범, 무조건 불가벌, 책임론의 관련문제

3. 법률의 착오의 태양

형태		내용
직접적 금지착오	법률의 부지	① 행위자가 금지규범의 존재를 알지 못한 경우 ② 예 도박이 허용된 나라에서 온 외국인이 도박금지규정이 있는 줄 모르고 우리나라에서 도박한 경우 ③ 대법원은 통설과 달리 법률의 부지를 법률의 착오로 보지 아니한다.
	효력의 착오	① 행위자가 금지규범이 효력이 없다고 오인한 경우 ② 예 도박죄 규정이 위헌무효라고 오인하고 도박을 한 경우

---

[68] 형법 제16조에 의하면 '법률의 착오에 정당한 이유가 있는 것으로 판단될 경우에는 그 형을 감경하여야 한다'는 지문은 틀린 지문에 해당한다.

	포섭의 착오	① 행위자가 금지규범을 너무 좁게 해석하여 자기의 행위가 허용된다고 믿은 경우 ② 예 국립대학 교수는 공무원이 아니므로 증뢰죄가 성립하지 않는다고 오인하고 뇌물을 공여한 경우
간접적 금지착오 (위법성조각사유에 대한 착오)	존재에 대한 착오	① 위법성조각사유가 없음에도 불구하고 존재하는 것으로 오인한 경우 ② 예 아내를 구타한 남편이 자신에게 아내에 대한 징계권이 있다고 믿은 경우
	한계에 대한 착오	① 위법성조각사유의 법적 한계를 오인한 경우 ② 예 私人이 현행범을 체포하면서 주거침입까지도 허용된다고 믿은 경우, 절도범에 대한 살해도 정당방위에 해당한다고 오인하고 그를 살해한 경우 [16 국가7급]*
	위법성조각사유의 전제사실에 관한 착오 (허용구성요건의 착오)	① 위법성조각사유의 전제사실이 존재하지 아니함에도 불구하고 그것이 존재한다고 오인하고 행위를 한 경우 ② 예 야간에 전보를 배달하러 온 사람을 강도로 오인하고 정당방위의 의사로 폭행한 경우

🔨 판례 | 법률의 부지 = 법률의 착오 X

형법 제16조에 의하여 처벌하지 아니하는 경우란 단순한 법률의 부지의 경우를 말하는 것이 아니고, 일반적으로 범죄가 되는 행위이지만 자기의 특수한 경우에는 법령에 의하여 허용된 행위로서 죄가 되지 아니한다고 그릇 인식하고 그와 같이 인식함에 있어 정당한 이유가 있는 경우에는 벌하지 아니한다는 취지이므로, 피고인이 자신의 행위가 건축법상의 허가대상인 줄을 몰랐다는 사정은 단순한 법률의 부지에 불과하고 특히 법령에 의하여 허용된 행위로서 죄가 되지 않는다고 적극적으로 그릇 인식한 경우가 아니어서 이를 법률의 착오에 기인한 행위라고 할 수 없다[대판 2011.10.13. 2010도15260]. [20 법원행시, 20 국가9급, 20 경찰승진, 19 변호사, 19 법원행시, 19 국가9급, 19 경찰승진, 18 법원행시, 18 국가7급, 18 국가9급, 17 법원9급, 17 국가9급, 16 변호사, 16 경찰승진]*

🔨 판례 | 법률의 부지에 해당하는 경우(제16조의 법률의 착오에 해당하지 않음)

1. (천지창조 디스코클럽 사건) 유흥접객업소의 업주가 경찰당국의 단속대상에서 제외되어 있는 '만 18세 이상의 고등학생이 아닌 미성년자'는 출입이 허용되는 것으로 알고 있었더라도 이는 미성년자보호법 규정을 알지 못한 단순한 법률의 부지에 해당하고 특히 법령에 의하여 허용된 행위로서 죄가 되지 않는다고 적극적으로 그릇 인식한 경우는 아니므로 비록 경찰당국이 단속대상에서 제외하였다 하여 이를 법률의 착오에 기인한 행위라고 할 수 없다[대판 1985.4.9. 85도25].

2. '건축법상의 허가대상인 줄을 모르고' 허가 없이 근린생활 건축물을 교회로 용도변경하여 사용한 경우[대판 1995.8.25. 95도1351], 피고인은 단열재시공 등에 대한 중간검사를 받아야 한다는 구 건축법 제7조의2 규정을 알지 못하여 건축법위반의 범행을 한 경우[대판 1994.4.15. 94도365]. [18 법원행시]*

3. 긴급명령 위반행위 당시 긴급명령이 시행된 지 그리 오래되지 않아 금융거래의 실명전환 및 확인에만 관심이 집중되어 있었기 때문에 비밀보장의무의 내용에 관하여 확립된 규정이나 판례, 학설은 물론 관계 기관의 유권해석이나 금융관행이 확립되어 있지 아니하였다는 사정이 있는 경우[대판 1997.6.27. 95도1964]. [19 경간부]*

4. 피고인이 동해시청 앞 잔디광장이 옥외장소에 해당함을 몰랐다는 것은 단순한 법률의 부지를 주장하는 것에 불과하여 범죄의 성립에 방해가 되지 않는다[대판 2006.2.10. 2005도3490].

⚖ 판례 | 반전된 포섭의 착오(환각범)

무역거래법 제33조 제1호 소정의 "사위 기타 부정한 행위로써 수입허가를 받은 자"라 함은 정상적인 절차에 의하여는 수입 허가를 받을 수 없는 물품임에도 불구하고 위계 기타 사회통념상 부정이라고 인정되는 행위로써 수입허가를 받은 자를 의미 하므로, 수입자동승인품목을 가사 수입제한품목이나 수입금지품목으로 잘못 알고 반제품인양 가장하여 수입허가 신청을 하 였더라도 그 수입물품이 수입자동승인품목인 이상 이를 사위 기타 부정한 행위로써 수입허가를 받은 경우에 해당한다고 볼 수 없다[^{대판 1983.7.12,}
^{82도2114}].

Ⅱ 형법 제16조와 정당한 이유

1. 정당한 이유의 의의와 판단기준

(1) 의의

정당한 이유가 있는 때란 행위자에게 착오의 회피가능성이 없는 경우, 즉 착오가 불가피한 경우를 의미한다(통설). 다만, 판례는 오인에 과실이 없는 경우라고 하고 있다.

(2) 판단기준

⚖ 판례 | 제16조의 정당한 이유 판단기준 = 행위자의 지적 인식능력

1. [1] 형법 제16조에서 … 정당한 이유가 있는지 여부는 행위자에게 자기 행위의 위법의 가능성에 대해 심사숙고하거나 조회할 수 있는 계기가 있어 자신의 지적능력을 다하여 이를 회피하기 위한 진지한 노력을 다하였더라면 스스로의 행위에 대하여 위법성을 인식할 수 있는 가능성이 있었음에도 이를 다하지 못한 결과 자기 행위의 위법성을 인식하지 못한 것인 지 여부에 따라 판단하여야 할 것이고, 이러한 위법성의 인식에 필요한 노력의 정도는 구체적인 행위정황과 행위자 개인 의 인식능력 그리고 행위자가 속한 사회집단에 따라 달리 평가되어야 한다.
[2] 변호사 자격을 가진 국회의원인 피고인이 보좌관을 통해 관할 선거관리위원회 직원에게 구두로 문의하여 답변을 받은 결과 '의정보고서를 발간하는 것이 선거법규에 저촉되지 않는다'고 오인한 후 선거에 영향을 미칠 수 있는 내용이 포함된 의정보고서를 발간한 경우 형법 제16조의 정당한 이유가 없다[^{대판 2006.3.24,}
^{2005도3717}]. [19 경찰승진, 18 국가7급, 17 경찰승진, 17 경찰채용, 16 경간부]*
비교판례 광역시의회의원이 선거구민들에게 의정보고서를 배부하기에 앞서 미리 관할 선거관리위원회 소속 공무원들에게 자문 을 구하고 그들의 지적에 따라 수정한 의정보고서를 배부한 경우, 형법 제16조에 해당하여(법률의 착오로서 정당한 이유가 인정 된다는 의미임) 벌할 수 없다[^{대판 2005.6.10, 2005도835;}
^{동지 대판 2008.10.23, 2008도5526}]. [19 경찰승진, 18 경찰승진, 17 법원9급, 17 경간부, 16 국가9급]*

2. 초등학교 교사인 피고인이 13세 미만인 아동·청소년들로 하여금 성적인 호기심을 갖도록 하고 이를 이용하여 성적 행위 를 한 것이 죄가 되지 않는다고 오인한 것은 정당한 이유가 있다고 볼 수 없다[^{대판 2015.2.12,}
^{2014도11501}].

2. 구체적 고찰

⚖ 판례 | 착오에 정당한 이유를 부정한 경우(스스로 함부로 생각한 경우: 조회의무에 위반 한 것임)

1-1. (스스로 잘못 해석한 경우) 피고인이 사안을 달리하는 사건에 관한 대법원의 판례의 취지를 오해하여 자신의 행위가 무 허가 의약품의 제조·판매행위에 해당하지 아니하는 것으로 오인한 경우[^{대판 1995.7.28,}
^{95도1081}]. [20 국가9급]*

1-2. 부동산중개업자가 아파트 분양권의 매매를 중개하면서 중개수수료 산정에 관한 지방자치단체의 조례를 잘못 해석하여 법에서 허용하는 금액을 초과한 중개수수료를 수수한 경우가 법률의 착오에 해당하지 않는다고 한 사례[^{대판 2005.5.27,}
^{2004도62}]. [20 국가9급, 17 국가7급, 17 경간부]*
판례해설 판결요지는 "법률의 착오에 해당하지 않는다"라고 표현하고 있으나 법률의 착오(포섭의 착오)에 해당하지만 정당한 이유가 있는 경우에 해당하지 않는다는 의미이다.

1-3. 공무원이 그 직무에 관하여 실시한 봉인 등의 표시를 손상 또는 은닉 기타의 방법으로 그 효용을 해함에 있어서 그 봉인 등의 표시가 법률상 효력이 없다고 믿은 것은 법규의 해석을 잘못하여 행위의 위법성을 인식하지 못한 것이라고 할 것이므로 그와 같이 믿은 데에 정당한 이유가 없는 이상, 그와 같이 믿었다는 사정만으로는 공무상표시무효죄의 죄책을 면할 수 없다[대판 2000.4.21, 99도5563]. [19 경간부, 17 법원행시, 16 경간부]*

2-1. (스스로 잘못 판단한 경우) 일본 영주권을 가진 재일교포가 영리를 목적으로 관세물품을 구입한 것이 아니라거나 국내 입국시 관세신고를 하지 않아도 되는 것으로 착오하였다는 등의 사정만으로는 형법 제16조의 법률의 착오에 해당하지 않는다[대판 2007.5.11, 2006도1993]. [19 법원행시, 16 국가9급, 16 경찰채용]*

2-2. 마약취급의 면허가 없는 피고인이 제약회사에 근무한다는 자로부터 마약이 없어 약을 제조하지 못하니 구해달라는 거짓 부탁을 받고 제약회사에서 쓰는 마약은 구해주어도 죄가 되지 아니하는 것으로 믿고 생아편을 구해준 경우[대판 1983.9.13, 83도1927].

3-1. (의례로 또는 관례로 인하여 잘못 판단한 경우) 도의회의원 선거에 출마하려는 자가 공직선거법에 관하여 잘 알고 있지도 않으면서 스스로의 생각에 따라 기부행위 금지기간에 기부행위 등의 사전선거운동을 하는 것이 의례적인 행위로서 합법적이라고 잘못 판단한 경우[대판 1996.5.10, 96도620].

3-2. 비록 피고인이 그 주장과 같이 종전부터 이어져 내려온 관행에 따라 선수등록업무를 처리하였다고 하더라도, 위 인정과 같은 사정에 비추어 보면, 피고인으로서는 자신의 행위가 법령에 의하여 죄가 되지 아니하는 것으로 오인한 데에 정당한 이유가 있다고 볼 수 없다[대판 2003.7.25, 2002도6006].

3-3. 수사처리의 관례상 일부 상치된 내용을 일치시키기 위하여 적법하게 작성된 참고인 진술조서를 찢어버리고 진술인의 진술도 듣지 아니하고 그 내용을 일치시킨 새로운 진술조서를 작성한 경우[대판 1978.6.27, 76도2196].

3-4. 피고인이 공무원에게 금원을 공여하면서 관례에 따른 것이므로 뇌물죄가 되지 않는다고 생각한 경우[대판 1995.6.30, 94도1017].

4. (국어에 능숙하지 못한 외국인 경영자가 사립학교법을 위반한 경우) 사립학교인 갑 외국인학교 경영자인 피고인이 갑 학교의 교비회계에 속하는 수입을 수회에 걸쳐 을 외국인학교에 대여하였다고 하여 사립학교법 위반으로 기소된 사안에서, 갑 학교와 을 학교는 각각 설립인가를 받은 별개의 학교이므로 갑 학교의 교비회계에 속하는 수입을 을 학교에 대여하는 것은 구 사립학교법 제29조 제6항에 따라 금지되며, 한편 피고인은 위와 같은 대여행위가 적법한지에 관하여 관할 도교육청의 담당공무원에게 정확한 정보를 제공하고 회신을 받거나 법률전문가에게 자문을 구하는 등의 조치를 취하지 않았고, 피고인이 외국인으로서 국어에 능숙하지 못하였다거나 갑 학교 설립·운영협약의 당사자에 불과한 관할청의 소속 공무원들이 참석한 갑 학교 학교운영위원회에서 을 학교에 대한 자금 대여 안건을 보고하였다는 것만으로는 피고인이 자신의 지적 능력을 다하여 행위의 위법 가능성을 회피하기 위한 진지한 노력을 다하였다고 볼 수 없으므로, 피고인이 위와 같은 대여행위가 법률상 허용되는 것으로서 죄가 되지 않는다고 그릇 인식하고 있었더라도 그와 같이 그릇된 인식에 정당한 이유가 없다고 한 사례[대판 2017.3.15, 2014도12773].

🔨 판례 | 착오에 정당한 이유를 부정한 경우(조회의무를 이행하였으나 회신 전에 위법행위를 한 경우)

피고인들이 법 위반이 되는지의 여부에 관하여 질의를 한 바는 있으나, 관계 공무원이 법에 위반되지 않는다는 확실한 답변을 하지 아니한 상황에서, 피고인들이 법 위반 행위를 한 경우[대판 2003.4.1, 2003도451].

🔨 판례 | 착오에 정당한 이유를 인정한 경우(조회의무를 이행하여 책임 기관 또는 전문가의 회신을 신뢰한 경우)

1. 부대장의 허가를 받아 부대 내에 유류를 저장하는 것이 죄로 되지 않는 것으로 믿었던 경우[대판 1971.10.12, 71도1356].

2. 국민학교 교장이 도교육위원회의 지시에 따라 꽃양귀비를 교과식물로 비치하기 위하여 교무실 앞 화단에 심은 경우[대판 1972.3.31, 72도64].

3. 허가를 담당하는 공무원이 허가를 요하지 않는다고 잘못 알려 준 것을 믿고 채광작업을 위하여 허가 없이 산림을 훼손한 경우[대판 1993.9.14, 92도1560]. [20 법원행시, 17 법원9급, 17 국가7급, 16 국가7급]*

4. 미숫가루제조행위에는 별도의 허가가 필요하지 않다는 <u>서울시의 공문과 구청의 질의회신을 믿고</u> 허가 없이 미숫가루를 제조한 경우[대판 1983.2.22. 81도2763].

5. 행정청의 허가가 있어야 함에도 불구하고 허가를 받지 아니하여 처벌대상 행위를 한 경우, <u>허가를 담당하는 공무원이 허가를 요하지 않는 것으로 잘못 알려 주어 이를 믿었기 때문에</u> 허가를 받지 아니한 경우[대판 1995.7.11. 94도1814].

6. <u>관할관청이</u> 장의사영업허가를 받은 상인에게 장의소요기구, 물품을 판매하는 도매업에 대하여는 <u>영업허가가 필요 없는 것으로 해석</u>하여 영업허가를 해 주지 않고 있어 피고인 역시 영업허가 없이 도매를 해 온 경우[대판 1989.2.28. 88도1141]. [17 경찰승진]*

7. 국유재산을 대부받아 주유소를 경영하는 자가 <u>담당 공무원에게</u> 위 국유지상에 건축물을 건축할 수 있는지의 여부를 문의하여, 위 국유재산을 불하받을 것이 확실하고 또 만일 건축을 한 뒤에 위 국유재산을 불하받지 못하게 되면 건물을 즉시 철거하겠다는 각서를 제출하면 <u>건축허가가 될 수 있다는 답변을 듣고</u>, 건축허가를 받고 건물을 신축한 경우[대판 1993.10.12. 93도1888].

8. 음반등법과 그 시행령 규정의 반대해석의 가능성 및 <u>비디오물감상실의 관할부서의 행정지도 내용</u> 등을 고려할 때[69] … 피고인이 자신의 비디오물감상실에 18세 이상 19세 미만의 청소년을[현행법상으로는 청소년은 18세 미만임] 출입시킨 행위는 관련 법률에 의하여 허용된다고 믿었고, 그렇게 믿었던 것에 대하여 정당한 이유가 있는 경우에 해당한다[대판 2002.5.17. 2001도4077]. [16 국가7급]*

9. 교통부장관의 허가를 얻어 설립된 사단법인 한국교통사고상담센타의 하부직원이 목적사업인 교통사고 피해자의 위임을 받아 사고 회사와의 사이에 화해의 중재나 알선을 하고 피해자로부터 <u>교통부장관이 승인한 조정수수료를 받은 경우</u>[대판 1975.3.25. 74도2882].

10. 채권자가 <u>관할공무원과 변호사에게 문의 확인</u>하여 자기의 채권이 경제의 안정과 성장에 관한 긴급명령에 의해 신고해야 할 기업사채에 해당하지 않는다고 믿고 신고를 하지 않은 경우[대판 1976.1.13. 74도3680]. [19 경간부]*

> **비교판례** 피고인이 변호사에게 상세한 내용의 문의를 하지는 않았지만 자문을 받은 후 압류물을 집달관의 승인 없이 관할구역 밖으로 옮긴 경우 자신의 행위가 죄가 되지 않는다고 믿는 데에 정당한 이유가 있다고 할 수 없다[대판 1992.5.26. 91도894]. [20 경간부, 18 법원행시, 17 경간부]*

⚖️ 판례 | 수사기관의 '혐의 없음' 결정을 받은 전력이 있는 경우 착오에 정당한 이유 인정 여부

1-0. (정당한 이유 인정) 가감삼십전대보초와 한약 가지 수에만 차이가 있는 십전대보초를 제조하고 그 효능에 관하여 광고를 한 사실에 대하여 이전에 검찰의 혐의없음 결정을 받은 적이 있었던 피고인이 한의사 약사 한약업사 면허나 의약품판매업 허가 없이 의약품인 가감삼십전대보초를 판매하였다고 하더라도 자기의 행위가 법령에 의하여 죄가 되지 않는 것으로 믿을 수밖에 없었고, 또 그렇게 오인함에 정당한 이유가 있는 경우에 해당한다[대판 1995.8.25. 95도717]. [18 국가7급]*

1-1. (정당한 이유 부정)[70] ⅰ) 피고인이 한국무도교육협회의 정관에 따라 무도교습소를 운영하였고, 위 협회가 소속회원을 교육함에 있어서는 학원설립인가를 받을 필요가 없다고 한 검찰의 무혐의결정내용을 통지받은 사실만으로 피고인이 인가를 받지 않고 교습소를 운영한 것이 형법 제16조의 정당한 이유가 있다고 볼 수 없다[대판 1992.8.18. 92도1140].
ⅱ) 숙박업소의 업주들과 공모하여 위성방송수신기 등을 이용하여 일본의 음란한 위성방송프로그램을 수신하여 숙박업소의 손님들로 하여금 시청하게 하여 구 풍속영업의 규제에 관한 법률 제3조 제2호 위반행위를 한 피고인이 그 이전에 그와 유사한 행위로 '혐의없음' 처분을 받은 전력이 있다거나 일정한 시청차단장치를 설치하였다는 등의 사정만으로는, 형법 제16조의 정당한 이유가 있다고 볼 수 없다[대판 2010.7.15. 2008도11679]. [18 경찰승진]*

---

69) 음반·비디오물 및 게임물에 관한 법률 및 동시행령은 18세 미만자의 비디오방 출입을 금지하고 출입문에는 "18세 미만 출입금지"라는 표시를 부착하여야 한다고 규정하고 있었으며, 위 사건 전에 비디오물감상실의 관할부서는 업주들을 상대로 실시한 교육과정을 통하여 음반등법 및 그 시행령에서 규정한 '만 18세 미만의 연소자' 출입금지표시를 업소출입구에 부착하라고 행정지도를 하였을 뿐 청소년보호법에서 금지하고 있는 '만 18세 이상 19세 미만'의 청소년 출입문제에 관하여는 특별한 언급을 하지 않았다.

70) '혐의 없음' 결정을 받은 전력이 있다는 것이 착오에 정당한 이유를 인정하는 절대적인 기준이 되지 못한다는 것을 보여주는 판례이다. 그저 암기하는 방법이 최선이다. 다만, 출제가능성은 낮다.

판례 | 착오에 정당한 이유를 부정한 경우(허가 또는 자격을 가진 자가 그 범위를 넘는 행위를 한 경우)

1. 활법(정부공인체육종목)의 사회체육지도자 자격증을 취득한 자가 당국의 인가를 받아 활법원을 설립·운영하면서 척추질 환자들에게 신체불균형상태를 교정하는 시술을 하면서 자신의 행위가 무면허 의료행위에 해당하지 아니하여 죄가 되지 않는다고 믿은 경우[대판 1995.4.7. 94도1325; 동지 대판 2002.5.10. 2000도2807].

2. 피고인이 탐정업을 세무서에 사업자등록 신청을 하자 세무서가 이를 받아 주어 사업자등록을 한 후 특정인 소재탐지, 사생활 조사 등의 행위를 하면서 죄가 되지 않는다고 믿은 경우[대판 1994.8.26. 94도780].

3. 자격기본법에 의한 민간자격관리자로부터 대체의학자격증을 수여받은 자가 사업자등록을 한 후 침술원을 개설하여 자신의 행위가 무면허 의료행위에 해당되지 아니한다고 믿고 체침시술을 한 경우[대판 2003.5.13. 2003도939]. [18 경찰승진, 16 경간부]*

4. 일반음식점 영업허가를 받은 자가 실제로는 주로 주류를 조리·판매하는 영업을 하더라도 일반음식점 영업허가를 받은 이상 청소년보호법의 규정에 저촉되지 않는다고 믿고 19세 미만의 청소년을 고용한 경우[대판 2004.2.12. 2003도6282].

5. 관할 환경청장으로부터 임차차량에 대하여 특정 폐기물 수집·운반차량증을 발급받은 자가 무허가업자에게 폐기물운반차량을 운전사와 함께 임차하는 형식으로 폐기물 처리를 위탁한 경우[대판 1998.6.23. 97도1189].

판례 | 정당한 이유가 부정된 경우(책임 있는 기관 회신·또는 전문가의 조언이라도 착오해서는 안 되는 경우)

1. 가처분결정으로 직무집행정지 중에 있던 종단대표자가 종단소유의 보관금을 소송비용으로 사용함에 있어 변호사의 조언이 있었다는 것만으로 보관금인출사용행위가 법률의 착오에 의한 것이라 할 수 없다[대판 1990.10.16. 90도1604].

2. 건축업면허 없이 시공할 수 없는 건축공사를 피고인이 타인의 건설업면허를 대여받아 그 명의로 시공하였으나 위 면허의 대여가 감독관청의 주선에 의하여 이루어진 경우[대판 1987.12.22. 86도1175].

3. 약 23년 경력의 형사계 강력반장이 검사의 수사지휘를 받아 적법한 것이라 믿고 허위의 공문서를 작성한 경우[대판 1995.11.10. 95도2088]. [20 경찰승진]*

4. 유선비디오방송 또는 유선방송설비는 허가대상이 되지 않는다는 '체신부장관의 회신을 믿고' 당국의 허가없이 유선비디오방송설비를 설치한 경우[대판 1989.2.14. 87도1860], [대판 1987.4.14. 87도160].

판례 | 기타 정당한 이유의 인정 여부 ※ 암기하는 것이 간편한 경우

(1) 정당한 이유 인정

1. 이복동생의 이름으로 해병대에 지원입대하여 근무 중 휴가시, 위 동생이 군에 복무중임을 알았고, 다른 사람의 이름으로 군생활을 할 필요가 없다고 생각하여 귀대치 않다가 징병검사를 받고 예비역으로 복무하던 중에 군무이탈자의 자진복귀명령에 위반한 경우[대판 1974.7.23. 74도1399].

2. 주민등록지를 이전한 자가 이미 같은 주소에 예비군 대원신고가 되어 있었으므로 재차 동일주소에 대원신고를 할 필요가 없다고 보아 대원신고를 하지 않은 경우[대판 1974.11.12. 74도2676].

(2) 정당한 이유 부정

1. 당국에 신고 후에 매장해야 한다는 것을 모르고 신고 없이 시체를 매장한 경우[대판 1979.8.28. 79도1671].

2. 장애인복지법 제50조 제1항에 의해 보장구제조허가를 받았고 또 한국보장구협회에서 다리교정기와 비슷한 기구를 제작·판매하고 있던 자가 다리교정기가 의료용구에 해당되지 않는다고 믿은 경우[대판 1995.12.26. 95도2188].

3. 정기간행물을 등록하지 않고 발행한 피고인들이 정기간행물의 등록을 강제하는 법률규정이 있다는 것을 몰랐고 또 그 간행물이 발행될 당시뿐만 아니라 그 발행이 중단되고 오랜 기간이 지난 다음에도 별도로 문제가 제기된 바 없었다는 사정이 있는 경우[대판 1994.12.9. 93도3223].

4. 중국 국적 선박을 구입한 피고인이 외환은행 담당자의 안내에 따라 매도인인 중국해운회사에 선박을 임대하여 받기로 한 용선료를 재정경제부장관에게 미리 신고하지 아니하고 선박 매매대금과 상계한 경우[대판 2011.7.14. 2011도2136]. [17 경찰채용]*

5. 법령의 객관적 해석에 반하여 무선설비의 납품처 담당 직원으로부터 형식등록이 필요 없다는 취지의 답변을 듣고, 피고인이 미국 회사로부터 수입·판매한 무선설비에 대하여 형식등록을 받지 않은 경우[대판 2009.6.11. 2008도10373]. [19 경간부, 17 국가7급]*

6. 피고인이 환경부의 질의회신 내용을 자기에게 유리하게 잘못 해석하여, 무허가 처리업체에 건설폐기물을 위탁처리하게 한 경우[대판 2009.1.30. 2008도8607]. [18 국가7급]*

7. 여러 지방자치단체장들이 관행적으로 간담회 개최 및 음식물 제공을 하여 왔고 행정자치부에서 이를 금지하는 구체적인 지침이 없으며, 그 비용을 행정자치부에서 마련한 업무추진비 집행기준을 준수하여 적법한 절차에 따라 업무추진비에서 지출하여 왔기 때문에, 피고인이 간담회의 참석자들에게 음식물을 제공한 경우[대판 2007.11.16. 2007도7205]. [17 경찰채용, 16 국가7급, 16 국가9급]*

8. 한국간행물윤리위원회나 정보통신윤리위원회가 만화들 중 '에로 2000'을 제외한 나머지 만화에 대하여 심의하여 음란성 등을 이유로 청소년유해매체물로 판정하였을 뿐 더 나아가 전기통신사업법시행령에 따라 시정요구를 하거나 청소년보호법에 따라 관계기관에 형사처벌 또는 행정처분을 요청하지 않았기 때문에, 피고인들이 인터넷 포털서비스 사이트에 음란 성인만화방을 개설·운영한 경우[대판 2006.4.28. 2003도4128]. [16 국가7급]*

9. 피고인이 과거 지방선거에서 같은 내용의 선거홍보물을 사용하였지만 처벌받지 않았다거나 또는 홍보물의 내용이 공직선거법에 위반됨을 알지 못하고, 허위학력(이력)을 예비후보자 홍보물에 기재하여 우송한 경우[대판 2006.3.10. 2005도6316]. [16 경간부]*

10. 부동산중개업자가 부동산중개업협회의 자문을 통하여 인원수의 제한 없이 중개보조원을 채용하는 것이 허용되는 것으로 믿고서 제한인원을 초과하여 중개보조원을 채용함으로써 부동산중개업법 위반행위에 이르게 된 경우[대판 2000.8.18. 2000도2943]. [17 법원9급, 17 경찰채용, 16 국가7급, 16 국가9급]*

11. (학생회관의 관리권은 그 대학 당국에 귀속되므로) 학생회의 동의가 있어 학생회관에의 침입이 위법하지 않다고 믿은 경우[대판 1995.4.14. 95도12]. [17 경간부]*

12. 법률 위반 행위 중간에 일시적으로 판례에 따라 그 행위가 처벌대상이 되지 않는 것으로 해석되었던 적이 있었다고 하더라도 그것만으로 자신의 행위가 처벌되지 않는 것으로 믿은 데에 정당한 이유가 있다고 할 수 없다[대판 2021.11.25. 2021도10903].

🔨 판례 | 정당한 이유의 인정 여부(변리사와 관련된 판례)

1-0. (정당한 이유 인정) 변리사에게 문의 및 감정의뢰를 하여 이미 의장등록 되어 있는 타인의 상품(발가락 삽입부가 5개로 형성된 양말)과 피고인의 상품이 유사하지 않다는 전문적인 감정결과를 받아 특허국에 등록한 후 상품을 생산하였으나, 그 후 피고인의 의장등록이 취소된 경우라면 그 때까지의 상품생산행위는, 의장법 위반행위가 법령에 의하여 죄가 되지 않는다고 오인함에 정당한 이유가 있는 때에 해당한다[대판 1982.1.19. 81도646]. [16 경찰승진]*

1-1. (정당한 이유 부정) ⅰ) 피고인이 변리사로부터 타인의 등록상표가 상품의 품질이나 원재료를 보통으로 표시하는 방법으로 사용하는 상표로서 효력이 없다는 자문과 감정을 받아 자신이 제작한 물통의 의장등록을 하고 그 등록상표와 유사한 상표를 사용한 경우, 설사 피고인이 위와 같은 경위로 자기의 행위가 죄가 되지 아니한다고 믿었다 하더라도 이러한 경우에는 누구에게도 그 위법의 인식을 기대할 수 없다고 단정할 수 없으므로 피고인은 상표법 위반의 죄책을 면할 수 없다[대판 1995.7.28. 95도702]. ※ "BIO TANK" 등록상표와 관련된 사건이다.

ⅱ) 甲은 변리사로부터 자신의 행위가 A의 상표권을 침해하지 않는다는 취지의 회답과 감정결과를 통보받았고, 특허청도 甲의 상표출원을 받아들여서 이를 등록하여 주기까지 하였다. 그리고 甲은 이 사건과 유사한 대법원의 판례들을 잘못 이해함으로써 자신의 행위는 죄가 되지 않는다고 확신을 하고 결국 A의 상표권을 침해하는 행위를 한 경우[대판 1998.10.13. 97도3337].

Ⅲ 위법성조각사유의 전제사실의 착오

1. 의의

① 위법성조각사유의 전제사실에 대한 착오란 행위자가 존재하지 않는 위법성조각사유의 객관적 전제사실이 존재한다고 오신하고 위법성조각사유에 해당하는 행위를 한 경우를 말한다(허용구성요건의 착오, 허용상황의 착오).

② 한밤중에 전보를 배달하러 온 우편배달부를 강도로 오인하고 상해를 입힌 경우(오상방위)가 그 예이다.

2. 법적 효과

구분	학설
엄격고의설	착오를 한 자에게 현실적 위법성의 인식이 없으므로 고의책임이 조각되고 과실범의 성립 여부만 문제가 된다는 견해이다.
소극적 구성요건요소 이론	① 위법성조각사유는 소극적 구성요건표지로서 적극적 구성요건표지인 구성요건해당성과 더불어 불법 구성요건을 형성하므로, 구성요건표지에 관한 착오와 같이 구성요건적 착오가 된다는 견해이다. ② 형법 제13조를 직접적용 ③ 고의불법이 조각되어 과실범의 성립 여부만 문제된다.
엄격책임설	① 행위자가 구성요건적 사실 그 자체는 인식했으므로 구성요건적 고의는 조각될 수 없고, 착오로 위법성을 인식하지 못한 것이므로 금지착오가 된다는 견해이다. ② 착오에 정당한 이유가 없으면 고의범으로 처벌되고, 정당한 이유가 있으면 책임이 조각되어 처벌받지 않게 된다.
유추적용설	① 위법성조각사유의 객관적 전제사실은 구성요건의 객관적 요소와 유사성이 있으므로 구성요건적 착오에 관한 규정을 유추적용하여 고의가 조각된다는 견해이다. ② 형법 제13조를 유추적용 ③ 고의불법이 조각되어 과실범의 성립 여부만 문제된다.
법효과제한적 책임설 (다수설)	① 객체를 침해한다는 사실에 대한 인식·인용은 있으므로 구성요건적 고의는 조각되지 아니하나, 착오로 인하여 행위자의 심정반가치를 인정할 수 없으므로 책임고의가 조각되어 그 법적 효과에 있어서만 구성요건적 고의가 조각된 것처럼 과실범의 문제로 취급하자는 견해이다. ② 고의불법이 인정되나 과실범의 성립 여부만 문제된다.

> 📋 **참고 학설의 핵심정리** [22 경간부, 12 변호사, 14 변호사, 17 변호사, 21 변호사]*
>
> | 구분 | 착오의 성질 | 오상방위로 상해를 한 경우 | 공범성립 |
> |---|---|---|---|
> | 엄격고의설 | – | 과실치상죄 | – |
> | 소극적 구성요건표지이론 | 구성요건적 착오 (제13조 직접적용) | 과실치상죄 | 불가능 |
> | 엄격책임설 | 위법성의 착오 | 상해죄 | 가능 |
> | 유추적용설 | 제3의 착오 (제13조 유추적용) | 과실치상죄 | 불가능 |
> | 법효과제한적 책임설 | 제3의 착오 | 구성요건적 고의는 인정, 고의책임 조각(심정반가치 탈락) → 과실치상죄 | 가능 |

당번병의 관사이탈행위는 중대장의 직접적인 허가가 없었다 하더라도 당번병으로서의 그 임무범위 내에 속하는 일로 오인하고 한 행위로서 그 오인에 정당한 이유가 있어 위법성이 없다고 볼 것이다[대판 1986.10.28, 86도1406].

사례 연습

【위조전사 착오】 ※ 법적 효과

강도 甲이 골목길에서 乙을 칼로 위협하며 금품을 요구하던 중, 乙은 "강도야"하고 소리치면서 甲의 손목을 붙들고 반항하였다. 이 때 그곳을 지나가던 행인 丙은 오히려 피해자 乙이 甲을 칼로 찌르려는 것으로 오인하여 주위에 있던 벽돌로 乙의 뒷머리를 쳐 전치 3주의 상해를 입혔다. 만약 丙에게 乙을 강도로 오인한 점에 대한 과실이 인정된다면, 각 학설에 따른 丙의 죄책에 관한 기술 중 옳지 않은 것은?

① 법효과제한적 책임설에 의하면 고의상해죄의 성립과 처벌이 인정됨
② 소극적 구성요건요소이론에 의하면 과실치상죄에 해당함
③ 엄격책임설에 의하면 고의상해죄에 해당함
④ 유추적용설에 의하면 과실치상죄의 성립과 처벌이 인정됨
⑤ 위법성의 인식의 체계적 지위에 관한 이론인 엄격고의설에 의하면 고의는 범죄사실에 대한 인식 이외에 현실적인 위법성의 인식을 필요로 하므로 과실치상죄에 해당함
⑥ 법효과제한적 책임설에 의하면 상해의 구성요건적 고의가 부인되므로 과실치상죄로 처벌됨

해설

① (틀림) 위법성조각사유의 전제사실에 대한 착오(허용구성요건의 착오)에 관한 문제이다. 법효과제한적 책임설(다수설)에 따르면 허용구성요건의 착오에서 고의가 조각되는 것은 아니지만 고의책임과 고의형벌을 조각하여 법효과에 있어서 구성요건적 착오와 같이 취급한다. 따라서 사안의 경우 법효과제한적 책임설에 의하면 고의상해행위가 인정되지만 과실치상죄의 처벌을 인정하게 된다.

②③④⑤ (옳음) 학설 중에서 엄격책임설(고의범의 법적효과 인정 가능)을 제외한 나머지 학설은 각기 이론구성은 달리하지만 위법성조각사유의 전제사실에 대한 착오의 경우 과실범의 법적 효과를 인정한다는 점을 기억하면 쉽게 문제를 해결할 수 있다.

⑥ (틀림) 법효과제한적 책임설은 구성요건적 고의는 인정되나 책임고의가 조각되어 과실치상으로 처벌된다는 견해이다.

정답 (①, ⑥)

제5절 기대가능성

🔍 **출제 POINT**

기대가능성의 판단기준에 대한 판례의 입장을 정리해 두어야 한다. 형법 제12조의 '강요에 의한 행위'의 성립요건에 관한 판례 및 기대가능성 유무에 관한 판례가 종종 출제되고 있다.

I 서론

1. 기대가능성의 의의

기대가능성이란 행위시의 구체적 사정으로 보아 행위자가 범죄행위를 하지 않고 적법행위를 할 것을 기대할 수 있는 가능성을 의미한다.

> **⚖ 판례 | 기대가능성과 구별되는 개념에 해당하는 경우**
>
> 병역법 제88조 제1항은 현역입영 또는 소집통지서를 받고도 '정당한 사유' 없이 이에 응하지 않은 사람을 처벌하는데, 여기에서 '정당한 사유'는 구성요건해당성을 조각하는 사유로서 위법성조각사유인 정당행위나 책임조각사유인 기대불가능성과는 구별된다[대판(전) 2018.11.1. 2016도10912]. [20 경간부, 20 경찰채용, 19 국가7급, 19 국가9급, 19 경찰채용]*

2. 기대가능성이론의 발전

(1) 규범적 책임론

규범적 책임론은 책임의 본질을 불법에 대한 비난가능성으로 보는데 이러한 비난가능성은 적법행위의 기대가능성을 전제로 하므로 기대가능성은 규범적 책임론의 핵심개념이 될 수밖에 없다. 따라서 규범적 책임론의 입장에서는 적법행위에 대한 기대가능성이 없으면 책임을 물을 수 없게 된다.

(2) 기대가능성이론의 전개

우리나라에서도 기대불가능성을 일반적인 초법규적 책임조각사유로 보고 있다(판례, 통설).

II 기대가능성의 체계적 지위

책임조건(고의·과실), 책임능력, 위법성의 인식 존재하면 원칙적으로 책임이 인정되나 예외적으로 기대가능성이 없는 때에 책임이 조각될 뿐이다(소극적 책임요소설, 다수설).

III 기대가능성의 판단기준

> **⚖ 판례 | 기대가능성의 판단기준 = 사회평균인**
>
> 기대가능성은 그 특정행위를 할 당시 행위자가 처하였던 구체적 상황 아래서 사회평균인을 기준으로 그 적법행위를 기대할 가능성의 유무로써 판단되어야 할 것인 바, 양심적 병역거부자의 양심상의 결정이 적법행위로 나아갈 동기의 형성을 강하게 압박할 것이라고 보이기는 하지만 그렇다고 하여 그가 적법행위로 나아가는 것이 실제로 전혀 불가능하다고 할 수는 없다고 할 것인바, 법규범은 개인으로 하여금 자기의 양심의 실현이 헌법에 합치하는 법률에 반하는 매우 드문 경우에는 뒤로 물러나야 한다는 것을 원칙적으로 요구하기 때문이다[대판(전) 2004.7.15. 2004도2965]. [18 변호사, 18 국가9급]*

⚖️ 판례 | 기대가능성이 인정되는 경우

1. **(상위자의 범법행위에 가담)** 직장의 상사가 범법행위를 하는데 가담한 부하에게 직무상 지휘·복종관계에 있다 하여 범법행위에 가담하지 않을 기대가능성이 없다고 할 수 없다[대판 1999.7.23, 99도1911]. [20 국가7급, 19 경찰승진, 19 경간부, 18 변호사, 18 법원행시, 17 경간부]*

   `동지판례` ⅰ) 탄약창고의 보초근무를 하던 피고인이 그 창고 내에서 포탄피를 절취하는 현장을 목격하고도 그것을 제지하지 않았으며 상관에게 보고하지도 않고 묵인한 행위는 그 절취자들이 비록 피고인을 명령·지휘할 수 있는 상급자들이었다 할지라도 기대가능성이 없는 불가피한 행위이었다고는 할 수 없다[대판 1966.7.26, 66도914].
   ⅱ) 피고인이 비서라는 특수신분 때문에 주종관계에 있는 공동피고인들의 지시를 거절할 수 없어 뇌물을 공여한 것이었다 하더라도 그와 같은 사정만으로는 피고인에게 뇌물공여 이외의 반대행위를 기대할 수 없는 경우였다고 볼 수 없다[대판 1983.3.8, 82도2873]. [19 국가9급, 17 경간부]*

2. **(고의에 의한 부정시험)** 甲이 출제교수들로부터 대학원신입생전형시험문제를 제출받아 알게 된 것을 乙, 丙 등에게 그 시험문제를 알려주었고 그렇게 알게 된 乙, 丙 등이 그 답안쪽지를 작성한 다음 이를 답안지에 그대로 베껴 써서 그 정을 모르는 시험감독관에게 제출하였다면 이는 위계로써 입시감독업무를 방해하였다 할 것이고 적법행위에 대한 기대가능성이 없다고 할 수 없다[대판 1991.11.12, 91도2211]. [17 변호사, 17 경간부]*

   `비교판례` **(우연히 알게된 답을 기재한 부정시험)** 입학시험에 응시한 수험생으로서 자기 자신이 부정한 방법으로 탐지한 것이 아니고 우연한 기회에 미리 출제될 시험문제를 알게 되어 그에 대한 답을 암기하였을 경우, 그 암기한 답에 해당된 문제가 출제되었다 하여도 위와 같은 경우로서 암기한 답을 그 입학시험 답안지에 기재하여서는 아니된다는 것을 그 일반 수험자에게 기대한다는 것은 보통의 경우 도저히 불가능하다 할 것이다[대판 1966.3.22, 65도1164]. [19 경간부]*

3. 처자가 생활고로 행방불명이 된 사정이 있다고 하더라도 그 사정만으로서 군에 귀대할 수 있는 기대가능성이 없어 군무이탈의 범의나 책임이 없다고 할 수 없다[대판 1969.12.23, 69도2084].

4. 전방 철책선을 순찰 중이던 소대장이 상관인 중대장이 월북을 기도하면서 철책문을 열라고 소총으로 위협하자 중대장에게 사격을 가하라는 공격지휘를 하지 않고 다만 "연락하라."고만 두세 번 소리치고 도주한 경우, 피고인이 이 사건 행위에 이르게 된 것이 피고인과 같은 지위에서 근무하는 장교로서는 아무도 피고인이 취한 행동 이상의 행위를 기대할 수 없었다고는 볼 수 없다[대판 1970.11.24, 70도1984].

5. 당직자 회의장소가 아닌 음식점에서 참석 당직자만이 아닌 일반당원도 포함시켜 술 등 음식을 제공한 행위를 공직선거법 제142조 제3항에 의하여 허용되는 기부행위라고 볼 수 없고, 이를 의례적이거나 직무상의 행위로 사회상규에 위배되지 아니하거나 기대가능성이 없는 행위로 볼 수도 없다[대판 1998.6.9, 97도856].

6. 단지 당국이 피고인이 간부로 있는 전국교직원노동조합이나 기타 단체에 대하여 모든 옥내외 집회를 부당하게 금지하고 있다고 하여 그 집회신고의 기대가능성이 없다 할 수 없으므로, 위와 같은 이유만으로 관할경찰서장에게 신고하지 않고 옥외집회를 주최한 것이 죄가 되지 않는다고 할 수 없다[대판 1992.8.14, 92도1246].

7. 국토이용관리법 제21조의7 제1항에 의하면 신고지역으로 지정된 구역 안에 있는 토지 등의 거래계약을 체결하고자 하는 당사자는 공동으로 그 조항 소정의 신고를 하게 되어 있지 이전등기시에 하게 되어 있지는 않으므로 매수인이 토지를 미등기 전매하는 경우라고 하여 매도인의 당초의 거래에 대한 신고의 기대가능성이 없다고 할 수는 없다[대판 1990.10.30, 90도1798].

8. 통일원장관의 접촉 승인 없이 북한 주민과 접촉한 행위는 정당행위 혹은 적법행위에 대한 기대가능성이 없는 경우에 해당하지 아니한다[대판 2003.12.26, 2001도6484]. [19 경간부]*

9. 불법 건축물이라는 이유로 일반음식점 영업신고의 접수가 거부되었고, 이전에 무신고 영업행위로 형사처벌까지 받았음에도 계속하여 일반음식점 영업행위를 한 피고인의 행위는, 식품위생법상 무신고 영업행위로서 정당행위 또는 적법행위에 대한 기대가능성이 없는 경우에 해당하지 아니한다[대판 2009.4.23, 2008도6829]. [20 국가7급]*

10. 영업정지처분에 대한 집행정지 결정은 피고인이 제기한 영업정지처분 취소사건의 본안판결 선고시까지 그 처분의 효력을 정지한 것으로서 행정청의 처분의 위법성을 확정적으로 선언하지도 않았으므로, 위 집행정지 신청이 잠정적으로 받아들여졌다는 사정만으로는, 피고인이 오락실에서, 게임기와 대형스크린을 설치하고 취득한 점수에 따라 100점당 교육문화상품권을 배출하여 제공하는 방법으로 경품취급기준을 위반한 경우, 구 음반·비디오물 및 게임물에 관한 법률(2006.4.28. 법률 제7943호로 폐지) 위반으로 기소된 피고인에게 적법행위의 기대가능성이 없다고 볼 수는 없다고 한 사례[대판 2010.11.11, 2007도8645]. [20 국가7급, 19 국가9급]*

⚖ **판례 | 기대가능성이 인정되지 않는 경우**

수학여행을 온 대학교 3학년생 34명이 지도교수의 인솔하에 피고인 경영의 나이트클럽에 찾아와 단체입장을 원하므로 그들 중 일부만의 학생증을 제시받아 확인하여 본 즉 그들이 모두 같은 대학교 같은 학과 소속의 3학년 학생들로서 성년자임이 틀림없어 나머지 학생들의 연령을 개별적, 기계적으로 일일이 증명서로 확인하지 아니하고 그들의 단체입장을 허용함으로써 그들 중에 섞여 있던 미성년자 1인을 위 업소에 출입시킨 결과가 된 경우[대판 1987.1.20. 86도874]. [17 경간부]*

Ⅳ 기대불가능성으로 인한 책임조각사유

구분	책임조각사유	책임감면사유 / 책임감경사유
총칙규정	① 강요된 행위 ② 면책적 과잉방위 ③ 면책적 과잉피난	① 과잉방위 ② 과잉피난 ③ 과잉자구행위
각칙규정	① 친족간 범인은닉 ② 친족간 증거인멸죄	① 단순도주죄 < 도주원조죄 ② 위조통화취득후지정행사죄 < 위조통화행사죄

Ⅴ 강요된 행위

제12조(강요된 행위) 저항할 수 없는 폭력이나 자기 또는 친족의 생명, 신체에 대한 위해를 방어할 방법이 없는 협박에 의하여 강요된 행위는 벌하지 아니한다. [18 변호사, 16 법원행시]*

1. 의의와 법적 성질

(1) 의의

강요된 행위란 저항할 수 없는 폭력이나 자기 또는 친족의 생명·신체에 대한 위해를 방어할 방법이 없는 협박에 의한 행위를 말한다.(예 계속되는 남편의 폭행을 견디다 못한 그 처가 남편의 요구대로 타인을 무고한 경우)

(2) 법적 성질

강요된 행위는 적법행위의 기대가능성이 없다는 점을 고려하여 책임조각사유로 규정한 것이다.

2. 제12조의 적용요건

(1) 강제상태

① 저항할 수 없는 폭력

㉮ ⅰ) 제12조의 폭력에는 강제적 폭력(심리적 폭력)은 포함되나 절대적 폭력은 포함되지 아니한다(판례·통설). ⅱ) 절대적 폭력에 의한 경우 피강요자의 의사를 인정할 수 없어 피강요자의 행위는 형법상의 행위라고 할 수 없으므로 구성요건해당성이 조각된다.

㉯ 물건에 대한 유형력의 행사라도 간접적으로 사람의 의사형성에 영향을 미칠 수 있으면 폭력에 해당된다.

판례 | 제12조의 '저항할 수 없는 폭력'의 의미

형법 제12조 소정의 저항할 수 없는 폭력은, 심리적인 의미에 있어서 육체적으로 어떤 행위를 절대적으로 하지 아니할 수 없게 하는 경우와 윤리적 의미에 있어서 강압된 경우를 말하고, 협박이란 자기 또는 친족의 생명·신체에 대한 위해를 달리 막을 방법이 없는 협박을 말하며, 강요라 함은 피강요자의 자유스런 의사결정을 하지 못하게 하면서 특정한 행위를 하게 하는 것을 말한다[대판 1983.12.13. 83도2276]. [21 법원9급, 19 국가7급, 19 국가9급, 19 경찰채용, 18 변호사, 17 변호사]*

② 자기 또는 친족의 생명·신체에 대한 위해를 방어할 방법이 없는 협박

㉮ 친족의 범위는 민법에 의해서 결정된다. 다만, 제12조의 취지에 비추어 사실상의 부부와 사생아도 포함된다(통설).

㉯ 협박은 명시적·묵시적인 것을 불문한다.

판례 | 강요된 행위로 인정되는 경우

1. (납북된 상태에서 국가보안법 위반행위를 한 사건) 북괴에 납북된 피고인들이 앞으로 대한민국으로 돌아갈 수 있을 것인지조차 명백히 알 수 없는 상태에서 그들 요구대로 강연을 하는 등 북괴의 활동을 찬양 고무하고 정보를 제공한 것은 피고인들의 생명, 신체에 대한 위해를 방어할 방법이 없는 협박에 의하여 강요된 행위이며 이를 거부할 기대가능성이 없다고 봄이 상당하다[대판 1971.12.14. 71도1657].

2. 18세 소년이 취직할 수 있다는 감언에 속아 도일하여 지리나 인정 등이 생소한 일본국에서 조총련 간부들의 감시 내지 감금하에 강요에 못이겨 공산주의자가 되어 북한에 갈 것을 서약한 행위는 강요된 행위라고 볼 수밖에 없다[대판 1972.5.9. 71도1178].

판례 | 강요된 행위로 인정되지 않는 경우

1. (김현희 사건) 형법 제12조에서 말하는 강요된 행위는 저항할 수 없는 폭력이나 생명·신체에 위해를 가하겠다는 협박 등 다른 사람의 강요행위에 의하여 이루어진 행위를 의미하는 것이지 어떤 사람의 성장교육과정을 통하여 형성된 내재적인 관념 내지 확신으로 인하여 행위자 스스로의 의사결정이 사실상 강제되는 결과를 낳게 하는 경우까지 의미한다고 볼 수는 없다[대판 1990.3.27. 89도1670]. [19 국가7급, 18 국가9급, 17 법원행시]*

2. (납북된 후 남한에 잠입한 후에도 자수하지 않은 사건) 북괴에 가게된 것이 자의에 의한 것이 아니었다고 하더라도 북괴로부터 무전기 외 난수표, 공작금을 받고 남한에 잠입한 점, 잠입 후 바로 수사기관에 자수하지 아니한 점 등에 비추어 보면 피고인의 북괴지역에서의 행위 내지 남한에서의 간첩방조행위가 강요된 행위라고는 볼 수 없다[대판 1968.9.24. 68도841].

3. 공범자가 자기를 따라다니지 아니하면 때려준다고 말하였다고 하더라도 그 정도의 사유만으로는 피고인의 5회에 걸친 절취행위가 강요된 행위에 해당한다고 볼 수 없다[대판 1968.4.2. 68도221].

4. 단체 사이의 상하관계에서 오는 구속력 때문에 이루어진 행위라는 사유만으로는 그 행위를 강요된 행위라 볼 수 없다[대판 1986.9.23. 86도1547].

5. 휘발유 등 군용물의 불법매각이 상사인 포대장이나 인사계 상사의 지시에 의한 것이라 하여도 그 같은 지시가 저항할 수 없는 폭력이나 자기 또는 친족의 생명, 신체에 대한 위해를 방어할 방법이 없는 협박에 상당한 것이라고 인정되지 않은 이상 강요된 행위로서 책임성이 조각된다고 할 수 없다[대판 1983.12.13. 83도2543].

③ **자초한 강제상태**: 피강요자의 책임 있는 사유로 인하여 강제상태가 야기된 때에는 적법행위에 대한 기대가능성이 없었다고 할 수 없어 강요된 행위에 해당하지 않는다.

⚖ 판례 | 자진월북 = 강요된 행위 X

반국가단체의 지배하에 있는 북한지역으로 탈출하는 자는 특별한 사정이 없는 한 북한집단구성원과의 회합이 있을 것이라는 사실을 예측할 수 있고 자의로 북한에 탈출한 이상 그 구성원과의 회합은 예측하였던 행위이므로 강요된 행위라고는 인정할 수 없다[대판 1973.1.30.
72도2585].

⚖ 판례 | 납북 경험이 있는 자의 월선조업 중 납북 = 강요된 행위 X

피고인이 그 전에 선원으로 월선조업을 하다가 납북되었다가 돌아온 경험이 있는 자로서 월선하자고 상의하여 월선조업을 하다가 납치되어 북괴의 물음에 답하여 제공한 사실을 강요된 행위라 할 수 없다[대판 1971.2.23.
70도2629].

(2) 강요된 행위

① 피강요자의 행위는 구성요건에 해당하는 위법한 행위여야 하며, 폭력·협박과의 사이에 인과관계가 인정되어야 한다. 인과관계가 없을 경우에는 피강요자의 책임이 조각되지 않고, 피강요자가 강요자와 공범이 될 수 있다.

② 피강요자는 강요된 상태에서 부득이 위난을 피하기 위하여 행위를 한다는 인식이 있어야 한다.

3. 강요된 행위의 효과

(1) 피강요자의 책임

① 강요된 행위는 책임이 조각된다.

② 강요된 행위의 경우에도 위법성은 조각되지 않으므로 이에 대한 정당방위는 가능하다.

(2) 강요자의 책임

① 행위자를 자유 없이 행위하는 도구로 이용하였기 때문에 강요한 범죄의 간접정범이 성립한다(통설).

② 강요자는 강요행위 자체에 대하여 강요죄(직접정범)가 성립한다.

③ 위 양죄는 상상적 경합범이 성립한다.

제5장 미수론

제1절 미수범의 일반이론

1. 범죄의 실현단계

(1) 범죄의사

범죄의사는 그것이 외부에 실현되지 않는 때에는 형법적 평가의 대상이 될 수 없다.

(2) 예비·음모

예비란 범죄의사의 실현을 위한 준비행위로서 실행의 착수 전의 행위를 말한다.

> **⚖️ 판례 | 음모 = 범죄실행의 합의 + 합의에 실질적 위험성 ○**
>
> 형법상 음모죄가 성립하는 경우의 음모란 2인 이상의 자 사이에 성립한 범죄실행의 합의를 말하는 것으로, 범죄실행의 합의가 있다고 하기 위하여는 단순히 범죄결심을 외부에 표시·전달하는 것만으로는 부족하고, 객관적으로 보아 특정한 범죄의 실행을 위한 준비행위라는 것이 명백히 인식되고, 그 합의에 실질적인 위험성이 인정될 때에 비로소 음모죄가 성립한다[대판 1999.11.12. 99도3801].
> [19 국가9급, 18 법원행시, 17 국가9급]*

(3) 미수

① 범죄의 실행에 착수하여 행위를 종료하지 못하였거나 결과가 발생하지 아니한 경우를 말한다(제25조 제1항).
② 미수범을 처벌할 죄는 각칙의 해당 죄에서 정한다(제29조).

> **제250조(살인)** ① 사람을 살해한 자는 사형, 무기 또는 5년 이상의 징역에 처한다.
> **제254조(미수범)** 본죄의 미수범은 처벌한다.

(4) 기수

실행에 착수한 행위가 구성요건의 모든 표지를 충족시킨 경우를 말한다.

(5) 종료

기수 이후에 보호법익에 대한 침해가 실질적으로 끝난 경우를 말한다.

2. 미수를 기수에 준하여 처벌할 수 있는지 여부

> **⚖️ 판례 | 미수를 기수에 준해서 처벌하는 법의 위헌 여부(합헌)**
>
> 어느 범죄에 대해서 미수를 기수에 준해서 또는 방조범을 정범에 준해서 처벌하는 것은 그 범죄에 대한 형사정책적인 필요에 대한 입법적인 합리적 고려에 의한 것으로서 헌법 제9조의 평등의 원칙에 위배된다고 할 수 없다[대판 1980.1.29. 79도2663].

⚖️ 판례 | 주요범죄의 기수시기

(1) 개인적 법익에 관한 죄

1. (주거침입죄) 야간에 타인의 집의 창문을 열고 집 안으로 얼굴을 들이미는 등의 행위를 하였다면 피고인이 자신의 신체의 일부가 집 안으로 들어간다는 인식하에 하였더라도 주거침입죄의 범의는 인정되고, 또한 비록 신체의 일부만이 집 안으로 들어갔다고 하더라도 사실상 주거의 평온을 해하였다면 주거침입죄는 기수에 이르렀다[대판 1995.9.15, 94도2561].

2. (공갈죄) 부동산에 대한 공갈죄는 그 부동산에 관하여 소유권이전등기를 경료받거나 또는 인도를 받은 때에 기수로 되는 것이고, 소유권이전등기에 필요한 서류를 교부받은 때에 기수로 되어 그 범행이 완료되는 것은 아니다[대판 1992.9.14, 92도1506].

3. (강간치상죄) 강간의 기수·미수를 묻지 않고 피해자에게 상해를 입힌 때[대판 1984.7.24, 84도1209].

(2) 사회적 법익에 관한 죄

1. (방화죄) 불이 매개물을 떠나 독자적으로 연소할 수 있는 상태에 이른 때[대판 1970.3.24, 70도330].

2. (선박매몰죄) 사람이 현존하는 선박에 대해 매몰행위의 실행을 개시하고 그로 인하여 선박을 매몰시켰을 때 … 매몰의 결과발생시 사람이 현존하지 않았거나 범인이 선박에 있는 사람을 안전하게 대피시켰다고 하더라도 선박매몰죄의 기수로 보아야 할 것이지 이를 미수로 볼 것은 아니다[대판 2000.6.23, 99도4688].

(3) 국가적 법익에 관한 죄

1. (내란죄) 다수인이 결합하여 국토를 참절하거나 국헌을 문란할 목적으로 한 지방의 평온을 해할 정도의 폭행·협박행위를 한 때[대판(전) 1997.4.17, 96도3376].

2. (간첩죄) 간첩이 국가기밀을 탐지·수집한 때[대판 1963.12.12, 63도312].

(4) 기타

1. (진정부작위범) 일정기간 내에 잘못된 상태를 바로잡으라는 행정청의 지시를 이행하지 않았다는 것을 구성요건으로 하는 범죄인 진정부작위범의 경우 그 의무 이행기간이 경과한 때[대판 1994.4.26, 93도1731]. [16 경찰승진]*

2. (정치자금법위반죄) 정치자금법에 정하지 않은 방법으로 정치자금을 기부받음으로써 정치자금부정수수죄가 기수에 이른 이후에 정치자금을 기부받은 사람이 실제로 그 자금을 정치활동을 위하여 사용하였는지는 범죄의 성립에 영향을 미치지 않는다[대판 2018.5.11, 2018도4075].

제2절 장애미수

🔍 출제 POINT

실행의 착수는 형법에서 가장 중요한 개념에 해당한다. 실행의 착수시기, 인정 여부에 관한 판례는 거의 매년 출제되고 있다고 해도 과언이 아니다. 실행의 착수는 각종 논점에서 요건에 해당하므로 매년 출제될 수 있는 부분이다.

제25조(미수범) ① 범죄의 실행에 착수하여 행위를 종료하지 못하였거나 결과가 발생하지 아니한 때에는 미수범으로 처벌한다.
  ② 미수범의 형은 기수범보다 감경할 수 있다. [18 경찰채용, 16 법원행시]*

I 의의

행위자가 범죄의 실행에 착수하였으나 의외의 장애사유로 인하여 범죄를 완성하지 못한 경우를 말한다.

II 장애미수의 성립요건

1. 주관적 구성요건

(1) 고의

① 미수범의 경우에도 기수범과 같은 고의, 즉 특정한 구성요건의 실현에 대한 인식과 의사가 있어야 한다.

② 실현의사가 없는 과실범의 미수는 있을 수 없으며 형법은 과실범의 미수를 처벌하는 규정을 두고 있지 않다. [17 경찰승진]*

③ 행위자가 처음부터 미수에 그치겠다는 고의를 가진 경우에는 기수의 고의가 없는 경우여서 미수범이 성립할 수 없다(예 甲이 살인미수에 그치겠다는 고의로 A에게 총을 쏘아 A가 허벅지에 총상을 입은 경우, 甲은 A를 죽일 생각, 즉 살인의 기수의 고의가 인정되지 않으므로 살인미수죄가 성립하는 것이 아니라 상해죄가 성립한다). [19 변호사, 18 법원행시]*

(2) 특별한 주관적 구성요건요소

고의 이외에 특별한 주관적 구성요건요소를 요하는 범죄(예 목적범, 영득죄)의 경우에는 그러한 요소(예 목적, 불법영득의사)도 미수범의 주관적 구성요건요소가 된다.

2. 실행의 착수

(1) 의의

① 구성요건을 실현하는 행위를 직접적으로 개시하는 것을 말한다.

② 실행의 착수는 예비·음모와 미수를 구별하는 기준이 된다.

(2) 학설

구분	내용	비판
형식적 객관설	구성요건에 해당하는 정형적인 행위 또는 그 일부행위를 시작한 때에 실행의 착수가 있다고 보는 견해이다. 예 절도죄(재물을 손으로 잡을 때), 살인죄(권총의 방아쇠를 당길 때)71)	① 실행의 착수를 인정하는 시점이 너무 늦다(형사정책적 결함). ② 간접정범의 실행의 착수를 설명하기 곤란하다.
실질적 객관설	① Frank의 공식: 자연적으로 보아 구성요건적 행위와 필연적 결합관계에 있는 구성요건 실현의 전 단계의 행위도 실행의 착수가 인정된다는 견해이다. ② 행위가 보호법익에 대하여 직접적인 위험을 야기시킨 때 또는 법익침해에 밀접한 행위가 있을 때에 실행의 착수가 있다고 보는 견해이다.	① 기준이 명백하지 못하다. ② 행위자의 범죄계획을 고려하지 아니하므로 실행의 착수시점을 판단하기 곤란하다.

---

71) 강도할 생각으로 복면을 하고 아파트 벨을 눌러 나오는 사람이 있으면 폭행하여 집 안으로 들어갈 계획이었으나 벨을 눌러도 나오지 않아 그만둔 경우, 형식적 객관설에 따르면 강도죄의 실행의 착수가 인정되지 않으므로 강도예비죄가 성립할 뿐이다.

주관설	행위자의 범죄의사를 기본으로 실행의 착수시기를 결정하려는 견해로, 범죄적 의사(범의)가 그 수행적 행위에 의하여 확정적으로 나타난 때 또는 범의의 비약적 표동이 있는 때 실행의 착수가 있다고 보는 견해이다.	① 범죄의사의 표현이라는 점에 있어서는 예비와 미수가 동일하므로 미수를 예비의 단계까지 확장할 우려가 있다(미수범의 처벌 범위가 지나치게 확대). ② 범죄의사에만 의존하여 실행의 착수를 판단하므로 구성요건적 행위정형성을 도외시하여 죄형법정주의에 반할 우려가 있다.
절충설 (주관적 객관설, 다수설)	행위자의 주관적인 범죄계획(주관적 기준)에 비추어 구성요건 실현에 대한 직접적 행위(객관적 기준)가 있을 때 실행의 착수가 있다고 보는 견해이다.	

(3) 구체적 고찰

> **⚖️ 판례 | 주거침입죄의 실행의 착수시기(침입의 범의로 시정장치를 부수거나 문을 여는 경우)**
>
> 주거침입의 범의로써 예컨대 주거로 들어가는 문의 시정장치를 부수거나 문을 여는 등 침입을 위한 구체적 행위를 시작하였다면 주거침입죄의 실행의 착수는 있었다고 보아야 한다[대판 1995.9.15. 94도2561]. [19 법원9급, 16 경찰채용]*

> **⚖️ 판례 | (단순)절도(절취재물의 물색행위를 시작한 때)**
>
> 절도죄의 실행의 착수시기는 재물에 대한 타인의 사실상의 지배를 침해하는 데에 밀접한 행위를 개시한 때라고 보아야 하므로, 야간이 아닌 주간에 절도의 목적으로 타인의 주거(방 안)에 침입하였다고 하여도 아직 절취할 물건의 물색행위를 시작하기 전이라면 주거침입죄만 성립할 뿐 절도죄의 실행에 착수한 것으로 볼 수 없는 것이어서 절도미수죄는 성립하지 않는다[대판 1992.9.8. 92도1650]. [20 경찰채용, 19 국가9급]*

> **⚖️ 판례 | 실행의 착수 인정 여부에 대한 비교판례군**
>
> **1-0. (인정)** 소매치기가 피해자의 양복 상의 주머니로부터 금품을 절취하려고 그 주머니에 손을 뻗쳐 그 겉을 더듬은 때에는 절도의 범행은 예비단계를 넘어 실행에 착수하였다고 봄이 상당하다[대판 1984.12.11. 84도2524]. [20 국가9급, 16 경찰승진]*
>
> **1-1. (부정)** 소를 흥정하고 있는 피해자의 뒤에 접근하여 *그가 들고 있던 가방으로 돈이 들어있는 피해자의 하의 왼쪽 주머니를 스치면서 지나간 경우* … 피고인의 행위는 단지 피해자의 주의력을 흐트려 주머니 속에 들은 금원을 절취하기 위한 예비단계의 행위에 불과한 것이고 이로써 실행의 착수에 이른 것이라고는 볼 수 없다[대판 1986.11.11. 86도1109]. [19 국가7급, 16 경간부]*
>
> **2-0. (인정)** 절도죄의 실행의 착수시기는 재물에 대한 타인의 사실상의 지배를 침해하는 데 밀접한 행위가 개시된 때라 할 것인바 피해자 소유 자동차 안에 들어있는 밍크코트를 발견하고 이를 절취할 생각으로 공범이 위 차 옆에서 망을 보는 사이 위 차 오른쪽 앞문을 열려고 앞문 손잡이를 잡아당기다가 피해자에게 발각되었다면 절도의 실행에 착수하였다고 봄이 상당하다[대판 1986.12.23. 86도2256]. [17 법원9급, 16 경찰승진]*
>
> **동지판례** 야간에 손전등과 박스 포장용 노끈을 이용하여 도로에 주차된 차량의 문을 열고 현금 등을 훔치기로 마음먹고, 차량의 문이 잠겨 있는지 확인하기 위해 양손으로 운전석 문의 손잡이를 잡고 열려고 하던 중 경찰관에게 발각된 사안에서, 절도죄의 실행에 착수한 것으로 보아야 한다고 한 사례[대판 2009.9.24. 2009도5595]. [22 경간부, 19 국가7급, 18 경간부, 16 국가7급]*
>
> **판결이유** 피고인의 행위는 승합차량 내의 재물을 절취할 목적으로 승합차량 내에 침입하려는 행위에 착수한 것으로 볼 수 있고, 그로써 차량 내에 있는 재물에 대한 피해자의 사실상의 지배를 침해하는 데에 밀접한 행위가 개시된 것으로 보아 절도죄의 실행에 착수한 것으로 봄이 상당하다.

유사판례 피고인이 고속버스 안에서 금품을 절취하기 위하여 그 버스 선반 위에 올려 놓은 피해자의 007 손가방을 왼손에 신문용지를 들고 위 가방을 가리며 오른손으로 열었으나 위 고속버스터미널의 보안원에게 발각되어 그 뜻을 이루지 못한 경우에 007 손가방의 한쪽 걸쇠만 열었다 하여도 절도범행의 실행에 착수하였다 할 것이다[대판 1983.10.25, 83도2432].

2-1. (부정) 노상에 세워 놓은 자동차 안에 있는 물건을 훔칠 생각으로 자동차의 유리창을 통하여 그 내부를 손전등으로 비추어 본 것에 불과하다면 비록 유리창을 따기 위해 면장갑을 끼고 있었고 칼을 소지하고 있었다 하더라도 절도의 예비행위로 볼 수는 있겠으나 타인의 재물에 대한 지배를 침해하는 데 밀접한 행위를 한 것이라고는 볼 수 없어 절취행위의 착수에 이른 것이었다고 볼 수 없다[대판 1985.4.23, 85도464]. [20 법원9급, 20 국가7급, 20 국가9급, 20 경찰승진, 19 국가7급, 16 법원행시]*

3-0. (인정) 야간에 타인의 재물을 절취할 목적으로 주거에 침입한 경우에는 야간주거침입절도죄의 실행에 착수한 것이라고 볼 것이다[대판 1984.12.26, 84도2433].

3-1. (부정) 절도의 목적으로 피해자의 집 현관을 통하여 그 집 마루 위에 올라서서 창고문 쪽으로 향하다가 피해자에게 발각·체포되었다면 아직 절도행위의 실행에 착수하였다고 볼 수 없다[대판 1986.10.28, 86도1753].

⚖ 판례 | (단순)절도죄의 실행의 착수 인정 여부(재물물색 or 재물접촉)

(1) 실행의 착수 인정

1. **(재물인 구리를 물색한 경우)** 범인들이 함께 담을 넘어 마당에 들어가 그중 1명이 그곳에 있는 구리를 찾기 위하여 담에 붙어 걸어가다가 잡혔다면 절취 대상품에 대한 물색행위가 없었다고 할 수 없다[대판 1989.9.12, 89도1153]. [16 경찰승진, 16 경간부]*

2. **(재물물색을 지나 재물에 접촉한 경우)** 피고인이 응접실 책상 위에 놓여 있던 라디오 1대를 훔치려고 동 라디오선을 건드리다가 피해자에게 발견되어 절도의 목적을 달하지 못하였다면 라디오에 대한 사실상의 지배를 침해하는 데 밀접한 행위라 할 수 있으므로 절도미수죄에 해당한다[대판 1966.5.3, 66도383].

(2) 실행의 착수 부정

1. **(범행의 기회를 엿본 경우)** 평소 잘 아는 피해자에게 전화채권을 사주겠다고 하면서 골목길로 유인하여 돈을 절취하려고 기회를 엿본 행위만으로는 절취의 예비행위는 될지언정 타인의 재물에 대한 사실상 지배를 침해하는 데 밀접한 행위가 개시되었다고 단정할 수 없다[대판 1983.3.8, 82도2944]. [16 경찰승진, 16 경간부]*

2. **(시정장치만 손괴한 경우)** 피해자의 집 부엌문에 시정된 열쇠고리의 장식을 뜯는 행위만으로는 절도죄의 실행행위에 착수한 것이라고 볼 수 없다[대판 1989.2.28, 88도1165].

3. **(절도행위의 재개를 위한 준비행위에 가담하는 경우)** 피고인들이 甲의 절도행위가 중단된 후 甲의 요청으로 절도현장에서 벗어난 장소에서 절도행위의 재개를 위한 준비행위에 가담하는 경우…아직 절도행위의 실행에 착수하였다고 볼 수 없다[대판 1999.9.17, 98도3077].

⚖ 판례 | 실행의 착수가 부정된 경우

1. **(사기죄: 보조금 자체의 지급을 청구한 경우가 아닌 경우)** 태풍 피해복구보조금 지원절차가 행정당국에 의한 실사를 거쳐 피해자로 확인된 경우에 한하여 보조금 지원신청을 할 수 있도록 되어 있는 경우, 허위의 피해신고만으로는 위 보조금 편취범행의 실행에 착수한 것이라고 볼 수 없다. 왜냐하면 피해신고는 국가가 보조금의 지원 여부 및 정도를 결정함에 있어 그 직권조사를 개시하기 위한 참고자료에 불과하기 때문이다[대판 1999.3.12, 98도3443]. 72)

동지판례 장애인단체의 지회장이 지방자치단체로부터 보조금을 더 많이 지원받기 위하여 허위의 보조금 정산보고서를 제출한 경우, 보조금 정산보고서는 보조금의 지원 여부 및 금액을 결정하기 위한 참고자료에 불과하고 직접적인 서류라고 할 수 없으므로 보조금 편취범행(기망)의 실행에 착수한 것으로 보기 어렵다[대판 2003.6.13, 2003도1279].

---

72) "보험금을 사취할 목적으로 화재보험에 가입된 자기 가옥을 방화한 경우, 사기죄의 실행의 착수시기는 방화한 때가 아니라 보험회사에 보험금을 청구한 때이다."라는 사례는 위 판례와 동일한 법리가 적용된 것이라고 할 수 있다.

2. **(병역기피죄)** [1] 병역법 제86조에 정한 '사위행위'라 함은 병역의무를 감면 받을 조건에 해당하지 않거나 그러한 신체적 상태가 아님에도 불구하고 병무행정당국을 기망하여 병역의무를 감면 받으려고 시도하는 행위를 가리키는 것이므로, 다른 행위 태양인 도망·잠적 또는 신체손상에 상응할 정도로 병역의무의 이행을 면탈하고 병무행정의 적정성을 침해할 직접적인 위험이 있는 단계에 이르렀을 때에 비로소 사위행위의 실행을 한 것이라고 보아야 한다.
   [2] 입영대상자가 병역면제처분을 받을 목적으로 병원으로부터 허위의 병사용진단서를 발급받았다고 하더라도 이러한 행위만으로는 사위행위의 실행에 착수하였다고 볼 수 없다[대판 2005.9.28. 2005도3065].
   동지판례 병역을 기피할 목적으로 사위의 방법으로 병사용진단서를 발급 받은 것만으로는 병역법 제86조에서 규정하고 있는 사위행위의 실행에 이르렀다고 할 수 없다. 실행의 착수가 인정되려면 관할 병무청에 제출하거나 징병검사장에 출석하여 사위의 방법으로 신체검사를 받는 등의 행위에까지 이르러야 한다[대판 2005.10.13. 2005도2200].

3. **(통화위조죄)** 피고인이 행사할 목적으로 미리 준비한 물건들과 옵세트인쇄기를 사용하여 한국은행권 100원권을 사진 찍어 그 필름 원판 7매와 이를 확대하여 현상한 인화지 7매를 만들었음에 그쳤다면 아직 통화위조의 착수에는 이르지 아니하였고 그 준비단계에 불과하다[대판 1966.12.6. 66도1317]. [18 경찰승진, 17 경찰채용]*

4. **(외화밀반출죄)** 외국환거래법 제28조 제1항 제3호에서 규정하는, 신고를 하지 아니하거나 허위로 신고하고 지급수단·귀금속 또는 증권을 수출하는 행위는 지급수단 등을 국외로 반출하기 위한 행위에 근접·밀착하는 행위가 행하여진 때에 그 실행의 착수가 있다고 할 것인데, 피고인이 일화 500만¥은 기탁화물로 부치고 일화 400만¥은 휴대용 가방에 넣어 국외로 반출하려고 하는 경우에, 500만¥에 대하여는 기탁화물로 부칠 때 이미 국외로 반출하기 위한 행위에 근접·밀착한 행위가 이루어졌다고 보아 실행의 착수가 있었다고 할 것이지만, 휴대용 가방에 넣어 비행기에 탑승하려고 한 나머지 400만¥에 대하여는 그 휴대용 가방을 보안검색대에 올려 놓거나 이를 휴대하고 통과하는 때에 비로소 실행의 착수가 있다고 볼 것이고, 피고인이 휴대용 가방을 가지고 보안검색대에 나아가지 않은 채 공항 내에서 탑승을 기다리고 있던 중에 체포되었다면 일화 400만¥에 대하여는 실행의 착수가 있다고 볼 수 없다[대판 2001.7.27. 2000도4298].

5. **(비지정문화재의 수출죄)** 비지정문화재의 수출미수죄가 성립하기 위하여는 비지정문화재를 국외로 반출하는 행위에 근접·밀착하는 행위가 행하여진 때에 그 실행의 착수가 있는 것으로 보아야 한다. 따라서 수출할 사람에게 비지정문화재를 판매하려다가 가격절충이 되지 않아 계약이 성사되지 못한 단계에서는 국외로 반출하는 행위에 근접·밀착하는 행위가 있었다고 볼 수 없어 비지정문화재수출미수죄가 성립하지 않는다[대판 1999.11.26. 99도2461].

6. **(범죄수익은닉죄)** [1] 범죄수익은닉의 규제 및 처벌 등에 관한 법률 제3조 제1항 제3호에서 정한 범죄수익 등의 은닉에 관한 죄의 미수범으로 처벌하려면 그 실행에 착수한 것으로 인정되어야 하고, 위와 같은 은닉행위의 실행에 착수하는 것은 범죄수익 등이 생겼을 때 비로소 가능하므로, 아직 범죄수익 등이 생기지 않은 상태에서는 범죄수익 등의 은닉에 관한 죄의 실행에 착수하였다고 인정하기 어렵다.
   [2] 은행강도 범행으로 강취할 돈을 송금받을 계좌를 개설한 것만으로는 범죄수익 등의 은닉에 관한 죄의 실행에 착수한 것으로 볼 수 없다고 한 사례[대판 2007.1.11. 2006도5288]. [20 경간부]*

7. **(필로폰제조죄)**73) 피고인이 히로뽕 제조원료 구입비로 금 3,000,000원을 제1심 공동피고인에게 제공하였는데 공동피고인이 그로써 구입할 원료를 물색 중 적발되었다면 피고인의 소위는 히로뽕제조에 착수하였다고 볼 수 없다[대판 1983.11.22. 83도2590]. [17 경찰채용]*

8. **(공정증서원본부실기재죄)** [1] 공전자기록등부실기재죄에 있어서의 실행의 착수 시기는 공무원에 대하여 허위의 신고를 하는 때라고 보아야 할 것이다.
   [2] 위장결혼의 당사자 및 브로커와 공모한 피고인이 허위로 결혼사진을 찍고 혼인신고에 필요한 서류를 준비하여 위장결혼의 당사자에게 건네준 것만으로는 공전자기록등부실기재죄의 실행에 착수한 것으로 볼 수 없다[대판 2009.9.24. 2009도4998]. [19 경간부, 18 경찰채용, 16 법원행시, 16 경찰채용]*

9. **(필로폰매매죄)** 필로폰을 매수하려는 자에게서 필로폰을 구해 달라는 부탁과 함께 돈을 지급받았다고 하더라도, 당시 필로폰을 소지 또는 입수한 상태에 있었거나 그것이 가능하였다는 등 매매행위에 근접·밀착한 상태에서 대금을 지급받은 것이 아니라 단순히 필로폰을 구해 달라는 부탁과 함께 대금 명목으로 돈을 지급받은 것에 불과한 경우에는 필로폰 매매행위의 실행의 착수에 이른 것이라고 볼 수 없다[대판 2015.3.20. 2014도16920]. [19 법원행시, 19 경찰승진, 18 경찰채용, 17 법원행시]*

---

73) 이러한 죄명은 올바른 표현은 아니지만 판례를 쉽게 정리할 수 있도록 하기 위하여 사용하였다.

⚖️ **판례 | 각종 범죄의 실행의 착수시기**

1. 부정경쟁방지법 제18조 제2항에서 정하고 있는 영업비밀부정사용죄에 있어서는 행위자가 당해 영업비밀과 관계된 영업활동에 이용 혹은 활용할 의사 아래 그 영업활동에 근접한 시기에 영업비밀을 열람하는 행위(영업비밀이 전자파일의 형태인 경우에는 저장의 단계를 넘어서 해당 전자파일을 실행하는 행위)를 하였다면 그 실행의 착수가 있다[대판 2009.10.15. 2008도9433]. [17 경찰채용]*

2. 우리나라 내륙에서 반국가단체의 지배하에 있는 지역으로 탈출하려는 탈출죄의 착수가 있었다고 하기 위하여는 북괴지역으로 탈출할 목적아래 일반인의 출입이 통제되어 있는 지역까지 들어가 휴전선을 향하여 북상하는 정도에 이르러야 탈출죄의 실행에 착수하였다고 볼 것이다[대판 1987.5.26. 87도712].

(4) 범죄유형별 실행의 착수시기

📋 **참고 범죄유형별 실행의 착수시기**

구분	실행의 착수시기
간접정범	이용자의 이용행위시(다수설)
공동정범	공동정범 중 1인이 공동의 범행계획에 따라 실행에 착수한 때
교사범	정범이 실행에 착수한 때
종범	정범이 실행에 착수한 때

3. 범죄의 미완성

의외의 장애사유로 인하여 구성요건적 결과가 발생하지 않아야 한다. 다만, 결과가 발생한 때에도 인과관계나 객관적 귀속이 부정되면 미수가 된다.

Ⅲ 장애미수의 처벌

기수범에 비해서 임의적으로 감경할 수 있다.

제3절 중지미수

🔍 **출제 POINT**

자의성 판단의 기준 및 자의성 인정 여부에 관한 판례, 착수미수와 실행미수 개념을 정리해 두어야 한다. 논점이 풍부하여 매년 출제가 된다고 해도 과언이 아닌 부분이다. 관련문제로서 예비의 중지범의 인정 여부에 관한 논의는 항상 출제 대상이다.

제26조(중지범) 범인이 실행에 착수한 행위를 자의로 중지하거나 그 행위로 인한 결과의 발생을 자의로 방지한 경우에는 형을 감경하거나 면제한다. [20 국가9급, 19 법원9급]*

Ⅰ 서론

1. 중지미수의 개념

중지미수란 범죄의 실행에 착수한 자가 그 범죄가 완성되기 전에 자의로 실행행위를 중지하거나 실행행위로 인한 결과의 발생을 방지한 경우를 말한다.

2. 중지미수의 법적 성격(필요적 감면의 유리한 취급의 근거)

형사정책설	범죄의 실행에 나아간 자에게 「되돌아오는 황금의 다리(Liszt)」를 놓아 범죄의 완성을 방지하려는 형사 정책적인 고려에서 중지미수를 관대하게 취급한다고 보는 견해이다.
법률설	① 범죄의 중지·방지가 위법성을 감소·소멸시키기 때문이라거나(위법성 감소·소멸설), 책임비난을 감소·소멸시키기 때문에(책임 감소·소멸설) 중지미수를 관대하게 처벌한다는 견해이다. ② 위법성(책임) 소멸시에는 무죄판결을 하여야 하나 현행형법은 유죄판결의 일종인 형면제판결을 하도록 규정하고 있으므로 실정법에 맞지 아니하다. ③ 위법성이 소멸되면 중지의 효과가 다른 공범에게도 미치게 되어 중지미수의 일신전속성에 반한다.
결합설	중지미수에 대한 형의 면제는 형사정책설에 의하고, 형의 감경은 책임감소설에 의하여 설명하는 견해가 일반적이다.
보상설	행위자가 자의로 범죄완성을 중지한 것에 대한 공적을 보상하여 중지미수의 형을 감경·면제하는 것이라는 견해이다(공적설, 은사설).
형벌목적설	중지미수자는 범죄의 위험성이 현저히 약화된 경우이므로 형벌의 예방목적에 비추어 처벌의 필요성이 없거나 감소한 것으로 보는 견해이다.

Ⅱ 중지미수의 성립요건

1. 주관적 요건

(1) 일반적 주관적 요건

장애미수와 마찬가지로 기수의 고의, 특수한 주관적 구성요건요소가 필요하다.

(2) 중지미수의 특유한 주관적 요건(자의성)

① 학설

객관설	내부적 동기에 의한 범죄의 미완성은 중지미수이고, 외부적 사정에 의한 범죄의 미완성은 장애미수라는 견해이다.
Frank의 공식	할 수 있었음에도 하기를 원하지 않아서 중지한 경우는 중지미수이고, 하려고 하였지만 할 수가 없어서 중지한 경우는 장애미수라는 견해이다. [16 변호사]*
절충설 (다수설)	① 일반 사회관념상 범죄수행에 장애가 될 만한 사유가 없음에도 불구하고 자율적 동기에 의하여 중지한 경우는 중지미수이고, 일반 사회관념상 범죄수행에 장애가 될 만한 사유가 있어 타율적으로 중지한 경우는 장애미수라는 견해이다. 이때 자율적 동기는 반드시 윤리적인 것을 의미하지는 않는다. ② 보다 나은 기회에 범행키로 하고 일단 스스로 중지한 경우에도 자의성이 인정되어 중지미수가 성립할 수 있다.

규범설	① 범인의 범행중지의 동기가 형의 필요적 감면의 보상을 받을 만한 가치가 있다고 평가되는(법으로의 회귀) 경우에는 중지미수이고, 그렇지 않은 경우에는 장애미수라는 견해이다. ② 강간의 착수 후 피해자가 자발적으로 응해주겠다고 하여 강간을 중지한 경우 및 상황이 불리하다고 판단하였거나 후일 보다 유리한 기회를 노리려고 중지한 경우 행위자의 태도가 '법으로 회귀'한 것이 아니므로 자의성이 부정된다.
주관설	① 윤리적 동기(후회, 동정, 연민, 양심의 가책 등)에 의하여 중지한 경우는 중지미수이고, 그 이외의 사유로 중지한 경우는 모두 장애미수라는 견해이다. ② 강간의 착수 후 피해자가 자발적으로 응해주겠다고 하여 강간을 중지한 경우 윤리적 동기에 의한 중지가 아니므로 자의성이 부정된다.

② 판례

⚖ 판례 | 자의에 의한 중지의 요건

범죄의 실행행위에 착수하고 그 범죄가 완수되기 전에 자기의 자유로운 의사에 따라 <u>범죄의 실행행위를 중지한 경우에 그 중지가 일반 사회통념상 범죄를 완수함에 장애가 되는 사정에 의한 것이 아니라면 이는 중지미수에 해당한다</u>[대판 1999.4.13. 99도640]. [20 변호사, 20 경찰채용, 19 법원9급, 16 국가9급]*

---

(3) 자의성의 판단기준

① 자율적으로 중지한 이상 자의성이 인정되며 중지의 이유가 윤리적으로 정당한 가치를 가질 것을 요하는 것은 아니다.

② 자의성의 판단은 객관적·외부적 사실이 아니라 행위자가 주관적으로 인식한 사실을 기초로 판단하여야 한다. 따라서 ⅰ) 객관적으로 장애사유가 있었으나 이를 모르고 스스로 중지한 경우에도 자의성이 인정되나(예 경찰관이 다가오는 소리를 낙엽이 떨어지는 소리로 알고 스스로 중지한 경우), ⅱ) 객관적으로는 장애사유가 없었으나 행위자가 장애사유가 있다고 오인하고 중지한 경우에는 자의성이 인정되지 않는다(예 낙엽이 떨어지는 소리를 경찰관이 다가오는 소리로 잘못 알고 중지한 경우).

(4) 자의성의 인정 여부

⚖ 판례 | 강간의 중지와 자의성 인정 여부

1. (인정: 간곡한 부탁 사건) 피고인이 피해자를 강간하려다 피해자의 다음 번에 만나 친해지면 응해주겠다는 취지의 간곡한 부탁으로 인하여 그 목적을 이루지 못한 후 피해자를 자신의 차에 태워 집에까지 데려다 주었다면 피고인은 자의로 피해자에 대한 강간행위를 중지한 것이고 피해자의 다음에 만나 친해지면 응해주겠다는 취지의 간곡한 부탁은 사회통념상 범죄실행에 대한 장애라고 여겨지지는 아니하므로 피고인의 행위는 중지미수에 해당한다[대판 1993.10.12. 93도1851]. [19 법원9급, 19 경간부, 18 국가9급, 18 경간부, 17 법원행시, 16 국가9급]*

2. (부정) 강도가 강간하려고 하였으나 잠자던 <u>피해자의 어린 딸이 잠에서 깨어 우는 바람에 도주하였고, 또 피해자가 시장에 간 남편이 곧 돌아온다고 하면서 임신중이라고 말하자 도주한 경우에는 자의로 강간행위를 중지하였다고 볼 수 없다</u>[대판 1993.4.13. 93도347]. [16 법원행시, 16 국가9급]*

3. (부정) 피고인들이 피해자를 강간하려고 하던 중 피해자가 수술한 지 얼마 안 되어 배가 아프다면서 애원하는 바람에 그 뜻을 이루지 못하였다면 피고인들이 간음행위를 중단한 것은 피해자를 불쌍히 여겨서가 아니라 피해자의 신체조건상 강간을 하기에 지장이 있다고 본 데 기인한 것이므로 이는 일반의 경험상 강간행위를 수행함에 장애가 되는 외부적 사정에 의하여 범행을 중지한 것에 지나지 않는 것이므로 중지범의 요건인 자의성을 결여하였다[대판 1992.7.28. 92도917]. [20 법원9급, 17 법원행시]*

⚖️ **판례 | 공포심에 의한 중지 = 자의성 X**

1. 피고인이 피해자를 살해하려고 그의 목 부위와 왼쪽 가슴 부위를 칼로 수 회 찔렀으나 피해자의 가슴 부위에서 <u>많은 피가 흘러나오는 것을 발견하고 겁을 먹고 그만 두는 바람에 미수에 그친 것이라면</u>, 위와 같은 경우 많은 피가 흘러나오는 것에 놀라거나 두려움을 느끼는 것은 일반 사회통념상 범죄를 완수함에 장애가 되는 사정에 해당한다고 보아야 할 것이므로, 이를 자의에 의한 중지미수라고 볼 수 없다[^{대판 1999.4.13.}
99도640]. [20 경찰채용, 19 법원9급, 16 국가9급]*

2. 피고인이 장롱 안에 있는 옷가지에 불을 놓아 건물을 소훼하려 하였으나 <u>불길이 치솟는 것을 보고 겁이 나서 물을 부어 불을 끈 것이라면</u>, 위와 같은 경우 치솟는 불길에 놀라거나 자신의 신체안전에 대한 위해 또는 범행 발각시의 처벌 등에 두려움을 느끼는 것은 일반 사회통념상 범죄를 완수함에 장애가 되는 사정에 해당한다고 보아야 할 것이므로, 이를 자의에 의한 중지미수라고는 볼 수 없다[^{대판 1997.6.13.}
97도957]. [19 법원9급, 19 경간부, 18 경찰채용, 17 법원행시, 17 경찰승진, 17 경간부, 16 법원행시, 16 국가9급]*

3. 범행 당일 미리 제보를 받은 세관직원들이 범행현장 주변에 잠복근무를 하고 있어 그들이 왔다 갔다 하는 것을 본 피고인이 <u>범행의 발각을 두려워 한 나머지 자신이 분담하기로 한 실행행위에 이르지 못한 경우</u> 이는 피고인의 자의에 의한 범행의 중지가 아니어서 형법 제26조 소정의 중지범에 해당한다고 볼 수 없다[^{대판 1986.1.21.}
85도2339]. [16 법원9급]*

4. 원료불량으로 인한 제조상의 애로, 제품의 판로문제, <u>범행 탄로시의 처벌공포</u>, 원심 공동피고인의 포악성 등으로 인하여 히로뽕 제조를 단념한 경우, 그와 같은 사정이 있었다는 사정만으로는 이를 중지미수라 할 수 없다[^{대판 1985.11.12.}
85도2002].

5. 피고인이 뛰에게 위조한 예금통장 사본 등을 보여주면서 외국회사에서 투자금을 받았다고 거짓말하며 자금 대여를 요청하였으나, 뛰과 함께 그 입금 여부를 확인하기 위해 은행에 가던 중 <u>은행 입구에서 차용을 포기하고 돌아갔다면, 이는 피고인이 범행이 발각될 것이 두려워 범행을 중지한 것으로서 일반 사회통념상 범죄를 완수함에 장애가 되는 사정에 해당하여 자의에 의한 중지미수로 볼 수 없다</u>고 한 사례[^{대판 2011.11.10.}
2011도10539]. [16 변호사, 16 경찰채용]*

⚖️ **판례 | 기타 자의성이 인정되는 경우**

피고인이 청산가리를 탄 술을 피해자 2명에게 나누어 주어 마시게 하였다가 먼저 마신 피해자 1명이 술을 토하자 즉시 다른 피해자의 술을 거두어 가지고 밖으로 나가서 쏟아버림으로써 그 술을 마시지 못하게 한 경우, 이는 중지미수에 해당한다 [^{대구지법 1975.12.3.}
75노502].

2. 객관적 요건

(1) 실행의 착수

중지미수의 경우도 최소한 실행의 착수가 있어야 성립할 수 있다.[74]

(2) 실행의 중지 또는 결과발생의 방지

① 착수미수와 실행미수는 중지미수가 성립하기 위한 요건에서 차이가 있다.

② **착수미수**: 행위자가 실행에 착수하였으나 실행행위를 종료하지 못한 경우이다(미종료미수).

③ **실행미수**: 행위자가 실행에 착수하여 실행행위를 종료하였으나 결과가 발생하지 아니한 경우이다(종료미수).

---

74) 보험사기의 경우 보험사고를 일으킨 것만으로는 사기죄 실행의 착수가 인정되지 않으며 보험금을 청구한 때에 실행의 착수가 인정된다. 따라서 교통사고를 가장하여 보험금을 청구하기 위해 자해를 하였다고 하더라도 보험금 청구를 단념한 이상 사기죄의 실행의 착수가 인정되지 않으므로 사기의 중지미수로 처벌할 수 없다.

(3) 착수미수와 실행미수의 구별기준

📖 참고 착수미수와 실행미수의 구별의 기준

주관설	**착수시 행위자의 의사 기준설** ① 착수시 행위자의 계획이 실행을 계속하도록 되어 있는 때에는 객관적으로 결과발생의 가능성이 있는 행위가 종료하여도 실행은 종료되었다고 볼 수 없다(착수미수)는 견해이다. ② 치밀한 계획을 세운 범인에게 유리한 결과 초래한다는 문제점이 있다. **중지시 행위자의 의사 기준설:** 행위자가 중지시에 지금까지의 행위로는 결과가 발생하지 않는다고 확신하였거나 또는 적어도 그렇게 신뢰하고(추가적 행위가 필요하다고 생각하고서) 더 이상의 행위를 하지 아니하였다면 실행은 종료되지 않으며(착수미수), 구성요건적 결과를 발생시키기 위하여는 추가적 행위가 불필요하다고 생각하고 더 이상의 행위를 하지 않았다면 행위가 종료(실행미수)된다는 견해이다.
객관설	객관적으로 결과발생의 가능성이 있는 행위가 종료되었으면 행위가 종료(실행미수)된다고 보는 견해이다.
절충설	ⅰ) 행위자의 범죄계획과 행위당시의 객관적 사정을 고려하여 법익침해의 위험성이 있는 행위가 종료되었다고 인정되면 실행행위는 종료된 것으로 보는 견해와 ⅱ) 이미 행한 행위와 나머지 행위가 하나의 행위로 평가되면 착수미수, 이미 행한 행위와 나머지 행위가 별개의 행위로 평가되면 실행미수라고 하는 견해가 있다.

(4) 착수미수 – 중지

① **실행행위의 중지:** 착수미수의 경우 실행행위를 중지하는 것으로 족하며 범행자체의 종국적 포기를 요하지 아니한다(다수설).

② **결과의 불발생:** 행위자가 실행행위를 중지하였음에도 불구하고 결과가 발생한 경우에는 범죄는 이미 기수에 이른 것이므로 중지미수가 성립할 수 없다.

(5) 실행미수 – 결과 방지

① **결과발생의 방지:** 방지행위는 원칙적으로 범인 자신이 하여야 하나 제3자의 조력을 받은 경우에도 중지미수가 성립할 수 있다. 다만, 후자의 경우 제3자는 범인에 의하여 행위하였을 것과 제3자의 결과방지는 범인 자신의 결과방지와 동일시 될 수 있어야 한다.[75]

② **결과의 불발생:** 행위자가 결과방지를 위한 노력을 하였음에도 불구하고 결과가 발생한 경우에는 범죄가 이미 기수에 이른 것이므로 중지미수가 성립할 수 없다(예 방화의 고의로 매개물에 점화한 후 곧 후회하고 불을 끄려고 하였으나 현주건조물이 소훼된 경우: 현주건조물방화죄의 기수, 甲이 乙의 집에서 100만원을 훔쳤으나 乙이 매우 가난한 사람이라는 것을 알고 다음날 乙이 없는 사이 100만원을 제자리에 돌려 놓은 경우: 절도죄의 기수).

③ **인과관계:** 결과불발생과 방지행위 사이에는 인과관계가 있어야 한다.

㉮ **불능미수의 중지미수 성립 여부**

적극설 (다수설)	불능미수의 형은 임의적 감면이지만 중지미수의 형은 필요적 감면이므로, 불능미수에 대하여 중지미수를 인정하지 않는 경우에는 결과방지를 위한 노력이 동일함에도 불구하고 결과발생의 위험성이 적은 경우(불능미수)를 결과발생의 위험성이 큰 경우(가능미수)보다 무겁게 취급하는 것이 되어 균형이 맞지 않으므로 불능미수의 경우에도 중지미수의 성립을 인정해야 한다는 견해이다.
소극설	결과의 발생은 처음부터 불가능하였으며 행위자의 방지행위에 의하여 결과가 발생하지 않은 것이 아니므로(인과관계가 없으므로) 불능미수의 중지미수를 인정할 수 없다는 견해이다.

---

75) 독살을 기도한 자가 의사의 도움을 받아 피해자를 살린 경우는 중지미수가 성립하나, 방화한 후 불길이 치솟는 것을 보고 겁이 나서 이 사실을 이웃사람들에게 알리고 도주하였는데 이후 불길이 이웃사람들에 의해 진화된 경우에는 중지미수가 성립할 수 없다.

ⓒ **결과방지의 의제**: 발생한 결과가 행위자의 행위와 인과관계가 없거나 객관적 귀속이 부정되면 결과가 발생한 경우에 해당되지 않으므로(결과방지가 의제됨) 중지미수가 성립할 수 있다(예 살인을 기도한 후 곧 후회하고 피해자를 병원으로 데리고 가다가 다른 운전자의 과실에 기인한 교통사고로 피해자가 사망한 경우).

⚖ 판례 | 기수에 이르러 중지미수가 성립할 수 없는 경우

1. 대마관리법 제19조 제1항 제2호, 제4조 제3호 위반의 죄는 대마를 매매함으로써 성립하는 것이므로 설사 피고인이 대마 2상자를 사가지고 돌아오다 이 장사를 다시 하게 되면 내 인생을 망치게 된다는 생각이 들어 이를 불태웠다고 하더라도 이는 양형에 참작되는 사유는 될 수 있을지언정 이미 성립한 죄에는 아무 소장이 없어 이를 가리켜 중지미수에 해당된다고 할 수 없다[대판 1983.12.27. 83도2629].

2. 방화 후 후회하고 진지한 소화행위를 하여 반소(半燒)에 그친 경우, 피고인 등의 범행과정에 설사 소론과 같은 사정이 있었다고 하더라도 그와 같은 사정이 있었다는 사정만으로는 이를 중지미수라 할 수 없다[대판 1985.11.12. 85도2002].

⚖ 판례 | 기타 중지미수가 성립하지 않는 경우

피고인이 기밀탐지 임무를 부여받고 대한민국에 입국, 기밀을 탐지 수집 중 경찰관이 피고인의 행적을 탐문하고 갔다는 말을 전해 듣고 지령사항 수행을 보류하고 있던 중 체포된 경우 … 피고인은 기밀탐지의 기회를 노리다가 검거된 것이므로 이를 중지범으로 볼 수는 없다[대판 1984.9.11. 84도1381]. [18 경간부]*

Ⅲ 중지미수의 처벌

① 중지미수범의 형은 기수범에 대하여 필요적으로 감면한다.
② **법조경합**: 중한 죄의 미수범으로 처벌하고 경한 죄는 이에 흡수된다(예 살인행위를 중지하였으나 상해의 결과가 발생한 경우 살인죄의 중지미수로 처벌).
③ **상상적 경합**: ⅰ) 원래 수죄의 경우이므로 일죄의 중지는 다른 죄의 처벌에 영향을 미치지 않는다. ⅱ) 중지한 범죄에 대하여만 중지미수의 효과가 인정된다.

Ⅳ 관련문제

1. 예비의 중지

(1) 의의

예비의 중지란 이미 예비행위를 한 자가 실행의 착수를 포기하는 것을 말한다.

(2) 중지미수규정의 준용 여부

① 학설: 형의 불균형을 시정하기 위하여 예비에 대하여도 중지미수의 규정을 준용해야 한다는 견해이다(다수설).
② 판례

⚖ 판례 | 예비의 중지(부정)

중지범은 범죄의 실행에 착수한 후 자의로 그 행위를 중지한 때를 말하는 것이고, 실행의 착수가 있기 전인 예비·음모의 행위를 처벌하는 경우에 있어서는 중지범의 관념은 이를 인정할 수 없는 것이다[대판 1999.4.9. 99도424]. [22 경간부, 20 국가7급, 20 국가9급, 20 경간부, 19 법원행시, 19 법원9급, 19 국가9급, 19 경찰승진, 19 경찰채용, 18 법원행시, 18 국가7급, 18 국가9급, 18 경찰승진, 18 경간부, 18 경찰채용, 16 경간부, 16 경찰채용]*

2. 공범과 중지미수

(1) 공범과 중지미수의 성립요건

공범이 자신의 행위를 중지하였으나 다른 공범자가 기수에 이른 경우 공범은 기수의 죄책을 부담한다. 그러므로 다른 공범 또는 정범의 행위까지 중지케 하여 결과의 발생을 방지한 때에 한하여 중지미수가 될 수 있다.

판례 연습

【공범과 중지미수의 성립요건】

甲과 乙이 합동하여 A女를 텐트 안으로 끌고 간 후 차례로 성관계를 하기로 하고, 甲이 밖에서 망을 보고 乙이 먼저 강간한 후, 이어 甲이 강간하려 하였으나 A女가 반항을 하며 강간을 하지 말아 달라고 사정을 하여 강간을 하지 않았다. 甲의 죄책은?

[판결요지]

다른 공범의 범행을 중지하게 하지 아니한 이상 자기만의 범의를 철회, 포기하여도 중지미수에 해당하지는 않는다고 할 것이다[대판 2005.2.25. 2004도8259]. [20 경간부, 19 법원9급, 19 국가9급, 18 국가9급, 18 경찰채용, 17 법원행시, 16 국가9급]*

[판례해설] 공범(공동정범)관계 있는 자의 방지행위가 있었으나 다른 공범이 기수에 이른 경우 중지미수가 성립할 수 없음을 보여주는 판례이다.

정답 (성폭법(특수강간)위반죄의 기수)

⚖ 판례 | 공범과 중지미수의 성립요건 및 성립 여부

(1) 중지미수 인정(타공범자의 기수를 방지한 경우)

甲은 乙과 함께 A가 경영하는 천광상회 사무실의 금품을 절취하기로 공모한 후 甲은 그 부근 포장마차에 있고 乙은 사무실 안으로 들어가 물건을 물색하고 있는 동안 甲은 자신의 범행전력 등을 생각하여 가책을 느낀 나머지 스스로 결의를 바꾸어 A에게 乙의 침입사실을 알려 그와 함께 乙을 체포하였다면 피고인(甲)의 소위는 중지미수의 요건을 갖추었다고 할 것이다[대판 1986.3.11. 85도2831]. [18 경간부]*

(2) 중지미수 부정(타공범자의 기수를 방지하지 아니한 경우)

1. 피고인(丙)이 丁 중위와 범행을 공모하여 동 중위는 엔진오일을 매각 처분하고, 피고인은 송증정리를 하기로 한 것은 사후에 범행이 용이하게 탄로나지 아니 하도록 하는 안전방법의 하나이지, 위 중위가 보관한 위 군용물을 횡령하는데 있어 송증정리가 없으면, 절대 불가능한 것은 아니며, 피고인이 후에 범의를 철회하고 송증정리를 거절하였다 하여도 공범자인 위 중위의 범죄 실행을 중지케 하였다는 것이 아님이 원판결 및 1심 판결에 의하여 확정된 사실이므로 피고인에게 중지미수를 인정할 수 없다[대판 1969.2.25. 68도1676].

2. 위조약속어음인 정을 알고 그것을 행사할 의사가 있는 자임을 알면서 그 위조약속어음을 교부하였다면 후에 이를 다시 회수하려고 노력하였다 하더라도 위 자가 이를 행사하였다면 피고인은 위 자와 위조약속어음의 행사죄와 사기죄의 공동정범에 해당한다[대판 1970.2.10. 69도2070].

(2) 중지미수의 효과가 미치는 범위

중지미수의 효과는 자의로 중지한 자에게만 미친다. 따라서 자의로 중지한 자는 중지미수가 되지만 다른 가담자는 장애미수가 된다.

제4절 불능미수

 출제 POINT

성립요건과 관련하여 위험성 판단에 관한 판례를 정리해 두어야 하며, 판례가 특정 사안에서 불능범, 불능미수범, 미수범 중 어느 것을 인정하였는지가 자주 출제된다.

제27조(불능범) 실행의 수단 또는 대상의 착오로 인하여 결과의 발생이 불가능하더라도 위험성이 있는 때에는 처벌한다. 단, 형을 감경 또는 면제할 수 있다. [20 경간부, 20 국가9급, 18 경찰승진, 18 경찰채용, 17 경간부, 16 법원행시, 16 경간부]*

Ⅰ 서론

1. 불능미수의 의의

① 불능미수란 행위자가 의도한 결과의 발생은 사실상 불가능하지만 위험성이 인정되어 미수범으로 처벌되는 경우를 의미한다.
② 객관적으로 결과발생이 불가능함에도 행위자는 결과발생이 가능하다고 오인한 것(적극적 착오)으로서 반전된 구성요건적 착오에 해당한다.

2. 불능미수와 불능범의 구별

불능범은 사실상 결과의 발생이 불가능할 뿐만 아니라 위험성이 없기 때문에 가벌성이 인정되지 않은 경우를 말한다.

참고 불능미수와 불능범의 구별

불능미수	결과발생 불가능	위험성有	임의적 감면	미수범의 일종
불능범		위험성無	불가벌	범죄불성립

Ⅱ 불능미수의 성립요건

1. 주관적 요건

① 장애미수와 마찬가지로 기수의 고의가 있어야 한다. 따라서 결과발생이 불가능함을 인식하고 실행에 착수하였다면 기수의 고의가 인정되지 않으므로 위험성이 인정된다고 하더라도 불능미수가 성립할 수 없다.
② 특별한 주관적 구성요건요소를 필요로 하는 경우도 있다.

2. 객관적 요건

(1) 실행의 착수

불능미수도 미수범이므로 행위자가 실행에 착수하였을 것을 요한다.

(2) 결과발생의 불가능

① 의의: ⅰ) 불능미수는 실행의 수단 또는 대상의 착오로 인하여 결과의 발생이 불가능할 것을 요한다. ⅱ) 결과의 발생이 가능한 장애미수(제25조)와 구별된다. ⅲ) '결과발생의 불가능'은 사실적·자연과학적 개념이나, '위험성'은 규범적·평가적 개념에 해당한다.

② 실행의 수단 또는 대상의 착오

㉮ 수단의 착오

ⅰ) 수단의 착오는 수단의 불가능성을 의미한다(예 설탕을 독약으로 오인하고 살인을 기도한 경우).

ⅱ) 수단의 착오는 구성요건적 착오에서의 방법의 착오와 구별된다.

㉯ 대상의 착오

ⅰ) 대상의 착오는 객체의 불가능성을 의미하며 원인은 사실상 불가능한 경우(예 사체를 살아있는 사람으로 오인하고 살해를 기도한 경우)와 법률상 불가능한 경우(예 자기소유물을 타인소유물로 오인하고 절취한 경우)를 모두 포함한다.

ⅱ) 대상의 착오는 구성요건적 착오에서의 객체의 착오와 구별된다.

🔎 판례 | 결과의 발생이 불가능의 의미와 불능미수가 성립하지 않는 경우

[1] 형법 제27조(불능범)에서 '결과의 발생이 불가능'하다는 것은 범죄행위의 성질상 어떠한 경우에도 구성요건의 실현이 불가능하다는 것을 의미한다.

[2] 마약류 관리에 관한 법률에서 정한 향정신성의약품 수입행위로 인한 위해 발생의 위험은 향정신성의약품의 양륙 또는 지상반입에 의하여 발생하고 그 의약품을 선박이나 항공기로부터 양륙 또는 지상에 반입함으로써 기수에 달한다. 그리고 국제우편 등을 통하여 향정신성의약품을 수입하는 경우에는 국내에 거주하는 사람이 수신인으로 명시되어 발신국의 우체국 등에 향정신성의약품이 들어 있는 우편물을 제출할 때에 범죄의 실행에 착수하였다고 볼 수 있다. 따라서 피고인(甲)이 공소외인(乙)에게 필로폰을 받을 국내 주소를 알려주었다고 하더라도 공소외인(乙)이 필로폰이 들어 있는 우편물을 발신국의 우체국 등에 제출하였다는 사실이 밝혀지지 않은 이상 피고인(甲)의 이러한 행위는 향정신성의약품 수입의 예비행위라고 볼 수 있을지언정 이를 가지고 향정신성의약품 수입행위의 실행에 착수하였다고 할 수는 없다[대판 2019.5.16. 2019도97.].

판결이유 피고인(甲)은 베트남에 거주하는 공소외인(乙)으로부터 필로폰을 수입하기 위하여 워터볼의 액체에 필로폰을 용해하여 은닉한 다음 이를 국제우편을 통해 받는 방식으로 필로폰을 수입하고자 하였다. 이러한 행위가 범죄의 성질상 그 실행의 수단 또는 대상의 착오로 인하여 결과의 발생이 불가능한 경우가 아님은 너무도 분명하다.

판례해설 사안은 향정신성의약품 수입행위의 실행에 착수하였다고 할 수 없을 뿐만 아니라 더 나아가 실행의 수단 또는 대상의 착오로 인하여 결과의 발생이 불가능한 경우가 아니어서 불능미수가 인정될 수 없다는 취지의 판례이다.

---

③ 주체의 착오와 불능미수의 성립 여부

㉮ 신분 없는 자가 신분 있는 것으로 오인하고 진정신분범을 범한 경우(주체의 불가능)를 말한다(예 선서가 무효임을 알지 못한 증인이 위증을 한 경우).

㉯ 제27조는 수단·대상의 착오만을 규정하고 있으므로 이를 주체의 착오에 확대적용하는 것은 죄형법정주의에 반한다는 점에서 불능미수가 성립할 수 없다. [20 경간부]*

제2편

2023 해커스경찰 허정 형사법 1권 형법총론

(3) 위험성 판단의 기준

① 학설

구객관설	① 위험성판단의 기초(행위당시에 존재하였던 사정), 판단자(일반인의 관점), 판단기준(절대적 불능: 불능범, 상대적 불능: 불능미수) [20 경찰채용]* ② **절대적 불능의 예**: 설탕으로 살해를 기도한 경우(수단), 사체에 대한 살해기도(대상) ③ **상대적 불능의 예**: 치사량에 미달하는 독약으로 살해를 기도한 경우(수단), 부재중인 사람을 살해하기 위한 발포(대상) ④ 절대적 불능과 상대적 불능의 구별기준이 명확하지 못하다는 단점이 있다.
구체적 위험설 (신객관설)	① 위험성판단의 기초(행위자가 인식한 사정과 일반인이 인식할 수 있었던 사정), 판단자(일반의 관점), 판단기준(위험성 유무에 따라 불능미수 또는 불능범) [20 경찰채용, 17 경간부]* ② 일반적으로 임신한 것으로 여겨지지만 실제 임신하지 않은 여자에 대한 낙태행위, 치사량 미달의 독으로 독살을 기도하는 행위, 총에 탄알이 들어 있다고 생각하고 사살을 기도하였으나 빈총이었던 경우 구체적 위험을 인정하여 불능미수가 된다고 한다. ③ 행위자가 인식한 사정과 일반인이 인식할 수 있었던 사정이 일치하지 않는 경우 어느 사정을 기초로 할 것인가가 명백하지 아니하다는 문제점이 있다.
추상적 위험설	① 위험성판단의 기초(행위자가 인식한 사정), 판단기준(일반인의 관점), 판단기준(위험성 유무에 따라 불능미수 또는 불능범) [20 경찰채용]* ② 위험성판단의 기초(행위자가 인식한 사정), 판단기준(일반인의 관점), 판단기준(위험성 유무에 따라 불능미수 또는 불능범) ③ 행위자가 경솔하게 잘못 안 경우에도 그 사정만을 기초로 위험성을 판단하게 되어 주관적인 경향에 치우칠 위험이 있다는 문제점이 있다.
주관설	① 위험성판단의 기초(행위자가 인식한 사정), 판단기준(행위자의 관점), 판단기준(위험성 유무에 따라 불능미수 또는 불능범) [20 경찰채용, 17 경간부]* ② 원칙적으로 불능미수를 인정하나, 다만 미신범의 경우는 실행행위의 정형성이 없기 때문에 불능범이 된다고 본다. ③ 행위자의 의사 이외에는 객관적 요소를 전혀 고려하지 않아 불능미수의 성립범위가 지나치게 확장될 수 있다는 문제점이 있다.

② **판례**: 개별사안에 따라 위험성 판단의 기준을 달리하고 있다.

③ **검토(추상적 위험설 지지)**

ⅰ) 구객관설은 절대적 불능과 상대적 불능의 구별기준이 명확하지 못하다는 문제점이 있고, ⅱ) 구체적 위험설은 행위자가 인식한 사정과 일반인이 인식할 수 있었던 사정이 일치하지 않는 경우 어느 사정을 기초로 할 것인가가 명백하지 아니하다는 문제점이 있고, ⅲ) 주관설은 행위자의 의사 이외에는 객관적 요소를 전혀 고려하지 않아 불능미수의 성립범위가 지나치게 확장될 수 있다는 문제점이 있다. 따라서 추상적 위험설이 타당하다.

⚖️ 판례 | 추상적 위험설의 입장인 판례

불능범과 구별되는 불능미수의 성립요건인 <u>위험성 판단은 피고인이 행위 당시에 인식한 사정을 놓고 이것이 객관적으로 일반인의 판단으로 보아 결과발생의 가능성이 있느냐를 따져야 하므로</u> 히로뽕제조를 위하여 에페트린에 빙초산을 혼합한 행위가 불능범이 아니라고 인정하려면 위와 같은 사정을 놓고 객관적으로 제약방법을 아는 과학적 일반인의 판단으로 보아 결과발생의 가능성이 있어야 한다[대판 1978.3.28. 77도4049]. [20 변호사, 20 법원행시, 20 경찰승진, 19 경찰채용, 17 국가9급]*

Ⅲ 불능미수의 처벌

불능미수범은 미수범을 처벌하는 규정이 있으면 처벌할 수 있으나 임의적 감면사유에 해당한다(제27조).

사례 연습

【불능미수의 위험성 판단 1】

아래의 사례에 대하여 추상적 위험설에 의할 때 甲에게 불능미수를 인정할 수 있는지 여부를 판단하라.

A. 甲은 유황분말에 살인력이 있다고 생각하고 A에게 유황분말을 먹였으나 A는 설사를 하는 데 그치고 말았다.

B. 甲女는 바람난 남편 A를 살해하기 위하여 설탕을 독약으로 오인하고 A가 마실 커피잔에 집어넣어 마시게 하였다.

[해설]

추상적 위험설에 의할 경우 [1] A의 경우 행위자가 인식한 사정은 '유황분말'로 살인을 한다는 것이며 이를 일반인의 입장에서 판단하면 (유황분말은 객관적으로 살인력이 없으며 일반인은 이러한 지식을 가지고 있다고 보아야 한다) 위험성이 인정되지 않아 불능미수가 성립할 수 없다(불능범 인정). [2] B의 경우 행위자가 인식한 사정은 '독약'으로 살인을 한다는 것이므로 이를 일반인의 입장에서 판단하면 위험성이 인정되어 불능미수가 성립한다. 참고로 A의 경우를 주관설에 의하여 판단하면 판단자가 행위자이고 행위자는 '유황분말에 살인력이 있다고 생각'하는 사람이므로 위험성을 인정하게 되어 불능미수가 된다.

사례 연습

【불능미수의 위험성 판단 2】

아래의 A사례에 대하여는 추상적 위험설의 입장에서, B사례에 대하여는 구체적 위험설에 입장에서 불능미수를 인정할 수 있는지 여부를 판단하라.

A. 병원의 잡역부 甲은 병원의 사체안치소에 놓여 있던 원수 A의 사체를 보고 아직 살아있다고 오인하고 살의를 가지고 칼로 A의 심장을 찔렀다.

B. 농약회사의 회사원 甲은 사사건건 자기를 괴롭히는 상관 A를 살해하기 위하여 독극물 보관실에서 독약이 든 병을 꺼내려다 우연히 그 곳에 있던 증류수 병을 꺼내 그 속의 증류수를 독약으로 오인하고 A에게 먹게 하였다.

[해설]

[1] 추상적 위험설에 의할 경우 A의 경우 행위자가 인식한 사정이 '살아 있는 사람'을 살해한다는 것이므로 일반인의 입장에서 판단하면 위험을 인정하게 되어 불능미수가 된다. [2] 구체적 위험설에 의할 경우 B의 경우 행위자가 인식한 사정은 '독극물'로 사람을 살해한다는 인식이고, 일반인이 인식가능했던 사정 역시 (독극물실에서 병을 꺼내왔다는 점을 고려할 때) '독극물'로 사람을 살해한다는 것이다. 따라서 일반인의 입장에서 판단하면 위험성을 인정하게 되어 불능미수가 된다.

⚖ 판례 | 준강간죄의 불능미수가 인정된 경우

[1] 형법 제27조에서 정한 '실행의 수단 또는 대상의 착오'는 행위자가 시도한 행위방법 또는 행위객체로는 결과의 발생이 처음부터 불가능하다는 것을 의미한다. 그리고 '결과 발생의 불가능'은 실행의 수단 또는 대상의 원시적 불가능성으로 인하여 범죄가 기수에 이를 수 없는 것을 의미한다.

[2] 장애미수 또는 중지미수는 범죄의 실행에 착수할 당시 실행행위를 놓고 판단하였을 때 행위자가 의도한 범죄의 기수가 성립할 가능성이 있었으므로 처음부터 기수가 될 가능성이 객관적으로 배제되는 불능미수와 구별된다.

[3] 불능미수는 행위자가 실제로 존재하지 않는 사실을 존재한다고 오인하였다는 측면에서 존재하는 사실을 인식하지 못한 사실의 착오와 다르다.

[4] 피고인이 피해자가 심신상실 또는 항거불능의 상태에 있다고 인식하고 그러한 상태를 이용하여 간음할 의사로 피해자를 간음하였으나 피해자가 실제로는 심신상실 또는 항거불능의 상태에 있지 않은 경우에는, 실행의 수단 또는 대상의 착오로 인하여 준강간죄에서 규정하고 있는 구성요건적 결과의 발생이 처음부터 불가능하였고 실제로 그러한 결과가 발생하였다고 할 수 없다. 피고인이 준강간의 실행에 착수하였으나 범죄가 기수에 이르지 못하였으므로 준강간죄의 미수범이 성립한다. 피고인이 행위 당시에 인식한 사정을 놓고 일반인이 객관적으로 판단하여 보았을 때 준강간의 결과가 발생할 위험성이 있었으므로 준강간죄의 불능미수가 성립한다[대판(전) 2019.3.28. 2018도16002]. [22 경간부, 20 법원행시, 20 법원9급, 20 국가7급, 20 국가9급, 20 경간부, 20 경찰승진, 20 경찰채용, 19 법원행시, 19 경찰채용]*

⚖ 판례 | 불능범을 인정하지 않고 미수로서 가벌성을 인정한 판례

1. [1] 불능범은 범죄행위의 성질상 결과발생 또는 법익침해의 가능성이 절대로 있을 수 없는 경우를 말한다. [19 경찰채용, 17 국가9급]*
   [2] 일정량 이상을 먹으면 사람이 죽을 수도 있는 '초우뿌리'나 '부자' 달인 물을 마시게 하여 피해자를 살해하려다 미수에 그친 행위가 불능범이 아닌 살인미수죄에 해당한다고 본 사례[대판 2007.7.26. 2007도3687]. [18 법원행시, 18 국가9급]*

2. 불능범은 범죄행위의 성질상 결과발생의 위험이 절대로 불능한 경우를 말하는 것인바 향정신성 의약품인 메스암페타민 속칭 '히로뽕' 제조를 위해 그 원료인 염산에페트린 및 수종의 약품을 교반하여 '히로뽕' 제조를 시도하였으나 그 약품배합 미숙으로 그 완제품을 제조하지 못하였다면 위 소위는 그 성질상 결과발생의 위험성이 있다고 할 것이므로 이를 습관성의약품제조 미수범으로 처단한 것은 정당하다[대판 1985.3.26. 85도206]. [18 법원행시, 17 국가9급, 17 경간부]*

3. 소매치기가 피해자의 주머니에 손을 넣어 금품을 절취하려 한 경우 비록 그 주머니 속에 금품이 들어있지 않았었다 하더라도 위 소위는 절도라는 결과발생의 위험성을 충분히 내포하고 있으므로 이는 절도미수에 해당한다[대판 1986.11.25. 86도2090].

4. 권총에 탄자를 충전하여 발사하였으나 탄자가 불량하여 불발된 경우에도 이러한 총탄을 충전하여 발사하는 행위는 결과발생을 초래할 위험이 내포되어 있었다 할 것이므로 이를 불능범이라 할 수 없다[대판 1954.1.30. 4286형상103].

5. 피고인이 우물과 펌프에 혼입한 농약(스미치온)이 악취가 나서 보통의 경우 마시기가 어렵고 또 그 혼입한 농약의 분량으로 보아 사람을 치사에 이르게 할 정도는 아니라고 하더라도 위 농약을 혼입하였다면, 이 경우 살인의 결과가 발생할 위험성이 절대로 없다고 단정할 수는 없는 이상 피고인에게 살인미수의 죄책을 인정하였음은 정당하다[대판 1973.4.30. 73도354].

6. 피고인이 원심 상피고인에게 피해자를 살해하라고 하면서 준 원비-디 병에 성인 남자를 죽게 하기에 족한 용량의 농약이 들어 있었고, 또 피고인이 피해자 소유 승용차의 브레이크호스를 잘라 브레이크액을 유출시켜 주된 제동기능을 완전히 상실시킴으로써 그 때문에 피해자가 그 자동차를 몰고 가다가 반대차선의 자동차와의 충돌을 피하기 위하여 브레이크 페달을 밟았으나 전혀 제동이 되지 아니하여 사이드브레이크를 잡아당김과 동시에 인도에 부딪치게 함으로써 겨우 위기를 모면하였다면 피고인의 위 행위는 어느 것이나 사망의 결과발생에 대한 위험성을 배제할 수 없다 할 것이므로 각 살인미수죄를 구성한다[대판 1990.7.24. 90도1149].

7. 불능범은 범죄행위의 성질상 결과발생 또는 법익침해의 가능성이 절대로 있을 수 없는 경우를 말하는 것인바, 피고인이 다른 공범자들과 공모하여 향정신성의약품인 메스암페타민을 매수하려 하였으나 매도인이 소금을 대신 교부함으로써 미수에 그친 경우, 위 매매행위가 성사될 가능성이 있었다고 보이므로 향정신성의약품의 매매미수범으로 처단함은 정당하다[대판 1998.10.23. 98도2313].

⚖ 판례 | 불능범을 인정한 판례

1. 소송비용을 편취할 의사로 소송비용의 지급을 구하는 손해배상청구의 소를 제기한 경우, 사기죄의 불능범에 해당한다 [대판 2005.12.8. 2005두8105]. [20 경찰승진, 20 경찰채용, 19 법원행시, 18 법원행시, 17 국가9급]*

   판결이유 민사소송법상 소송비용의 청구는 소송비용액 확정절차에 의하도록 규정하고 있으므로, 위 절차에 의하지 아니하고 손해배상금 청구의 소 등으로 소송비용의 지급을 구하는 것은 소의 이익이 없는 부적법한 소로서 허용될 수 없다고 할 것이다. 따라서 소송비용을 편취할 의사로 소송비용의 지급을 구하는 손해배상청구의 소를 제기하였다고 하더라도 이는 객관적으로 소송비용의 청구방법에 관한 법률적 지식을 가진 일반인의 판단으로 보아 결과 발생의 가능성이 없어 위험성이 인정되지 않는다고 할 것이다.

2. 임대인과 임대차계약을 체결한 임차인이 임차건물에 거주하기는 하였으나 그의 처만이 전입신고를 마친 후에 경매절차에서 배당을 받기 위하여 임대차계약서상의 임차인 명의를 처로 변경하여 경매법원에 배당요구를 한 경우, 실제의 임차인이 전세계약서상의 임차인 명의를 처의 명의로 변경하지 아니하였다 하더라도 소액임대차보증금에 대한 우선변제권 행사로서 배당금을 수령할 권리가 있다 할 것이어서, 경매법원이 실제의 임차인을 처로 오인하여 배당결정을 하였더라도 이로써 재물의 편취라는 결과의 발생은 불가능하다 할 것이고, 이러한 임차인의 행위를 객관적으로 결과발생의 가능성이 있는 행위라고 볼 수도 없으므로 형사소송법 제325조에 의하여 무죄를 선고하여야 한다[대판 2002.2.8, 2001도6669]. [20 법원행시, 20 경간부, 16 법원9급]*

3. 소송사기에 있어서 피기망자인 법원의 재판은 피해자의 처분행위에 갈음하는 내용과 효력이 있는 것이어야 하고, 그렇지 아니하는 경우에는 착오에 의한 재물의 교부행위가 있다고 할 수 없어서 사기죄는 성립되지 아니한다고 할 것이므로, 피고인의 제소가 사망한 자를 상대로 한 것이라면 이와 같은 사망한 자에 대한 판결은 그 내용에 따른 효력이 생기지 아니하여 상속인에게 그 효력이 미치지 아니하고 따라서 사기죄를 구성한다고 할 수 없고, 나아가 피고인의 행위가 소송사기죄의 불능미수에 해당한다고 볼 수도 없다[대판 2002.1.11, 2000도1881]. [19 경간부, 18 경찰승진, 17 경간부]*

판례해설 결국 소송사기의 불능범에 해당한다는 취지의 판례이다.

⚖ 판례 | 장애미수와 불능미수의 경합사유가 있는 경우

피고인이 피해자를 독살하려 하였으나 동인이 토함으로써 그 목적을 이루지 못한 경우에는 피고인이 사용한 독의 양이 치사량 미달이어서 결과발생이 불가능한 경우도 있을 것이고, 한편 형법은 장애미수와 불능미수를 구별하여 처벌하고 있으므로 원심으로서는 이 사건 독약의 치사량을 좀 더 심리하여 피고인의 소위가 위 미수 중 어느 경우에 해당하는지 가렸어야 할 것이다[대판 1984.2.14, 83도2967]. [18 법원행시]*

판례해설 장애미수와 불능미수의 사유가 경합하면 행위자에게 유리한 불능미수를 인정하여야 한다는 취지의 판례이다.

⚖ 판례 | 결과발생의 가능성을 인정한 경우

이 사건 농약의 치사추정량이 쥐에 대한 것을 인체에 대하여 추정하는 극히 일반적·추상적인 것이어서 마시는 사람의 연령, 체질, 영양 기타의 신체의 상황여하에 따라 상당한 차이가 있을 수 있는 것이라면 피고인이 요구르트 한 병마다 섞은 농약 1.6cc가 그 치사량에 약간 미달한다 하더라도 이를 마시는 경우 사망의 결과발생 가능성을 배제할 수는 없다고 할 것이다[대판 1984.2.28, 83도3331].

Ⅳ 관련문제

1. 환각범

① 환각범은 사실상 허용되고 있는 행위를 금지되거나 처벌된다고 오인한 경우이며, 반전된 금지의 착오라고 할 수 있다(반전된 금지의 착오, 금지의 적극적 착오). 반전된 금지착오의 경우 그 착오에 정당한 이유가 있고 없음을 불문하고 또는 위험성이 있고 없음을 불문하고 절대 불가벌이다.

② 반전된 구성요건적 착오에 해당하는 불능미수는 행위반가치와 결과반가치가 존재하는 가벌적 범죄현상이지만 환각범은 행위자가 의도한 행위를 처벌하는 구성요건이 존재하지 않아 가벌성이 인정되지 않는다.

2. 미신범

주술적 방법에 의한 살인과 같이 비과학적·미신적 수단이나 방법에 의하여 범죄를 실현하려는 경우를 말한다. 미신범은 행위자가 의도한 결과를 처벌하는 구성요건이 존재한다는 점에서 그렇지 않은 환각범과 구별된다.

> **제28조(음모, 예비)** 범죄의 음모 또는 예비행위가 실행의 착수에 이르지 아니한 때에는 법률에 특별한 규정이 없는 한 벌하지 아니한다. [18 법원행시]*

Ⅰ 서설

1. 예비의 의의

① 예비란 범죄실현을 위한 준비행위로서 아직 실행의 착수에 이르지 않은 일체의 행위를 말하며, 예비행위를 내용으로 하는 범죄를 예비죄라고 한다.

② 형법은 예비를 법률에 특별한 규정이 있는 예외적인 경우에만 처벌하고 있다(제28조).

2. 예비와의 구별개념

① 미수와의 구별: 예비는 실행의 착수 이전의 준비행위이나 미수는 실행의 착수 이후의 개념이다.

② 음모와의 구별: 형법은 음모와 예비를 항상 함께 규정하고 있으므로 양자를 구별할 실익은 없다.

> **판례 | 밀항단속법의 예비에 해당하지 않는 사건**
>
> 일본으로 밀항하고자 도항비로 일화 100만엔을 주기로 약속한 바 있었으나 그 후 이 밀항을 포기하였다면 이는 밀항의 음모에 지나지 않는 것으로 밀항의 예비 정도에는 이르지 아니한 것이다[대판 1986.6.24. 86도437].

Ⅱ 예비죄의 법적 성격

1. 기본범죄에 대한 관계

① 발현형태설: 효과적인 법익보호가 필요한 경우에 미수 이전의 단계까지 구성요건을 확장한 기본범죄의 수정적 구성요건이라는 견해이다(다수설).

② 독립범죄설: 예비죄는 독자적인 불법성을 지니고 있으므로 기본범죄와는 독립된 범죄형태라는 견해이다[배종대, 553면].

> **판례 | 예비죄를 독립된 범죄로 보지 않은 사건**
>
> 형법각칙의 예비죄를 처단하는 규정을 바로 독립된 구성요건개념에 포함시킬 수는 없다고 하는 것이 죄형법정주의의 원칙에도 합당하는 해석이라 할 것이다[대판 1976.5.25. 75도1549]. [22 경간부, 18 국가7급]*

2. 예비죄의 예비행위의 실행행위성

ⅰ) 독립범죄설의 입장에서는 예비죄의 실행행위성을 당연히 인정한다. ⅱ) 발현형태설의 입장에서는 실행행위성을 부정하는 견해도 있으나 인정하는 견해가 다수설이다.

Ⅲ 예비죄의 성립요건

1. 주관적 요건

(1) 예비의 고의

예비죄는 고의범이므로 예비죄가 성립하기 위하여는 고의가 있어야 한다. 따라서 과실에 의한 예비는 예비죄로 처벌될 수 없다. 한편 과실범의 예비는 처벌규정이 없으므로 불가벌이다.

> ⚖ **판례 ㅣ**
>
> (요약: 살인예비죄의 경우 살인의 목적 이외에 살인의 준비에 관한 고의를 요한다) 형법 제255조, 제250조의 살인예비죄가 성립하기 위하여는 형법 제255조에서 명문으로 요구하는 살인죄를 범할 목적 외에도 살인의 준비에 관한 고의가 있어야 한다 [대판 2009.10.29, 2009도7150]. [22 경간부, 19 경찰승진, 18 변호사, 18 경찰승진, 17 국가7급]*

(2) 기본범죄를 범할 목적

예비죄는 목적범이므로 고의 이외에 기본범죄를 범할 목적이 있을 것을 요한다.

2. 객관적 요건

(1) 실행의 착수에 이르지 않은 외부적 준비행위

① 예비행위는 범죄의 실행을 목적으로 하는 외부적 준비행위일 것을 요한다. 따라서 단순한 범죄계획이나 범죄의사의 표시 또는 내심의 준비는 예비가 될 수 없다.

② 예비행위는 수단·방법에 제한이 없으나(예비행위의 무한정·무정형성) 다음과 같은 요건을 구비하여야 한다. ⅰ) 특정한 범죄의 실현을 위한 준비행위라는 것이 객관적으로 명확하여야 한다. 따라서 살해의 목적으로 흉기를 준비하였더라도 살해의 대상자가 확정되지 않은 경우나, '언젠가 용돈이 궁해지면 강도를 해버리자'고 모의한 경우에는 예비죄가 성립하지 않는다. ⅱ) 기본범죄의 실현에 객관적으로 적합한 행위여야 하며(따라서 결과발생이 불가능한 불능예비는 예비가 될 수 없다), ⅲ) 실행의 착수와 시간적·장소적으로 밀접한 준비행위여야 한다.

> ⚖ **판례 ㅣ 예비행위에 해당하는 경우**
>
> 1. 강도에 공할 흉기를 휴대하고 통행인의 출현을 대기하는 행위는 강도예비에 해당된다[대판 1948.8.17, 4281형상80].
> 2. 관세를 포탈할 목적으로 수입할 물품의 수량과 가격이 낮게 기재된 계약서를 첨부하여 수입예정 물량 전부에 대한 과세가격 사전심사를 신청함으로써 과세가격을 허위로 신고하고 이에 따른 과세가격 사전심사서를 미리 받아 두는 행위는 관세포탈죄의 실현을 위한 외부적인 준비행위에 해당한다[대판 1999.4.9, 99도424].

> ⚖ **판례 ㅣ 예비행위에 해당하지 않는 경우**
>
> 살해의 용도에 공하기 위한 흉기를 준비하였다고 하더라도 그 흉기로서 살해할 대상자가 확정되지 아니한 경우 살인예비죄로 다스릴 수 없다[대판 1959.9.1, 4292형상387]. [20 법원9급, 17 국가9급]*

(2) 물적 예비와 인적 예비

예비에는 물적 예비(예 범행도구의 구입, 범행장소의 물색ㆍ답사ㆍ잠입, 강도목적으로 도로에서 숨어 대기하는 행위)뿐만 아니라, 인적 예비(예 살인을 위하여 사람을 고용한 경우)도 포함된다.

⚖ 판례 |

(인적 예비가 인정된 경우) [1] 형법 제255조, 제250조의 살인예비죄가 성립하기 위하여는 형법 제255조에서 명문으로 요구하는 살인죄를 범할 목적 외에도 살인의 준비에 관한 고의가 있어야 하며, 나아가 실행의 착수까지에는 이르지 아니하는 살인죄의 실현을 위한 준비행위가 있어야 한다. 여기서의 준비행위는 물적인 것에 한정되지 아니하며, 특별한 정형이 있는 것도 아니지만, 단순히 범행의 의사 또는 계획만으로는 그것이 있다고 할 수 없고 객관적으로 보아서 살인죄의 실현에 실질적으로 기여할 수 있는 외적 행위를 필요로 한다.

[2] 甲이 乙을 살해하기 위하여 丙, 丁 등을 고용하면서 그들에게 대가의 지급을 약속한 경우, 甲에게는 살인죄를 범할 목적 및 살인의 준비에 관한 고의뿐만 아니라 살인죄의 실현을 위한 준비행위를 하였음을 인정할 수 있으므로 살인예비죄의 성립이 인정된다[대판 2009.10.29. 2009도7150]. [20 국가7급, 19 경찰승진, 18 경찰채용, 17 국가9급, 17 경찰채용, 16 법원행시]*

---

(3) 자기예비와 타인예비

① 자기예비: 자기가 스스로 또는 타인과 공동하여 실행행위를 할 목적으로 준비행위를 하는 경우를 말하며 예비행위에 해당한다.

② 타인예비의 예비죄(정범) 인정여부: 학설의 다툼이 있으나 타인예비를 한 경우 예비죄로 처벌할 수 없다는 것이 다수설이다.

⚖ 판례 | 예비가 인정되는 경우

1. 甲이 행사할 목적으로 미리 준비한 물건들과 옵셋트인쇄기를 사용하여 한국은행권 100원권을 사진찍어 그 필름원판 7매와 이를 확대하여 현상한 인화지 7매를 만들었다면 … 피고인의 행위는 아직 통화위조의 착수에는 이르지 아니 하였고 그 예비단계에 불과하다고 봄이 상당할 것이다[대판 1966.12.6. 66도1317]. [18 경찰승진, 17 경찰채용]*

2. 피고인들이 실제 북한과의 범민족단합대회추진을 위한 예비회담을 하기 위하여 판문점을 향하여 출발하려 하였다면 비록 피고인들이 위 회담의 주체는 아니었다고 하더라도 그 주체와의 의사의 연락하에 위 행위를 하였고 당국의 제지가 없었더라면 위 회담이 반드시 불가능하지는 아니하였던 것이므로 위 피고인들의 소위는 국가보안법 제8조 제4항, 제1항 회합예비죄에 해당하고, 회합장소인 판문점 평화의 집으로 가던 중 그에 훨씬 못 미치는 검문소에서 경찰의 저지로 그 뜻을 이루지 못한 것이라면 아직 반국가단체의 구성원과 회합죄의 실행에 착수하였다고 볼 수 없다[대판 1990.8.28. 90도1217].

   판례해설 실행의 착수는 부정되었다는 점도 알아두어야 한다.

3. 국가보안법의 규정은 남북교류협력에 관한 법률 제3조 소정의 남북교류와 협력을 목적으로 하는 행위에 관하여는 정당하다고 인정되는 범위 안에서는 적용이 배제되나, 피고인이 북한공작원들과의 사전 연락하에 주도한 민중당의 방북신청은 그러한 정을 모르는 다른 민중당 인사들에게는 남북교류협력의 목적이 있었다 할 수 있음은 별론으로 하고, 피고인 자신에 대한 관계에서는 위 법률 소정의 남북교류협력을 목적으로 한 것이라고 볼 수 없으므로, 피고인의 위 법률에 의한 방북신청은 국가보안법상의 탈출예비에 해당한다[대판 1993.10.8. 93도1951].

Ⅳ 관련문제

1. 예비죄의 공범

(1) 예비죄의 공동정범

2인 이상이 공동하여 기본범죄를 실현하고자 하였으나 가벌적 예비행위에 그친 경우 예비죄의 공동정범이 성립한다(판례).

(2) 예비죄의 교사범과 종범

① 쟁점: 기수의 고의로 정범을 교사·방조하였으나 정범이 예비에 그친 경우 예비죄의 교사·방조가 성립할 수 있는지가 문제된다.

② 형법의 규정: 형법은 예비죄의 교사범을 효과없는 교사의 일종으로서 음모 또는 예비에 준하여 처벌하는 특별규정을 두고 있으나(제31조 제2항), 예비죄의 종범(예 살인의 고의로 권총을 구입하고자 하는 자에게 자금을 제공하여 권총을 구입하게 한 자)에 관하여는 규정을 두고 있지 아니하다.

③ 예비죄의 종범의 성립(가벌성 인정) 여부

> ##### ⚖ 판례 | 예비의 종범을 부정한 판례
>
> 형법 제32조 제1항 소정 타인의 범죄란 정범이 범죄의 실현에 착수한 경우를 말하는 것이므로 종범이 처벌되기 위하여는 정범의 실행의 착수가 있는 경우에만 가능하고 형법 전체의 정신에 비추어 정범이 실행의 착수에 이르지 아니한 예비의 단계에 그친 경우에는 이에 가공하는 행위가 예비의 공동정범이 되는 경우를 제외하고는 종범의 성립을 부정하고 있다고 보는 것이 타당하다[대판 1976.5.25, 75도1549; 동지 대판 1979.5.22, 79도522]. [20 법원9급, 20 국가7급, 20 국가9급, 20 경간부, 19 국가9급, 19 경간부, 19 경찰채용, 18 법원행시, 18 국가9급, 18 경간부, 17 변호사, 17 국가9급, 16 경찰승진, 16 경찰채용]*
>
> 동지판례 예비행위의 방조행위는 방조범으로서 처단할 수 없는 것이고 그와 같은 법리는 특정범죄가중처벌등에관한법률 및 관세법에 규정된 무면허수입 등 예비죄의 방조행위에 있어서도 마찬가지이다[대판 1979.11.27, 79도2201].

2. 예비죄의 미수

예비는 실행의 착수(미수)의 전단계이기 때문에 예비죄의 미수는 있을 수 없다(다수설).

3. 예비죄의 죄수

① 하나의 범죄실행을 위하여 수 개의 예비행위가 있었던 경우라도 하나의 예비죄가 성립한다.

② 예비행위 후에 실행에 착수하여 미수 또는 기수가 된 경우에는 기본범죄의 미수 또는 기수만 성립한다(보충관계).

📑 참고 예비죄와 관련된 각종개념의 인정 여부 정리	
예비죄의 공동정범	인정(판례)
예비죄의 종범	부정(판례)
예비의 중지	부정(판례)
과실범에 대한 예비죄	부정
과실에 의한 예비죄	부정
예비의 미수	부정(다수설)
타인예비	부정(다수설)

参 참고 형법상 예비·음모·선동·선전 처벌규정

법익		형법규정
예비·음모	개인적 법익에 대한 죄	① 살인죄(제250조 제1항) ② 존속살해죄(제250조 제2항) ③ 위계·위력에 의한 살인죄(제253조) ④ 각종 약취·유인죄와 인신매매죄(제287조, 제288조, 제289조 등) ⑤ 강도죄(제333조) ⑥ 강간죄(제305조의3)
	사회적 법익에 대한 죄	① 현주건조물방화죄(제164조) ② 공용건조물방화죄(제165조) ③ 타인소유일반건조물방화죄(제166조 제1항) ④ 폭발성물건파열죄(제172조) ⑤ 가스·전기등 방류죄(제172조의2 제1항) ⑥ 가스·전기등 공급방해죄(제173조) ⑦ 현주건조물일수죄(제177조) ⑧ 공용건조물일수죄(제178조) ⑨ 일반건조물일수죄(제179조 제1항) ⑩ 기차·선박등 교통방해죄(제186조) ⑪ 기차등 전복죄(제187조) ⑫ 음용수사용방해죄(제192조 제2항) ⑬ 수도음용수사용방해죄(제193조 제2항) ⑭ 수도불통죄(제195조) ⑮ 통화위조죄(제207조 제1항, 제2항, 제3항) ⑯ 유가증권위조죄(제214조) ⑰ 자격모용에 의한 유가증권작성죄(제215조) ⑱ 인지·우표위조죄(제218조 제1항)
	국가적 법익에 대한 죄	① 외국에 대한 사전죄(제111조) ② 도주원조죄(제147조) ③ 간수자도주원조죄(제148조)
예비·음모·선동	사회적 법익에 대한 죄	폭발물사용죄(제119조)
예비·음모·선동·선전	국가적 법익에 대한 죄	① 내란죄(제87조) ② 내란목적살인죄(제88조) ③ 외환유치죄(제92조) ④ 여적죄(제93조) ⑤ 모병이적죄(제94조) ⑥ 시설제공이적죄(제95조) ⑦ 시설파괴이적죄(제96조) ⑧ 물건제공이적죄(제97조) ⑨ 간첩죄(제98조) ⑩ 일반이적죄(제99조)

제6장 공범론

제1절 공범이론

 **출제 POINT**

필요적 공범의 의의 및 총칙규정의 적용 여부에 관한 판례의 입장, 공범독립성설과 공범종속성설을 비교하여 이해해 두어야 하며 공범의 종속형식을 적용했을 때 공범의 성립 여부에 관한 문제가 중요한 출제대상이다.

I 서설

1. 범죄참가형태

(1) 정범
① **직접정범과 간접정범**: 행위자 자신이 직접 범죄를 실행하는 경우를 직접정범이라고 하며, 행위자가 타인을 이용하여 범죄를 실행하는 경우를 간접정범이라고 한다.

② **단독정범과 공동정범**: 일인이 단독으로 범죄를 실행하는 경우를 단독정범이라고 하며, 수인이 공동하여 범죄를 실행하는 경우를 공동정범이라고 한다.

(2) 공범(교사범, 종범)
① 타인이 정범으로 범하는 범죄에 가담하는 자를 말한다.

② ⅰ) 타인을 교사하여 범죄를 실행하게 하는 자를 교사범이라고 하며, 타인의 범죄를 방조하는 자를 종범이라고 한다. ⅱ) 교사범과 종범을 협의의 공범이라고 한다.

2. 다수인의 참가형태와 법적 효과

구분	형태	법적 효과(처벌)
정범	간접정범	교사·방조의 예로 처벌(제34조 제1항)
	공동정범	**전부책임**: 각자를 정범으로 처벌(제30조)
	동시범	**개별책임**: 각칙상의 정범으로 처벌
	합동범	**전부책임**: 각칙상의 정범으로 가중처벌
협의의 공범	교사범	정범과 동일한 형으로 처벌(제31조 제1항)
	종범	정범의 형을 필요적 감경하여 처벌(제32조 제2항)

3. 임의적 공범과 필요적 공범

(1) 의의와 종류

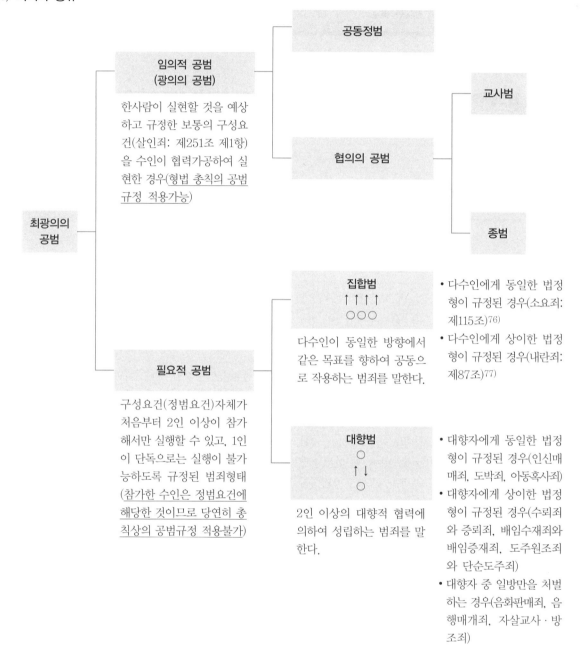

76) 제115조(소요) 다중이 집합하여 폭행, 협박 또는 손괴의 행위를 한 자는 1년 이상 10년 이하의 징역이나 금고 또는 1천500만원 이하의 벌금에 처한다.

77) 제87조(내란) 국토를 참절하거나 국헌을 문란할 목적으로 폭동한 자는 다음의 구별에 의하여 처단한다.
   1. 수괴는 사형, 무기징역 또는 무기금고에 처한다.
   2. 모의에 참여하거나 지휘하거나 기타 중요한 임무에 종사한 자는 사형, 무기 또는 5년 이상의 징역이나 금고에 처한다. 살상, 파괴 또는 약탈의 행위를 실행한 자도 같다.
   3. 부화수행하거나 단순히 폭동에만 관여한 자는 5년 이하의 징역 또는 금고에 처한다.

(2) 필요적 공범에 대한 공범규정의 적용 여부

① 내부참가자

📖 판례 | 필요적 공범 중 처벌규정이 없는 내부자에 대한 형법총칙상의 공범규정 적용 여부(소극)

1. [1] 2인 이상 서로 대향된 행위의 존재를 필요로 하는 <u>대향범에 대하여는 공범에 관한 형법총칙 규정이 적용될 수 없는데, 형법 제127조는 공무원 또는 공무원이었던 자가 법령에 의한 직무상 비밀을 누설하는 행위만을 처벌하고 있을 뿐 직무상 비밀을 누설받은 상대방을 처벌하는 규정이 없는 점에 비추어, 직무상 비밀을 누설받은 자에 대하여는 공범에 관한 형법총칙 규정이 적용될 수 없다고 보는 것이 타당하다.</u> [20 경간부, 16 국가9급, 20 경찰승진, 19 변호사, 19 국가7급, 19 경간부, 18 법원행시, 18 법원9급, 17 법원9급, 17 경찰승진, 17 경간부, 17 경찰채용]*

   [2] 변호사 사무실 직원인 피고인 甲이 법원공무원인 피고인 乙에게 부탁하여, 수사 중인 사건의 체포영장 발부자 53명의 명단을 누설받은 경우, 피고인 乙이 직무상 비밀을 누설한 행위와 피고인 甲이 이를 누설받은 행위는 대향범 관계에 있으므로 공범에 관한 형법총칙 규정이 적용될 수 없어 피고인 甲의 행위는 공무상비밀누설교사죄에 해당하지 아니한다[대판 2011.4.28. 2009도3642].

   동지판례 세무사법은 제22조 제1항 제2호, 제11조에서 세무사와 세무사였던 자 또는 그 사무직원과 사무직원이었던 자가 그 직무상 지득한 비밀을 누설하는 행위를 처벌하고 있을 뿐 비밀을 누설받는 상대방을 처벌하는 규정이 없고, 세무사의 사무직원이 직무상 지득한 비밀을 누설한 행위와 그로부터 그 비밀을 누설받은 행위는 대향범 관계에 있으므로 이에 공범에 관한 형법총칙 규정을 적용할 수 없다[대판 2007.10.25. 2007도6712]. [20 경찰승진, 18 국가7급, 17 법원행시]*

2. <u>매도·매수와 같이 2인 이상의 서로 대향된 행위의 존재를 필요로 하는 관계에 있어서는 공범이나 방조범에 관한 형법총칙 규정의 적용이 있을 수 없고,</u> 따라서 매도인에게 따로 처벌규정이 없는 이상 매도인의 매도행위는 그와 대향적 행위의 존재를 필요로 하는 상대방의 매수범행에 대하여 공범이나 방조범관계가 성립되지 아니한다[대판 2001.12.28. 2001도5158; 동지 대판 1985.3.12. 84도2747]. [21 법원9급, 19 법원행시, 17 변호사]*

3. 뇌물수수죄는 필요적 공범으로서 형법총칙의 공범이 아니므로 따로 형법 제30조를 적용할 필요가 없다[대판 1971.3.9. 70도2536].

4. 자가용화물자동차 소유자의 유상운송이라는 범죄가 성립하는 데 당연히 예상될 뿐만 아니라 위와 같은 범죄의 성립에 없어서는 아니 되는 상대방의 행위를 따로 처벌하는 규정이 없는 이상, <u>자가용화물자동차의 소유자에게 대가를 지급하고 운송을 의뢰하여 화물운송이라는 용역을 제공받은 상대방의 행위가, 자가용화물자동차 소유자와의 관계에서, 일반적인 형법 총칙상의 공모, 교사 또는 방조에 해당한다고 하더라도 자가용화물자동차 소유자의 유상운송행위의 상대방을 자가용화물자동차 소유자의 유상운송행위의 공범으로 처벌할 수 없다</u>[대판 2005.11.25. 2004도8819].

5. 변호사 아닌 자가 변호사를 고용하여 법률사무소를 개설·운영하는 행위에 있어서는 변호사 아닌 자는 변호사를 고용하고 변호사는 변호사 아닌 자에게 고용된다는 서로 대향적인 행위의 존재가 반드시 필요하고, 나아가 변호사 아닌 자에게 고용된 변호사가 고용의 취지에 따라 법률사무소의 개설·운영에 어느 정도 관여할 것도 당연히 예상되는바, 이와 같이 <u>변호사가 변호사 아닌 자에게 고용되어 법률사무소의 개설·운영에 관여하는 행위는 위 범죄가 성립하는 데 당연히 예상될 뿐만 아니라 범죄의 성립에 없어서는 아니 되는 것인데도 이를 처벌하는 규정이 없는 이상, 그 입법 취지에 비추어 볼 때 변호사 아닌 자에게 고용되어 법률사무소의 개설·운영에 관여한 변호사의 행위가 일반적인 형법 총칙상의 공모, 교사 또는 방조에 해당한다고 하더라도 변호사를 변호사 아닌 자의 공범으로서 처벌할 수는 없다</u>[대판 2004.10.28. 2004도3994]. [20 법원9급, 20 국가7급, 20 경찰승진, 20 경간부, 20 경찰채용, 18 국가7급, 17 법원9급, 17 경간부, 16 변호사, 16 국가9급]*

6. [1] 甲 주식회사 임원인 피고인들이 회사 직원들 및 그 가족들에게 수여할 목적으로 전문의약품인 타미플루 39,600정 등을 제약회사로부터 매수하여 취득한 경우, 불특정 또는 다수인에게 무상으로 의약품을 양도하는 수여행위도 '판매'에 포함되므로 위와 같은 행위는 같은 법 제44조 제1항 위반행위에 해당하며, <u>사회상규에 위배되지 아니하는 정당행위로서 위법성이 조각될 수 없다.</u> [19 경찰승진, 17 경간부]*

   [2] 2인 이상의 서로 대향된 행위의 존재를 필요로 하는 대향범에 대하여는 공범에 관한 형법총칙 규정이 적용될 수 없는데, 구 의료법 제17조 제1항 본문은 의료업에 종사하고 직접 진찰한 의사가 아니면 처방전을 작성하여 환자 등에게 교부하지 못한다고 규정하면서 제89조에서는 위 조항 본문을 위반한 자를 처벌하고 있을 뿐, 위와 같이 작성된 처방전을 교부받은 상대방을 처벌하는 규정이 따로 없는 점에 비추어, 위와 같이 작성된 처방전을 교부받은 자에 대하여는 공범에 관한 형법총칙 규정이 적용될 수 없다고 보아야 한다[대판 2011.10.13. 2011도6287]. [18 변호사, 18 경찰승진]*

7. 사용자는 쟁의행위 기간 중 그 쟁의행위로 중단된 업무의 수행을 위하여 당해 사업과 관계없는 자를 채용 또는 대체할 수 없고, 이를 위반한 자는 1년 이하의 징역 또는 1천만 원 이하의 벌금으로 처벌된다(노동조합법 제91조, 제43조 제1항). 여기서 처벌되는 '사용자'는 사업주, 사업의 경영담당자 또는 그 사업의 근로자에 관한 사항에 대하여 사업주를 위하여 행동하는 자를 말한다(노동조합법 제2조 제2호). 노동조합법 제91조, 제43조 제1항은 사용자의 위와 같은 행위를 처벌하도록 규정하고 있으므로, 사용자에게 채용 또는 대체되는 자에 대하여 위 법조항을 바로 적용하여 처벌할 수 없음은 문언상 분명하다. 나아가 채용 또는 대체하는 행위와 채용 또는 대체되는 행위는 2인 이상의 서로 대향된 행위의 존재를 필요로 하는 관계에 있음에도 채용 또는 대체되는 자를 따로 처벌하지 않는 노동조합법 문언의 내용과 체계, 법 제정과 개정 경위 등을 통해 알 수 있는 입법 취지에 비추어 보면, 쟁의행위 기간 중 그 쟁의행위로 중단된 업무의 수행을 위하여 당해 사업과 관계없는 자를 채용 또는 대체하는 사용자에게 채용 또는 대체되는 자의 행위에 대하여는 일반적인 형법 총칙상의 공범 규정을 적용하여 공동정범, 교사범 또는 방조범으로 처벌할 수 없다고 판단된다[대판 2020.6.11. 2016도3048].

⚖ 판례 | 필요적 공범에 해당하는 범죄의 성립요건

1. (협력자 전부가 책임이 있을 것을 요하지 않음) 필요적 공범이라는 것은 법률상 범죄의 실행이 다수인의 협력을 필요로 하는 것을 가리키는 것으로서 이러한 범죄의 성립에는 행위의 공동을 필요로 하는 것에 불과하고 반드시 협력자 전부가 책임이 있음을 필요로 하는 것은 아니다[대판 1987.12.22. 87도1699]. [22 경간부]*

2. (협력자 전부에게 범죄가 성립함을 요하지 않음) 구 정치자금법 제45조 제1항의 정치자금을 기부한 자와 기부받은 자는 이른바 대향범(對向犯)인 필요적 공범관계에 있다. 필요적 공범관계는 행위자들이 서로 대향적 행위를 하는 것을 전제로 하는데, 각자의 행위가 범죄구성요건에 해당하면 그에 따른 처벌을 받을 뿐이고 반드시 협력자 전부에게 범죄가 성립해야 하는 것은 아니다. 따라서 정치자금을 기부하는 자의 범죄가 성립하지 않더라도 정치자금을 기부받는 자가 정치자금법이 정하지 않은 방법으로 정치자금을 제공받는다는 의사를 가지고 받으면 정치자금부정수수죄가 성립한다[대판 2017.11.14. 2017도3449].
[18 경찰승진]*

⚖ 판례 | 필요적 공범 중 대향범에 해당하지 않는 경우

1. [1] 신용정보의 이용 및 보호에 관한 법률은 제50조 제2항 제7호, 제40조 제4호에서 신용정보회사 등이 아니면서 특정인의 소재 및 연락처를 알아내거나 금융거래 등 상거래관계 외의 사생활 등을 조사하는 행위를 업으로 하는 자를 처벌하는 규정을 두고 있는바, 사생활 조사 등을 업으로 하는 행위에 그러한 행위를 의뢰하는 대향된 행위의 존재가 반드시 필요하다거나 의뢰인의 관여행위가 당연히 예상된다고 볼 수 없고, 따라서 사생활 조사 등을 업으로 하는 행위와 그 의뢰행위는 대향범의 관계에 있다고 할 수 없다.
   [2] 피고인들이 공소외인에 대하여 한 사생활 조사 등의 의뢰행위가 형법총칙상 교사행위에 해당한다 하더라도 피고인들을 공범에 관한 형법총칙의 규정을 적용하여 처벌할 수 없다고 판단한 원심판결에 위법이 있다고 한 사례[대판 2012.9.13. 2012도5525].

2. [1] 특정범죄 가중처벌 등에 관한 법률 제8조의2 제1항, 조세범 처벌법 제10조 제3항 제3호의 처벌대상인 '재화 또는 용역을 공급하는 자가 허위의 매출처별 세금계산서합계표를 정부에 제출하는 행위'와 '재화 또는 용역을 공급받는 자가 허위의 매입처별 세금계산서합계표를 정부에 제출하는 행위'가 서로 대향된 행위의 존재를 필요로 하는 대향범의 관계에 있다고 할 수는 없다.
   [2] 재화 또는 용역을 공급받는 자가 이를 공급하는 자의 허위 매출처별 세금계산서합계표 제출행위에 가담하는 경우에 공범에 관한 형법총칙의 규정이 적용될 수 없는 것은 아니므로, 재화 또는 용역을 공급받는 자가 이를 공급하는 자의 허위 매출처별 세금계산서합계표 제출행위에 가담하였다면 그 가담 정도에 따라 그 범행의 공동정범이나 교사범 또는 종범이 될 수 있다[대판 2014.12.11. 2014도11515].

② 외부관여자

  ㉮ 집합범의 경우: 집단 외부에서 관여한 자도 ⅰ) 교사범과 종범이 성립할 수 있다. 그러나 ⅱ) 공동정범에 대하여는 성립을 긍정하는 견해와 부정하는 견해로 나뉘어져 있다.

  ㉯ 대항범의 경우: ⅰ) 대항자 쌍방을 모두 처벌하는 경우에는 각 대항자에게 관여한 외부관여자에 대해서는 총칙상의 공동정범, 교사범, 종범의 성립이 모두 가능하다. ⅱ) 대항자의 일방만을 처벌하는 경우에는 처벌되는 대항자에게 관여한 외부관여자에 대해서는 총칙상의 공범규정(공동정범, 교사범, 종범)이 적용되나, 처벌되지 않는 대항자에게 관여한 외부관여자에 대해서는 총칙상의 공범규정이 적용되지 않는다.

☆판례 | 대향범 중 처벌되지 않는 자의 행위에만 가담한 경우 그 상대방에 대한 공범의 성립 여부(불성립)

금품 등의 수수와 같이 2인 이상의 서로 대향된 행위의 존재를 필요로 하는 관계에 있어서는 공범이나 방조범에 관한 형법 총칙 규정의 적용이 있을 수 없다. 따라서 금품 등을 공여한 자에게 따로 처벌규정이 없는 이상,[78] 그 공여행위는 그와 대향적 행위의 존재를 필요로 하는 상대방의 범행에 대하여 공범관계가 성립되지 아니하고, 오로지 금품 등을 공여한 자의 행위에 대하여만 관여하여 그 공여행위를 교사하거나 방조한 행위도 상대방의 범행에 대하여 공범관계가 성립되지 아니한다

[대판 2014.1.16, 2013도6969]. [20 법원행시]*

Ⅱ 정범과 공범의 구별

1. 정범의 개념 – 제한적 정범개념과 확장적 정범개념

구분	제한적 정범개념	확장적 정범개념
내용	구성요건에 해당하는 행위를 스스로 행한 자만이 정범이고, 구성요건적 행위 이외의 행위로 결과야기에 기여한 자는 정범이 될 수 없다고 보는 이론을 말한다.	구성요건적 결과의 발생에 조건을 설정한 자는 그것이 구성요건에 해당하는 행위인가의 여부를 불문하고 모두 정범으로 보는 이론을 말한다.
특징	① 인과관계에 관한 학설 중 원인설에 기초 ② 정범·공범의 구별에 있어 객관설과 결합 ③ 정범에 해당하지 않는 경우는 원칙적으로 불가벌, 따라서 형법 총칙상의 공범규정은 형벌확장사유가 됨 ④ (실행 없는)공동정범과 간접정범의 정범성 부정 (공범의 일종으로 보게 됨) ⑤ 형법의 보장적 기능 중시	① 인과관계에 관한 학설 중 조건설에 기초 ② 정범·공범의 구별에 있어 주관설과 결합 ③ 교사범·종범도 정범에 해당. 따라서 형법 총칙상의 공범규정은 형벌축소사유가 됨 ④ 공동정범이나 간접정범의 개념 불필요(일반적인 정범과 동일하게 취급됨) ⑤ 형법의 보장적 기능 침해(죄형법정주의에 반할 우려가 있음)

📋 참고 제한적 정범개념과 확장적 정범개념의 비교

구분	제한적 정범개념	확장적 정범개념
인과관계론과의 관련성	원인설	조건설
정범·공범의 구별 학설	객관설	주관설
공범규정의 의미	형벌확장사유	형벌축소사유
간접정범 인정요부	필요	불요(간접정범은 이미 정범)

---

78) 변호사법 제111조 제1항은 공무원이 취급하는 사건 또는 사무에 관하여 청탁한다는 명목으로 금품을 받은 자에 대하여는 처벌규정을 두고 있으나 금품을 공여한 자에 대하여는 처벌규정을 두고 있지 아니하다.

2. 정범과 공범의 구별기준

(1) 판례

> **⚖ 판례 | 공동정범과 종범의 구별기준(기능적 행위지배 유무)**
>
> 공동정범의 본질은 분업적 역할분담에 의한 기능적 행위지배에 있으므로 공동정범은 공동의사에 의한 기능적 행위지배가 있음에 반하여 종범은 그 행위지배가 없는 점에서 양자가 구별된다[대판 1989.4.11. 88도1247]. [18 변호사]*

> **⚖ 판례 | 공동정범과 종범의 구별기준(기능적 행위지배가 인정되지 않아 공동정범이 성립할 수 없는 경우)**
>
> [1] 게임산업진흥에 관한 법률 제26조 제2항에서 '청소년게임제공업 등을 영위하고자 하는 자'란 청소년게임제공업 등을 영위함으로 인한 권리의무의 귀속주체가 되는 자(이하 '영업자'라고 한다)를 의미하므로, 영업활동에 지배적으로 관여하지 아니한 채 단순히 영업자의 직원으로 일하거나 영업을 위하여 보조한 경우, 또는 영업자에게 영업장소 등을 임대하고 사용대가를 받은 경우 등에는 같은 법 제45조 위반에 대한 본질적인 기여를 통한 기능적 행위지배를 인정하기 어려워, 이들을 방조범으로 처벌할 수 있는지는 별론으로 하고 공동정범으로 처벌할 수는 없다.
> [2] 피고인이 무등록 영업인인 甲, 乙의 부탁으로 자신이 운영하는 가게 옆에 크레인 게임기들을 설치할 장소와 이용할 전력을 제공하고 대가를 받았다고 하여, 게임산업진흥에 관한 법률 제45조(무등록 청소년게임제공업 영위) 위반죄의 공모공동정범에 해당한다고 할 수 없다[대판 2011.11.10. 2010도11631].

(2) 학설

구분		내용	비판
객관설	형식적 객관설	① 구성요건해당행위를 직접 실행한 자는 정범, 그 밖의 방법으로 가담한 자는 공범 ② 제한적 정범개념이론에 입각한 견해	스스로 실행행위를 하지 않는 간접정범과 조직범죄의 배후조종자의 정범성을 인정할 수 없는 결함이 있다.
	실질적 객관설	① 인과관계론의 원인설의 입장에서 가담행위의 위험성의 정도에 따라 정범과 공범을 구별 ② 위험성정도의 판단방법에 따라 다음과 같은 견해가 있다. • 필연설: 결과발생에 필요 불가결한 행위여부를 기준으로 함 • 동시설: 가담시점 기준, 행위시에 가담(정범), 행위전후에 가담(공범)	① 원인과 조건의 구별이 곤란함 ② 동시설은 간접정범의 정범성 설명 곤란
주관설	공통	인과관계론의 조건설에 기초	
	의사설 (고의설)	정범의 고의를 가진 자(정범), 공범의 고의를 가진 자(공범)	순환론에 빠져 있다.
	이익설 (목적설)	범죄의 결과가 자기의 이익을 위한 경우(정범), 타인의 이익을 위한 경우(공범)	촉탁 · 승낙살인, 제3자를 위한 강도 · 사기 · 배임 등의 행위를 정범으로 규정하고 있는 형법과 불일치
행위지배설	(다수설)	행위지배의 개념을 유형화하여 직접정범은 실행지배, 간접정범은 의사지배, 공동정범은 기능적 행위지배가 있어야 정범성이 인정될 수 있다고 봄	① 지배범에 한해 적용될 수 있다는 한계가 있음 ② 의무범 · 신분범 · 자수범은 행위지배에 의하여 정범성이 인정되는 것이 아님

Ⅲ 공범의 종속성과 처벌의 근거

1. 공범종속성설과 공범독립성설

구분	공범종속성설(판례·통설)	공범독립성설
의의	공범은 정범의 현실적인 실행행위가 있어야 성립된다. 즉 공범의 성립은 정범의 성립에 종속한다는 견해이다(객관주의 범죄이론에 입각).	공범행위(교사행위·방조행위) 자체가 반사회적인 범죄실행행위로서의 실질을 가지므로 공범은 정범과 관계없이 독립하여 성립한다는 견해이다(주관주의 범죄이론에 입각).
공범의 성립요건	정범의 행위가 가벌적 미수(실행의 착수)로 된 때에만 공범도 미수범으로 처벌된다.	정범의 실행의 착수가 없어도 공범은 미수범으로 처벌된다.
기도된 교사	기도된 교사(제31조 제2항, 제3항)를 특별규정으로 이해	기도된 교사(제31조 제2항, 제3항)를 독립성설에 근거한 규정으로 이해
간접정범	간접정범 개념 긍정 (종속요건을 갖추지 못한 경우에 처벌의 흠결을 피하기 위해 간접정범의 개념이 필요)	간접정범 개념 부정 (교사·방조행위가 있는 이상 공범이 성립할 수 있으므로 이용자는 공범에 해당한다)
공범과 신분	제33조의 본문을 당연규정으로 본다.	제33조의 본문을 예외규정으로 보고 단서를 원칙적 규정으로 본다.
자살 관여죄	자살이 범죄가 아님에도 불구하고 교사·방조자를 처벌하는 제252조 제2항을 특별규정으로 본다.	제252조 제2항은 독립성설에 의해서만 설명이 가능하므로 동 조항은 공범독립성설의 유력한 근거로 본다.

> **판례 | 공범의 성립요건(정범의 실행행위 – 실행의 착수 – 를 요함)**
>
> 정범의 성립은 교사범, 방조범의 구성요건의 일부를 형성하고 교사범, 방조범이 성립함에는 먼저 정범의 범죄행위가 인정되는 것이 그 전제요건이 되는 것은 공범의 종속성에 연유하는 당연한 귀결이다[대판 1981.11.24. 81도2422]. [19 변호사]*

2. 종속성의 정도

최소한 종속형식	정범의 행위가 구성요건에 해당하기만 하면 공범의 성립을 인정한다.
제한적 종속형식 (통설)	정범의 행위가 구성요건에 해당하고 위법하면 공범의 성립을 인정한다.79)80)
극단적 종속형식	정범의 행위가 구성요건에 해당하고 위법·유책하면 공범의 성립을 인정한다.
초극단적 종속형식 (확장적 종속형식)	정범의 행위가 구성요건에 해당하고 위법·유책할 뿐만 아니라 가벌성의 조건까지 모두 갖추어야 공범의 성립을 인정한다. 공범의 성립 범위를 가장 좁게 인정한다.

---

79) 따라서 제한적 종속형식을 전제할 경우 긴급피난을 위법성조각사유로 이해하는 입장에 따르면 긴급피난행위를 한 자는 위법성이 인정될 수 없으므로 그에 대한 교사범의 성립은 인정될 수 없다.

80) 甲이 乙에게 A의 주거에 침입할 것을 교사하였는데 乙이 A의 승낙을 얻어 정당하게 주거에 들어간 경우, 乙의 행위는 양해에 의한 행위로서 구성요건해당성이 조각된다. 따라서 공범종속성설 중 제한적 종속형식에 의하면 정범인 乙의 행위가 구성요건해당성 및 위법성을 구비하지 못한 경우여서 甲은 주거침입죄의 교사범이 성립하지 않는다.

구분	구X	구○ + 위X	구○ + 위○ + 책X	구○ + 위○ + 책○ + 가X	구○ + 위○ + 책○ + 가○
최소한 종속형식					
제한적 종속형식(통설)				공범	
극단적 종속형식		간접정범			
초극단적(확장적) 종속형식					

제2절 간접정범

출제 POINT

간접정범 인정 여부에 관한 판례가 출제되고 있으며, 관련문제에서 신분범에 대한 간접정범의 성립 여부가 자주 출제되는 부분이다.

제34조(간접정범) ① 어느 행위로 인하여 처벌되지 아니하는 자 또는 과실범으로 처벌되는 자를 교사 또는 방조하여 범죄행위의 결과를 발생하게 한 자는 교사 또는 방조의 예에 의하여 처벌한다.

I 간접정범의 의의

1. 간접정범의 개념

① 간접정범이란 타인을 생명 있는 도구로 이용하여 간접적으로 범죄를 실행하는 형태의 범죄를 말한다(예 甲이 정신병자 乙을 교사하여 A를 살해하게 한 경우 – 甲은 살인죄의 간접정범 성립).

② 이용자가 사람이 아닌 동물을 이용하거나 사람을 이용하더라도 생명 없는 도구로 이용한 경우에는 간접정범이 아니라 직접정범이 성립한다(예 타인을 상해할 의도로 자기가 기르는 개로 하여금 물어뜯게 한 경우 또는 사람을 갑자기 밀어 넘어지게 하여 타인의 재물을 손괴하게 한 경우에는 각각 상해죄와 손괴죄의 직접정범이 성립).

2. 간접정범의 본질

간접정범은 피이용자에 대한 의사지배로 인하여 정범이 된다고 본다.

Ⅱ 간접정범의 성립요건

1. 피이용자의 범위

구분		사례

처벌되지 아니하는 자	구성요건 해당성이 없는 자	① 객관적 구성요건에 해당하지 않는 경우
		• 이용자의 강요·기망에 의하여 피이용자가 자살 또는 자상한 경우
		• 진정신분범에서 신분자가 '신분 없는 고의 있는 도구'를 이용한 경우(고의 있는 도구이지만 규범적·심리적 지배 또는 사회적 지배를 인정)(다수설)
		  예 공무원이 처를 이용하여 뇌물을 받게 한 경우
		② 주관적 구성요건에 해당하지 않는 경우
		• 피이용자의 고의 없는 행위를 이용한 경우
		  예 의사가 사정을 모르는 간호사로 하여금 환자에게 독약을 주사하게 한 경우
		• 목적범에서 '목적 없는 고의 있는 도구'를 이용한 경우(고의 있는 도구이지만 규범적·심리적 지배 또는 사회적 지배를 인정)(다수설)
		  예 행사의 목적으로 행사의 목적이 없는 자로 하여금 통화를 위조하게 한 경우

	위법성이 없는 자	① 정당방위를 이용한 경우
		  예 甲이 乙을 살해하기 위하여 乙을 사주하여 丙을 공격하게 하고, 丙의 정당방위를 이용하여 乙을 살해한 경우
		② 긴급피난을 이용한 경우
		  예 낙태에 착수한 임부가 생명의 위험이 발생하자 의사를 찾아가서 의사의 임부 생명을 구하기 위한 낙태수술을 이용하여 낙태한 경우81)
		③ 정당행위를 이용한 경우
		  예 甲이 허위사실을 신고하여 수사기관으로 하여금 무고한 사람을 체포·구금시킨 경우, 소송사기

	책임이 없는 자	〈주의〉 책임이 없는 자를 이용한 경우에 제한적 종속형식에 의하면 간접정범과 공범의 성립이 모두 가능하나 정범개념의 우위성에 의하여 의사지배를 기준으로 먼저 간접정범의 성립여부를 심사해야 한다(정범개념의 우위성, 다수설). ① 책임무능력자를 이용한 경우 예 시비변별능력이 없는 형사미성년자 또는 정신이상자를 사주하여 금품을 절취한 경우 ② 피이용자의 강요된 행위를 이용한 경우(자유 없는 도구로서 이용한 경우) ③ 피이용자의 정당한 이유 있는(회피불가능한) 위법성의 착오를 이용한 경우 ④ 피이용자의 기대불가능성으로 인한 초법규적 책임조각사유를 이용한 경우
과실범으로 처벌되는 자		과실범 처벌규정이 있는 경우에 한해 피이용자는 과실범으로 처벌되나 이용자는 간접정범으로 처벌된다. 예 의사가 간호사의 과실을 이용하여 환자에게 독약을 투여하게 한 경우
정범 배후의 정범이론		① 고의의 정범으로 처벌되는 자를 이용한 때에도 극히 제한된 예외적 상황에서는 간접정범이 성립할 수 있다는 이론이다. 예 조직적 권력구조를 이용한 범죄실행(조직지배: 김현희에게 KAL기 폭파를 명령한 북한대 남공작부) ② 다수설은 형법 제34조 제1항의 규정과 일치하지 않으며, 배후의 정범은 교사범 또는 공동정범으로 처벌이 가능하므로 동이론을 인정하지 않는다.

---

81) 다만, 자초위난에 대해서도 긴급피난이 가능하다는 견해에 의하면 임부도 긴급피난으로 위법성이 조각된다.

⚖ 판례 | 피해자의 자살·자상을 이용한 경우

1. (자살의 의미를 모르는 – 의사지배가 가능한 – 어린 아이들을 자살하게 한 경우)

   피고인이 7세, 3세 남짓된 어린 자식들에 대하여 함께 죽자고 권유하여 물속에 따라 들어오게 하여 결국 익사하게 하였다면 비록 피해자들을 물속에 직접 밀어서 빠뜨리지는 않았다고 하더라도 자살의 의미를 이해할 능력이 없고 피고인의 말이라면 무엇이나 복종하는 어린 자식들을 권유하여 익사하게 한 이상 살인죄의 범의는 있었음이 분명하고 살인죄의 법리를 오해한 위법이 없다[대판 1987.1.20. 86도2395]. [19 법원9급, 19 경찰승진, 18 국가9급, 16 국가9급, 16 경찰승진]*

2. (강요에 의하여 자상케 한 경우) 피고인이 피해자를 협박하여 그로 하여금 자상케 한 경우에 피고인에게 상해의 결과에 대한 인식이 있고 또 그 협박의 정도가 피해자의 의사결정의 자유를 상실케 함에 족한 것인 이상 피고인의 행위는 중상해죄를 구성한다[대판 1970.9.22. 70도1638].

⚖ 판례 | 고의 없는 도구를 이용한 경우

1. 경찰서 보안과장인 피고인이 甲의 음주운전을 눈감아주기 위하여 그에 대한 음주운전자 적발보고서를 찢어버리고, 부하로 하여금 일련번호가 동일한 가짜 음주운전 적발보고서에 乙에 대한 음주운전 사실을 기재케 하여 그 정을 모르는 담당 경찰관으로 하여금 주취운전자 음주측정처리부에 乙에 대한 음주운전 사실을 기재하도록 한 이상, 乙이 음주운전으로 인하여 처벌을 받았는지 여부와는 관계없이 허위공문서작성 및 동 행사죄의 간접정범으로서의 죄책을 면할 수 없다[대판 1996.10.11. 95도1706].

   동지판례 제조허가 없는 식용유를 무허가 식용유 제조의 범의가 없는 자에게 의뢰하여 제조케 한 자는 무허가 식용유제조의 간접정범에 해당한다[대판 1983.5.24. 83도200].

2. 피고인이 공소외 축산업협동조합이 점유하는 타인 소유의 창고의 패널을 점유자인 공소외 조합으로부터 명시적인 허락을 받지 않은 채 (정을 모르는) 소유자인 위 타인으로 하여금 취거하게 하여 영득한 경우 소유자를 도구로 이용한 절도죄의 간접정범이 성립될 수 있다[대판 2006.9.28. 2006도2963]. [16 경간부]*

⚖ 판례 | 목적 없는 도구를 이용한 경우

[1] 범죄는 어느 행위로 인하여 처벌되지 아니하는 자를 이용하여서도 이를 실행할 수 있으므로 내란죄의 경우에도 국헌문란의 목적을 가진 자가 그러한 목적이 없는 자를 이용하여 이를 실행할 수 있다.

[2] 피고인들은 12·12 군사반란으로 군의 지휘권을 장악한 후, 국무위원들을 강압·외포시키는 등의 폭력적 불법수단을 동원하여 비상계엄의 전국확대를 의결·선포하게 하였음을 알 수 있다. 이는 피고인들에 의하여 국헌문란의 목적을 달성하기 위한 수단으로 이루어진 것이므로 내란죄의 폭동에 해당하고, 또한 이는 피고인들에 의하여 국헌문란의 목적을 달성하기 위하여 그러한 목적이 없는 대통령을 이용하여 이루어진 것이므로 피고인들이 간접정범의 방법으로 내란죄를 실행한 것으로 보아야 할 것이다[대판(전) 1997.4.17. 96도3376]. [18 경찰채용, 16 법원행시, 16 경간부]*

⚖ 판례 | 피이용자의 정당행위를 이용한 경우

감금죄는 간접정범의 형태로도 행하여질 수 있는 것이므로, 인신구속에 관한 직무를 행하는 자 또는 이를 보조하는 자가 피해자를 구속하기 위하여 진술조서 등을 허위로 작성한 후 이를 기록에 첨부하여 구속영장을 신청하고, 진술조서 등이 허위로 작성된 정을 모르는 검사와 영장전담판사를 기망하여 구속영장을 발부받은 후 그 영장에 의하여 피해자를 구금하였다면 형법 제124조 제1항의 직권남용감금죄가 성립한다[대판 2006.5.25. 2003도3945]. [18 법원행시, 18 경찰채용, 17 국가9급, 16 국가7급]*

2. 이용행위

(1) 교사 또는 방조

간접정범은 의사지배를 하는 정범이므로 교사·방조란 교사범이나 종범에 있어서와 같은 의미가 아니라 사주 또는 이용의 의미이다.

> **📚판례 | 간접정범의 이용행위의 의미(타인의 의사를 부당하게 억압하여야만 하는 것은 아님)**
>
> [1] 처벌되지 아니하는 타인의 행위를 적극적으로 유발하고 이를 이용하여 자신의 범죄를 실현한 자는 형법 제34조 제1항이 정하는 간접정범의 죄책을 지게 되고, 그 과정에서 타인의 의사를 부당하게 억압하여야만 간접정범에 해당하는 것은 아니다. [19 변호사, 19 국가9급, 17 국가7급, 16 법원행시, 16 국가9급]*
>
> [2] 정유회사 경영자의 청탁으로 국회의원이 위 경영자와 지역구 지방자치단체장 사이에 정유공장의 지역구 유치와 관련한 간담회를 주선하고 위 경영자는 정유회사 소속 직원들로 하여금 국회의원이 사실상 지배·장악하고 있던 후원회에 후원금을 기부하게 한 경우, 국회의원에게는 정치자금법위반죄가, 경영자에게는 정치자금법 위반죄의 간접정범이 성립한다[대판 2008.9.11. 2007도7204.]. [18 경찰승진]*

(2) 실행의 착수

간접정범의 실행의 착수시기는 이용자가 피이용자를 이용하기 시작한 때이다(다수설).[82]

(3) 결과의 발생

① 범죄행위의 결과를 발생케 한 때라 함은 구성요건에 해당하는 사실을 실현하는 것을 말한다.

② 범죄행위의 결과가 발생하지 아니한 때에는 간접정범의 미수로 처벌된다.

Ⅲ 간접정범의 처벌

1. 간접정범의 기수의 처벌

① 간접정범은 교사 또는 방조의 예(공범의 예)에 의하여 처벌한다(제34조 제1항).

② 간접정범의 이용행위가 외형상 교사에 해당할 때에는 교사의 예에 의하여 정범과 동일한 형으로 처벌하고(제31조), 방조에 해당할 때에는 방조의 예에 의하여 정범의 형보다 감경한다(제32조).

2. 간접정범의 미수의 처벌

일반적인 미수범의 처벌규정에 의하여 처벌되어야 한다.

> **📚판례 | 사기범행에 도구로 이용한 자에 대하여 별도로 사기죄가 성립할 수 있는지 여부**
>
> 간접정범을 통한 범행에서 피이용자는 간접정범의 의사를 실현하는 수단으로서의 지위를 가질 뿐이므로, 피해자에 대한 사기범행을 실현하는 수단으로서 타인을 기망하여 그를 피해자로부터 편취한 재물이나 재산상 이익을 전달하는 도구로서만 이용한 경우에는 편취의 대상인 재물 또는 재산상 이익에 관하여 피해자에 대한 사기죄가 성립할 뿐 도구로 이용된 타인에 대한 사기죄가 별도로 성립한다고 할 수 없다[대판 2017.5.31. 2017도3894.]. [20 변호사, 18 변호사]*

---

82) 간접정범의 실행의 착수시기를 피이용자에 대한 이용행위의 개시시라고 한다면 간접정범의 기수시기는 이용행위의 종료시가 되고, 착수시기를 피이용자의 실행행위의 개시시라고 한다면 간접정범의 기수시기는 피이용자의 실행행위의 종료시가 된다는 논리는 옳지 못하다. 왜냐하면 간접정범의 기수시기는 실행의 착수시기를 어느 때에 인정하는가와 논리적 연관관계가 존재하는 것은 아니기 때문이다. 피이용자가 (기수의)구성요건을 실현한 때가 간접정범의 기수시기이다.

Ⅳ 관련문제

1. 간접정범과 착오

(1) 피이용자의 성질에 대한 착오

구분	이용자의 관점	객관적 법상태	처벌(다수설)
이용자가 피이용자에게 고의·책임능력이 없는 것으로 알고 이용했으나 사실은 고의·책임능력이 있었던 경우	간접정범	교사범	교사범
이용자가 피이용자에게 고의·책임능력이 있는 것으로 알고 교사·방조하였으나 사실은 고의·책임능력이 없었던 경우	교사범	간접정범	교사범

(2) 실행행위의 착오

구성요건적 착오이론이 그대로 적용된다(교사의 착오에서 상세히 설명함).

2. 간접정범의 한계

> **⚖️ 판례 | 진정신분범에 있어서 비신분자가 신분자를 이용한 경우(간접정범 불성립)**
>
> 공무원 아닌 자가 허위공문서작성의 간접정범일 때에는 본법 제228조(공정증서원본부실기재죄)의 경우를 제외하고는 이를 처단하지 못하므로 면장의 거주확인증 발급을 위한 허위사실의 신고는 허위공문서작성죄가 되지 않는다[대판 1971.1.26, 70도2598; 동지 대판 2006.5.11, 2006도1663].
> **동지판례** 발행인 아닌 자는 위 법조가 정한 허위신고죄의 주체가 될 수 없고, 허위신고의 고의 없는 발행인을 이용하여 간접정범의 형태로 허위신고죄를 범할 수도 없다[대판 1992.11.10, 92도1342]. [대판 2014.1.23, 2013도13804]. [22 경간부, 18 변호사, 18 법원행시, 16 법원행시, 16 국가9급]*

> **⚖️ 판례 | 일반범에서 고의 없는 도구를 이용한 경우(간접정범 성립)**
>
> 보증인이 아닌 자가 허위 보증서 작성의 고의 없는 보증인들을 이용하여 허위의 보증서를 작성하게 한 경우, 부동산소유권이전등기 등에 관한 특별조치법 제13조 제1항 제3호[83])에 정한 '허위보증서작성죄'의 간접정범이 성립한다[대판 2009.12.24, 2009도7815]. [16 법원행시]*
> **판례해설** 본 판례에서 '허위보증서작성죄'는 진정신분범이 아니라는 점을 주의하여야 한다. 따라서 진정신분범에 있어서 비신분자가 신분자를 이용한 경우 간접정범이 성립할 수 없다는 판례와 반드시 구별하여야 한다.

> **⚖️ 판례 | 진정신분범인 허위공문서작성죄에 있어서 보조자가 신분자를 이용한 경우**
>
> 1. (보조자는 작성권한자에게 결재를 받은 경우 허위공문서작성죄의 간접정범 성립) 허위공문서작성죄의 주체는 직무상 그 문서를 작성할 권한이 있는 공무원에 한하고 작성권자를 보조하는 직무에 종사하는 공무원은 허위공문서작성죄의 주체가 되지 못하나 이러한 보조직무에 종사하는 공무원이 허위공문서를 기안하여 허위인 정을 모르는 작성권자에게 제출하고 그로 하여금 그 내용이 진실한 것으로 오신케 하여 서명 또는 기명날인케 함으로써 공문서를 완성한 때에는 허위공문서작성죄의 간접정범이 성립된다 할 것인바, 면의 호적계장이 정을 모른 면장의 결재를 받아 허위내용의 호적부를 작성한 경우 허위공문서작성, 동행사죄의 간접정범이 성립된다[대판 1990.10.30, 90도1912].

---

83) 제13조(벌칙)
① 다음 각 호의 어느 하나에 해당하는 사람은 1년 이상 10년 이하의 징역 또는 500만원 이상 1억원 이하의 벌금에 처하거나 이를 병과할 수 있다.
3. 허위의 보증서를 작성한 사람

비교판례 (보조자가 작성권한자의 결재없이 임의로 공문서를 작성한 경우 공문서위조죄 성립) ⅰ) 허위공문서작성죄의 주체는 그 문서를 작성할 권한이 있는 명의인인 공무원에 한하고, 그 공무원의 문서작성을 보조하는 직무에 종사하는 공무원은 위 죄의 주체가 되지 못하므로 보조공무원이 허위공문서를 기안하여 그 정을 모르는 작성권자의 결재를 받아 공문서를 완성한 때에는 허위공문서작성죄의 간접정범이 되고, 이러한 결재를 거치지 않고 임의로 허위내용의 공문서를 완성한 때에는 공문서위조죄가 성립한다[대판1981.7.28. 81도898]. [19 법원9급, 17 경간부]*

ⅱ) 면사무소 호적계장이 면장의 결재 없이 호적의 출생년란, 주민등록번호란에 허위내용의 호적정정 기재를 한 경우에는 공문서위조 및 동행사죄를 구성하는 것은 별론으로 하고 형법 제227조가 규정한 허위공문서작성죄에 해당할 수는 없다[대판 1990.10.12. 90도1790].

2. (보조자와 공모한 자는 허위공문서작성죄의 간접정범의 공범성립) 공문서의 작성권한이 있는 공무원의 직무를 보좌하는 자가 그 직위를 이용하여 행사할 목적으로 허위의 내용이 기재된 문서 초안을 그 정을 모르는 상사에게 제출하여 결재하도록 하는 등의 방법으로 작성권한이 있는 공무원으로 하여금 허위의 공문서를 작성하게 한 경우에는 간접정범이 성립되고 이와 공모한 자 역시 그 간접정범의 공범으로서의 죄책을 면할 수 없는 것이고, 여기서 말하는 공범은 반드시 공무원의 신분이 있는 자로 한정되는 것은 아니라고 할 것이다[대판 1992.1.17. 91도2837; 동지 대판 1990.2.27. 89도1816].

3. (2명의 보조자가 작성권한자에게 결재를 받은 경우 2명의 보조자는 허위공문서작성죄의 공동정범은 성립할 수 없으나 허위공문서작성죄의 간접정범은 성립한다) 공무원 甲이 허위의 사실을 기재한 자동차운송사업변경(증차)허가신청 검토조서를 작성한 다음 이를 자동차운송사업변경(증차)허가신청 검토보고에 첨부하여 결재를 상신하였고, 담당계장으로서 그와 같은 사정을 알고 있는 중간 결재자인 乙과 그와 같은 사정을 알지 못하는 최종 결재자인 담당과장이 차례로 위 검토보고에 결재를 하여 자동차운송사업 변경허가가 이루어진 경우, 위 검토조서 및 검토보고의 각 내용과 형식, 관계 및 작성목적, 이를 토대로 변경허가가 이루어진 점 등을 종합할 때, 공문서인 위 검토보고의 작성자는 담당과장이라고 보아야 하므로, 위 검토보고의 내용 중 일부에 불과한 위 검토조서의 작성자인 甲은 물론 담당과장의 업무상 보조자이자 중간 결재자인 乙은 허위공문서작성죄의 주체가 될 수 없어 甲과 乙의 행위가 공동정범에 해당할 수는 없지만, 이는 허위의 정을 모르는 작성권자인 담당과장으로 하여금 허위의 공문서를 결재·작성하게 한 경우에 해당하여 허위공문서작성죄 간접정범에 해당한다[대판 2011.5.13. 2011도1415]. [20 법원행시, 19 국가9급, 18 국가9급, 18 경간부, 16 법원행시, 16 국가9급]*

3. 과실에 의한 간접정범

간접정범의 의사지배를 인정할 수 없기 때문에 과실에 의한 간접정범은 인정될 수 없다(통설).

Ⅴ 특수교사·방조

제34조(특수한 교사·방조에 대한 형의 가중) ② 자기의 지휘, 감독을 받는 자를 교사 또는 방조하여 전항의 결과를 발생하게 한 자는 교사인 때에는 정범에 정한 형의 장기 또는 다액에 그 2분의 1까지 가중하고 방조인 때에는 정범의 형으로 처벌한다. [20 경간부, 19 경간부, 19 경찰채용, 17 경찰승진, 16 국가9급]*

제3절 공동정범

🔍 **출제 POINT**

공범론에서 가장 복잡하고 난해한 부분에 해당하며 출제빈도도 가장 높은 부분이다. 승계적 공동정범에서 후행가담자의 죄책의 범위, 공모관계 이탈, 공범의 초과행위에 대한 나머지 공범의 죄책의 범위는 출제가능성이 매우 높은 부분이다. 공동정범의 성립요건과 관련한 각종 판례는 거의 매년 출제된다고 해도 과언이 아니다.

> 제30조(공동정범) 2인 이상이 공동하여 죄를 범한 때에는 각자를 그 죄의 정범으로 처벌한다.

I 공동정범의 의의와 본질

1. 공동정범의 의의

① 공동정범이란 2인 이상이 공동하여 죄를 범한 경우를 말한다.
② 공동정범의 정범성은 공동의 범행계획에 의한 분업적 행위실행에 의하여 전체범죄를 지배하였다는 기능적 행위지배에 있다. 따라서 공동자는 전체계획의 일부만을 실행했을지라도 그 결과 전부에 대해서 정범으로서 책임을 진다(일부실행·전부책임의 원리).

⚖ 판례 |

(공동정범의 성립요건) 형법 제30조의 공동정범은 2인 이상이 공동하여 죄를 범하는 것으로서, 공동정범이 성립하기 위하여는 주관적 요건인 공동가공의 의사와 객관적 요건인 공동의사에 의한 기능적 행위지배를 통한 범죄의 실행사실이 필요하다 [대판 2001.11.9., 2001도4792], [대판 2013.11.28., 2011도7229].

---

2. 공동정범의 본질

범죄공동설 (객관주의 범죄론의 입장)	행위공동설(판례) (주관주의 범죄론의 입장)
수인이 공동으로 '특정한 범죄(1개의 범죄)'를 행하는 것이 공동정범이라고 보며, 각 공동행위자의 고의까지도 동일한 범죄사실에 속할 것이 요구됨(고의공동설)	수인이 '행위를 공동'으로 하여 각자가 범죄를 수행하는 것이라고 이해하며, 특정한 객관적 구성요건에 관계없이 사실적 행위자체에 관하여 공동성을 논한다.

II 공동정범의 성립요건

1. 주관적 요건

(1) 공동가공의 의사(공모)

① 의의

⚖ 판례 | 공동가공의 의사의 의미

공모공동정범이 성립하기 위하여는 2인 이상의 사람이 특정한 범죄행위를 하기 위하여 일체가 되어 서로 다른 사람의 행위를 이용하여 자기의 의사를 실행에 옮기는 것을 내용으로 하는 공모를 하고 이에 따라 범행을 실행한 사실이 인정되어야 하는바, …그 의사는 타인의 범행을 인식하면서도 이를 제지하지 아니하고 용인하는 것만으로 부족하고 공동의 의사로 특정한 범죄행위를 하기 위하여 일체가 되어 서로 다른 사람의 행위를 이용하여 자기의 의사를 실행에 옮기는 것이어야 한다 [대판 2005.3.11., 2002도5112].
[19 경찰승진, 17 법원행시, 17 경찰채용]*

⚖ 판례 | 공동가공의 의사가 인정되지 않는 경우

1. (공모의 의사표시를 한 것으로 볼 수 없는 사례) 전자제품 등을 밀수입해 올테니 이를 팔아달라는 제의를 받고 승낙한 경우, 그 승낙은 물품을 밀수입해 오면 이를 취득하거나 그 매각알선을 하겠다는 의사표시로 볼 수 있을 뿐 밀수입 범행을 공동으로 하겠다는 공모의 의사를 표시한 것으로는 볼 수 없다 [대판 2000.4.7., 2000도576]. [18 경간부]*

---

2. (공모의 의사표시를 한 것으로 볼 수 없는 사례) 오토바이를 절취하여 오면 그 물건을 사주겠다고 한 경우 … 절도죄에 있어 공동정범의 성립을 인정하기 위하여 필요한 공동가공의 의사가 있었다고 보기는 어렵다[대판 1997.9.30, 97도1940].

동지판례 피고인이 제3자에게 "황소를 훔쳐오면 문제없이 팔아주겠다"고 말한 것은 제3자가 황소를 절취하여 오면 이 장물에 관하여 매각 알선을 하겠다는 의사표시를 한 것이라고 볼 수 있을 뿐, 피고인이 바로 제3자의 황소절취행위를 공동으로 하겠다는 이른바 공모의 의사를 표시한 것이라고 볼 수는 없다[대판 1975.2.24, 74도2228].

3. (공모의 의사표시를 한 것으로 볼 수 없는 사례) 피고인이 甲 주식회사의 임원 등이 유상증자에 관한 납입가장을 위해 돈을 빌린다는 것을 알고 돈을 빌려준 경우, 피고인이 상법 제622조에서 정한 지위에 있지 아니할 뿐만 아니라, 그와 같은 지위에 있는 자들이 가장납입을 하도록 범의를 유발한 것도 아니고 이미 가장납입을 하기로 마음먹고 있는 임원 등에게 그 대금을 대여해 준 것에 불과하므로, 피고인에게 납입가장죄에 대한 공동정범의 죄책을 물을 수 없다[대판 2011.7.14, 2011도3180].

4. (제지하지 아니하고 용인한 것에 지나지 않아 공모를 인정할 수 없는 사례) 피해자 일행을 한 사람씩 나누어 강간하자는 피고인 일행의 제의에 아무런 대답도 하지 않고 따라 다니다가 자신의 강간 상대방으로 남겨진 공소외인에게 일체의 신체적 접촉도 시도하지 않은 채 다른 일행이 인근 숲 속에서 강간을 마칠 때까지 공소외인과 함께 이야기만 나눈 경우, 피고인에게 다른 일행의 강간 범행에 공동으로 가공할 의사가 있었다고 볼 수 없다[대판 2003.3.28, 2002도7477]. [18 경찰승진, 16 경찰채용]*

동지판례 ⅰ) 주식회사의 이사가 회사의 고문인 甲에게 X의 문제를 해결하기 위해서는 3억원을 주는 수밖에 없다고 보고하자, 甲이 아무런 말도 없이 창 밖만 쳐다보고 있으므로 이에 동의한 것으로 알고 이사가 X에게 공금 3억원을 교부하고 甲에게는 이 사실을 보고하지 않은 경우 … 위 인정사실만으로는 피고인 甲이 상피고인 이사와 공모하여 판시 범행을 저질렀다고 인정하기에 부족하다[대판 1999.9.17, 99도2889].
ⅱ) 영화사 대표인 甲이 전 대표와 체결된 대관계약에 따라 영화(공연윤리위원회의 심의를 받지 않았음)가 상영되는 것을 적극적으로 제지하지 못한 경우 … 피고인은 이 사건 영화의 제작이나 상영, 또는 그 준비행위에 관여하지 않았음은 물론, 위 영화가 상영될 것을 알면서 위 영화제작사측과 대관계약을 체결한 당사자도 아니고 단지 전 대표와 체결된 대관계약에 따라 영화가 상영되는 것을 적극적으로 제지하지 못하였을 뿐이므로 위 피고인을 공연윤리위원회의 심의 없이 위 영화를 상영한 공범이라고 볼 수는 없다[대판 1993.3.9, 92도3204].

⚖ 판례 | (참고) 도로교통법 위반(공동위험행위) 범행의 성립요건

도로교통법 제46조 제1항은 "자동차 등의 운전자는 도로에서 2명 이상이 공동으로 2대 이상의 자동차 등을 정당한 사유 없이 앞뒤로 또는 좌우로 줄지어 통행하면서 다른 사람에게 위해를 끼치거나 교통상의 위험을 발생하게 하여서는 아니 된다."라고 규정하고 있고, 제150조 제1호에서는 이를 위반한 사람에 대한 처벌규정을 두고 있다.
위와 같은 도로교통법 위반(공동위험행위) 범행에서는 '2명 이상이 공동으로' 범행에 가담하는 것이 구성요건의 내용을 이루기 때문에 행위자의 고의의 내용으로서 '공동의사'가 필요하고, 위와 같은 공동의사는 반드시 위반행위에 관계된 운전자 전부 사이의 의사 연락이 필요한 것은 아니고 다른 사람에게 위해를 끼치거나 교통상의 위험을 발생하게 하는 것과 같은 사태의 발생을 예견하고 그 행위에 가담할 의사로 족하다. 또한 공동의사는 사전 공모뿐 아니라 현장에서의 공모에 의한 것도 포함된다[대판 2021.10.14, 2018도10327].

⚖ 판례 | 편면적 공동정범(부정)

공동정범은 행위자 상호간에 범죄행위를 공동으로 한다는 공동가공의 의사를 가지고 범죄를 공동실행하는 경우에 성립하는 것으로서, 여기에서의 공동가공의 의사는 공동행위자 상호간에 있어야 하며 행위자 일방의 가공의사만으로는 공동정범관계가 성립할 수 없다[대판 1985.5.14, 84도2118].84) [16 국가7급]*

---

84) 甲이 A녀를 강간하고 있을 때, 乙 스스로 甲의 강간행위에 가담할 의사로 甲이 모르는 사이에 망을 보아준 경우라도 乙은 강간죄의 공동정범이 될 수 없다.

② 공동의사의 연락 방법

> ## ⚖ 판례 | 공동의사의 연락방법과 공모의 성립범위
>
> 1. 2인 이상이 범죄에 공동가공하는 공범관계에서 공모는 법률상 어떤 정형을 요구하는 것이 아니고, 2인 이상이 공모하여 범죄에 공동가공하여 범죄를 실현하려는 의사의 결합만 있으면 되는 것으로서, 비록 전체의 모의과정이 없었다고 하더라도 수인 사이에 순차적으로 또는 암묵적으로 상통하여 그 의사의 결합이 이루어지면 공모관계가 성립하고, [18 국가9급, 18 경찰승진, 16 법원9급]* 이러한 공모가 이루어진 이상 실행행위에 직접 관여하지 아니한 자라도 다른 공모자의 행위에 대하여 공동정범으로서의 형사책임을 지는 것이다. 따라서 사기의 공모공동정범이 그 기망방법을 구체적으로 몰랐다고 하더라도 공모관계를 부정할 수 없다[대판 2013.8.23. 2013도5080], [대판 2004.5.28. 2004도1465;], [동지 대판 1997.10.10. 97도1720].
>   **동지판례** 배임증재의 공모공동정범이 다른 공모공동정범에 의하여 수재자에게 재물 또는 재산상 이익이 제공되는 방법을 구체적으로 몰랐다고 하더라도 공모관계를 부정할 수 없다[대판 2015.7.23. 2015도3080].
>
> 2. 공모공동정범에서, 공범자들 사이에 그 알선 등과 관련하여 금품이나 이익을 수수하기로 명시적 또는 암묵적인 공모관계가 성립하고 그 공모 내용에 따라 공범자 중 1인이 금품이나 이익을 수수하였다면, 사전에 특정 금액 이하로만 받기로 약정하였다든가 수수한 금액이 공모 과정에서 도저히 예상할 수 없는 고액이라는 등과 같은 특별한 사정이 없는 한, 그 수수한 금품이나 이익 전부에 관하여 위 각 죄의 공모공동정범이 성립하는 것이며, 수수할 금품이나 이익의 규모나 정도 등에 대하여 사전에 서로 의사의 연락이 있거나 수수한 금품 등의 구체적 금액을 공범자가 알아야 공모공동정범이 성립하는 것은 아니다[대판 2010.10.14. 2010도387]. [20 경간부, 17 국가7급]*
>
> 3. 공모공동정범의 경우, 공모자들이 그 공모한 범행을 수행하거나 목적 달성을 위해 나아가는 도중에 부수적인 다른 범죄가 파생되리라고 예상하거나 충분히 예상할 수 있는데도 그러한 가능성을 외면한 채 이를 방지하기에 족한 합리적인 조치를 취하지 아니하고 공모한 범행에 나아갔다가 결국 그와 같이 예상되던 범행들이 발생하였다면, 비록 그 파생적인 범행 하나하나에 대하여 개별적인 의사의 연락이 없었다 하더라도 당초의 공모자들 사이에 그 범행 전부에 대하여 암묵적인 공모는 물론 그에 대한 기능적 행위지배가 존재한다고 보아야 한다[대판 2010.12.23. 2010도7412]. [20 법원행시]*

> ## ⚖ 판례 | 공동가공의 의사(공모)가 인정되는 경우
>
> 1. 한총련의장 甲이 변사체검시에 응하지 아니한다는 방침을 결정한 후, 한총련산하 남총련의장 乙이 위의 방침에 따라 甲(한총련의장)에게 보고도 없이 변사체검시방해행위를 한 경우 … 甲과 乙은 순차적으로 또는 암묵적으로 검시방해를 공모하였다고 볼 수 있다[대판 1998.7.28. 98도1395].
>
> 2. 신문의 부실공사 관련 기사에 대한 해당 건설업체의 반박광고가 있었음에도 재차 부실공사 관련 기사가 나가는 등 그 신문사 기자들과 그 건설업체 대표이사의 감정이 악화되어 있는 상태에서, 그 신문사 사주 및 광고국장이 보도자제를 요청하는 그 건설업체 대표이사에게 자사 신문에 사과광고를 싣지 않으면 그 건설업체의 신용을 해치는 기사가 계속 게재될 것 같다는 기자들의 분위기를 전달하는 방식으로 사과광고를 게재토록 하면서 과다한 광고료를 받은 행위는 … 신문사 사주 및 광고국장 사이에 광고료 갈취에 대한 사전모의는 없었더라도 암묵적인 의사연락에 의한 공범관계가 존재하고, 동일 장소에서 동일 기회에 상호 다른 자의 범행을 인식하고 이를 이용한 경우에 해당하므로 "2인 이상이 공동하여 공갈죄를 범한 때"에 해당한다[대판 1997.2.14. 96도1959].
>
> 3. 안수기도에 참여하여 목사가 안수기도의 방법으로 폭행을 함에 있어서 시종일관 폭행행위를 보조하였을 뿐 아니라 더 나아가 스스로 피해자를 폭행하기도 한 점에 비추어 목사의 폭행행위를 인식하고서도 이를 안수기도의 한 방법으로 알고 묵인함으로써 폭행행위에 관하여 묵시적으로 의사가 상통하였고 나아가 그 행위에 공동가공함으로써 공동정범의 책임을 면할 수 없다[대판 1994.8.23. 94도1484].

4. 이른바 딱지어음을 빌행하여 내매한 이상 사기의 실행행위에 직접 관여하지 아니하였다고 하더라도 공동정범으로서의 책임을 면하지 못하고, 딱지어음의 전전유통경로나 중간 소지인들 및 그 기망방법을 구체적으로 몰랐다고 하더라도 공모관계를 부정할 수는 없다[대판 1997.9.12. 97도1706.]. [17 경찰채용]*

> **동지판례** 피고인이 甲 등과 공모하여 실제 영업활동을 하지 않는 회사들을 인수하여 회사 명의로 은행 당좌계좌를 개설하고 다량의 어음 용지를 확보한 다음 지급기일에 부도가 예정되어 있어 결제될 가능성이 없는 이른바 딱지어음을 대량 발행한 후 일정한 가격으로 시중에 유통시켰는데, 乙 등이 딱지어음임을 알면서 그 중 일부를 취득하여 이러한 사실을 숨긴 채 피해자들에게 어음할인을 의뢰하거나 채무이행을 유예하는 대가로 교부하여 어음할인금을 편취하거나 채무이행의 유예를 받은 경우, 피고인 등은 乙 등과 적어도 순차적·암묵적으로 의사가 상통하여 공모관계가 성립되었으므로, 피고인에게 사기죄의 공동정범을 인정할 수 있다[대판 2011.12.22. 2011도9721.].

⚖️ 판례 | 공동가공의 의사가 인정되지 않는 경우

甲이 乙과 함께 술집에서 같이 자다가 깨어 옆에서 잠든 접대부를 강간하려다가 접대부의 반항으로 목적을 이루지 못하고 포기한 뒤, 뒤이어 잠을 깬 乙이 접대부를 강간코자 하였으나 역시 접대부의 반항으로 목적을 이루지 못하고 접대부를 구타하는 것을 적극 만류한 사실이 인정된다면, 甲에 대하여는 乙의 강간치상행위에 대한 공모공동정범의 죄책을 물을 수 없다 [대판 1983.9.27. 83도1787.].

⚖️ 판례 | 자기무고에 공모한 후 가담한 경우 무고죄의 공동정범이 성립하지 않음

[1] 범죄의 실행에 가담한 사람이라고 할지라도 그가 공동의 의사에 따라 다른 공범자를 이용하여 실현하려는 행위가 자신에게는 범죄를 구성하지 않는다면, 특별한 사정이 없는 한 공동정범의 죄책을 진다고 할 수 없다.
[2] 형법 제156조에서 정한 무고죄는 타인으로 하여금 형사처분 또는 징계처분을 받게 할 목적으로 허위의 사실을 신고하는 것을 구성요건으로 하는 범죄이다. 자기 자신으로 하여금 형사처분 또는 징계처분을 받게 할 목적으로 허위의 사실을 신고하는 행위, 즉 자기 자신을 무고하는 행위는 무고죄의 구성요건에 해당하지 않아 무고죄가 성립하지 않는다. 따라서 자기 자신을 무고하기로 제3자와 공모하고 이에 따라 무고행위에 가담하였더라도 이는 자기 자신에게는 무고죄의 구성요건에 해당하지 않아 범죄가 성립할 수 없는 행위를 실현하고자 한 것에 지나지 않아 무고죄의 공동정범으로 처벌할 수 없다.
[3] 甲이 乙, 丙과 공모한 후, 乙이 그 공모에 따라 甲을 처벌하여 달라는 허위 내용의 고소장을 작성하여 제출하였더라도 甲을 乙, 丙과 함께 무고죄의 공동정범으로 처벌할 수 없다[대판 2017.4.26. 2013도12592.]. [22 경간부, 20 변호사, 20 법원행시, 20 국가7급, 20 경간부, 19 국가7급, 18 국가7급, 18 경간부, 18 경찰채용, 17 법원행시]*

③ 공동가공의 의사의 성립시기

⚖️ 판례 | 공동가공의 의사의 성립시기

1. (사전모의를 요하지 않음) 공동정범이 성립하기 위하여는 반드시 공범자간에 사전에 모의가 있어야 하는 것은 아니며, 우연히 만난 자리에서 서로 협력하여 공동의 범의를 실현하려는 의사가 암묵적으로 상통하여 범행에 공동가공하더라도 공동정범은 성립된다[대판 1984.12.26. 82도1373.]. [20 국가9급, 18 경찰채용, 17 경찰채용, 16 경찰승진, 16 경찰채용]*

2. (실행행위 중에도 성립 가능) 공범자가 공갈행위의 실행에 착수한 후 그 범행을 인식하면서 그와 공동의 범의를 가지고 그 후의 공갈행위를 계속하여 재물의 교부나 재산상 이익의 취득에 이른 때에는 공갈죄의 공동정범이 성립한다[대판 1997.2.14. 96도1959.]. [18 경찰채용, 17 법원행시]*

3. (상태범의 경우 기수, 즉 행위종료 이전이면 성립 가능) 배임죄는 본인에게 손해를 가한 때에 기수가 되는 것이므로 본인에게 손해가 발생하기 이전에 업무상배임행위로 취득할 유류를 그 배임행위자로부터 미리 이를 매수하기로 합의 내지 응탁한 피고인들의 행위는 배임으로 취득한 장물을 취득한 행위에 지나지 않는 것이 아니라 모두 배임행위 자체의 공동정범이 된다[대판 1987.4.28. 83도1568.].

4. **(상태범의 경우 기수, 즉 행위종료 이후이면 성립 불가능)** 회사직원이 영업비밀을 경쟁업체에 유출하거나 스스로의 이익을 위하여 이용할 목적으로 무단으로 반출한 때 업무상배임죄의 기수에 이르렀다고 할 것이고, 그 이후에 위 직원과 접촉하여 영업비밀을 취득하려고 한 자는 업무상배임죄의 공동정범이 될 수 없다[대판 2003.10.30.]. [18 경간부, 17 변호사]*

　동지판례 공동정범관계는 범죄가 기수되기 전에 성립되는 것이므로 횡령죄가 기수가 된 후에 그 내용을 지득하고 그 이익을 공동취득할 것을 승낙한 사실이 있더라도 횡령죄의 공동정범관계는 성립될 수 없다[대판 1953.8.4.].

5. **(계속범의 경우 기수 이후라도 행위종료 이전이면 성립 가능)** 범인도피죄는 범인을 도피하게 함으로써 기수에 이르지만 범인도피행위가 계속되는 동안에는 범죄행위도 계속되고 행위가 끝날 때 비로소 범죄행위가 종료되고, 공범자의 범인도피행위의 도중에 그 범행을 인식하면서 그와 공동의 범의를 가지고 기왕의 범인도피상태를 이용하여 스스로 범인도피행위를 계속한 자에 대하여는 범인도피죄의 공동정범이 성립한다[대판 2017.3.15.].

　동지판례 [1] 집회 및 시위에 관한 법률에 따른 신고 없이 이루어진 집회에 참석한 참가자들이 차로 위를 행진하는 등으로 도로교통을 방해함으로써 통행을 불가능하게 하거나 현저하게 곤란하게 하는 경우에 일반교통방해죄가 성립한다. 그러나 이 경우에도 참가자 모두에게 당연히 일반교통방해죄가 성립하는 것은 아니고, 실제로 참가자가 집회·시위에 가담하여 교통방해를 유발하는 직접적인 행위를 하였거나, 참가자의 참가 경위나 관여 정도 등에 비추어 참가자에게 공모공동정범의 죄책을 물을 수 있는 경우라야 일반교통방해죄가 성립한다.
[2] 일반교통방해죄는 이른바 추상적 위험범으로서 교통이 불가능하거나 또는 현저히 곤란한 상태가 발생하면 바로 기수가 되고 교통방해의 결과가 현실적으로 발생하여야 하는 것은 아니다. [20 국가9급, 20 경찰승진, 19 국가9급, 16 법원9급]* 또한 일반교통방해죄에서 교통방해 행위는 계속범의 성질을 가지는 것이어서 교통방해의 상태가 계속되는 한 위법상태는 계속 존재한다. 따라서 교통방해를 유발한 집회에 참가한 경우 참가 당시 이미 다른 참가자들에 의해 교통의 흐름이 차단된 상태였더라도 교통방해를 유발한 다른 참가자들과 암묵적·순차적으로 공모하여 교통방해의 위법상태를 지속시켰다고 평가할 수 있다면 일반교통방해죄가 성립한다[대판 2018.5.11.]. [20 법원행시, 19 변호사, 19 법원행시, 19 국가7급, 19 국가9급, 19 경찰승진, 19 경간부, 19 경찰채용]*

(2) 승계적 공동정범

① **의의**: 승계적 공동정범이란 선행자의 실행행위가 일부 종료된 후 그 행위의 종료 전에 후행가담자와 공동의 사가 성립된 경우를 말한다.

② **공동정범의 성립가능성**: 공동정범의 경우 공동의사가 사전에 있을 것을 요하지 않으므로 행위 도중에 공동의 사가 성립한 경우에도 공동정범이 성립할 수 있다(판례, 통설).

③ **후행가담자의 귀책범위**

⚖ 판례 | 승계적 공동정범에서 후행가담자의 귀책의 범위(가담 이후의 부분만 책임을 진다)

[1] 포괄적 일죄의 일부(중도)에 공동정범으로 가담한 자는 비록 그가 그때에 이미 이루어진 종전의 범행을 알았다 하여도 그 가담 이후의 범행에 대해서만 공동정범으로서 책임을 진다.
[2] 乙이 1981년 1월 초순경부터 히로뽕 제조행위를 계속하던 도중인 1981년 2월 9일경 피고인 甲이 비로소 乙의 위 제조행위를 알고 그에 가담한 경우, 비록 乙의 히로뽕 제조행위 전체가 포괄하여 하나의 죄가 된다 할지라도 甲에게 그 가담 이전의 제조행위에 대하여까지 유죄를 인정할 수는 없다[대판 1982.6.8.], [대판 2019.8.29.]. [20 경찰승진, 19 법원행시, 18 국가7급, 18 국가9급, 18 경찰채용, 17 국가9급, 16 법원9급, 16 국가7급, 16 경찰승진, 16 경찰채용]*

　비교판례 (승계적 방조자의 귀책의 범위) 특정범죄 가중처벌 등에 관한 법률 제5조의2 제2항 제1호 소정의 죄는 형법 제287조의 미성년자 약취, 유인행위와 약취 또는 유인한 미성년자의 부모 기타 그 미성년자의 안전을 염려하는 자의 우려를 이용하여 재물이나 재산상의 이익을 취득하거나 이를 요구하는 행위가 결합된 단순일죄의 범죄라고 봄이 상당하므로 비록 타인이 미성년자를 약취·유인한 행위에는 가담한 바 없다 하더라도 사후에 그 사실을 알면서 약취·유인한 미성년자의 부모 기타 그 미성년자의 안전을 염려하는 자의 우려를 이용하여 재물이나 재산상의 이익을 취득하거나 요구하는 타인의 행위에 가담하여 이를 방조한 때에는 단순히 재물 등 요구행위의 종범이 되는데 그치는 것이 아니라 결합범인 위 특정범죄 가중처벌 등에 관한 법률 제5조의2 제2항 제1호 위반죄의 종범에 해당한다[대판 1982.11.23.].

⚖ 판례 | 공동정범의 성립범위(결합범의 경우)

운전자가 아닌 동승자가 교통사고 후 운전자와 공모하여 운전자의 도주행위에 가담하였다 하더라도, 동승자에게 과실범의 공동정범의 책임을 물을 수 있는 특별한 경우가 아닌 한, 특정범죄 가중처벌 등에 관한 법률위반(도주차량)죄의 공동정범으로 처벌할 수는 없다[대판 2007.7.26, 2007도2919].

(3) 과실범의 공동정범

① 쟁점: 2인 이상이 공동의 과실에 의하여 과실범의 구성요건적 결과를 발생케 한 경우(예 공사장에서 甲과 乙이 함께 철재를 운반하다가 실수로 떨어뜨려 丙에게 상처를 입힌 경우)에 과실범의 공동정범이 성립할 수 있는지 문제된다.

② 인정여부

⚖ 판례 | 과실범의 공동정범 인정여부(인정)

형법 제30조에 '공동하여 죄를 범한 때'의 '죄'는 고의범이고 과실범이고를 불문한다고 해석하여야 할 것이고 따라서 공동정범의 주관적 요건인 공동의 의사도 고의를 공동으로 가질 의사임을 필요로 하지 않고 고의 행위이고 과실 행위이고 간에 그 행위를 공동으로 할 의사이면 족하다고 해석하여야 할 것이므로 2인 이상이 어떠한 과실 행위를 서로의 의사연락 아래 하여 범죄되는 결과를 발생케 한 것이라면 여기에 과실범의 공동정범이 성립되는 것이다[대판 1962.3.29, 4294형상598]. [20 국가9급, 19 변호사, 16 국가9급, 16 경간부]*

⚖ 판례 | 과실범의 공동정범의 성립이 인정된 경우

1. 짚차의 선임 탑승자가 운전병을 데리고 주점에 들어가서 같이 음주한 다음 운전케 한 결과 위 운전병이 음주로 인하여 취한 탓으로 사고가 발생한 경우[대판 1979.8.21, 79도1249].

2. 산판에서 구입한 장작의 화물주가 트럭운전사의 화물자동차를 빌려 장작을 반출증 없이 적재하여 오다가 검문소 앞에서 검문을 피할 목적으로 트럭운전사에게 "그대로 가자"라고 말하여, 이들이 알지 못하는 사이에 이미 검문을 위하여 화물자동차에 일단 올라와 있던 경찰관이 자동차가 속도를 내어 달리게 되자 차에서 떨어져 사망한 경우[대판 1962.3.29, 61형상98].

3. 정기관사의 지휘감독을 받는 부기관사가 열차의 퇴행에 관하여 정기관사와 상론, 동의한 후 퇴행하다가 다른 열차와 충돌한 경우[대판 1982.6.8, 82도781].

4. 식품회사 대표이사와 공장장이 먼저 제조한 빵을 늦게 배식하여 수명의 아동이 식중독에 걸려 사망케 한 경우[대판 1978.9.26, 78도2082].

5. 트러스 제작책임자의 과실과 건설공사 현장감독자의 과실 및 감독공무원의 과실이 합쳐져서 성수대교가 붕괴하여 통행 중이던 자동차에 타고 있던 승객들이 추락사한 경우[대판 1997.11.28, 97도1740].

   판례해설 업무상과실치사상죄, 업무상과실일반교통방해죄, 업무상과실자동차추락죄의 공동정범이 성립한다.

6. 공동의 과실이 경합되어 화재가 발생한 경우에 적어도 각 과실이 화재의 발생에 대하여 하나의 조건이 된 이상 그 공동적 원인을 제공한 각자에 대하여 실화죄의 죄책을 물어야 함이 마땅하다[대판 1983.5.10, 82도2279]. [16 법원행시]*

6-1. 건축계획의 수립, 건축설계, 건축공사공정, 건물 완공 후의 유지관리 등에 있어서의 과실이 복합적으로 작용하여 건물(삼풍백화점)이 붕괴되어 많은 사람이 사상에 이른 경우[대판 1996.8.23, 96도1231]. ※ 각 단계별 관련자들을 업무상과실치사상죄의 공동정범으로 처단한 사례

7. 터널굴착공사를 도급받은 건설회사의 현장소장과 위 공사를 발주한 한국전력공사의 지소장의 과실이 경합하여 붕괴사고가 나는 바람에 통과하던 열차가 전복된 경우[대판 1994.5.24, 94도660].

8. 예인선 정기용선자의 현장소장 甲은 사고의 위험성이 높은 해상에서 철골 구조물 및 해상크레인 운반작업을 함에 있어 선적작업이 지연되어 정조시점에 맞추어 출항할 수 없게 되었음에도, 출항을 연기하거나 대책을 강구하지 않고 예인선 선장 乙의 출항연기 건의를 묵살한 채 출항을 강행하도록 지시하였고, 예인선 선장 乙은 甲의 지시에 따라 사고의 위험이 큰 시점에 출항하였고 해상에 강조류가 흐르고 있었음에도 무리하게 예인선을 운항한 결과 무동력 부선에 적재된 철골 구조물이 해상에 추락하여 해상의 선박교통을 방해한 사안에서, 甲과 乙을 업무상과실일반교통방해죄의 공동정범으로 처벌한 사례[대판 2009.6.11, 2008도11784].

⚖ 판례 | 과실범의 공동정범의 성립이 부정된 경우

1. 운전수가 불의의 발병으로 자동차를 운전할 수 없게 되자 동승한 운전경험이 있는 차주가 운전하다가 사고를 일으킨 경우에 차주의 운전상의 과실행위에 운전수와의 상호간의 의사연락이 있었다고 보거나 운전행위를 저지하지 않은 원인행위가 차주의 운전상의 부주의로 인한 결과발생에까지 미친다고 볼 수 없다[대판 1974.7.23, 74도778].

2. 전문적인 운전교습자가 아닌 피고인이 운전자의 부탁으로 차량운전행위를 살펴보고 잘못된 점이 있으면 이를 지적하여 교정해 주려고 차량의 조수석에 동승하였으나 운행 중에 사고가 발생한 경우[대판 1984.3.13, 82도3136].

---

2. 객관적 요건

(1) 공동가공의 사실(공동의 실행행위)

① 의의: 공동정범이 성립하기 위하여는 공동의 행위계획에 따른 실행행위의 분담, 즉 객관적 행위기여가 있어야 한다.

② 공동가공의 정도: 범죄수행에 불가결한 행위라면 구성요건의 전부 또는 일부를 실행한 경우뿐만 아니라 구성요건적 행위 이외의 행위일지라도 공동의 실행행위로 인정될 수 있다(예 망보는 행위, 장물을 처분하는 역할을 수행한 경우).

⚖ 판례 | 공동의 실행으로 인정되는 경우(공동정범의 성립이 인정된 경우)

1. (공범자에게 행위결정을 강화하도록 협력하는 행위) 공모에 의한 범죄의 공동실행은 모든 공범자가 스스로 범죄의 구성요건을 실현하는 것을 전제로 하지 아니하고, 그 실현행위를 하는 공범자에게 그 행위결정을 강화하도록 협력하는 것으로도 가능하며, 이에 해당하는지 여부는 행위 결과에 대한 각자의 이해 정도, 행위 가담의 크기, 범행지배에 대한 의지 등을 종합적으로 고려하여 판단하여야 한다[대판 2006.12.22, 2006도1623]. [16 경찰채용]*

2. (공범자의 강간 중 피해자의 자녀를 감시하는 행위) 피고인이 공범들과 함께 강도범행을 저지른 후 피해자의 신고를 막기 위하여 공범들이 묶여있는 피해자를 옆방으로 끌고 가 강간범행을 할 때에 피고인은 자녀들을 감시하고 있었다면 공범들의 강도강간범죄에 공동가공한 것이라 하겠으므로 비록 피고인이 직접 강간행위를 하지 않았다 하더라도 강도강간의 공동죄책을 면할 수 없다[대판 1986.1.21, 85도2411].

3. (폭력단체의 수괴가 범행현장에서 지시를 하는 행위) 부하들이 흉기를 들고 싸움을 하고 있는 도중에 폭력단체의 두목급 수괴의 지위에 있는 乙이 그 현장에 모습을 나타내고 더욱이나 부하들이 흉기들을 소지하고 있어 살상의 결과를 초래할 것을 예견하면서도 전부 죽이라는 고함을 친 행위는 부하들의 행위에 큰 영향을 미치는 것으로서 乙은 이로써 위 싸움에 가세한 것이라고 보지 아니할 수 없고, 나아가 부하들이 칼, 야구방망이 등으로 피해자들을 난타, 난자하여 사망케 한 것이라면 乙은 살인죄의 공동정범으로서의 죄책을 면할 수 없다[대판 1987.10.13, 87도1240].

4. 화염병과 돌맹이를 진압 경찰관을 향하여 무차별 던지는 시위 현장에 피고인도 이에 적극 참여하여 돌맹이를 던지는 등의 행위로 다른 사람의 화염병 투척을 용이하게 하고 이로 인하여 타인의 생명 신체에 대한 위험을 발생케 하였다면 비록 피고인 자신이 직접 화염병 투척의 행위는 하지 아니하였다 하더라도 그 화염병 투척(사용)의 공동정범으로서의 죄책을 면할 수는 없는 것이다[대판 1992.3.31, 91도3279].

5. 甲공피고인이 위조된 부동산임대차계약서를 담보로 제공하고 피해자로부터 돈을 빌려 편취할 것을 계획하면서 피해자가 계약서상의 임대인에게 전화를 하여 확인할 것에 대비하여 피고인에게 미리 전화를 하여 임대인 행세를 하여달라고 부탁하였고, 피고인은 위와 같은 사정을 잘 알면서도 이를 승낙하여 실제로 피해자의 남편으로부터 전화를 받자 자신이 실제의 임대인인 것처럼 행세하여 전세금액 등을 확인함으로써 위조사문서의 행사에 관하여 역할분담을 한 경우, 피고인의 행위는 위조사문서행사에 있어서 기능적 행위지배의 공동정범 요건을 갖추었다고 할 것이다[대판 2010.1.28. 2009도10139]. [18 국가7급]*

6. 상명하복 관계에 있는 자들 사이에 있어서도 범행에 공동 가공한 이상 공동정범이 성립하는 데 아무런 지장이 없는 것이다[대판 2012.1.27. 2010도10739].

③ **공동가공의 방법**: 공동의 실행행위는 작위·부작위를 불문하며 반드시 현장에서 행하여짐을 요하지 않는다.

④ **공동가공의 시기**: 공동의 실행행위는 범죄의 실행의 착수 이후 종료 이전에 있어야 한다. 다만, 예비·음모 단계에서의 행위기여일지라도 전체범죄의 수행에 불가결한 행위인 경우(예 두목이 범죄계획을 수립·지시하고 부하가 실행한 경우)에는 실행행위의 분담이 인정된다.

(2) 공모공동정범

① **의의**: 2인 이상의 자가 범죄를 공모한 후 그 공모자 가운데 일부가 공모에 따라 범죄의 실행에 나아간 때에는 실행행위를 담당하지 아니한 공모자에게도 공동정범이 성립한다는 이론이다.

② **인정여부**

⚖️ 판례 | 공모공동정범의 인정근거

공모공동정범은 공모에 의하여 수인간에 공동의사주체가 형성되어 범죄의 실행행위가 있으면 그 실행행위를 분담하지 않았다고 하더라도 공동의사주체로서 정범의 죄책을 지게 하는 것이니 이는 범죄의 집단화현상으로 볼 때 범행의 모의만 하고 실행행위는 분담하지 않아도 그 범행에 중요한 소임을 하는 것을 간과할 수 없기 때문이다[대판 1983.3.8. 82도3248].

⚖️ 판례 | 공모공동정범에서 공모자가 되기 위한 요건

1. [1] 형법 제30조의 공동정범은 공동가공의 의사와 그 공동의사에 기한 기능적 행위지배를 통한 범죄 실행이라는 주관적·객관적 요건을 충족함으로써 성립하는바, 공모자 중 구성요건 행위 일부를 직접 분담하여 실행하지 않은 자라도 경우에 따라 이른바 공모공동정범으로서의 죄책을 질 수도 있는 것이기는 하나, 이를 위해서는 전체 범죄에서 그가 차지하는 지위, 역할이나 범죄 경과에 대한 지배 내지 장악력 등을 종합해 볼 때, 단순한 공모자에 그치는 것이 아니라 범죄에 대한 본질적 기여를 통한 기능적 행위지배가 존재하는 것으로 인정되는 경우여야 한다. [20 국가9급, 17 국가9급]*
   [2] 전국노점상총연합회가 주관한 도로행진시위에 참가한 피고인이 다른 시위 참가자들과 함께 경찰관 등에 대한 특수공무집행방해 행위를 하던 중 체포된 사안에서, 단순 가담자인 피고인에게 체포된 이후에 이루어진 다른 시위참가자들의 범행에 대하여는 본질적 기여를 통한 기능적 행위지배가 존재한다고 보기 어려워 공모공동정범의 죄책을 인정할 수 없다고 한 사례[대판 2009.6.23. 2009도2994]. [19 경찰승진]*

   동지판례 주한미군 공여지에 대한 행정대집행과 압수수색영장 집행에 대항하기 위하여 개최된 집회 및 시위에 참가한 피고인들이, 다른 시위대의 폭력행위로 인한 특수공무집행방해치상죄의 공모공동정범으로 기소된 사안에서, 단순 가담자인 피고인이 시위에 참가하기 전이나 체포된 후에 이루어진 다른 시위 참가자들의 범행에 대하여는 피고인들에게 본질적 기여를 통한 기능적 행위지배가 존재한다고 보기 어려워 공모공동정범의 죄책을 인정할 수 없다고 한 사례[대판 2009.9.24. 2008도6994].

2. 공동정범에 있어서 범죄행위를 공모한 후 그 실행행위에 직접 가담하지 아니하더라도 다른 공모자가 분담, 실행한 행위에 대하여 공동정범의 죄책을 면할 수 없고, 공모공동정범에 있어서 공모는 2인 이상의 자가 협력해서 공동의 범의를 실현시키는 의사에 대한 연락을 말하는 것으로서 실행행위를 담당하지 아니하는 공모자에게 그 실행자를 통하여 자기의 범죄를 실현시킨다는 주관적 의사가 있어야 함은 물론이나, 반드시 배후에서 범죄를 기획하고 그 실행행위를 부하 또는 자기가 지배할 수 있는 사람에게 실행하게 하는 실질상의 괴수의 위치에 있어야 할 필요는 없다고 할 것이다[대판 1980.5.20. 80도306].

⚖ 판례 | 공모공동정범이 성립하는 경우

1. 국회의원 후보자 甲과 그 유세위원인 乙·丙이 상대후보를 국회의원에 당선되지 못하게 할 목적으로 허위사실을 공표할 것을 공모한 후 乙만이 실행에 나아간 경우라도 甲·乙·丙 모두 허위사실공표죄의 공모공동정범이 성립된다[대결 2002.4.10. / 2001모193].

2. 몽둥이 등을 든 일부 조합원들이 집회 장소를 지키고 있던 용역경비원들을 폭행하거나 상해를 가한 경우, 조합 간부가 현장에서 노조원들을 지휘하는 역할을 하였으나 직접 상해나 폭행을 하지 않았다고 하더라도 폭처법위반죄의 공모공동정범이 성립한다[대판 2009.8.20. / 2008도11138].

3. 피고인들이 공소외인과 암묵적으로 상통하여 피해자를 살해하기로 공모하였다고 인정되고, 피고인들이 직접 삽으로 피해자를 내려쳐 살해하지 아니하였다는 것만으로는 위 공소외인의 살인행위에 대하여 공동정범으로서의 책임을 면하지 못한다[대판 2004.3.11. / 2004도126].

4. 유가증권의 허위작성행위 자체에는 직접 관여한 바 없다 하더라도 타인에게 그 작성을 부탁하여 의사연락이 되고 그 타인으로 하여금 범행을 하게 하였다면 공모공동정범에 의한 허위유가증권작성죄가 성립한다[대판 1985.8.20. / 83도2575]. [18 경간부]*

5. 건설 관련 회사의 유일한 지배자가 회사 대표의 지위에서 장기간에 걸쳐 건설공사 현장소장들의 뇌물공여행위를 보고받고 이를 확인·결재하는 등의 방법으로 위 행위에 관여한 경우, 비록 사전에 구체적인 대상 및 액수를 정하여 뇌물공여를 지시하지 아니하였다고 하더라도 그 핵심적 경과를 계획적으로 조종하거나 촉진하는 등으로 기능적 행위지배를 하였다면 공모공동정범의 죄책을 인정하여야 한다[대판 2010.7.15. / 2010도3544]. [19 국가7급, 18 경찰승진, 18 경간부]*

6. 미신고 옥외집회 또는 시위의 주최에 관하여 공동가공의 의사와 공동의사에 기한 기능적 행위지배를 통하여 그 실행을 공모한 자는 비록 구체적 실행행위에 직접 관여하지 아니하였더라도 다른 공범자의 미신고 옥외집회 또는 시위의 주최행위에 대하여 공모공동정범으로서의 죄책을 면할 수 없다[대판 2011.9.29. / 2009도2821]. [20 경찰승진, 18 국가9급]*

⚖ 판례 | 공모공동정범에서 직접 실행행위에 관여하지 않은 공모자에 대한 법적 효과

공모에 참여한 사실이 인정되는 이상 직접 실행행위에 관여하지 않았더라도 다른 사람의 행위를 자기의사의 수단으로 하여 범죄를 하였다는 점에서 자기가 직접 실행행위를 분담한 경우와 형사책임의 성립에 차이를 둘 이유가 없는 것이다[대판 1988.4.12. 87도2368; 동지 대판 2004.3.11. 2004도126].

(3) 공모관계의 이탈

① 실행의 착수 전의 이탈

⚖ 판례 | 실행의 착수 전의 공모관계 이탈의 요건과 효과

1. [1] 공모공동정범에 있어서 공모자 중의 1인이 다른 공모자가 실행행위에 이르기 전에 그 공모관계에서 이탈한 때에는 그 이후의 다른 공모자의 행위에 관하여는 공동정범으로서의 책임은 지지 않는다 할 것이나, 공모관계에서의 이탈은 공모자가 공모에 의하여 담당한 기능적 행위지배를 해소하는 것이 필요하므로 공모자가 공모에 주도적으로 참여하여 다른 공모자의 실행에 영향을 미친 때에는 범행을 저지하기 위하여 적극적으로 노력하는 등 실행에 미친 영향력을 제거하지 아니하는 한 공모자가 구속되었다는 등의 사유만으로 공모관계에서 이탈하였다고 할 수 없다. [20 국가7급, 20 국가9급, 20 경찰승진, 18 법원행시, 18 경찰채용, 16 법원9급, 17 국가9급, 16 경간부, 16 국가7급, 16 국가9급, 16 경찰채용]*
[2] 甲이 乙과 공모하여 가출 청소년 A(여, 16세)에게 낙태수술비를 벌도록 해 주겠다고 유인하였고, 乙로 하여금 A의 성매매 홍보용 나체사진을 찍도록 하였으며, A가 중도에 약속을 어길 경우 민형사상 책임을 진다는 각서를 작성하도록 한 후, 甲이 별건으로 체포되어 구치소에 수감 중인 동안 A가 乙의 관리 아래 12회에 걸쳐 불특정 다수 남성의 성매수 행위의 상대방이 된 대가로 받은 돈을 A, 乙 및 甲의 처 등이 나누어 사용한 사안에서, A의 성매매 기간 동안 甲이 수감되어 있었다 하더라도 위 甲은 乙과 함께 미성년자유인죄, 구 청소년의 성보호에 관한 법률 위반죄의 책임을 진다고 한 원심판단을 수긍한 사례[대판 2010.9.9. / 2010도6924]. [20 국가7급, 19 경찰승진, 18 경찰승진, 18 경간부]*

2. 구체적인 살해방법이 확정되어 피고인을 제외한 나머지 공범들이 피해자의 팔, 다리를 묶어 저수지 안으로 던지는 순간에 피해자에 대한 살인행위의 실행의 착수가 있다 할 것이고 따라서 피고인은 살해모의에는 가담하였으나 다른 공모자들이 실행행위에 이르기 전에 그 공모관계에서 이탈한 이후의 다른 공모자의 행위에 관하여는 공동정범으로서의 책임을 지지 않는다 할 것이고, <u>그 이탈의 표시는 반드시 명시적임을 요하지 않는다</u>[대판 1986.1.21.]. [20 국가7급, 20 경찰승진, 18 경찰채용]*

⚖️ 판례 | 공모관계의 이탈로 인정되지 않은 경우

1. (실행의 착수 후인 경우) 해군이 다시 구출작전에 나설 경우 선원들을 '인간방패'로 사용하는 것에 관하여 사전 공모한 해적들이, 해군의 위협사격에 의하여 총알이 빗발치는 윙브리지로 선원들을 내몬 것은 살해행위의 실행에 착수한 것이므로 비록 해적들이 당시 총을 버리고 도망갔다고 하더라도 그것만으로는 공모관계에서 이탈한 것으로 볼 수 없다고 한 사례[대판 2011.12.22.]. [20 경간부, 18 법원행시]*

2. (공범에게 미친 영향력을 제거하지 않은 경우) 다른 3명의 공모자들과 강도 모의를 하면서 삽을 들고 사람을 때리는 시늉을 하는 등 그 모의를 주도한 피고인이 함께 범행 대상을 물색하다가 다른 공모자들이 강도의 대상을 지목하고 뒤쫓아 가자 단지 "어?"라고만 하고 비대한 체격 때문에 뒤따라가지 못한 채 범행현장에서 200m 정도 떨어진 곳에 앉아 있었으나 위 공모자들이 피해자를 쫓아가 강도상해의 범행을 한 사안에서, 피고인에게 공동가공의 의사와 공동의사에 기한 기능적 행위지배를 통한 범죄의 실행사실이 인정되므로 강도상해죄의 공모관계에 있고, 다른 공모자가 강도상해죄의 실행에 착수하기까지 범행을 만류하는 등으로 그 공모관계에서 이탈하였다고 볼 수 없으므로 강도상해죄의 공동정범으로서의 죄책을 진다고 한 사례[대판 2008.4.10.]. [16 경찰승진]*

⚖️ 판례 | 실행의 착수 전의 합동관계 이탈로 인정된 경우

피고인이 다른 피고인들과 택시강도를 하기로 모의한 일이 있다고 하여도 다른 피고인들이 피해자에 대한 폭행에 착수하기 전에 겁을 먹고 미리 현장에서 도주해 버렸다면 다른 피고인들과의 사이에 강도의 실행행위를 분담한 협동관계가 있었다고 보기는 어려우므로 피고인을 특수강도의 합동범으로 다스릴 수는 없다[대판 1985.3.26.].

② 실행의 착수 후의 이탈: 공동정범과 중지미수의 문제가 된다.

판례 연습

【공모관계의 이탈】 ※ 망보다가 담배사러 간 사건, 시라소니파 사건

다음 사례 중 甲에게 괄호 안의 범죄가 성립하는 경우는?

A. 甲 등이 금품을 강취할 것을 공모하고 甲은 집 밖에서 망을 보기로 하였다. 다른 공범자들은 집 안으로 들어가 피해자들로부터 금품을 강취하는 과정에서 이들에게 상해를 입혔다. 망을 보던 甲은 다른 공모자들이 피해자의 집에 침입하여 실행에 착수한 후 담배를 사기 위해서 현장을 떠나 망을 보지 않았다(강도상해죄의 공동정범).

B. '시라소니'파 조직원 甲은 먼저 공격해온 반대파에 대한 보복 공격을 위해 다른 조직원들이 여러 대의 차에 분승하여 출발하려고 할 때 사태의 심각성을 실감하고 범행에 휘말리기 싫어서 그곳에서 택시를 타고 집으로 와 버렸다. 그러나 다른 조직원들은 공모한대로 반대파 두목을 살해하였다(살인죄의 공동정범).

> **판결요지**

※ A는 실행에 착수한 후 이탈한 경우이고, B는 실행에 착수하기 전에 이탈한 경우이다.

A. 행위자 상호간에 범죄의 실행을 공모하였다면 다른 공모자가 이미 실행에 착수한 이후에는 그 공모관계에서 이탈하였다고 하더라도 공동정범의 책임을 면할 수 없는 것이므로 피고인 등이 금품을 강취할 것을 공모하고 피고인은 집 밖에서 망을 보기로 하였으나, 다른 공모자들이 피해자의 집에 침입한 후 담배를 사기 위하여 망을 보지 않았다고 하더라도, 피고인은 판시 강도상해죄의 공동정범의 죄책을 면할 수가 없다[대판 1984.1.31.]. [18 법원행시]* ※ 甲은 강도상해죄의 공동정범

B. 피고인에게 범행에 가담하려는 의사가 있었다고 보기 어렵고, 가사 공모관계가 인정된다 하더라도 다른 조직원들이 범행에 이르기 전에 그 공모관계에서 이탈한 것이라 할 것이므로 피고인은 위 공모관계에서 이탈한 이후의 행위에 대하여는 공동정범으로의 책임을 지지 않는다[대판 1996.1.26. 94도2654]. [18 법원행시]* ※ 甲은 무죄

정답 (A)

⚖ 판례 | 포괄일죄의 범행 일부를 실행한 공범관계서 이탈한 경우 이탈자의 죄책의 범위

[1] 피고인이 포괄일죄의 관계에 있는 범행의 일부를 실행한 후 공범관계에서 이탈하였으나 다른 공범자에 의하여 나머지 범행이 이루어진 경우, 피고인이 관여하지 않은 부분에 대하여도 죄책을 부담한다.

[2] 피고인이 투자금융회사에 입사하여 다른 공범들과 프로소닉 주식의 시세조정 주문을 내기로 공모한 다음 시세조정행위의 일부를 실행한 후 회사로부터 해고를 당하여 공범관계로부터 이탈하였고, 다른 공범들이 그 이후의 나머지 시세조정행위를 계속한 경우 피고인이 다른 공범들의 범죄실행을 저지하지 않은 이상 그 이후 나머지 공범들이 행한 시세조정행위에 대하여도 죄책을 부담한다[대판 2011.1.13. 2010도9927]. [대판 2002.8.27. 2001도513]. [20 법원행시, 20 국가7급, 19 법원9급, 18 법원행시, 18 경찰채용, 16 법원9급]*

Ⅲ 공동정범의 처벌

1. 일부실행 · 전부책임

공동정범은 각자를 그 죄의 정범으로 처벌한다(제30조).

⚖ 판례 | 강도의 공모자의 죄책의 범위

(예견가능한 범위의 탈취행위에 대하여 책임을 진다) 피고인들이 재물을 강취할 의사로 피해자에 대하여 폭행을 가한 이상, 다른 피고인이 나머지 피고인들 몰래 피해자가 도망가면서 남겨 둔 옷에서 500만원권 자기앞수표 4장 합계 2,000만원을 꺼내어 사용하였다 할지라도 이러한 피고인의 강도행위를 나머지 피고인들이 예측할 수 있었다 할 것이므로, 다른 피고인의 강도행위에 대하여 나머지 피고인들도 책임을 면할 수 없다[대판 2004.10.27. 2004도4437].85)

---

2. 공동정범의 인과관계

공동자 전원의 행위와 발생한 결과를 종합적 · 전체적으로 고려하여 인과관계를 판단한다(예 살인을 공모한 甲과 乙이 함께 발포하여 한 발의 총알만 명중하여 피해자가 사망한 경우 그 총알이 누구의 것인지 불문하고 甲과 乙은 모두 살인죄의 공동정범의 책임을 진다).

3. 결과적 가중범을 실현한 경우의 책임의 범위

다른 공동자가 행한 초과부분에 대하여 고의 없는 공동자인 경우에도 그 결과를 예견할 수 있었을 때에는 결과적 가중범의 공동정범이 성립할 수 있다(판례).86)

---

85) 본 판례는 합동범에 관한 것이지만 공동정범과 그 취지를 같이하는 것이어서 인용하였다.
86) 다수설은 결과적 가중범의 공동정범을 인정하지 아니하므로 중한 결과를 예견할 수 있었던 자에게 개별적으로 결과적 가중범이 성립한다고 한다.

IV 공동정범의 착오

공동정범의 착오에 관하여는 구성요건적 착오에 대한 이론이 그대로 적용된다(교사의 착오에서 상세히 설명함).

V 동시범

> **제19조(독립행위의 경합)** 동시 또는 이시의 독립행위가 경합한 경우에 그 결과발생의 원인된 행위가 판명되지 아니한 때에는 각 행위를 미수범으로 처벌한다. [20 법원행시, 18 변호사]*

1. 동시범의 의의

① 동시범이란 2인 이상이 공동가공의 의사 없이 동시 또는 이시에 동일객체에 대해서 각자 구성요건적 결과를 실현한 경우를 말한다.

② 동시범은 단독정범이 우연히 경합된 경우이므로 공동정범과 달리 일부실행·전부책임의 원칙이 아니라 개별책임의 원칙이 적용된다.

2. 동시범의 유형

① 원인행위가 판명된 동시범: 결과를 발생시킨 자는 기수범, 나머지는 미수범으로 처벌된다.

② 원인행위가 판명되지 아니한 동시범: 귀책의 범위는 원칙적으로 형법 총칙의 제19조(독립행위의 경합)에 의하여 해결하여야 하나, 제263조에 특례규정을 두고 있다.

3. 제19조의 독립행위의 경합

(1) 성립요건

① **다수인의 동시 또는 이시의 실행행위가 있을 것:** ⅰ) 실행행위의 존재 자체가 불분명한 경우에는 제19조가 적용될 수 없다. ⅱ) 실행의 착수 이전의 예비행위에는 제19조가 적용될 수 없다. ⅲ) 다수인의 행위는 동시·이시를 불문하며, 동일한 장소에서 행하여질 것임을 요하지 않는다.

② **공동가공의 의사가 존재하지 아니할 것:** 공동가공의 의사가 존재하면 공동정범이 성립하며 다수인의 행위를 포괄하여 결과에 대한 인과관계를 전체적으로 고찰하게 된다.

③ **행위객체의 동일성:** 행위의 객체가 동일하면 각자의 구성요건적 행위가 동일할 필요도 없다(예 동일한 객체에 대한 살인과 상해의 동시범도 가능).

④ **경합한 독립행위로 인하여 결과가 발생할 것:** 결과가 발생하지 않은 경우에는 각 행위자는 당연히 미수범이 되며 제19조를 적용할 여지가 없다.

⑤ 인과관계가 판명되지 아니할 것: 인과관계가 판명되면 그에 따라 각자 책임을 지게 되며 제19조가 적용될 수 없다.

⚖️ 판례 | 과실의 동시범의 인과관계 증명책임

선행 교통사고와 후행 교통사고 중 어느 쪽이 원인이 되어 피해자가 사망에 이르게 되었는지 밝혀지지 않은 경우 후행 교통사고를 일으킨 사람의 과실과 피해자의 사망 사이에 인과관계가 인정되기 위해서는 후행 교통사고를 일으킨 사람이 주의의무를 게을리하지 않았다면 피해자가 사망에 이르지 않았을 것이라는 사실이 증명되어야 하고, 그 증명책임은 검사에게 있다 [대판 2007.10.26, 2005도8822]. [22 경간부]*

---

(2) 효과

① 경합된 독립행위가 고의행위인 경우에는 미수범 처벌규정이 있는 경우에 한해 미수범으로 처벌된다.
② 경합된 독립행위가 과실행위인 경우에는 과실범의 미수를 처벌하는 규정이 없으므로 처벌할 수 없다. [22 경간부]*

4. 제263조의 동시범의 특례

제263조(동시범) 독립행위가 경합하여 상해의 결과를 발생하게 한 경우에 있어서 원인된 행위가 판명되지 아니한 때에는 공동정범의 예에 의한다. [20 법원행시, 19 경찰승진, 18 경찰채용]*

(1) 의의

① 독립행위가 경합하여 '상해의 결과'를 발생하게 한 경우에 있어서 원인된 행위가 판명되지 아니한 때에는 공동정범의 예에 의하도록 한 규정을 말한다.
② 검사의 입증곤란을 구제하기 위하여 'in dubio pro reo원칙'의 예외를 인정한 규정이다.

(2) 법적 성질

제263조는 피고인에게 자기의 행위로 인하여 상해의 결과가 발생하지 않았음을 증명하도록 거증책임을 전환한 규정이다(헌재).

⚖️ 판례 | 제263조가 책임주의원칙에 위반하는지 여부(위반이 아님), 입증책임의 소재

동시범의 특례에 관한 형법 제263조를 적용하기 위하여 검사는 실제로 발생한 상해를 야기할 수 있는 구체적인 위험성을 가진 가해행위의 존재를 입증하여야 하므로 이를 통하여 상해의 결과에 대하여 아무런 책임이 없는 피고인이 형법 제263조로 처벌되는 것을 막을 수 있고, 피고인도 자신의 행위와 상해의 결과 사이에 개별 인과관계가 존재하지 않음을 입증하여 상해의 결과에 대한 책임에서 벗어날 수 있으므로 형법 제263조는 책임주의원칙에 반한다고 볼 수 없다[헌재 2018.3.29, 2017헌가10]. [19 국가9급]*

---

(3) 적용요건

① 2인 이상의 행위가 공동가공의 의사 없이 행하여져야 한다.

⚖️ 판례 | 공동정범이 성립하는 경우 동시범이 될 수 없다

상호의사의 연락이 있어 공동정범이 성립한다면, 독립행위경합 등의 문제는 아예 제기될 여지가 없다[대판 1997.11.28, 97도1740]. [20 변호사, 19 국가9급, 18 국가9급]*

🔨 판례 | 가해행위를 한 것 자체가 불분명한 경우

(요약: 동시범이 될 수 없다) 상해죄에 있어서의 동시범은 두 사람 이상이 가해행위를 하여 상해의 결과를 가져올 경우에 그 상해가 어느 사람의 가해행위로 인한 것인지가 분명치 않다면 가해자 모두를 공동정범으로 본다는 것이므로 가해행위를 한 것 자체가 분명치 않은 사람에 대하여는 동시범으로 다스릴 수 없다[대판 1984.5.15, 84도488]. [19 경찰채용, 18 변호사]*

🔨 판례 | 이시의 독립행위가 경합한 경우

(요약: 제263조가 적용될 수 있다) [1] 시간적 차이가 있는 독립된 상해행위나 폭행행위가 경합하여 사망의 결과가 일어나고 그 사망의 원인된 행위가 판명되지 않은 경우에는 공동정범의 예에 의하여 처벌할 것이다.

[2] A가 술을 많이 마신 상태에서 乙로부터 심하게 폭행을 당하여 몸을 잘 가누지 못한 채 공원벤치에 누워 있었는데, 그 상태에서 2시간이 지난 후 이러한 사정을 모르는 피고인 甲이 A의 엉덩이를 밀쳐내 A가 벤치에서 떨어져 머리에 피를 흘리며 의식을 잃고 있다가 병원으로 후송되었으나 결국 사망한 경우, 甲은 폭행치사죄의 동시범에 해당한다[대판 2000.7.28, 2000도2466]. [20 변호사, 20 경간부, 19 법원행시, 19 국가9급, 18 변호사, 18 국가9급, 18 경간부, 17 법원9급, 17 경간부]*

② 상해의 결과가 발생하여야 하며 그 원인은 상해행위이든 폭행행위이든 불문한다(판례, 통설). 다만 판례는 사망의 결과가 발생한 경우에도 제263조가 적용될 수 있다는 입장이다.

③ 상해의 결과의 원인행위가 판명되지 않아야 한다. 원인행위가 판명된 동시범의 경우 원인력을 부여했는가 여부에 따라 기수 또는 미수의 책임을 지며 제263조가 적용될 수 없다.

(4) 적용범위

① 상해죄·폭행치상죄: 제263조는 '상해의 결과를 발생하게 한 경우'에 적용되므로 당연히 적용된다.

② 강간치상죄·강도치상죄: 형법 제263조의 동시범은 상해와 폭행죄에 관한 특별규정이므로 보호법익을 달리하는 이들 범죄에 대하여는 적용되지 아니한다(판례, 통설).

🔨 판례 | 강간치상죄에는 제263조가 적용될 수 없다[87]

형법 제263조의 동시범은 상해와 폭행죄에 관한 특별규정으로서 동 규정은 그 보호법익을 달리하는 강간치상죄에는 적용할 수 없다[대판 1984.4.24, 84도372]. [19 국가9급, 18 국가9급]*

③ 상해치사죄·폭행치사죄

🔨 판례 | 상해치사나 폭행치사의 경우에도 제263조가 적용될 수 있다

시간적 차이가 있는 독립된 상해행위나 폭행행위가 경합하여 사망의 결과가 일어나고 그 사망의 원인된 행위가 판명되지 않은 경우에는 공동정범의 예에 의하여 처벌할 것이다[대판 2000.7.28, 2000도2466]. [20 변호사, 20 경간부, 19 법원행시, 19 국가9급, 18 변호사, 18 국가9급, 18 경간부, 17 법원9급, 17 경간부]*

④ 과실치상죄: 제263조의 적용 여부에 관하여 학설의 다툼이 있다.

---

87) 살인죄의 경우도 제263조가 적용될 수 없다.

(5) 효과

원인된 행위가 판명되지 아니한 때에는 공동정범의 예에 의한다(제263조). 따라서 공동정범과 마찬가지로 경합한 독립행위를 전체적으로 보아 결과와의 인과관계를 판단하게 되어 각 행위자를 발생한 결과에 대하여 기수로 처벌한다(예 甲과 乙이 의사연락 없이 각각 상해의 고의로 A에게 돌을 던져 상처를 발생하게 하였지만 인과관계가 판명되지 않은 경우: 甲과 乙은 상해기수죄로 처벌).

제4절 교사범

출제 POINT

교사범의 성립요건과 관련한 판례가 주요 출제대상이다. 그리고 각종 개념(미수의 교사, 교사의 미수, 실패한 교사, 효과 없는 교사, 기도된 교사)과 그 법적 효과도 잘 정리해 두어야 한다. 교사의 착오 부분도 출제가능한 부분이다.

제31조(교사범) ① 타인을 교사하여 죄를 범하게 한 자는 죄를 실행한 자와 동일한 형으로 처벌한다.

I 교사범의 의의

① 교사범이란 타인으로 하여금 범죄를 결의하게 하여 실행하도록 한 자를 말한다.
② 교사범은 피교사자인 정범의 실행행위가 있을 경우에 그에 종속해서 성립하며(공범종속성설: 판례·통설), 종속의 정도는 제한적 종속형식이 적용된다(통설).
③ 교사행위가 각칙상 독립된 구성요건적 행위로 특별히 규정된 경우에는 교사행위 자체가 정범의 실행행위에 해당하므로 형법총칙상의 교사범규정은 적용되지 않는다(예 자살교사죄).

II 교사범의 성립요건

1. 교사자에 관한 요건

(1) 교사행위

① 의의: 교사행위란 범죄의 결의가 없는 타인(정범)에게 범죄의 결의를 가지게 하는 일체의 행위를 말한다.
② 피교사자가 이미 범죄를 결의하고 있는 경우 교사의 성립 여부
  ㉮ 교사자가 교사한 범죄와 동일한 범죄를 피교사자가 이미 결의하고 있을 때는 교사행위라고 할 수 없으며 실패한 교사 또는 종범의 성립이 가능할 뿐이다.

판례 |

(요약: 피교사자가 이미 동일한 범죄의 결의를 가지고 있는 경우 교사범이 성립할 수 없다) 교사범이란 타인(정범)으로 하여금 범죄를 결의하게 하여 그 죄를 범하게 한 때에 성립하는 것이고 피교사자는 교사자의 교사에 의하여 범죄실행을 하여야 하는 것이므로, 피교사자가 이미 (동일한) 범죄의 결의를 가지고 있을 때에는 교사범이 성립할 여지가 없다[대판 1991.5.14, 91도542], [대판 2012.8.30, 2010도13694]. [20 경찰승진, 18 국가9급]*

---

④ 교사자가 정범이 결의하고 있는 범죄를 초과하는 범죄를 결의케 한 경우(예 절도를 결의한 자에게 강도를 교사한 경우, 상해를 결의한 자에게 살인을 교사한 경우)에는 원래의 결의와는 다른 불법내용을 결의케 한 경우이므로 전체범죄에 대한 교사가 성립한다(다수설).

④ 피교사자가 결의한 범죄보다 경미한 범죄를 결의케 한 경우에는 위험감소의 경우로서 객관적 귀속이 부정되기 때문에 교사가 성립할 수는 없고 방조만 성립할 수 있다(다수설)(예 甲이 이미 흉기휴대 특수강도를 결심하고 있는 乙을 설득하여 단순강도죄를 범하도록 한 경우 甲은 특수강도죄의 교사범으로 처벌되지 않음은 물론이고 단순강도죄의 교사범으로도 처벌되지 않는다. 단순강도죄의 종범이 성립한다).

④ 교사자가 피교사자가 결의한 범죄와는 질적으로 차이가 있는 범죄를 결의케 한 경우에는 교사가 성립한다(예 甲이 강도를 결심하고 있는 乙에게 강간죄를 범하도록 한 경우 甲은 강간죄의 교사범이 성립한다).

③ 교사행위의 수단·방법

㉮ 범죄결의에 영향을 미칠 수 있는 것이면 족하며 수단·방법에는 제한이 없다(예 명령, 지시, 설득, 애원, 요청, 유혹, 이익제공, 위협 등).

⚖ 판례 |

(요약: 교사의 정도) 교사범이 성립하기 위하여는 범행의 일시, 장소, 방법 등의 세부적인 사항까지를 특정하여 교사할 필요는 없고, 정범으로 하여금 일정한 범죄의 실행을 결의할 정도에 이르게 하면 교사범이 성립된다[대판 2012.4.13, 2012도1101]. [21 법원9급, 17 경찰채용]*

⚖ 판례 |

(요약: 정범의 습벽과 함께 교사행위가 원인이 된 경우에도 교사범은 성립한다) 교사범의 교사가 정범이 죄를 범한 유일한 조건일 필요는 없으므로, 교사행위에 의하여 정범이 실행을 결의하게 된 이상 비록 정범에게 범죄의 습벽이 있어 그 습벽과 함께 교사행위가 원인이 되어 정범이 범죄를 실행한 경우에도 교사범의 성립에 영향이 없다[대판 1991.5.14, 91도542]. [18 법원9급]*

---

④ 교사는 명시적·묵시적, 직접적·간접적(연쇄적), 단독적·공동적인 것을 불문한다.

⚖ 판례 | 교사가 인정된 경우

1. 피고인이 甲·乙·丙이 절취하여 온 장물을 상습으로 19회에 걸쳐 시가의 3분의 1 내지 4분의 1의 가격으로 매수하여 취득하여 오다가 甲·乙에게 일제 드라이버 1개를 사주면서 "丙이 구속되어 도망다니려면 돈도 필요할텐데 열심히 일을 하라"고 말하였다면 그 취지는 종전에 丙과 같이 하던 범위의 절도를 다시 계속하면 그 장물을 매수하여 주겠다는 것으로서 절도의 교사가 있었다고 보아야 한다[대판 1991.5.14, 91도542]. [16 경찰승진]*

2. 대리응시자들의 시험장의 입장은 시험관리자의 승낙 또는 그 추정된 의사에 반한 불법침입이라 아니할 수 없고 이와 같은 침입을 교사한 이상 주거침입교사죄가 성립된다[대판 1967.12.19, 67도1281].

---

④ 부작위에 의한 교사는 인정되지 아니한다(통설). 부작위는 피교사자의 범죄결의에 영향을 줄 수 없기 때문이다.

㉰ 과실에 의한 교사는 인정되지 아니한다(통설). 교사범은 고의범을 전제로 하기 때문이다.

㉱ 단순히 범죄를 유발할 수 있는 상황을 만든 것만으로는 교사행위라고 할 수 없다(예 甲이 乙에게 乙의 처 A의 간통현장을 알려줌으로써 처의 간통현장을 목격하고 흥분한 乙을 통하여 A를 폭행하려는 목적을 달성한 경우 甲은 폭행죄의 교사범으로 처벌되지 않는다).

(2) 교사자의 고의

① **이중의 고의**: 교사자에게 고의가 인정되기 위하여는 정범에게 범죄의 결의를 가지게 한다는 사실(교사의 고의) 및 정범을 통하여 범죄를 실현한다는 사실(정범의 고의)에 대한 인식과 의사가 있어야 한다.

② **고의의 내용**: 교사자는 정범의 행위가 구성요건에 해당하고 위법하게 된다는 것을 인식해야 한다. 그러므로 진정신분범에 대한 교사의 경우에는 정범의 신분도 인식해야 한다. 그러나 가벌성에 대한 인식은 요하지 않는다.

③ **기수의 고의**: 교사자는 피교사자의 행위가 기수에 이를 것을 인식하고 교사하여야 교사범이 성립할 수 있다. 따라서 교사자가 피교사자의 행위가 미수에 그칠 것을 예견하면서 교사하는 경우, 즉 미수의 교사의 경우(예 甲이 丙의 금고가 텅 비어있다는 것을 알면서 乙에게 그 금고 안의 돈을 절취할 것을 교사한 경우)에는 교사의 고의가 인정되지 않기 때문에 교사범이 성립할 수 없다(통설). [18 국가9급]*

2. 피교사자에 관한 요건

(1) 피교사자의 범행결의

① 교사자의 교사행위에도 불구하고 피교사자가 범행을 승낙하지 아니하거나 피교사자의 범행결의가 교사자의 교사행위에 의하여 생긴 것으로 보기 어려운 경우에는 이른바 실패한 교사로서 형법 제31조 제3항에 의하여 교사자를 음모 또는 예비에 준하여 처벌할 수 있을 뿐이다(판례).

② 과실범에 대한 교사범은 성립할 수 없다. 피교사자에게 범행결의가 있을 수 없기 때문이다. 다만 과실범에 대한 교사는 간접정범이 성립할 수 있다(제34조 제1항).

③ 편면적 교사에 의한 범행결의는 있을 수 없으므로 교사범이 성립할 수 없다.

(2) 피교사자의 실행행위

① 피교사자가 적어도 범죄의 실행행위에 나아갈 것을 요하며, 실행행위는 불법요소를 구비해야 한다. 그러나 실행행위에 대하여 책임이 있을 것을 요하는 것은 아니다(제한적 종속형식).

⚖ 판례 | 피교사자에 관한 요건

(요약: 교사범이 성립하려면 정범의 실행행위가 있어야 한다) 교사범이 성립함에는 정범의 범죄행위가 인정되는 것이 그 전제요건이 된다[대판 2000.2.25. 99도1252]. [20 국가9급, 18 경찰승진, 16 법원행시, 16 국가9급]*

---

② 교사행위와 정범의 결의가 있어도 정범의 실행행위가 없는 때에는 교사범이 성립할 수 없으며 효과 없는 교사에 해당되어 교사자 및 피교사자는 제31조 제2항에 의하여 예비·음모에 준하여 처벌된다.

⚖ 판례 | 기도된 교사의 법적 효과(음모와 예비에 준하여 처벌)

권총 등을 교부하면서 사람을 살해하라고 한 자는 피교사자의 범죄실행결의의 유무와 관계없이 그 행위 자체가 독립하여 살인예비죄를 구성한다[대판 1950.4.18. 4283형상10].

⚖ 판례 | 교사범이 성립하는 경우

1. 백송을 도벌하여 상자를 만들어 달라고 말하면서 도벌자금을 교부한 이상 피고인의 위 청탁으로 공소외인들이 도벌의 범의를 일으켰다고 볼 수 있어 교사죄가 성립한다[대판 1969.4.22. 69도255].

---

2. [1] 피교사자가 범죄의 실행에 착수한 경우 피교사자가 교사자의 교사행위 당시에는 일응 범행을 승낙하지 아니한 것으로 보여진다 하더라도 이후 그 교사행위에 의하여 범행을 결의한 것으로 인정되는 이상 교사범의 성립에는 영향이 없다. [21 법원9급, 20 법원행시, 19 법원행시, 19 경간부, 18 법원9급, 18 경찰승진, 17 경찰채용, 16 법원행시]*

[2] 교사자의 교사행위에도 불구하고 피교사자가 범행을 승낙하지 아니하거나 피교사자의 범행결의가 교사자의 교사행위에 의하여 생긴 것으로 보기 어려운 경우에는 이른바 실패한 교사로서 형법 제31조 제3항에 의하여 교사자를 음모 또는 예비에 준하여 처벌할 수 있을 뿐이다. [21 법원9급, 18 법원9급, 16 법원행시]*

[3] 피고인이 결혼을 전제로 교제하던 여성 甲의 임신 사실을 알고 수회에 걸쳐 낙태를 권유하였다가 거부당하자, 甲에게 출산 여부는 알아서 하되 더 이상 결혼을 진행하지 않겠다고 통보하고, 이후에도 아이에 대한 친권을 행사할 의사가 없다고 하면서 낙태할 병원을 물색해 주기도 하였는데, 그 후 甲이 피고인에게 알리지 아니한 채 자신이 알아본 병원에서 낙태시술을 받은 사안에서, 피고인은 甲에게 직접 낙태를 권유할 당시뿐만 아니라 출산 여부는 알아서 하라고 통보한 이후에도 계속 낙태를 교사하였고, 甲은 이로 인하여 낙태를 결의 · 실행하게 되었다고 보는 것이 타당하며, 甲이 당초 아이를 낳을 것처럼 말한 사실이 있다는 사정만으로 피고인의 낙태교사행위와 甲의 낙태결의 사이에 인과관계가 단절되는 것은 아니라는 이유로, 피고인에게 낙태교사죄를 인정한 원심판단을 정당하다고 한 사례[대판 2013.9.12. 2012도2744]. [20 법원행시, 19 법원행시, 19 경간부, 19 경찰승진, 18 경찰승진, 17 경찰승진, 17 경찰채용, 16 법원행시]*

🔨 판례 | 교사범이 성립하지 않는 경우

피고인이 연소한 자에게 "밥값을 구하여 오라"고 말한 것은 절도범행을 교사한 것이라고 볼 수 없다[대판 1984.5.15. 84도418].

3. 교사범의 공범관계로부터의 이탈

🔨 판례 | 교사범의 공범관계로부터의 이탈 요건

[1] 교사범이란 정범인 피교사자로 하여금 범죄를 결의하게 하여 그 죄를 범하게 한 때에 성립하는 것이고, 교사범을 처벌하는 이유는 이와 같이 교사범이 피교사자로 하여금 범죄 실행을 결의하게 하였다는 데에 있다. 따라서 교사범이 그 공범 관계로부터 이탈하기 위해서는 피교사자가 범죄의 실행행위에 나아가기 전에 교사범에 의하여 형성된 피교사자의 범죄 실행의 결의를 해소하는 것이 필요하고, 이때 교사범이 피교사자에게 교사행위를 철회한다는 의사를 표시하고 이에 피교사자도 그 의사에 따르기로 하거나 또는 교사범이 명시적으로 교사행위를 철회함과 아울러 피교사자의 범죄 실행을 방지하기 위한 진지한 노력을 다하여 당초 피교사자가 범죄를 결의하게 된 사정을 제거하는 등 제반 사정에 비추어 객관적 · 실질적으로 보아 교사범에게 교사의 고의가 계속 존재한다고 보기 어렵고 당초의 교사행위에 의하여 형성된 피교사자의 범죄 실행의 결의가 더 이상 유지되지 않는 것으로 평가할 수 있다면, 설사 그 후 피교사자가 범죄를 저지르더라도 이는 당초의 교사행위에 의한 것이 아니라 새로운 범죄 실행의 결의에 따른 것이므로 교사자는 형법 제31조 제2항에 의한 죄책을 부담함은 별론으로 하고 형법 제31조 제1항에 의한 교사범으로서의 죄책을 부담하지는 않는다고 할 수 있다. [20 경찰승진, 19 국가9급, 18 국가9급, 18 경찰승진, 16 법원행시, 16 국가9급]*

[2] 甲이 乙에게 피해자 A의 불륜관계를 이용하여 공갈할 것을 교사하였고, 이에 乙이 A를 미행하여 불륜 현장을 촬영한 후 甲에게 이를 알렸으나, 甲이 乙에게 "그 동안의 수고비를 줄 테니 촬영한 동영상을 넘기고 A를 공갈하는 것을 단념하라"라고 수차례 만류하였음에도 乙은 甲의 제안을 거절하고 촬영한 동영상을 A의 핸드폰에 전송하고 "현금을 주지 않으면 동영상을 유포하겠다"고 겁을 주어 A로부터 500만원을 교부받은 경우, (甲이 범행을 만류하는 취지의 말을 한 것만으로는 甲의 교사행위와 乙의 실행행위 사이에 인과관계가 단절되었다거나 甲이 공범관계에서 이탈한 것으로 볼 수 없으므로) 甲은 공갈죄의 교사범이 성립한다[대판 2012.11.15. 2012도7407]. [19 국가7급]*

판결이유 피고인의 만류행위가 있었지만 피교사자가 이를 명시적으로 거절하고 당초와 같은 범죄 실행의 결의를 그대로 유지한 것으로 보이는 이상, 피고인이 공범관계에서 이탈한 것으로 볼 수도 없다.

Ⅲ 교사의 착오

1. 실행행위에 대한 착오

(1) 구체적 사실의 착오

① 甲이 乙에게 A를 살해할 것을 교사하였는데 乙이 착오로 B를 살해한 경우를 말한다.

② 법정적 부합설은 乙의 객체의 착오·방법의 착오를 불문하고 甲에게 B에 대한 살인죄의 교사범의 성립을 인정한다.

③ 구체적 부합설은 정범의 방법의 착오의 경우 교사자에게도 방법의 착오를 인정한다. 그러나 정범의 객체의 착오의 경우 교사자에 대한 효과에 대하여는 견해가 나뉘어져 있다.

(2) 추상적 사실의 착오

구분		사례	교사자의 책임
실행 행위에 대한 착오	교사내용보다 적게 실행한 경우	강도교사 → 절도	절도의 교사범이 되는 동시에 강도예비·음모(제31조 제2항)가 되어 양죄의 상상적 경합범에 해당한다. 따라서 형법 제40조에 의하여 형이 중한 강도 예비·음모죄로 처벌된다.
		살인교사 → 미수에 그침	살인미수죄의 교사범
	교사 내용을 초과하여 실행한 경우 / 질적 초과	강간교사 → 방화	질적 초과에 본질적인 차이가 있는 경우로서 발생한 결과에 대하여는 교사범이 성립하지 않는다. 다만 교사한 범죄의 예비·음모가 처벌되는 경우에 한하여 제31조 제2항, 제3항에 의해 예비·음모에 준하여 처벌 [18 국가9급, 17 변호사]*
		상해교사 → 절도	
		강도교사 → 강간	
	비본질적 초과 (착오)	사기교사 → 공갈	질적 초과이지만 본질적인 차이가 없는 경우로서 교사한 범죄에 대한 교사범 성립
		공갈교사 → 강도	
		허위공문서작성교사 → 공문서위조	
	양적초과 (구성요건을 달리하지만 공통적 요소를 포함하는 범죄실행)	절도교사 → 강도	절도죄의 교사범
		상해교사 → 살인	중한 결과에 대하여 피교사자의 예견가능성이 있었는지 여부와 관계없이 교사자에게 예견가능성이 있는 때에는 제15조 제2항에 의해 상해치사죄(결과적 가중범)의 교사범 성립 (판례)

2. 피교사자에 대한 착오

피교사자의 책임능력에 대한 인식은 교사자의 고의의 내용에 포함되지 않으므로 이에 대한 착오는 교사범의 고의를 조각하지 않는다. 따라서 피교사자를 책임능력자로 알았으나 책임무능력자였던 경우나 그 반대의 경우에는 모두 교사범이 성립한다.

Ⅳ 교사범의 처벌

① 교사범은 정범과 동일한 형으로 처벌한다(제31조 제1항). 동일한 형이란 법정형을 의미하므로 구체적인 선고형은 정범과 달라질 수도 있으며 교사범이 정범의 선고형보다 무거울 수도 있다. [16 경찰채용]*

② 공범은 그 성립에 있어서 정범에 종속될 뿐이며 처벌에 있어서는 종속되지 않는다. 따라서 교사범의 처벌을 위해 반드시 정범이 먼저 처벌되어야 하는 것은 아니다.

Ⅴ 관련문제

1. 교사의 교사

> ⚖ **판례 | 간접교사**
>
> 甲이 乙에게 범죄를 저지르도록 요청한다 함을 알면서 甲의 부탁을 받고 甲의 요청을 乙에게 전달하여 乙로 하여금 범의를 야기케 하는 것은 교사에 해당한다[대판 1974.1.29.
73도3104].

2. 교사의 미수

제31조(교사범) ② 교사를 받은 자가 범죄의 실행을 승낙하고 실행의 착수에 이르지 아니한 때에는 교사자와 피교사자를 음모 또는 예비에 준하여 처벌한다. [20 경찰승진, 19 국가7급, 19 국가9급, 18 국가9급, 16 국가9급, 16 경간부]*

③ 교사를 받은 자가 범죄의 실행을 승낙하지 아니한 때에도 교사자에 대하여는 전항과 같다. [22 경간부, 20 경간부, 19 국가7급, 19 국가9급, 19 경찰채용, 18 변호사, 18 국가9급, 17 국가9급, 17 경찰승진, 16 국가9급, 16 경간부, 16 경찰채용]*

🗐 참고 교사의 미수

구분		내용	처벌
기도된 교사	실패한 교사	피교사자가 승낙하지 않거나 이미 결의하고 있는 때	교사자만을 예비·음모에 준하여 처벌(제31조 제3항)
	효과 없는 교사	피교사자가 승낙하고 예비에 그친 경우 또는 실행에 착수하지 않은 경우	교사자·피교사자를 모두 예비·음모에 준하여 처벌(제31조 제2항)
협의의 교사의 미수		피교사자가 범죄의 실행에 착수했으나 미수에 그친 경우, 공범종속성설·공범독립성설 모두 미수로 처벌	교사자·피교사자 모두 미수범으로 처벌(제31조 제1항)

🗐 참고 교사의 미수와 미수의 교사의 구별

구분	가벌성 여부
교사의 미수	교사자에게 기수의 고의 있음, 가벌성 인정
미수의 교사	교사자에게 기수의 고의 없음, 가벌성 부정

3. 예비의 교사

(1) 기수의 고의가 없는 경우

구성요건적 결과를 실현할 의사 없이 단지 예비에만 그치게 할 의사로 교사한 경우로서 기수의 고의가 없으므로 미수의 교사와 마찬가지로 불가벌이다.

(2) 기수의 고의가 있는 경우

구성요건적 결과를 실현할 의사로 교사하였으나 정범의 행위가 단지 예비에 그친 경우로서 교사자 · 피교사자 모두 예비 · 음모에 준하여 처벌된다(제31조 제2항).

제5절 종범

 출제 POINT

방조범의 인정 여부에 관한 판례를 정리해 두어야 하며, 교사범과의 차이점을 잘 이해해 두어야 한다.

제32조(종범) ① 타인의 범죄를 방조한 자는 종범으로 처벌한다.
② 종범의 형은 정범의 형보다 감경한다. [21 법원9급]*

Ⅰ 종범의 의의

① 종범이란 타인의 범죄를 방조한 자를 말한다(제32조 제1항).
② 종범은 피방조자인 정범의 실행행위가 있을 경우에 그에 종속해서 성립하며(공범종속성설: 판례 · 통설), 종속의 정도는 제한적 종속형식이 적용된다(통설).

⚖ 판례 | 종범 성립의 종속성

방조죄는 정범의 범죄에 종속하여 성립하는 것으로서 방조의 대상이 되는 정범의 실행행위의 착수가 없는 이상 방조죄만이 독립하여 성립될 수 없다[대판 1979.2.27. 78도3113].

③ 방조행위가 각칙상 독립된 구성요건적 행위로 특별히 규정된 경우에는 방조행위 자체가 정범의 실행행위에 해당하므로 제32조는 적용되지 않는다(예 간첩방조죄, 도주원조죄, 자살방조죄, 도박장소등개설죄).

⚖ 판례 |

(요약: 간첩방조죄의 경우 종범감경을 할 수 없다) 간첩방조죄는 본범인 간첩죄와 동등한 독립죄로서 간첩본범에 대한 형과 동일한 형으로 처단할 것이요 형법 총칙 제32조에서 말하는 소위 감경할 종범의 예외에 속한다 할 것이다[대판 1958.12.29. 4291형상441]. [동지 대판 1986.9.23. 86도1429].
[19 경간부, 18 경간부, 17 법원행시]*

Ⅱ 종범의 성립요건

1. 방조자에 관한 요건

(1) 방조행위

① **의의:** 방조행위란 정범의 실행행위를 가능·용이하게 해주거나 정범의 범행결의를 강화시키는 행위를 말한다.

② **방조의 수단·방법:** 정범의 실행행위를 돕는 것이면 족하고 제한이 없다. 따라서 ⅰ) 정신적 방조[88](예 조언, 격려, 정보제공, 장물처분·알리바이 증명의 약속)와 물질적 방조[89](예 범행도구의 대여, 범죄자금의 제공, 범죄장소의 제공) 모두 가능하다. ⅱ) 방조범이 보증인지위에 있는 경우 부작위에 의한 방조도 가능하다(예 아파트의 수위가 절도범을 방치한 경우). ⅲ) 단독방조는 물론 공동방조도 가능하다.

⚖ 판례 | 방조행위의 수단·방법

형법상 방조행위는 정범이 범행을 한다는 정을 알면서 그 실행행위를 용이하게 하는 행위로서 그것은 정범의 실행에 대하여 물질적 방법이건, 정신적 방법이건, 직접적이건, 간접적이건 가리지 아니한다[대판 1982.9.14. 80도2566; 동지 대판 1986.12.9. 86도198]. [20 법원행시, 16 법원행시]*

⚖ 판례 | 방조행위(종범)에 해당하는 경우

1. 의사인 피고인이 입원치료를 받을 필요가 없는 환자들이 보험금 수령을 위하여 입원치료를 받으려고 하는 사실을 알면서도 입원을 허가하여 형식상으로 입원치료를 받도록 한 후 입원확인서를 발급하여 준 경우, 사기방조죄가 성립한다[대판 2006.1.12. 2004도6557]. [19 경찰승진]*

2. 자동차운전면허가 없는 자에게 승용차를 제공하여 그로 하여금 무면허운전을 하게 하였다면 이는 도로교통법위반(무면허운전) 범행의 방조행위에 해당한다[대판 2000.8.18. 2000도1914].

3. 도박하는 자리에서 도금으로 사용하리라는 정을 알면서 채무변제조로 금원을 교부하였다면 도박을 방조한 행위에 해당한다[대판 1970.7.28. 70도1218].

4. 주식의 입·출고 절차 등 주식의 관리에 관한 일체의 절차를 정확하게 알고 있는 증권회사의 중견직원들이 (이미 주식인출을 계획하고 있던) 정범에게 피해자의 주식을 인출하여 오면 관리하여 주겠다고 하고, 나아가서 부정한 방법으로 인출해 온 주식을 자신들이 관리하는 증권계좌에 입고하여 관리 운용하여 주었다면, 이러한 행위는 정범의 일련의 부정한 주식 인출절차에 관련된 출고전표인 사문서의 위조, 동행사, 사기 등 상호 연관된 일련의 범행 전부에 대하여 방조행위가 된다[대판 1995.9.29. 95도456].

5. 덕적도 핵폐기장 설치 반대 시위의 일환으로 행하여진 대학생들의 인천시청 기습점거 시위에 대하여 전혀 모르고 있다가 시위 직전에 주동자로부터 지시를 받고 시위현장 사진촬영행위를 한 행위는 이로 인하여 시위대들이 정신적으로 크게 고무되고 그 범행결의도 강화된 것이므로 폭력행위, 시위, 공용물건손상 등 범행의 방조행위가 된다[대판 1997.1.24. 96도2427].

6. 기간통신사업자의 담당직원이 무등록업자에게 060회선을 임대하여 실시간 1:1 증권상담서비스 사업을 영위하게 한 것은 구 증권거래법상 무등록 투자자문업 행위의 방조행위에 해당한다[대판 2007.11.29. 2006도119].

7. 소리바다 서비스를 운영하여 그 이용자들로 하여금 구 저작권법상 복제권의 침해행위를 할 수 있도록 한 것은 그 방조범에 해당한다[대판 2007.12.14. 2005도872].

8. 인터넷 카페의 대표 甲이 기자회견을 열어 A회사에 대하여 불매운동을 하겠다고 하면서 공갈행위를 하였는데, 위 카페의 회원 乙이 그러한 사정을 알면서도 그 자리에서 지지의 의사로 공감을 표시하거나 甲의 부탁을 받고 사진을 찍어주는 행위는 공갈죄의 방조에 해당한다[대판 2013.4.11. 2010도13774]. [19 경간부]*

---

88) 언어방조, 지적 방조라고도 한다.
89) 거동방조, 기술적 방조라고도 한다.

9. 제3자뇌물수수죄에서 제3자란 행위자와 공동정범 이외의 사람을 말하고, 교사자나 방조자도 포함될 수 있다. 그러므로 공무원 또는 중재인이 부정한 청탁을 받고 제3자에게 뇌물을 제공하게 하고 제3자가 그러한 공무원 또는 중재인의 범죄행위를 알면서 방조한 경우에는 그에 대한 별도의 처벌규정이 없더라도 방조범에 관한 형법총칙의 규정이 적용되어 제3자뇌물수수방조죄가 인정될 수 있다[대판 2017.3.15. 2016도19659]. [20 변호사, 20 법원행시, 20 경간부, 17 법원행시, 17 경찰채용]*

10. [1] 공중송신권을 침해하는 게시물이나 그 게시물이 위치한 웹페이지 등(이하 통틀어 '침해 게시물 등'이라 한다)에 연결되는 링크를 한 행위라도, 전송권(공중송신권) 침해행위의 구성요건인 '전송(공중송신)'에 해당하지 않기 때문에 전송권 침해가 성립하지 않는다. 이는 대법원의 확립된 판례이다.
[2] 링크 행위자가 정범이 공중송신권을 침해한다는 사실을 충분히 인식하면서 그러한 침해 게시물 등에 연결되는 링크를 인터넷 사이트에 영리적·계속적으로 게시하는 등으로 공중의 구성원이 개별적으로 선택한 시간과 장소에서 침해 게시물에 쉽게 접근할 수 있도록 하는 정도의 링크 행위를 한 경우에는 방조 요건을 충족하여 침해 게시물을 공중의 이용에 제공하는 정범의 범죄를 용이하게 하였다고 볼 수 있으므로 공중송신권 침해의 방조범이 성립할 수 있다[대판(전) 2021.9.9. 2017도19025].

판례해설 저작권자의 공중송신권을 침해하는 웹페이지 등으로 링크를 하는 행위만으로는 어떠한 경우에도 공중송신권 침해의 방조행위에 해당하지 않는다는 취지로 판단한 종전 판례인 대법원 2015.3.12. 선고 2012도13748 판결 등은 폐기되었다.

⚖️ **판례 | 방조행위에 해당하지 않는 경우**

이미 스스로 입영기피를 결심하고 집을 나서는 자에게 피고인이 이별을 안타까워하는 뜻에서 "잘되겠지 몸조심하라"고 하고 악수를 나눈 행위는 입영기피의 범죄의사를 강화시킨 방조행위에 해당한다고 볼 수 없다[대판 1983.4.12. 82도43]. [16 경찰승진]*

---

③ **방조행위의 시기**: 정범의 행위가 기수가 된 후에도 그 종료 이전의 단계에서 방조가 가능하다. 그러나 범죄행위가 종료된 후에는 방조가 성립할 수 없다(예 범죄가 종료된 이후에 범인을 은닉하거나 증거를 인멸하는 행위: 범인은닉죄나 증거인멸죄 성립).

⚖️ **판례 | 방조행위의 시기**

1. [1] 종범은 정범의 실행행위 중에 이를 방조하는 경우는 물론이고 실행의 착수 전에 장래의 실행행위를 예상하고 이를 용이하게 하는 행위를 하여 방조한 경우에도 정범이 그 실행행위에 나아갔다면 성립한다. [22 경간부, 21 법원9급, 20 법원행시, 19 법원9급, 19 경찰승진, 18 국가7급, 17 변호사, 17 국가9급, 17 경간부, 17 경찰채용, 16 법원행시]*
[2] 피고인 甲이 여당의 유력 정치가인 乙이 기업인들로부터 뇌물을 수수하기 전에 乙과 기업인들의 면담을 주선하였고, 그 후 乙이 기업인들로부터 뇌물을 받았다면 甲은 수뢰죄의 종범에 해당한다[대판(전) 1997.4.17. 96도3377; 동지 대판 2007.12.14. 2005도872].

2. 진료부는 환자의 계속적인 진료에 참고로 공하여지는 진료상황부이므로 간호보조원의 무면허 진료행위가 있은 후에 이를 의사가 진료부에다 기재하는 행위는 정범의 사실행위 종료 후의 단순한 사후행위에 불과하다고 볼 수 없고 보건범죄 단속에 관한 특별조치법상 무면허 의료행위의 방조에 해당한다[대판 1982.4.27. 82도122]. [20 법원9급, 20 국가9급, 17 국가7급, 17 경간부]*

3. 종범은 정범의 실행행위 전이나 실행행위 중에 정범을 방조하여 그 실행행위를 용이하게 하는 것을 말하므로 정범의 범죄종료 후의 이른바 사후방조를 종범이라고 볼 수 없다[대판 2009.6.11. 2009도1518]. [20 법원9급, 20 국가9급]*

---

④ **방조행위의 인과관계**: 범행에 사용할 흉기를 제공하였으나 정범이 이를 사용하지 않고 범행을 한 경우에 인과관계가 없으므로 물질적 방조라고는 할 수 없으나, 흉기의 제공이 정범의 범행결의를 강화하였다면 정신적 방조에 의한 종범은 성립할 수 있다(다수설).

🔨 판례 | 방조행위의 인과관계

[1] 쟁의행위가 업무방해죄에 해당하는 경우 제3자가 그러한 정을 알면서 쟁의행위의 실행을 용이하게 한 경우에는 업무방해방조죄가 성립할 수 있다.

[2] 방조범은 정범에 종속하여 성립하는 범죄이므로 방조행위와 정범의 범죄 실현 사이에는 인과관계가 필요하다. 방조범이 성립하려면 방조행위가 정범의 범죄 실현과 밀접한 관련이 있고 정범으로 하여금 구체적 위험을 실현시키거나 범죄결과를 발생시킬 기회를 높이는 등으로 정범의 범죄 실현에 현실적인 기여를 하였다고 평가할 수 있어야 한다. 정범의 범죄 실현과 밀접한 관련이 없는 행위를 도와준 데 지나지 않는 경우에는 방조범이 성립하지 않는다[대판 2021.9.16, 2015도12632]. [22 경간부]*

[사실관계] 피고인 2의 이 사건 집회 참가 및 이 사건 공문 전달 행위가 비정규직지회의 집단적 노무제공 거부를 포함한 쟁의행위를 전체적으로 보아 거기에 일부 도움을 준 측면이 있었다고 하더라도 업무방해 정범의 실행행위에 해당하는 이 사건 생산라인 점거로 인한 범죄 실현과 밀접한 관련성이 있다고는 단정하기 어렵다. 따라서 피고인 2의 위와 같은 조력행위는 방조범의 성립을 인정할 정도로 업무방해행위와 인과관계가 있다고 볼 수 없다.

(2) 방조자의 고의

① 이중의 고의: 종범은 정범의 실행을 방조한다는 인식(방조의 고의)과 정범의 행위가 구성요건에 해당하는 행위라는 인식(정범의 고의)이 있어야 한다. 따라서 과실에 의한 방조는 있을 수 없다.

🔨 판례 |

(요약: 종범의 고의는 방조의 고의와 정범의 고의가 있어야 한다) 형법상 방조행위는 정범이 범행을 한다는 정을 알면서 그 실행행위를 용이하게 하는 직접·간접의 행위를 말하므로, 방조범은 정범의 실행을 방조한다는 이른바 방조의 고의와 정범의 행위가 구성요건에 해당하는 행위인 점에 대한 정범의 고의가 있어야 하며, 또한 방조범에 있어서 정범의 고의는 정범에 의하여 실현되는 범죄의 구체적 내용을 인식할 것을 요하는 것은 아니고 미필적 인식 또는 예견으로 족하다. 그리고 이와 같은 고의는 내심적 사실이므로 피고인이 이를 부정하는 경우에는 사물의 성질상 고의와 상당한 관련성이 있는 간접사실을 증명하는 방법에 의하여 입증할 수밖에 없다[대판 2005.4.29, 2003도6056; 동지 대판 2010.3.25, 2008도4228]. [21 법원9급, 20 국가9급, 19 국가7급, 18 법원행시, 18 국가9급, 17 법원행시, 17 국가9급, 17 경간부]*

② 고의의 내용

🔨 판례 | 방조범의 고의의 정도와 고의의 내용

정범에 의하여 실행되는 침해행위에 대한 미필적 고의가 있는 것으로 충분하고 정범의 침해행위가 실행되는 일시·장소·객체 등을 구체적으로 인식할 필요가 없으며, 나아가 정범이 누구인지 확정적으로 인식할 필요도 없다[대판 2007.12.14, 2005도872]. [대판 2012.6.28, 2012도2628]. [19 국가7급, 18 법원행시, 17 국가9급, 17 경간부]*

③ 기수의 고의: 종범의 고의는 구성요건적 결과를 실현할 고의, 즉 기수의 고의가 있어야 한다. 따라서 미수의 방조는 방조행위가 될 수 없다(예) 낙태약을 구하는 임부에게 약사가 소화제를 낙태약이라고 속이고 교부한 경우).

④ 편면적 종범: 정범이 방조행위를 인식하지 못한 경우(편면적 종범)에도 종범이 성립할 수 있다.

🔨 판례 | 편면적 종범(성립이 가능하나, 정범의 실행행위가 없으면 성립할 수 없다)

편면적 종범에서도 정범의 범죄행위 없이 방조범만이 성립될 수 없다[대판 1974.5.28, 74도509]. [20 국가9급, 18 국가9급]*

2. 피방조자에 관한 요건

(1) 실행행위의 정도

① 정범의 실행행위는 적어도 실행에 착수하였을 것을 요하며, 구성요건에 해당하는 위법한 행위임을 요한다(제한적 종속형식).

> **✒ 판례 | 방조행위를 하였으나 정범의 실행의 착수가 없는 경우 = 종범 성립 불가**
>
> 정범이 사위의 방법으로 병사용 진단서를 발급받아 관할 병무청에 제출하는 단계에까지 이르지 아니하였다면 병역법 제86조가 규정하고 있는 '사위행위'의 실행에 이르렀다고 볼 수 없고, 따라서 정범을 방조한 피고인은 종범이 성립할 수 없다 [대판 2005.11.9, 2005도1995]. [17 경찰승진]* ※ 실행의 착수가 인정되지 않은 취지가 출제됨

② 형법은 기도된 교사와는 달리 기도된 방조를 처벌하는 규정을 두고 있지 않다. 따라서 정범이 예비의 단계에 그친 경우인 예비의 종범은 인정되지 아니한다(판례).

(2) 고의에 의한 실행행위

정범의 실행행위는 고의에 의한 것이어야 한다. 따라서 과실범에 대한 방조의 경우 종범이 성립할 수 없다. 다만, 과실범에 대한 방조는 간접정범이 성립할 수 있다(제34조 제1항).

Ⅲ 종범의 착오

① 종범의 착오에 관하여는 원칙적으로 교사의 착오에 관한 이론이 그대로 적용된다.
② 교사범의 경우와는 달리 종범에 있어서는 기도된 방조를 처벌하는 규정이 없으므로 정범이 질적 초과행위를 한 경우 종범은 언제나 처벌받지 아니한다.

> **✒ 판례 | 양적차이에 불과한 착오(구성요건이 중첩되는 한도 내에서는 방조자의 죄책 인정)**
>
> 방조자의 인식과 정범의 실행간에 착오가 있고 양자의 구성요건을 달리한 경우에는 원칙적으로 방조자의 고의는 조각되는 것이나 그 구성요건이 중첩되는 부분이 있는 경우에는 그 중복되는 한도 내에서는 방조자의 죄책을 인정하여야 할 것이다 [대판 1985.2.26, 84도2987].

Ⅳ 종범의 처벌

① 종범은 정범의 형보다 감경한다(제32조 제2항).

> **✒ 판례 | 종범에 대한 선고형이 정범보다 가볍지 않더라도 위법이라 할 수 없음**
>
> 형법 제32조 제2항은 "종범의 형은 정범의 형보다 감경한다."라고 규정하고 있다. 여기서 감경한다는 것은 법정형을 정범보다 감경한다는 것이지 신고형을 감경한다는 것이 아니므로, 종범에 대한 선고형이 정범보다 가볍지 않다 하더라도 위법이라 할 수 없다 [대판 2015.8.27, 2015도8408].

② 정범이 미수에 그친 경우 종범은 이중으로 형이 감경될 수 있다.

1. 종범의 종범, 교사의 종범, 종범의 교사

① 종범의 종범: 판례도 종범의 종범을 간접종범으로 인정하고 있다.

> **⚖ 판례 |**
>
> (요약: 간접방조도 종범이 성립할 수 있으며 이 경우 정범이 누구인지를 알 필요가 없다) 형법이 방조행위를 종범으로 처벌하는 까닭은 정범의 실행을 용이하게 하는 점에 있으므로 그 방조행위가 정범의 실행에 대하여 간접적이거나 직접적이거나를 가리지 아니하고 정범이 범행을 한다는 점을 알면서 그 실행행위를 용이하게 한 이상 종범으로 처벌함이 마땅하며 간접적으로 정범을 방조하는 경우 방조자에 있어 정범이 누구에 의하여 실행되어지는가를 확지할 필요가 없다[대판 1977.9.28, 76도4133]. [17 국가9급, 17 경간부]*

② 교사의 종범: 교사범을 방조한 경우로서 결국 정범에 대한 방조에 해당하므로 종범이 성립할 수 있다.

③ 종범의 교사: 종범을 교사한 자도 실질적으로 정범을 방조한 것이므로 종범이 성립한다.

2. 방조의 미수

① 협의의 방조의 미수: 정범이 실행에 착수하였으나 미수에 그친 경우는 정범과 종범 모두 미수범으로 처벌된다.

② 기도된 방조(실패한 방조와 효과 없는 방조): 처벌 규정이 없으므로 불가벌이다. [17 경찰승진, 16 경간부]*

📋 참고 교사범과 종범의 구별

구분	교사범	종범
정범의 범행결의	교사에 의하여 비로소 결의	방조 이전에 이미 결의
부작위에 의한 …	교사 불가능	방조 가능
부작위범에 대한 …	가능	가능
편면적 …	부정	인정
기도된 … (교사, 방조)	예비·음모에 준하여 처벌(제31조 제2항)	명문규정 없음, 불가벌
과실범에 대한 …	성립불가	성립불가
과실에 의한 …	불가능	불가능

제6절 공범과 신분

> **🔍 출제 POINT**
>
> 전체적으로 각 부분이 모두 출제가능하므로 잘 이해해 두어야 한다. 제33조 해석론과 관련한 통설과 판례(소수설)의 입장 차이를 잘 이해해 두어야 한다. 소극적 신분에 관한 판례도 종종 출제되고 있다.

제33조(공범과 신분) 신분이 있어야 성립되는 범죄에 신분 없는 사람이 가담한 경우에는 그 신분 없는 사람에게도 제30조부터 제32조까지의 규정을 적용한다. 다만, 신분 때문에 형의 경중이 달라지는 경우에 신분이 없는 사람은 무거운 형으로 벌하지 아니한다.

I 공범과 신분의 의의

공범과 신분이란 신분이 범죄의 성립이나 형의 가감에 영향을 미치는 경우에, 신분자와 비신분자가 공범관계에 있을 때 비신분자를 신분자에 대하여 종속적으로 취급할 것인가 아니면 독립적으로 취급할 것인가의 문제를 말한다.

II 신분범의 의의와 종류

1. 신분의 의의

① 개념: 신분이란 일정한 범죄에 관한 특별한 인적 표지를 말한다.
② 유형: ⅰ) 인적 성질(예 성별, 연령, 심신장애), ⅱ) 인적 지위(예 공무원, 의사, 친족, 직계존속), ⅲ) 인적 상태(예 업무성, 상습성)로 나눌 수 있다.
③ 성질: ⅰ) 신분요소는 행위자관련요소여야 한다(다수설). 따라서 누구에게나 존재할 수 있는 행위관련적 표지는 신분개념에 포함되지 않는다(예 고의, 불법영득의사, 목적). 다만, 판례는 모해목적을 부진정신분으로 보고 있다. ⅱ) 신분은 계속성을 가질 필요는 없다(다수설).

> **⚖ 판례 |**
>
> (요약: 모해목적도 부진정신분에 해당한다) 모해목적 위증죄의 '모해할 목적'은 형법 제33조 단서 소정의 '신분관계로 인하여 형의 경중이 있는 경우'에 해당한다고 봄이 상당하다[대판 1994.12.23. 93도1002].

2. 신분의 종류(형식적 분류: 통설)

구분		내용	예
구성적 신분 (진정신분범)		행위자에게 일정한 신분이 있어야 범죄가 성립하는 경우의 신분	단순수뢰죄, 단순횡령죄, 단순배임죄, 위증죄의 주체가 되는 신분
가감적 신분 (부진정신분범)		신분이 없어도 기본범죄는 성립하지만, 신분에 의하여 형이 가중 또는 감경되는 경우의 신분	존속살해죄의 직계비속 영아살해죄의 직계존속
소극적 신분 (제33조 적용대상이 아니므로 이론으로 해결)	불구성적 신분	일반인에게 금지된 행위를 특정 신분자에게만 허용하고 있는 경우의 신분	의료법위반에 있어서의 의사 변호사법위반에 있어서의 변호사
	책임조각 신분	책임이 조각되는 경우의 신분	형사미성년자
	형벌조각 신분	형벌이 면제되는 경우의 신분	친족상도례의 친족

Ⅲ 형법 제33조의 해석론

1. 제33조의 성격

본문은 비신분자도 신분범의 공동정범·교사범·종범이 될 수 있다고 함으로써 신분의 연대성을 규정하고 있으며, 단서는 비신분자는 신분범의 형으로 처벌되지 않는다는 책임의 개별화를 규정하고 있다(다수설).

2. 제33조의 적용범위

(1) 가담의 방향과의 관계

본문은 비신분자가 신분자의 범행에 가담한 경우에만 적용되고, 단서는 비신분자가 신분자의 범행에 가담한 경우는 물론 신분자가 비신분자의 범행에 가담한 경우에도 적용된다.

(2) 피가담신분범죄와의 관계

① 통설: 본문은 진정신분범의 공범성립과 과형의 문제를, 단서는 부진정신분범의 공범성립과 과형의 문제를 규정한 것으로 이해한다.

② 소수설(판례): 본문은 진정신분범과 부진정신분범에 대한 공범의 성립문제를, 단서는 부진정신분범에 한하여 과형의 문제를 각각 규정한 것으로 이해한다.

> **📋 참고 제33조의 성격과 적용범위**
>
> | 구분 | | 본문 | 단서 |
> |---|---|---|---|
> | 성격 | | 신분의 연대적 작용을 규정 | 책임(신분)의 개별화 작용을 규정 |
> | 적용범위 | 통설 | 진정신분범에 가담한 비신분자인 공범의 성립과 과형의 문제를 규정 | 부진정신분범에 가담한 비신분자인 공범의 성립과 과형의 문제를 규정 |
> | | 소수설(판례) | 진정신분범과 부진정신분범에 대한 공범의 성립의 문제를 규정 | 부진정신분범의 과형의 문제를 규정 |

3. 형법 제33조 본문의 해석

신분이 있어야 성립되는 범죄에 신분 없는 사람이 가담한 경우에는 그 신분 없는 사람에게도 제30조부터 제32조까지의 규정을 적용한다(제33조).

(1) 비신분자가 신분자에게 가공한 경우(판례, 통설)

진정신분범에 가담한 비신분자에게도 제30조(공동정범)·제31조(교사범)·제32조(종범)가 적용된다(예 공무원이 아닌 甲이 공무원 乙과 함께 수뢰한 경우 또는 乙의 수뢰를 교사·방조한 경우: 甲은 수뢰죄의 공동정범·교사범·종범이 성립)(예 甲이 乙을 사주하여 법정에서 위증하게 한 경우 甲은 위증죄의 교사범이 성립).

> **🔑 판례 | 진정신분범에 있어서 비신분자가 신분자에게 가공한 경우**
>
> 1. (횡령죄) 타인의 재물 보관자의 지위가 인정되지 않는 자라고 하더라도 보관자의 지위에 있는 신분자와 공모하여 횡령 범행을 저지른 사실이 인정되면 형법 제33조 본문에 의하여 횡령죄의 공범(공동정범)으로 처단할 수 있다[대판 2012.2.23. 2011도15857].
>
> 2. (허위공문서작성죄) 공무원이 아닌 자가 공무원과 공동하여 허위공문서작성죄를 범한 때에는 공무원이 아닌 자도 형법 제33조, 제30조에 의하여 허위공문서작성죄의 공동정범이 된다[대판 2006.5.11. 2006도1663 ; 동지 대판 1971.6.8. 71도795]. [20 경찰승진, 19 변호사, 18 국가7급, 18 경찰채용, 17 국가7급, 17 경찰승진]*
>
> **동지판례** (허위공문서작성죄) 피고인이 공무원을 교사하여 무허가건물을 허가받은 건축물인 것처럼 가옥대장 등에 등재케 하여 허위공문서 등을 작성케 한 사실이 인정된다면 허위공문서작성죄의 교사범으로 처단한 것은 정당하다[대판 1983.12.13. 83도1458].

3. **(직무유기죄)** 쟁의행위에 참가한 일부 조합원이 병가중이어서 직무유기죄의 주체로 될 수는 없다 하더라도 직무유기죄의 주체가 되는 다른 조합원들과의 공범관계가 인정된다면, 그 쟁의행위에 참가한 조합원들 모두 직무유기죄로 처단되어야 한다[대판 1997.4.22. 95도748]. [19 법원행시, 17 국가7급, 16 법원9급]*

4. **(수뢰죄)** 정부관리기업체의 과장대리급 이상의 직원이 아닌 직원도 다른 과장대리급 이상인 직원과 함께 뇌물수수죄의 공동정범이 될 수 있다[대판 1992.8.14. 91도3191].

5. **(기타)** 지방공무원의 신분을 가지지 아니하는 사람도 구 지방공무원법을 위반하여 처벌되는 지방공무원의 범행에 가공한 다면 형법 제33조 본문에 의해서 공범으로 처벌받을 수 있다[대판 2012.6.14. 2010도14409].

6. **(기타)** 구 아동학대처벌법 제4조, 제2조 제4호 (가)목 내지 (다)목은 '보호자에 의한 아동학대로서 형법 제257조 제1항(상해), 제260조 제1항(폭행), 제271조 제1항(유기), 제276조 제1항(체포, 감금) 등의 죄를 범한 사람이 아동을 사망에 이르게 한 때'에 '무기 또는 5년 이상의 징역'에 처하도록 규정하고 있는데, 이는 형법 제33조 본문의 '신분관계로 인하여 성립될 범죄'에 해당한다[대판 2021.9.16. 2021도5000].

7. **(기타)** 신분관계가 없는 사람이 신분관계로 인하여 성립될 범죄에 가공한 경우에는 신분관계가 있는 사람과 공범이 성립한다. 이 경우 신분관계가 없는 사람에게 공동가공의 의사와 이에 기초한 기능적 행위지배를 통한 범죄의 실행이라는 주관적 · 객관적 요건이 충족되면 공동정범으로 처벌한다[대판(전) 2019.8.29. 2018도13792]. [22 경간부, 20 변호사]*

⚖ 판례 | 제33조의 적용이 배제되는 경우

공직선거법 제257조 제1항 제1호 소정의 각 기부행위제한위반의 죄는 법 제113조(후보자 등의 기부행위 제한), 제114조(정당 및 후보자의 가족 등의 기부행위 제한), 제115조(제3자의 기부행위 제한)에 각기 한정적으로 열거되어 규정하고 있는 신분관계가 있어야만 성립하는 범죄이고, 죄형법정주의의 원칙상 유추해석은 할 수 없으므로 위 각 해당 신분관계가 없는 자의 기부행위는 위 각 해당 법조항위반의 범죄로는 되지 아니하며, 또한 위 각 법조항을 구분하여 기부행위의 주체 및 그 주체에 따라 기부행위제한의 요건을 각기 달리 규정한 취지는 각 기부행위의 주체자에 대하여 그 신분에 따라 각 해당법조로 처벌하려는 것이고, 각 기부행위의 주체로 인정되지 아니하는 자가 기부행위의 주체자 등과 공모하여 기부행위를 하였다고 하더라도 그 신분에 따라 각 해당법조로 처벌하여야 하지 기부행위의 주체자의 해당법조의 공동정범으로 처벌할 수도 없다

[대판 2008.3.13. 2007도9507; 동지 대판 2006.1.26. 2005도8250], [동지 대판 1997.12.26. 97도2249]. [18 경찰채용, 17 경찰승진]*

⚖ 판례 | 물건의 소유자가 아닌 자에게 권리행사방해죄의 공동정범이 성립하지 않는 경우

형법 제323조의 권리행사방해죄는 타인의 점유 또는 권리의 목적이 된 자기의 물건을 취거, 은닉 또는 손괴하여 타인의 권리행사를 방해함으로써 성립하므로 그 취거, 은닉 또는 손괴한 물건이 자기의 물건이 아니라면 권리행사방해죄가 성립할 수 없다. 물건의 소유자가 아닌 사람은 형법 제33조 본문에 따라 소유자의 권리행사방해 범행에 가담한 경우에 한하여 그의 공범이 될 수 있을 뿐이다. 그러나 권리행사방해죄의 공범으로 기소된 물건의 소유자에게 고의가 없는 등으로 범죄가 성립하지 않는다면 공동정범이 성립할 여지가 없다[대판 2017.5.30. 2017도4578]. [20 변호사, 20 법원9급, 20 경간부, 19 법원행시, 19 국가7급, 18 국가7급]*

---

(2) 신분자가 비신분자에게 가공한 경우

① 형법 제33조는 비신분자가 신분자에게 관여하는 경우에만 적용될 수 있으며 신분자가 비신분자에게 관여하는 경우에는 적용할 수 없다(통설). 따라서 이 문제는 이론에 의하여 해결하여야 한다.

② 진정신분범에서 신분자가 비신분자를 교사 · 방조하여 범죄를 실행케 한 경우 '신분 없는 고의 있는 도구'를 이용한 간접정범이 성립한다(통설)(예 공무원이 정을 모르는 비공무원을 교사(이용)하여 뇌물을 수수한 경우: 수뢰죄의 간접정범이 성립).

4. 형법 제33조 단서의 해석

신분 때문에 형의 경중이 달라지는 경우에 신분이 없는 사람은 무거운 형으로 벌하지 아니한다(제33조).

(1) 비신분자가 신분자에게 가공한 경우

① 가중적 신분범에 가공한 경우: 통설에 의하면 비신분자에게는 보통범죄의 공동정범·교사범·종범이 성립하고 보통범죄의 형으로 처벌받는다(예 甲과 乙이 공동하여 乙의 父인 丙을 살해한 경우: 甲은 보통살인죄의 공동정범이 성립하고 그에 따라 처벌된다). 그러나 판례나 소수설에 의하면 비신분자에게도 제33조 본문에 의하여 부진정신분범이 성립하며, 다만 처벌은 제33조 단서에 의하여 부진정신분범이 아닌 보통(일반)범죄로 처벌된다(예 甲과 乙이 공동하여 乙의 父인 丙을 살해한 경우: 甲에게도 존속살해죄의 공동정범이 성립하고 다만 보통살인죄로 처벌된다).

> **⚖ 판례 | 가중적 신분범에 가공한 경우**
>
> 실자와 더불어 남편을 살해한 처는 존속살해죄의 공동정범이다[대판 1961.8.2. 4294형상284]. [22 경간부, 20 경찰승진, 20 경찰채용]*

② 감경적 신분범에 가공한 경우: 이 경우의 법적 효과에 대해서는 ⅰ) 제33조 단서가 명문으로 "중한 형으로 벌하지 아니한다"고 규정하고 있는 이상 비신분자는 언제나 중한 형으로 처벌할 수 없고 따라서 경한 범죄로 처벌해야 한다는 견해와, ⅱ) 형의 감경은 언제나 신분 있는 자에 한하며 공범에게는 미칠 수 없으므로 제33조 단서는 책임의 개별화를 규정한 것으로 보아 비신분자는 항상 보통(일반)범죄로 처벌해야 한다는 견해(다수설)가 나뉘어져 있다. 예컨대 甲이 영아의 직계존속인 乙의 영아살해에 가담한 경우 ⅰ)의 견해에 의하면 甲은 영아살해죄의 공범으로 처벌되며, ⅱ)의 견해에 의하면 甲은 보통살인죄의 공범으로 처벌된다.

(2) 신분자가 비신분자에게 가공한 경우

제33조 단서는 '신분관계로 인하여 형의 경중이 있는 경우'라고 할 뿐 신분이 정범과 공범 누구에게 있는가는 불문하므로 이 경우에도 단서가 적용되어 성립과 처벌이 모두 개별화된다(판례, 통설). 따라서 甲이 자기의 장인(丈人) A를 친구 乙에게 감금하도록 교사하여 실행하도록 한 경우 乙은 단순감금죄의 죄책을 지고 甲은 존속감금죄의 죄책을 진다.

판례 연습

【모해목적이 있는 자가 모해목적이 없는 증인에게 위증을 교사한 경우】

甲이 A를 모해할 목적으로 乙에게 위증을 교사하였다. 이에 乙은 모해의 목적이 없었으나 위증을 하였다. 판례에 의할 때 甲의 죄책은?

> **판결요지**
>
> [1] 형법 제33조 소정의 이른바 신분관계라 함은 남녀의 성별, 내·외국인의 구별, 친족관계, 공무원인 자격과 같은 관계뿐만 아니라 널리 일정한 범죄행위에 관련된 범인의 인적관계인 특수한 지위 또는 상태를 지칭하는 것이다. [20 법원행시, 20 경간부, 18 경찰채용, 17 국가9급]*
>
> [2] 형법 제152조 제1항과 제2항은 위증을 한 범인이 형사사건의 피고인 등을 '모해할 목적'을 가지고 있었는가 아니면 그러한 목적이 없었는가 하는 범인의 특수한 상태의 차이에 따라 범인에게 과할 형의 경중을 구별하고 있으므로, 이는 바로 형법 제33조 단서 소정의 "신분관계로 인하여 형의 경중이 있는 경우"에 해당한다고 봄이 상당하다.
>
> [3] 피고인이 A를 모해할 목적으로 乙에게 위증을 교사한 이상, 가사 정범인 乙에게 모해의 목적이 없었다고 하더라도, 형법 제33조 단서의 규정에 의하여 피고인을 모해위증교사죄로 처단할 수 있다. [20 법원9급, 20 경간부, 19 국가9급, 18 법원행시, 17 변호사, 17 국가9급, 17 경찰승진, 16 변호사]*

[4] 형법 제31조 제1항은 협의의 공범의 일종인 교사범이 그 성립과 처벌에 있어서 정범에 종속한다는 일반적인 원칙을 선언한 것에 불과하고, 신분관계로 인하여 형의 경중이 있는 경우에 신분이 있는 자가 신분이 없는 자를 교사하여 죄를 범하게 한 때에는 형법 제33조 단서가 형법 제31조 제1항에 우선하여 적용됨으로써 신분이 있는 교사범이 신분이 없는 정범보다 중하게 처벌된다[대판 1994.12.23. 93도1002]. [20 법원행시, 20 법원9급, 20 국가7급, 19 변호사, 19 법원행시, 19 국가7급, 19 경찰채용, 18 경찰승진, 18 경간부, 17 법원행시, 17 국가9급, 17 경간부, 16 변호사, 16 국가7급]*

정답 (모해위증교사죄)

5. 비신분자가 이중적 신분자의 범죄에 가담한 경우

(1) 쟁점

비보관자(비업무자)인 甲이 업무상 보관자인 乙의 횡령에 가담한 경우와 같이 피가담범죄가 진정신분범의 성격과 부진정신분범의 성격을 동시에 가지고 있을 경우 비신분자인 가담자를 어떻게 처리할 것인지가 문제된다.

(2) 통설에 의한 해결

통설은 진정신분범의 신분은 본문에 의해 연대적으로 작용한다고 보므로 비보관자인 甲은 제33조 본문에 의하여 '보관자'의 신분을 가지게 된다. 다만 부진정신분범의 신분은 단서에 의해 개별화된다고 보므로 비업무자인 甲은 '업무자'의 신분은 가질 수 없다. 따라서 甲은 단순횡령죄의 공범이 성립하고 단순횡령죄의 공범의 형으로 처벌된다.

(3) 판례(소수설)에 의한 결론

판례(소수설)에 의하면 진정신분범의 신분과 부진정신분범의 신분을 불문하고 본문에 의해 연대적으로 작용한다고 보므로 비보관자인 동시에 비업무자인 甲은 제33조 본문에 의하여 '보관자' 및 '업무자'의 신분을 모두 가지게 된다. 다만 판례(소수설)는 부진정신분범의 과형은 단서에 의하여 개별화된다고 보므로 비업무자인 甲은 그 처벌에 있어서는 '업무자'로서 처벌되지 않는다. 따라서 甲은 업무상횡령죄의 공범이 성립하지만 단순횡령죄의 공범의 형으로 처벌된다.

판례 | 비신분자가 이중적 신분자의 범죄에 가담한 경우

1. (업무상배임죄에 가담한 경우) 은행원이 아닌 자가 은행원들과 공모하여 업무상배임죄를 저질렀다 하여도, 이는 업무상 타인의 사무를 처리하는 신분관계로 인하여 형의 경중이 있는 경우이므로, 그러한 신분관계가 없는 자에 대하여서는 형법 제33조 단서에 의하여 형법 제355조 제2항(단순배임죄)에 따라 처단하여야 한다. 이 경우에는 신분관계 없는 공범에게도 같은 조 본문에 따라 일단 신분범인 업무상배임죄가 성립하고 다만 과형에서만 무거운 형이 아닌 단순배임죄의 법정형이 적용된다[대판 2018.8.30. 2018도10047]. [대판 1986.10.28. 86도1517]. [20 법원9급, 20 국가7급, 20 경간부, 19 변호사, 19 법원행시, 19 경찰채용, 18 법원행시, 18 경찰채용, 17 경찰승진, 16 변호사]*

2. (업무상횡령죄에 가담한 경우) 면의 예산과는 별도로 면장이 면민들로부터 모금하여 그 개인명의로 예금하여 보관하고 있던 체육대회성금의 업무상 점유보관자는 면장뿐이므로 면의 총무계장이 면장과 공모하여 업무상횡령죄를 저질렀다 하여도 업무상 보관책임 있는 신분관계가 없는 총무계장에 대하여는 형법 제33조 단서에 의하여 형법 제355조 제1항(단순횡령죄)에 따라 처단하여야 한다[대판 1989.10.10. 87도1901].

   동지판례 업무상횡령죄는 타인의 재물을 업무상 보관하는 자를 주체로 하는 신분범이므로, 그와 같은 신분관계가 없는 자가 신분관계가 있는 자와 공모하여 업무상횡령죄를 저질렀다면 신분관계가 없는 자에 대하여는 형법 제33조 단서에 의하여 단순횡령죄에 정한 형으로 처단하여야 할 것이다[대판 2015.2.26. 2014도15182]. [18 국가9급, 18 경찰채용, 17 국가9급]*

3. (상호신용금고법상의 특별배임죄에 가담한 경우) 상호신용금고법 제39조 제1항 제2호 위반죄는 상호신용금고의 발기인·임원 등이 그 업무에 위배하여 배임행위를 한 때에 성립한다. 신분관계가 없는 자에게도 일단 업무상배임으로 인한 상호신용금고법위반죄가 성립한 다음 형법 제33조 단서에 의하여 중한 형이 아닌 단순배임죄에 정한 형으로 처벌되는 것이다[대판 1997.12.26. 97도2600].

4. 피고인이 국가정보원장 등과 공모하여 국가정보원장 특별사업비에 대한 국고손실 범행을 저질러 그에게 특정범죄 가중처벌 등에 관한 법률 위반(국고등손실)죄가 성립한다고 하더라도, 피고인은 회계관계직원 또는 국가정보원장 특별사업비의 업무상 보관자가 아니므로 형법 제355조 제1항의 횡령죄에 정한 형으로 처벌된다고 본 사안이다[대판 2020.10.29, 2020도3972].

📑 **참고 제33조의 적용요건과 효과**[90]

구분	가담의 방향	통설	판례	
구성적 신분 (진정신분범)	비신분자 → 신분자 (※ 공동정범 포함)	**성립**과 **처벌**: 제33조 본문 적용(비 = 신)		
	신분자 → 비신분자	제33조 적용 안됨. 이론에 의하여 신분자는 간접정범 성립		
가감적 신분 (부진정신분범)	비신분자 → 신분자	**성립**과 **처벌**: 제33조 단서 적용(비 = 비)	① **성립**: 제33조 본문 적용(비 = 신) ② **처벌**: 제33조 단서 적용(비 = 비)	
	신분자 → 비신분자	**성립**과 **처벌**: 제33조 단서 적용(신 = 신) (비 = 비)		

Ⅳ 소극적 신분과 공범

1. 형법 제33조의 적용 여부

형법 제33조는 소극적 신분과 공범의 관계에 대해서는 규정하고 있지 아니하므로 공범의 종속성이라는 일반이론에 따라 해결하여야 한다.

2. 유형과 법적 효과

(1) 불구성적 신분과 공범

① 비신분자가 신분자에게 가공한 경우: 신분자의 적법행위에 관여한 것이므로 비신분자에게도 범죄가 성립하지 않는다.

② 신분자가 비신분자에게 가공한 경우: 정범인 비신분자의 불법효과가 신분자에게도 연대적으로 미치므로 신분자에게도 그 범죄의 공범이 성립한다(판례).

⚖️ **판례 | 소극적 신분과 공범의 성립 여부**

1. 의료인일지라도 의료인 아닌 자의 의료행위에 공모하여 가공하면 의료법 제25조 제1항이 규정하는 무면허의료행위의 공동정범으로서의 책임을 진다[대판 1986.2.11, 85도448]. [20 국가7급, 20 국가9급, 18 국가7급, 18 국가9급, 18 경찰채용]*

   동지판례 ⅰ) 의료인이 의료인의 자격이 없는 일반인의 의료기관 개설행위에 공모하여 가공하면 구 의료법 제87조 제1항 제2호, 제33조 제2항 위반죄의 공동정범에 해당한다[대판 2017.4.7, 2017도378]. [20 법원9급, 18 법원행시]*
   ⅱ) 의사가 (무면허)의료행위가 실시되는 데 간호사와 함께 공모하여 그 공동의사에 의한 기능적 행위지배가 있었다면, 의사도 무면허의료행위의 공동정범으로서의 죄책을 진다[대판 2012.5.10, 2010도5964].

2. 치과의사가 환자의 대량유치를 위해 치과기공사들에게 내원환자들에게 진료행위를 하도록 지시하여 동인들이 각 단독으로 전항과 같은 진료행위를 하였다면 무면허의료행위의 교사범에 해당한다[대판 1986.7.8, 86도749]. [20 법원9급]*

---

90) 제33조 단서의 "중한 형으로 벌하지 아니한다."의 의미를 책임개별화의 의미로 보는 입장에서 만들어진 도표이다. 본 도표에서 '비'는 '비신분자'를 '신'은 '신분자'를 의미한다.

3. 의료법인 이사장인 피고인이 간호사들로 하여금 병원 검진센터에서 의사의 현장감독 없이 단독으로 자궁질도말세포병리 검사를 위한 검체 채취를 하게 한 경우 무면허의료행위를 하도록 교사한 행위에 해당한다[대판 2007.7.26. 2005도5579]. [20 법원9급]*

(2) 책임조각적 신분 및 처벌조각적 신분과 공범

비신분자가 신분자에게 가공한 경우와 신분자가 비신분자에게 가공한 경우를 불문하고 신분자는 책임(처벌)이 조각되어 처벌받지 않으나, 비신분자는 범죄의 성립과 처벌에 영향이 없다.

제7장 죄수론

출제 POINT

판례를 중심으로 출제되고 있는 부분이며, 매년 1문제 이상이 출제된다고 보아도 무방할 것이다. ① 법조경합에서 불가벌적 사후행위의 인정 여부 ② 포괄일죄를 인정하였는지 아니면 수죄를 인정하였는지 ③ 수죄에서는 상상적 경합과 실체적 경합 중 어느 것을 인정하였는지가 중요하며, 사후적 경합범의 요건에 관한 판례도 자주 출제된다.

제1절 죄수이론

I 죄수론의 의의

죄수론이란 범죄의 수를 결정하고 각 경우에 어떻게 처벌할 것인가의 문제를 다루는 이론을 말한다.

II 죄수결정의 기준

죄수의 판단 기준에 관하여는 의사표준설, 행위표준설, 구성요건표준설, 법익표준설이 있다. 그러나 판례는 이러한 구체적 사안마다 판단기준을 달리하고 있다.

> **판례 | 의사표준설의 입장인 판례[91]**
>
> 피고인이 뇌물수수의 단일한 범의의 계속하에 일정기간 동종행위를 같은 장소에서 반복한 것이 분명하다면 피고인의 수회에 걸친 뇌물수수행위는 포괄일죄를 구성한다고 해석함이 상당하다[대판 1982.10.26, 81도1409].

> **판례 | 행위표준설의 입장인 판례**
>
> 1. 미성년자의제강간죄 또는 미성년자의제강제추행죄는 행위시마다 한 개의 범죄가 성립한다[대판 1982.12.14, 82도2442]. [19 법원행시, 19 경간부]*
>
> 2. 상관으로부터 집총을 하고 군사교육을 받으라는 명령을 수회 받고도 그때마다 이를 거부한 경우에는 그 명령 횟수만큼의 항명죄가 즉시 성립하는 것이지, 집총거부의 의사가 단일하고 계속된 것이며 피해법익이 동일하다고 하여 수회의 명령거부행위에 대하여 하나의 항명죄만 성립한다고 할 수는 없다[대판 1992.9.14, 92도1534].

---

91) 판례가 어느 학설의 입장인지가 중요한 것이 아니라 죄수 자체의 판단이 중요하다.

Ⅲ 수죄의 처벌

1. 병과주의

① 의의: 각 죄에 대하여 독자적인 형을 확정한 후 이를 합산하여 형을 부과하는 방법이다(영미법의 태도).

② 형법규정: 경합범 중 각 죄에 정한 형이 무기징역이나 무기금고 이외의 이종의 형인 때에는 병과한다(제38조 제1항 제3호).

③ 비판: ⅰ) 유기형의 병과는 실제상 무기형으로 형벌을 변화시키고, ⅱ) 가산되는 형은 같은 기간의 분리된 형벌보다 더 큰 고통을 준다.

2. 흡수주의

① 의의: 수죄 가운데 가장 중한 죄에 정한 형으로 처벌하고 다른 경한 죄에 정한 형은 이에 흡수시키는 방법이다.

② 결합주의(전체적 대조주의): 경한 죄에 정한 형의 하한이 중한 죄에 정한 형의 하한보다 높은 경우에는 상한은 중한 죄에 정한 형으로, 하한은 경한 죄에 정한 형으로 처벌한다.

③ 형법규정: ⅰ) 상상적 경합범(제40조)과 ⅱ) 경합범 중 가장 중한 죄에 정한 형이 사형 또는 무기징역이나 무기금고인 때(제38조 제1항 제1호)에는 가장 중한 죄에 정한 형으로 처벌한다.

3. 가중주의

① 의의: 수죄 가운데 가장 중한 죄에 정한 형을 가중한 후 하나의 전체형을 만들어 선고하는 방법이다. 다만 전체형은 개개의 형의 합계를 초과할 수 없다.

② 형법규정: 경합범 중 각죄에 정한 형이 사형 또는 무기징역이나 무기금고 이외의 동종의 형인 때에는 가장 중한 죄에 정한 장기 또는 그 다액에 그 2분의 1까지 가중하되 각 죄에 정한 형의 장기 또는 다액을 합산한 형기 또는 액수를 초과할 수 없다(제38조 제1항 제2호).

Ⅰ 서론

1. 일죄의 의의

범죄행위가 1개의 구성요건을 1회 충족시킨 경우를 말한다(단순일죄).

2. 일죄의 종류

본래의 의미의 일죄(단순일죄)와 법조경합 및 포괄일죄가 있다.

Ⅱ 법조경합

1. 법조경합의 본질

① 법조경합이란 한 개 또는 수 개의 행위가 외관상 수 개의 형벌법규(구성요건)에 해당하는 것처럼 보이나 형벌법규의 논리적 관계로 인하여 하나의 형벌법규만이 적용되고 다른 법규의 적용이 배척되어 일죄만 성립하는 경우를 말한다.
② 적용되는 구성요건의 불법내용이 배척되는 구성요건을 완전히 포섭하므로 수 개의 구성요건을 적용하여 이중평가 되는 것을 방지하기 위함이다(이중평가금지의 원칙).

2. 법조경합의 태양

구분	내용	예
특별관계	① 어느 구성요건이 다른 구성요건의 모든 요소를 포함하는 이외에 다른 요소를 구비해야 성립하는 경우를 말한다. ② 특별법의 구성요건을 충족하는 행위는 일반법의 구성요건을 충족하지만, 반대로 일반법의 구성요건을 충족하는 행위는 특별법의 구성요건을 충족하지 못한다[대판 2005.2.17. 2004도6940]. ③ 일반법은 배제되고 특별법만 적용된다.	① 가중적·감경적 구성요건과 기본적 구성요건과의 관계: 존속살해죄·영아살해죄 > 보통살인죄 ② 결합범과 그 내용인 범죄: 강도죄 > 폭행죄·협박죄·절도죄 ③ 결과적 가중범과 그 내용인 범죄: 상해치사죄 > 상해죄·과실치사죄 ④ 특별형벌법규와 일반형벌법규: 산림절도죄 > 형법상 절도죄
보충관계	① 어떤 구성요건이 다른 구성요건의 적용이 없을 때에만 보충적으로 적용되는 경우를 말한다. ② 수개의 구성요건이 동일한 법익에 대한 서로 다른 침해단계에 적용되는 경우에 주로 인정된다. ③ 보충법은 배제되고 기본법만 적용된다.	① 명시적 보충관계: 형법이 인정하는 보충관계 • 외환유치죄·모병이적죄·간첩죄 > 일반이적죄 • 현주건조물(공용건조물)방화죄 > 일반건조물(일반물건)방화죄 ② 묵시적 보충관계: 해석상 인정되는 보충관계 • 불가벌적 사전행위: 예비 < 미수 < 기수, 상해죄 < 살인죄 • 가벼운 침해방법과 무거운 침해방법: 종범 < 교사범 < 정범, 과실범 < 고의범, 부작위범 < 작위범

흡수관계	① 어느 구성요건에 해당하는 행위의 불법과 책임 내용이 다른 행위의 불법과 책임을 포함하면서 특별관계나 보충관계에 해당하지 않는 경우를 말한다. ② 피흡수법은 배제되고 흡수법만 적용된다.	① 전형적 또는 불가벌적 수반행위 • 살인에 수반된 재물손괴 • 감금의 수단인 폭행 · 협박 • 사문서위조에 수반된 인장위조 ② 불가벌적 사후행위(상세한 것은 후술)
택일관계	① 성질상 양립할 수 없는 두 개의 구성요건중에서 어느 하나만 적용되는 경우를 말한다. ② 택일관계는 외견상으로도 하나의 범죄만 성립한다는 점에서, 외견상 수개의 구성요건에 해당하는 법조경합에 포함될 수 없다(다수설).	예 절도죄와 횡령죄, 강도죄와 공갈죄

3. 법조경합의 처리

① 법조경합의 경우에 행위자는 적용된 법률에 의하여만 처벌되며 배제된 법률은 적용되지 않는다.

② 배제되는 범죄에 대하여 제3자가 공동정범 · 공범으로 가담하는 것은 가능하다.

⚖ 판례 | 불가벌적 수반행위의 의의

'불가벌적 수반행위'란 법조경합의 한 형태인 흡수관계에 속하는 것으로서, 행위자가 특정한 죄를 범하면 비록 논리 필연적인 것은 아니지만 일반적 · 전형적으로 다른 구성요건을 충족하고 이때 그 구성요건의 불법이나 책임 내용이 주된 범죄에 비하여 경미하기 때문에 처벌이 별도로 고려되지 않는 경우를 말한다[대판 2012.10.11. 2012도1895]. [16 경찰채용]*

⚖ 판례 | 흡수관계인 경우(불가벌적 수반행위로 인정된 경우)

1. (인장위조죄는 사문서위조죄에 흡수된다) 행사의 목적으로 타인의 인장을 위조하고 그 위조한 인장을 사용하여 권리의무 또는 사실증명에 관한 타인의 사문서를 위조한 경우에는 인장위조죄는 사문서위조죄에 흡수되고 따로 인장위조죄가 성립하는 것은 아니다[대판 1978.9.26. 78도1787].

2. (신용카드부정사용죄가 성립하면 사문서위조 및 동행사죄는 이에 흡수된다) 신용카드업법상의 신용카드부정사용죄의 구성요건적 행위는 신용카드의 본래용도인 대금결제를 위하여 가맹점에 신용카드를 제시하고 매출표에 서명하여 이를 교부하는 일련의 행위를 가리키고 단순히 신용카드를 제시하는 행위만을 가리키는 것은 아니라고 할 것이므로, 위 매출표의 서명 및 교부가 별도로 사문서위조 및 동행사의 죄의 구성요건을 충족한다고 하여도 이 사문서위조 및 동행사의 죄는 위 신용카드부정사용죄에 흡수되어 신용카드부정사용죄의 1죄만이 성립되고 별도로 사문서위조 및 동행사의 죄는 성립하지 않는다[대판 1992.6.9. 92도77].

3. 반란의 진행과정에서 그에 수반하여 일어난 지휘관계엄지역수소이탈 및 불법진퇴는 반란 자체를 실행하는 전형적인 행위라고 인정되므로 반란죄에 흡수되어 별죄를 구성하지 아니한다[대판(전) 1997.4.17. 96도3376].

4. 향정신성의약품관리법 제42조 제1항 제1호가 규정하는 향정신성의약품수수의 죄가 성립되는 경우에는 그 수수행위의 결과로서 그에 당연히 수반되는 향정신성의약품의 소지행위는 수수죄의 불가벌적 수반행위로서 수수죄에 흡수되고 별도의 범죄를 구성하지 않는다[대판 1990.1.25. 89도1211].

   관련판례 아동 · 청소년이용음란물을 제작한 자가 그 음란물을 소지하게 되는 경우 청소년성보호법 위반(음란물소지)죄는 청소년성보호법 위반(음란물제작 · 배포등)죄에 흡수된다고 봄이 타당하다. 다만 아동 · 청소년이용음란물을 제작한 자가 제작에 수반된 소지행위를 벗어나 사회통념상 새로운 소지가 있었다고 평가할 수 있는 별도의 소지행위를 개시하였다면 이는 청소년성보호법 위반(음란물제작 · 배포등)죄와 별개의 청소년성보호법 위반(음란물소지)죄에 해당한다[대판 2021.7.8. 2021도2993].

5. 음주로 인한 특정범죄 가중처벌 등에 관한 법률 위반(위험운전치사상)죄는 ⋯ 형법 제268조에서 규정하고 있는 업무상 과실치사상죄의 특례를 규정하여 가중처벌함으로써 피해자의 생명·신체의 안전이라는 개인적 법익을 보호하기 위한 것이다. 따라서 그 죄가 성립하는 때에는 차의 운전자가 형법 제268조의 죄(업무상과실치사상죄)를 범한 것을 내용으로 하는 교통사고처리특례법 위반죄는 그 죄에 흡수되어 별죄를 구성하지 아니한다[대판 2008.12.11. 2008도9182]. [18 변호사]*

   비교판례 ⅰ) 음주 또는 약물의 영향으로 정상적인 운전이 곤란한 상태에서 자동차를 운전하여 사람을 상해에 이르게 함과 동시에 다른 사람의 재물을 손괴한 때에는 특정범죄가중처벌 등에 관한 법률위반(위험운전치사상)죄 외에 업무상과실재물손괴로 인한 도로교통법위반죄가 성립하고, 위 두죄는 1개의 운전행위로 인한 것으로서 상상적 경합관계에 있다[대판 2009.12.24. 2009도10845]. [19 경간부]*
   ⅱ) 음주로 인한 특정범죄 가중처벌 등에 관한 법률 위반(위험운전치사상)죄와 도로교통법 위반(음주운전)죄는 입법 취지와 보호법익 및 적용영역을 달리하는 별개의 범죄이므로, 양 죄가 모두 성립하는 경우 두 죄는 실체적 경합관계에 있다[대판 2008.11.13. 2008도7143]. [20 법원9급, 20 경찰채용]*

⚖ 판례 | 흡수관계가 아닌 경우(불가벌적 수반행위로 인정되지 않은 경우)

1. 감금행위가 강간죄나 강도죄의 수단이 된 경우에도 감금죄는 강간죄나 강도죄에 흡수되지 아니하고 별죄를 구성한다 [대판 1997.1.21. 96도2715].

2. 수인이 공모공동하여 향정신성의약품을 매수한 후 그 공범자 사이에 그 중 일부를 수수하는 경우에 있어서 그 매수의 범행 당시 공범들이 각자 그 구입자금을 갹출하여 그 금액에 상응하는 분량을 분배하기로 약정하고, 그 약정에 따라 이를 수수하는 경우와 같이 그 수수행위와 매매행위가 불가분의 관계에 있는 것이라거나 매매행위에 수반되는 필연적 결과로서 일시적으로 행하여진 것에 지나지 아니하는다고 평가되지 아니하는 한, 그 수수행위는 매매행위에 포괄 흡수되지 아니하고 향정신성의약품매매죄와는 별도로 향정신성의약품수수죄가 성립하고, 두 죄는 실체적 경합관계에 있다[대판 1998.10.13. 98도2584].

3. 업무상배임죄가 배임수재죄에 흡수되는 관계에 있다거나 결과적 가중범의 관계에 있다고는 할 수 없다[대판 1984.11.27. 84도1906].

4. 흡연할 목적으로 대마를 매입한 후 흡연할 기회를 포착하기 위하여 이를 이상 하의주머니에 넣고 다님으로써 소지한 행위는 매매행위의 불가분의 필연적 결과라고 평가될 수 없다[대판 1990.7.27. 90도543]. [17 경찰채용]*

   동지판례 전매를 목적으로 매수한 향정신성의약품(히로뽕)을 다른 사람에게 팔기 위하여 20일간 보관하며 소유한 행위는 매매행위와 불가분의 필연적 결과로 평가될 수 없고 오히려 사회통념상 매수행위와는 독립한 별개의 소유행위를 구성한다[대판 1997.2.28. 96도2839].

5. 업무방해죄와 폭행죄는 구성요건과 보호법익을 달리하고 있고, 업무방해죄의 성립에 일반적·전형적으로 사람에 대한 폭행행위를 수반하는 것은 아니며, 폭행행위가 업무방해죄에 비하여 별도로 고려되지 않을 만큼 경미한 것이라고 할 수도 없으므로, 설령 피해자에 대한 폭행행위가 동일한 피해자에 대한 업무방해죄의 수단이 되었다고 하더라도 그러한 폭행행위가 이른바 '불가벌적 수반행위'에 해당하여 업무방해죄에 대하여 흡수관계에 있다고 볼 수는 없다[대판 2012.10.11. 2012도1895]. [20 변호사, 20 국가7급, 19 경간부, 19 경찰채용, 18 법원9급, 18 경찰승진, 18 경간부, 18 경찰채용, 17 경찰채용, 16 경간부, 16 경찰채용]*

6. 증빙서류 허위기재 행위가 이른바 '불가벌적 수반행위'에 해당하여 회계보고 허위기재로 인한 지방교육자치에 관한 법률 위반죄에 대하여 흡수관계에 있다고 볼 수는 없다[대판 2017.5.30. 2016도21713].

⚖ 판례 | 형법의 구성요건과 행정적 처벌법규의 구성요건의 관계(법조경합 X, 수죄 ○)

1개의 행위로서 형법의 구성요건과 행정적 처벌법규의 구성요건에 각 해당하는 경우에 이 양자간의 관계는 특별관계 또는 흡수관계로 볼 것이 아니라 상상적 경합으로 보아야 할 것이다[대판 1961.10.12. 60도9664].

4. 불가벌적 사후행위

(1) 의의

범죄에 의하여 획득한 위법한 이익을 확보하거나 사용·처분하는 구성요건에 해당하는 사후행위가 이미 주된 범죄에 의하여 완전히 평가된 것이기 때문에 별죄를 구성하지 않는 경우를 말한다(예 절도범이 절취한 재물을 손괴한 경우).

(2) 요건

① 사후행위는 범죄의 구성요건해당성이 인정되어야 한다(학설).93)

② 가벌적 사전범죄를 범한 자의 사후행위여야 한다(주체의 동일성).

③ 사후행위는 주된 범죄와 동일한 보호법익·동일한 행위객체에 대한 것이어야 한다. 따라서 다른 사람의 새로운 법익을 침해한 경우에는 불가벌적 사후행위가 될 수 없다(침해법익·피해자의 동일성)(예 절취한 예금통장으로 창구를 통해 예금을 인출하는 경우: 별도의 사기죄 성립).

④ 사후행위는 주된 범죄의 침해의 양을 초과하지 않아야 한다.

⑤ 주된 범죄는 재산죄에 제한되는 것은 아니다.

(3) 효과

① 사후행위에 대하여는 별죄가 성립하지 않는다.

② 사후행위에 가담한 제3자는 공동정범 및 공범의 성립이 가능하다. 제3자는 처벌받는 주된 범죄가 없기 때문이다.

---

92) 명의신탁에 관한 판례로서 폐기된 것이나 '법리 자체는 유효'므로 그대로 두었다.
93) 판례는 사후행위가 구성요건에 해당하지 않는 경우에도 불가벌적 사후행위를 인정하는 경우가 있다.
94) 판례는 이를 포괄일죄로 보는 경우도 있다[대판 1982.4.27. 82도285].

🔨 판례 | 불가벌적 사후행위로 인정된 경우

1. (편취한 약속어음을 채권변제에 충당한 경우) 피고인이 당초부터 피해자를 기망하여 약속어음을 교부받은 경우에는 그 교부받은 즉시 사기죄가 성립하고 그 후 이를 피해자에 대한 피고인의 채권의 변제에 충당하였다 하더라도 불가벌적 사후행위가 됨에 그칠 뿐 별도로 횡령죄를 구성하지 않는다[대판 1983.4.26. 82도3079]. [18 경찰승진]*

2. (절취한 열차승차권을 기망을 통하여 환불받은 경우) 열차승차권은 그 자체에 권리가 화체되어 있는 무기명증권이므로 이를 곧 사용하여 승차하거나 권면가액으로 양도할 수 있고 매입금액의 환불을 받을 수 있는 것으로서 열차승차권을 절취한 자가 환불을 받음에 있어 비록 기망행위가 수반한다 하더라도 절도죄 외에 따로이 사기죄가 성립하지 아니한다 [대판 1975.8.29. 75도1996]. [18 경찰채용]*

3. (절취한 자기앞수표의 환금행위) 금융기관발행의 자기앞수표는 그 액면금을 즉시 지급받을 수 있어 현금에 대신하는 기능을 하고 있으므로 절취한 자기앞수표를 현금 대신으로 교부한 행위는 절도행위에 대한 가벌적 평가에 당연히 포함되는 것으로 봄이 상당하다 할 것이므로 절취한 자기앞수표를 음식대금으로 교부하고 거스름돈을 환불받은 행위는 절도의 불가벌적 사후처분행위로서 사기죄가 되지 아니한다[대판 1987.1.20. 86도1728]. [20 경찰채용, 17 법원9급, 16 변호사]*

   동지판례 금융기관 발행의 자기앞수표는 즉시 지급받을 수 있어 현금에 대신하는 기능을 하고 있는 점에서 현금적인 성격이 강하므로 절취한 자기앞수표의 환금행위는 절취행위에 대한 수반한 당연의 경과라 하여 절도행위에 대한 가벌적 평가에 당연히 포함된다 봄이 상당하므로 사기죄가 성립하지 아니한다[대판 1982.7.27. 82도822 동지 대판 1993.11.23. 93도213]. [19 법원9급]*

4. (장물보관죄를 범한 자가 장물을 영득한 경우) 절도범인으로부터 장물보관의뢰를 받은 자가 그 정을 알면서 이를 인도받아 보관하고 있다가 임의처분하였다 하여도 장물보관죄가 성립되는 때에는 이미 그 소유자의 소유물추구권을 침해하였으므로 그 후의 횡령행위는 불가벌적 사후행위에 불과하여 별도로 횡령죄가 성립하지 않는다[대판 1976.11.23. 76도3067]. [20 변호사, 20 국가7급, 19 법원행시, 19 법원9급, 19 국가9급, 19 경간부, 19 경찰채용, 18 법원9급, 18 경찰승진, 18 경찰채용, 17 법원행시, 17 법원9급, 17 경간부, 17 경찰채용, 16 변호사]*

   동지판례 피고인이 업무상 과실로 장물을 보관하고 있다가 처분한 행위는 업무상과실장물보관죄의 가벌적 평가에 포함되고 별도로 횡령죄를 구성하지 않는다[대판 2004.4.9. 2003도8219].

5. (횡령행위 완료후에 횡령물을 재차 처분한 경우) 횡령죄는 상태범이므로 횡령행위의 완료후에 행하여진 횡령물의 처분행위는 그것이 그 횡령행위에 의하여 평가되어 버린 것으로 볼 수 있는 범위 내의 것이라면 새로운 법익의 침해를 수반하지 않은 이른바 불가벌적 사후행위로서 별개의 범죄를 구성하지 않는다[대판 1978.11.28. 78도2175].95)

   동지판례 미등기건물의 관리를 위임받아 보관하고 있는 자가 임의로 건물에 대하여 자신의 명의로 보존등기를 하는 것은 객관적으로 불법영득의 의사를 외부에 발현시키는 행위로서 이미 횡령죄는 완성되었다 할 것이므로, 횡령행위의 완성 후 근저당권설정등기를 한 행위는 피해자에 대한 새로운 법익의 침해를 수반하지 않는 불가벌적 사후행위로서 별도의 횡령죄를 구성하지 않는다[대판 1993.3.9. 92도2999]. [19 법원9급]*

6. 甲이 乙과 공동으로 불하받은 부동산을 丙에게 자의로 매도하여 乙에 대한 배임행위로 처벌받은 후 丙에 대한 소유권이전등기의무를 지닌 채 다시 丙에 대한 재매도행위는 이미 배임행위로서 이루어진 甲의 丙에 대한 매도행위의 불가벌적 사후행위이다[대판 1970.11.24. 70도1998].

7. 피고인들이 절취한 원목에 관하여 합법적으로 생산된 것인 것처럼 관계당국을 기망하여 산림법 소정의 연고권자로 인정받아 수의계약의 방법으로 이를 매수하였다 하더라도 이는 새로운 법익의 침해가 있는 것이라고 할 수 없고 상태범인 산림절도죄의 성질상 하나의 불가벌적사후행위로서 별도로 사기죄가 구성되지 않는다[대판 1974.10.22. 74도2441].

8. 주식회사 대표이사인 甲이 자신의 채권자 乙에게 차용금에 대한 담보로 회사 명의 정기예금에 질권을 설정하여 주었는데, 그 후 乙이 차용금과 정기예금의 변제기가 모두 도래한 이후 甲의 동의하에 정기예금 계좌에 입금되어 있던 회사 자금을 전액 인출하였다고 하더라도, 민법 제353조에 의하면 질권자는 질권의 목적이 된 채권을 직접 청구할 수 있으므로, 甲의 예금인출동의행위는 이미 배임행위로써 이루어진 질권설정행위의 사후조처에 불과하여 새로운 법익의 침해를 수반하지 않는 이른바 불가벌적 사후행위에 해당하고, 별도의 횡령죄를 구성하지 않는다[대판 2012.11.29. 2012도10980]. [20 법원행시, 20 경찰승진, 18 경찰채용, 17 법원행시, 16 경찰채용]*

---

95) 명의신탁에 관한 판례로서 폐기된 것이나 '법리 자체는 유효'므로 그대로 두었다.

9. 갑 종친회 회장인 피고인이 위조한 종친회 규약 등을 공탁관에게 제출하는 방법으로 갑 종친회를 피공탁자로 하여 공탁된 수용보상금을 출급받아 편취하고, 이를 종친회를 위하여 업무상 보관하던 중 반환을 거부하여 횡령하였다는 내용으로 기소된 사안에서, 피고인이 공탁관을 기망하여 공탁금을 출급받음으로써 갑 종친회를 피해자로 한 사기죄가 성립하고, 그 후 갑 종친회에 대하여 공탁금 반환을 거부한 행위는 새로운 법익의 침해를 수반하지 않는 불가벌적 사후행위에 해당할 뿐 별도의 횡령죄가 성립하지 않는다고 한 사례[대판 2015.9.10. 2015도8592]. [20 경찰채용, 17 국가7급]*

10. 전기통신금융사기(이른바 보이스피싱 범죄)의 범인이 피해자를 기망하여 피해자의 돈을 사기이용계좌로 송금·이체받았다면 이로써 편취행위는 기수에 이른다. 따라서 범인이 피해자의 돈을 보유하게 되었더라도 이로 인하여 피해자와 사이에 어떠한 위탁 또는 신임관계가 존재한다고 할 수 없는 이상 피해자의 돈을 보관하는 지위에 있다고 볼 수 없으며, 나아가 그 후에 범인이 사기이용계좌에서 현금을 인출하였더라도 이는 이미 성립한 사기범행의 실행행위에 지나지 아니하여 새로운 법익을 침해한다고 보기도 어려우므로, 위와 같은 인출행위는 사기의 피해자에 대하여 따로 횡령죄를 구성하지 아니한다. 그리고 이러한 법리는 사기범행에 이용되리라는 사정을 알고서도 자신 명의 계좌의 접근매체를 양도함으로써 사기범행을 방조한 종범이 사기이용계좌로 송금된 피해자의 돈을 임의로 인출한 경우에도 마찬가지로 적용된다[대판(전) 2017.5.31. 2017도3045]. [22 경간부, 20 경찰채용, 19 변호사, 19 법원행시, 19 경찰채용, 18 법원행시, 18 법원9급, 18 국가7급, 18 경찰채용, 17 법원행시]*

11. [1] 계좌명의인이 송금·이체의 원인이 되는 법률관계가 존재하지 않음에도 계좌이체에 의하여 취득한 예금채권 상당의 돈은 송금의뢰인에게 반환하여야 할 성격의 것이므로, 계좌명의인은 그와 같이 송금·이체된 돈에 대하여 송금의뢰인을 위하여 보관하는 지위에 있다고 보아야 한다. 따라서 계좌명의인이 그와 같이 송금·이체된 돈을 그대로 보관하지 않고 영득할 의사로 인출하면 횡령죄가 성립한다.
이러한 법리는 계좌명의인이 개설한 예금계좌가 전기통신금융사기 범행에 이용되어 그 계좌에 피해자가 사기피해금을 송금·이체한 경우에도 마찬가지로 적용된다. 계좌명의인은 피해자와 사이에 아무런 법률관계 없이 송금·이체된 사기피해금 상당의 돈을 피해자에게 반환하여야 하므로, 피해자를 위하여 사기피해금을 보관하는 지위에 있다고 보아야 하고, 만약 계좌명의인이 그 돈을 영득할 의사로 인출하면 피해자에 대한 횡령죄가 성립한다. 이때 계좌명의인이 사기의 공범이라면 자신이 가담한 범행의 결과 피해금을 보관하게 된 것뿐이어서 피해자와 사이에 위탁관계가 없고, 그가 송금·이체된 돈을 인출하더라도 이는 자신이 저지른 사기범행의 실행행위에 지나지 아니하여 새로운 법익을 침해한다고 볼 수 없으므로 사기죄 외에 별도로 횡령죄를 구성하지 않는다.
[2] 계좌명의인의 인출행위는 전기통신금융사기의 범인에 대한 관계에서는 횡령죄가 되지 않는다. 접근매체를 교부받은 사람은 계좌명의인의 예금반환청구권을 자신이 사실상 행사할 수 있게 된 것일 뿐 예금 자체를 취득한 것이 아니며, 또한 계좌명의인과 전기통신금융사기의 범인 사이의 관계는 횡령죄로 보호할 만한 가치가 있는 위탁관계가 아니기 때문이다[대판(전) 2018.7.19. 2017도17494].

⚖️ 판례 | 불가벌적 사후행위로 인정되지 않은 경우(실체적 경합범에 해당)

1. 절도범인이 그 절취한 장물을 자기 것인 양 제3자를 기망하여 금원을 편취한 경우에는 새로운 법익의 침해가 있으므로 사기죄가 성립된다[대판 1980.11.25. 80도2310].
   동지판례 ⅰ) 절취한 전당표로 전당포에 가서 기망하여 전당물을 편취하는 것은 새로운 법익을 침해하는 행위로서 사기죄를 구성한다[대판 1980.10.14. 80도2155].
   ⅱ) 편취한 약속어음을 그와 같은 사실을 모르는 제3자에게 편취사실을 숨기고 할인받는 행위는 당초의 어음 편취와는 별개의 새로운 법익을 침해하는 행위로서 기망행위와 할인금의 교부행위 사이에 상당인과관계가 있어 새로운 사기죄를 구성한다 할 것이고, 설령 그 약속어음을 취득한 제3자가 선의이고 약속어음의 발행인이나 배서인이 어음금을 지급할 의사와 능력이 있었다 하더라도 이러한 사정은 사기죄의 성립에 영향이 없다[대판 2005.9.30. 2005도5236]. [19 경찰승진, 18 법원행시, 18 경간부, 17 경찰채용]*

2. 절취한 은행예금통장을 이용하여 은행원을 기망해서 진실한 명의인이 예금을 찾는 것으로 오신시켜 예금을 편취한 것이라면 새로운 법익의 침해로 절도죄 외에 따로 사기죄가 성립한다[대판 1974.11.26. 74도2817]. [17 변호사]*
   동지판례 강취한 은행예금통장을 이용하여 은행직원을 기망하여 진실한 명의인이 예금의 환급을 청구하는 것으로 오신케 함으로써 예금의 환급 명목으로 금원을 편취하는 것은 다시 새로운 법익을 침해하는 행위이므로 장물의 단순한 사후처분과는 같지 아니하고 별도의 사기죄를 구성한다[대판 1990.7.10. 90도1176].

3. 대표이사가 회사의 상가분양 사업을 수행하면서 수분양자들을 기망하여 편취한 분양대금은 회사의 소유로 귀속되는 것이므로, 대표이사가 그 분양대금을 횡령하는 것은 사기 범행이 침해한 것과는 다른 법익을 침해하는 것이어서 회사를 피해자로 하는 별도의 횡령죄가 성립된다[대판 2005.4.29. 2005도741]. [20 법원행시]*

  동지판례 대표이사가 회사의 대표기관으로서 피해자들을 기망하여 대부받은 금원은 그 회사에 귀속되는 것인데, 그 후 대표이사가 이를 보관하고 있으면서 횡령한 것이라면 이는 위 사기범행과는 침해법익을 달리하므로 횡령죄가 성립되는 것이고, 이를 단순한 불가벌적 사후행위로만 볼 수 없다[대판 1989.12.24. 89도1605].

4. 대마취급자가 아닌 자가 절취한 대마를 흡입할 목적으로 소지하는 행위는 절도죄의 보호법익과는 다른 새로운 법익을 침해하는 행위이므로 절도죄의 불가벌적 사후행위로서 절도죄에 포괄흡수된다고 할 수 없고 절도죄 외에 별개의 죄를 구성한다고 할 것이며, 절도죄와 무허가대마소지죄는 경합범의 관계에 있다[대판 1999.4.13. 98도3619].

5. 신용카드를 절취한 후 이를 사용한 경우 신용카드의 부정사용행위는 새로운 법익의 침해로 보아야 하고 그 법익침해가 절도범행보다 큰 것이 대부분이므로 위와 같은 부정사용행위가 절도범행의 불가벌적 사후행위가 되는 것은 아니다[대판 1996.7.12. 96도1181].

6. 판매목적으로 향정신성의약품(히로뽕)을 제조하여 이를 판매한 경우에 그 제조행위와 제조품의 판매행위는 각각 독립된 가벌적 행위로서 별개의 죄를 구성한다고 봄이 상당하고 판매행위가 판매목적의 제조행위에 흡수되는 불가벌적 사후행위라고 볼 수 없으므로 경합범으로 처단하여야 한다[대판 1983.11.8. 83도2031].

7. 사람을 살해한 다음 그 범죄의 흔적을 은폐하기 위하여 그 시체를 다른 장소로 옮겨 유기하였을 때에는 살인죄와 사체유기죄의 경합범이 성립하고 사체유기를 불가벌적 사후행위라 할 수 없다[대판 1984.11.27. 84도2263].

  비교판례 형법 제161조의 사체은닉이라 함은 사체의 발견을 불가능 또는 심히 곤란하게 하는 것을 구성요건으로 하고 있으나 살인, 강도살인 등의 목적으로 사람을 살해한 자가 그 살해의 목적을 수행함에 있어 사후 사체의 발견이 불가능 또는 심히 곤란하게 하려는 의사로 인적이 드문 장소로 피해자를 유인하거나 실신한 피해자를 끌고가서 그곳에서 살해하고 사체를 그대로 둔 채 도주한 경우에는 비록 결과적으로 사체의 발견이 현저하게 곤란을 받게 되는 사정이 있다 하더라도 별도로 사체은닉죄가 성립되지 아니한다[대판 1986.6.24. 86도891]. [19 변호사, 18 경찰채용]*

8. 예금통장과 인장을 갈취한 후 예금 인출에 관한 사문서를 위조한 후 이를 행사하여 예금을 인출한 행위는 공갈죄 외에 별도로 사문서위조, 동행사 및 사기죄가 성립한다[대판 1979.10.30. 79도489]. [17 변호사]*

9. 자동차를 절취한 후 자동차등록번호판을 떼어내는 행위는 새로운 법익의 침해로 보아야 하므로 위와 같은 번호판을 떼어내는 행위가 절도범행의 불가벌적 사후행위가 되는 것은 아니다[대판 2007.9.6. 2007도4739]. ※ 자동차관리법위반죄의 별죄가 성립한다. [20 변호사, 20 국가7급, 18 경찰승진, 18 경간부, 17 국가7급, 17 경찰채용]*

10. 조세포탈행위는 횡령범행과는 전혀 다른 새로운 법익을 침해하는 행위로서 이를 횡령의 불가벌적 사후행위라고 볼 수 없다[대판 1992.3.10. 92도147].

11. 배임죄는 재산상 이익을 객체로 하는 범죄이므로, 1인 회사의 주주가 자신의 개인채무를 담보하기 위하여 회사 소유의 부동산에 대하여 근저당권설정등기를 마쳐 주어 배임죄가 성립한 이후에 그 부동산에 대하여 새로운 담보권을 설정해 주는 행위는 선순위 근저당권의 담보가치를 공제한 나머지 담보가치 상당의 재산상 이익을 침해하는 행위로서 별도의 배임죄가 성립한다[대판 2005.10.28. 2005도4915].

12. 부정한 이익을 얻거나 기업에 손해를 가할 목적으로 그 기업에 유용한 영업비밀이 담겨 있는 타인의 재물을 질취한 후 그 영업비밀을 사용하는 경우, 영업비밀의 부정사용행위는 새로운 법익의 침해로 보아야 하므로 위와 같은 부정사용행위가 절도범행의 불가벌적 사후행위가 되는 것은 아니다[대판 2008.9.11. 2008도5364]. [18 법원행시, 18 법원9급, 17 국가7급, 17 경찰채용, 16 경찰채용]*

13. 채무자 甲이 자신의 부동산에 A명의로 허위의 금전채권에 기한 담보가등기를 설정하고 이를 B에게 양도하여 B명의의 본등기를 경료하게 한 사안에서, A명의 담보가등기 설정행위로 강제집행면탈죄가 성립한다고 하여 그 후 B명의로 이루어진 가등기 양도 및 본등기 경료행위가 불가벌적 사후행위가 되는 것은 아니라고 한 사례[대판 2008.5.8. 2008도198]. [17 국가7급]*

  판결이유 위와 같은 담보가등기 설정행위를 강제집행면탈 행위로 본다고 하더라도, 그 가등기를 양도하여 본등기를 경료하게 함으로써 소유권을 상실케 하는 행위는 면탈의 방법과 법익침해의 정도가 훨씬 중하다는 점을 고려할 때 이를 불가벌적 사후행위로 볼 수는 없다고 할 것이다.

14. 사기죄에서 피해자에게 그 대가가 지급된 경우, 피해자를 기망하여 그가 보유하고 있는 그 대가를 다시 편취하거나 피해자로부터 그 대가를 위탁받아 보관 중 횡령하였다면, 이는 새로운 법익의 침해가 발생한 경우이므로, 기존에 성립한 사기죄와는 별도의 새로운 사기죄나 횡령죄가 성립한다[대판 2009.12.24.
2007도6243]. [16 국가7급]*

15. A 주식회사의 대표이사와 실질적 운영자인 甲 등이 공모하여, 자신들이 B에 대해 부담하는 개인채무 지급을 위하여 A 회사로 하여금 약속어음을 공동발행하게 하고 위 채무에 대하여 연대보증하게 한 후에 A 회사를 위하여 보관 중인 돈을 임의로 인출하여 B에게 지급하여 위 채무를 변제한 경우, 약속어음금채무와 연대보증채무 부담으로 인한 회사에 대한 배임죄와 다른 새로운 보호법익을 침해하는 것으로서 배임 범행의 불가벌적 사후행위가 되는 것이 아니라 별죄인 횡령죄를 구성한다[대판 2011.4.14.
2011도277]. [20 법원행시, 17 법원행시]*

16. 타인의 부동산을 보관 중인 자가 불법영득의사를 가지고 그 부동산에 근저당권설정등기를 경료함으로써 일단 횡령행위가 기수에 이르렀다 하더라도 그 후 같은 부동산에 별개의 근저당권을 설정하여 새로운 법익침해의 위험을 추가함으로써 법익침해의 위험을 증가시키거나 해당 부동산을 매각함으로써 기존의 근저당권과 관계없이 법익침해의 결과를 발생시켰다면 이는 당초의 근저당권 실행을 위한 임의경매에 의한 매각 등 그 근저당권으로 인해 당연히 예상될 수 있는 범위를 넘어 새로운 법익침해의 위험을 추가시키거나 법익침해의 결과를 발생시킨 것이므로 특별한 사정이 없는 한 불가벌적 사후행위로 볼 수 없고, 별도로 횡령죄를 구성한다 할 것이다[대판(전) 2013.2.21.
2010도10500]. [대판 2015.1.29.
2014도12022]. [20 변호사, 20 국가7급, 20 경간부, 20 법원9급 19 변호사, 18 국가9급, 18 경간부, 18 경찰채용, 17 법원행시, 17 경찰채용, 16 변호사, 16 법원행시, 16 법원9급]*

17. 갑 회사에 대한 관계에서 타인의 사무를 처리하는 자가 임무에 위배하는 행위로써 회사로 하여금 회사가 펀드 운영사에 지급하여야 할 펀드출자금을 정해진 시점보다 선지급하도록 하여 배임죄를 범한 다음, 그와 같이 선지급된 펀드출자금을 보관하는 자와 공모하여 펀드출자금을 임의로 인출한 후 자신의 투자금으로 사용하기 위하여 임의로 송금하도록 한 행위는 펀드출자금 선지급으로 인한 배임죄와는 다른 새로운 보호법익을 침해하는 행위로서 배임 범행의 불가벌적 사후행위가 되는 것이 아니라 별죄로서 횡령죄를 구성한다고 보아야 한다[대판 2014.12.11.
2014도10036]. [17 경찰채용]*

Ⅲ 포괄일죄

1. 포괄일죄의 의의

수개의 행위가 포괄적으로 한 개의 구성요건에 해당하여 일죄를 구성하는 경우를 말한다.

> **⚖ 판례 | 포괄일죄의 의의**
>
> 이른바 포괄일죄라는 것은 일반적으로 각기 따로 존재하는 수개의 행위가 당해 구성요건을 한번 충족하여 본래적으로 일죄라는 것으로 이 수개의 행위가 혹은 흡수되고 혹은 사후행위가 되고 혹은 위법상태가 상당 정도 시간적으로 경과하는 등으로 본래적으로 일죄의 관계가 이루어지는 것이므로 별개의 죄가 따로 성립하지 않음은 물론 과형상의 일죄와도 이 점에서 그 개념 등을 달리하는 것이다[대판 1982.11.23.
82도2201].

2. 포괄일죄의 유형

구분	내용	예
협의	1개의 구성요건에 동일한 법익을 침해하는 수종의 행위태양이 규정되어 있는 경우에, 이 수종의 태양에 해당하는 일련의 행위가 포괄하여 일죄가 되는 경우이다.	① 수뢰죄(뇌물의 요구·약속·수수) ② 체포·감금죄(체포와 감금) ③ 장물죄(장물의 취득·양도·운반·보관)
결합범	개별적으로 독립된 범죄의 구성요건에 해당하는 수 개의 행위가 결합하여 한 개의 범죄를 구성하는 경우이다.	① 강도죄(폭행·협박죄와 절도죄) ② 강도살인죄(강도죄와 살인죄)
계속범	위법상태를 야기하는 행위와 야기된 위법상태를 유지하는 행위가 포괄하여 1개의 구성요건을 실현하는 경우이다.	① 감금죄 ② 주거침입죄 ③ 퇴거불응죄
접속범	단독으로도 범죄가 될 수 있는 수개의 행위가 동일한 기회에 동일한 법익에 대하여 불가분적으로 접속하여 행해졌을 때 포괄하여 일죄로 되는 경우이다.	① 절도범이 대기해 놓은 자동차에 쌀가마니를 수회 반출하여 싣는 방법으로 절취한 경우 ② 동일한 기회에 같은 부녀를 수회 간음한 경우
연속범	연속하여 행하여진 수 개의 행위가 동종의 범죄에 해당하는 경우로서 포괄일죄에 해당한다(판례, 다수설).	① 절도범이 창고에서 수일에 걸쳐 매일 밤 쌀 한 가마씩 훔친 경우 ② 단일한 범의가 계속된 가운데 신용카드 부정사용행위를 동일한 방법으로 반복한 경우
집합범	다수의 동종의 행위가 동일한 의사의 경향에 따라 반복될 것이 당연히 예상되어 있기 때문에 수개의 행위가 일괄하여 일죄를 구성하는 경우이다.	① 영업범[96](무면허의료행위) ② 직업범[97] ③ 상습범

⚖️ 판례 | 포괄일죄 인정요건

(1) 인정요건

1. 동일 죄명에 해당하는 수개의 행위를 단일하고 계속된 범의 아래 일정기간 계속하여 행하고 그 피해법익도 동일한 경우에는 이들 각 행위를 통틀어 포괄일죄로 처단하여야 할 것이고, 이는 방조범의 경우에도 마찬가지이다[대판 2010.11.25, 2010도1588]. [20 경간부, 19 경찰승진, 17 국가7급]*

2. (포괄일죄의 범행 도중 공범자의 변동이 있는 경우: 포괄일죄 성립 가능) 수개의 업무상 횡령행위라 하더라도 피해법익이 단일하고, 범죄의 태양이 동일하며, 단일 범의의 발현에 기인하는 일련의 행위라고 인정될 때에는 포괄하여 1개의 범죄가 성립하고, 또한 수개의 업무상 횡령행위 도중에 공범자의 변동이 있는 경우라 하더라도 그 수개의 행위가 위와 같은 기준을 충족하는 것이라면 별개의 죄가 되는 것이 아니라 포괄일죄가 된다[대판 2009.2.12, 2006도6994].

3. 타인의 사무를 처리하는 자가 동일인으로부터 그 직무에 관하여 부정한 청탁을 받고 여러 차례에 걸쳐 금품을 수수한 경우, 그것이 단일하고도 계속된 범의 아래 일정기간 반복하여 이루어진 것이고 그 피해법익도 동일한 때에는 이를 포괄일죄로 보아야 한다. 다만, 여러 사람으로부터 각각 부정한 청탁을 받고 그들로부터 각각 금품을 수수한 경우에는 비록 그 청탁이 동종의 것이라고 하더라도 단일하고 계속된 범의 아래 이루어진 범행으로 보기 어려워 그 전체를 포괄일죄로 볼 수 없다[대판 2008.12.11, 2008도6987]. [17 경찰승진]*

---

96) 범행의 반복을 경제적 수입원으로 삼는 경우
97) 범죄의 반복이 경제적·직업적 활동이 된 경우, 영업범과 직업범의 구별실익은 없다.

(2) 구체적인 적용례

1. (1인에 대한 수회의 편취: 범의의 단일성과 계속성의 인정여부에 따라 포괄일죄 또는 실체적 경합) 단일한 범의의 발동에 의하여 상대방을 기망하고 그 결과 착오에 빠져 있는 동일인으로부터 일정 기간 동안 동일한 방법에 의하여 금원을 편취한 경우에는 이를 포괄적으로 관찰하여 일죄로 처단하는 것이 가능할 것이나, 범의의 단일성과 계속성이 인정되지 아니하거나 범행방법이 동일하지 않은 경우에는 각 범행은 실체적 경합범에 해당한다[대판 2004.6.25. 2004도1751]. [17 경찰채용]*

   비교판례 ⅰ) (수인의 피해자에 대한 개별적 기망에 의한 편취: 실체적 경합) 단일한 범의의 발동에 의하여 상대방을 기망하고 그 결과 착오에 빠져 있는 동일인으로부터 어떤 기간동안 동일한 방법에 의하여 금원을 편취한 경우에는 이를 포괄적으로 관찰하여 일죄로 처단하는 것이 상당하나, 수인의 피해자에 대하여 각별로 기망행위를 하여 각각 재물을 편취한 경우에는 비록 범의가 단일하고 범행방법이 동일하더라도 각피해자의 피해법익은 독립한 것이므로 이를 포괄일죄로 파악할 수는 없고 피해자별로 독립한 수개의 사기죄가 성립된다[대판 1989.6.13. 89도582]. [18 법원9급]*

   ⅱ) 수개의 업무상횡령 행위라 하더라도 그 피해법익이 단일하고 범죄의 태양이 동일하며, 단일 범의의 발현에 기인하는 일련의 행위라고 인정되는 경우에는 포괄하여 1개의 범죄라고 할 것이지만, 피해자가 수인인 경우에는 그 피해법익이 단일하다고 할 수 없으므로 포괄일죄의 성립을 인정하기 어렵다[대판 2011.2.24. 2010도13801]. [16 국가9급]*

2. 여러 개의 뇌물수수행위가 있는 경우에 그것이 단일하고 계속된 범의하에 동종의 범행을 일정 기간 반복하여 행한 것이고, 그 피해법익도 동일한 경우에는 각 범행을 통틀어 포괄일죄로 볼 것이다[대판 1998.2.10. 97도2836]. [20 법원행시, 19 법원행시, 18 법원9급, 16 경간부]*

   동지판례 ⅰ) 수뢰죄에 있어서 단일하고도 계속된 범의 아래 동종의 범행을 일정기간 반복하여 행하고 그 피해법익도 동일한 것이라면, 돈을 받은 일자가 상당한 기간에 걸쳐 있고 돈을 받은 일자 사이에 상당한 기간이 끼어 있다 하더라도 각 범행을 통틀어 포괄일죄로 볼 것이다[대판 2009.10.29. 2009도8069]. [16 국가7급]*

   ⅱ) (중요) 수뢰후부정처사죄를 정한 형법 제131조 제1항은 공무원 또는 중재인이 형법 제129조(수뢰, 사전수뢰) 및 제130조(제3자뇌물제공)의 죄를 범하여 부정한 행위를 하는 것을 구성요건으로 하고 있다. 여기에서 '형법 제129조 및 제130조의 죄를 범하여'란 반드시 뇌물수수 등의 행위가 완료된 이후에 부정한 행위가 이루어져야 함을 의미하는 것은 아니고, 결합범 또는 결과적 가중범 등에서의 기본행위와 마찬가지로 뇌물수수 등의 행위를 하는 중에 부정한 행위를 한 경우도 포함하는 것으로 보아야 한다. 따라서 단일하고도 계속된 범의 아래 일정 기간 반복하여 일련의 뇌물수수 행위와 부정한 행위가 행하여졌고 그 뇌물수수 행위와 부정한 행위 사이에 인과관계가 인정되며 피해법익도 동일하다면, 최후의 부정한 행위 이후에 저질러진 뇌물수수 행위도 최초의 부정한 행위 이전의 뇌물수수 행위 및 부정한 행위와 함께 수뢰후부정처사죄의 포괄일죄로 처벌함이 타당하다[대판 2021.2.4. 2020도12103].

3. 수 개의 업무상 배임행위가 있더라도 피해법익이 단일하고 범죄의 태양이 동일할 뿐만 아니라, 그 수 개의 배임행위가 단일한 범의에 기한 일련의 행위라고 볼 수 있는 경우에는 그 수 개의 배임행위는 포괄하여 일죄를 구성한다 [대판 2014.6.26. 2014도753]. [17 경간부]*

⚖ 판례 | 포괄일죄가 인정된 경우

(1) 계속범

직무유기죄는 그 직무를 수행하여야 하는 작위의무의 존재와 그에 대한 위반을 전제로 하고 있는바, 그 작위의무를 수행하지 아니함으로써 구성요건에 해당하는 사실이 있었고 그 후에도 계속하여 그 작위의무를 수행하지 아니하는 위법한 부작위상태가 계속되는 한 가벌적 위법상태는 계속 존재하고 있다고 할 것이며 형법 제122조 후단은 이를 전체적으로 보아 1죄로 처벌하는 취지로 해석되므로 이를 즉시범이라고 할 수 없다[대판 1997.8.29. 97도675].

판례해설 직무유기죄는 계속범이므로 위법상태가 계속되는 범위 내에서는 포괄일죄가 성립한다는 취지다.

(2) 접속범

1. 하나의 사건에 관하여 한 번 선서한 증인이 같은 기일에 여러 가지 사실에 관하여 기억에 반하는 허위의 진술을 한 경우 이는 하나의 범죄의사에 의하여 계속하여 허위의 진술을 한 것으로서 포괄하여 1개의 위증죄를 구성하는 것이고 각 진술마다 수 개의 위증죄를 구성하는 것이 아니다[대판 1998.4.14. 97도3340].

   동지판례 하나의 소송사건에서 동일한 선서 하에 이루어진 법원의 감정명령에 따라 감정인이 동일한 감정명령사항에 대하여 수차례에 걸쳐 허위의 감정보고서를 제출하는 경우에는 각 감정보고서 제출행위시마다 각기 허위감정죄가 성립한다 할 것이나, 이는 단일한 범의 하에 계속하여 허위의 감정을 한 것으로서 포괄하여 1개의 허위감정죄를 구성한다[대판 2000.11.28. 2000도1089].

2. 피해자를 폭행하여 1회 간음하고 200m쯤 오다가 다시 1회 간음한 경우에 있어 피고인의 의사 및 그 범행시각과 장소로 보아 두 번째의 간음행위는 처음 한 행위의 계속으로 볼 수 있어 이를 단순일죄로 처벌한 것은 정당하다[대판 1970.9.29. 70도1516]. [16 국가9급]*

(3) 집합범

1. 무허가유료직업소개행위는 범죄구성요건의 성질상 동종행위의 반복이 예상되는데, 반복된 수개의 행위 상호간에 일시 장소의 근접, 방법의 유사성, 기회의 동일, 범의의 계속 등 밀접한 관계가 있어 전체를 1개의 행위로 평가함이 상당한 경우에는 포괄적으로 한 개의 범죄를 구성한다[대판 1993.3.26. 92도3405].

   동지판례 ⅰ) 무면허의료행위는 그 범죄의 구성요건의 성질상 동종행위의 반복이 예상되는 것이므로 반복된 수개의 행위는 포괄적으로 한 개의 범죄로서 처단되어야 할 것이다[대판 1966.9.20. 66도928]. ⅱ) 약국개설자가 아님에도 단일하고 계속된 범의하에 일정 기간 계속하여 의약품을 판매한 경우 약사법 위반죄의 일죄를 구성한다[대판 2001.8.21. 2001도3312].

2. 영리를 목적으로 무면허 의료행위를 업으로 하는 자가 일부 돈을 받지 아니하고 무면허 의료행위를 한 경우에도 보건범죄단속에 관한 특별조치법 위반죄의 1죄만이 성립하고 별개로 의료법 위반죄를 구성하지 않는다고 보아야 한다[대판 2010.5.13. 2010도2468].98)

3. 여러 해 동안 수회에 걸쳐 이루어진 부정의약품 제조·판매행위 등을 포괄일죄에 해당한다고 보는 이상, 그 기간 중 어느 일정 연도의 연간 소매가격이 보건범죄단속법 제3조 제1항 제2호에서 정한 1천만 원을 넘은 경우에는 다른 연도의 연간 소매가격이 위 금액에 미달한다고 하더라도 그 전체를 보건범죄단속법 제3조 제1항 제2호 위반의 포괄일죄로 처단함이 타당하다. 이러한 법리는 여러 해 동안 수회에 걸쳐 이루어진 부정의약품 제조·판매행위 등의 연간 소매가격이 모두 1천만 원을 넘는 경우에도 마찬가지이다[대판 2021.1.14. 2020도10979].

(4) 상습범

1. 장물취득죄는 상습장물알선죄와 포괄일죄의 관계에 있다[대판 1975.1.14. 73도1848].99)

2. 직계존속인 피해자를 폭행하고, 상해를 가한 것이 존속에 대한 동일한 폭력습벽의 발현에 의한 것으로 인정되는 경우, 그 중 법정형이 더 중한 상습존속상해죄에 나머지 행위들을 포괄시켜 하나의 죄만이 성립한다[대판 2003.2.28. 2002도7335].100) [21 법원9급, 20 경찰채용, 20 법원9급, 19 경찰승진, 17 국가9급]*

3. (판례의 관련법령이 폐지되어 삭제하였음)

4. 상습도박의 죄나 상습도박방조의 죄에 있어서의 상습성은 행위의 속성이 아니라 행위자의 속성으로서 도박을 반복해서 거듭하는 습벽을 말하는 것인바, 도박의 습벽이 있는 자가 타인의 도박을 방조하면 상습도박방조의죄에 해당하는 것이며, 도박의 습벽이 있는 자가 도박을 하고 또 도박방조를 하였을 경우 상습도박방조의 죄는 무거운 상습도박의 죄에 포괄시켜 1죄로서 처단하여야 할 것이다[대판 1984.4.24. 84도195]. [22 경간부, 20 변호사, 20 경찰채용, 18 국가9급, 18 경찰채용, 16 변호사, 16 경찰승진]*

5. 상습사기죄에 있어서의 상습성이라 함은 반복하여 사기행위를 하는 습벽으로서 행위자의 속성을 말하고, 여기서 말하는 사기행위의 습벽은 행위자의 사기습벽의 발현으로 인정되는 한 동종의 수법에 의한 사기범행의 습벽만을 의미하는 것이 아니라 이종의 수법에 의한 사기범행을 포괄하는 사기의 습벽도 포함한다[대판 2000.2.11. 99도4797].

(5) 기타

1. 농업협동조합법상의 호별방문죄는 연속적으로 두 집 이상을 방문함으로써 성립하는 범죄로서 선거운동을 위하여 다수의 조합원을 호별로 방문한 때에는 포괄일죄로 보아야 한다[대판 2007.7.12. 2007도2191.; 동지 대판 2010.7.8. 2009도14558].

2. [1] 음주운전으로 인한 도로교통법 위반죄의 보호법익과 처벌방법을 고려할 때, 혈중알콜농도 0.05% 이상의 음주상태로 동일한 차량을 일정기간 계속하여 운전하다가 1회 음주측정을 받았다면 이러한 음주운전행위는 동일 죄명에 해당하는 연속된 행위로서 단일하고 계속된 범의하에 일정기간 계속하여 행하고 그 피해법익도 동일한 경우이므로 포괄일죄에 해당한다. [20 법원행시, 18 법원9급]*

---

98) 무면허자가 의료행위를 한 경우 영리목적이 있는 경우 보건범죄단속에 관한 특별조치법 위반죄가 성립하고 영리목적이 없는 경우 의료법 위반죄가 성립한다.

99) 제264조(상습범): ① 상습으로 전조의 죄(장물 취득, 양도, 운반, 보관 또는 알선)를 범한 자는 1년 이상 10년 이하의 유기징역에 처한다.

100) 제264조(상습범): 상습으로 제257조(상해, 존속상해), 제258조(중상해, 존속중상해), 제260조(폭행, 존속폭행), 제261조(특수폭행)의 죄를 범한 때에는 그 죄에 정한 형의 2분의 1까지 가중한다.

[2] 음주상태로 자동차를 운전하다가 제1차 사고를 내고 그대로 진행하여 제2차 사고를 낸 후 음주측정을 받아 도로교통법 위반(음주운전)죄로 약식명령을 받아 확정되었는데, 그 후 제1차 사고 당시의 음주운전으로 기소된 사안에서 위 공소사실이 약식명령이 확정된 도로교통법 위반(음주운전)죄와 포괄일죄 관계에 있다고 본 사례[대판 2007.7.26. 2007도4404].

3. **(예비와 미수의 반복 후 기수: 기수의 포괄일죄)** 살해의 목적으로 동일인에게 일시 장소를 달리하고 수차에 걸쳐 단순한 예비행위를 하거나 또는 공격을 가하였으나 미수에 그치다가 드디어 그 목적을 달성한 경우에 그 예비행위 내지 공격행위가 동일한 의사발동에서 나왔고 그 사이에 범의의 갱신이 없는 한 각 행위가 같은 일시 장소에서 행하여졌거나 또는 다른 장소에서 행하여졌거나를 막론하고 또 그 방법이 동일하거나 여부를 가릴 것 없이 그 살해의 목적을 달성할 때까지의 행위는 모두 실행행위의 일부로서 이를 포괄적으로 보고 단순한 한개의 살인기수죄로 처단하여야 한다[대판 1965.9.28. 65도695].

4. 주식시세조종의 목적으로 허위매수주문행위, 고가매수주문행위 및 통정매매행위 등을 반복한 경우, 이는 시세조종 등 불공정거래의 금지를 규정하고 있는 증권거래법 제188조의4에 해당하는 수개의 행위를 단일하고 계속된 범의 하에서 일정기간 계속하여 반복한 범행이라 할 것이고 … 피해법익의 동일성도 인정되므로, 증권거래법 제188조의4 소정의 불공정거래행위금지위반의 포괄일죄가 성립한다[대판 2002.7.26. 2002도1855].

5. 피고인이 공소외인과 공모하여 피해은행을 기망하여 피해은행으로 하여금 신용장을 개설하게 하였고 그 후 공소외인이 그 신용장대금을 수령하였는데, 위와 같이 신용장 개설로 인한 이익 편취에 그치지 않고 나아가 신용장대금의 수령을 통한 재물 편취에까지 나아간 경우 포괄하여 하나의 재물 편취로 인한 사기죄만이 성립한다[대판 2012.9.27. 2010도16946]. 101)

6. 범죄단체를 구성하거나 이에 가입한 자가 더 나아가 구성원으로 활동하는 경우, '범죄단체의 구성이나 가입'과 '범죄단체 구성원으로서의 활동'은 포괄일죄 관계에 있다[대판 2015.9.10. 2015도7081]. [21 법원9급, 18 법원행시, 17 경간부]*

7. 절도범이 체포를 면탈할 목적으로 체포하려는 여러 명의 피해자에게 같은 기회에 폭행을 가하여 그 중 1인에게만 상해를 가하였다면 이러한 행위는 포괄하여 하나의 강도상해죄만 성립한다[대판 2001.8.21. 2001도3447].

   동지판례 절도가 체포를 면탈할 목적으로 추격하여 온 수인에 대하여 같은 기회에 동시 또는 이시에 폭행 또는 협박을 하였다 하더라도 준강도의 포괄일죄가 성립한다. 더 나아가 준강도행위가 진전하여 상해행위를 수반한 경우에도 일괄하여 준강도상해죄의 일죄가 성립하는 것이지 별도로 준강도죄의 성립이 있는 것은 아니다[대판 1966.12.6. 66도1392].

8. 피고인이 수개의 선거비용 항목을 허위기재한 하나의 선거비용 보전청구서를 제출하여 대한민국으로부터 선거비용을 과다 보전받아 이를 편취하였다면 이는 일죄로 평가되어야 하고, 각 선거비용 항목에 따라 별개의 사기죄가 성립하는 것은 아니다[대판 2017.5.30. 2016도21713]. [20 경찰채용, 17 경찰채용]*

9. 형법상 직권남용권리행사방해죄는 국가기능의 공정한 행사라는 국가적 법익을 보호하는 데 주된 목적이 있고, 직권남용으로 인한 국가정보원법 위반죄도 마찬가지이다. 따라서 국가정보원 직원이 동일한 사안에 관한 일련의 직무집행 과정에서 단일하고 계속된 범의로 일정 기간 계속하여 저지른 직권남용행위에 대하여는 설령 그 상대방이 수인이라고 하더라도 포괄일죄가 성립할 수 있다고 봄이 타당하다. 다만 각 직권남용 범행이 포괄일죄가 되느냐 경합범이 되느냐에 따라 공소시효의 완성 여부, 기판력이 미치는 범위 등이 달라질 수 있으므로, 개별 사안에서 포괄일죄의 성립 여부는 직무집행 대상의 동일 여부, 범행의 태양과 동기, 각 범행 사이의 시간적 간격, 범의의 단절이나 갱신 여부 등을 세밀하게 살펴 판단하여야 한다[대판 2021.3.11. 2020도12583].

---

101) 신용장 개설은행은 대금지급을 확약하는 당사자의 지위에 놓이게 된다.

⚖️ 판례 | 포괄일죄가 부정된 경우(실체적 경합)

(1) 범의의 단일성 부정

1. 피해자를 1회 강간하여 상처를 입게 한 후 약 1시간 후에 장소를 옮겨 같은 피해자를 다시 1회 강간한 행위는 그 범행시간과 장소를 달리하고 있을 뿐만 아니라 각 별개의 범의에서 이루어진 행위로서 형법 제37조 전단의 실체적 경합범에 해당한다[대판 1987.5.12. 87도694].

   동지판례 피고인이 이 사건 범행 당일 02:00경 피고인 운전의 화물차량 안에서 위험한 물건인 쇠말뚝을 피해자에게 들이대며 강간하려고 하였으나 마침 그곳을 지나가던 사람에게 발각되어 그 뜻을 이루지 못하고 미수에 그치자, 다시 1시간 30분가량 위 차량을 운전, 이동하여 정차한 후 이미 겁을 먹고 항거불능 상태에 있던 동 피해자를 1회 간음하였다면 피고인의 두 번에 걸친 행위는 그 범행시간과 장소를 달리하고 있을 뿐만 아니라, 별개의 범의하에 이루어진 것으로서 1개의 강간미수죄와 1개의 강간죄가 별개로 성립한다[대판 1996.9.6. 96도1763].

2. 컴퓨터로 음란 동영상을 제공한 제1범죄행위로 서버컴퓨터가 압수된 이후 다시 장비를 갖추어 동종의 제2범죄행위를 하고 제2범죄행위로 인하여 약식명령을 받아 확정된 사안에서, 피고인에게 범의의 갱신이 있어 제1범죄행위는 약식명령이 확정된 제2범죄행위와 실체적 경합관계에 있다고 보아야 할 것이라는 이유로, 포괄일죄를 구성한다고 판단한 원심판결을 파기한 사례[대판 2005.9.30. 2005도4051]. [20 경찰승진, 16 법원행시]*

   동지판례 음반·비디오물 및 게임물에 관한 법률 위반의 범죄사실로 인하여 피고인이 운영한 게임장이 단속되어 관련 증거물이 압수된 후에도 영업을 재개하여 동일한 범죄를 다시 범하였다면 영업을 재개할 때마다 범의의 갱신이 있고 별개의 범죄가 성립한다[대판 2010.11.11. 2007도8645].

3. 신용협동조합의 전무가 수개의 거래처로부터 각기 다른 일시에 조합정관상의 1인당 대출한도를 초과하여 대출을 하여 달라는 부탁을 받고 이에 응하여 각기 다른 범의 하에 부당대출을 하여 줌으로써 수개의 업무상 배임행위를 범한 경우, 그것은 포괄일죄에 해당하지 않는다[대판 1997.9.26. 97도1469].

4. 히로뽕 완제품을 제조할 때 함께 만든 액체 히로뽕 반제품을 땅에 묻어 두었다가 약 1년 9월 후에 앞서 제조시의 공범 아닌 자 등의 요구에 따라 그들과 함께 위 반제품으로 그 완제품을 제조한 경우 포괄일죄을 이룬다고 할 수 없으므로 형법 제37조 전단의 경합범으로 의율처단하여야 한다[대판 1991.2.26. 90도2900]. [18 경찰승진]*

5. 피고인이 미성년자를 유인하여 금원을 취득할 마음을 먹고 공소외 甲으로 하여금 피해자를 유인토록 하였으나 동인의 거절로 미수에 그치고, 같은 달 2차에 걸쳐 다시 피해자를 유인하였으나 마음이 약해져 각 실행을 중지하여 미수에 그치고, 다음 달 드디어 동 피해자를 린치, 살해하고 금원을 요구하는 내용의 협박편지를 피해자의 집 마루에 갖다 놓고 피해자의 안전을 염려하는 부모로부터 재물을 취득하려 했다면, 피고인은 당초의 범의를 철회 내지 방기하였다가 다시 범의를 일으켜 위 마지막의 약취유인 살해에 이른 것이라고 하지 않을 수 없으니, 그간에 범의의 갱신이 있어 그간의 범행이 단일한 의사발동에 인한 것이라고는 할 수 없으므로 위 각 미수죄와 기수죄를 경합범으로 의율한 원심판단은 정당하다[대판 1983.1.18. 82도2761].

6. 여신전문금융업법 제70조 제2항 제3호는 '물품의 판매 또는 용역의 제공을 가장하거나 실제 매출금액을 초과하여 신용카드 매출전표를 작성하고 자금을 융통하여 준 자'를 처벌하도록 규정하고 있는바, 그 구성요건 및 보호법익에 비추어 볼 때 위 규정 위반의 죄는 신용카드를 이용한 자금융통행위 1회마다 하나의 죄가 성립한다고 할 것이고, 일정 기간 다수인을 상대로 동종의 자금융통행위를 계속하였다고 하더라도 그 범의가 단일하다고 할 수 없으므로 이를 포괄하여 하나의 죄가 성립한다고 할 수 없다[대판 2001.6.12. 2000도3559].

7. 의료기관의 개설자 명의는 의료기관을 특정하고 동일성을 식별하는 데에 중요한 표지가 되는 것이므로, 비의료인이 의료기관을 개설하여 운영하는 도중 개설자 명의를 다른 의료인 등으로 변경한 경우에는 그 범의가 단일하다거나 범행방법이 종전과 동일하다고 보기 어렵다. 따라서 개설자 명의별로 별개의 범죄가 성립하고 각 죄는 실체적 경합범의 관계에 있다고 보아야 한다[대판 2018.11.29. 2018도10779]. [20 법원행시, 20 경간부, 19 법원행시]*

(2) 전속적 법익의 경우(수죄 성립)

1. 피고인이 단일한 범의로 동일한 장소에서 동일한 방법으로 시간적으로 접착된 상황에서 처와 자식들을 살해하였다고 하더라도 휴대하고 있던 권총에 실탄 6발을 장전하여 처와 자식들의 머리에 각기 1발씩 순차로 발사하여 살해하였다면 피해자들의 수에 따라 수개의 살인죄를 구성한다[대판 1991.8.27. 91도1637]. [17 법원9급]*

2. 강도가 한 개의 강도범행을 하는 기회에 수명의 피해자에게 각 폭행을 가하여 각 상해를 입힌 경우에는 각 피해자별로 수개의 강도상해죄가 성립하며 이들은 실체적 경합범의 관계에 있다[대판 1987.5.26., 87도527].

(3) 보호법익이나 행위태양이 다른 경우

1. 아파트의 각 세대를 분양받은 각 피해자에 대하여 소유권이전등기절차를 이행하여 주어야 할 업무상의 임무가 있었다면, 각 피해자의 보호법익은 독립된 것이므로, 범의가 단일하고 제3자 앞으로 각 소유권이전등기 및 근저당권설정등기를 한 각 행위시기가 근접하여 있으며 피해자들이 모두 위 회사로부터 소유권이전등기를 받을 동일한 권리를 가진 자라고 하여도, 각 공소사실이 포괄일죄의 관계에 있다고는 할 수 없고 피해자별로 독립한 수개의 업무상 배임죄의 관계에 있다[대판 1994.5.13., 93도3358].

2. 포괄일죄라 함은 각기 따로 존재하는 수개의 행위가 한 개의 구성요건을 한번 충족하는 경우를 말하므로 구성요건을 달리하고 있는 횡령, 배임 등의 행위와 사기의 행위는 포괄일죄를 구성할 수 없다[대판 1988.2.9., 87도58].

(3-1) 보호법익에 대한 침해의 정도가 다른 경우

피고인이 자신의 집에 메스암페타민 0.8g을 숨겨두어 소지하다가(이하 '1차 소지행위'라 한다), 그 후 수차에 걸쳐 투약하고 남은 0.38g을 평소 자신의 지배·관리 아래에 있지 않을 뿐 아니라 일반 투숙객들의 사용에 제공되는 모텔 화장실 천장에 숨겨두어 소지한(이하 '2차 소지행위'라 한다) 경우, 1차 소지행위와 2차 소지행위는 소지의 장소와 태양 등에 현저한 차이와 변화가 존재하고, 2차 소지행위는 1차 소지행위보다 수사기관의 압수·수색 등에 의하여 발각될 위험성이 훨씬 낮은 것이어서, 그만큼 메스암페타민의 오·남용으로 인한 보건상의 위해로 이어질 가능성이 상대적으로 높아 이들 소지행위는 그 소지죄의 보호법익과 관련하여서도 법익침해의 동일성을 달리할 정도의 차이를 보이고 있으므로, 비록 1차 소지행위와 2차 소지행위가 시간적으로 하나의 계속성을 가지는 소지행위에 포섭되는 것이라 하더라도, 2차 소지행위는 1차 소지행위와 별개의 독립한 범죄에 해당한다[대판 2011.2.10., 2010도16742].

(4) 범행방법의 동일성 부정

'가장거래에 의한 사기죄'와 '분식회계에 의한 사기죄'는 범행 방법이 동일하지 않아 그 피해자가 동일하더라도 포괄일죄가 성립한다고 할 수 없다[대판 2010.5.27., 2007도10056].

(5) 상습범이 인정되지 않은 경우

형법 제341조나 특정범죄 가중처벌 등에 관한 법률에서 강도, 특수강도, 약취강도, 해상강도의 각 죄에 관해서는 상습범가중처벌규정을 두고 있으나 강도상해, 강도강간 등 각 죄에 관해서는 상습범가중처벌규정을 두고 있지 아니하므로 특수강도죄와 그 후에 범한 강도강간 및 강도상해 등 죄는 포괄일죄의 관계에 있지 아니하다[대판 1992.4.14., 92도297].102)

동지판례 강도죄와 강도상해죄는 따로 규정되어 있고 상습강도죄에 강도상해죄가 포괄흡수 될 수는 없는 것이므로 위 2죄는 상상적 경합범 관계가 아니다[대판 1990.9.28., 90도1365].

(6) 기타

1. (여러날에 걸친 무면허운전행위: 실체적 경합) 무면허운전으로 인한 도로교통법위반죄에 있어서는 어느 날에 운전을 시작하여 다음날까지 동일한 기회에 일련의 과정에서 계속 운전을 한 경우 등 특별한 경우를 제외하고는 사회통념상 운전한 날을 기준으로 운전한 날마다 1개의 운전행위가 있다고 보는 것이 상당하므로 운전한 날마다 무면허운전으로 인한 도로교통법위반의 1죄가 성립한다고 보아야 할 것이고, 비록 계속적으로 무면허운전을 할 의사를 가지고 여러 날에 걸쳐 무면허운전행위를 반복하였다 하더라도 이를 포괄하여 일죄로 볼 수는 없다[대판 2002.7.23., 2001도6281]. [22 경간부, 20 국가7급, 18 법원행시, 18 경찰승진, 16 국가9급, 16 경찰채용]*

2. (필연적 관련성이 없는 전후의 행위: 실체적 경합) 수개의 행위태양이 동일한 법익을 침해하는 일련의 행위로서 각 행위 간의 필연적 관련성이 당연히 예상되어 있는 경우는 포괄일죄라고 볼 수 있을 것이다. … 그러나 일반적으로 물건의 제조행위와 판매행위는 독립된 행위로서 그 판매행위가 제조행위에 수반되는 필연적 결과라거나 반대로 제조행위가 판매행위의 필연적 수단이라고 볼 수는 없으므로, 제조행위와 판매행위는 당해 행위 사이에서 각각 포괄일죄의 관계에 있을 뿐, 그 제조행위와 판매행위는 서로 독립한 가벌적 행위로서 별개의 죄를 구성한다고 보아야 한다[대판 2007.2.22., 2006도7834].

3. (수개의 상표권을 침해하는 행위) 수개의 등록상표에 대하여 상표권침해 행위가 계속하여 행하여진 경우에는 등록상표 1개마다 포괄하여 1개의 범죄가 성립하므로, 특별한 사정이 없는 한 상표권자 및 표장이 동일하다는 이유로 등록상표를 달리하는 수개의 상표권침해 행위를 포괄하여 하나의 죄가 성립하는 것으로 볼 수 없다[대판 2013.7.25., 2011도12482]. [17 경간부]*

4. (당사자와 내용을 달리하는 법률사건에 관한 변호사법위반행위) 변호사가 아니면서 금품·향응 또는 그 밖의 이익을 받거나 받을 것을 약속하고 또는 제3자에게 이를 공여하게 하거나 공여하게 할 것을 약속하고 법률사건에 관하여 감정·대리·중재·화해·청탁·법률상담 또는 법률 관계 문서 작성, 그 밖의 법률사무를 취급하거나 이러한 행위를 알선하는 변호사법 제109조 제1호 위반행위에서 당사자와 내용을 달리하는 법률사건에 관한 법률사무 취급은 각기 별개의 행위라고 할 것이므로, 변호사가 아닌 사람이 각기 다른 법률사건에 관한 법률사무를 취급하여 저지르는 위 변호사법 위반의 각 범행은 특별한 사정이 없는 한 실체적 경합범이 되는 것이지 포괄일죄가 되는 것이 아니다[대판 2015.1.15. 2011도14198]. [16 법원행시]*

⚖️ 판례 | 상습범이 포괄일죄가 되기 위한 요건 및 저작재산권 침해행위의 죄수

[1] 상습성이 있는 자가 같은 종류의 죄를 반복하여 저질렀다 하더라도 상습범을 별도의 범죄유형으로 처벌하는 규정이 없는 한 각 죄는 원칙적으로 별개의 범죄로서 경합범으로 처단할 것이다. [20 변호사, 19 법원행시, 18 경간부, 17 경찰채용, 16 법원행시]*

[2] 저작재산권 침해행위는 저작권자가 같더라도 저작물별로 침해되는 법익이 다르므로, 각각의 저작물에 대한 침해행위는 원칙적으로 각 별개의 죄를 구성한다. 다만 단일하고도 계속된 범의 아래 동일한 저작물에 대한 침해행위가 일정기간 반복하여 행하여진 경우에는 포괄하여 하나의 범죄가 성립한다고 볼 수 있다[대판 2012.5.10. 2011도12131]. [18 경찰채용, 17 경간부]*

관련판례 저작권법은 제140조 본문에서 저작재산권 침해로 인한 제136조 제1항의 죄를 친고죄로 규정하면서, 제140조 단서 제1호에서 영리를 위하여 상습적으로 위와 같은 범행을 한 경우에는 고소가 없어도 공소를 제기할 수 있다고 규정하고 있으나, 상습으로 제136조 제1항의 죄를 저지른 경우를 가중처벌한다는 규정은 따로 두고 있지 않다. 따라서 수회에 걸쳐 구 저작권법 제136조 제1항의 죄를 범한 것이 상습성의 발현에 따른 것이라고 하더라도, 이는 원칙적으로 경합범으로 보아야 하는 것이지 하나의 죄로 처단되는 상습범으로 볼 것은 아니다[대판 2013.9.26. 2011도1435]. [16 경찰채용]*

3. 포괄일죄의 처리

(1) 실체법상 효과

① 포괄일죄는 실체법상 일죄이므로 하나의 죄로 처벌된다.

⚖️ 판례 | 유죄의 확정판결로 확정판결 전후의 범행이 별도의 죄가 되는 경우

1. 상습범의 중간에 동종의 상습범의 확정판결이 있는 경우, 확정판결 전후의 범행은 두 개의 죄로 분단된다[대판 2000.3.10. 99도2744].

2. 다른 사람의 주택에 무단 침입한 범죄사실로 이미 유죄판결을 받은 사람이 그 판결이 확정된 후에도 퇴거하지 않은 채 계속하여 당해 주택에 거주한 경우, 위 판결 확정 이후의 행위는 별도의 주거침입죄를 구성한다[대판 2008.5.8. 2007도11322]. [20 경찰승진, 20 경간부, 19 법원행시, 17 경간부 16 경간부]*

---

② 구성요건을 달리하는 행위가 포괄일죄인 경우에는 가장 중한 죄의 일죄로 처벌된다(판례).

⚖️ 판례 | 상습범의 처벌

(법정형이 중한 죄로 처벌) 세 번의 특수절도사실, 한 번의 특수절도미수사실, 한 번의 절도사실 등 7가지 사실이 상습적으로 반복한 것으로 볼 수 있다면 … 법정형이 가장 중한 상습특수절도죄에 나머지 죄를 포괄시켜 하나의 죄만이 성립한다[대판 1975.5.27. 75도1184].

---

102) 제341조(상습범): 상습으로 제333조(강도), 제334조(특수강도), 제336조(인질강도) 또는 제340조 제1항(해상강도)의 죄를 범한 자는 무기 또는 10년 이상의 징역에 처한다.

(2) **소송법상 효과**

① 포괄일죄의 공소시효는 최종의 범죄행위가 종료한 때로부터 진행한다(판례).

② 포괄일죄는 소송법상으로도 일죄로 취급된다. 따라서 포괄일죄의 일부에 대한 공소제기의 효력과 기판력은 포괄일죄를 구성하는 모든 행위에 미친다(판례).

⚖ 판례 | 포괄일죄의 소송법상 효과

[1] 상습성을 갖춘 자가 여러 개의 죄를 반복하여 저지른 경우에는 각 죄를 별죄로 보아 경합범으로 처단할 것이 아니라 그 모두를 포괄하여 상습범이라고 하는 하나의 죄로 처단하는 것이 상습범의 본질 또는 상습범 가중처벌규정의 입법취지에 부합한다.

[2] 상습범으로서 포괄적 일죄의 관계에 있는 여러 개의 범죄사실 중 일부에 대하여 유죄판결이 확정된 경우에, 그 확정판결의 사실심판결 선고 전에 저질러진 나머지 범죄에 대하여 새로이 공소가 제기되었다면 그 새로운 공소는 확정판결이 있었던 사건과 동일한 사건에 대하여 다시 제기된 데 해당하므로 이에 대하여는 판결로써 면소의 선고를 하여야 하는 것인바(형사소송법 제326조 제1호), 다만 이러한 법리가 적용되기 위해서는 전의 확정판결에서 당해 피고인이 상습범으로 기소되어 처단되었을 것을 필요로 하는 것이고, 상습범 아닌 기본 구성요건의 범죄로 처단되는 데 그친 경우에는, 가사 뒤에 기소된 사건에서 비로소 드러났거나 새로 저질러진 범죄사실과 전의 판결에서 이미 유죄로 확정된 범죄사실 등을 종합하여 비로소 그 모두가 상습범으로서의 포괄적 일죄에 해당하는 것으로 판단된다 하더라도 뒤늦게 앞서의 확정판결을 상습범의 일부에 대한 확정판결이라고 보아 그 기판력이 그 사실심판결 선고 전의 나머지 범죄에 미친다고 보아서는 아니 된다[대판(전) 2004.9.16. 2001도3206].

제3절 수죄

제40조(상상적 경합) 한 개의 행위가 여러 개의 죄에 해당하는 경우에는 가장 무거운 죄에 대하여 정한 형으로 처벌한다.

Ⅰ 상상적 경합

1. 상상적 경합의 의의와 본질

(1) **의의**

상상적 경합이란 1개의 행위가 수개의 죄에 해당하는 경우를 말한다(예 1개의 폭탄을 투척하여 수인을 살해한 경우).

(2) **본질**

상상적 경합은 실질상 수죄이나 과형상 일죄에 해당한다(판례, 통설).

2. 상상적 경합의 요건

(1) **1개의 행위가 있을 것**

① 행위의 단일성: 1개의 행위란 법적 평가를 떠나 사회관념상 행위가 사물자연의 상태로서 1개로 평가되는 것을 말한다(판례).

📚 판례 | 1개의 행위가 수 개의 죄에 해당하여 상상적 경합이 인정되는 경우

1. 피고인이 여관에서 종업원을 칼로 찔러 상해를 가하고 객실로 끌고 들어가는 등 폭행·협박을 하고 있던 중, 마침 다른 방에서 나오던 여관의 주인도 같은 방에 밀어 넣은 후, 주인으로부터 금품을 강취하고, 1층 안내실에서 종업원 소유의 현금을 꺼내갔다면, 여관 종업원과 주인에 대한 각 강도행위가 각별로 강도죄를 구성하되 피고인이 피해자인 종업원과 주인을 폭행·협박한 행위는 법률상 1개의 행위로 평가되는 것이 상당하므로 위 2죄는 상상적 경합범관계에 있다고 할 것이다[대판 1991.6.25. 91도643].

   비교판례 피고인이 여관에 들어가 1층 안내실에 있던 여관의 관리인을 칼로 찔러 상해를 가하고 그로부터 금품을 강취한 다음 각 객실에 들어가 각 투숙객들로부터 금품을 강취하였다면, 피고인의 위와 같은 각 행위는 비록 시간적으로 접착된 상황에서 동일한 방법으로 이루어지기는 하였으나 포괄하여 1개의 강도상해죄만을 구성하는 것이 아니라 실체적 경합범의 관계에 있는 것이라고 할 것이다[대판 1991.6.25. 91도643].

2. 당좌수표를 조합 이사장 명의로 발행하여 그 소지인이 지급제시기간 내에 지급제시하였으나 거래정지처분의 사유로 지급되지 아니하게 한 사실(부정수표단속법위반죄)과 동일한 수표를 발행하여 조합에 대하여 재산상 손해를 가한 사실(업무상배임죄)은 사회적 사실관계가 기본적인 점에서 동일하다고 할 것이어서 1개의 행위가 수 개의 죄에 해당하는 경우로서 형법 제40조에 정해진 상상적 경합관계에 있다[대판 2004.5.13. 2004도1299].

② 행위의 동일성: 수죄 사이에 객관적 실행행위의 동일성이 인정되어야 한다. 수죄의 행위는 완전히 동일하거나 부분적으로 동일하여도 무방하다.

📚 판례 | 상상적 경합이 인정된 경우(행위의 완전한 동일성)

1. 피고인이 자동차운전면허를 받지 아니하고 술에 취한 상태로 승용차를 운전하였다는 것은 사회관념상 1개의 운전행위라 할 것이므로, 이로 인한 도로교통법위반(음주운전)죄와 도로교통법위반(무면허운전)죄는 형법 제40조의 상상적 경합관계에 있다고 할 것이다[대판 2012.7.5. 2012도5108], [대판 1987.2.24. 86도2731]. [17 변호사]*

2. 자동차운전자가 타 차량을 들이받아 그 차량을 손괴하고 동시에 동 차량에 타고 있던 승객에게 상해를 입힌 경우, 이는 동일한 업무상과실로 발생한 수개의 결과로서 형법 제40조 소정의 상상적 경합관계에 있다[대판 1986.2.11. 85도2658].

📚 판례 | 하나의 행위가 작위범과 부작위범의 구성요건을 동시에 충족하는 경우의 공소제기 방법

하나의 행위가 부작위범인 직무유기죄와 작위범인 범인도피죄의 구성요건을 동시에 충족하는 경우 공소제기권자는 재량에 의하여 작위범인 범인도피죄로 공소를 제기하지 않고 부작위범인 직무유기죄로만 공소를 제기할 수도 있다[대판 1999.11.26. 99도1904]. [22 경간부]*

📚 판례 | 상상적 경합이 인정된 경우(행위의 부분적 동일성)

1. (체포를 면탈할 목적으로 경찰관에게 폭행·협박한 경우: 절도범은 상상적 경합, 강도범은 실체적 경합) 절도범인이 체포를 면탈할 목적으로 경찰관에게 폭행·협박을 가한 때에는 준강도죄와 공무집행방해죄를 구성하고 양자는 상상적 경합관계에 있으나, 강도범인이 체포를 면탈할 목적으로 경찰관에게 폭행을 가한 때에는 강도죄와 공무집행방해죄는 실체적 경합관계에 있고 상상적 경합관계에 있는 것이 아니다[대판 1992.7.28. 92도917]. [19 경간부, 18 경찰채용, 17 변호사, 17 경찰채용, 16 국가7급, 16 국가9급, 16 경찰승진, 16 경간부]*

2. 강도가 재물강취의 뜻을 재물의 부재로 이루지 못한 채 미수에 그쳤으나 그 자리에서 항거불능의 상태에 빠진 피해자를 간음할 것을 결의하고 실행에 착수했으나 역시 미수에 그쳤더라도 반항을 억압하기 위한 폭행으로 피해자에게 상해를 입힌 경우에는 강도강간미수죄와 강도치상죄가 성립되고 상상적 경합관계가 성립된다[대판 1988.6.28. 88도820]. [20 경찰승진, 19 법원행시]*

판례 연습

※ 행위의 동일성 인정여부

아래의 각 사안에 의할 때 甲과 乙의 죄책은?

> **〈사안 1〉**
>
> 甲은 화물자동차를 운행하던 중 A女(17세)의 부탁으로 A女를 운전석 옆에 태우고 가다가 강간의사가 생겨 목적지에 데려다 주지 않고 하차요구를 거절한 채 강제로 여관까지 데리고 가서 A를 강간하려 했으나 미수에 그치고 말았다.

> **〈사안 2〉**
>
> 乙 등은 B女를 자신의 승용차에 태우고 가던 중 B女의 얼굴을 때려 상처를 낸 후 B女로부터 현금이 든 가방을 빼앗았다. 가방을 빼앗긴 B女가 차에서 내려달라고 하였지만, 乙은 요구를 무시한 채 20여분 정도 차를 더 몰고가다가 다른 차와 충돌하였다. 이때 B女는 겨우 풀려났다.

(판결요지)

〈사안 1〉 피고인이 피해자가 자동차에서 내릴 수 없는 상태를 이용하여 강간하려고 결의하고, <u>주행 중인 자동차에서 탈출 불가능하게 하여 외포케 하고 50km를 운행하여, 여관 앞까지 강제로 연행하여 강간하려다 미수에 그친 경우 위 협박은 감금죄의 실행의 착수임과 동시에 강간미수죄의 실행의 착수</u>라고 할 것이고, 감금과 강간미수의 두 행위가 시간적·장소적으로 중복될 뿐 아니라 감금행위 그 자체가 강간의 수단인 협박행위를 이루고 있는 경우로서 이 사건 <u>감금과 강간미수죄는 일개의 행위에 의하여 실현된 경우로서 형법 제40조의 상상적 경합</u>이라고 해석함이 상당할 것이다[대판 1983.4.26. 83도323]. [18 경찰채용]*

〈사안 2〉 감금행위가 단순히 강도상해 범행의 수단이 되는 데 그치지 아니하고 강도상해의 범행이 끝난 뒤에도 계속된 경우에는 1개의 행위가 감금죄와 강도상해죄에 해당하는 경우라고 볼 수 없고, 이 경우 <u>감금죄와 강도상해죄는 형법 제37조의 경합범</u> 관계에 있다[대판 2003.1.10. 2002도4380]. [20 경찰승진, 19 경찰채용, 18 변호사, 18 경찰채용, 18 경간부, 17 변호사, 16 경찰채용]*

정답 (甲: 감금죄와 강간미수죄의 상상적 경합, 乙: 강도상해죄와 감금죄의 실체적 경합)

⚖ 판례 | 상상적 경합과 포괄일죄의 구별

상상적 경합은 1개의 행위가 실질적으로 수개의 구성요건을 충족하는 경우를 말하고, 법조경합은 1개의 행위가 외관상 수개의 죄의 구성요건에 해당하는 것처럼 보이나 실질적으로 1죄만을 구성하는 경우를 말하며, 실질적으로 1죄인가 또는 수죄인가는 구성요건적 평가와 보호법익의 측면에서 고찰하여 판단하여야 한다[대판 2000.7.7. 2000도1899], [대판 2011.11.24. 2010도8568].

③ 연결효과에 의한 상상적 경합의 문제

⚖ 판례 | 연결효과에 의한 상상적 경합의 인정여부가 문제되는 사례

[1] 예비군 중대장이 그 소속예비군으로부터 금원을 교부받고 그 예비군이 예비군훈련에 불참하였음에도 불구하고 참석한 것처럼 허위내용의 중대학급편성명부를 작성·행사한 경우라면 수뢰후부정처사죄 외에 별도로 허위공문서작성 및 동행사죄가 성립하고 이들 죄와 수뢰후부정처사죄는 각각 상상적 경합관계에 있다고 할 것이다. [17 국가9급]*

[2] 허위공문서작성죄와 동행사죄가 수뢰후부정처사죄와 각각 상상적 경합관계에 있을 때에는 허위공문서작성죄와 동행사죄 상호간은 실체적 경합범관계에 있다고 할지라도 상상적 경합범관계에 있는 수뢰후 부정처사죄와 대비하여 가장 중한 죄에 정한 형으로 처단하면 족한 것이고 따로 경합가중을 할 필요가 없다[대판 1983.7.26. 83도1370]. [19 경찰채용, 17 국가9급]*

ⅰ) 형법 제131조 제1항의 수뢰후부정처사죄에 있어서 공무원이 수뢰후 행한 부정행위가 공도화변조 및 동행사죄와 같이 보호법익을 달리하는 별개 범죄의 구성요건을 충족하는 경우에는 수뢰후부정처사죄 외에 별도로 공도화변조 및 동행사죄가 성립하고 이들 죄와 수뢰후부정처사죄는 각각 상상적 경합 관계에 있다고 할 것인바, 이와 같이 공도화변조죄와 동행사죄가 수뢰후부정처사죄와 각각 상상적 경합범 관계에 있을 때에는 공도화변조죄와 동행사죄 상호간은 실체적 경합범 관계에 있다고 할지라도 상상적 경합범 관계에 있는 수뢰후부정처사죄와 대비하여 가장 중한 죄에 정한 형으로 처단하면 족한 것이고 따로이 경합범 가중을 할 필요가 없다[대판 2001.2.9., 2000도1216].

ⅱ) 회사 명의의 합의서를 임의로 작성·교부하여 회사에 재산상 손해를 가한 경우, 사문서위조·동 행사죄와 업무상배임죄는 상상적 경합관계에 있다[대판 2009.4.9., 2008도5634].

(2) 수개의 죄에 해당할 것

① **의의**: 수개의 죄에 해당한다 함은 1개의 행위로 수개의 범죄가 성립하여야 한다는 것을 말한다.

② **유형**: 이종의 상상적 경합(㉮ 현주건조물방화치사죄와 존속살해죄의 상상적 경합)은 물론 동종의 상상적 경합도 가능하다(㉮ 1개의 폭탄을 투척하여 수인을 살해한 경우: 수개의 살인죄의 상상적 경합).

⚖ 판례 | 상상적 경합이 인정된 경우

1. 1개의 행위에 관하여 사기죄와 업무상배임죄의 각 구성요건이 모두 구비된 때에는 양 죄를 법조경합 관계로 볼 것이 아니라 상상적 경합관계로 봄이 상당하다 할 것이고, 나아가 업무상배임죄가 아닌 단순배임죄라고 하여 양 죄의 관계를 달리 보아야 할 이유도 없다. 따라서 타인의 사무를 처리하는 자가 본인을 기망하여 재물을 교부받은 경우, 사기죄와 배임죄의 상상적 경합에 해당한다[대판(전) 2002.7.18., 2002도669]. [20 법원행시, 20 국가7급, 19 법원9급, 19 경간부, 19 경찰채용, 18 경찰채용, 17 법원행시, 16 국가7급]*

2. 문서에 2인 이상의 작성명의인이 있을 때에는 각 명의자마다 1개의 문서가 성립되므로 2인 이상의 연명으로 된 문서를 위조한 때에는 작성명의인의 수대로 수개의 문서위조죄가 성립하고 또 그 연명문서를 위조하는 행위는 사회통념상 하나의 행위라 할 것이어서 위 수개의 문서위조죄는 형법 제40조가 규정하는 상상적 경합범에 해당한다[대판 1987.7.21, 87도564; 동지 대판 1956.3.2, 4288형상343]. [19 법원9급, 17 경찰승진]*

3. 한국소비자보호원을 비방할 목적으로 18회에 걸쳐서 출판물에 의하여 공연히 허위의 사실을 적시·유포함으로써 한국소비자보호원의 명예를 훼손하고 업무를 방해하였다는 각 죄는 1개의 행위가 2개의 죄에 해당하는 상상적 경합의 관계에 있다[대판 1993.4.13., 92도3035].

   허위사실을 유포한 1개의 행위가 형법 제314조 제1항의 허위사실 유포에 의한 업무방해죄 뿐 아니라 형법 제307조 제2항의 허위사실적시에 의한 명예훼손죄에도 해당하는 경우 그 2개의 죄는 상상적 경합관계에 있다[대판 2007.11.15., 2007도7140]. [18 경찰승진]*

4. [1] 동일한 공무를 집행하는 여럿의 공무원에 대하여 폭행·협박 행위를 한 경우에는 공무를 집행하는 공무원의 수에 따라 여럿의 공무집행방해죄가 성립하고, 위와 같은 폭행·협박 행위가 동일한 장소에서 동일한 기회에 이루어진 것으로서 사회관념상 1개의 행위로 평가되는 경우에는 여럿의 공무집행방해죄는 상상적 경합의 관계에 있다.
   [2] 범죄 피해 신고를 받고 출동한 두 명의 경찰관에게 욕설을 하면서 차례로 폭행을 하여 신고 처리 및 수사 업무에 관한 정당한 직무집행을 방해한 경우, 동일한 장소에서 동일한 기회에 이루어진 폭행 행위는 사회관념상 1개의 행위에 해당하므로, 위 공무집행방해죄는 형법 제40조에 정한 상상적 경합의 관계에 있다[대판 2009.6.25., 2009도3505]. [20 법원9급, 20 경찰승진, 19 법원9급, 19 경찰승진, 18 경간부, 18 경찰채용, 17 법원행시, 17 국가9급]*

5. 공갈죄에 있어서 공갈행위의 수단으로 상해행위가 행하여진 경우에는 공갈죄와 별도로 상해죄가 성립하고, 이들 죄는 상상적 경합관계에 있다[대판 2008.1.24., 2007도9580].

6. 형법 제307조의 명예훼손죄와 공직선거법 제251조의 후보자비방죄는 상상적 경합의 관계에 있다[대판 1998.3.24., 97도2956].

7. 정당법의 규정이 공직선거법의 규정에 대하여 특별법의 관계에 있다고 볼 수 없고, 이들은 각기 독립된 별개의 구성요건으로서 1개의 행위가 각 구성요건을 충족하는 경우에는 상상적 경합의 관계에 있다고 보아야 한다[대판 2003.4.8., 2002도6033].

8. 피고인이 피해자를 협박함으로써 금원을 갈취하고 이로 인하여 법정 중개수수료 상한을 초과한 금품을 받은 것은 1개의 행위가 수개의 죄에 해당하는 상상적 경합의 경우에 해당한다[대판 1996.10.15., 96도1301].

9. 밀수품이 강도행위에 의하여 취득된 경우에는 관세법 위반(관세장물취득)죄와 강도죄가 성립하고, 양 죄는 상상적 경합범의 관계에 있다 할 것이다[대판 1982.12.28. 81도1875].

10. 의료법 제68조, 제16조 제1항의 진료거부로 인한 의료법위반죄와 같은법 제67조, 제16조 제2항의 응급조치불이행으로 인한 의료법위반죄는 그 규제내용이나 같은법 시행규칙 제10조 등의 관계규정에 비추어 포괄일죄의 관계에 있는 것이 아니라 상상적 경합관계에 있다[대판 1993.9.14. 93도1790].

11. 무허가 카지노영업으로 인한 관광진흥법위반죄와 도박개장죄는 상상적 경합범 관계에 있다[대판 2009.12.10. 2009도11151].

12. 동일인 한도초과 대출로 상호저축은행에 손해를 가하여 상호저축은행법 위반죄와 업무상배임죄가 모두 성립한 경우, 두 죄는 형법 제40조에서 정한 상상적 경합관계에 있다[대판 2011.2.24. 2010도13801].

13. 피고인 등이 피해자들을 유인하여 사기도박을 하여 도금을 편취한 행위는 사회관념상 1개의 행위로 평가함이 상당하므로, 피해자들에 대한 각 사기죄는 상상적 경합의 관계에 있다[대판 2011.1.13. 2010도9330].

14. 불법 집회 및 시위와 그로 인하여 성립하는 일반교통방해는 상상적 경합관계에 있다[대판 2011.8.25. 2008도10960].

15. 채권자들에 의한 복수의 강제집행이 예상되는 경우 재산을 은닉 또는 허위양도함으로써 채권자들을 해하였다면 채권자별로 각각 강제집행면탈죄가 성립하고, 상호 상상적 경합범의 관계에 있다[대판 2011.12.8. 2010도4129]. [19 경찰승진, 18 경간부, 17 법원행시, 17 경찰승진, 16 법원9급]*

16. 형법 제139조의 인권옹호직무명령불준수죄와 형법 제122조의 직무유기죄의 각 구성요건과 보호법익 등을 비교하여 볼 때, 인권옹호직무명령불준수죄가 직무유기죄에 대하여 법조경합 중 특별관계에 있다고 보기는 어렵고 양 죄를 상상적 경합관계로 보아야 한다[대판 2010.10.28. 2008도11999].

17. 금융회사 등의 임직원의 직무에 속하는 사항에 관하여 알선을 할 의사나 능력이 없음에도 이를 알선을 한다고 기망하고, 이에 속은 피해자로부터 알선 명목으로 금품을 받은 경우, 특정경제범죄 가중처벌 등에 관한 법률 위반(알선수재)죄가 성립하는지 여부와 상관없이, 그 행위는 다른 사람을 속여 재물을 받은 행위로서 사기죄를 구성하며 양죄는 상상적 경합관계에 있다[대판 2016.9.28. 2016도6470]. [17 법원행시]*

17-1. 주거에 침입하여 강간 범행을 하는 과정에서 한 폭행행위가 단순한 폭행이 아니라 자기의 형사사건의 수사 또는 재판과 관련하여 수사단서를 제공하고 진술한 것에 대한 보복의 목적을 가지고 한 것이었다면, 특정범죄 가중처벌 등에 관한 법률 위반(보복범죄등)죄가 성폭력범죄의 처벌 등에 관한 특례법 위반(주거침입강간등)죄에 흡수되는 법조경합의 관계에 있다고 볼 수 없고 양죄는 상상적 경합관계에 있다[대판 2012.3.15. 2012도544].

18. 여러 개의 위탁관계에 의하여 보관하던 여러 개의 재물을 1개의 행위에 의하여 횡령한 경우 위탁관계별로 수개의 횡령죄가 성립하고, 그 사이에는 상상적 경합의 관계가 있다[대판 2013.10.31. 2013도10020]. [18 국가7급, 16 경간부]*

[사실관계] 甲이 A회사와 사이에 렌탈(임대차)계약을 체결하고 그로부터 컴퓨터 본체 24대, 모니터 1대를 받아 보관하였고, B회사와 사이에 리스(임대차)계약을 체결하고 그로부터 컴퓨터 본체 13대, 모니터 41대, 그래픽카드 13개, 마우스 11개를 보관하다가 C업체에 이를 한꺼번에 처분한 사건이다.

19. 국회의원 선거에서 정당의 공천을 받게 하여 줄 의사나 능력이 없음에도 이를 해 줄 수 있는 것처럼 기망하여 공천과 관련하여 금품을 받은 경우 공직선거법상 공천 관련 금품 수수죄와 사기죄가 모두 성립하고 양자는 상상적 경합의 관계에 있다[대판 2013.9.26. 2013도7876]. [16 경찰채용]*

20. 공무원이 직무관련자에게 제3자와 계약을 체결하도록 요구하여 계약 체결을 하게 한 행위가 제3자뇌물수수죄의 구성요건과 직권남용권리행사방해죄의 구성요건에 모두 해당하는 경우에는, 제3자뇌물수수죄와 직권남용권리행사방해죄가 각각 성립하되, 이는 사회 관념상 하나의 행위가 수 개의 죄에 해당하는 경우이므로 두 죄는 형법 제40조의 상상적 경합관계에 있다[대판 2017.3.15. 2016도19659]. [20 변호사, 20 법원행시, 20 경간부, 19 법원행시, 19 국가7급, 19 국가9급, 17 법원행시]*

⚖ 판례 | 관계적 죄수판단

1. 단일하고 계속된 범의 아래 같은 장소에서 반복하여 여러 사람으로부터 계 불입금을 편취한 행위는 피해자별로 포괄하여 1개의 사기죄가 성립하고 이들 포괄일죄 상호간은 상상적 경합관계에 있다[대판 1990.1.25, 89도252].

2. 운전면허 없이 운전을 하다가 두 사람을 한꺼번에 치어 사상케 한 경우에 이 업무상 과실치사상의 행위는 상상적 경합죄에 해당하고 이와 무면허운전에 대한 도로교통법위반죄와는 실체적 경합관계에 있다[대판 1972.10.31, 72도2001].

3. 상상적 경합의 법적 효과

(1) 실체법적 효과

⚖ 판례 | 상상적 경합의 처벌 – 전체적 대조주의

[1] 형법 제40조가 규정하는 1개의 행위가 수개의 죄에 해당하는 경우에는 "가장 중한 죄에 정한 형으로 처벌한다."함은 그 수개의 죄명 중 가장 중한 형을 규정한 법조에 의하여 처단한다는 취지와 함께 다른 법조의 최하한의 형보다 가볍게 처단할 수는 없다는 취지 즉, 각 법조의 상한과 하한을 모두 중한 형의 범위 내에서 처단한다는 것을 포함하는 것으로 새겨야 한다. [18 법원9급]*

[2] 상상적 경합의 관계에 있는 사기죄와 변호사법 위반죄에 대하여 형이 더 무거운 사기죄에 정한 형으로 처벌하기로 하면서도, 필요적 몰수·추징에 관한 구 변호사법 제116조, 제111조에 의하여 청탁 명목으로 받은 금품 상당액을 추징한 원심의 조치를 수긍한 사례[대판 2006.1.27, 2005도8704; 동지 대판 1984.2.28, 83도3160].

동지판례 상상적 경합관계에 있는 업무상배임죄와 영업비밀 국외누설로 인한 구 부정경쟁방지 및 영업비밀보호에 관한 법률(2007.12.21. 법률 제8767호로 개정되기 전의 것) 위반죄에 대하여 형이 더 무거운 업무상배임죄에 정한 형으로 처벌하기로 하면서, 징역형과 벌금형을 병과할 수 있도록 규정한 위 특별법에 의하여 벌금형을 병과할 수 있다고 한 사례[대판 2008.12.24, 2008도9169]. [22 경간부]*

(2) 소송법적 효과

⚖ 판례 | 상상적 경합과 공소시효의 적용(각 죄별로 판단)

1개의 행위가 여러 개의 죄에 해당하는 경우 형법 제40조는 이를 과형상 일죄로 처벌한다는 것에 지나지 아니하고, 공소시효를 적용함에 있어서는 각 죄마다 따로 따져야 할 것인바, 공무원이 취급하는 사건에 관하여 청탁 또는 알선을 할 의사와 능력이 없음에도 청탁 또는 알선을 한다고 기망하여 금품을 교부받은 경우에 성립하는 사기죄와 변호사법 위반죄는 상상적 경합의 관계에 있으므로, 변호사법 위반죄의 공소시효가 완성되었다고 하여 그 죄와 상상적 경합관계에 있는 사기죄의 공소시효까지 완성되는 것은 아니다[대판 2006.12.8, 2006도6356]. [20 변호사, 20 입원행시]*

⚖ 판례 | 상상적 경합과 그 중 1죄의 확정판결의 기판력이 미치는 범위

형법 제40조의 상상적 경합관계의 경우에는 그 중 1죄에 대한 확정판결의 기판력은 다른 죄에 대하여도 미친다[대판 2011.2.24, 2010도13801].

Ⅱ 실체적 경합

제37조(경합범) 판결이 확정되지 아니한 수개의 죄 또는 금고 이상의 형에 처한 판결이 확정된 죄와 그 판결확정 전에 범한 죄를 경합범으로 한다.

1. 의의

실체적 경합이란 판결이 확정되지 아니한 수개의 죄 또는 금고 이상의 형에 처한 판결이 확정된 죄와 그 판결확정 전에 범한 죄를 말한다. 일반적으로 경합범이라 함은 실체적 경합을 의미한다.

2. 유형

① **동시적 경합범과 사후적 경합범**: 동시적 경합범은 판결이 확정되지 아니한 수개의 죄로서 동시심판이 가능한 경우이고(제37조 전단), 사후적 경합범은 금고 이상의 형에 처한 판결이 확정된 죄와 그 판결확정 전에 범한 죄로서 동시심판이 가능했던 경우이다(제37조 후단). [19 경찰채용, 18 법원9급]*

② **동종의 경합범과 이종의 경합범**: 동종의 경합범의 예로서는 수개의 행위로 수인을 살해한 경우가 있으며, 이종의 경합범의 예로는 사람을 살해한 후 사체를 유기한 경우가 있다.

3. 실체적 경합의 요건

(1) 동시적 경합범의 요건

① 수개의 행위에 의하여 수죄가 성립해야 한다.

② 수죄는 모두 판결이 확정되지 않아야 한다. 따라서 경합범 중 일죄에 대한 부분만 파기환송되고 다른 죄가 금고 이상의 형이 확정된 때에는 파기환송된 범죄와 확정된 범죄는 동시적 경합범이 될 수 없다(판례).

③ 수죄가 동시에 판결되어야 한다. 따라서 수죄는 병합심리되어야 하며 항소심에서 병합심리되는 경우도 동시적 경합범이 된다.

> ⚖ **판례 | 동시적 경합범이 성립할 수 없는 사례**
>
> 피고인에 대한 병역법위반의 죄는 이미 유죄로 인정되어 징역 5월의 형이 확정되었고, 파기환송된 것은 하천법위반의 죄 뿐이므로 환송후의 원심에는 파기환송된 하천법위반사건만이 계속된 것이므로 환송후의 원심은 마땅히 하천법위반의 죄에 대해서만 심리할 수 있는 것이며, 이로써 경합범중의 일부가 재판이 확정되었으므로 재판이 확정되지 않은 부분만에 대해서 심리한 후 유죄가 인정되면 이에 대하여 별개의 형을 선고하여야 한다[대판 1974.10.8. 74도1301].

> ⚖ **판례 | (참고)103) 형법 제37조 전단의 경합범과 파기의 범위**
>
> *형법 제37조 전단의 경합범 관계에 있는 죄에 대하여 일부는 유죄, 일부는 무죄를 선고한 원심판결에 대하여 피고인은 상소하지 아니하고, 검사만이 무죄부분에 한정하지 아니하고 전체에 대하여 상소한 경우에 무죄부분에 대한 검사의 상소만 이유 있는 때에도 원심판결의 유죄부분은 무죄부분과 함께 파기되어야 하므로 상소심으로서는 원심판결 전부를 파기하여야 한다[대판 2012.6.14. 2011도12571]. [16 경간부]*
>
> **비교판례** i) 경합범 중 일부에 대하여 무죄, 일부에 대하여 유죄를 선고한 항소심 판결에 대하여 검사만이 무죄부분에 대하여 상고를 한 경우 피고인과 검사가 상고하지 아니한 유죄판결 부분은 상고기간이 지남으로써 확정되어 상고심에 계속된 사건은 무죄판결 부분에 대한 공소뿐이라 할 것이므로 상고심에서 이를 파기할 때에는 무죄부분만을 파기할 수밖에 없다[대판(전) 1992.1.21. 91도1402]. ※ 유죄부분은 확정되었기 때문에 이심되어 심판대상이 된 것은 무죄부분뿐이므로 무죄부분만 일부파기하여야 한다는 취지이다. [19 경간부, 16 변호사, 16 국가9급]*
>
> ii) 경합범 중 일부에 대하여 무죄, 일부에 대하여 유죄를 선고한 제1심판결에 대하여 검사만이 무죄 부분에 대하여 항소를 한 경우, 피고인과 검사가 항소하지 아니한 유죄판결 부분은 항소기간이 지남으로써 확정되어 항소심에 계속된 사건은 무죄판결 부분에 대한 공소뿐이며, 그에 따라 항소심에서 이를 파기할 때에는 무죄 부분만을 파기하여야 한다[대판 2010.11.25. 2010도10985]. [18 법원9급]*

---

103) 제37조 전단과 관련이 있지만 사실상 형사소송법에 관한 판례라고 할 수 있으므로 순수한 형법 시험문제에서 출제되는 것은 바람직하지 않다고 본다.

(2) 사후적 경합범

① 수개의 행위에 의하여 수죄가 성립해야 한다.

② 금고 이상의 형에 처한 판결이 확정된 죄와 그 판결확정 전에 범한 죄이어야 한다.

    ㉠ 판결확정 전후의 죄는 경합범이 아니다(예 ⅰ) 甲이 A, B, C죄를 범한 후 C죄에 대하여 금고 이상의 형에 처한 확정판결을 받은 후 다시 D, E죄를 범한 경우에 A, B, C죄는 사후적 경합범이고 D, E죄는 동시적 경합범이나, A, B, C죄와 D, E죄는 경합범이 아니다. ⅱ) 甲이 A, B, C, D, E죄를 범한 후 C죄에 대하여 금고 이상의 형에 처한 확정판결을 받은 경우 C죄와 A, B, D, E죄는 사후적 경합범이다).[104]

    ㉡ 확정판결은 금고 이상의 형에 처하는 것임을 요한다. 따라서 수죄 중 어느 죄에 대하여 벌금형 · 약식명령[105]이 확정된 경우라도 그 전후의 범죄는 동시적 경합범이 될 수 있다.[106]

    ㉢ '판결이 확정된 죄'의 의미

🔨 판례 | 판결이 확정된 죄가 일반사면을 받은 경우(사후적 경합범의 기준범죄 ○)

1. (판결이 확정된 죄가 일반사면을 받은 경우) 형법 제37조 후단의 경합범에 있어서 "판결이 확정된 죄"라 함은 수개의 독립된 죄 중의 어느 죄에 대하여 확정판결이 있었던 사실 그 자체를 의미하고 일반사면으로 형의 선고의 효력이 상실된 여부는 묻지 않는다[대판 1996.3.8.95도2114]. [18 경찰승진, 17 변호사]*

2. (집행유예 · 선고유예 기간의 경과로 형의 선고가 실효되거나 면소된 경우) 형법 제37조 후단의 경합범에 있어서 판결이 확정된 죄라 함은 수개의 독립한 죄 중의 어느 죄에 대하여 확정판결이 있었던 경우를 의미하며 여기에서의 확정판결에는 집행유예의 판결과 선고유예의 판결도 포함되고 집행유예의 선고나 형의 선고유예를 받은 후 그 유예기간이 경과하여 형의 선고가 실효되었거나 면소된 것으로 간주되었다 하더라도 마찬가지이다[대판 1992.11.24.92도1417].

    ㉣ 확정판결 '전에 범한 죄'인가의 판단시기

🔨 판례 | 확정판결 '전에 범한 죄'의 의미 = 판결확정 전에 성립하여 종료된 범죄

형법 제37조 후단의 '판결확정 전에 범한 죄'라 함은 그 범죄가 판결확정 전에 성립하여 종료된 것을 말한다[대판 2007.1.25.2004도45].

🔨 판례 | 다른 종류의 죄의 확정 판결 전후에 걸친 포괄일죄의 경우(확정된 죄와 포괄일죄는 사후적 경합범 X)

포괄일죄로 되는 개개의 범죄행위가 다른 종류의 죄의 확정판결의 전후에 걸쳐서 행하여진 경우에는 그 죄는 2죄로 분리되지 않고 확정판결 후인 최종의 범죄행위시에 완성되는 것이다[대판 2001.8.21.2001도3312]. [21 법원9급, 18 법원9급, 18 국가9급, 16 법원행시]*

비교판례 구 병역법(2009.6.9. 법률 제9754호로 개정되기 전의 것) 제89조의2 제1호에서 정한 범죄는 정당한 사유 없이 계속적 혹은 간헐적으로 행해진 통산 8일 이상의 복무이탈행위 전체가 하나의 범죄를 구성하고, 계속적 혹은 간헐적으로 행해진 통산 8일 이상의 복무이탈행위 중간에 동종의 죄에 관한 확정판결이 있는 경우에는 일련의 복무이탈행위는 그 확정판결 전후로 분리된다[대판 2011.3.10.2010도9317].

---

104) 죄를 범한 순서가 아니라 금고 이상의 형에 처한 확정판결 이전의 범죄인지가 기준이 된다.
105) 형사소송법(제448조) ① 지방법원은 그 관할에 속한 사건에 대하여 검사의 청구가 있는 때에는 공판절차 없이 약식명령으로 피고인을 벌금, 과료 또는 몰수에 처할 수 있다.
106) 개정형법은 사후적 경합범의 요건을 강화함으로써 그 성립을 어렵게 하여 동시적 경합범의 성립가능성을 넓힌 것이다.

📚 판례 | 경합범 관계의 성립여부

1. 수개의 마약류관리에 관한 법률 위반(향정)죄 중간에 (징역 8월에 집행유예 2년을 선고한) 확정판결이 존재하는 경우 확정판결 전후의 범죄는 서로 경합범 관계에 있지 않게 되었다고 할 것이다[대판 2010.11.25. 2010도10985].

2. 피고인이 범한 甲죄, 乙죄, 丙죄의 범행일시는 모두 피고인의 丁죄 등에 대한 판결(이하 '제1판결'이라 한다) 확정 이후이고, 그 중 甲죄와 乙죄의 범행일시는 피고인의 戊죄에 대한 판결(이하 '제2판결'이라 한다) 확정 전인 반면 丙죄의 범행일시는 그 이후인데, 戊죄의 범행일시가 제1판결 확정 전인 사안에서, 戊죄와 甲죄 및 乙죄는 처음부터 동시에 판결할 수 없었던 경우여서, 경합범 중 판결을 받지 아니한 죄에 대하여 형을 선고할 때는 그 죄와 판결이 확정된 죄를 동시에 판결할 경우와 형평을 고려하도록 한 형법 제39조 제1항은 여기에 적용될 여지가 없으나, 그렇다고 마치 확정된 제2판결이 존재하지 않는 것처럼 甲죄 및 乙죄와 丙죄 사이에 형법 제37조 전단의 경합범 관계가 인정되어 형법 제38조가 적용된다고 볼 수도 없으므로, 확정된 제2판결의 존재로 인하여 이를 전후한 甲죄 및 乙죄와 丙죄 사이에는 형법 제37조 전·후단의 어느 경합범 관계도 성립할 수 없고, 결국 각각의 범죄에 대하여 별도로 형을 정하여 선고할 수밖에 없다는 이유로, 같은 취지의 원심판단을 정당하다고 한 사례[대판 2011.6.10. 2011도2351].

   동지판례 ⅰ) [1] 형법 제37조 후단 및 제39조 제1항의 문언, 입법취지 등에 비추어 보면, 아직 판결을 받지 아니한 죄가 이미 판결이 확정된 죄와 동시에 판결할 수 없었던 경우에는 형법 제39조 제1항에 따라 동시에 판결할 경우와 형평을 고려하여 형을 선고하거나 그 형을 감경 또는 면제할 수 없다고 해석함이 상당하다.
   [2] 피고인을 금고 이상의 형에 처한 甲죄에 대한 판결이 확정되고, 그 후에 甲죄 판결확정일 이전에 저질러진 乙죄에 대하여 금고 이상의 형에 처하는 판결이 확정되었는데, 피고인의 정보통신망 이용촉진 및 정보보호 등에 관한 법률(이하 '정보통신망법'이라고 한다) 위반 범행이 甲죄 판결확정일과 乙죄 판결확정일 사이에 저질러진 경우, 정보통신망법 위반죄와 판결이 확정된 乙죄는 처음부터 동시에 판결을 선고할 수 없었으므로 정보통신망법 위반죄에 대하여 형법 제39조 제1항에 따라 乙죄와 동시에 판결할 경우와 형평을 고려하여 형을 선고한 것은 위법하다[대판 2012.9.27. 2012도9295].
   ⅱ) 형법 제37조 후단 및 제39조 제1항의 문언, 입법 취지 등에 비추어 보면, 아직 판결을 받지 아니한 죄가 이미 판결이 확정된 죄와 동시에 판결할 수 없었던 경우에는 형법 제39조 제1항에 따라 동시에 판결할 경우와 형평을 고려하여 형을 선고하거나 그 형을 감경 또는 면제할 수 없다. 한편 공직선거법 제18조 제1항 제3호에서 '선거범'이란 공직선거법 제16장 벌칙에 규정된 죄와 국민투표법 위반의 죄를 범한 자를 말하는데(공직선거법 제18조 제2항), 공직선거법 제18조 제1항 제3호에 규정된 죄와 다른 죄의 경합범에 대하여는 이를 분리 선고하여야 한다(공직선거법 제18조 제3항 전단). 따라서 판결이 확정된 선거범죄와 확정되지 아니한 다른 죄는 동시에 판결할 수 없었던 경우에 해당하므로 형법 제39조 제1항에 따라 동시에 판결할 경우와의 형평을 고려하여 형을 선고하거나 그 형을 감경 또는 면제할 수 없다고 해석함이 타당하다[대판 2021.10.14. 2021도8719].

📚 판례 | 실체적 경합관계가 인정되는 경우

1. 피고인이 슈퍼마켓 사무실에서 식칼을 들고 피해자를 협박한 행위와 식칼을 들고 매장을 돌아다니며 손님을 내쫓아 그의 영업을 방해한 행위는 별개의 행위이다[대판 1991.1.29. 90도2445].

2. 건물관리인이 건물주로부터 월세임대차계약 체결업무를 위임받고도 임차인들을 속여 전세임대차계약을 체결하고 그 보증금을 편취한 경우, 사기죄와 별도로 업무상배임죄가 성립하고 두 죄가 실체적 경합범의 관계에 있다[대판 2010.11.11. 2010도10690]. [20 변호사, 19 경찰채용, 18 변호사]*

3. 피해자를 2회 강간하여 2주간 치료를 요하는 상처를 입힌 자가 피해자에게 용서를 구하였으나 피해자가 이에 불응하면서 위 강간사실을 부모에게 알리겠다고 하자 피해자를 살해하여 위 범행을 은폐시키기로 마음먹고 철사줄과 양손으로 피해자의 목을 졸라 질식 사망케 하였다면, 동인의 위와 같은 소위는 강간치상죄와 살인죄의 경합범이 된다[대판 1987.1.20. 86도2360].

4. ○○작가협회 회원이 타인의 명의를 도용하여 협회 교육원장을 비방하는 내용의 호소문을 작성한 후 이를 협회 회원들에게 우편으로 송달한 경우, 사문서위조죄와 명예훼손죄가 각 성립하고, 이는 실체적 경합관계라고 한 사례[대판 2009.4.23. 2008도8527]. [18 경찰승진, 16 법원행시]*

5. 통화위조죄에 관한 규정은 공공의 거래상의 신용 및 안전을 보호하는 공공적인 법익을 보호함을 목적으로 하고 있고, 사기죄는 개인의 재산법익에 대한 죄이어서 양 죄는 그 보호법익을 달리하고 있으므로 위조통화를 행사하여 재물을 불법영득한 때에는 위조통화행사죄와 사기죄의 양 죄의 실체적 경합관계에 해당한다[대판 1979.7.10. 79도840]. [19 법원행시, 18 경간부]*

   동지판례 피고인이 예금통장을 강취하고 예금자 명의의 예금청구서를 위조한 다음 이를 은행원에게 제출·행사하여 예금인출금 명목의 금원을 교부받았다면 강도, 사문서위조, 동행사, 사기의 각 범죄가 성립하고 이들은 실체적 경합관계에 있다[대판 1991.9.10. 91도1722]. [20 국가7급]*

6. 사기의 수단으로 발행한 수표가 지급거절된 경우 부정수표단속법위반죄와 사기죄는 그 행위의 태양과 보호법익을 달리 하므로 실체적 경합범의 관계에 있다 [대판 2004.6.25. 2004도1751].

7. 무등록영업행위나 금전거래를 통한 형법 제347조 제1항의 사기죄와 방문판매 등에 관한 법률 제28조 제1항(다단계판매 업을 하는 행위) 및 같은법률 제45조 제2항 제1호(다단계조직을 이용하여 금전거래만을 하는 행위)의 각 위반죄는 법률 상 1개의 행위로 평가되는 경우에 해당하지 않으며, 또 각 그 구성요건을 달리하는 별개의 범죄로서, 서로 보호법익을 달리하고 있어 양 죄를 각 상상적 경합관계로 볼 것이 아니라 실체적 경합관계로 봄이 상당하다 [대판 2001.3.27. 2000도5318].

8. 일정기간 동안 수 차례의 관세부정환급행위가 있은 경우에도 범죄행위자는 새로운 시기와 수단, 방법을 택하여 다시 관 세부정환급행위를 하는 것이어서 그 때마다 범의가 갱신된다고 보아야 할 것이므로, … 관세부정환급행위는 그 행위의 태양, 수법, 품목 등이 동일하다 하더라도 원칙적으로 별도로 각각 1개의 관세부정환급죄를 구성한다(실체적 경합) [대판 2002.7.23. 2000도1094].

   동지판례 관세법상 … 무신고수입행위의 특성상 동일한 물품을 계속하여 밀수입하는 경우에도 범죄행위자는 그 때마다 새로 운 시기와 수단, 방법을 택하여 다시 무신고수입행위를 하는 것이어서 그 때마다 범의가 갱신된다고 보아야 할 것이므로, 서로 다른 시기에 수회에 걸쳐 이루어진 무신고수입행위는 그 행위의 태양, 수법, 품목 등이 동일하다 하더라도 원칙적으로 별도로 각각 1개의 무신고수입으로 인한 관세법위반죄를 구성한다(실체적 경합) [대판 2000.5.26. 2000도1338].

9. (후단부 내용을 주의할 것) 사기죄에서 수인의 피해자에 대하여 각 피해자별로 기망행위를 하여 각각 재물을 편취한 경 우에 그 범의가 단일하고 범행방법이 동일하다고 하더라도 포괄일죄가 성립하는 것이 아니라 피해자별로 1개씩의 죄가 성립하는 것으로 보아야 한다. 다만 피해자들이 하나의 동업체를 구성하는 등으로 피해 법익이 동일하다고 볼 수 있는 사정이 있는 경우에는 피해자가 복수이더라도 이들에 대한 사기죄를 포괄하여 일죄로 볼 수도 있다 [대판 2011.4.14. 2011도769]. [19 법원행 시, 17 법원행시]*

   동지판례 다수의 계를 조직하여 수인의 계원들을 개별적으로 기망하여 계불입금을 편취한 사안에서, 각 피해자별로 독립하여 사기죄가 성립하고 그 사기죄 상호간은 실체적 경합범 관계에 있다고 한 원심판단을 수긍한 사례 [대판 2010.4.29. 2010도2810].

10. 강도가 한 개의 강도범행을 하는 기회에 수명의 피해자에게 각 폭행을 가하여 각 상해를 입힌 경우에는 각 피해자별로 수개의 강도상해죄가 성립하며 이들은 실체적 경합범의 관계에 있다 [대판 1987.5.26. 87도527]. [20 변호사, 20 법원9급, 16 경간부]*

11. 소비자들이 신선하지 아니한 것으로 판단하여 구매하지 아니할 것을 염려하여 포장지를 교체하면서 가공일자가 재포장 일자로 기재된 바코드라벨을 부착하여 냉장매대에 진열해 놓음으로써 그것이 마치 당일 가공된 신선한 상품인 것처럼 소비자들을 기망하여 판매하여 그 대금 상당액을 편취한 경우 피해자별로 1개씩의 사기죄가 성립한다 [대판 1995.8.22. 95도594].

12. 수수한 메스암페타민을 장소를 이동하여 투약하고서 잔량을 은닉하는 방법으로 소지한 행위는 그 소지의 경위나 태양에 비추어 볼 때(숙박업소의 화장실 천장에 은닉하였음) 당초의 수수행위에 수반되는 필연적 결과로 볼 수는 없고, 사회통 념상 수수행위와는 독립한 별개의 행위를 구성한다 [대판 1999.8.20. 99도1744]. [19 경간부, 18 법원9급, 16 국가7급, 16 경찰채용]*

12-1. 피해자에 대한 피고인의 행위는 흉기로 찔러 죽인다고 해악을 고지하여 협박한 후 다시 주먹과 발로 수회 구타하여 상해를 입힘으로써 다른 법익을 침해한 것이라 할 것이니 이와 같은 경우에는 위 행위들이 같은 무렵에 같은 장소에서 저질러진 것이라 하더라도 위 두 행위는 별개 독립의 행위로서 실체적 경합범의 관계에 있다고 해석함이 타당하다 [대판 1982.6.8. 82도486].

13. 수입물품의 수입신고를 하면서 과세가격 또는 관세율 등을 허위로 신고하여 수입하는 경우에는 그 수입신고시마다 당해 수입물품에 대한 정당한 관세의 확보라는 법익이 침해되어 별도로 구성요건이 충족되는 것이므로 각각의 허위 수입신고 시마다 1개의 죄가 성립한다 [대판 2000.11.10. 99도782]. [19 경간부, 16 국가7급]*

13-1. 법원을 기망하여 승소판결을 받고 그 확정판결에 의하여 소유권이전등기를 경료한 경우에는 사기죄와 별도로 공정증 서원본불실기재죄가 성립하고 양죄는 실체적 경합범 관계에 있다 [대판 1983.4.26. 83도188]. [17 법원9급]*

14. 주취운전과 음주측정거부의 각 도로교통법위반죄는 실체적 경합관계에 있는 것으로 보아야 한다 [대판 2004.11.12. 2004도5257].

15. '토지거래허가 없이 토지거래계약을 체결하였다'는 확정판결의 범죄사실(국토의 계획 및 이용에 관한 법률 위반죄)과 '토지거래허가구역에서 해제될 것처럼 기망하여 토지매매대금을 편취하였다'는 (사기죄) 공소사실은 그 행위의 태양이나 보호법익 등에 있어 다를 뿐 아니라 죄질에도 현저한 차이가 있으므로 1죄 내지 상상적 경합관계에 있다고 볼 수 없다 [대판 2010.10.28. 2010도11165]. ※ 실체적 경합

16. 형법 제347조 제1항의 사기죄와 무허가 의약품 제조행위를 처벌하는 보건범죄단속에 관한 특별조치법 제3조 제1항 제2호 위반죄를 실체적 경합관계로 봄이 상당하다[대판 2004.1.15.
 2001도1429]. [16 경찰승진]*

17. 유사수신행위의 규제에 관한 법률 제3조에서 금지하고 있는 유사수신행위 그 자체에는 기망행위가 포함되어 있지 않고, 이러한 위 법률 위반죄와 특정경제범죄 가중처벌 등에 관한 법률 위반(사기)죄는 각 그 구성요건을 달리하는 별개의 범죄로서, 서로 행위의 태양이나 보호법익을 달리하고 있어 양 죄는 상상적 경합관계가 아니라 실체적 경합관계로 봄이 상당할 뿐만 아니라, 그 기본적 사실관계에 있어서도 동일하다고 볼 수 없다[대판 2008.2.29.
 2007도10414].

18. 구 전기용품 안전관리법(2005.3.31. 법률 제7441호로 개정되기 전의 것)에 의한 안전인증을 받지 않고 '제조' 및 '판매'한 경우, 그 제조행위와 판매행위는 서로 독립한 가벌적 행위로서 별개의 죄를 구성한다[대판 2007.2.22.
 2006도7834].

> **동지판례** 건물제공행위와 성매매알선행위의 경우 성매매알선행위가 건물제공행위의 필연적 결과라거나 반대로 건물제공행위가 성매매알선행위에 수반되는 필연적 수단이라고도 볼 수 없다. 따라서 '영업으로 성매매를 알선한 행위'와 '영업으로 성매매에 제공되는 건물을 제공하는 행위'는 당해 행위 사이에서 각각 포괄일죄를 구성할 뿐,[107] 서로 독립된 가벌적 행위로서 별개의 죄를 구성한다고 보아야 한다[대판 2011.5.26.
 2010도6090].

19. 회사의 대표이사가 업무상 보관하던 회사 자금을 빼돌려 횡령한 다음 그 중 일부를 더 많은 장비 납품 등의 계약을 체결할 수 있도록 해달라는 취지의 묵시적 청탁과 함께 배임증재에 공여한 경우, 위 횡령의 범행과 배임증재의 범행은 서로 범의 및 행위의 태양과 보호법익을 달리하는 별개의 행위이다[대판 2010.5.13.
 2009도13463].

19-1. 피고인이 세금계산서합계표를 허위기재하여 정부에 제출하는 방법으로 부가가치세를 포탈하였다고 하며 구 특정범죄 가중처벌 등에 관한 법률(2010.1.1. 법률 제9919호로 개정되기 전의 것) 위반(조세) 등으로 기소된 사안에서, 허위기재 세금계산서합계표 제출행위와 사기 기타 부정한 행위로써 부가가치세를 포탈한 행위가 별개의 행위로서 별개의 죄를 구성한다고 보아 형법 제37조 전단 경합범으로 처단한 원심의 조치를 수긍한 사례[대판 2011.12.8.
 2011도9242].

20. 초병이 일단 그 수소를 이탈하면 그 이탈행위와 동시에 수소이탈죄는 완성되고, 그 후 다시 부대에 복귀하기 전이라도 별도로 군무를 기피할 목적을 일으켜 그 직무를 이탈하였다면 초병의 수소이탈죄와 군무이탈죄가 각각 독립하여 성립하고, 그 두 죄는 서로 실체적 경합범의 관계에 있다[대판 1981.10.13.
 81도2397].

21. 상호신용금고가 실질적으로 동일한 채무자에게 동일인 대출한도를 초과하여 대출한 것으로 인정된다면 위 대출행위는 상호신용금고법 규정에 위배되는 행위로서 대출한도를 초과하는 대출시마다 같은 죄가 성립한다 할 것이므로, 각 초과 대출행위는 실질적인 경합범에 해당한다[대판 2004.4.28.
 2004도927].

22. 형법 제331조 제2항(흉기를 휴대하거나 2인 이상이 합동하여 타인의 재물을 절취한 경우)의 특수절도에 있어서 주거침입은 그 구성요건이 아니므로, 절도범인이 그 범행수단으로 주거침입을 한 경우에 그 주거침입행위는 절도죄에 흡수되지 아니하고 별개로 주거침입죄를 구성하여 절도죄와는 실체적 경합의 관계에 있게 된다[대판 2009.12.24.
 2009도9667]. [16 변호사]*

23. 경찰서 생활질서계에 근무하는 피고인 甲이 사행성 게임장 업주인 피고인 乙로부터 뇌물을 수수하면서, 피고인 乙의 자녀 명의 은행 계좌에 관한 현금카드를 받은 뒤 피고인 乙이 위 계좌에 돈을 입금하면 피고인 甲이 현금카드로 돈을 인출하였다면 甲에게는 수뢰죄와 범죄수익은닉의 규제 및 처벌 등에 관한 법률 위반죄(범죄수익 등의 취득 또는 처분에 관한 사실을 가장하는 행위)가 성립하고 두 죄는 실체적 경합범 관계에 있다[대판 2012.9.27.
 2012도6079]. [17 경찰승진]*

24. 미성년자인 피해자를 약취한 후에 강간을 목적으로 피해자에게 가혹한 행위 및 상해를 가하고 나아가 그 피해자에 대한 강간 및 살인미수를 범하였다면, 이에 대하여는 약취한 미성년자에 대한 상해 등으로 인한 특정범죄 가중처벌 등에 관한 법률 위반죄 및 미성년자인 피해자에 대한 강간 및 살인미수행위로 인한 성폭력범죄의 처벌 등에 관한 특례법 위반죄가 각 성립하고, 설령 상해의 결과가 피해자에 대한 강간 및 살인미수행위 과정에서 발생한 것이라 하더라도 위 각 죄는 서로 형법 제37조 전단의 실체적 경합범 관계에 있다[대판 2014.2.27.
 2013도12301]. [16 경간부]*

25. 피고인이 보이스피싱 사기 범죄단체에 가입한 후 사기범죄의 피해자들로부터 돈을 편취하는 등 그 구성원으로서 활동한 경우, 범죄단체 가입행위 또는 범죄단체 구성원으로서 활동하는 행위와 사기행위는 각각 별개의 범죄구성요건을 충족하는 독립된 행위이고 서로 보호법익도 달라 법조경합 관계로 목적된 범죄인 사기죄만 성립하는 것은 아니다[대판 2017.10.26.
 2017도8600].
 ※ 실체적 경합관계에 해당한다는 취지이다. [20 경찰채용]*

---

107) 예컨대 성매매의 알선이 반복된 경우 그 자체는 포괄일죄를 구성한다는 의미이다.

【신용카드범죄와 죄수판단】

아래의 사안에 기초하여 다음 〈보기〉 내용의 옳고 그름을 판단하시오.

〈사안〉

1. 甲은 A 소유의 비씨카드 1매를 절취하여, 당일 10:40경부터 당일 13:00경까지 약 2시간 20분 동안에 걸쳐 같은 동에 있는 카드가맹점 7곳에서 물품을 구입한 후 그 대금을 절취한 카드로 결제하였다.
2. 甲은 이어서 위 절취한 신용카드를 현금인출기에 주입하고 비밀번호를 조작하여 현금서비스를 제공받았다.

〈보기〉

A. 사실관계 1의 점에서 甲이 절취한 신용카드를 부정사용한 행위는 절도죄의 불가벌적 사후행위에 해당하지 아니한다.
B. 사실관계 1의 점에서 사기죄에 관하여만 한정하여 고찰하면 甲에게는 7개의 사기죄가 성립하고 실체적 경합관계에 해당한다.
C. 사실관계 1의 점에서 신용카드부정사용죄만을 한정하여 고찰하면 甲에게는 7개의 신용카드부정사용죄의 실체적 경합범이 성립한다.
D. 사실관계 1의 점에서 甲이 물품을 구입하면서 행한 매출전표에의 서명 및 교부는 별도로 사문서위조 및 동행사의 죄가 성립한다.
E. 사실관계 2의 점에서 甲이 절취한 신용카드를 현금인출기에 주입하고 비밀번호를 조작하여 현금서비스를 제공받은 행위는 신용카드부정사용죄 이외에 절도죄가 성립하며 양죄는 상상적 경합관계에 있다.

판결요지

A. (옳음), B. (옳음), C. (틀림)

[1] 신용카드를 절취한 후 이를 사용한 경우 신용카드의 부정사용행위는 새로운 법익의 침해로 보아야 하고 그 법익침해가 절도범행보다 큰 것이 대부분이므로 위와 같은 부정사용행위가 절도범행의 불가벌적 사후행위가 되는 것은 아니다.

[2] 단일하고 계속된 범의 하에 동종의 범행을 동일하거나 유사한 방법으로 일정 기간 반복하여 행하고 그 피해법익도 동일한 경우에는 각 범행을 통틀어 포괄일죄로 볼 것이다.

[3] 피고인은 절취한 카드로 가맹점들로부터 물품을 구입하겠다는 단일한 범의를 가지고 그 범의가 계속된 가운데 동종의 범행인 신용카드 부정사용행위를 동일한 방법으로 반복하여 행하였고, 또 위 신용카드의 각 부정사용의 피해법익도 모두 위 신용카드를 사용한 거래의 안전 및 이에 대한 공중의 신뢰인 것으로 동일하므로, 피고인이 동일한 신용카드를 위와 같이 부정사용한 행위는 포괄하여 일죄에 해당하고, 신용카드를 부정사용한 결과가 사기죄의 구성요건에 해당하고 그 각 사기죄가 실체적 경합관계에 해당한다고 하여도 신용카드부정사용죄와 사기죄는 그 보호법익이나 행위의 태양이 전혀 달라 실체적 경합관계에 있으므로 신용카드 부정사용행위를 포괄일죄로 취급하는데 아무런 지장이 없다[대판 1996.7.12. 96도1181]. [20 경찰채용, 16 국가7급]*

D. (틀림) 신용카드업법 제25조 제1항은 신용카드를 위조·변조하거나 도난·분실 또는 위조·변조된 신용카드를 사용한 자를 처벌하고 있는 바, 위 부정사용죄의 구성요건적 행위인 신용카드의 사용이라 함은 신용카드의 소지인이 신용카드의 본래 용도인 대금결제를 위하여 가맹점에 신용카드를 제시하고 매출표에 서명하여 이를 교부하는 일련의 행위를 가리키고 단순히 신용카드를 제시하는 행위만을 가리키는 것은 아니라고 할 것이므로, 위 매출표의 서명 및 교부가 별도로 사문서위조 및 동행사의 죄의 구성요건을 충족한다고 하여도 이 사문서위조 및 동행사의 죄는 위 신용카드부정사용죄에 흡수되어 신용카드부정사용죄의 1죄만이 성립하고 별도로 사문서위조 및 동행사의 죄는 성립하지 않는대[대판 1992.6.9. 92도77]. [20 변호사, 16 국가7급, 16 경간부]*

E. (틀림) [1] 신용카드회원이 대금결제를 위하여 가맹점에 신용카드를 제시하고 매출표에 서명하는 일련의 행위뿐 아니라 신용카드를 현금인출기에 주입하고 비밀번호를 조작하여 현금서비스를 제공받는 일련의 행위도 신용카드의 본래 용도에 따라 사용하는 것으로 보아야 한다.

[2] 신용카드업법 제25조 제1항 소정의 부정사용이라 함은 도난·분실 또는 위조·변조된 신용카드를 진정한 카드로서 신용카드의 본래의 용법에 따라 사용하는 경우를 말하는 것이므로, 절취한 신용카드를 현금인출기에 주입하고 비밀번호를 조작하여 현금서비스를 제공받으려는 일련의 행위는 그 부정사용의 개념에 포함된다.

[3] 피해자 명의의 신용카드를 부정사용하여 현금자동인출기에서 현금을 인출하고 그 현금을 취득까지 한 행위는 신용카드업법 제25조 제1항의 부정사용죄에 해당할 뿐 아니라 그 현금을 취득함으로써 현금자동인출기 관리자의 의사에 반하여 그의 지배를 배제하고 그 현금을 자기의 지배 하에 옮겨 놓는 것이 되므로 별도로 절도죄를 구성하고, 위 양 죄의 관계는 그 보호법익이나 행위태양이 전혀 달라 실체적 경합관계에 있는 것으로 보아야 한다[대판 1995.7.28. 95도997]. 108) [19 국가9급, 16 변호사, 16 국가7급]*

4. 실체적 경합의 법적 효과

(1) 동시적 경합범의 처벌

> 제38조(경합범과 처벌례) ① 경합범을 동시에 판결할 때에는 다음 각 호의 구분에 따라 처벌한다.
> 1. 가장 무거운 죄에 대하여 정한 형이 사형, 무기징역, 무기금고인 경우에는 가장 무거운 죄에 대하여 정한 형으로 처벌한다.
> 2. 각 죄에 대하여 정한 형이 사형, 무기징역, 무기금고 외의 같은 종류의 형인 경우에는 가장 무거운 죄에 대하여 정한 형의 장기 또는 다액에 그 2분의 1까지 가중하되 각 죄에 대하여 정한 형의 장기 또는 다액을 합산한 형기 또는 액수를 초과할 수 없다. 다만, 과료와 과료, 몰수와 몰수는 병과할 수 있다.
> 3. 각 죄에 대하여 정한 형이 무기징역, 무기금고 외의 다른 종류의 형인 경우에는 병과한다.
> ② 제1항 각 호의 경우에 징역과 금고는 같은 종류의 형으로 보아 징역형으로 처벌한다.

판례 | 흡수주의

형법 제38조 제1항 제1호는 경합범 중 가장 중한 죄에 정한 형이 사형 또는 무기징역이나 무기금고인 때에는 가장 중한 죄에 정한 형으로 처벌하도록 규정하고 있으므로, 경합범 중 가장 중한 죄의 소정형에서 무기징역형을 선택한 이상 무기징역형으로만 처벌하고 따로이 경합범가중을 하거나 가장 중한 죄가 누범이라 하여 누범가중을 할 수 없다[대판(전) 1992.10.13. 92도1428].

판례 | 선택형이 있는 경우 가중의 순서(형종 선택 후 가중)

경합범의 각죄에 선택형이 규정되어 있는 경우에는 먼저 형종을 선택한 후, 가장 중한 죄에 정한 선택된 형의 장기 또는 다액의 2분의 1까지를 가중한다[대판 1971.2.23. 71도1834].

판례 | 가중주의의 적용과 단기의 결정방법(가장 중한 단기를 하한으로 함)

경합범의 처벌에 관하여 형법 제38조 제1항 제2호 본문은 각 죄에 정한 형이 사형 또는 무기징역이나 무기금고 이외의 동종의 형인 때에는 가장 중한 죄에 정한 장기 또는 다액에 그 2분의 1까지 가중하도록 규정하고 그 단기에 대하여는 명문을 두고 있지 않고 있으나 가장 중한 죄 아닌 죄에 정한 형의 단기가 가장 중한 죄에 정한 형의 단기보다 중한 때에는 위 본문의 규정취지에 비추어 그 중한 단기를 하한으로 한다고 새겨야 할 것이다[대판 1985.4.23. 84도2890]. [17 변호사]*

---

108) 신용카드부정사용죄와 절도죄의 관계를 상상적 경합관계로 오인하기 쉽다. 단순히 암기할 것이 아니라 양죄의 보호법익과 행위태양이 달라 실체적 경합이 된다는 법리 자체를 이해하면 쉽다.

🔨 판례 | 가중주의의 적용과 상한의 결정방법

1. 甲이 범한 A죄 및 B죄의 벌금형의 다액은 각 10,000,000원이고, C죄의 벌금형의 다액은 6,000,000원인 경우, 위 3개의 죄에 대하여 경합범 가중한 처단형은 가장 중한 죄에 정한 벌금형의 다액인 10,000,000원에 그 2분의 1까지 가중한 15,000,000원 이하이므로 원심으로서는 그 범위 내에서 선고형을 정하여야 함에도 불구하고, 피고인에 대하여 벌금 20,000,000원을 선고한 원심의 조치에는 처단형의 범위를 초과하여 선고형을 정한 위법이 있다[대판 2008.10.23. 2008도7543].

2. 피고인이 실체적 경합범으로 범한 부정경쟁방지 및 영업비밀보호에 관한 법률 위반죄의 벌금형은 '그 재산상 이득액의 2배 이상 10배 이하에 상당하는 벌금'이고, 구 국가기술자격법 위반죄의 벌금형 상한은 500만 원, 입찰방해죄의 벌금형 상한은 700만 원인 경우, 피고인이 부정경쟁방지 및 영업비밀보호에 관한 법률 위반죄에 관하여 이득액으로 70만 원이 인정되었다면 피고인에 대하여 벌금 1,500만 원을 선고한 것은 위법하다[대판 2012.5.10. 2012도675].

   판례해설 부정경쟁방지법 위반의 죄에 관하여 그 이득액으로 인정한 70만 원을 기준으로 그 벌금형의 상한을 그 10배인 700만 원으로 보는 경우에는, 위 피고인의 이상 각 죄에 관하여 경합범에 관한 형법 제37조 전단, 제38조 제1항 제2호를 적용하면, 위 피고인에 대한 벌금형의 상한은 1,050만 원(= 700만 원 + 700만 원 × 2분의 1)이다.

사례 연습

【동시적 경합범의 처벌례】 ※ 가중주의

성년인 피고인 甲이 괄호 안의 법정형을 갖는 A죄(1년 이상 5년 이하의 징역), B죄(15년 이하의 징역), C죄(1년 이하의 징역)를 범하였고, 위 각 죄가 형법 제37조 전단의 경합범관계에 있다고 가정하는 경우, 법원이 경합범 가중을 하여 甲에게 선고할 수 있는 징역형(처단형)의 범위는? (다만, 다른 가중감경사유는 없는 것으로 보고 다툼이 있으면 판례에 의함)

> **해설**
>
> 각 죄가 형법 제37조 전단의 경합범관계에 있고 각 죄의 형이 징역형으로서 동종의 형으로 규정되어 있으므로 형법 제38조 제1항 2호에 따라 가중주의가 적용된다. 따라서 형의 상한은 가장 중한 죄(B죄)에 정한 장기의 2분의 1을 가중하면 22년 6월이 되나, 각 죄에 정한 형의 장기를 합산한 형기(21년)를 초과할 수 없으므로 21년이 된다. 한편 형의 하한은 각 죄의 하한 중 가장 중한 A죄의 하한인 1년이 된다. 따라서 처단형은 1년 이상 21년 이하의 징역이 된다.

🔨 판례 | 병과주의의 적용범위

제38조 제1항 제3호는 각죄에 정한 형이 이종인 경우뿐만 아니라 일죄에 대하여 이종의 형을 병과할 것을 규정한 경우에도 적용된다[대판 1955.6.10. 4287형상210].

(2) 사후적 경합범의 처벌

> **제39조(판결을 받지 아니한 경합범)** ① 경합범중 판결을 받지 아니한 죄가 있는 때에는 그 죄와 판결이 확정된 죄를 동시에 판결할 경우와 형평을 고려하여 그 죄에 대하여 형을 선고한다. 이 경우 그 형을 감경 또는 면제할 수 있다. [19 법원9급, 18 법원9급, 16 경간부]*

제39조 제1항은 이미 확정판결이 있는 범죄는 일사부재리의 원칙상 다시 판결할 수 없으므로 아직 판결을 받지 아니한 죄에 대해서만 형을 선고하도록 하되, 사후적 경합범이 동시적 경합범으로 처벌되는 경우보다 불리하지 않도록 형평을 고려하여 형을 선고하도록 하고 이 경우 그 형을 감경 또는 면제할 수 있도록 규정한 것이다.

⚖️ 판례 | 제39조 제1항이 적용되지 않는 경우

1. 형법 제37조 후단, 제39조 제1항의 문언과 입법 취지 등에 비추어 보면, <u>아직 판결을 받지 않은 죄가 이미 판결이 확정된 죄와 동시에 판결할 수 없었던 경우에는 형법 제39조 제1항에 따라 동시에 판결할 경우와 형평을 고려하여 형을 선고하거나 그 형을 감경 또는 면제할 수 없다</u>고 해석함이 타당하다[대판 2018.6.28, 2018도1733]. [19 경간부, 16 법원행시, 16 법원9급, 16 경간부]*

2.109) 유죄의 확정판결을 받은 사람이 그 후 별개의 후행범죄를 저질렀는데 유죄의 확정판결에 대하여 재심이 개시된 경우, 후행범죄가 그 재심대상판결에 대한 재심판결 확정 전에 범하여졌다 하더라도 (아직 판결을 받지 아니한 후행범죄는 재심심판절차에서 재심대상이 된 선행범죄와 함께 심리하여 동시에 판결할 수 없었으므로) <u>아직 판결을 받지 아니한 후행범죄와 재심판결이 확정된 선행범죄 사이에는 형법 제37조 후단 경합범이 성립하지 않는다</u>[대판(전) 2019.6.20, 2018도20698]. [22 경간부, 20 법원행시]*

⚖️ 판례 | 제39조 제1항에 의한 감경의 범위

형법 제37조 후단 경합범에 대하여 형법 제39조 제1항에 의하여 형을 감경할 때에도 <u>법률상 감경에 관한 형법 제55조 제1항이 적용되어 유기징역을 감경할 때에는 그 형기의 2분의 1 미만으로는 감경할 수 없다</u>[대판(전) 2019.4.18, 2017도14609]. [21 법원9급, 20 법원행시, 20 경간부, 19 법원행시]*

⚖️ 판례 | 제39조 제1항의 감경 또는 면제의 성질(임의적 감면, 법원의 재량사항)

[1] 형법 제37조의 후단 경합범에 대하여 <u>형을 감경 또는 면제할 것인지는 원칙적으로 그 죄에 대하여 심판하는 법원이 재량에 따라 판단할 수 있다.</u>
[2] 무기징역에 처하는 판결이 확정된 죄와 형법 제37조의 후단 경합범의 관계에 있는 죄에 대하여 공소가 제기된 경우, 법원은 두 죄를 동시에 판결할 경우와 형평을 고려하여 후단 경합범에 대한 처단형의 범위 내에서 후단 경합범에 대한 선고형을 정할 수 있고, <u>형법 제38조 제1항 제1호가 형법 제37조의 전단 경합범 중 가장 중한 죄에 정한 처단형이 무기징역인 때에는 흡수주의를 취하였다고 하여 뒤에 공소제기된 후단 경합범에 대한 형을 필요적으로 면제하여야 하는 것은 아니다</u>[대판 2008.9.11, 2006도8376; 동지 대판 2007.10.25, 2007도6868]. [20 법원행시, 20 경찰채용, 16 법원행시]*

(3) 경합범에 대한 형의 집행

> **제39조(형의 집행과 경합범)** ③ 경합범에 의한 판결의 선고를 받은 자가 경합범 중의 어떤 죄에 대하여 사면 또는 형의 집행이 면제된 때에는 다른 죄에 대하여 다시 형을 정한다.
> ④ 전 3항의 형의 집행에 있어서는 이미 집행한 형기를 통산한다.

"다시 형을 정한다"는 것은 그 죄에 대하여 다시 심판한다는 것이 아니라 형의 집행부분만 다시 정한다는 의미이다.

---

109) 사실상 형사소송법에 관한 판례라고 할 수 있으므로 형법 수험생의 경우 암기해 두어도 무방하다.

police.Hackers.com

제3편

형벌론

제1장   형벌
제2장   보안처분

제1장 | 형벌

🔍 **출제 POINT**

① 몰수와 관련한 판례 ② 누범, 선고유예, 집행유예의 요건에 관한 판례가 자주 출제되고 있다. ③ 판례 이외에 법조문도 자주 출제되는 부분이므로 중요 법조문(기출표시가 있음)도 잘 정리해 두어야 한다.

제1절 형벌의 종류

Ⅰ 형벌의 의의와 종류

1. 의의

① 형벌이란 국가가 범죄에 대한 법률효과로서 범죄자에 대하여 책임을 전제로 과하는 법익의 박탈을 말한다.

② 형벌은 행위자의 책임을 기초로 과거의 범죄행위를 대상으로 부과되나, 보안처분은 행위자의 위험성을 기초로 장래의 범죄예방을 목적으로 부과된다는 점에서 구별된다.

2. 형벌의 종류

> **제41조(형의 종류)** 형의 종류는 다음과 같다. [20 법원9급]*
> 1. 사형　　2. 징역　　3. 금고
> 4. 자격상실　5. 자격정지　6. 벌금
> 7. 구류　　8. 과료　　9. 몰수

박탈되는 법익의 종류에 따라 생명형(사형), 자유형(징역·금고·구류), 명예형(자격상실·자격정지), 재산형(벌금·과료·몰수)으로 분류된다.

Ⅱ 사형

1. 사형제도의 의의

① 사형의 개념: 수형자의 생명을 박탈하는 것을 내용으로 하는 형벌이다.

② 사형의 집행방법

> **제66조(사형)** 사형은 교정시설 안에서 교수하여 집행한다.[110]

---

110) 군형법은 총살형을 인정하고 있다(군형법 제3조).

2. 사형존폐론

(1) 사형폐지론

① 사형은 인간의 존엄과 가치의 전제가 되는 생명을 박탈하는 것이기 때문에 헌법에 반한다.

② 오판에 의하여 사형이 집행된 경우 회복이 불가능하다.

③ 사형은 일반인이 기대하는 것보다 위하력이 작다.

④ 형벌의 목적을 개선과 교육에 있다고 볼 때 사형은 이러한 목적을 달성할 수 없는 무의미한 형벌이다.

(2) 사형존치론

① 사형이 위하적 효과를 가지는 것을 부정할 수 없다.

② 형벌의 본질이 응보에 있는 이상 극악한 범죄를 범한 자에 대하여 사형을 선고하는 것이 오히려 적절하다.

③ 사형의 폐지는 아직 시기상조이다.

⚖️ 판례 | 사형의 위헌성 여부(합헌)

형법 등에 사형이라는 처벌의 종류를 규정하였다 하여 이것이 헌법에 위반된다고 할 수 없다[대판 1991.2.26. 90도2906].

⚖️ 판례 | 사형선고의 허용요건

우리 헌법은 제110조 제4항에서 법률에 의하여 사형이 형벌로서 선고될 수 있음을 전제로 하여 사형제도를 인정하고 있고 현행 법제상 다수의 범죄에 관하여 사형이 법정형으로 규정되어 있기는 하지만, 법관이 사형을 선고함에 있어서는 앞서 든 사항 등 고려할 수 있는 모든 양형의 조건들을 엄격하고도 철저히 심리하여 의문의 여지가 없을 정도로 사형의 선고가 정당화될 수 있을 때에만 비로소 그 사형의 선고가 허용된다는 것이 대법원의 확고한 입장임은 누차 확인된 바 있다[대판(전) 2016.2.19. 2015도12980].

Ⅲ 자유형

1. 자유형의 의의

수형자의 신체의 자유를 박탈하는 것을 내용으로 하는 형벌이다.

2. 형법상 자유형의 종류

제42조(징역 또는 금고의 기간) 징역 또는 금고는 무기 또는 유기로 하고 유기는 1개월 이상 30년 이하로 한다. 단 유기징역 또는 유기금고에 대하여 형을 가중하는 때에는 50년까지로 한다. [20 법원행시, 18 법원행시, 16 법원행시]*

제46조(구류) 구류는 1일 이상 30일 미만으로 한다. [20 법원행시]*

제67조(징역) 징역은 교정시설에 수용하여 집행하며, 정해진 노역에 복무하게 한다.

제68조(금고와 구류) 금고와 구류는 교정시설에 수용하여 집행한다.

(1) 징역

① 의의: 수형자를 교도소 내에 구치하여 정역에 복무하게 하는 것을 내용으로 하는 형벌이다.

② 종류

㉮ 유기징역: 원칙적으로 1개월 이상 30년 이하이나, 형을 가중하는 때는 50년까지로 한다.

㉯ 무기징역: 종신형이지만, 20년이 경과한 후에는 가석방이 가능하다(제72조 제1항).

(2) 금고

① **의의**: 수형자를 교도소 내에 구치하여 자유를 박탈하는 것을 내용으로 하는 형벌로서 정역에 복무하지 않는다는 점에서 징역과 구별된다.

② **종류**: 유기와 무기가 있으며, 그 형기는 징역과 동일하다.

(3) 구류

수형자를 교도소 내에 구치하는 것을 내용으로 하는 형벌이다. 다만 그 기간이 1일 이상 30일 미만이라는 점에서 징역·금고와 구별된다.

3. 단기자유형의 폐지론

6월 이하의 단기의 자유형은 수형자의 개선·교화를 통한 사회복귀적 효과를 기대할 수 없고 오히려 혼거구금에 의하여 다른 수형자로부터 악영향을 받을 우려가 있으므로 폐지하거나 제한해야 한다는 주장이다.

Ⅳ 재산형

1. 벌금

(1) 의의

① 범죄인에 대하여 일정한 금액의 지급의무를 강제적으로 부담하게 하는 것을 내용으로 하는 형벌이다.

② 벌금은 일정한 금액의 지급의무를 부담케 하는 채권적 효과를 발생시킨다는 점에서, 재산권을 일방적으로 국가에 귀속시키는 물권적 효과를 가진 몰수와 구별된다.

③ 벌금형은 일신전속적 성질을 가지므로 제3자의 대납, 국가에 대한 채권과의 상계가 인정되지 아니한다.

(2) 내용

> **제45조(벌금)** 벌금은 5만원 이상으로 한다.[111] 다만, 감경하는 경우에는 5만원 미만으로 할 수 있다. [20 법원행시]*
>
> **제69조(벌금과 과료)** ① 벌금은 판결확정일로부터 30일 내에 납입하여야 한다. 단 벌금을 선고할 때에는 동시에 그 금액을 완납할 때까지 노역장에 유치할 것을 명할 수 있다.
>
> ② 벌금을 납입하지 아니한 자는 1일 이상 3년 이하의 기간 노역장에 유치하여 작업에 복무하게 한다. [18 국가9급]*
>
> **제70조(노역장 유치)** ① 벌금을 선고할 때에는 이를 납입하지 아니하는 경우의 노역장 유치기간을 정하여 동시에 선고하여야 한다. [18 법원행시, 18 국가9급]*
>
> ② 선고하는 벌금이 1억원 이상 5억원 미만인 경우에는 300일 이상, 5억원 이상 50억원 미만인 경우에는 500일 이상, 50억원 이상인 경우에는 1천일 이상의 유치기간을 정하여야 한다. [18 법원행시, 18 국가9급]*
>
> **제71조(유치일수의 공제)** 과료의 선고를 받은 사람이 그 금액의 일부를 납입한 경우에는 벌금 또는 과료액과 노역장 유치기간의 일수에 비례하여 납입금액에 해당하는 일수를 뺀다.

---

111) 따라서 벌금의 상한은 제한이 없다.

판례 | 수표금액을 기준으로 벌금형이 정하여지는 경우 보충권의 상한액이 수표금액 X

부정수표단속법 제5조는 "수표를 위조 또는 변조한 자는 1년 이상의 유기징역과 수표금액의 10배 이하의 벌금에 처한다."고 규정하고 있는바, 수표금액란이 백지인 채로 수표가 위조된 후 그 수표금액이 아직 보충되지 아니한 경우에는 벌금액수의 상한을 정하는 기준이 되는 수표금액이 정하여져 있지 아니하여 병과할 벌금형의 상한을 정할 수 없으므로 결국 벌금형을 병과할 수 없고, 설령 수표금액이 백지인 수표를 위조한 사람이 그 위조수표를 교부하면서 보충권을 수여한 경우라 할지라도 그 수표의 금액이 실제로 보충되기 전까지는 수표금액이 얼마로 정하여질지 알 수 없으므로 그 보충권의 상한액을 수표금액으로 보아 이를 기준으로 벌금형을 병과할 수도 없다[대판 2005.9.28. 2005도3947].

판례 | 노역장유치기간이 다른 선택형인 징역형의 장기를 초과한 경우(위법 X)

벌금형에 대한 노역장유치기간의 산정에는 형법 제69조 제2항에 따른 제한이 있을 뿐 그 밖의 다른 제한이 없으므로, 징역형과 벌금형 가운데서 벌금형을 선택하여 선고하면서 그에 대한 노역장유치기간을 환산한 결과 선택형의 하나로 되어 있는 징역형의 장기보다 유치기간이 더 길 수 있게 되었다 하더라도 이를 위법이라고 할 수는 없다[대판 2000.11.24. 2000도3945].

동지판례 징역과 벌금형이 병과된 경우에 벌금형의 환형유치기간이 3년을 넘지 않는 한 징역형의 기간보다 길다 하더라도 위법이라 할 수 없다[대판 1971.3.30. 71도251].

판례 | 벌금형을 선고할 경우 법원의 취하여야 할 조치

형법 제69조 제2항, 제70조 제1항에 의하면 벌금을 선고할 때에는 납입하지 아니하는 경우의 유치기간을 정하여 동시에 선고하여야 하고, 그 유치기간은 1일 이상 3년 이하의 기간 내로만 정할 수 있으며, 3년을 초과하는 기간을 벌금을 납입하지 아니하는 경우의 유치기간으로 정할 수 없다[대판 2016.8.25. 2016도6466].

(3) 장단점

① 장점: ⅰ) 수형자에 대한 부정적 영향을 피할 수 있다. ⅱ) 소비사상에 지배되고 있는 현대 자본주의사회에서 적합한 형벌이 될 수 있다. ⅲ) 오판의 경우 회복이 용이하다. ⅳ) 집행비용이 저렴하다.

② 단점: ⅰ) 범죄인 가족의 생계에 영향을 주어 형벌의 일신전속성에 반한다. ⅱ) 자력 있는 자에 대해서는 일반예방이나 특별예방의 효과를 기대할 수 없다. ⅲ) 자력이 없는 자에 대하여는 결국 노역장 유치로 전환되어 벌금형이 자유형으로 전환되게 된다.

(4) 벌금형의 개선방안

① 일수벌금형제도의 도입: 형법은 '총액벌금형제도'를 채택하고 있어 피고인의 빈부차이를 고려할 수 없는 단점이 있다. 따라서 피고인의 불법과 책임에 따른 '일수(日數)'와 피고인의 경제사정을 고려하여 '일수정액'을 결정한 후 벌금형을 정할 수 있게 하는 일수벌금형제도를 도입하여야 한다.

② 기타: 벌금의 납부기일 연장 및 분납제도, 벌금형의 집행유예제도를 도입하는 방안이 있다.

2. 과료

(1) 의의

① 범죄인에 대하여 일정한 금액의 지급의무를 강제적으로 부담하게 하는 것을 내용으로 하는 형벌이라는 점에서 벌금형과 동일하다. 다만 금액이 적다는 점과 그에 따라 노역장유치기간에서 차이가 있다는 점에서 구별된다.

② 과료는 재산형으로 형벌이지만 과태료는 형법상의 형벌이 아니라 행정상의 제재에 불과하다는 점에서 양자는 구별된다.

(2) 내용

> **제47조(과료)** 과료는 2천원 이상 5만원 미만으로 한다.
>
> **제69조(벌금과 과료)** ① 과료는 판결확정일로부터 30일 내에 납입하여야 한다.
>
> ② 과료를 납입하지 아니한 자는 1일 이상 30일 미만의 기간 노역장에 유치하여 작업에 복무하게 한다.
>
> **제70조(노역장유치)** ① 과료를 선고할 때에는 이를 납입하지 아니하는 경우의 노역장 유치기간을 정하여 동시에 선고하여야 한다.
>
> **제71조(유치일수의 공제)** 과료의 선고를 받은 사람이 그 금액의 일부를 납입한 경우에는 벌금 또는 과료액과 노역장 유치기간의 일수에 비례하여 납입금액에 해당하는 일수를 뺀다.

3. 몰수

(1) 의의

① 개념: 범죄반복의 방지 또는 범죄에 의한 이득을 금지할 목적으로 범죄행위와 관련된 재산을 박탈하는 재산형이다. 몰수는 형식적으로는 형벌의 일종이지만, 실질적으로는 대물적 보안처분에 속한다(통설).

② 성질

> **제49조(몰수의 부가성)** 몰수는 타형에 부가하여 과한다. 단 행위자에게 유죄의 재판을 아니할 때에도 몰수의 요건이 있는 때에는 몰수만을 선고할 수 있다. [20 법원9급, 18 법원9급, 18 경찰채용, 16 법원행시]*

⚖️ **판례 | 몰수나 추징이 불가능한 경우**

1. **(공소사실에 관하여 공소시효가 완성된 경우)** 형법 제49조 단서는 행위자에게 유죄의 재판을 하지 아니할 때에도 몰수의 요건이 있는 때에는 몰수만을 선고할 수 있다고 규정하고 있으므로 몰수뿐만 아니라 몰수에 갈음하는 추징도 위 규정에 근거하여 선고할 수 있다고 할 것이나 우리 법제상 공소의 제기 없이 별도로 몰수나 추징만을 선고할 수 있는 제도가 마련되어 있지 아니하므로 위 규정에 근거하여 몰수나 추징을 선고하기 위하여서는 몰수나 추징의 요건이 공소가 제기된 공소사실과 관련되어 있어야 하고, <u>공소사실이 인정되지 않는 경우에 이와 별개의 공소가 제기되지 아니한 범죄사실을 법원이 인정하여 그에 관하여 몰수나 추징을 선고하는 것은 불고불리의 원칙에 위반되어 불가능하며, 몰수나 추징이 공소사실과 관련이 있다 하더라도 그 공소사실에 관하여 이미 공소시효가 완성되어 유죄의 선고를 할 수 없는 경우에는 몰수나 추징도 할 수 없다</u>[대판 1992.7.28. 92도700; 동지 대판 2008.11.13. 2006도4885], [동지 대판 2010.5.13. 2009도11732]. [20 국가9급, 19 국가9급, 18 법원9급]*

2. **(면소의 경우)** 형법 제49조 단서는 행위자에게 유죄의 재판을 하지 아니할 때에도 몰수의 요건이 있는 때에는 몰수만을 선고할 수 있다고 규정하고 있으나, 우리 법제상 공소의 제기 없이 별도로 몰수만을 선고할 수 있는 제도가 마련되어 있지 아니하므로 실체판단에 들어가 공소사실을 인정하는 경우가 아닌 <u>면소의 경우에는 원칙적으로 몰수도 할 수 없다</u>[대판 2007.7.26. 2007도4556].

3. **(공소제기된 범죄사실과 관련이 없는 경우)** [1] 마약류 관리에 관한 법률 제67조의 몰수나 추징을 선고하기 위하여는 몰수나 추징의 요건이 공소가 제기된 범죄사실과 관련되어 있어야 하므로, 법원으로서는 범죄사실에서 인정되지 아니한 사실에 관하여는 몰수나 추징을 선고할 수 없다. [2] 법원이 범죄사실에서 피고인이 수수한 필로폰 양을 특정할 수 없다고 판단한 경우, 그 추징의 대상이 되는 수수한 필로폰의 양을 특정할 수 없으므로 피고인에게 추징을 명할 수는 없다[대판 2016.12.15. 2016도16170]. [18 법원행시, 18 경찰채용]*

---

(2) 몰수의 요건과 효과

> **제48조(몰수의 대상과 추징)** ① 범인 외의 자의 소유에 속하지 아니하거나 범죄 후 범인 외의 자가 사정을 알면서 취득한 다음 각 호의 물건은 전부 또는 일부를 몰수할 수 있다.
> 1. 범죄행위에 제공하였거나 제공하려고 한 물건
> 2. 범죄행위로 인하여 생겼거나 취득한 물건
> 3. 제1호 또는 제2호의 대가로 취득한 물건

① 대물적 요건(몰수의 대상)

⑦ 범죄행위에 제공하였거나 제공하려고 한 물건: 살인에 사용한 권총, 살인에 사용하려고 준비하였으나 실제로 사용하지 못한 흉기는 몰수할 수 있다.

⚖ 판례 | 범죄행위에 제공한 물건의 범위

[1] 형법 제48조 제1항 제1호의 "범죄행위에 제공한 물건"은, 가령 살인행위에 사용한 칼 등 범죄의 실행행위 자체에 사용한 물건에만 한정되는 것이 아니며, 실행행위의 착수 전의 행위 또는 실행행위의 종료 후의 행위에 사용한 물건이더라도 그것이 범죄행위의 수행에 실질적으로 기여하였다고 인정되는 한 위 법조 소정의 제공한 물건에 포함된다.
[2] 대형할인매장에서 수회 상품을 절취하여 자신의 승용차에 싣고 간 경우, 위 승용차는 형법 제48조 제1항 제1호에 정한 범죄행위에 제공한 물건으로 보아 몰수할 수 있다고 한 사례[대판 2006.9.14. 2006도4075]. [20 국가9급, 17 법원행시, 17 법원9급, 16 법원9급, 16 경간부]*

판례해설 대법원은 절취 물품의 부피가 전기밥솥·DVD플레이어 등 상당한 크기의 것이어서 대중교통수단을 타고 운반하기에 곤란한 것이었으므로, 승용차는 단순히 범행장소에 도착하는 데 사용한 교통수단을 넘어서 장물운반에 사용한 자동차라고 보아야 하므로, 범죄행위에 제공한 물건으로 보아 몰수할 수 있다고 판시하였다.

⚖ 판례 | '범죄행위에 제공하려고 한 물건'에서 범죄의 의미 = 기소된 당해 범죄

[1] 형법상의 몰수가 공소사실에 대하여 형사재판을 받는 피고인에 대한 유죄판결에서 다른 형에 부가하여 선고되는 형인 점에 비추어, 어떠한 물건을 '범죄행위에 제공하려고 한 물건'으로서 몰수하기 위하여는 그 물건이 유죄로 인정되는 당해 범죄행위에 제공하려고 한 물건임이 인정되어야 한다.
[2] 피고인이 체포될 당시 이 사건 외국환거래법위반의 범행과 같은 방법으로 중국 교통은행의 계좌로 송금하려고 하였으나 미처 송금하지 못하고 소지하고 있던 각 자기앞수표 또는 현금은, 피고인이 장차 실행하려고 한, 이 사건 범행과 동종의 외국환거래법위반의 범행에 제공하려고 한 물건으로 볼 수 있을 뿐, 원심이 유죄로 인정한 판시 외국환거래법위반의 범행에 제공하려고 한 물건이라고는 볼 수 없어 피고인으로부터 이를 몰수할 수 없다[대판 2008.2.14. 2007도10034]. [17 법원9급]*

⚖ 판례 | 범죄행위에 제공된 물건에 해당하여 몰수가 가능한 경우

1. 피해자로 하여금 사기도박에 참여하도록 유인하기 위하여 고액의 수표를 제시해 보인 경우, 형법 제48조 소정의 몰수가 임의적 몰수에 불과하여 법관의 자유재량에 맡겨져 있고, 위 수표가 직접적으로 도박자금으로 사용되지 아니하였다 할지라도, 위 수표가 피해자로 하여금 사기도박에 참여하도록 만들기 위한 수단으로 사용된 이상, 이를 몰수할 수 있고, 그렇다고 하여 피고인에게 극히 가혹한 결과가 된다고 볼 수는 없다[대판 2002.9.24. 2002도3589]. [19 법원행시, 17 국가9급, 16 경간부]*

2. '황금성' 게임기(이하 '이 사건 게임기'라고 한다)는 기판과 본체가 서로 물리적으로 결합되어야만 비로소 그 기능을 발휘할 수 있는 기계로서, 피고인들이 이 사건 게임기를 이용하여 손님들로 하여금 사행행위를 하게 한 사실을 알 수 있으므로, 이 사건 게임기는 본체를 포함한 그 전부가 범죄행위에 제공된 물건으로서 몰수의 대상이 된다 할 것이며, 이 사건 게임기가 당국으로부터 적법하게 등급심사를 받은 것이라고 하여 달리 볼 것은 아니라 할 것이다[대판 2006.12.8. 2006도6400].

⚖ 판례 | 범죄행위에 제공된 물건이 아닌 경우

관세법 제188조 제1호 소정의 물품에 대한 수입신고를 함에 있어서 주요사항을 허위로 신고한 경우에 위 물건은 신고의 대상물에 지나지 않아 신고로서 이루어지는 허위신고죄의 범죄행위 자체에 제공되는 물건이라고 할 수 없으므로 형법 제48조 제1항 소정의 몰수요건에 해당한다고 볼 수 없다[대판 1974.6.11. 74도352].

참고판례 피고인이 그 소유의 토지개발채권을 구 외국환관리법 제19조 소정의 허가 없이 휴대하여 외국으로 출국하려다가 적발되어 미수에 그친 경우, 위 채권은 허가 없는 수출미수행위로 인하여 비로소 취득하게 된 것에 해당한다고 할 수 없으므로 구 외국환관리법 제33조에 따라 이를 몰수하거나 그 가액을 추징할 수 없다고 할 것이나, 다만 위 채권은 피고인의 허가 없는 수출미수행위에 제공된 것에는 해당된다고 할 것이고, 따라서 형법 제48조 제1항 제1호, 제2항에 의한 몰수 또는 추징의 대상이 되는 것으로 보아야 한다[대판 2002.9.4. 2000도515].

④ **범죄행위로 인하여 생하였거나 이로 인하여 취득한 물건**: 문서위조행위에 의하여 위조된 문서, 도박에 의하여 취득한 금품은 몰수할 수 있다.

⚖ 판례 | 범죄행위로 인하여 물건을 취득하면서 그 대가를 지급한 경우의 몰수 대상

범죄행위로 인하여 물건을 취득하면서 그 대가를 지급하였다고 하더라도 범죄행위로 취득한 것은 물건 자체이고 이는 몰수되어야 할 것이나, 이미 처분되어 없다면 그 가액 상당을 추징할 것이고, 그 가액에서 이를 취득하기 위한 대가로 지급한 금원을 뺀 나머지를 추징해야 하는 것은 아니다[대판 2005.7.15. 2003도4293]. 그 결과 추징액이 실제 범인이 재물의 취득으로 받은 이익을 초과한다고 하더라도 헌법상의 재산권 보장, 과잉금지의 원칙 등에 위배된다고 할 수는 없다[대판 2015.11.12. 2015도9123]. [17 경간부]*

⚖ 판례 | 범죄행위로 인하여 취득한 물건에 해당하지 않는 경우

1. [1] 형법 제48조가 규정하는 몰수·추징의 대상은 범인이 범죄행위로 인하여 취득한 물건을 뜻하고, 여기서 '취득'이란 해당 범죄행위로 인하여 결과적으로 이를 취득한 때를 말한다고 제한적으로 해석함이 타당하다.
[2] 원심이 피고인들에게 '사업장폐기물배출업체로부터 인수받은 폐기물을 폐기물관리법에 따라 허가 또는 승인을 받거나 신고한 폐기물처리시설이 아닌 곳에 매립하였다.'는 범죄행위를 인정하면서 피고인들이 사업장폐기물배출업체로부터 받은 돈을 형법 제48조에 따라 몰수·추징한 사안에서, 위 돈을 형법 제48조의 몰수·추징의 대상으로 보기 위해서는 피고인들의 위와 같은 범죄행위로 인하여 취득하였다는 점, 즉 위 돈이 피고인들과 사업장폐기물배출업체 사이에 피고인들의 범죄행위를 전제로 수수되었다는 점이 인정되어야 한다는 이유로, 사업장폐기물배출업체로부터 정상적인 절차에 따라 폐기물이 처리되는 것을 전제로 돈을 받았다는 피고인들 주장에 관하여 심리하지 아니한 채 막연히 피고인들이 폐기물을 불법적으로 매립할 목적으로 돈을 받고 폐기물을 인수하였다는 사정만을 근거로 위 돈이 범죄행위로 인하여 생하였거나 이로 인하여 취득된 것이라고 본 원심판결에 몰수·추징에 관한 법리오해 및 심리미진의 잘못이 있다고 한 사례[대판 2021.7.21. 2020도10970].

2. 부동산의 소유권을 이전받을 것을 내용으로 하는 계약(1차 계약)을 체결한 자가 그 부동산에 대하여 다시 제3자와 소유권이전을 내용으로 하는 계약(전매계약)을 체결한 것이 부동산등기 특별조치법 제8조 제1호 위반행위에 해당하는 경우, 전매계약에 의하여 제3자로부터 받은 대금은 위 조항의 처벌대상인 '1차 계약에 따른 소유권이전등기를 하지 않은 행위'로 취득한 것이 아니므로 형법 제48조에 의한 몰수나 추징의 대상이 될 수 없다[대판 2007.12.14. 2007도7353].

3. [1] 형법 제48조 제1항은 '범죄행위로 인하여 생하였거나 이로 인하여 취득한 물건'으로서 범인 이외의 자의 소유에 속하지 아니하거나 범죄 후 범인 이외의 자가 정을 알면서 취득한 물건의 전부 또는 일부를 몰수할 수 있다고 규정하면서(제2호), 제2항에서는 제1항에 기재한 물건을 몰수하기 불능한 때에는 그 가액을 추징하도록 규정하고 있다. 이와 같이 형법 제48조는 몰수의 대상을 '물건'으로 한정하고 있다. 이는 범죄행위에 의하여 생긴 재산 및 범죄행위의 보수로 얻은 재산을 범죄수익으로 몰수할 수 있도록 한 범죄수익은닉의 규제 및 처벌 등에 관한 법률이나 범죄행위로 취득한 재산상 이익의 가액을 추징할 수 있도록 한 형법 제357조 등의 규정과는 구별된다. 민법 제98조는 물건에 관하여 '유체물 및 전기 기타 관리할 수 있는 자연력'을 의미한다고 정의하는데, 형법이 민법이 정의한 '물건'과 다른 내용으로 '물건'의 개념을 정의하고 있다고 볼 만한 사정도 존재하지 아니한다.

[2] 피고인이 갑, 을과 공모하여 정보통신망을 통하여 음란한 화상 또는 영상을 배포하고, 도박 사이트를 홍보하였다는 공소사실로 기소되었는데, 원심이 공소사실을 유죄로 인정하면서 피고인이 범죄행위에 이용한 웹사이트 매각을 통해 취득한 대가를 형법 제48조에 따라 추징한 사안에서, 위 웹사이트는 범죄행위에 제공된 무형의 재산에 해당할 뿐 형법 제48조 제1항 제2호에서 정한 '범죄행위로 인하여 생하였거나 이로 인하여 취득한 물건'에 해당하지 않으므로, 피고인이 위 웹사이트 매각을 통해 취득한 대가는 형법 제48조 제1항 제2호, 제2항이 규정한 추징의 대상에 해당하지 않는다는 이유로, 이와 달리 보아 위 웹사이트 매각대금을 추징한 원심판결에 형법 제48조에서 정한 몰수·추징에 관한 법리오해의 잘못이 있다고 한 사례[대판 2021.10.14. 2021도7168].

🔎 판례 | 범죄행위에 제공하려 하였거나 그 범행으로 인하여 취득한 물건에 해당하는 경우

오락실업자, 상품권업자 및 환전소 운영자가 공모하여 사행성 전자식 유기기구에서 경품으로 배출된 상품권을 현금으로 환전하면서 그 수수료를 일정한 비율로 나누어 가지는 방식으로 영업을 한 경우, 환전소 운영자가 환전소에 보관하던 현금 전부가 위와 같은 상품권의 환전을 통한 범죄행위에 제공하려 하였거나 그 범행으로 인하여 취득한 물건에 해당하여 형법 제48조 제1항 제1호 또는 제2호의 규정에 의하여 몰수의 대상이 되고, 환전소 운영자가 위 환전소 내에 보관하고 있던 현금 중 일부를 생활비 등의 용도로 소비하였다고 하여 달리 볼 것이 아니라고 한 사례[대판 2006.10.13. 2006도3302].

ⓒ 전 2호의 대가로 취득한 물건: 인신매매의 매득금은 몰수할 수 있다.

🔎 판례 | 장물처분의 대가이지만 범인 이외의 자의 소유인 경우 = 몰수 불가능

장물을 처분하여 그 대가로 취득한 압수물은 몰수할 것이 아니라 피해자에게 교부하여야 할 것이다[대판 1969.1.21. 68도1672].

🔎 판례 | 몰수의 대상인 물건의 범위

몰수의 대상인 물건은 유체물에 한하지 않고 권리 또는 이익도 포함한다[대판 1976.9.28. 76도2607].

관련판례 [1] 범죄수익은닉규제법의 입법 취지 및 법률 규정의 내용을 종합하여 보면, 범죄수익은닉규제법에 정한 중대범죄에 해당하는 범죄행위에 의하여 취득한 것으로 재산적 가치가 인정되는 무형재산도 몰수할 수 있다.

[2] 비트코인은 경제적인 가치를 디지털로 표상하여 전자적으로 이전, 저장 및 거래가 가능하도록 한, 이른바 '가상화폐'의 일종인 점, 피고인은 음란사이트를 운영하면서 사진과 영상을 이용하는 이용자 및 음란사이트에 광고를 원하는 광고주들로부터 비트코인을 대가로 지급받아 재산적 가치가 있는 것으로 취급한 점에 비추어 비트코인은 재산적 가치가 있는 무형의 재산이라고 보아야 하고, 몰수의 대상인 비트코인이 특정되어 있는 이상, 피고인이 취득한 비트코인을 몰수할 수 있다[대판 2018.5.30. 2018도3619].

🔎 판례 | 압수절차가 위법한 경우 몰수의 가능성(가능)

[1] 몰수는 반드시 압수되어 있는 물건에 대하여서만 하는 것이 아니므로, 몰수대상물건이 압수되어 있는가 하는 점 및 적법한 절차에 의하여 압수되었는가 하는 점은 몰수의 요건이 아니다. [20 국가9급, 19 경찰승진, 19 경찰채용, 16 법원행시, 16 법원9급, 16 경간부]*

[2] 금품선거사건을 수사 중인 수사기관이 피고인의 주거에 대한 압수·수색을 실시하고 이미 그 집행을 종료함으로써 효력을 상실한 압수·수색영장에 기하여 다시 압수·수색을 실시하면서 몰수대상물건을 압수한 경우, 압수 자체가 위법하게 됨은 별론으로 하더라도 그것이 위 물건의 몰수의 효력에는 영향을 미칠 수 없다[대판 2003.5.30. 2003도705].

⚖ 판례 | 압수되어 있지 않은 물건(환부된 물건)에 대한 몰수의 가능성(가능)

몰수는 압수되어 있는 물건에 대해서만 하는 것이 아니므로 판결선고 전 검찰에 의하여 압수된 후 피고인에게 환부된 물건에 대하여도 피고인으로부터 몰수할 수 있다[대판 1977.5.24.].

② 대인적 요건

㉠ 범인 이외의 자의 소유에 속하지 아니할 것: ⅰ) 범인에는 공범자도 포함된다(판례). 따라서 범인 및 공범자의 소유물건·무주물·소유자불명의 물건·금제품은 몰수할 수 있다. ⅱ) 허위기재부분이 있는 공문서, 매각위탁을 받은 엽총은 범인 이외의 자의 소유에 속하므로 몰수할 수 없다.

㉡ 범죄 후 범인 이외의 자가 정을 알면서 취득한 물건: 범인 이외의 자의 소유일지라도 몰수할 수 있다.

⚖ 판례 | 형법 제48조 제1항의 '범인'의 범위

[1] 형법 제48조 제1항의 '범인'에는 공범자도 포함되므로 피고인의 소유물은 물론 공범자의 소유물도 그 공범자의 소추 여부를 불문하고 몰수할 수 있고, 여기에서의 공범자에는 공동정범, 교사범, 방조범에 해당하는 자는 물론 필요적 공범관계에 있는 자도 포함된다. [20 국가9급, 19 변호사, 16 법원행시, 16 법원9급]*

[2] 형법 제48조 제1항의 '범인'에 해당하는 공범자는 반드시 유죄의 죄책을 지는 자에 국한된다고 볼 수 없고 공범에 해당하는 행위를 한 자이면 족하므로 이러한 자의 소유물도 형법 제48조 제1항의 '범인 이외의 자의 소유에 속하지 아니하는 물건'으로서 이를 피고인으로부터 몰수할 수 있다[대판 2006.11.23, 2006도5586], [동지 대판 2000.5.12, 2000도745].

[동지판례] 형법 제48조 제1항의 범인에는 공범자도 포함된다고 해석되므로, 범인 자신의 소유물은 물론 공범자의 소유물에 대하여도 이를 몰수할 수 있다 할 것인바, 설령 甲이 운영하는 환전소에서 압수한 현금의 실제 소유자가 乙이라고 하더라도, 원심이 乙과 공범관계에 있는 甲으로부터 위 현금을 몰수한 조치는 정당하다[대판 2007.3.15. 2006도8929].

⚖ 판례 | 범인 이외의 자의 소유여서 몰수할 수 없는 경우

1. 군 피.엑스(P.X)에서 공무원인 군인이 그 권한에 의하여 작성한 월간판매실적보고서의 내용에 일부 허위기재된 부분이 있더라도 이는 공무소인 소관 육군부대의 소유에 속하는 것이므로 이를 허위공문서 작성의 범행으로 인하여 생긴 물건으로 누구의 소유도 불허하는 것이라 하여 형법 제48조 제1항 제1호를 적용, 몰수하였음은 부당하다[대판 1983.6.14. 83도808].

2. 강도상해의 범행에 사용된 자동차가 피고인의 처 소유인 경우 처가 공범관계에 있다는 등의 사정이 없는 한 피고인으로부터 몰수할 수 없다[대판 1990.10.10. 90도1904].

3. 피고인이 다른 공동피고인들에게 도박자금으로 금원을 대여하였다면 그 금원은 그때부터 피고인의 소유가 아니라 동 공동피고인들의 소유에 귀속하게 되므로 그것을 동 공동피고인들로부터 형법 제48조 제1항 제1호나 제2호를 적용하여 몰수함은 모르되 피고인으로부터 몰수할 성질의 것은 아니다[대판 1982.9.28. 82도1669].

⚖ 판례 | 관세법상 몰수대상이 되는 선박인지를 판단하는 방법

밀수전용의 선박·자동차 기타 운반기구가 관세법 제183조에 의하여 몰수대상이 되는지의 여부를 판단함에 있어 당해 운반기구가 누구의 소유에 속하는가 하는 것은 그 공부상의 명의 여하에 불구하고 권리의 실질적인 귀속관계에 따라 판단하여야 한다[대판 1999.12.10. 99도3478].

필요적 몰수의 대상 (각칙)	수뢰죄의 뇌물, 배임수재로 취득한 재물, 아편에 관한 죄에 제공한 아편이나 아편흡식기구는 각칙상의 몰수로서 필요적 몰수의 대상이다. [19 법원9급]*
임의적 몰수의 가능성 (총칙)	① 강도의 수단으로 사용한 피해자 소유의 칼(✕): 범인 이외의 자의 소유이므로 몰수할 수 없다. ② 살인의 도구로 사용한 무주물인 칼(○): 무주물은 범인 이외의 자의 소유물이 아니므로 몰수할 수 있다. ③ 도박죄에 있어서의 도금(○): 범죄행위에 제공되었거나 범죄행위로 인하여 취득한 물건이므로 몰수할 수 있다. ④ 범인을 은닉한 사례로 받은 금전(○): 범인은닉죄로 인하여 취득한 물건이므로 몰수할 수 있다. ⑤ 피해자를 발로 찰 때 신은 뾰족구두(✕): 우연히 범죄에 도움을 준 것에 불과하므로 몰수할 수 없다. ⑥ 살인행위에 사용한 칼의 칼집(○): 종물인 칼집은 주물인 칼의 몰수시에 함께 몰수할 수 있다(종물·주물 이론). ⑦ 절취한 현금을 보관해 둔 절도범의 금고(✕): 절도범죄에 제공된 재물도 아니며, 또한 절도범은 절취한 재물에 대하여 장물보관죄가 성립하지 않으므로 장물죄에 제공한 재물이라고 볼 수도 없다.

③ 몰수의 효과

⚖ **판례 | 제3자의 소유에 속하는 물건에 대한 몰수 판결의 효력(제3자의 소유권에 영향 X)**

형사법상 몰수는 공소사실에 관하여 형사재판을 받는 피고인에 대한 유죄의 판결에서 다른 형에 부가하여 선고되는 형인 점에 비추어, 피고인 이외의 제3자의 소유에 속하는 물건에 대하여 몰수를 선고한 판결의 효력은 원칙적으로 몰수의 원인이 된 사실에 관하여 유죄의 판결을 받은 피고인에 대한 관계에서 그 물건을 소지하지 못하게 하는 데 그치고 그 사건에서 재판을 받지 아니한 제3자의 소유권에 어떤 영향을 미치는 것은 아니다[대판 1999.5.11. 99다12161]. [21 법원9급]*

(3) 추징 · 폐기

> 제48조(몰수의 대상과 추징) ② 제1항 각 호의 물건을 몰수할 수 없을 때에는 그 가액을 추징한다.
> ③ 문서, 도화, 전자기록 등 특수매체기록 또는 유가증권의 일부가 몰수의 대상이 된 경우에는 그 부분을 폐기한다.

① 추징의 성질: 몰수에 갈음하는 사법처분이나, 실질적으로는 부가형의 성질을 가진다.

⚖ **판례 | 징역형에 대한 특별사면은 그 징역형에 부가된 추징의 효력에는 효력이 미치지 않음**

형법 제48조, 제49조, 사면법 제5조 제1항 제2호, 제7조 등의 규정 내용 및 취지에 비추어 보면, 추징은 부가형이지만 징역형의 집행유예와 추징의 선고를 받은 사람에 대하여 징역형의 선고의 효력을 상실케 하는 동시에 복권하는 특별사면이 있은 경우에 추징에 대하여도 형 선고의 효력이 상실된다고 볼 수는 없다[대결 1996.5.14. 96모14].

⚖ **판례 | 형법 총칙상의 몰수와 추징의 효력**

1. 형법 제48조 제1항 제1호에 의한 몰수는 임의적인 것이므로 몰수의 요건에 해당하는 물건이라도 이를 몰수할 것인지의 여부는 형벌 일반에 적용되는 비례의 원칙에 의한 제한을 받는 외에는 법원의 재량에 맡겨져 있고, 이러한 법리는 범죄수익법 제8조 제1항의 경우에도 마찬가지로 적용된다[대판 2013.5.24. 2012도15805]. [16 법원행시]*

2. 형법 제48조 제1항 제1호, 제2항에 의한 추징은 임의적인 것이므로 그 추징의 요건에 해당되는 물건이라도 이를 추징할 것인지의 여부는 법원의 재량에 맡겨져 있다[대판 2002.9.4. 2000도515]. [19 법원9급]*

② 추징의 원인: ⅰ) 몰수의 대상인 물건을 몰수하기 불능한 경우여야 한다. ⅱ) 몰수하기 불능한 원인은 사실상(예 소비, 분실, 훼손)·법률상(예 혼동, 선의취득)의 원인을 불문한다.

③ 추징가액의 산정시기

⚖ 판례 | 추징의 가액산정 기준 = 재판선고시의 가격

몰수의 취지가 범죄에 의한 이득의 박탈을 그 목적으로 하는 것이고 추징도 이러한 몰수의 취지를 관철하기 위한 것이라는 점을 고려하면 몰수하기 불능한 때에 추징하여야 할 가액은 범인이 그 물건을 보유하고 있다가 몰수의 선고를 받았더라면 잃었을 이득상당액을 의미한다고 보아야 할 것이므로 그 가액산정은 재판선고시의 가격을 기준으로 하여야 할 것이다[대판 1991.5.28. 91도352].

⚖ 판례 | 판결선고시의 주가를 알 수 없는 경우 = 주식의 시가가 가장 낮을 때를 기준으로 함

피고인이 범죄행위로 취득한 주식이, 판결 선고 전에 그 발행회사가 다른 회사에 합병됨으로써 판결 선고시의 주가를 알 수 없을 뿐만 아니라, 무상증자 받은 주식과 다시 매입한 주식까지 섞어서 처분되어 그 처분가액을 정확히 알 수 없는 경우, 주식의 시가가 가장 낮을 때를 기준으로 산정한 가액을 추징하여야 한다[대판 2005.7.15. 2003도4293].

---

④ 공동피고인에 대한 추징
　㉮ 개별적 추징의 원칙

⚖ 판례 | 수인이 뇌물을 수수한 경우 추징의 방법 = 개별추징의 원칙, 예외적 평등 추징

수인이 공모하여 뇌물을 수수한 경우에 몰수불능으로 그 가액을 추징하려면 개별적으로 추징하여야 하고 수수금품을 개별적으로 알 수 없을 때에는 평등하게 추징하여야 한다[대판 1975.4.22. 73도1963].

⚖ 판례 | 몰수와 추징의 범위

1. 구 변호사법(1993.3.10. 법률 제4544호로 개정되기 전의 것) 제82조의 규정에 의한 필요적 몰수 또는 추징은, 금품 기타 이익을 범인 또는 제3자로부터 박탈하여 그들로 하여금 부정한 이익을 보유하지 못하게 함에 그 목적이 있는 것이므로, 수인이 공동하여 공무원이 취급하는 사건 또는 사무에 관하여 청탁을 한다는 명목으로 받은 금품을 분배한 경우에는 각자로부터 실제로 분배받은 금품만을 개별적으로 몰수하거나 그 가액을 추징하여야 하고, 위와 같은 청탁을 한다는 명목으로 받은 금품 중의 일부를 실제로 금품을 받은 취지에 따라 청탁과 관련하여 관계공무원에게 뇌물로 공여한 경우에도 그 부분의 이익은 실질적으로 피고인에게 귀속된 것이 아니므로 그 부분을 제외한 나머지 금품만을 몰수하거나 그 가액을 추징하여야 한다[대판 1993.12.28. 93도1569]. [20 변호사]*

   동지판례 ⅰ) 수인이 공모하여 도박개장을 하여 이익을 얻은 경우 실질적으로 귀속된 이익이 없는 피고인에 대하여는 추징을 할 수 없다[대판 2007.10.11. 2007도6019].
   ⅱ) 마약거래방지법 제6조를 위반하여 마약류를 수출입·제조·매매하는 행위 등을 업으로 하는 범죄행위의 정범이 그 범죄행위로 얻은 수익은 몰수·추징의 대상이 된다. 그러나 위 정범으로부터 대가를 받고 판매할 마약을 공급하는 방법으로 위 범행을 용이하게 한 방조범은 정범의 위 범죄행위로 인한 수익을 정범과 공동으로 취득하였다고 평가할 수 없다면 위 몰수·추징 규정에 의하여 정범과 같이 추징할 수는 없고, 그 방조범으로부터는 방조행위로 얻은 재산 등에 한하여 몰수, 추징할 수 있다고 보아야 한다[대판 2021.4.29. 2020도16369].

   참고판례 변호사가 형사사건 피고인으로부터 담당 판사에 대한 교제 명목으로 받은 돈의 일부를 공동 변호 명목으로 다른 변호사에게 지급한 경우, 이는 변호사법 위반으로 취득한 재물의 소비방법에 불과하므로 위 돈을 추징에서 제외할 수 없다[대판 2006.11.23. 2005도3255].

2. 구 변호사법 제94조의 규정에 의한 필요적 몰수 또는 추징에 있어서 이자 및 반환에 관한 약정을 하지 아니하고 금원을 차용하였다면 이 경우 위 법조에서 규정한 몰수 또는 추징의 대상이 되는 것은 차용한 금원 그 자체가 아니라 위 금융이익 상당액이다[대판 2001.5.29, 2001도1570], [대판 2007.3.30, 2006도7241].

3. 알선의뢰인이 알선수재자에게 공무원이나 금융기관 임직원의 직무에 속한 사항에 관한 알선의 대가를 형식적으로 체결한 고용계약에 터잡아 급여의 형식으로 지급한 경우에 알선수재자가 수수한 알선수재액은 명목상의 급여액이 아니라 원천징수된 근로소득세 등을 제외하고 알선수재자가 실제 지급받은 금액으로 보아야 하고 또한 위 금액만을 특가법 제13조 소정의 '제3의 죄를 범하여 범인이 취득한 해당 재산' 또는 특가법 제10조 제2항 소정의 '제7조의 경우 범인이 받은 금품이나 그 밖의 이익'으로서 몰수 · 추징하여야 한다[대판 2012.6.14, 2012도534]. [18 법원행시]*

④ 징벌적 성질의 추징

⚖ 판례 | 징벌적 성질의 추징(부진정연대채무의 성질을 갖는다)

1. 마약류관리에 관한 법률 제67조에 의한 몰수나 추징은 범죄행위로 인한 이득의 박탈을 목적으로 하는 것이 아니라 징벌적 성질의 처분이므로, 그 범행으로 인하여 이득을 취득한 바 없다 하더라도 법원은 그 가액의 추징을 명하여야 하고, 그 추징의 범위에 관하여는 죄를 범한 자가 여러 사람일 때에는 각자에 대하여 그가 취급한 범위 내에서 의약품 가액 전액의 추징을 명하여야 한다[대판 2001.12.28, 2001도5158; 동지 대판 2010.8.26, 2010도7251]. [18 법원행시]*

2. 특정경제범죄 가중처벌 등에 관한 법률 제10조 제3항, 제1항(국외재산도피사범)에 의한 몰수 · 추징은 소위 징벌적 성격의 처분이라고 보는 것이 상당하므로 그 도피재산이 피고인들이 아닌 회사의 소유라거나 피고인들이 이를 점유하고 그로 인하여 이득을 취한 바가 없다고 하더라도 피고인들 모두에 대하여 그 도피재산의 가액 전부의 추징을 명하여야 한다[대판 2005.4.29, 2002도7262].

3. 관세법상 추징은 일반 형사법에서의 추징과는 달리 징벌적 성격을 띠고 있어 여러 사람이 공모하여 관세를 포탈하거나 관세장물을 알선 · 운반 · 취득한 경우에는 범칙자의 1인이 그 물품을 소유하거나 점유하였다면 그 물품의 범칙 당시의 국내도매가격 상당의 가액 전액을 그 물품의 소유 또는 점유사실의 유무를 불문하고 범칙자 전원으로부터 각각 추징할 수 있고, 범인이 밀수품을 소유하거나 점유한 사실이 있다면 압수 또는 몰수가 가능한 시기에 범인이 이를 소유하거나 점유한 사실이 있는지 여부에 상관없이 관세법 제282조에 따라 몰수 또는 추징할 수 있다[대판 2007.12.28, 2007도8401]. 위의 경우 다만 그 공범자 또는 범칙자 중 어떤 자가 그 가액의 전액을 납부한 때에는 다른 공범자에 대하여 그 추징의 집행이 면제될 뿐이다[대판 2008.1.17, 2006도455]. [16 법원행시]*

4. [1] 구 향정신성의약품 관리법 제47조 제1항에 의한 몰수나 추징은 범죄행위로 인한 이득의 박탈을 목적으로 하는 것이 아니라 징벌적 성질의 처분이므로 그 범행으로 인하여 이득을 취득한 바 없다 하더라도 법원은 그 가액의 추징을 명하여야 하지만, 다만 그 추징의 범위에 관하여는 피고인을 기준으로 하여 그가 취급한 범위 내에서 의약품 가액 전액의 추징을 명하면 되는 것이지 동일한 의약품을 취급한 피고인의 일련의 행위가 별죄를 구성한다고 하여 그 행위마다 따로 그 가액을 추징하여야 하는 것은 아니다.
[2] 히로뽕을 수수하여 그 중 일부를 직접 투약한 경우에는 수수한 히로뽕의 가액만을 추징할 수 있고 직접 투약한 부분에 대한 가액을 별도로 추징할 수 없다[대판 2000.9.8, 2000도546; 동지 대판 1999.7.9, 99도1695]. [19 경찰승진]*

5. 외국환관리법상의 몰수와 추징은 징벌적 제재의 성격을 띠고 있다고 할 것이므로, 여러 사람이 공모하여 범칙행위를 한 경우 몰수대상인 외국환 등을 몰수할 수 없을 때에는 각 범칙자 전원에 대하여 그 취득한 외국환 등의 가액 전부의 추징을 명하여야 하고, 그 중 한사람이 추징금 전액을 납부하였을 때는 다른 사람의 추징의 집행을 면할 것이나 그 일부라도 납부되지 아니하였을 때는 그 범위 내에서 각 범칙자는 추징의 집행을 면할 수 없다[대판 1998.5.21, 95도2002].

6. 밀항단속법상의 몰수와 추징은 일반 형사법과 달리 범죄사실에 대한 징벌적 제재의 성격을 띠고 있으므로, 여러 사람이 공모하여 죄를 범하고도 몰수대상인 수수 또는 약속한 보수를 몰수할 수 없을 때에는 공범자 전원에 대하여 그 보수액 전부의 추징을 명하여야 한다[대판 2008.10.9, 2008도7034].

사례 연습

【징벌적 성질의 추징】 ※ 외국환관리법 위반 사건

甲과 乙은 공범으로 외국환관리법을 위반하여 甲은 500만원의 이익을 얻었고, 乙은 300만원의 이익을 얻었다. 법원이 甲으로부터 200만원을 추징한 경우, 乙로부터 추징할 수 있는 금액은?

【해설】

외국환관리법상의 몰수와 추징은 일반 형사법의 경우와 달리 범죄사실에 대한 징벌적 제재의 성격을 띠고 있다고 할 것이므로, 여러 사람이 공모하여 범칙행위를 한 경우 몰수대상인 외국환 등을 몰수할 수 없을 때에는 각 범칙자 전원에 대하여 그 취득한 외국환 등의 가액 전부의 추징을 명하여야 하고, 그 중 한사람이 추징금 전액을 납부하였을 때는 다른 사람의 추징의 집행을 면할 것이나 그 일부라도 납부되지 아니하였을 때는 그 범위 내에서 각 범칙자는 추징의 집행을 면할 수 없다[대판 1998.5.21.
95도2002].

※ 설문의 경우 법원은 총 추징금 800만원 중 甲에게서 추징한 200만원을 제외하고 乙에게 600만원을 추징할 수 있다.

정답 (600만원)

④ 추징판결의 집행

> **📖 판례 | 피고인의 차명재산이라는 이유만으로 제3자 명의로 등기되어 있는 부동산에 관하여 피고인에 대한 추징판결을 곧바로 집행할 수 있는지 여부(허용되지 않음)**
>
> 피고인의 차명재산이라는 이유만으로 제3자 명의로 등기되어 있는 부동산에 관하여 피고인에 대한 추징판결을 곧바로 집행하는 것은 허용되지 아니한다. 그 이유는 다음과 같다. 형사소송법은, 추징의 집행은 민사집행법의 집행에 관한 규정을 준용하거나 국세징수법에 따른 국세체납처분의 예에 따르도록 규정하고 있다(제477조). 따라서 추징의 집행은 민사집행법에 의한 집행이나 국세징수법에 따른 국세체납처분의 일반원칙에 따라 이루어져야 하는데, 민사집행법에 의한 집행이나 국세체납처분을 할 때에 '채무자가 사실상 소유하는 재산'이라는 이유로 제3자 명의로 등기되어 있는 부동산에 관하여 곧바로 집행이나 체납처분을 하는 것은 허용되지 않는다. 피고인이 범죄행위를 통하여 취득한 불법수익 등을 철저히 환수할 필요성이 크더라도 추징의 집행 역시 형의 집행이므로 법률에서 정한 절차에 따라야 하고, 피고인이 제3자 명의로 부동산을 은닉하고 있다면 적법한 절차를 통하여 피고인 명의로 그 등기를 회복한 후 추징판결을 집행하여야 한다[대결 2021.4.9.
2020모4058].

Ⅴ 명예형

1. 의의

범인의 명예 또는 자격을 박탈하는 것을 내용으로 하는 형벌이다(자격형).

2. 형법상의 명예형

제43조(형의 선고와 자격상실, 자격정지) ① 사형, 무기징역 또는 무기금고의 판결을 받은 자는 다음에 기재한 자격을 상실한다.
  1. 공무원이 되는 자격
  2. 공법상의 선거권과 피선거권
  3. 법률로 요건을 정한 공법상의 업무에 관한 자격
  4. 법인의 이사, 감사 또는 지배인 기타 법인의 업무에 관한 검사역이나 재산관리인이 되는 자격
② 유기징역 또는 유기금고의 판결을 받은 자는 그 형의 집행이 종료하거나 면제될 때까지 전항 제1호 내지 제3호에 기재된 자격이 정지된다. 다만, 다른 법률에 특별한 규정이 있는 경우에는 그 법률에 따른다. [20 법원행시]*

제44조(자격정지) ① 전조에 기재한 자격의 전부 또는 일부에 대한 정지는 1년 이상 15년 이하로 한다. [20 법원행시]*
② 유기징역 또는 유기금고에 자격정지를 병과한 때에는 징역 또는 금고의 집행을 종료하거나 면제된 날로부터 정지기간을 기산한다.

(1) **자격상실**: 법적 요건을 구비하면 일정한 자격이 당연히 상실되는 경우이다.

(2) **자격정지**: 일정기간 동안 일정한 자격의 전부 또는 일부를 정지시키는 것을 말한다.

📑 **참고** 자격상실과 자격정지

구분		요건	상실 또는 정지되는 자격, 정지기간의 기산점
자격 상실		사형·무기징역·무기금고의 판결을 받은 경우 (제43조 제1항)	① 공무원이 되는 자격(제1호) ② 공법상의 선거권과 피선거권(제2호) ③ 법률로 요건을 정한 공법상의 업무에 관한 자격(제3호) ④ 법인의 이사, 감사 또는 지배인 기타 법인의 업무에 관한 검사역이나 재산관리인이 되는 자격 (제4호)
자격 정지	당연 정지	유기징역·유기금고의 판결을 받은 경우 그 형의 집행이 종료하거나 면제될 때까지(제43조 제2항)	제1호 내지 제3호에 기재된 자격
	선고 정지	자격정지가 선택형인 경우	판결이 확정된 날로부터 기산

Ⅵ 형의 경중

제50조(형의 경중) ① 형의 경중은 제41조 각 호의 순서(1. 사형 2. 징역 3. 금고 4. 자격상실 5. 자격정지 6. 벌금 7. 구류 8. 과료 9. 몰수)에 따른다. 다만, 무기금고와 유기징역은 무기금고를 무거운 것으로 하고 유기금고의 장기가 유기징역의 장기를 초과하는 때에는 유기금고를 무거운 것으로 한다. [20 법원행시, 20 법원9급]*
② 같은 종류의 형은 장기가 긴 것과 다액이 많은 것을 무거운 것으로 하고 장기 또는 다액이 같은 경우에는 단기가 긴 것과 소액이 많은 것을 무거운 것으로 한다.
③ 제1항 및 제2항을 제외하고는 죄질과 범정을 고려하여 경중을 정한다.

제2절 형의 양정

Ⅰ 의의

형의 양정(양형)이란 법관이 구체적인 사건에서 행위자에 대하여 선고할 형벌의 종류와 양을 정하는 과정을 말한다.

Ⅱ 형의 양정의 단계

1. 법정형

법정형이란 개개의 구성요건에 규정되어 있는 형벌을 말한다.

2. 처단형

처단형이란 법정형을 가중·감경하여 처벌의 범위가 구체화된 형벌의 범위를 말한다.

3. 선고형

선고형이란 법원이 처단형의 범위 내에서 구체적으로 형을 양정하여 피고인에게 선고하는 형을 말한다. 형법은 정기형의 선고를 원칙으로 하고 있으나, 소년법 제60조는 상대적 부정기형의 선고를 명문으로 인정하고 있다.

Ⅲ 형의 가중·감경·면제

> **제53조(정상참작감경)** 범죄의 정상에 참작할 만한 사유가 있는 경우에는 그 형을 감경할 수 있다.

1. 형의 가중

형의 가중은 법률상의 가중만 인정되고 재판상의 가중은 인정되지 않는다.

2. 형의 감경

① 형의 감경은 법률상 감경과 재판상 감경(제53조 정상참작감경)이 모두 인정된다.
② 법률상의 감경사유가 수개 있을 경우에는 거듭 감경할 수 있으나 정상참작감경(작량감경)사유가 수개 있는 경우라도 거듭 감경할 수는 없다.

⚖ 판례 | 법률상 감경사유와 작량감경의 순서 및 작량감경의 횟수

1. 법률상 감경 사유가 있을 때에는 작량감경에 앞서 하여야 하고, 작량감경은 이와 같은 법률상 감경을 다하고도 그 처단형의 범위를 완화하여 그보다 낮은 형을 선고하고자 할 때에 한다[대판(전) 2019.4.18. 2017도14609]. [20 경찰채용, 19 법원행시, 16 법원9급]*

2. 작량감경은 범죄의 모든 정상을 종합적으로 관찰하여 형을 감경함이 상당하다고 인정될 때에 1회에 한하여 적용되는 것이고, 정상 하나하나에 거듭 작량감경할 수 있음을 규정한 취지가 아니다[대판 1964.4.7. 63도410].

⚖ 판례 | 징역형과 벌금형을 병과하는 경우에 택일적 작량감경의 가능성

1-0. (가능) 형법 제38조 제1항 제3호에 의하여 징역형과 벌금형을 병과하는 경우에는 각 형에 대한 범죄의 정상에 차이가 있을 수 있으므로 징역형에만 작량감경을 하고 벌금형에는 작량감경을 하지 아니하였다고 하여 이를 위법하다고 할 수 없다[대판 2006.3.23. 2006도1076].

1-1. (불가능) 하나의 죄에 대하여 징역형과 벌금형을 병과하는 경우, 특별한 규정이 없는 한 징역형에만 작량감경을 하고 벌금형에는 작량감경을 하지 않는 것은 위법하다[대판 2009.2.12. 2008도6551]. [19 국가9급]*

---

3. 형의 면제

① 법률상의 면제는 인정되나 재판상의 면제는 인정되지 않는다.
② 형면제판결은 판결확정 전의 사유를 원인으로 한다는 점에서, 판결확정 후의 사유를 원인으로 하는 형집행의 면제와 구별된다.

구분	분류	사유
법률상 가중사유	일반적(총칙상) 가중사유	특수교사 · 방조(교사 – 정범의 형의 장기 · 다액의 1/2 가중, 방조 – 정범의 형으로 가중), 누범(장기의 2배 가중), 경합범(장기 · 다액의 1/2 가중)
	특별한(각칙상) 가중사유	상습범(형의 1/2 가중, 다만 별도의 법정형을 규정하고 있는 범죄도 있다),[112] 특수범죄(특수공무방해죄, 특수 체포 · 감금죄 – 형의 1/2 가중)
법률상 감면사유	일반적 · 필요적 감경사유	농아자, 방조범
	일반적 · 필요적 감면사유	중지미수
	일반적 · 임의적 감경사유	심신미약, 장애미수
	일반적 · 임의적 감면사유	불능미수, 과잉방위, 과잉피난, 과잉자구행위, 자수 또는 자복
	특별한 필요적 감면사유	① 다음 범죄를 목적으로 한 예비 · 음모죄의 자수: 내란죄, 외환죄, 외국에 대한 사전죄, 통화위조죄, 방화죄, 폭발물사용죄 [19 경찰승진, 18 법원행시, 18 법원9급, 18 경간부, 17 경간부]* ② **자백 · 자수 경우**: 위증죄, 무고죄, 허위감정 · 번역 · 통역죄 [20 법원행시, 19 법원9급, 19 경찰채용, 18 법원9급, 18 경찰채용, 17 경찰승진, 16 경간부]*

4. 자수와 자복

> **제52조(자수, 자복)** ① 죄를 지은 후 수사기관에 자수한 경우에는 형을 감경하거나 면제할 수 있다.
> ② 피해자의 의사에 반하여 처벌할 수 없는 범죄의 경우에는 피해자에게 죄를 자복하였을 때에도 형을 감경하거나 면제할 수 있다.

(1) 자수와 자복의 구별

구분	자수	자복
개념	범인 스스로 자기의 범죄사실을 수사기관에 신고하여 그 처분을 구하는 의사표시	반의사불벌죄에서 피해자에게 자기의 범죄사실을 고지하는 것
주체	범인 또는 제3자를 통해서도 가능	
대상범죄	모든 범죄	반의사불벌죄
상대방	수사기관	피해자
시기	범죄사실의 발각 전후를 불문(소송단계이전)	
효과	총칙상 임의적 감면사유 (각칙상 필요적 감면인 경우도 있음)	총칙상 임의적 감면사유 (각칙에는 규정이 없음)
	자수 · 자복은 자수 · 자복한 자에게만 효력이 미치며 그 공범자에게는 효력이 미치지 아니한다(일신전속성).	

---

112) 상습도박죄, 상습장물죄, 상습강도죄

(2) 자수의 요건

> ### ⚖ 판례 | 자수의 요건
>
> 1. (자발성이 있는 범죄사실의 신고) 제52조 제1항의 자수라 함은 범인이 스스로 수사책임이 있는 관서에 자기의 범행을 고하고 그 처분을 구하는 의사표시를 하는 것을 말하므로, <u>수사기관의 직무상의 질문 또는 조사에 응하여 범죄사실을 진술하는 것은 자백일 뿐 자수로는 되지 않는다</u>[대판 1982.9.28. 82도1965]. [19 국가9급, 18 변호사]*
>
> 2. (범죄사실을 부인하지 아니하고 뉘우침이 있을 것) 형법 제52조 제1항 소정의 자수를 형의 감경사유로 삼는 주된 이유는 범인이 그 죄를 뉘우치고 있다는 점에 있으므로 <u>범죄사실을 부인하거나 죄의 뉘우침이 없는 자수는 그 외형은 자수일지라도 법률상 형의 감경사유가 되는 진정한 자수라고는 할 수 없다</u>[대판 1994.10.14. 94도2130]. [18 법원행시]*
>
> **참고판례** 일단 자수가 성립한 이상 자수의 효력은 확정적으로 발생하고 그 후에 범인이 번복하여 수사기관이나 법정에서 범행을 부인한다고 하여 일단 발생한 형법 제52조 제1항 소정의 자수의 효력이 소멸하는 것은 아니라고 할 것이다[대판 1999.7.9. 99도1695]. [16 법원행시]*
>
> 3. (자수자의 인식정도) 자수를 위하여는, 범인이 자기의 범행으로서 범죄성립요건을 갖춘 객관적 사실을 자발적으로 수사관서에 신고하여 그 처분에 맡기면 족하고, 더 나아가 법적으로 그 요건을 완전히 갖춘 범죄행위라고 적극적으로 인식하고 있을 필요까지는 없다[대판 1995.6.30. 94도1017]. [18 법원행시]*

> ### ⚖ 판례 | 자수에 해당하지 않는 경우
>
> **(1) 자발성이 결여된 경우**
>
> 1. <u>세관 검색원의 추궁에 의하여 대마 수입 범행을 시인한 경우</u>, 자발성이 결여되어 <u>자수에 해당하지 않는다</u>[대판 1999.4.13. 98도4560]. [16 법원행시]*
>
> 2. 경찰관이 피고인의 <u>여죄를 추궁한 끝에 피고인이 강도강간의 범죄사실과 특수강도의 범죄사실을 자백한 경우</u>, 이를 자수라고 할 수 없다[대판 2006.9.21. 2006도4883].
>
> 3. 피고인이 범죄사실을 부인하다가 제2회 <u>조사를 받으면서 비로소 업무와 관련하여 돈을 수수하였다고 자백한 행위를 자수라고 할 수 없고</u>, 설령 자수하였다고 하더라도 자수한 이에 대하여는 법원이 임의로 형을 감경할 수 있음에 불과한 것이다[대판 2011.12.22. 2011도12041]. [20 경찰채용, 19 국가9급, 18 변호사, 18 법원행시, 16 법원행시, 16 경찰채용, 16 법원9급]*
>
> **(2) 자수의 상대방 적격이 결여된 경우**
>
> 1. 경찰관에게 검거되기 전에 친지에게 전화로 자수의사를 전달하였더라도 그것만으로는 자수로 볼 수 없다[대판 1985.9.24. 85도1489].
>
> 2. 제3자에게 자수의사를 경찰서에 전달하여 달라고 말한 경우를 자수로 볼 수 없다[대판 1967.1.24. 66도1662].
>
> **(3) 범죄사실을 신고하지 않은 경우**
>
> 1. 수사기관에의 신고가 자발적이라고 하더라도 그 신고의 내용이 자기의 범행을 명백히 부인하는 등의 내용으로 자기의 범행으로서 범죄성립요건을 갖추지 아니한 사실일 경우에는 자수는 성립하지 않고, <u>일단 자수가 성립하지 아니한 이상 그 이후의 수사과정이나 재판과정에서 범행을 시인하였다고 하더라도 새롭게 자수가 성립할 여지는 없다고 할 것이다</u>[대판 1993.6.11. 93도1054].
>
> 2. 자수서를 소지하고 수사기관에 자발적으로 출석하였으나 자수서를 제출하지 아니하고 범행사실도 부인하였다면 자수가 성립하지 아니하고, 그 이후 구속까지 된 상태에서 자수서를 제출하고 피의자신문 당시 범행사실을 시인한 것은 자수에 해당한다고 인정할 수 없다[대판 2004.10.14. 2003도3133]. [16 법원9급]*

⚖️ 판례 | 자수의 시기

1. **(범행발각 후 자수도 가능)** 자수란 범인이 자발적으로 자신의 범죄사실을 수사기관에 신고하여 그 소추를 구하는 의사표시를 함으로써 성립하는 것으로서, 범행이 발각된 후에 수사기관에 자진 출석하여 범죄사실을 자백한 경우도 포함한다 [대판 2011.12.22. 2011도12041]. [18 법원행시, 16 경찰채용]*

2. **(혐의사실 보도 후의 자수도 가능)** 신문지상에 혐의사실이 보도되기 시작하였는데도 수사기관으로부터 공식소환이 없으므로 자진출석하여 사실을 밝히고 처벌을 받고자 담당 검사에게 자진출석하여 혐의사실을 모두 인정하는 내용의 진술서를 작성하고 검찰 수사과정에서 혐의사실을 모두 자백한 경우 피고인은 수사책임 있는 관서에 자기의 범죄사실을 자수한 것으로 보아야 하고 법정에서 수수한 금원의 직무관련성에 대하여만 수사기관에서의 자백과 차이가 나는 진술을 하였다 하더라도 자수의 효력에는 영향이 없다[대판 1994.9.9. 94도619].

⚖️ 판례 | 자수의 효력

1. **(자수 후 범행사실의 부인은 자수의 효력에 영향 X)** 피고인이 검찰의 소환에 따라 자진 출석하여 검사에게 범죄사실에 관하여 자백함으로써 형법상 자수의 효력이 발생하였다면, 그 후에 검찰이나 법정에서 범죄사실을 일부 부인하였다고 하더라도 일단 발생한 자수의 효력이 소멸하는 것은 아니다[대판 2002.8.23. 2002도46].

2. **(수개의 범죄의 경우 자수한 범죄에 대해서만 효력 발생)** 수개의 범죄사실 중 일부에 관하여만 자수한 경우에는 그 부분 범죄사실에 대하여만 자수의 효력이 있다[대판 1994.10.14. 94도2130].

3. **(수뢰액을 실제보다 적게 신고하여 적용법조와 법정형이 달라지게 된 경우: 자수 효력 X)** 피고인이 검찰에 자수서를 제출하고 제1회 피의자신문을 받으면서 5,000만원이 아닌 3,000만원만을 받았다고 신고하고 이를 초과하는 금원의 수수사실을 부인한 경우, 비록 당시의 신고가 자발적이라고 하더라도 이는 그 신고된 내용에 해당하는 특정범죄 가중처벌 등에 관한 법률 제2조 제1항 제2호, 형법 제129조 위반죄에 비하여 뇌물죄의 보호법익에 대한 침해 또는 침해 위험의 정도 및 그 위법성이 상대적으로 높기 때문에 적용법조와 법정형을 달리하는 이 사건 특정범죄 가중처벌 등에 관한 법률 제2조 제1항 제1호, 형법 제129조 위반죄의 범죄성립요건에 관하여 신고한 것이라고 할 수 없으므로 이 사건 죄에 관한 자수가 성립하였다고 할 수 없고, 그 이후 검찰에 의한 보강수사와 추궁에 따라 5,000만원을 받은 사실을 자백하였다고 하더라도 달리 볼 수는 없으며, 나아가 이 사건 죄 중 피고인이 당초부터 시인한 3,000만원 부분에 한하여 자수의 효력을 인정하여 그 부분에 관하여 법률상 감경을 할 수 있는 것도 아니다[대판 2004.6.24. 2004도2003]. [19 국가9급, 16 경찰채용]*

5. 형의 가감례

(1) 형종의 선택

> **제54조(선택형과 정상참작감경)** 한 개의 죄에 정한 형이 여러 종류인 때에는 먼저 적용할 형을 정하고 그 형을 감경한다.

(2) 가중 · 감경의 순서

> **제56조(가중, 감경의 순서)** 형을 가중, 감경할 사유가 경합하는 경우에는 다음 각 호의 순서에 따른다.
> 1. 각칙 조문에 따른 가중
> 2. 제34조제2항(특수교사방조)에 따른 가중
> 3. 누범 가중
> 4. 법률상 감경
> 5. 경합범 가중
> 6. 정상참작감경

(3) 형의 가중·감경의 정도 및 방법

> **제42조(징역 또는 금고의 기간)** 유기징역 또는 유기금고에 대하여 형을 가중하는 때에는 50년까지로 한다.
>
> **제55조(법률상의 감경)** ① 법률상의 감경은 다음과 같다.
> 1. 사형을 감경할 때에는 무기 또는 20년 이상 50년 이하의 징역 또는 금고로 한다.
> 2. 무기징역 또는 무기금고를 감경할 때에는 10년 이상 50년 이하의 징역 또는 금고로 한다.
> 3. 유기징역 또는 유기금고를 감경할 때에는 그 형기의 2분의 1로 한다.
> 4. 자격상실을 감경할 때에는 7년 이상의 자격정지로 한다.
> 5. 자격정지를 감경할 때에는 그 형기의 2분의 1로 한다.
> 6. 벌금을 감경할 때에는 그 다액의 2분의 1로 한다.
> 7. 구류를 감경할 때에는 그 장기의 2분의 1로 한다.
> 8. 과료를 감경할 때에는 그 다액의 2분의 1로 한다.
> ② 법률상 감경할 사유가 수개 있는 때에는 거듭 감경할 수 있다.

⚖️ 판례 | 감경의 대상인 '형기'의 의미 = 장기와 단기를 모두 포함

형법 제55조 제1항 제3호에 의하여 형기를 감경할 경우 여기서의 형기라 함은 장기와 단기를 모두 포함하는 것이다[대판 1983.11.8. 83도2370].

⚖️ 판례 | 벌금을 감경할 때의 '다액'의 2분의 1이라는 문구는 '금액'의 2분의 1이라는 의미

형법 제55조 제1항 제6호의 벌금을 감경할 때의 '다액'의 2분의 1이라는 문구는 '금액'의 2분의 1이라고 해석하여 그 상한과 함께 하한도 2분의 1로 내려가는 것으로 해석하여야 한다[대판 1978.4.25. 78도246]. [19 경찰채용, 18 법원행시, 17 변호사]*

⚖️ 판례 | 작량감경의 방법

형법 제53조에 의한 작량감경에 있어서도 일정한 범위를 정하여 그 범위 내에서만 각 범죄사정에 적합한 양형을 하여야 하고 작량감경의 방법도 동법 제55조 소정방법에 따라야 한다[대판 1964.10.28. 64도454]. [17 변호사]*

⚖️ 판례 | 임의적 감경의 의미와 처단형의 범위

필요적 감경의 경우에는 감경사유의 존재가 인정되면 반드시 형법 제55조 제1항에 따른 법률상 감경을 하여야 함에 반해, 임의적 감경의 경우에는 감경사유의 존재가 인정되더라도 법관이 형법 제55조 제1항에 따른 법률상 감경을 할 수도 있고 하지 않을 수도 있다. 나아가 임의적 감경사유의 존재가 인정되고 법관이 그에 따라 징역형에 대해 법률상 감경을 하는 이상 형법 제55조 제1항 제3호에 따라 상한과 하한을 모두 2분의 1로 감경한다. 이러한 현재 판례와 실무의 해석은 여전히 타당하다. 구체적인 이유는 다음과 같다.

형법은 필요적 감경의 경우에는 문언상 형을 '감경한다.'라고 표현하고, 임의적 감경의 경우에는 작량감경과 마찬가지로 문언상 형을 '감경할 수 있다.'라고 표현하고 있다. '할 수 있다.'는 말은 어떠한 명제에 대한 가능성이나 일반적인 능력을 나타내는 말로서 '하지 않을 수도 있다.'는 의미를 포함한다. '할 수 있다.'는 문언의 의미에 비추어 보면 입법자는 임의적 감경의 경우 정황 등에 따라 형을 감경하거나 감경하지 않을 수 있도록 한 것이고 그 권한 내지 재량을 법관에게 부여한 것이다. 이러한 해석은 문언상 자연스러울 뿐만 아니라 일상의 언어 사용에 가까운 것으로 누구나 쉽게 이해할 수 있다. 법문과 입법자의 의사에 부합하는 이상, 죄형법정주의 원칙상 허용되지 않는 유추해석에 해당하지도 않는다.

한편 형법 제55조 제1항은 형벌의 종류에 따라 법률상 감경의 방법을 규정하고 있는데, <u>형법 제55조 제1항 제3호는 "유기징역 또는 유기금고를 감경할 때에는 그 형기의 2분의 1로 한다."라고 규정하고 있다. 이와 같이 유기징역형을 감경할 경우에는 '단기'나 '장기'의 어느 하나만 2분의 1로 감경하는 것이 아니라 '형기' 즉 법정형의 장기와 단기를 모두 2분의 1로 감경함을 의미한다는 것은 법문상 명확하다.</u> 처단형은 선고형의 최종적인 기준이 되므로 그 범위는 법률에 따라서 엄격하게 정하여야 하고, 별도의 명시적인 규정이 없는 이상 형법 제56조에서 열거하고 있는 가중·감경할 사유에 해당하지 않는 다른 성질의 감경사유를 인정할 수는 없다. 따라서 유기징역형에 대한 법률상 감경을 하면서 형법 제55조 제1항 제3호에서 정한 것과 같이 장기와 단기를 모두 2분의 1로 감경하는 것이 아닌 장기 또는 단기 중 어느 하나만을 2분의 1로 감경하는 방식이나 2분의 1보다 넓은 범위의 감경을 하는 방식 등은 죄형법정주의 원칙상 허용될 수 없다[대판(전) 2021.1.21. 2018도5475].

Ⅳ 양형

1. 의의

양형이란 법원이 처단형의 범위에서 구체적으로 선고할 형을 정하는 것을 말한다.

2. 양형의 기준

(1) 일반적 기준

① 행위자의 책임과 일반예방 및 특별예방의 목적을 고려해야 한다.
② 예방목적은 행위자의 책임의 범위를 초과하여 고려될 수 없다.

(2) 양형의 기준에 대한 이론

① 유일형이론: 책임은 고정된 일정한 크기를 가진 것이므로 정당한 형벌은 하나일 수 밖에 없다는 견해이다.
② 단계이론: 형량은 불법과 책임에 의하여 결정하고, 형벌의 종류와 집행여부는 예방목적을 고려하여 결정해야 한다는 견해이다.
③ 범위이론: 책임과 일치하는 정확한 형벌을 결정할 수 없으므로 책임에 적합한 형벌의 상한과 하한의 범위 내에서 특별예방과 일반예방을 고려하여 형벌을 결정해야 한다는 견해이다(다수설).

3. 양형의 조건

(1) 양형판단의 자료

> 제51조(양형의 조건) 형을 정함에 있어서는 다음 사항을 참작하여야 한다. [18 경찰승진]*
> 1. 범인의 연령, 성행, 지능과 환경
> 2. 피해자에 대한 관계
> 3. 범행의 동기, 수단과 결과
> 4. 범행 후의 정황113)

(2) 이중평가의 금지

법적 구성요건요소로 되어 있는 형의 가중·감경사유를 다시 양형의 참작사유로 삼을 수 없다는 원칙을 말한다(예 특수폭행죄의 경우 위험한 물건이라는 범행수단이 구성요건상의 가중사유로 되어 있으므로 이러한 범행수단을 다시 양형에서 고려해서는 안된다).

---

113) 범행 후의 뉘우침, 공판절차에서의 태도, 피해의 변상노력 등이 고려된다.

Ⅴ 판결선고전 구금일수의 산입 및 판결의 공시

1. 판결선고전 구금일수의 산업

> 제57조(판결선고전 구금일수의 통산) ① 판결선고전의 구금일수는 그 전부를 유기징역, 유기금고, 벌금이나 과료에 관한 유
> 치 또는 구류에 산입한다. [19 국가9급, 18 국가7급, 17 법원행시]*
> ② 전항의 경우에는 구금일수의 1일은 징역, 금고, 벌금이나 과료에 관한 유치 또는 구류의 기간의 1일로 계산한다.

✒ 판례 | 미결구금일수의 일부산입을 허용하는 규정의 위헌 여부(위헌)

미결구금은 신체의 자유를 침해받는 피의자 또는 피고인의 입장에서 보면 실질적으로 자유형의 집행과 다를 바 없으므로, 인권보호 및 공평의 원칙상 형기에 전부 산입되어야 한다. 그러나 형법 제57조 제1항 부분은 미결구금의 이러한 본질을 충실히 고려하지 못하고 법관으로 하여금 미결구금일수 중 일부를 형기에 산입하지 않을 수 있게 허용하였는바, 이는 헌법상 무죄추정의 원칙 및 적법절차의 원칙 등을 위배하여 합리성과 정당성 없이 신체의 자유를 지나치게 제한함으로써 헌법에 위반된다[헌재 2009.6.25. 2007헌바25].

관련판례 형법 제57조 제1항 중 "또는 일부" 부분은 헌재의 위헌결정으로 효력이 상실되었다. 그리하여 판결선고 전 미결구금일수는 그 전부가 법률상 당연히 본형에 산입하게 되었으므로, 판결에서 별도로 미결구금일수 산입에 관한 사항을 판단할 필요가 없다고 할 것이다[대판 2009.12.10. 2009도11448].

✒ 판례 | 산입된 미결구금기간이 본형기간을 초과한 경우 본형의 '집행'유예가능성

미결구금이 곧 형의 집행인 것은 아니므로, 형법 제57조에 의하여 산입된 미결구금기간이 징역 또는 금고의 본형기간을 초과한다고 하여도 형법 제62조의 규정에 따라 그 본형의 '집행'을 유예하는 데에는 아무런 지장이 없다고 할 것이다[대판 2008.2.29. 2007도9137].

✒ 판례 | 노역장 유치의 법적 성질 = 형의 집행 ○, 미결구금X = 유치기간의 미결구금일수 산입 X

정식재판청구기간을 도과한 약식명령에 기하여 피고인을 노역장에 유치하는 것은 형의 집행이므로 그 유치기간은 형법 제57조가 규정한 미결구금일수에 해당하지 아니한다. 따라서 비록 정식재판청구권회복결정에 의하여 사건을 공판절차에 의하여 심리하는 경우라 하더라도 법원은 노역장 유치기간을 미결구금일수로 보아 이를 본형에 산입할 수는 없고, 그 유치기간은 나중에 본형의 집행단계에서 그에 상응하는 벌금형이 집행된 것으로 간주될 뿐이다[대판 2007.5.9. 2007도2517].

✒ 판례 | 미결구금이라고 볼 수 없어 형기에의 산입이 부정된 경우

1. 형의 집행과 구속영장의 집행이 경합하고 있는 경우에는 구속 여부와 관계없이 피고인 또는 피의자는 형의 집행에 의하여 구금을 당하고 있는 것이어서, 구속은 관념상은 존재하지만 사실상은 형의 집행에 의한 구금만이 존재하는 것에 불과하므로 즉, 구속에 의하여 자유를 박탈하는 것이 아니므로, 이러한 경우의 미결구금은 본형에 통산하여서는 아니된다 [대판 2001.10.26. 2001도4583].

2. 피고인이 미결구금일수로서 본형에의 산입을 요구하는 일수는 공소의 목적을 달성하기 위하여 어쩔 수 없이 이루어진 강제처분기간이 아니라, 피고인이 필리핀 당국에 의하여 이민법위반 혐의(체류자격 외 활동)로 체포된 후 필리핀에서 강제로 출국되기까지의 기간에 불과하여 형법 제57조에 의하여 본형에 산입될 미결구금일수에 해당하지 않는다[대판 2003.2.11. 2002도6606].

   동지판례 피고인이 범행 후 미국으로 도주하였다가 대한민국정부와 미합중국정부 간의 범죄인 인도조약에 따라 체포되어 인도절차를 밟기 위한 절차에 해당하는 기간에 불과하여 본형에 산입될 미결구금일수에 해당하지 않는다[대판 2005.10.28. 2005도5822; 동지 대판 2009.5.28. 2009도1446].

☈ 판례 | 미결구금일수의 산입대상(피고인의 다른 범죄사실에 관한 형에 산입 가능)

구금일수를 어느 죄에 관한 형에 산입할 것인가의 문제는 법원의 재량에 속하는 사항이라고 할 것이므로 법원이 판결선고 전의 구금일수를 구속영장이 발부되지 아니한 다른 범죄사실에 관한 죄의 형에 산입할 수도 있다[대판 1996.5.10. 96도800].

☈ 판례 | 기타 미결구금일수에 관한 판례정리

미결구금기간이 확정된 징역 또는 금고의 본형기간을 초과한 결과가 생겼다 하여 위법하다고 할 수 없다[대판 1989.10.10. 89도1711].

2. 판결의 공시

제58조(판결의 공시) ① 피해자의 이익을 위하여 필요하다고 인정할 때에는 피해자의 청구가 있는 경우에 한하여 피고인의 부담으로 판결공시의 취지를 선고할 수 있다.

② 피고사건에 대하여 무죄의 판결을 선고하는 경우에는 무죄판결공시의 취지를 선고하여야 한다. 다만, 무죄판결을 받은 피고인이 무죄판결공시 취지의 선고에 동의하지 아니하거나 피고인의 동의를 받을 수 없는 경우에는 그러하지 아니하다. [19 경찰채용, 17 법원행시]*

③ 피고사건에 대하여 면소의 판결을 선고하는 경우에는 면소판결공시의 취지를 선고할 수 있다. [16 법원행시]*

제3절 누범

제35조(누범) ① 금고 이상의 형을 선고받아 그 집행이 종료되거나 면제된 후 3년 내에 금고 이상에 해당하는 죄를 지은 사람은 누범으로 처벌한다. [20 법원9급, 18 법원9급]*

② 누범의 형은 그 죄에 대하여 정한 형의 장기의 2배까지 가중한다.

I 서론

1. 누범의 의의

(1) 개념

금고 이상의 형을 선고받아 그 집행이 종료되거나 면제된 후 3년 내에 금고 이상에 해당하는 범죄를 다시 범한 경우이다.

(2) 구별개념

구분	누범	상습범
의미	반복된 범죄	반복된 범죄에 징표된 범죄적 경향
전과의 요부	필요	불요
죄질의 동일성	불요	필요

가중처벌의 근거	행위책임 (초범자보다 책임이 가중)	행위자책임 (행위자의 특성)
규정방식	총칙의 일반규정(제35조)	각칙에서 개별적으로 규정

⚖ 판례 | 장물취득의 전과가 없어도 장물취득의 습벽 인정 가능(전과는 상습성의 중요한 판단자료에 불과함)

장물취득의 전과가 없다고 하더라도 범행의 회수, 수단과 방법, 동기 등 제반 사정을 참작하여 장물취득의 습벽이 인정되는 경우에는 상습성을 인정하여야 할 것이다[대판 2007.2.8. 2006도6955].

⚖ 판례 | 상습범과 누범의 관계

상습범과 누범은 서로 다른 개념으로서 누범에 해당한다고 하여 반드시 상습범이 되는 것이 아니며, 반대로 상습범에 해당한다고 하여 반드시 누범이 되는 것도 아니다[대판 2007.8.22. 2007도4913]. [19 국가7급, 18 법원9급]*

관련판례 상습범을 가중처벌하는 규정을 적용한 후 다시 누범가중을 할 수 있다[대판 1982.10.12. 82도1865].

2. 누범가중의 위헌성여부

⚖ 판례 | 누범가중 규정의 위헌여부(합헌)

누범가중에 관한 형법의 규정이 일사부재리원칙과 저촉되는 것으로 볼 수 없고[대판 1970.9.29. 70도1656], 국민의 평등권을 규정한 헌법에 위배하는 것이라고 할 수 없다[대판 1983.4.12. 83도420].

Ⅱ 누범가중의 요건

1. 전범에 대해 금고 이상의 형을 선고 받았을 것

① 전범의 형은 금고 이상의 형으로서 선고형을 의미한다.

② 전범에 적용된 법률이 형법·특별법인가를 불문하며, 전범이 고의범·과실범인지도 불문한다.

③ 금고 이상의 형의 선고는 유효하여야 한다. 따라서 형선고의 효력이 상실된 때에는 누범전과가 될 수 없다. 그러므로 ⅰ) 일반사면·집행유예기간의 경과의 경우 형선고의 효력이 상실되므로 전범요건이 탈락하나 ⅱ) 특별사면·복권114)의 경우 형선고의 효력이 유지되므로 전범요건이 유지된다.

⚖ 판례 | 일반사면, 집행유예기간 경과, 재심판결이 확정된 경우 종전의 확정판결

1. 일반사면에 의하여 형의 선고의 효력이 상실된 범죄는 누범전과로 인정될 수 없다[대판 1965.11.30. 65도910]. [19 법원행시, 18 법원행시, 17 법원9급]*

   관련판례 형의 실효 등에 관한 법률에 의하여 형이 실효된 경우에는 형의 선고에 의한 법적 효과가 장래에 향하여 소멸되므로 형이 실효된 후에는 그 전과를 특정범죄 가중처벌 등에 관한 법률 제5조의4 제5항 소정의 징역형의 선고를 받은 경우(누범전과)로 볼 수는 없다[대판 2002.10.22. 2002감도39; 동지 대판 2010.3.25. 2010도8].

---

114) 상실·정지된 자격을 회복시키는 효력이 있을 뿐이다.

2. 집행유예의 판결을 받고 그 기간 경과 후 다시 범죄를 저지른 행위는 집행유예죄와의 사이에 누범관계가 성립하지 아니한다[대판 1970.9.22. 70도1627].

3. [1] 유죄의 확정판결에 대하여 재심개시결정이 확정되어 법원이 그 사건에 대하여 다시 심판을 한 후 재심의 판결을 선고하고 그 재심판결이 확정된 때에는 종전의 확정판결은 당연히 효력을 상실한다.
[2] 피고인이 폭처법위반죄 등으로 징역 8월을 선고받아 판결이 확정되어 그 집행을 종료한 후 3년 내에 상해죄 등을 범하였더라도, 피고인이 확정판결에 대해 재심을 청구하여 재심개시결정이 이루어져 재심심판절차에서 징역 8월을 선고한 재심판결이 확정됨으로써 그 전의 확정판결이 효력을 상실한 경우 더 이상 상해죄 등은 확정판결에 의한 형의 집행이 끝난 후 3년 내에 이루어진 것이 아니다(누범이 아니다)[대판 2017. 9.21. 2017도4019.].

⚖ 판례 | 누범전과에 해당하는 경우(특별사면, 복권)

형의 선고를 받은 자가 특별사면을 받아 형의 집행을 면제받고 또 후에 복권이 되었다 하더라도 형의 선고의 효력이 상실되는 것은 아니라 할 것이므로 특별사면으로 출소한 후 3년 내에 다시 죄를 범한 자에 대한 누범가중은 적법하다[대판 1986.11.11. 86도2004.]. [19 법원행시]*

관련판례 누범가중의 사유가 되는 전과에 적용된 법률조항에 대하여 위헌결정이 있어 재심이 가능하다는 이유만으로 그 전과의 법률적 효력에 영향이 있다고 할 수 없다[대판 2017.3.22. 2016도9032.]. [19 국가7급]*

---

2. 전범의 형집행 종료 또는 면제 후 3년 이내에 후범이 행해질 것[115]

ⅰ) 전범의 형집행 종료 또는 면제 이전에 범한 죄, 즉 전범의 형의 집행전·집행중·집행정지중에 범한 죄 또는 집행유예기간중·가석방기간중에 범한 죄는 누범이 될 수 없다. ⅱ) 전범의 형집행 종료 또는 면제 후 3년 이후에 범한 죄는 누범이 될 수 없다.

⚖ 판례 | 누범기간 이전에 범한 범죄 = 누범 X

1. 금고 이상의 형을 받고 그 형의 집행유예기간 중에 금고 이상에 해당하는 죄를 범하였다 하더라도 이는 누범가중의 요건을 충족시킨 것이라 할 수 없다[대판 1983.8.23. 83도1600]. [19 법원행시, 18 법원9급, 17 법원행시]*

2. 가석방은 가석방 기간을 경과한 때에는 형의 집행을 종료한 것으로 간주되는 것이므로 아직 가석방기간 중일 때에는 형집행 종료라고 볼 수 없기 때문에 가석방기간중의 재범에 대하여는 그 가석방된 전과사실 때문에 누범가중처벌되지 아니한다[대판 1976.9.14. 76도2071]. [18 법원행시]*

⚖ 판례 | 누범기간 이내의 범죄인가의 판단 기준

1. (실행의 착수가 있었는가를 기준으로 함) 형법 제35조 소정의 누범이 되려면 금고 이상의 형을 받아 그 집행을 종료하거나 면제를 받은 후 3년 내에 다시 금고 이상에 해당하는 죄를 범하여야 하는바, 이 경우 다시 금고 이상에 해당하는 죄를 범하였는지 여부는 그 범죄의 실행행위를 하였는지 여부를 기준으로 결정하여야 하므로 3년의 기간 내에 실행의 착수가 있으면 족하고, 그 기간 내에 기수에까지 이르러야 되는 것은 아니다[대판(전) 2006.4.7. 2005도9858]. [17 법원행시, 16 국가7급]*

2. (상습범의 경우: 일부행위가 누범기간 내이면 족함) 상습범 중 일부 행위가 누범기간 내에 이루어진 이상 나머지 행위가 누범기간 경과후에 행하여졌더라도 그 행위 전부가 누범관계에 있는 것이다[대판 1985.7.9. 85도1000]. [17 법원행시]*

3. (포괄일죄의 경우: 일부행위가 누범기간 내이면 족함) 포괄일죄의 일부 범행이 누범기간 내에 이루어진 이상 나머지 범행이 누범기간 경과 후에 이루어졌더라도 그 범행 전부가 누범에 해당한다고 보아야 한다[대판 2012.3.29. 2011도14135]. [19 국가7급, 18 법원9급, 16 국가7급]*

---

115) 누범이 성립하기 위하여는 후범이 범하여진 시기가 누범기간 내이면 족하므로 후범에 대한 형을 선고하는 시기는 누범성립에 영향이 없다.

3. 후범은 금고 이상에 해당하는 죄일 것

> **⚖ 판례 | '금고 이상의 형'의 의미 = 법정형 X, 선고형 ○**
>
> 형법 제35조 제1항에 규정된 '금고 이상에 해당하는 죄'라 함은 유기금고형이나 유기징역형으로 처단할 경우에 해당하는 죄를 의미하는 것으로서 법정형 중 벌금형을 선택한 경우에는 누범가중을 할 수 없다[대판 1982.9.14. 82도1702]. 116) [17 변호사, 17 법원행시, 16 국가7급]*

> **⚖ 판례 | 누범성립을 위한 전범과 후범과의 관계**
>
> 형법 제35조는 누범에 해당하는 전과사실과 새로이 범한 범죄 사이에 일정한 상관관계가 있다고 인정되어야만 적용되는 것은 아니다[대판 2008.12.24. 2006도1427]. [17 법원행시, 16 국가7급]*

Ⅲ 누범의 효과

① 누범의 형은 그 죄에 정한 형의 장기의 2배까지 가중한다(제35조 제2항). 단기는 가중하지 않으며, 117) 장기도 50년을 초과할 수 없다(제42조).

> **⚖ 판례 | 누범가중의 범위(장기만 가중)**
>
> 누범 가중을 함에 있어서는 그 죄에 정한 형의 장기 2배까지 가중할 수 있는 것이고 단기에 관하여도 2배로 가중하는 것은 아니다[대판 1969.8.19. 69도1129]. [19 국가7급]*

② 누범이 경합범인 경우에는 각죄에 대하여 먼저 누범가중을 한 후에 경합범으로 처벌하여야 한다.

> **⚖ 판례 | 범죄의 누적이 구성요건으로 되어 있는 경우 형법상의 누범가중의 가능성(가능)**
>
> 폭력행위 등 처벌에 관한 법률 제3조 제4항(수차 범죄를 범한 것이 구성요건으로 되어 있음)에 해당하여 처벌하는 경우에도 형법 제35조의 누범가중 규정의 적용은 면할 수 없다[대판 2007.8.22. 2007도4913].

Ⅳ 판결선고후의 누범발각

> **제36조(판결선고후의 누범발각)** 판결선고후 누범인 것이 발각된 때에는 그 선고한 형을 통산하여 다시 형을 정할 수 있다. 단 선고한 형의 집행을 종료하거나 그 집행이 면제된 후에는 예외로 한다. 118)

---

116) 예컨대 다른 요건을 모두 구비한 경우이고 후범으로서 절도죄(6년 이하의 징역 또는 1천만원 이하의 벌금)를 범한 경우를 가정하면, 법관이 절도죄에 대하여 징역형을 선택하여 선고하는 경우에는 누범이 되어 장기가 2배 가중되어 처단형은 12년 이하의 징역형이 되나, 법관이 절도죄에 대하여 벌금형을 선택하여 선고하는 경우에는 누범이 될 수 없어 처단형은 변경되지 아니하므로 여전히 1천만원 이하의 벌금이다.

117) 누범에 해당하는 경우라도 장기만 2배를 가중하며 가중한 형이 처단형의 상한이 될 뿐이다. 그리고 처단형의 범위 안에서 선고형을 선택한 경우 그 죄의 법정형을 초과할 수도 있고 그렇지 않을 수도 있다. 따라서 누범 가중을 하는 경우 반드시 그 죄의 법정형을 초과하여 선고하여야 하는 것은 아니다.

118) 이미 자유를 회복하여 사회에 복귀하여 있는 범죄인의 현상태를 존중하여야 한다는 것을 근거로 하는 규정이다.

Ⅰ 집행유예

1. 집행유예의 의의와 법적 성질

집행유예란 형을 선고함에 있어서 일정한 기간 동안 형의 집행을 유예하고 그 유예기간을 경과한 때에는 형의 선고의 효력을 잃게 하는 제도를 말한다.

2. 집행유예의 요건

> 제62조(집행유예의 요건) ① 3년 이하의 징역이나 금고 또는 500만원 이하의 벌금의 형을 선고할 경우에 제51조의 사항을 참작하여 그 정상에 참작할 만한 사유가 있는 때에는 1년 이상 5년 이하의 기간 형의 집행을 유예할 수 있다. 다만, 금고 이상의 형을 선고한 판결이 확정된 때부터 그 집행을 종료하거나 면제된 후 3년까지의 기간에 범한 죄에 대하여 형을 선고하는 경우에는 그러하지 아니하다. [20 법원행시, 19 법원행시, 19 경간부, 19 경찰채용, 18 국가9급, 17 법원행시, 16 법원행시]*
> ② 형을 병과할 경우에는 그 형의 일부에 대하여 집행을 유예할 수 있다.

(1) 3년 이하의 징역이나 금고 또는 500만원 이하의 벌금의 형을 선고할 경우일 것

① 최근 형법의 개정으로 500만원 이하의 벌금형을 선고할 경우에도 집행유예가 가능하게 되었다.

② 3년 이하의 징역이나 금고 또는 500만원 이하의 벌금의 형은 법정형이 아니라 '선고형'을 의미한다.

(2) 정상에 참작할 만한 사유가 있을 것

① 정상에 참작할 만한 사유가 있다는 것은 형을 집행하지 아니하고 형을 선고하는 것만으로도 피고인에게 경고기능을 다하여 장래에 재범의 위험성이 없다고 인정되는 경우이다.

② 재범의 위험성 여부는 형법 제51조의 사항을 종합하여 판결선고시를 기준으로 판단한다.

(3) 금고 이상의 형을 선고한 판결이 확정된 때부터 그 집행을 종료하거나 면제된 후 3년까지의 기간에 범한 죄가 아닐 것(집행유예의 결격기간 내의 범죄가 아닐 것)

① '금고 이상의 형'을 선고한 판결이 확정된 때의 의미

> ⚖️ **판례 | 집행유예기간 중에 범한 범죄에 대한 집행유예의 가능성(제한적 가능)**
>
> [1] 형법 제62조 제1항 단서에서 규정한 '금고 이상의 형을 선고한 판결이 확정된 때'는 실형뿐 아니라 형의 집행유예를 선고한 판결이 확정된 경우도 포함된다.
> [2] 집행유예 기간 중에 범한 죄에 대하여 형을 선고할 때에, 집행유예의 결격사유를 정하는 형법 제62조 제1항 단서 소정의 요건에 해당하는 경우란, 이미 집행유예가 실효 또는 취소된 경우와 그 선고 시점에 미처 유예기간이 경과하지 아니하여 형 선고의 효력이 실효되지 아니한 채로 남아 있는 경우로 국한되고, 집행유예가 실효 또는 취소됨이 없이 유예기간을 경과한 때에는, 형의 선고가 이미 그 효력을 잃게 되어 '금고 이상의 형을 선고'한 경우에 해당한다고 보기 어려울 뿐 아니라, 집행의 가능성이 더 이상 존재하지 아니하여 집행종료나 집행면제의 개념도 상정하기 어려우므로 위 단서 소정의 요건에 해당하지 않는다고 할 것이므로, 집행유예 기간 중에 범한 범죄라고 할지라도 집행유예가 실효 취소됨이 없이 그 유예기간이 경과한 경우에는 이에 대해 다시 집행유예의 선고가 가능하다(대판 2007.2.8. 2006도6196). [20 변호사, 19 법원행시, 18 경간부, 17 법원행시, 17 국가7급]*

② 금고 이상의 형을 선고한 판결이 확정되기 전에 범한 죄와 금고 이상의 형에 대한 집행을 종료하거나 면제된 후 3년 이후에 범한 죄, 즉 결격기간의 전후에 범한 죄에 대하여는 판결선고시기를 불문하고 집행유예를 선고할 수 있다.[119]

---

119) 개정법률은 집행유예의 결격사유를 판결선고시가 아니라 범행시를 기준으로 판단하도록 규정하고 있다.

제3편

2023 해커스경찰 허정 형사법 1권 형법총론

3. 집행유예와 보호관찰, 사회봉사명령 및 수강명령

> 제62조의2(보호관찰, 사회봉사 · 수강명령) ① 형의 집행을 유예하는 경우에는 보호관찰을 받을 것을 명하거나 사회봉사 또는 수강을 명할 수 있다. [19 경간부]*
> ② 제1항의 규정에 의한 보호관찰의 기간은 집행을 유예한 기간으로 한다. 다만 법원은 유예기간의 범위 내에서 보호관찰 기간을 정할 수 있다.
> ③ 사회봉사명령 또는 수강명령은 집행유예기간 내에 이를 집행한다. [17 경찰승진]*

> ⚖️ **판례 | 사회봉사명령의 의미**
>
> [1] 법원이 피고인에게 유죄로 인정된 범죄행위를 뉘우치거나 그 범죄행위를 공개하는 취지의 말이나 글을 발표하도록 하는 내용의 사회봉사를 명하고 이를 위반할 경우 집행유예의 선고를 취소할 수 있도록 함으로써 그 이행을 강제하는 것은, 헌법이 보호하는 피고인의 양심의 자유, 명예 및 인격에 대한 심각하고 중대한 침해에 해당하므로 허용될 수 없다. [19 경찰승진, 18 법원행시, 17 국가7급, 17 경찰승진]*
>
> [2] 사회봉사는 형의 집행을 유예하면서 부가적으로 명하는 것이고 집행유예 되는 형은 자유형에 한정되고 있는 점 등에 비추어, 법원이 형의 집행을 유예하는 경우 명할 수 있는 사회봉사는 자유형의 집행을 대체하기 위한 것으로서 500시간 내에서 시간 단위로 부과될 수 있는 일 또는 근로활동을 의미하는 것으로 해석되므로, 법원이 형법 제62조의2의 규정에 의한 사회봉사명령으로 피고인에게 일정한 금원을 출연하거나 준법경영을 주제로 하는 강연과 기고를 명하는 것은 허용될 수 없다[대판 2008.4.11. 2007도8373]. [18 법원행시, 18 국가9급]*

> ⚖️ **판례 | 보호관찰대상자에 대한 특별준수사항을 사회봉사 · 수강명령대상자에게 적용할 수 있는지 여부**
>
> [1] 사회봉사 · 수강명령대상자에 대한 특별준수사항은 보호관찰대상자에 대한 것과 같을 수 없고, 따라서 보호관찰대상자에 대한 특별준수사항을 사회봉사 · 수강명령대상자에게 그대로 적용하는 것은 적합하지 않다.
>
> [2] 형법 제64조 제2항이 준수사항이나 명령의 위반 정도가 무거운 때에 집행유예의 선고를 취소할 수 있도록 규정하고 있고, 집행유예의 취소는 자유형의 선고와 마찬가지로 자유를 박탈하는 결과를 가져올 뿐만 아니라 사회봉사 · 수강명령의 실패와 다름 아니기 때문에 사회봉사 · 수강명령의 목적을 도저히 달성할 수 없을 정도에 이르렀다고 판단될 때 하여야 하는 것이 바람직하다는 사정을 보태어 보면, 법원이 보호관찰대상자에게 특별히 부과할 수 있는 '재범의 기회나 충동을 줄 수 있는 장소에 출입하지 아니할 것'이라는 사항을 만연히 사회봉사 · 수강명령대상자에게 부과하고 사회봉사 · 수강명령대상자가 재범한 것을 집행유예 취소사유로 삼는 것은 신중하여야 한다[대결 2009.3.30. 2008모1116].
>
> **관련판례** 보호관찰법 제32조 제3항이 보호관찰 대상자에게 과할 수 있는 특별준수사항으로 정한 "범죄행위로 인한 손해를 회복하기 위하여 노력할 것(제4호)" 등 같은 항 제1호부터 제9호까지의 사항은 보호관찰 대상자에 한해 부과할 수 있을 뿐, 사회봉사명령 · 수강명령 대상자에 대해서는 부과할 수 없다[대판 2020.11.5. 2017도18291].

4. 집행유예의 선고 및 유예기간 경과의 효과

(1) 집행유예의 선고

집행유예의 요건이 구비된 경우 1년 이상 5년 이하의 범위 내에서 법원의 재량으로 집행유예를 선고할 수 있다.

> ⚖️ **판례 | 형을 병과하면서 일부의 형에 대해서만 집행유예(허용 ○)**
>
> 형법 제37조 후단의 경합범 관계에 있는 두 개의 범죄에 대하여 하나의 판결로 두 개의 자유형을 선고하는 경우 그 두 개의 자유형은 각각 별개의 형이므로 형법 제62조 제1항에 정한 집행유예의 요건에 해당하면 그 각 자유형에 대하여 각각 집행유예를 선고할 수 있는 것이고, 또 그 두 개의 징역형 중 하나의 징역형에 대하여는 실형을 선고하면서 다른 징역형에 대하여 집행유예를 선고하는 것도 우리 형법상 이러한 조치를 금하는 명문의 규정이 없는 이상 허용되는 것으로 보아야 한다[대판 2001.10.12. 2001도3579]. [20 법원9급, 19 법원행시, 18 법원행시, 16 법원9급]*

⚖️ **판례 | 하나의 자유형의 일부에 대한 집행유예(허용 X)**

집행유예의 요건에 관한 형법 제62조 제1항이 '형'의 집행을 유예할 수 있다고만 규정하고 있다고 하더라도, 이는 같은조 제2항이 그 형의 '일부'에 대하여 집행을 유예할 수 있는 때를 형을 '병과'할 경우로 한정하고 있는 점에 비추어 보면, 조문의 체계적 해석상 하나의 형의 전부에 대한 집행유예에 관한 규정이라 할 것이므로 하나의 자유형 중 일부에 대해서는 실형을, 나머지에 대해서는 집행유예를 선고하는 것은 허용되지 않는다[대판 2007.2.22, 2006도8555]. [19 경찰승진, 17 법원행시]*

(2) 집행유예기간 경과의 효과

> **제65조(집행유예의 효과)** 집행유예의 선고를 받은 후 그 선고의 실효 또는 취소됨이 없이 유예기간을 경과한 때에는 형의 선고는 효력을 잃는다. [20 변호사, 20 경찰승진, 18 변호사, 18 국가9급, 18 경찰승진, 18 경간부, 17 법원행시]*

⚖️ **판례 | 집행유예기간의 시기 = 집행유예를 선고한 판결 확정일**

[1] 우리 형법이 집행유예기간의 시기(始期)에 관하여 명문의 규정을 두고 있지는 않지만 형사소송법 제459조가 "재판은 이 법률에 특별한 규정이 없으면 확정한 후에 집행한다."고 규정한 취지나 집행유예 제도의 본질 등에 비추어 보면 집행유예를 함에 있어 그 집행유예기간의 시기는 집행유예를 선고한 판결 확정일로 하여야 하고 법원이 판결 확정일 이후의 시점을 임의로 선택할 수는 없다.
[2] 형법 제37조 후단의 경합범 관계에 있는 죄에 대하여 두 개의 징역형을 선고하면서 하나의 징역형에 대하여만 집행유예를 선고하고 그 집행유예기간의 시기를 다른 하나의 징역형의 집행종료일로 한 것은 위법하다[대결 2002.2.26, 2000도4637]. [21 법원9급, 20 경찰승진, 19 법원행시, 18 법원행시, 16 법원9급]*

⚖️ **판례 | 집행유예기간 경과의 효과**

형법 제65조 소정의 "형의 선고는 효력을 잃는다"는 취지는 형의 선고의 법률적 효과가 없어진다는 것120)일 뿐 형의 선고가 있었다는 기왕의 사실 자체까지 없어진다121)는 뜻이 아니다[대결 1983.4.2, 83모8].

5. 집행유예의 실효와 취소

(1) 집행유예의 실효

> **제63조(집행유예의 실효)** 집행유예의 선고를 받은 자가 유예기간 중 고의로 범한 죄로 금고 이상의 실형을 선고받아 그 판결이 확정된 때에는 집행유예의 선고는 효력을 잃는다.

(2) 집행유예의 취소

① 결격사유의 발각으로 인한 필요적 취소

> **제64조(집행유예의 취소)** ① 집행유예의 선고를 받은 후 제62조 단행의 사유가 발각된 때에는 집행유예의 선고를 취소한다.

---

120) 이러한 효과로 인하여 집행유예기간이 도과한 범죄는 누범이 성립하기 위한 '전범'이 될 수 없다.
121) 이러한 효과로 인하여 집행유예기간이 도과한 범죄일지라도 사후적 경합범의 '판결이 확정된 범죄'에 해당할 수 있으며 선고유예의 결격사유인 '자격정지 이상의 형을 받은 전과'에 해당할 수 있다.

⚖️ 판례 | 집행유예결격사유의 발각의 의미 = 결격사유에 대한 악의·과실에 의한 부지도 포함

[1] 형법 제64조 제1항에 의하면 집행유예의 선고를 받은 후 형법 제62조 단행의 사유가 발각된 때에는 집행유예의 선고를 취소한다고 규정되어 있는바, 여기에서 집행유예를 선고받은 후 형법 제62조 단행의 사유가(*저자 주 – 개정형법의 취지에 맞게 판례내용을 일부 수정했음) 발각된 때라 함은 집행유예 선고의 판결이 확정된 후에 비로소 위와 같은 사유가 발각된 경우를 말하고 그 판결확정 전에 결격사유가 발각된 경우에는 이를 취소할 수 없으며, 이때 판결확정 전에 발각되었다고 함은 검사가 명확하게 그 결격사유를 안 경우만을 말하는 것이 아니라 당연히 그 결격사유를 알 수 있는 객관적 상황이 존재함에도 부주의로 알지 못한 경우도 포함된다. [17 국가7급]*

[2] 집행유예 선고의 판결확정 전에 이미 수사단계에서 검사가 집행유예 결격사유가 되는 전과의 존재를 당연히 알 수 있는 객관적 상황이 존재하였음에도 부주의로 알지 못한 경우에 해당한다고 하여 집행유예의 선고를 취소할 수 없다고 본 사례 [대결 2001.6.27. 2001모135].

⚖️ 판례 | 집행유예기간 경과 후에 취소사유가 발각된 경우 = 취소 X, 유예기간 경과의 효과 인정

집행유예의 선고를 받은 후 그 선고의 실효 또는 취소됨이 없이 유예기간을 경과한 때에는 형법 제65조가 정하는 바에 따라 형의 선고는 효력을 잃는 것이고, 그와 같이 유예기간이 경과함으로써 형의 선고가 효력을 잃은 후에는 형법 제62조 단행의 사유가 발각되었다고 하더라도 그와 같은 이유로 집행유예를 취소할 수 없고 그대로 유예기간 경과의 효과가 발생한다 [대결 1999.1.12. 98모151]. [18 국가9급]*

② 준수사항 등의 위반을 이유로 한 임의적 취소

> 제64조(집행유예의 취소) ② 제62조의2의 규정에 의하여 보호관찰이나 사회봉사 또는 수강을 명한 집행유예를 받은 자가 준수사항이나 명령을 위반하고 그 정도가 무거운 때에는 집행유예의 선고를 취소할 수 있다.122)

⚖️ 판례 | 준수사항의 위반사실이 범죄인 경우 = 기소나 재판의 확정여부 불문하고 취소 가능

형법 제62조의2의 규정에 의하여 보호관찰이나 사회봉사 또는 수강을 명한 집행유예를 받은 자가 준수사항이나 명령을 위반한 경우에 그 위반사실이 동시에 범죄행위로 되더라도 그 기소나 재판의 확정여부 등 형사절차와는 별도로 법원이 보호관찰 등에 관한 법률에 의한 검사의 청구에 의하여 형법 제64조 제2항에 규정된 집행유예 취소의 요건에 해당하는가를 심리하여 준수사항이나 명령 위반사실이 인정되고 위반의 정도가 무거운 때에는 집행유예를 취소할 수 있다 [대결 1999.3.10. 99모33].

---

122) 취소는 임의적이다.

Ⅱ 선고유예

1. 의의

선고유예란 경미한 범죄자에 대하여 일정한 기간 동안 형의 선고를 유예하고 그것이 실효됨이 없이 유예기간을 경과한 때에는 면소된 것으로 간주하는 제도이다.

2. 선고유예의 요건

> **제59조(선고유예의 요건)** ① 1년 이하의 징역이나 금고, 자격정지 또는 벌금의 형을 선고할 경우에 제51조의 사항을 고려하여 뉘우치는 정상이 뚜렷할 때에는 그 형의 선고를 유예할 수 있다. 다만, 자격정지 이상의 형을 받은 전과가 있는 사람에 대해서는 예외로 한다. [19 법원행시, 19 경간부, 19 경찰채용, 17 법원9급]*
> ② 형을 병과할 경우에도 형의 전부 또는 일부에 대하여 선고를 유예할 수 있다. [21 법원9급]*

(1) 1년 이하의 징역이나 금고, 자격정지 또는 벌금의 형을 선고할 경우일 것

① 구류형에 대하여는 선고유예를 할 수 없다[대판 1993.6.22, 93오1]. [19 국가9급]*

> **🔑 판례 | 부가형인 몰수·추징에 대한 선고유예의 가능성**
>
> 1. (주형을 선고유예하는 경우에만 부가형에 대하여 선고유예 가능) 형법 제59조에 의하더라도 몰수는 선고유예의 대상으로 규정되어 있지 아니하고 다만 몰수 또는 이에 갈음하는 추징은 부가형적 성질을 띠고 있어 그 <u>주형에 대하여 선고를 유예하는 경우에는 필요적 몰수의 경우라도 그 부가할 몰수·추징에 대하여도 선고를 유예할 수 있으나, 그 주형에 대하여 선고를 유예하지 아니하면서 이에 부가할 몰수·추징에 대하여서만 선고를 유예할 수는 없다</u>[대판 1988.6.21, 88도551; 동지 대판 1978.4.25, 76도2262]. [18 법원행시, 18 법원9급, 18 경찰채용, 17 경찰승진]*
>
> 2. (주형을 선고유예하더라도 부가형에 대하여 선고유예를 인정하지 않을 수도 있음) 형법 제59조에 의하여 형의 선고를 유예하는 경우에 그 몰수 요건이 있는 때에는 몰수형만을 선고할 수 있는바, 추징은 그 성질상 몰수와 달리 취급할 것이 못 되므로 <u>주형을 선고유예하고 추징을 선고하더라도 위법한 것이 아니다</u>[대판 1981.4.14, 81도614; 동지 대판 1990.4.27, 89도2291]. [18 법원9급]*

② ⅰ) 형을 병과할 경우에 형의 전부 또는 일부에 대한 선고유예도 가능하다(제59조 제2항). 따라서 징역형과 벌금형을 병과하는 경우에 징역형은 집행을 유예하고 벌금형의 선고만을 유예할 수도 있다[대판 1976.6.8, 74도1266]. 그러나 ⅱ) 하나의 형의 일부에 대한 선고유예는 허용되지 아니한다.[123]

(2) 개전의 정상이 현저할 것

> **🔑 판례 | 범죄사실을 자백하지 않고 부인할 경우에 선고유예의 가능성(가능)**
>
> 선고유예의 요건 중 '개전의 정상이 현저한 때'라고 함은, 반성의 정도를 포함하여 널리 형법 제51조가 규정하는 양형의 조건을 종합적으로 참작하여 볼 때 형을 선고하지 않더라도 피고인이 다시 범행을 저지르지 않으리라는 사정이 현저하게 기대되는 경우를 가리킨다고 해석할 것이고, 이와 달리 여기서의 <u>'개전의 정상이 현저한 때'가 반드시 피고인이 죄를 깊이 뉘우치는 경우만을 뜻하는 것으로 제한하여 해석하거나, 피고인이 범죄사실을 자백하지 않고 부인할 경우에는 언제나 선고유예를 할 수 없다고 해석할 것은 아니다</u>[대판(전) 2003.2.20, 2001도6138]. [18 법원행시, 18 경찰채용, 16 국가9급]*

---

123) 1년의 징역형 중 6개월의 징역형은 선고유예하고 6개월의 징역형만 선고하는 것은 허용되지 아니한다.

제3편

2023 해커스경찰 허정 형사법 1권 형법총론

(3) 자격정지 이상의 형을 받은 전과가 없을 것

⚖ 판례 | 선고유예 결격사유인 "자격정지 이상의 형을 받은 전과"의 의미(범죄경력 자체를 의미)

형법 제59조 제1항 단행에서 정한 "자격정지 이상의 형을 받은 전과"라 함은 자격정지 이상의 형을 선고받은 범죄경력 자체를 의미하는 것이고, 그 형의 효력이 상실된 여부는 묻지 않는 것으로 해석함이 상당하다고 할 것이다. 따라서 형의 집행유예를 선고받은 자는 형법 제65조에 의하여 그 선고가 실효 또는 취소됨이 없이 정해진 유예기간을 무사히 경과하여 형의 선고가 효력을 잃게 되었다고 하더라도 형의 선고의 법률적 효과가 없어진다는 것일 뿐, 형의 선고가 있었다는 기왕의 사실 자체까지 없어지는 것은 아니므로, 선고유예 결격사유인 "자격정지 이상의 형을 받은 전과가 있는 자"에 해당한다고 보아야 할 것이다[대판 2003.12.26. 2003도3768]. [대판 2012.6.28. 2011도10570]. [20 경간부, 19 법원행시, 18 법원행시, 18 경간부, 17 법원행시, 17 국가7급]*

비교판례 형법 제65조는 "집행유예의 선고를 받은 후 그 선고의 실효 또는 취소됨이 없이 유예기간을 경과한 때에는 형의 선고는 효력을 잃는다."라고 규정하고 있다. 여기서 '형의 선고가 효력을 잃는다'는 의미는 형의 실효와 마찬가지로 형의 선고에 의한 법적 효과가 장래를 향하여 소멸한다는 취지이다. 따라서 형법 제65조에 따라 형의 선고가 효력을 잃는 경우에도 그 전과는 폭력행위 등 처벌에 관한 법률 제2조 제3항에서 말하는 '징역형을 받은 경우'라고 할 수 없다[대판 2016.6.23. 2016도5032].

⚖ 판례 | 자격정지 이상의 전과의 존재여부의 판단시기(범행시가 아니라 선고시가 기준임)

선고유예가 주로 범정이 경미한 초범자에 대하여 형을 부과하지 않고 자발적인 개선과 갱생을 촉진시키고자 하는 제도인 점, 형법은 선고유예의 예외사유를 '자격정지 이상의 형을 받은 전과'라고만 규정하고 있을 뿐 그 전과를 범행 이전의 것으로 제한하거나 형법 제37조 후단 경합범 규정상의 금고 이상의 형에 처한 판결에 의한 전과를 제외하고 있지 아니한 점, 형법 제39조 제1항은 경합범 중 판결을 받지 아니한 죄가 있는 때에는 그 죄와 판결이 확정된 죄를 동시에 판결할 경우와 형평을 고려하여 그 죄에 대하여 형을 선고하여야 하는데 이미 판결이 확정된 죄에 대하여 금고 이상의 형이 선고되었다면 나머지 죄가 위 판결이 확정된 죄와 동시에 판결되었다고 하더라도 선고유예가 선고되었을 수 없을 것인데 나중에 별도로 판결이 선고된다는 이유만으로 선고유예가 가능하다고 하는 것은 불합리한 점 등을 종합하여 보면, 형법 제39조 제1항에 의하여 형법 제37조 후단 경합범 중 판결을 받지 아니한 죄에 대하여 형을 선고하는 경우에 있어서 형법 제37조 후단에 규정된 금고 이상의 형에 처한 판결이 확정된 죄의 형도 형법 제59조 제1항 단서에서 정한 '자격정지 이상의 형을 받은 전과'에 포함된다고 봄이 상당하다[대판 2010.7.8. 2010도931]. [17 경찰승진]*

판례해설 甲에게는 A죄를 범한 후에 B죄에 대하여 금고 이상의 형을 선고받아 판결이 확정된 전과가 있었으나, A죄를 범할 당시에는 벌금형 외에 처벌받은 전력이 없었다. 이 경우 형법은 선고유예의 예외사유를 '자격정지 이상의 형을 받은 전과'라고만 규정하고 있을 뿐 그 전과를 범행 이전의 것으로 제한하거나 형법 제37조 후단 경합범 규정상의 금고 이상의 형에 처한 판결에 의한 전과를 제외하고 있지 아니하므로 甲의 A죄에 대하여는 선고유예를 할 수 없다.

3. 선고유예와 보호관찰

제59조의2(보호관찰) ① 형의 선고를 유예하는 경우에 재범방지를 위하여 지도 및 원호가 필요한 때에는 보호관찰을 받을 것을 명할 수 있다. [20 경찰승진, 19 경간부, 17 법원9급]*
② 제1항의 규정에 의한 보호관찰의 기간은 1년으로 한다. [20 경찰승진, 17 법원9급]*

4. 형의 선고유예와 유예기간 경과의 효과

제60조(선고유예의 효과) 형의 선고유예를 받은 날로부터 2년을 경과한 때에는 면소된 것으로 간주한다. [20 법원행시, 20 경찰승진, 19 경찰승진, 18 경찰채용, 17 법원9급, 16 국가9급]*

형법 제59조에 의하여 형의 선고를 유예하는 판결을 할 경우에도 선고가 유예된 형에 대한 판단을 하여야 하는 것이므로 선고유예 판결에서도 그 판결이유에서는 선고할 형의 종류와 양 즉 선고형을 정해 놓아야 하고 그 선고를 유예하는 형이 벌금형일 경우에는 그 벌금액 뿐만 아니라 환형유치처분까지 해 두어야 한다[대판 1988.1.19. 86도2654]. [대판 2015.1.29. 2014도15120]. [19 경찰승진, 17 법원9급, 16 국가9급]*

5. 선고유예의 실효

제61조(선고유예의 실효) ① 형의 선고유예를 받은 자가 유예기간 중 자격정지 이상의 형에 처한 판결이 확정되거나 자격정지 이상의 형에 처한 전과가 발견된 때에는 유예한 형을 선고한다.
② 제59조의2의 규정에 의하여 보호관찰을 명한 선고유예를 받은 자가 보호관찰기간중에 준수사항을 위반하고 그 정도가 무거운 때에는 유예한 형을 선고할 수 있다.

형법 제61조 제1항에서 말하는 판결확정 전에 전과가 발견되었다고 함은 검사가 명확하게 그 결격사유를 안 경우만을 말하는 것이 아니라 당연히 그 결격사유를 알 수 있는 객관적 상황이 존재함에도 부주의로 알지 못한 경우도 포함한다[대결 2008.2.14. 2007모845]. [18 경찰채용, 16 국가9급]*

형의 선고유예의 판결이 확정된 후 2년을 경과한 때에는 형법 제60조가 정하는 바에 따라 면소된 것으로 간주되고, 그와 같이 유예기간이 경과함으로써 면소된 것으로 간주된 후에는 실효시킬 선고유예의 판결이 존재하지 아니하므로 선고유예 실효의 결정(선고유예된 형을 선고하는 결정)을 할 수 없다[대결 2007.6.28. 2007모348].

Ⅲ 가석방

1. 가석방의 요건

제72조(가석방의 요건) ① 징역이나 금고의 집행 중에 있는 사람이124) 행상이 양호하여 뉘우침이 뚜렷한 때에는 무기형은 20년, 유기형은 형기의 3분의 1이 지난 후 행정처분으로 가석방을 할 수 있다. [21 법원9급, 20 경간부]*
② 제1항의 경우에 벌금이나 과료가 병과되어 있는 때에는 그 금액을 완납하여야 한다.

제73조(판결선고 전 구금과 가석방) ① 형기에 산입된 판결선고 전 구금일수는 가석방을 하는 경우 집행한 기간에 산입한다.
② 제72조제2항의 경우에 벌금이나 과료에 관한 노역장 유치기간에 산입된 판결선고 전 구금일수는 그에 해당하는 금액이 납입된 것으로 본다.

---

124) 노역장에 유치된 자에 대하여 가석방이 가능하다는 것이 다수설이다.

⚖ 판례 | 사형집행 대기기간을 형의 집행기간에 산입할 수 있는지의 여부(불가능)

사형집행 대기기간을 처음부터 무기징역을 받은 경우와 동일하게 가석방요건 중의 하나인 형의 집행기간에 다시 산입할 수는 없다[대결 1991.3.4. / 90모59].

⚖ 판례 | 수개의 형과 가석방의 요건

형법 제72조 제1항에서의 "형기"라 함은 1개의 판결로 수개의 형이 확정된 수형자의 경우에도 "각형의 형기를 합산한 형기"나 "최종적으로 집행되는 형의 형기"를 의미하는 것이 아니라 언제나 "각형의 형기"를 의미하고, 그 당연한 귀결로서 <u>수개의 형이 확정된 수형자에 대하여는 각형의 형기를 모두 3분의 1 이상씩 경과한 후가 아니면 가석방이 불가능하게 되는 것이다</u> [헌재 1995.3.23. / 93헌마2].

2. 가석방기간과 보호관찰

제73조의2(가석방의 기간 및 보호관찰) ① 가석방의 기간은 무기형에 있어서는 10년으로 하고, 유기형에 있어서는 남은 형기로 하되, 그 기간은 10년을 초과할 수 없다. [20 법원행시]*

② 가석방된 자는 가석방기간 중 보호관찰을 받는다.125) 다만 가석방을 허가한 행정관청이 필요가 없다고 인정한 때에는 그러하지 아니하다.

3. 가석방처분 및 가석방기간 경과의 효과

제76조(가석방의 효과) ① 가석방의 처분을 받은 후 그 처분이 실효 또는 취소되지 아니하고 가석방기간을 경과한 때에는 형의 집행을 종료한 것으로 본다.

4. 가석방의 실효 및 취소의 요건과 효과

제74조(가석방의 실효) 가석방 기간 중 고의로 지은 죄로 금고 이상의 형을 선고받아 그 판결이 확정된 경우에 가석방 처분은 효력을 잃는다.

제75조(가석방의 취소) 가석방의 처분을 받은 자가 감시에 관한 규칙을 위배하거나, 보호관찰의 준수사항을 위반하고 그 정도가 무거운 때에는 가석방처분을 취소할 수 있다.

제76조(가석방의 효과) ② 전2조의 경우에는 가석방 중의 일수는 형기에 산입하지 아니한다.

---

125) 집행유예니 선고유예의 경우에 보호관찰의 부과가 임의적인 것과는 달리 가석방의 경우에는 보호관찰은 당연부과되는 것이 원칙이다.

구분		선고유예	집행유예	가석방
요건		① 1년 이하의 징역·금고, 자격정지, 벌금의 형을 선고할 경우일 것 ② 개전의 정상이 현저할 것 ③ 자격정지 이상의 형을 받은 전과가 없을 것	① 3년 이하의 징역·금고의 형을 선고할 경우일 것 ② 정상에 참작할 만한 사유가 있을 것 ③ 금고 이상의 형이 확정된 때부터 그 집행을 종료하거나 면제된 후 3년까지의 기간에 범한 죄가 아닐 것	① 징역 또는 금고의 집행 중에 있는 자로 무기에 있어서는 20년, 유기에 있어서는 형기의 1/3을 경과하였을 것 ② 개전의 정상이 현저할 것 ③ 벌금 또는 과료의 병과가 있을 때는 그 금액을 완납할 것
기간		2년	1년 이상 5년 이하	무기형은 10년, 유기형은 잔여형기 (단, 10년을 초과할 수 없음)
결정		법원의 재량	법원의 재량	행정기관(법무부장관)의 재량처분
보안 처분	내용	보호관찰	보호관찰·사회봉사·수강명령	보호관찰
	성질	사법처분	사법처분	행정처분
	재량여부	임의적	임의적	필요적(예외 있음)
	기간	1년(단축불가)	원칙: 집행유예기간(단축 가능)	가석방기간(단축 불가능)
효과		면소된 것으로 간주	형선고의 효력상실	형집행을 종료한 것으로 간주
실효		① 유예기간 중 자격정지이상의 형에 처한 판결이 확정되거나 자격정지 이상의 형에 처한 전과가 발견된 경우(필요적 실효) ② 보호관찰부 선고유예를 받은 자가 보호관찰기간 중 준수사항을 위반하고 그 정도가 무거운 경우(임의적 실효)	유예기간 중 고의로 범한 죄로 금고 이상의 실형을 선고받아 그 판결이 확정된 때	가석방 중 금고 이상의 형을 선고받아 그 판결이 확정된 때(단, 과실범은 제외)
취소		취소제도 없음	① 선고 후 제62조 단행사유(결격기간 내의 범죄라는 것)가 발각된 경우(필요적 취소) ② 보호관찰, 사회봉사 또는 수강을 명한 집행유예를 받은 자가 준수사항이나 명령을 위반하고 그 정도가 무거운 경우(임의적 취소)	가석방처분을 받은 자가 감시에 관한 규칙을 위배하거나, 보호관찰의 준수사항을 위반하고 그 정도가 무거운 경우(임의적 취소)

제5절 형의 시효·소멸·기간

ⅠⅠ 형의 시효

1. 형의 시효의 의의

① 형의 시효란 형을 선고하는 재판이 확정된 후 그 집행을 받음이 없이 일정기간을 경과한 때에는 그 집행이 면제되는 것을 말한다.

② 형의 시효는 확정된 형벌의 집행권이 소멸된다는 점에서, 미확정의 형벌권인 공소권을 소멸시키는 공소시효와 구별된다.

③ 형의 시효제도를 인정한 취지는 시간경과로 인하여 형의 선고와 집행에 대한 사회일반인의 규범의식의 요구가 감소되었고, 일정한 기간 동안 계속된 평온상태를 유지·존중할 필요가 있다는 점에 있다.

2. 시효의 기간 및 효과

> **제78조(형의 시효의 기간)** 시효는 형을 선고하는 재판이 확정된 후 그 집행을 받음이 없이 다음의 기간을 경과함으로 인하여 완성된다.[126]
> 1. 사형: 30년
> 2. 무기의 징역 또는 금고: 20년
> 3. 10년 이상의 징역 또는 금고: 15년
> 4. 3년 이상의 징역이나 금고 또는 10년 이상의 자격정지: 10년
> 5. 3년 미만의 징역이나 금고 또는 5년 이상의 자격정지: 7년
> 6. 5년 미만의 자격정지, 벌금, 몰수 또는 추징: 5년
> 7. 구류 또는 과료: 1년
>
> **제77조(형의 시효의 효과)** 형을 선고받은 사람에 대해서는 시효가 완성되면 그 집행이 면제된다.[127]

3. 시효의 정지와 중단

> **제79조(시효의 정지)** ① 시효는 형의 집행의 유예나 정지 또는 가석방 기타 집행할 수 없는 기간은 진행되지 아니한다.
> ② 시효는 형이 확정된 후 그 형의 집행을 받지 아니한 자가 형의 집행을 면할 목적으로 국외에 있는 기간 동안은 진행되지 아니한다. [17 경찰채용]*
>
> **제80조(시효의 중단)** 시효는 사형·징역·금고와 구류에 있어서는 수형자를 체포함으로, 벌금·과료·몰수와 추징에 있어서는 강제처분을 개시함으로 인하여 중단된다. [17 경찰채용]*

> **✦ 판례 | 시효의 중단과 관련된 판례정리**
>
> 1. 검사의 명령에 의하여 집행관이 벌금형의 집행에 임하였으나 압류대상물건의 평가액이 집행비용에도 미달하여 집행이 불능이 된 경우에도 벌금형의 시효는 중단된다[대판 1979.3.29. 78도8].
>
>   **동지판례** 수형자의 재산이라고 추정되는 채권에 대하여 압류신청을 한 이상 피압류채권이 존재하지 아니하거나 압류채권을 환가하여도 집행비용 외에 잉여가 없다는 이유로 집행불능이 되었다고 하더라도 이미 발생한 시효중단의 효력이 소멸하지는 않는다[대결 2009.6.25. 2008모1396].
>
> 2. 수형자가 벌금의 일부를 납부한 경우에는 이로써 집행행위가 개시된 것으로 보아 그 벌금형의 시효가 중단된다고 봄이 상당하고, 이 경우 벌금의 일부 납부란 수형자 본인이 스스로 벌금을 일부 납부한 경우, 즉 벌금의 일부를 수형자 본인 또는 그 대리인이나 사자가 수형자 본인의 의사에 따라 이를 납부한 경우를 말하는 것이고, 수형자 본인의 의사와는 무관하게 제3자가 이를 납부한 경우는 포함되지 아니한다[대결 2001.8.23. 2001모91].

---

126) 시효의 초일은 판결이 확정된 날로부터 진행하고, 그 말일의 24시에 시효가 종료된다.
127) 시효의 완성으로 당연히 집행면제의 효과가 발생하며, 별도의 재판을 요하지 아니한다.

Ⅱ 형의 소멸 등

1. 형의 소멸

① 유죄판결의 확정에 의하여 발생한 형의 집행권을 소멸시키는 제도를 말한다.[128]

② 형의 소멸은 유죄판결확정 후의 형의 집행권을 소멸시킨다는 점에서, 확정판결 전에 검사의 형벌청구권을 소멸시키는 공소권의 소멸과 구별된다.

③ 형의 소멸의 사유로는 형집행의 종료, 형집행의 면제, 가석방기간의 경과, 형의 시효의 완성, 범인의 사망, 집행유예기간의 경과 등이 있다.

2. 형의 실효[129]

(1) 형법상의 실효(재판상의 실효)

> **제81조(형의 실효)** 징역 또는 금고의 집행을 종료하거나 집행이 면제된 자가 피해자의 손해를 보상하고 자격정지 이상의 형을 받음이 없이 7년을 경과한 때에는 본인 또는 검사의 신청에 의하여 그 재판의 실효를 선고할 수 있다. [21 법원9급, 17 경찰채용]*

(2) 형의 실효 등에 관한 법률상의 실효(당연실효)

형의 실효 등에 관한 법률상의 요건을 구비한 경우 형의 선고효과는 당연히 실효된다.

(3) 형의 실효의 효과

형이 실효되면 형의 선고에 의한 법적 효과는 장래에 향하여 소멸한다.

> **⚖ 판례 | 형의 실효의 효과**
>
> 형의 실효 등에 관한 법률에 의하여 형이 실효된 경우에는 <u>형의 선고에 의한 법적 효과가 장래에 향하여 소멸되므로 형이 실효된 후에는 그 전과를 특정범죄가중처벌 등에 관한 법률 제5조의4 제5항 소정의 징역형의 선고를 받은 경우로 볼 수는 없다</u>[대판 2002.10.22. 2002감도39].

3. 복권

> **제82조(복권)** 자격정지의 선고를 받은 자가 피해자의 손해를 보상하고 자격정지 이상의 형을 받음이 없이 정지기간의 2분의 1을 경과한 때에는 본인 또는 검사의 신청에 의하여 자격의 회복을 선고할 수 있다. [17 경찰채용]*

> **⚖ 판례 | 복권의 효과 = 누범전과 ○**
>
> <u>복권은 사면의 경우와 같이 형의 언도의 효력을 상실시키는 것이 아니고, 다만 형의 언도의 효력으로 인하여 상실 또는 정지된 자격을 회복시키는 것에 그치는 것</u>이므로 복권이 있었다 하더라도 그 전과사실은 누범가중사유에 해당한다[대판 1981.4.14. 81도543].
>
> [19 법원행시, 17 법원9급]*

---

128) 형이 소멸되어도 전과사실은 남게 된다. 전과사실로 인한 사회생활상의 불이익을 없애기 위하여 형법은 형의 실효와 복권제도를 두고 있다.

129) 전과사실을 말소시켜 수형자의 사회복귀를 용이하게 하는 제도이다.

4. 사면

(1) 의의

사면이란 국가원수의 특권에 의하여 형벌권을 소멸시키거나 그 효력을 제한하는 제도를 말한다.

(2) 종류

① 일반사면

㉮ 일반사면은 죄를 범한 자에 대하여 미리 죄 또는 형의 종류를 정하여 대통령령으로 행하는 사면이다(사면법 제3조 제1호, 제8조).

㉯ 일반사면을 받으면 형의 선고를 받은 자에 대해서는 그 선고의 효력이 상실되고, 형의 선고를 받지 않은 자에 대해서는 공소권이 상실된다(사면법 제5조 제1항 제1호).

> **⚖ 판례 | 일반사면의 효과 = 누범전과 X, 사후적 경합범의 판결이 확정된 죄 ○**
>
> 사면법 제5조 제1항 제1호 소정의 '일반사면은 형의 언도의 효력이 상실된다.'는 의미는 형법 제65조 소정의 '형의 선고는 효력을 잃는다.'는 의미와 마찬가지로 단지 형의 선고의 법률적 효과가 없어진다는 것일 뿐 형의 선고가 있었다는 기왕의 사실 자체의 모든 효과까지 소멸한다는 뜻은 아니다[대판 1995.12.22. 95도2446].

② 특별사면

㉮ 특별사면은 형의 선고를 받은 특정인에 대하여 대통령이 행하는 사면을 말한다(사면법 제3조 제2호, 제9조).

㉯ 특별사면을 받으면 원칙적으로 형의 집행이 면제되지만, 특별한 사정이 있는 경우에는 장래를 향하여 형의 선고의 효력을 상실하게 할 수 있다(사면법 제5조 제2호).

> **⚖ 판례 | 병과형의 일부에 대한 특별사면의 효과 = 개별적인 효력만 인정**
>
> 형법 제41조, 사면법 제5조 제2호, 제7조 등의 규정의 내용 및 취지에 비추어 보면, 여러 개의 형이 병과된 사람에 대하여 그 병과형 중 일부의 집행을 면제하거나 그에 대한 형의 선고의 효력을 상실케 하는 특별사면이 있은 경우, 그 특별사면의 효력이 병과된 나머지 형에까지 미치는 것은 아니므로 징역형의 집행유예와 벌금형이 병과된 신청인에 대하여 징역형의 집행유예의 효력을 상실케 하는 내용의 특별사면이 그 벌금형의 선고의 효력까지 상실케 하는 것은 아니다[대결 1997.10.13. 96모33].

Ⅲ 형의 기간

> **제83조(기간의 계산)** 연 또는 월로 정한 기간은 연 또는 월 단위로 계산한다.
>
> **제85조(형의 집행과 시효기간의 초일)** 형의 집행과 시효기간의 초일은 시간을 계산함이 없이 1일로 산정한다.
>
> **제86조(석방일)** 석방은 형기 종료일에 하여야 한다.
>
> **제84조(형기의 기산)** ① 형기는 판결이 확정된 날로부터 기산한다.
> ② 징역, 금고, 구류와 유치에 있어서는 구속되지 아니한 일수는 형기에 산입하지 아니한다.

I 서론

1. 보안처분의 의의

보안처분이란 형벌로는 행위자의 사회복귀와 범죄의 예방이 불가능하거나 행위자의 특수한 위험성으로 인하여 형벌의 목적을 달성할 수 없는 경우에 형벌을 대체하거나 보완하기 위한 예방적 성질을 가지는 형사제재를 말한다.

📑 참고 형벌과 보안처분의 구별

구분	형벌	보안처분
본질	응보 · 일반예방	특별예방(사회방위처분)
기초	행위책임	행위자의 위험성
목적	과거범죄의 진압(회고적 성격)	장래의 범죄에 대한 예방목적(전망적 성격)
제한원리	책임주의	비례성의 원칙

2. 연혁

① Klein이 보안처분의 필요성을 최초로 주장하였으며, 근대의 형사입법에 도입한 것은 Carl Stoos에 의한 스위스 형법예비초안이 그 효시라고 할 수 있다.

② 현대형법에 있어서 보안처분을 인정하지 않는 국가는 없다고 할 수 있을 정도로 대부분의 국가의 형법에 규정되어 있다.

II 보안처분의 정당화 조건 [김성돈, 926면 이하]

1. 보안처분법정주의

헌법 제12조 제1항은 "누구든지 … 법률과 적법한 절차에 의하지 않고는 … 보안처분 … 을 받지 아니한다"고 규정하여 보안처분에 대한 헌법적 근거를 마련함과 동시에 보안처분의 법률적 근거와 질차의 적법성을 요구하고 있다.

2. 비례성의 원칙

형벌이 책임주의에 의하여 제한을 받는 것처럼, 보안처분은 비례성의 원칙을 준수하는 범위에서 정당화될 수 있다. 따라서 보안처분은 행위자에 의하여 행하여진 범죄와 장래에 기대될 범죄 및 위험성의 정도와 균형이 유지되어야 한다.

3. 법적 요건

보안처분은 형사제재의 일종이므로 보안처분을 선고하기 위하여는 적어도 행위자의 행위가 구성요건에 해당하고 위법성이 인정되어야 한다.

제3판

2023 해커스경찰 하정 형사법 1권 형법총론

4. 재범의 위험성

① 보안처분은 장래에 위험한 범죄자로부터 사회를 방위하기 위한 특별예방목적을 추구하기 위한 수단이므로 행위자에게 재범의 위험성이 있어야 한다.
② 재범의 위험성은 단순한 가능성으로 족하지 않고 개연성 정도로 입증되어야 한다.
③ 재범의 위험성은 보안처분의 선고시를 기준으로 판단한다.

Ⅲ 형벌과 보안처분의 관계

1. 의의

형벌과 보안처분을 어떻게 적용·집행할 것인가의 문제를 말한다.

2. 입법주의

구분	이원주의(병과주의)	일원주의(택일주의)	대체주의
내용	① 형벌과 보안처분을 동시에 선고하고 중복적으로 집행하는 방식이다. ② 형벌을 먼저 집행한 후 보안처분을 집행하는 방식이 보통이다.	① 형벌과 보안처분 중 어느 하나만을 적용하는 방식이다. ② 응보와 일반예방목적이 강조되는 경우는 형벌을, 특별예방목적이 강조되는 경우는 보안처분을 과한다.	① 형벌과 보안처분을 모두 선고하되 보안처분의 집행기간을 형기에 산입하는 방식이다. ② ⅰ) 형벌보다 보안처분을 우선 집행하고, ⅱ) 보안처분의 집행기간을 형기에 산입하고, ⅲ) 보안처분집행 후 형벌집행의 유예여부를 심사하는 방식이 보통이다.
관련규정	폐지된 구 사회보호법상의 보호감호	–	치료감호법상의 치료감호 (제18조)

Ⅳ 보안처분의 종류

1. 대인적 보안처분

(1) **자유박탈적 보안처분**: 보호감호, 치료감호, 소년원 송치처분 등이 있다.

(2) **자유제한적 보안처분**: 보호관찰, 보안관찰 등이 있다.

2. 대물적 보안처분

몰수, 영업장폐쇄명령, 법인의 해산명령 등이 있다.

Ⅴ 현행법상의 보안처분

1. 치료감호법상의 보안처분[130]

(1) 치료감호

① **의의**: 심신장애자와 마약류·알코올중독자 등을 치료감호시설에 수용하여 치료하는 보안처분을 말한다.

② **요건**

㉮ **치료감호대상자**: ⅰ) 심신상실자, 심신미약자, 마약류·알코올중독자(습벽자 포함)로서 ⅱ) 금고 이상의 형에 해당하는 죄를 범하고 ⅲ) 치료감호시설에서의 치료가 필요하고[131] 재범의 위험성이 있는 자를 말한다(제2조 제1항).

㉯ **재범의 위험성**: ⅰ) 장래에 중대한 범죄를 범할 상당한 개연성이 있어야 한다. ⅱ) 판단의 시기는 판결선고시를 기준으로 하여야 한다.

⚖ 판례 | 재범의 위험성의 판단시점(판결시)

성폭력범죄의 재범의 위험성 유무의 판단은 장래에 대한 가정적 판단이므로 판결시를 기준으로 하여야 한다[대판 2010.12.9. 2010도7410].

⚖ 판례 | 상습의 습벽에 의한 범죄와 재범의 위험성(필연성이 인정되는 것은 아님)

당해 범행이 상습의 습벽에 의한 것이라 하여 재범의 위험성이 반드시 있다고 할 수 없다[대판 1999.5.14. 99도791].

⚖ 판례 | 개전의 정이 인정되어 작량감경한 경우 재범의 위험성의 인정 가능성(인정 가능)

개전의 정이 있어 작량감경을 하였다고 하더라도 잠재적인 재범의 위험성은 범행 후의 개전의 정과는 반드시 일치하는 것은 아니라고 할 것이므로 작량감경을 하였다고 해서 재범의 위험성을 인정 못할 바 아니다[대판 1983.3.8. 83도59].

⚖ 판례 | 재범의 위험성의 정도(상당한 개연성) 위험성의 판단시기(판결시)

구 특정 범죄자에 대한 위치추적 전자장치 부착 등에 관한 법률(2010.4.15. 법률 제10257호로 개정되기 전의 것) 제5조 제1항에 정한 성폭력범죄의 재범의 위험성이라 함은 재범할 가능성만으로는 부족하고 피부착명령청구자가 장래에 다시 성폭력범죄를 범하여 법적 평온을 깨뜨릴 상당한 개연성이 있음을 의미한다[대판 2010.12.9. 2010도7410].

동지판례 특정 범죄자에 대한 위치추적 전자장치 부착 등에 관한 법률 제5조 제3항에 규정된 '살인범죄를 다시 범할 위험성'이란 재범할 가능성만으로는 부족하고 피부착명령청구자가 장래에 다시 살인범죄를 범하여 법적 평온을 깨뜨릴 상당한 개연성이 있음을 의미하며, 그에 대한 판단은 장래에 대한 가정적 판단이므로 판결시를 기준으로 하여야 한다[대판 2012.5.10. 2012도2289].

---

③ **절차**: 검사의 치료감호청구에 의하여 청구가 이유가 있으면 법원이 판결로써 치료감호를 선고한다.

---

130) 치료감호법은 재범을 방지하고 사회복귀를 촉진하는 것을 목적으로 한다(제1조).
131) '치료의 필요성'은 사회보호법에서 치료감호법으로 대체되면서 추가된 요건이다.

⚖ 판례 | 형벌과 치료감호처분의 중복 적용가능성(배제규정이 없는 한 긍정)

형벌과 치료감호처분은 신체의 자유를 박탈하는 수용처분이라는 점에서 유사하기는 하나 그 본질과 목적 및 기능에 있어서 서로 다른 독자적 의의를 가진 제도인 바, 명시적인 배제 조항 등이 없는 이상 어느 한쪽의 적용 대상이라는 이유로 다른 쪽의 적용 배제를 주장할 수 없는 것이다. 특정범죄 가중처벌 등에 관한 법률 제5조의4 제6항이 2005.8.4 사회보호법상 보호감호제도 폐지를 즈음하여 마련되었다고 하여 달리 볼 것은 아니다[대판 2007.8.23. 2007도3820, 2007감도8].

⚖ 판례 | 법원의 검사에 대한 치료감호청구요구의 법적 성질 = 의무사항 X

치료감호법 제4조 제1항은 "검사는 치료감호대상자가 치료감호를 받을 필요가 있는 경우 관할 법원에 치료감호를 청구할 수 있다."고 규정하고, 같은법 제4조 제7항은 "법원은 공소제기된 사건의 심리결과 치료감호에 처함이 상당하다고 인정할 때에는 검사에게 치료감호청구를 요구할 수 있다."고 규정하고 있는 바, 그 규정 형식 등에 비추어 치료감호법 제4조 제7항이 법원에 대하여 치료감호청구 요구에 관한 의무를 부과하고 있는 것으로 볼 수 없다[대판 2006.9.14. 2006도4211].

관련판례 법원으로서는 피고인에 대한 정신감정을 실시함에 있어 그 장애가 장차 사회적 행동에 있어서 미칠 영향 등에 관하여도 아울러 감정하게 하고, 그 감정의견을 참작하여 객관적으로 판단한 결과 정신질환이 계속되어 피고인을 치료감호에 처함이 상당하다고 인정될 때에는 치료 후의 사회복귀와 사회안전을 도모하기 위하여 별도로 보호처분이 실시될 수 있도록 검사에게 치료감호청구를 요구할 수 있다[대판 1998.4.10. 98도549].

④ 내용
   ㉮ 수용기간: 치료감호기간은 15년을 초과할 수 없다. 다만 약물, 알코올중독 등의 수용은 2년을 초과할 수 없다(제16조 제2항).
   ㉯ 집행순서: 치료감호와 형이 병과된 경우에는 치료감호를 먼저 집행한다. 이 경우 치료감호의 집행기간은 형기에 산입한다(제18조).

(2) 보호관찰
   ① 의의: 보호관찰은 가종료 또는 치료위탁된 피치료감호자를 감호시설 밖에서 지도·감독하는 보안처분이다.
   ② 요건: 피치료감호자에 대한 치료감호가 가종료된 때 및 피치료감호자가 치료위탁된 때에 개시된다(제32조 제1항).
   ③ 기간: ⅰ) 보호관찰의 기간은 3년이며, ⅱ) 보호관찰기간이 만료된 때, 보호관찰기간이 만료전이라도 치료감호의 종료결정이 있거나 피보호관찰자가 다시 치료감호의 집행을 받게되어 재수용되거나 새로운 범죄로 금고 이상의 형의 집행을 받게 된 때에는 치료감호가 종료된다.

2. 기타의 보안처분

(1) 형법상의 보안처분
   보호관찰(집행유예, 선고유예, 가석방), 사회봉사·수강명령(집행유예)

(2) 소년법상의 보호처분

(3) 보안관찰법상의 보안관찰처분[132)

(4) 보호관찰 등에 관한 법률상의 보호관찰처분

---

132) 이른바 '사상범'을 대상으로 한다.

참고 현행법상의 보안처분

종류		내용
형법	보호관찰	① 선고유예시 법원의 재량으로 보호관찰을 명할 수 있다(제59조의2). ② 집행유예시 법원의 재량으로 보호관찰을 명할 수 있다(제62조의2). ③ 가석방된 자는 가석방기간 중 보호관찰을 받는다. 다만 해당관청의 판단에 따라 보호관찰을 부과하지 않을 수 있다(제73조의2).
	사회봉사명령 수강명령	집행유예시 법원의 재량으로 사회봉사 또는 수강을 명할 수 있다(제62조의2).
소년법 (제32조)	보호처분	① 보호자 또는 적당자에게 감호위탁 ② 수강명령 ③ 사회봉사명령 ④ 보호관찰관의 (단기)보호관찰 ⑤ 보호관찰관의 (장기)보호관찰
보안 관찰법	보안관찰 처분	① **보안관찰해당범죄**: 내란목적살인(미수)죄와 동 예비 · 음모 · 선동 · 선전죄, 외환죄, 간첩죄, 모병 · 시설제공 · 시설관리 · 물건제공이적죄와 동 미수범 및 예비 · 음모 · 선동 · 선전죄 등 ② **기간**: 2년
보호관찰등에 관한법률	보호관찰 처분	보호관찰, 수강명령
치료 감호법	치료감호 (대체주의)	① 성폭력범죄자, 심신장애자, 마약류 · 알코올중독자, 정신성적 장애자를 치료감호시설에 수용하여 치료하는 보안처분(제2조, 제2조의2) ② **기간**: 원칙(15년이 상한), 중독자(2년)
	보호관찰	① 가종료 · 치료위탁된 피치료감호자를 감호시설 밖에서 지도 · 감독 ② **기간**: 3년
기타 법률		① **국가보안법**: 공소보류자에 대한 감시 · 보도(제20조) ② **성매매처벌법**: 보호처분(제14조) ③ **마약법**: 마약중독자의 치료보호(제40조) ④ **감염예방법**: 감염병에 관한 강제처분(제42조) ⑤ **모자보건법**: 일정한 환자에 대한 인공임신중절수술(제14조)

판례 색인

대법원 판례

MEMO

MEMO

2023 대비 최신판

해커스경찰

허정
형사법

기본서 | 1권 형법총론

초판 1쇄 발행 2022년 10월 5일

지은이	이용배, 허정 공편저
펴낸곳	해커스패스
펴낸이	해커스경찰 출판팀
주소	서울특별시 강남구 강남대로 428 해커스경찰
고객센터	1588-4055
교재 관련 문의	gosi@hackerspass.com
	해커스경찰 사이트(police.Hackers.com) 교재 Q&A 게시판
	카카오톡 플러스 친구 [해커스경찰]
학원 강의 및 동영상강의	police.Hackers.com
ISBN	979-11-6880-689-4 (13360)
Serial Number	01-01-01

**경찰공무원 1위,
해커스경찰 police.Hackers.com**

해커스경찰

· 정확한 성적 분석으로 약점 극복이 가능한 **합격예측 모의고사**(교재 내 응시권 및 해설강의 수강권 수록)

· 해커스 스타강사의 **경찰 형사법 무료 동영상강의**

· **해커스경찰 학원 및 인강**(교재 내 인강 할인쿠폰 수록)

한경비즈니스 선정 2019 한국 소비자 만족지수 교육(경찰공무원) 부문 1위